本书出版获得上海财经大学"中央高校建设世界一流大学学科和特色发展引导专项资金"和"中央高校基本科研业务费"资助

汪如东 著

日韩语汉字词
与汉语词比较研究

A COMPARATIVE STUDY OF
CHINESE CHARACTERS
AND WORDS
IN
JAPANESE
AND KOREAN

社会科学文献出版社
SOCIAL SCIENCES ACADEMIC PRESS (CHINA)

前　言

　　日韩两国历史上同属汉字文化圈，受汉语的影响较大，形成了独特的汉字词体系。经过长期的发展演变，这些词在形、音、义、用等方面与汉语词产生了较大的差异，如"继续、决心、加强、坚持、举行、开展、克服、明确、强调、取得、深刻、实行"等双音节词语在《汉语国际教育用音节汉字词汇等级划分》中都属于一级（即普及化等级），在现代汉语中出现的频率很高，同时这些词语在日韩语中也作为汉字词而存在，彼此之间不仅读音上有程度不同的差异，用法上也不是一一对应的关系，经过长期的演变，有些已变得完全不同，需要经过一番考证和梳理才能构建起两者之间的联系。本书结合古汉语的相关文献及传统语文学的有关理论，对这些常用汉字词在古汉语中的使用情形进行追根溯源，并以《汉语国际教育用音节汉字词汇等级划分》中的普及化等级词汇为纲，对与之相近词语的使用差异进行比较，以更好地服务于对日韩留学生的汉语教学，提高汉语词汇教学的效率。

　　相关研究表明，日本学生在汉语学习中汉字词的正迁移效果不太明显，越是年轻的汉语学习者对汉字词和汉语词之间的感知关联度越低；韩国学生最常用的阅读策略是推测和语境策略，其次是标记、略读和预览策略，最不常用的是母语策略和互动策略，两国学生虽然都对汉字不陌生，尤其对日本学生而言，汉字是日语文字体系的重要组成部分，但在学习汉语时仍然有很多词汇学习上的难点，对他们的汉语学习造成了很大的干扰和负迁移，很大部分的同形汉字词需要重新进行学习。国内大多数汉语从业者囿于各自的学科背景，对日韩语言中汉字词的使用也不太清楚，难以在教学中给以积极的引导，本书的研究成果将给他们以有益的启示。

　　立足于中日韩三国语言文化交流的历史背景，本书将汉字词与汉语词的应用比较贯彻始终。研究中首先要寻找和确定进行比较研究的词语，建立日韩语汉字词与汉语词之间的联系。如"葛藤"一词，日语假名かっとう、韩文갈등，现代汉语 gěténg，读音差别较大，原指葛的藤蔓，后多用作比喻义，表示矛盾和纠缠。明沈德符《万历野获编·内阁三·太仓相公》："贸首相仇，亦从司农公起见，其祸蔓延至今，益葛藤无了日云。"日韩语至今还保留着古汉语中"葛藤"的一般意义，如：

　　　　1）両家の葛藤が続く（两家持续不和）
　　　　2）두사람 사이에는 늘 갈등이 끊이지 않는다（两人之间常常矛盾不断）

　　现代汉语则发生了变化，"葛藤"主要用来指这种植物本身，另用"纠葛"一词来表示矛盾和纠缠义。再比如，日韩语中"失脚"（しっきゃく、실각）表"失足、跌倒"，多用作比喻义：

　　　　3）しっきゃくした政治家（失掉职位的政治家）
　　　　4）収賄の疑いで失脚する（因被怀疑受贿而下台）
　　　　5）경제 정책의 실패로 실각했다（由于经济政策的失败而下野）

　　现代汉语中"失脚"罕用，一般用"失足"，不用"失脚"来替换，如"失足青少年"一般不说"失脚青少年"，日韩语中没有"失足"一词。其实，古汉语中"失足""失脚"都有，"失脚"指举步不慎而跌倒，《水浒传》第十八回："朱全只做失脚扑地，倒在地下。"比喻受到挫折或犯错误，《红楼梦》第九十二回："我一时失脚，上了他的当。""失足"指"举止不庄重"，《礼记·表记》："君子不失足于人，不失色于人，不失口于人。"孔颖达疏："不失此足之容仪而作夸毗进退于众人也。"引申为"不慎跌倒"，五代王定保《唐摭言·误掇恶名》："杨篆员外，乾符中佐永宁刘丞相淮南幕，因游江失足坠水。"比喻堕落或犯严重的错误，明陈汝元《金莲记·弹丝》："少逢漂泊，偶尔失足于风尘。"现代汉语中"失足"的比喻义常见使用,如"一失足成千古恨""青少年的失足问题引起了全社会的关注",由于两词在表义上有重合,"失脚"的本来意义就逐渐被"失足"所取代了。

日韩语的"标榜"[標榜(ひょうぼう)する、표방하다]一词,也来源于汉语,古今发生了词义褒贬色彩方面的变化:

6)又梁州上言天水白石县人赵令安、孟兰强等,四世同居,行著州里,诏并标榜门闾。(《魏书·石文德传》)

7)人の善行を標榜する(宣扬人的善行)

8)정당의 이념으로 평등을 표방하다(以标榜平等为政党的理念)

9)这就是标榜民主、自由和人权国家的真面目!

"标榜"在古汉语及现代日韩语中都是作为褒义词使用的,而现代汉语则以贬义为主。

本书将日韩语汉字词的研究成果与对日韩留学生的汉语教学相结合,充分吸收和借鉴前人已有的研究成果,力图打破汉字词研究与汉语教学之间的壁垒,将现有的研究成果用于汉语教学,培养学生的钻研能力,养成对比学习的良好习惯,而不只是被动接受老师的课堂传授。如"杯"在现代汉语普通话中读 bēi,在由"杯"组成的复合词语,如"杯子""茶杯""水杯""世界杯"中也读 bēi,"杯子"在日韩语里用外来词(cup)的音译,日语为"コップ",韩语为"컵";"玻璃杯",日语为"ガラスのコップ",韩语为"유리컵",但"干杯"一词,日韩语还是使用汉字词,日语为"かんぱい",韩语为"건배",汉字词在其中承担着重要的构词功能。经过这样的比较,学生对汉语中相应的词语会理解得更深,记得也更牢。除前言、绪论、后记、主要参考书目和三个附录外,本书主要内容共分七章。

第一章,汉日韩文化之间的关系

本章回顾了历史上汉文化与日韩两国文化之间的交流、日韩语与汉语之间的关系,介绍了日韩语中汉语词汇的一般情形,并就日韩语中汉字词的汉语来源进行了个案考证。

第二章，汉字词的定义、来源及形义关系

本书的"汉字词"主要指存在于日韩语中、从古汉语派生而来的词，本章列举了各自不同的来源，从名、动、形等几个大类出发，将相关汉字词与汉语词的意义和用法进行比较，提出了利用汉字词语素成词的组合规则扩充汉语词汇量的教学原则。

第三章，汉字词的读音和等级

本章结合汉语音韵学的有关知识，分析汉字词和汉语词语音方面的对应规律。对汉语普及化等级的汉字、词与日韩语相应汉字词的读音进行了标注和意义比较，就日韩语中汉语入声字的读音和构词区分了等级，对日源汉语词汇的等级及词性进行了分类和说明。

第四章，汉字词的结构与词序

本章将汉字词的构成按内部结构分为主谓型、并列型、动宾型、补充型、偏正型、重叠型和附加成分型，对一些词语的缩略形式和异序词进行了比较。

第五章，汉字词与汉语词的意义与风格差异

本章比较了汉字词和汉语词在义项范围、表义轻重、感情色彩、语体风格、词语的时代特征等方面的差异。

第六章，汉字词与汉语词的词性与功能差异

本章从词性和使用时的语法功能差异出发，辨别相关的汉字词和汉语词，讨论了部分词语由实到虚的演变情形。

第七章，汉字词习得的偏误类型分析

本章结合具体的教学实践和日韩留学生习得汉语时大量负迁移的语例，分析了不同词类的词语偏误形成的原因，同时就相应词语之间的用法进行了比较。

本书围绕日韩语存在大量汉字词的客观事实，从日韩留学生学习汉语的实际及对日韩留学生的教学要求出发，将汉字词的溯源、在日韩语中的应用与汉语词的教学相结合，针对出现在《汉语国际教育用音节汉字词汇等级划分》中的普及化等级词汇，与日韩语中相应的汉字词进行比较，从而发现两者之间的差异及使用上的不同。书中各章节的类目及分类有时不尽合理，内容上也不一定面面俱到，用于进行比较的各项词语，以学生在学习和使用过程中易于发生混淆或受到母语影响发生各种干扰的部分为主，包括因为音同、音近对学习产生消极影响的词语。

目　录

绪 论

　　中国与日本、韩国是一衣带水、隔海相居的近邻，彼此之间的交往历史悠久。汉文化长期以来给日韩两国以深刻的影响，汉字及汉字词就是重要的语言标志。日本 1946 年制定的《当用汉字表》1850 字，1981 年修订为《常用汉字表》1945 字，人名用字 166 字，JIS（日本工业规格用字）7000 余字。韩国国会 1948 年 10 月制定了《韩文专用法》，规定"大韩民国的专用文件一律使用韩文，但在一般必要的时期可并用汉字"，社会上大量使用汉字，学校教授 1000 个常用的汉字。韩国 Hangeul 学会编纂的《大辞典》（1961）所收的 164125 条词语中，固有词占 45.46%，汉字词占 52.11%；1972 年韩国文化教育部发布了基础教育用汉字 1800 字，小学和中学教育各 900 字。1999 年金大中政府决定在公务文件和交通标志等领域恢复汉字和汉字标记，至今在韩国的身份证件、重要的地名、人名的标识、广告、法律文件等方面仍能看到汉字的身影，报纸上也不时有汉字出现。与此相联系的是存在于语言中的汉字词，其中大部分在历史上的不同时期从中国传入，也有部分是自身语言的创造。由于历史久远，这些词大多已经融入各自语言的词汇库中，成为基础词汇的重要组成部分，在形、音、义等方面与相应的现代汉语词相区别，而汉语经历了几千年的演化，也发生了很大的变化。中日韩三国这种语言文字上的密切联系成为我们研究日韩语汉字词与汉语词关系的基础。

　　随着中日韩之间贸易往来的日益密切，来华学习汉语的日韩留学生人数进一步增多。中国教育部统计，2017 年，有近 50 万外国留学生来华学习①，韩国留

---

　　① 《新京报》记者从教育部获悉，2017 年共有 48.92 万名外国留学生在我国高等院校学习，规模增速连续两年保持在 10% 以上。与 2016 年相比，前 10 位生源国稳中有变，依次为韩国、泰国、巴基斯坦、美国、印度、俄罗斯、日本、印度尼西亚、哈萨克斯坦和老挝。新型冠状病毒感染在全球暴发，对来华留学事业的影响巨大，来华人数下降幅度明显。

学生人数一直在来华留学生人数中高居榜首，日本也始终保持在前十名。日韩成为各高校及语言教育与培训机构外国留学生的重要生源国。探索对日韩留学生的汉语教学规律，从而有效地提高教学质量，成为重要的研究课题。桂诗春在《应用语言学》一书中说"如果说在古典语言教学阶段所要解决的是'教什么'（What?）的问题；在现代语言萌芽阶段解决的是'怎么教'（How?）的问题，在现代语言发展阶段要解决'为什么'（Why?）教的问题。到了本阶段，所要解决的则是'教谁'（Whom?）的问题"。"教谁"的问题就是教学要针对学生的个性差异因材施教。对外汉语教学也是如此，目前，留学生教学在经过初级阶段量的扩张后，质的教学必然成为一个重要的课题。与其他国家不同的是，日韩两国在历史上同属汉字文化圈，受汉语的影响比较大，汉字和汉字词就是比较典型的例子。掌握汉字词与汉语词之间的对应关系，日韩留学生学习汉语可以收到事半功倍的效果。

日韩语中一些汉字词的词义及用法跟现代汉语不同，却跟古汉语暗合。汉语词很早就进入了日韩语中，发展变化并不一定与汉语同步，很多方面都能看到这些汉语词过去的影子。如"书""本""册"，其意义和用法在现代汉语和日韩语言中既有相同又有不同，现代汉语"读书"，日语为"本を読む"，韩语为"책을 읽다"，日语的"本（ほん）"在汉语历史上也指"书"；韩语的"책"也就是汉语的"册"，至今汉语闽南方言中"读书"仍叫"读册"。但随着语言的发展，"本"和"册"在三国语言中各自发生了不少变化，同样作为量词，"本"在日语中的使用范围扩大，棒状的长条形物体都可用"本"：えんぴつ 3 本（三支铅笔），汉语使用范围却没那么广泛，韩语则用自身的量词"가지"：연필 세가지。"册"在日语和汉语中也用作量词，如"本3 册（さつ）（三册书）"，韩语一般说"책 세권"（三卷书），"권"即汉语的"卷"，而"卷"在古代汉语中大多用作量词，如"读书破万卷，下笔如有神"，现在则用得比较少了。同样作量词，"册"和"本"在现代汉语中还是有区别的，"三本书"一般用于口语也可用于书面语，而"三册书"则一般用于书面语。日韩语中同时又有汉字词どくしょ（読書）、독서（讀書），也有とくほん（読本）、독본（讀本），意义上跟现代汉语的"读本"一词相对应。

外语教学过程中，词汇教学始终占据重要地位。留学生普遍反映汉语词汇的学习费时耗力，效果不尽如人意。如何打破学习过程中的这一瓶颈，总结出适合学习者本人的有效方法，是每个汉语教学从业者都要认真思考的问题。来华留学生大概没有哪国的学生像日韩留学生这样，面临汉语与自身母语之间在汉字词语的形音义方面所存在的这种千丝万缕的复杂关系，这一方面使之省事方便、有捷径可循；另一方面又荆棘丛生，一不小心就会掉入陷阱，可谓"剪不断，理还乱"。因为从母语到目的语的迁移是一个复杂的过程，而词语之间并不是简单的一一对应的关系。奥德林（1989：27）在总结二语习得领域数十年语言迁移现象的基础上，给语言迁移下了一个明确的定义：迁移是指目的语和任何其他已经习得的（或者完全没有习得的）语言之间的共性和差异所造成的影响。因此，学习者的母语对二语习得的影响应称为"第一语言迁移"，以区别于其他语言的迁移，并进一步提出正迁移和负迁移的概念[①]，这一定义已为二语教学和研究界所广泛接受，为我们研究对日韩留学生的汉语教学提供了有益的启示。日韩留学生母语中业已存在的大量汉字词是他们学习汉语的宝贵财富，如能实现向目的语的正迁移，将收到事半功倍的效果！

日语和韩语的系属未明，一般认为属于阿尔泰语系，从谱系分类法角度看与汉语毫无亲缘关系，从类型学角度看，性质也是完全不同的。但语言之间的相互作用，不仅仅取决于它们之间谱系的远近和类型的异同，还取决于语言外部的社会因素。中日韩三国在历史上存在密切的政治、经济、文化之间的交流，日韩语言长期以来受到汉语深刻的影响，近现代又受到西方语言特别是英语的影响，并反过来对现代汉语（主要是日语对汉语）产生影响。本着这一背景，本书结合日韩留学生汉语学习的实际，运用对比分析的方法，对汉语中的普及型汉语词在形、义、用等方面与汉字词之间的差异进行比较，以《汉语国际教育用音节汉字词汇等级划分》中列举的汉语普及型词

---

① "迁移"这一概念源于行为主义心理学，指人们已经掌握的知识在新的学习环境中发挥作用的心理过程。语言的迁移是指"学习者以前所学的任何语言与目的语之间的相似和差异给二语习得带来的影响"。当母语规则与目的语规则相同或相似时，往往会出现"正迁移"，而当母语与目的语完全不同或存在较大差异时，常会出现"负迁移"；正迁移是积极的，能促进新知识的学习，而负迁移多为消极的，会导致语言错误及学习困难的产生，阻碍新知识的学习。

语为主，标注来自日语的汉语词及由入声字所构成词语的读音和等级。^①同时联系古汉语，探讨这些词语源流演变的情形。书中列举了汉字词在日韩语中的使用情形，主要是为了跟汉语进行比较，培养日韩留学生的汉字词意识，减少他们在学习汉语的过程中由母语形、音、义的干扰所造成的学习偏误，以提高学习效率。但这种列举不可能面面俱到，更不可能把所有用法一一穷尽说明。对学习日韩语言的中国人来说，这部分内容也有利于他们建立起汉语词跟汉字词之间的认知，从而有意识地加深对两者关系的正确认识。书中重点比较汉字词和汉语词在词性、搭配、造句等方面易于出现的偏误，分析两者差异形成的原因。关于汉字词理论的研究与词语的教学紧密相连，部分章节的内容，如汉字词语来源的个案统计系笔者在平时的专业学习和研究过程中的一孔之见，不一定完全符合语言实际，引玉之砖，欢迎海内外方家指正。

日韩语中的汉字词和汉语词之间的比较可以从形音义用多方面入手，除了共时平面上的对比，还要联系古代汉语。

日韩语中都有"葛藤"（かっとう、갈등）一词，汉语原指葛的藤蔓：

1）其有众生，堕爱网者，必败正道……犹如葛藤缠树，至末遍则树枯。（《出曜经》卷三）

比喻事情纠缠不清或话语啰唆繁杂，现代汉语中偶见使用：

2）贸首相仇，亦从司农公起见，其祸蔓延至今，益葛藤无了日云。（明沈德符《万历野获编·内阁三·太仓相公》）

3）前一种人真是一把"刀"，一把斩乱麻的快刀！什么纠纷，什么

---

① 入声是古汉语四声之一，主要体现在韵尾是以 -p、-t、-k 收尾，读音短促，在现代一些南方方言，如粤语、闽南语、部分赣语与客家话中仍完整地保存着韵尾三分；在吴语、晋语、部分江淮官话、部分西南官话中保留喉塞音；在湘语、部分赣语、部分西南官话与江淮官话中保留独立调值，在普通话中已经消失，按照一定规律派入阴阳上去四声。日韩语中入声字的读音仍有一定的系统性，与古汉语及部分汉语方言之间存在对应的读音规律。

葛藤，到了他手里，都是一刀两断。（朱自清《山野掇拾》）

　　这种比喻义也是现代日韩语的常用义，但不一定人人都知道汉字词就是这么写的，例如：

　　　　4）両家の葛藤が続く（两家持续不和）
　　　　5）두사람 사이에는 늘 갈등이 끊이지 않는다（两人间常常矛盾不断）

　　日韩语中的汉字词"葛藤"（かっとう、갈등）保留了古汉语一般的引申义，现代汉语中"葛藤"主要指这种植物本身，"葛藤粉"还是一种滋补品；表示矛盾和纠缠时一般用"纠葛"，如"两个人之间有点小小的纠葛"，一般不说"两个人之间有点小小的葛藤"。这种古今词义之间的纠缠会直接影响留学生的汉语学习，比如现代汉语的"脸"，古代汉语用"面"来表示，《韩中词典》在释义中把"面、脸"并举，学生一般会造出下面的句子（句子前加＊者表示偏误）

　　　　6）＊他不看我的面。
　　　　7）＊你的面上有泥巴。

　　"面"的"脸"义在现代汉语里已经不再独立使用了，一般出现在一些复合词中，且具有比喻的意义，如"面子""脸面"。在"我们见了一次面"中，"见面"是作为离合词出现的，后面不能带宾语，如学生常说的"见面老师""见面他"，都是不符合汉语语法规范的说法，但在留学生言语中却不时出现。对日韩留学生来说，汉语是一门外语，学习汉语时，他们大多习惯用母语思维套汉语，或比照母语用汉语来表达某种意思，但因不了解汉语内在的文化语境义而在使用过程中不知不觉出现了某些方面的偏差。比如，留学生学到的第一句汉语是"你好"，声韵调都学会了，甚至还记得老师讲过的"你"在语流中要变读成阳平，然而仅仅知道这些似乎还不够，因为中国人并

不都用"你好"来表示问候，也不是对所有人都能用"你好"来表示问候。如学生遇到老师，就不宜用"你好"来问候，而要说"您好"或"老师好"，以表示尊敬。日韩语表示尊敬常常采用词语形态的变化形式，如日语的ございます、韩语的하십시오和해요等形式一般用于敬语。汉语的"你好"，对应韩语的안녕（annjon，安宁）、日语的こんにち（今日）は，但它们都具有一定的交际背景，即问候时对方在现场；如交际对象不在现场，汉语不能简单地说"他好"，要通过"他还好吧？""请代为问候"等来表达问候；韩语使用如안부를 전해주세요（请代传问候）。汉语表示尊敬时，多用词汇形式，如"老师、师傅、局长、先生"面称时表示对对方的尊敬。"老师"在三国语言中古今都发生了很大的变化，日韩语中"老師（ろうし、노사）"用来尊称传授文化技术的人，泛指在某些方面值得学习的人，多指年老的僧人或年老的师匠，一般都是"高龄"的人，也指长期在阵地作战、疲惫不堪的军队；古汉语中"师者，所以传道授业解惑也""出师未捷身先死，长使英雄泪满襟"等名句中"师"也有这两方面的含义；现代汉语中的"老师"则成为教师这一职业的一般称呼，如张老师、王老师等，可以直接用于面称。跟"老师"相近的词语是"教师"，古今也有不同，在近代指教授歌曲、戏曲、武术等技艺的人：

8）人都道你是教师，人都道你是浪子。上长街百十样风流事，到家中一千场五代史。（元张国宾《罗李郎》第三折）

9）月娘众人躧著高阜，把眼观看，看见人山人海围著，都看教师走马耍解的。（《金瓶梅词话》第九十回）

在近代，"教师"指向学生传授知识、执行教学任务的人，相当于"老师"，但不能用于面称：

10）永乐取举人、监生年少者入翰林院，习夷字，以通事为教师。（清刘献廷《广阳杂记》卷一）

教师在中国社会不属于权钱阶层，但传统上属于受人尊敬的职业，在现代社会逐渐成为一种象征性的符号被泛化使用，如常常可以见到一些不是教师的人也被人称作老师，"老师"逐步侵蚀了传统上"先生"一词的地盘，而"先生"一词也在慢慢发生变化，所指对象范围扩大，对应于英语的 Mr，不只限于过去老师、医生一类的人了。

日韩语中汉字词研究的文章和专著已经出版不少，这里做一简单列举，难免挂一漏万。

黄来顺（1994）《关于中日汉字词的差异及其交流》一文通过举例对比分析了中日汉字词之间存在的差异。

曲维（1995）《中日同形词的比较研究》一文统计汉日同形音读语词义基本相同的有 1805 个，占 87.53%，完全不同的有 52 个，占 2.52%。在此基础上，还分析了中日同形词的特点和产生的原因。

陈绂（1998）《谈日本留学生学习汉语复合词时的母语负迁移现象》从对词义的理解和词的使用角度，通过一些实例简单分析了汉语复合词给日本留学生汉语学习带来的负迁移影响。

韩越（1999）《论日本学生的母语负迁移及其对策》对日本人学习汉语时发生的词法、句法偏误进行了分析，指出了原因所在，并提出了一些对策。

鲁宝元（2000）《汉日同形词对比研究与对日汉语教学》以意义、色彩和用法作为划分汉日同形词的标准。

宋春菊（2003）《从词性的角度论汉日同形词的异同》和《从词义的角度试论汉日同形词的异同》分别从词性角度和词义角度对日汉同形词进行了分析。

邹文（2003）《日语汉字词与汉语相关词汇的对比分析——同形词、异形同义词及同素逆序词》，对三类词在学习或使用上容易出现的偏误及产生原因进行了分析，首次对同素逆序词进行了比较详细的分析，包括产生原因、词义对比、词语分类、结构对比等。

万玲华（2004）《中日同字词比较研究》对日本《常用汉字表》和我国《现代汉语常用汉字表》进行了对比分析，并对《汉语水平词汇和汉字等级大纲》中的汉语词和日语汉字词进行了系统而详尽的研究，多角度对比分析了汉日同形词在形和义方面的异同。

何华珍（2004）《日本汉字和汉字词研究》对汉字词的意义、类型和来源进行了比较系统的研究。

朱瑞平（2005）《"日语汉字词"对对日汉语教学的负迁移作用例析》，通过一些实例分析了日语中的汉字词对日本的汉语学习者所产生的负面影响，并对如何减少这种负迁移影响进行了一些探讨。

徐灿（2006）《中日汉字词比较》从字形、中心意义、褒贬色彩、语感强弱、语言搭配等方面进行了比较全面的分析，着重从中心意义方面（同形同义、同形类义、同形异义）分析了中日汉字词的异同和中日两国的不同用词情况。

郭洁（2008）《对日汉语词汇教学研究——汉日同形词偏误分析与对策》考察了同形同义词、同形类义词、同形异义词在《汉语水平词汇与汉字等级大纲》中的分布，从北京语言大学的"HSK 动态作文语料库"中搜集偏误语料，对偏误进行二次分类，对偏误句进行了综合分析和统计，提出了教学策略。

廉红红（2013）的硕士学位论文《日语汉字词对日本留学生汉语学习的负迁移研究》对《汉语水平词汇与汉字等级大纲》中的 1033 个甲级词汇进行了统计分析，对日汉同形词中的同形异义、同形近义词和日汉异形词中的异形同义词在《汉语水平词汇与汉字等级大纲》中的分布做了穷尽性的考察，分析了初级汉语阶段日语汉字词对日本留学生汉语学习的负迁移表现。

此外，王洪顺、西川和男（1995）《中日汉字异同及其对日本人学习汉语之影响》、李金莲（2004）《日语中的汉字与汉字词》、孙俊（2005）《日本留学生汉语词汇学习过程中借用母语策略研究》、余贤锋（2007）《日汉同形词的对比分析》、赵雪莹（2008）《汉日同形词的对比分析》、吴春燕（2009）《中日同形词比较研究》、商洪博（2006）《日汉同形词比较研究》、李峤（2012）《汉日同形词对比及对日汉语词汇教学策略》、包月茜（2014）《基于〈新 HSK 大纲〉的汉日同形词分析——以初级词中的两字词为例》、施建军（2019）《中日现代语言同形词汇研究》、许雪华（2020）《基于语料库的汉日同形词词性对比研究》等都是从汉字词的角度做出的研究，成果丰硕，不再一一评述。还有几部词典值得一提：唐磊（1996）主编的《现代日中常用汉字对比词典》对日本 1981 年公布的 1945 个常用汉字及其组成词语，从音、义、用法的异同角度进行了对比，用"共时比较方法"辨析了中日语言中同形近义词与同形异义词。该词典还选出了部分同形异义词，并从历时与共时两个角度进行对比，便于读者追根溯源。黄力游、林翠芳（2019）的《日汉同形异义词词典》共收录同形异义词 500 多对，由"解释"与"日汉对比例句"两部分组成，按日语五十音图顺序排列。秦明吾（2019）的《日汉同形异义词词解》供高级阶段学习者使用，收录了 3000 多个词条。

韩国（朝鲜）语汉字词的研究成果在早期并不多，20 世纪 60 年代到 70 年代，汉字词逐渐成为学界的研究热点。如：李庸周（1974）的《韩国汉字词研究》和李孝淑（1999）的《韩中同形异义词的比较研究》（韩国外国语大学硕士论文），金圭哲（1980）的《关于汉字词的构词研究——与固有词比较》、沈在箕（1987）的《汉字词的构造与构词能力》、李得春（1982）的《汉字词发展的历史过程》、安炳浩（1984）的《朝鲜汉字音体系的研究》、李得春（1988）的《浅谈汉朝同形词》（朝鲜金日成综合大学出版社）、李得春（1988）的《浅谈汉朝同形词》（《延边大学学报》第 4 期），金光海（1989）的《固有词与汉字词的对应现象》（韩国塔出版社）等。20 世纪 90 年代中韩建交后，关于韩国（朝鲜）语汉字词和汉语的对比研究逐渐增多。崔羲秀（1990）的《韩国语汉字音韵学通论》（韩国中文出版社）、黄玉花（1990）的《汉语常用词和与之相应的朝鲜语的汉字词》、金相代（1995）的《汉字语的结构特点》、朱英月（1997）的《〈汉语水平词汇等级大纲〉中的中韩同形词比较研究》、金贞恩（1998）的《汉字语的构词研究》、李美香（1999）的《通过韩中日语汇的比较考察韩国汉字的特性》、金新爱（1999）的《汉语作文中出现的词汇选择错误研究：以韩中同形汉字词为中心》，蔡玉子（2004）的《韩国汉字词和中国现代汉语语汇的比较研究》、俞春熙（2004）的《汉字副词的考察与分析》、甘瑞瑗（2002）的《韩中同形异义汉字合成词的对比分析》，全香兰（2006）的《韩语汉字词对学生习得汉语词语的影响》，崔地希（2010）的《中韩汉字词对比研究》，徐在学、罗芳、陈校语、赵顺花 2011 年编著的《韩国语汉字词读解》分为韩汉读音对比和韩国语汉字词读解两个部分，由延边大学出版社出版。姚巍（2013）的《中韩同形异义词的比较研究》等。

程崇义（1987）的《关于韩中汉字变迁的比较研究》（首尔大学1987年硕士学位论文），描述了汉字词的变迁过程和使用状况，以汉字的成语比较研究为主，分析了中韩语义的差别，以及产生这种差别的原因。

山东大学李暎真（2009）的硕士学位论文《汉语词汇与韩国语汉字词的比较研究》以中国国家汉语水平考试委员会制定的《汉语水平词汇与汉字等级大纲》中的汉语词汇为主要研究对象，结合自己教学和学习的经验体会，扩展了一部分大纲以外的词汇，词汇总量为2986个。选择了1772个《汉语水平词汇与汉字等级大纲》中有韩语汉字词对应的词，占总词汇量的59%。其中，从1033个甲级词汇中选择了245个，占甲级词汇总量的23.7%；从2018个乙级词汇中选择了595个，占乙级词汇总量的29.5%；从2202个丙级词汇中选择了537个，占丙级词汇量的24.4%；从3569个丁级词汇中选择了395个，占丁级词汇量的11.1%。此外，大纲以外的词有1214个。作者采用归纳和比较的方法，把现代汉语词汇和韩语汉字词分为五类：同形同义词2199个，占总词汇的73.6%；同形异义词114个，占总词汇的3.8%；同形部分异义词284个，占总词汇的9.5%；异形同义词384个，占总词汇的12.9%，异形异义词5个，占总词汇的0.2%。

李海慈（2001）的《韩国汉字与中国语的对照研究》（京畿大学教育大学院硕士学位论文）分门别类地整理了目前韩语中正在使用的汉字词和固有词，重点对来自佛教的汉字词和来自日语的汉字词进行了研究，此外，还对韩语中汉字词的字数和汉语词语的字数分类进行了比较，从同形语、异形语两个方面做了进一步的说明。

此外，2005年延边大学南红花的硕士学位论文《韩国语汉字形容词及与之对应的汉语词对比》、2008年吉林大学朴雅映的硕士学位论文《韩国语中的汉字词研究》、2012年南开大学朴爱华的博士学位论文《汉字在韩语汉字词中的发展变化研究》、2009年南开大学金一勋的硕士学位论文《汉语词缀与韩语中汉字词缀的比较研究》、2013年辽宁大学刘晓丽的硕士学位论文《韩语汉字词与汉语词语的对比研究及在教学中的应用》、2014年天津师范大学朴圣大的硕士学位论文《韩语汉字词教育对韩语学习者的影响分析》，2017 年暨南大学钟梅玉的硕士学位论文《母语迁移对韩语汉字词学习的影响及相关教学策略研究》、2021 年四川师范大学胡霖莉的硕士学位论文《韩语汉字词研究》等都是以韩语中的汉字词为研究对象的学位论文。

　　当然，这些只是笔者在研究中接触到的部分有关日韩语汉字词的研究成果，尚有大量已问世的论文、论著未能在此提及，或囿于笔者的学识或为各种条件所限未能获得。本书在研究过程中参考了前人相应的研究成果，引用时均在书中一一标注了来源。我们觉得把日韩语中的汉字词放在一起讨论可能更有学术价值和现实意义。首先日韩两国古代同属汉字文化圈，在语序上都属于 SOV 型，受汉语的影响，都经历了类似的吸收、交融、改造、运用汉字的过程。汉字词在流传和使用的过程中，某些方面跟汉语词产生了差异，日韩语中往往保留了某些方面的一致性，这种差异体现在词义的范围、褒贬色彩、语体风格、词语搭配等多方面。随着日本假名和韩国谚文的出现，日语和韩语分别有了自己的民族文字，汉字词的标记形式也由纯粹汉字过渡到汉字和自身文字并用，一直到现阶段主要用自身的文字体系来标记汉字词的阶段，所以一般所说的日韩语中的汉字词和汉语词同形都是从便于研究的角度而言的，从共时的角度看，一点也不同形，例如，诸葛亮的《出师表》中有这么一句话：

　　11）亲贤臣，远小人，此先汉所以兴隆也；亲小人，远贤臣，此后汉所以倾颓也。

翻译成日韩语，如果完全用假名和谚文来书写，分别如下：

　　12）けんしんに　したしみ　しょうじんを　とおざくるは　これ　ぜんかんの　こうりゅう　せし　ゆえん　なり、しょうじんを　したしみ　けんしんに　とおざくるは　これ　こうかんの　けいたい　せし　ゆえん　なり
　　13）친현신　원소인　차선한소이흥륭야　친소인　원현신　차후한소이경퇴야

　　若没有一点日韩语言的基础，再怎么猜大概也不知道说的是什么意思。日韩语中的汉字词最终都融入了各自的词汇体系中，承担起语言交际的重要使命。前人的研究虽然取得了多方面的成就，但一般将语音、词汇、字形、语义、语法等相分离，且大多还停留在个别描写的层面，综合性研究不足。本书注重对日韩语汉字词来源的追溯，与汉语词在词性、搭配和使用方面的差异比较是本书讨论的重点。

第一章

汉日韩文化之间的关系

第一节 汉文化与日本文化之间的交流

日本在史前经历了漫长的年代。考古资料表明，五万至两万五千年前，日本境内已有人居住，《礼记·王制》注引《风俗通》："东方谓之夷，其类有九：一曰玄菟，二曰乐浪，三曰高骊，四曰满饰，五曰凫臾，六曰索家，七曰东屠，八曰倭人，九曰天鄙。"其中"倭人"就是古代的日本人。《山海经》《汉书·地理志》《三国志·魏书·东夷传》《后汉书·东夷列传》等也留下了关于古代日本的记载。汉代许慎的《说文解字》："倭，顺貌。从人，委声。"反映了中国古人对这个东方民族较早的认知。《日本书纪》："吾邦之人初入汉，汉人问谓：'汝国名如何？'吾答曰：'谓吾国耶？'汉人即取'吾'之和训，名之曰倭"，"倭"即"我"；也有人认为"倭"是中国古代对倭奴的简称，倭奴国即倭国中的奴国，《明史·日本传》："日本，古倭奴国。唐咸亨初，改日本，以近东海日出而名也。"1784年，在日本九州博多湾口的志贺岛上，发现了一枚赤金方印，上刻"汉倭奴国王"五字。《后汉书》记载，东汉光武帝建武中元二年（57），倭奴国使者曾来汉朝拜，光武帝赐使者金印紫绶，成为汉朝和邪马台国之间交往的凭证。

中国移民日本也很早，古代中国人一般是到了与大陆相邻的朝鲜以后再去日本，通过朝鲜海峡对马岛到日本；或沿着日本海环流，到达日本的北陆地区、本州的北部。公元前二三世纪秦汉之际，一批中国人移民到日本，其中代表人物是徐福，据司马迁的《史记》，他在始皇帝二十八年（公元前219年）东渡日本。三国时，日本的邪马台国曾4次派使节到魏，魏也两次派使节回访，《三国志·魏书·倭人传》记载魏明帝景初二年（238）倭奴王卑弥呼遣使者难升米、都市牛利，由朝鲜半岛上的带方郡地方官带领，来到魏都洛阳，献有男女生口（奴隶）和班布，魏明帝诏封卑弥呼为"亲魏倭王"，赐以金印紫绶，并封难升米为"率善中郎将"，都市牛利为"率善校尉"并赐以银印；赐给绛地交龙锦五匹、蒨绛五十匹，绀青五十匹，作为对卑弥呼贡品的答礼。此外，又特赠卑弥呼绀地句文锦三匹、细班华罽五张，白绢五十匹、金八两、五尺刀二口，铜镜百枚、真珠、铅丹各五十斤，所有赐赠之物，于正始元年（240），敕带方郡官员送到倭奴王国，这是魏使第一次到达日本列岛。自倭魏第一次通使之后，双方来使不断，魏景初以后十年间，倭奴王国使者到魏或带方郡四次。魏使到倭奴国两次。西晋末年，北方少数民族南下，王室南逃带走了大批图书典籍，中原士大夫阶层随之南下，把以"河洛文化"为中心的中原文化带到了南方。之后日本岛上各国以南朝为汉文化的正宗，和南朝往来甚密。

日本《古语拾遗》（807年）记载："（日本）上古之世，未有文字，贵贱老少，口口相传，前言往行，存而不忘。"汉字大概是在公元三四世纪传到日本的。《日本书纪》记载："十五年秋八月壬戌朔丁卯，百济王遣阿直岐贡良马二匹。既养于轻坂上厩。因以阿直岐令掌饲，故号其养马之处曰厩坂也，阿直岐亦能读经典，既太子菟道稚郎子师焉。于是天皇问阿直岐曰：'如胜汝博士亦有耶？'对曰：'有王仁者，是秀也。'……十六年春二月，王仁来之，则太子菟道稚郎子师之，习诸典籍于王仁，莫不通达。所谓王仁者，是书首等之始祖也。"①《古事记》记载："和尔吉师（王仁）带来《论语》十卷，《千字文》一卷。"② 也就是说，最初是一个叫王仁的博士，到朝鲜当五经博士，应日本官方的邀请，到日本传授儒学，带去了《论语》《千字文》等书，这样，日本就有了中国的汉字。这是最早记录日本人系统学习汉文汉字的文献。王仁传入的《论语》一书，对于日本的世道人心影响很大，简野道明说：

　　《论语》传入日本，也就是日本儒学的发轫。此书对于日本国风民俗的陶冶，实有极大的影响。自古以来，《论语》被尊为至高无上的圣典，上自历代的天皇，下至市井的庶人，始终讲究不倦。

中国的儒学传到日本后，逐渐被日本化，构成了日本传统文化的主干，如与日本固有的神道结合起来，神儒调和，跟佛教结合起来，儒佛调和，成

---

① 《日本古典文学大系》，岩波书店，1973，第371页。
② 《日本古典文学大系》，岩波书店，1973，第248页。

为具有日本特色的思想体系。奈良、平安时代，日本开始派遣大型使节团即遣隋使、遣唐使到隋朝和唐朝，全面学习中国的经济、文化、制度、艺术等，推动了日本社会的进步。日本历史上第一次改革"大化改新"，就是在这种学习的基础上进行的。到了17世纪，日本的江户时代，中国儒家的朱子学，就是朱熹的理学，已经成为日本的官学，在民间则盛行阳明学。儒家思想深刻影响到日本的政治、经济、文化、社会、宗教以及伦理道德、价值观念、行为准则等各个方面，成为"东亚文化圈"的一个重要特征。19世纪明治维新以后，日本将目光转向文明进程较快的西洋，采取拿来主义的态度，积极融合外来文化，反过来又影响了当时的中国文化和一代知识分子，一些人纷纷东渡扶桑，学习东洋先进的文化和技术。张之洞（1895）在《劝学篇》中说："游学之国，西洋不如东洋，一路近省费，可多遣。一去华近，易考察。一东文近于中文，易通晓。一西书甚繁，凡西学不切要者，东人已删节而酌改之。中东情势风俗相近，易仿行，事半功倍，无过于此。"[1] 梁启超也说："日本与我为同文之国，自昔行用汉文。自和文肇兴，而平假名、片假名等，始与汉文相杂厕，然汉文犹居十六七。日本自维新以后，锐意西学，所翻彼中之书，要者略备。其本国新著之书，亦多可观。今诚能习日文以译日书，用力甚鲜，而获益甚巨。计日文之易成，约有数端：音少，一也。音皆中之所有；无棘刺扞格之音，二也；文法疏阔，三也；名物象事，多与中土相同，四也。汉文居十六七，五也。故黄君公度谓可不学而能。苟能强记，半岁无不尽通者。以此视西文，抑又事半功倍也。"[2] 这种文化吸收的便利性，使得19世纪末期的汉语从日语中输入了大量新概念、新词语。

第二节　汉文化与韩国文化之间的交流

在古代，中国和朝鲜半岛之间的交往十分便利，到日本列岛也可以通过朝鲜半岛渡海或沿着东海过去，这使得古代中国和朝鲜半岛在文化上非常接

---

[1]　赵德馨主编《张之洞全集》，武汉出版社，2008。

[2]　梁启超：《论译书》，《饮冰室合集·文集之一》，中华书局，1989，第76页。

近。中国古代的东夷诸部落普遍流行卵生的传说,《诗经·商颂·玄鸟》:"天命玄鸟,降而生商",《史记·殷本纪》记载:"殷契,母曰简狄,有娀氏之女,为帝喾次妃。三人行浴,见玄鸟堕其卵,简狄取吞之,因孕生契。"淮夷、嬴秦及满族的族源神话中都有此类卵生的传说。古代韩国的高朱蒙神话见于5世纪广开土王的陵墓碑文及高丽时期所编的《三国史记》《三国遗事》,认为朝鲜族也是卵生民族。考古资料表明,公元前1000年前后发生了一场大规模的民族迁徙,箕子作为开启文明时代的古朝鲜建国者,带来了东夷族殷商文化的传统和殷之始祖契的降生神话,如衣裳尚白,冠章甫,礼乘白马,皆殷古制。司马迁《史记·宋微子世家》:

> 武王既克殷,访问箕子。武王曰:"於乎!维天阴定下民,相和其居,我不知其常伦所序。"箕子对曰:"在昔鲧堙鸿水,汩陈其五行,帝乃震怒,不从鸿范九等,常伦所斁,鲧则殛死,禹乃嗣兴,天乃锡禹鸿范九等,常伦所序。……于是武王乃封箕子于朝鲜,而不臣也。"

《东国通鉴·外纪·箕子朝鲜》篇引涵虚子曰:

> 箕子率中国五千人入朝鲜,其诗书礼乐医巫阴阳卜筮之流百工技艺,皆从而往焉。既至朝鲜,言语不通,译而知之,教以诗书。使其知中国礼乐之制,父子君臣之道,五常之礼,教以八条。崇信义,笃儒术,酿成中国之风教,以勿尚兵斗,以德服强暴。邻国皆慕其义而相亲之,衣冠制度悉同乎中国。故曰:诗书礼乐之邦,仁义之国也,而箕子始之,岂不信哉!

尽管箕子的存在及司马迁记载的真实性在韩国史学界一直有争论[①],但古代朝鲜半岛居民中中国人的客观存在是不容否定的。《后汉书·东夷列传》记

---

① 1948年大韩民国成立后,民族史学成为韩国讲坛史学的三大流派之一。被称为在野史学的非学者民间人士,喜欢将神话故事、民间传说和评书演义与真实的历史混为一谈,在社会上有较大的影响。

载：“辰韩，耆老自言秦之亡人，避苦役，适韩国，马韩割东界地与之。其名
国为邦，弓为弧，贼为寇，行酒为行觞，相呼为徒，有似秦语，故或名之为
秦韩。”① 韩国著名历史学家申采浩的《朝鲜上古史》三“朝鲜之总论”也认
为，“真（辰）朝鲜，姓解氏，檀君王俭之子孙；番（弁）朝鲜，姓箕氏，箕
子之子孙；莫（马）朝鲜，姓韩氏”，反映了上古朝鲜居民构成的多元性。

中原燕齐两国通过陆路和海路与朝鲜半岛进行贸易往来，汉字在这一时
期已经传入朝鲜半岛。秦汉之际，为了躲避战乱，有更多的中国人逃到朝鲜。
《三国志·魏书·东夷传》记载：“陈胜等起，天下叛秦，燕、齐、赵民避地
朝鲜数万口。”汉初，卫满起义失败，率领他的族人到朝鲜自立为王，约于公
元前194年建立“卫氏朝鲜”，定都王俭（今平壤）。公元前109年汉武帝派
兵5万，征服了“卫氏朝鲜”，将朝鲜北部纳入中国版图，在乐浪（平壤）、
玄菟（辑安）、临屯（元山附近）、真番（京城方面）派出了汉朝的郡守，后
合并为乐浪、带方二郡，连续统治四百多年。

1世纪到7世纪，朝鲜半岛处于三国时代，高句丽、百济、新罗三个国
家都跟中国有遣使往来。唐代初年百济派了20多次使节到唐朝，新罗派了30
多次，同时唐朝也派了9次使节到新罗。朝鲜在李朝初年也向明朝派遣使节，
据统计有300多次。到了清朝，李朝的使节有500多次，大量吸收中华文化。
隋唐时期不少朝鲜留学生来中国，唐朝国子监里的新罗留学生有200多人，
有些人还考中了进士，在唐朝做官。②

中国的儒家思想早在公元1世纪就传入了朝鲜半岛，当时有些朝鲜人已
经能够背诵《诗经》。公元三四世纪，朝鲜半岛的高句丽建立了儒学的最高学
府——太学，百济设立了五经博士，375年指派博士高兴编纂《书记》。7世纪，
新罗国也开设了国学，学习儒学，新罗在545年用汉文编纂国史。到12世纪，
高丽王朝设立了经筵制度，专门讲授儒学。国家专门设立成均馆，讲授儒学，
朝鲜的很多儒家学者对儒学进行发展，比如朝鲜学者李退溪，被称为朝鲜的
“朱子”。

---

① 《三国志·魏书》中也有相同的记载。

② 王晓秋：《中华文化是怎样影响日本韩国的》，《北京日报》2010年11月15日。

第三节　日韩语与汉语的关系

汉语属于汉藏语系，日韩语的系属仍有争论，有人认为属于阿尔泰语系。三种语言之间的最大差异在于语序和声调。一般认为日韩语属于比较典型的SOV语言，现代汉语属于 SVO 语言；日韩语没有声调，而汉语有声调，这种系统的差异性，并不妨碍它们在漫长的岁月中互相交流，从对方的语言——在古代主要是日韩语从汉语——吸收或改造了一大批词语，从而形成了具有自身特点的词汇库，长期承担着重要的语言交际任务。

一　日韩语中的汉语词

日语的词按来源可以分为汉语词、和语词、外来语词。和语词是日语中固有的、自创的词，用汉字或假名书写，日语叫作わご（和語）；外来语词是近代主要源自欧美语言的词，一般用片假名书写，也叫"片假名词"；汉语词出自中古、近代汉语，用汉字书写，与中国文化之间存在密切关系的，日语叫作かんご（漢語）。在日语中，"漢語"一词表示一个特定的概念，并不是指汉民族共同语（中国语）。日本原本没有自己的文字体系，长期借用汉字作为书写符号，这是汉语词发展的一个条件。8世纪的日本平安时代初期，在万叶假名的基础上，利用汉字草创了平假名（平易通俗的字）；12世纪的院政时代，又产生了源于汉字"省字"的片假名（不完整的字）。这样，表意性质的汉字变成了表音性质。

在汉字传入日本前，汉语的词汇很可能已经先于文字通过口头传入。日本斋部广成《古语拾遗》中说："盖闻上古之世，未有文字，贵贱老少，口口相传，前言往行，存而不忘。"古代中国高度发达的封建文化给当时生产力水平还比较低下的日本以强烈的刺激，统治者为了巩固政权，求得生存与发展，大力输入中国的文学艺术、科学技术、宗教乃至某些生活方式和风俗习惯，"漢語"词汇源源不断地移植到日语中，汉籍的流行带来了"漢語"的流行。同时，佛教于 6 世纪初从中国辗转传到日本，在统治者的倡导下逐渐成为民众普遍的信仰，对日本百姓的精神生活产生了重要的影响，对语言也产生了重要的影响，佛教用语多以"漢語"形式进入日语词汇。《古事记》《日本书纪》等都是用汉字写成的纯汉文或准汉文，脱胎于汉字的假名问世后的"国风文化"各代表作中"漢語"词也很多，13世纪的《平家物语》是真名（汉字）文学与假名文学合流的新文体典范作品，有许多出自汉籍和佛典的汉语，江户时代，德川幕府从"文治"出发，鼓吹汉学，更促进了"漢語"词的传播。中国古人对日语也有一些认识，并留下了文字记载。宋代罗大经的笔记《鹤林玉露》卷四"日本国僧"中说："予少年时，于钟陵邂逅日本国一僧，名安觉。自言离其国已十年，欲尽记一部藏经乃归。念诵甚苦，不舍昼夜，每有遗忘，即叩首佛前，祈佛阴相，是时已记藏经一半矣。……僧言其国称其国王曰'天人国王'，安抚曰'牧队'，通判曰'在国司'，秀才曰'殿罗罢'，僧曰'黄榜'，砚曰'松苏利必'，笔曰'分直'，墨曰'苏弥'，头曰'加是罗'，手曰'提'，眼曰'媚'，口曰'窟底'，耳曰'弭弭'，面曰'皮部'，心曰'母儿'，脚曰'又儿'，雨曰'下米'，风曰'客安之'，盐曰'洗和'，酒曰'沙嬉'。"这是宋人对日语词语的记录描写。[①]相比汉语对日语的影响，日汉语这种记述却显得少之又少。明治时代，日本社会的经济、政治发生了急剧的变革，"漢語"词以空前的速度扩充，一个突出的现象是用汉语翻译西洋语，或音译、或意译、或创造新字。明治八年刊行的《大全汉语字汇》（青木辅清著）的序文中说："维新以来，上自布告文书类，下迄日常书信、街谈巷议以及报章类，多用汉语。又各国地名、人名等亦用唐音填译。"这些汉字词，后来又有不少流传到汉语中，对现代汉语的词汇产生了重要的影响。当今汉语中的"卡拉 ok"就来自日语，"卡拉"是日语"空"的训读，ok 是英语 orchestra（乐队）的缩写，卡拉 ok 指没有乐队现场伴奏的音乐。

韩语的词汇也分为固有词、汉源词、外来词等三类。固有词是韩语的基础词汇，约占韩语词汇的 30%，汉源词是指借用汉字构成的词，约占 50%，还有 20% 的词汇是从别的语言吸收而来的，称为外来词，其中来自英语的词占大多数，并有进一步增多的趋势。

① （宋）罗大经：《鹤林玉露》，中华书局 1983 年点校本。

公元1世纪之前汉字可能就传到了朝鲜半岛。大批中国百姓为躲避战争而避难于朝鲜半岛，必然带去本土的汉字和文化，在平壤就出土了公元前222年制造的秦戈，还出土了4600多枚公元前4~前3世纪在燕国流通的青铜铸造的货币明刀钱，秦戈和明刀钱上都刻有汉字。汉字可能在公元4、5世纪成为朝鲜的书面文字，一直延续到19世纪末。东汉时期的王充在《论衡·恢国篇》中写道："辽东、乐浪，周时被发椎髻，今戴皮弁；周时重译，今吟诗书。"可见，古韩国人在周朝进行了双向通译，在东汉时已能很好地诵读《诗》《书》。公元前后相继建立的高句丽、新罗、百济三国，先后把汉字作为书面工具，不仅借用汉字，而且利用汉字的音和义，即汉字的假借原理和表意功能，创造了一种叫"吏读"的文字形式。高句丽在建国之初，曾有名为《留记》的书百卷，到建国600年时，指派大学博士李文真将百卷《留记》改为《新集》五卷。新罗开设了国学，教授《周易》《尚书》《毛传》《论语》等汉学典籍，把行政单位名称和官职名称等改用汉字，大大促进了汉字的普及。中国文化最盛行的高丽时代，汉文学、性理学和佛教高度繁荣，文化方面的指定概念语全部用汉字。这一时期，高丽朝引进了中国的科举考试制度，加上佛教的传入，大量的汉字词和佛教用语从中国引进，汉字成为人们生活中必不可少的交际工具。传入新罗的汉传佛教带有鲜明的中国传统文化特色，成为统一新罗的主流意识形态。

自高丽王朝开国之君王建起，历代诸王笃信佛教，从而促使汉传佛经广泛传播，大量汉字词从书面走向口头，逐渐融合到韩语中。作为一个民族，视汉语教育为国家语文教育的主要方面而积极推广则是在李氏朝鲜时期，太祖对明朝采取遵从政策，对清、蒙、倭采取怀柔的政策，将"事大交邻"定为三大国策之一。开国之初便以司译院为中心，推广四学（汉、清、蒙、倭）教育，其中以汉学教育为中心。为了解决语言和文字不统一的矛盾，李朝世宗王创制了《训民正音》，创造了自己的民族文字——谚文，有11个母音，17个子音，共28个字母，其体系是将一个音节分为初声、中声、终声等三个部分，确定了初声与终声同一性（这是对将音节分成声母与韵母的汉语音韵学传统方法实施根本性的变革措施），将纯粹的韩语单词与汉字音的书写法一同考虑进去，声母与汉语语音字母的体系相关联，使用牙音、舌音、唇音、齿音、半舌音、半齿音或全清、次清、全浊、不清不浊等中国音韵学术语。这28个字母经过560年的发展，现在已经有3个子音和1个母音被淘汰了，目前朝鲜和韩国只使用24个子音和母音。用24个子音和母音，可以组成7万个字，而这些字又可以组成7亿多个词，如此繁多的文字是用之不尽的，因此，《训民正音》被韩国指定为国宝第70号，1997年10月被联合国教科文组织列为世界文化遗产。

15世纪中期，李朝世家曾命令"集贤传"学者翻译中国明朝的《洪武正韵》，同时以《古今韵会举要》为蓝本，编撰了《东国正音》，谚文与表意的汉字性质不同，但在语音的表现及字形的构造上仍然受到汉字的影响。在上层社会和士大夫阶层，汉字和汉文仍然得到广泛的应用，官府的正式文字和文人的创作也采用汉字和汉文。汉文学和性理学的繁荣，使得汉字词通过有限的混合文件或各种翻译文本大量产生，朝鲜李朝的档案《李朝实录》完全用汉字书写。19世纪末，表示西方风物和概念的新词通过中国和日本的翻译进入朝鲜，日本殖民统治期间，日式汉字词开始在韩语中流行。

然而，一直到19世纪末叶，朝鲜王朝还在使用汉字撰写官方文件和历史著作，也有汉文的文学作品。韩国的历史典籍几乎都以汉字书写，今天的韩国国立中央博物馆具有百年历史以上的文物，无论是精美的书法、绘画，还是瓷器、石碑，无一不使用汉字。二战后，韩国摆脱了日本的殖民统治，受民族主义的影响，他们对日本统治时代汉字的使用与中国古代的册封体制非常不满，汉字进一步受到排斥，而将谚文提升为国家文字的呼声更加高涨。1948年施行的《谚文专属用途法》（简称谚文专用法），是汉字被依法废除的法律依据。法律全文如下："大韩民国的公文必须使用谚文书写。然而，在过渡期间，可以在谚文后方以括号形式插入汉字。"深受汉字文化影响的韩国尽力实施去汉字化，强行废除韩国小学、中学教科书中的汉字，使汉字在韩国逐渐走向边缘化，现在的韩国，汉字的使用频率已比以前低了很多，其国民虽然仍要接受900字左右的汉字义务教育，但谚文普遍使用，报纸上的汉字使用频率也不高，一般只用于回避歧义的词语，导致20~40岁的年轻人学习汉字的热情不高，一些人几乎完全不懂汉语，使用汉字的出版物卖不出去，至于谚汉混用还是谚文专用，在全国的民意调查中两种意见各占了一半，政治家对于这个问题也面有难色。独立以来，在韩国持续不断的文字争论被称为"60年文字战争"。尽管如此，仍然不断有人呼吁在语言生活中恢复汉字，1999年，金大中政府决定在公务文件和交通标志等领域恢复汉字和汉字标记。此后，韩国一批前总理曾联名上书时任总统李明博，认为要从根本上解决韩国的"文化危机"，就应从小学开始分阶段教学生认汉字。新加坡《联合早报》发表署名文章说，汉字不是外文，"去汉字化"过程的矫枉过正，不仅产生了文化断层，也给韩国带来了严重的民族文化危机。早在李朝时期崔万里反对世宗推行谚文时就说："自古九州之内，风土虽异，未有因方言而别为文字者。"使用谚文后，由于同音异义的字很多，如果仅以表音字记录事情的话，很明显会出现混乱，如韩国的姓氏郑和丁、姜和康、林和任、柳和俞在使用谚文后均同音，"故事、古寺、考查、古辞、告辞、枯死"等22个单词同音，"电机、转机、前期、战机"同音，"防守""防锈""傍受"同音，"收入、输入"同音，而用汉字标记则很容易从字形上加以辨别。在实际语言生活中，不识韩文路标的日本游客觉得在韩国旅游比在香港更像外国；韩国有超过40%的商品输出对象属汉字文化圈，70%的外国游客来自汉字文化圈，人们却无法从中享受汉字带来的便利。因"防水"和"放水"同音，韩国高速铁路施工公司理解错了图纸的意思，枕木里没有加防水材料反而加了吸水材料，导致15.5万多根枕木不合格。甚至有人认为，汉字使用的减少甚至废除直接带来了一段时期韩国的政治混乱和经济危机，因为"表音字一代"不能阅读韩国的古籍，人文知识的欠缺造成了整个社会传统道德、哲学、思想、伦理的混乱。

二 日韩语汉字词汉语来源的个案考证

日语中汉语词的发音有吴音、唐音、汉音等不同。《晋书·倭人传》记载："男子无大小，悉黥面文身，自谓太伯之后。又言上古使诣中国，皆自称大夫。昔夏少康之子封于会稽，断发文身以避蛟龙之害，今倭人好沉没取鱼，亦文身以厌水禽。""太伯"即"泰伯"，为周文王长子，闻父王欲传位于三子季历，为不使其为难，携二弟逃至荆蛮之地，断发文身，示不可用，立国号勾吴，据地长江中下游一带，建都吴中（苏州）。公元前 473 年，越王勾践灭吴，吴人支庶四散，一部分跨海东迁。倭人中有人称是太伯之后，且习俗与吴越相近，应是从这里迁徙而去。应神天皇三十七年（306），派阿知使主往吴求缝工女，得兄媛、弟媛、吴织、穴织四工女而归；雄略天皇十四年（469），又派身狭青、桧隈博德往吴招聘"手末才技"，得汉织、吴织及衣缝兄媛、弟媛而归，于是将吴人安置于桧隈野，名其地为吴原。今大阪府的摄津丰能郡池田町，仍有供奉吴织师的吴服神社，吴人织绢的新技术受到更为普遍的欢迎，一切精美的丝织品都被称为"吴织"，至今日本仍称绸缎为"吴服"，这种交流必然会在双方的语言上留下印记。

《越绝书》是一部以吴越争霸为主干、上溯夏禹、下及两汉、旁及诸侯的重要古籍，对吴越地区的政治、经济、文化、军事、天文、历法、历史、地理、语言等多有涉及，除含"句、乌、余、朱、姑"等属于人名或地名的专有名词外，还记录了"越人谓船为须虑"，"越人谓盐曰余""夷，海也""莱，野也""单者，堵也"等一些普通名词。这些词的发音在今天的日语中还能找到一些对应，如日语中"梅子"为うめ，"马"为うま，う与汉语的"乌"发音相对应，类似词头，"め、ま"的发音跟汉语的发音近似，尤其是"梅"，在吴方言区至今读作单元音韵母；"须虑"当是日语的ふね（船），繁钦《辨惑》："吴人者，以船楫为舆马，以巨海为夷庚（坦道）"；越方言词"井"，音 [duỹ]，越中作"深潭"解，今已不大多见，但在日本，却满街都是，日语どんぶり是一种装在很深的碗里拌着各种料理的米饭，与绍兴的菜熬饭相似。日语中的数词"二"读为に [n̩i]，是古代越语，与今吴越语"二"读音完全相同。现在越谚中一个常用副词"奈格奈格"，意为"非常非常"，如此人"奈格奈格好"，在日语中同样存在意义和读音相同的なかなか。[1] 从词汇比较的角度看，《三国志·魏书·东夷传》记载"东方人名我为阿"，这里的东方也可理解为吴越一带，吴人称我为"侬"，"阿侬"是其明证。"阿"在古汉语中还见于乐府诗歌、民谣及变文，也可能是方言关系，"阿"作词头，至今只见于吴语和粤语，不见于北方话。在上海话中，"阿"可作为前附加，表

---

[1] 陈桥驿:《多学科研究吴越文化》，载杨葳、杨乃浚《绍兴方言》，国际文化出版公司，2000。

示亲属称谓：阿哥、阿姐、阿嫂、阿舅、阿伯、阿侄；可以表示排行：阿大、阿三、阿大先生（过去称商店经理）；可以用于名字之前，表示亲昵的称呼：阿旺、阿福、阿毛；还可加于其他指人的名词前，一般带有贬义或戏谑的感情色彩：阿乡（贬指乡下人）、阿胡子（长络腮胡须的人）、大阿福（原指无锡惠山泥人，现戏称体态肥胖者）、阿飞（不正经的青少年）、阿戆（笨蛋）。"侬"在吴语中是很常见的一个人称代词，元高德基《平江记事》："嘉定州去平江一百六十里，乡音与吴城尤异，其并海去处号三侬之地，盖以乡人自称曰'吾侬'、'我侬'，称他人曰'渠侬''你侬'，问人曰'谁侬'"，今上海话中"侬"已成为第二人称代词，日语中称わし（儂）（老年男子第一人称），表"我"义，仍是第一人称。

　　探寻语言之间词汇互相影响的情形，只联系记录这些词语的汉字还不够，因为有些词语根本就没有文字记载，一般还要联系读音。日语中关于人的排泄物有一个较俗的词语叫"ししばば"，如"ししばばの世話になる"（靠人服侍大小便），这里的し是汉语的"尿"，那么ば呢？其实就是汉语方言中的"巴"，正字应写作"屄"，汉语用"巴""巴巴"表示大便义的方言有很多，"巴"后来引申发展成为一个构词后缀，一般含有贬义色彩，如黑龙江佳木斯有"瘫巴""哑巴""结巴"；山东邹平有"聋巴"、"瘸巴"、"嘲巴"（傻子）、"馋巴"（馋嘴的人）、"结拉巴"（结结巴巴的人）；江苏徐州有"瘫巴""瘸巴""结巴""赖巴"；湖北大冶有"土巴"、"哈巴"（傻子）。

　　보是韩语中表示具有某种特征的人的谑称，所构成的词语，如뚱뚱보（胖子）、털보（大胡子）、땅딸보（矮胖子）、꾀보（机灵鬼儿）；日语有卑（いや）しん坊（ぼう）（贪吃的人）、食いしん坊（ぼう）（嘴馋的人、贪吃的人）、食いしん坊なまけ者（もの）（好吃懒做的人）、朝寝坊（あさねぼう）（贪睡的人）、泥坊・泥棒（どろぼう）（小偷、贼），風来坊（ふうらいぼう）（流浪汉），けちん坊（ぼう）（吝啬鬼）。日语词典对此的解释是：ある語に添えて、親しみまたは嘲りの気持を含めて、"…な人""…する人"の意を表す語，即含有亲切嘲讽的意味。《汉语大词典》符方切的"坊"是平声阳韵奉母，有"坊子"（窑子、妓院）、"坊夫"（里坊的杂役）、"坊中语"（指俚俗语）等词语，"坊"多涉贬义，日语"坊"的贬义

色彩或与此有关。江淮泰如片方言中存在一个有音无字的"暴［pɔ³³］"（下浪线表示同音替代字），如"嚼暴"（说没有根据的话）、"矮敦暴"（对身材矮胖人的贬称）、"登山暴"（鞋的贬称），"招暴"（胡说八道），很难说这里的"暴"和日语的ぼう、韩语的보之间没有一点联系，它极有可能是历史上东夷语的某个底层词。"通"指马粪，明李时珍《本草纲目·兽一·马》："马屎曰通，牛屎曰洞，猪屎曰零，皆讳其名也。凡屎必达胴肠乃出，故曰通，曰洞。胴，即广肠也。"韩语中有똥을 싸다（本义为拉大便，引申为俗语"非常辛劳"），如"하루에 다 하느라 똥 쌌네"（干了一天活儿，辛苦极了），这里的싸似为汉语的"射"，泰如话中音［sa²¹］，如"射血条子"指骂人随地小便或对天下雨表示不满时的詈语，如"惹瘟，屎块块射［sa²¹］"，骂鸡鸭等不分地方，到处拉屎，而针对猫狗猪等动物随地大小便的动作则用"屙"，概因为鸡鸭大小便时较之猫狗猪等急且多呈液体状，"血往下直射"指"血往下滴个不停"，这里的"射"一般指在垂直方向上的急速流下，多出乎意料，又多有厌恶的感情色彩。"射"也有射出义，指水平方向上的，如"射标枪"即"投掷标枪"，"折个飞机射出去"指将纸做成的飞机模型用力射出，这一意义上的"射"一般没有褒贬的感情色彩之别。

但是要考察这种不同语言的词语读音之间的联系却并非易事，需要拿出可靠的证据。在现代汉语普通话中，"粘"读 zhān 和 nián，读 zhān 时是动词，如粘连；读 nián 时是形容词，如"粘乎乎"。"粘"在过去又写作"黏"，《广韵》平声娘母盐韵，女廉切。zhān 大概是后起的读音，其所表示的"粘连""连接"义明显是由形容词性的"粘稠"义引申而来。现代汉语表示"粘结"义时还经常使用一"贴（贴）"字，意义也是后起的。"贴"字《广韵》为入声透母他协切，《说文》："以物为质也"，即抵押品，与"粘连"义没有任何关系。从读音上看，"贴"和"粘"相去甚远，看不出它们之间有什么联系。"粘"跟周边语言的读音似乎存在某种对应。[1] 杨树达《长沙方言考》一文中有这么一条记录："今长沙话谓粘着之粘如玷、点而略侈，与读占音者不

---

① 如在属于蒙古语族的康家话中表"粘贴、糊"义的词语是 niʁa, niʁa niaʁa，侗语"粘米"是 əu⁴ ʈim¹，音可能借自古汉语。

同，亦占字之古音也。"说明长沙话中"粘"有读作舌头音的现象，是古音的遗留。在江苏海安话中，也有这种现象，表示"粘结"之义，音同"盯"，但同时口语中还有另一音［təʔ］，且在口语中出现频率较高，在吴方言及江淮方言不少方言点都有这种现象，但大都不知道本字如何写，有的干脆写作"粘"，有些用同音字"得""德"代替，如过去市场上有一种产品"百得胶"，在上海、苏南等地的市场上经常可以看到，"得"即为"粘"义。我们从以下一些方言点发现了它使用时的情形。

（1）苏州

叶祥苓《苏州方言志》第 183 页："təʔ˩ □粘，形容词、动词"，《苏州方言词典》第 276 页记作德⁼（右上角的小等号表示同音代替），表示①动词：粘（təʔ）牢哉。②黏，形容词，如"蛮［təʔ˩］葛"，"化学浆糊勿［təʔ˩］葛"。可以扩展成"德兹哥娘：粽子糖烊哉，德兹哥娘勿好吃则"。江苏省地方志编纂委员会的《江苏省志·方言志》第 640 页"苏州方言同音字汇"一节："□ təʔ：动词，贴、粘；形容词，黏。"汪平《苏州方言的特殊词汇》："［təʔ］得，粘，拿点浆来得一得。"

（2）常州

《江苏省志·方言志》第 664 页"常州方言同音字汇"一节："□ təʔ：很黏。"

（3）无锡

翁寿元《无锡（薛典）方言单音词汇释》：得音 təʔ⁵，①粘，形容词，如"该种糯糯糊糊得勿过"；②贴，动词，如"信封浪邮票得得牢"。

（4）上海

许宝华、汤珍珠主编《上海市区方言志》第 310 页"得 təʔ：糖脱纸头 təʔ 辣一道勒（糖和纸粘在一起了）"。钱乃荣《上海方言俚语》第 265 页："得，dek ①粘：糨糊粘盒子。②接触在一起：早蚕蛾得紧仔勿分开。"

（5）崇明

张惠英《崇明方言词典》："得 təʔ 粘：信封得一得（信封粘一下）、信封得结子（把信封粘住了！）"，"təʔȵin：粘糊，粘：个只浆 təʔȵin 杀个（那糨糊很粘）"。

（6）海门

鲍明炜、王均主编《南通地区方言研究》第170页"海门话同音字汇"一节："□ təʔ：粘贴。"

（7）泰州

《江苏省志·方言志》第615页"泰州方言同音字汇"一节："□ təʔ：粘而且厚。"

（8）如皋

《南通地区方言研究》第89页"如皋话同音字汇"一节："□ təʔ：用面糊 təʔ 起来，黏稠，黏 təʔ təʔ 的。"

（9）东台

许宝华、宫田一郎主编《汉语方言大词典》第四卷第5782页：［粘得得］江淮官话，江苏东台①（形）粘而稠：粥煮得粘得得的。②（形）喻人关系密切：他俩好得粘得得的。

（10）海安（据笔者本人记音）

海安话既讲粘 ［nĩ³⁵］、［tĩ²¹］，又讲 ［təʔ³³］，一般当形容词用时读"粘"［nĩ³⁵］，当动词用时读 ［tĩ²¹］，［təʔ³³］既是动词又是形容词，有引申用法，如：

    1）糕粘啊 ［təʔ³³］ 起来啊。_{年糕粘得粘到一块儿了。}

    2）说话罗罗 ［təʔ³³ təʔ³³ᐟ³］ 的。_{说话口齿不清。}

（11）巢湖

许丽英《巢湖方言词汇》："沰厚 ［tɣʔ⁵ xəu⁵³］：浓、稠：粥沰厚的、煨肉汤沰厚的。""沰 ［tɣʔ⁵］：作一堆坐着不动，带贬义：他沰在椅子上；推诿：把事情（或错误）沰到我身上；量词：一沰烂泥巴、一沰屎。"

以上例（1）至例（6）位于北部吴语区，例（7）至例（10）处于江淮方言通泰方言片，例（11）属江淮方言区的洪巢方言片，记音人记作 tɣʔ⁵。

我们注意到上述方言点虽属不同的方言区，但它们之间的关系却非常密切，鲁国尧认为，吴语区原北抵淮河，今通泰方言蕴藏着丰富的吴语底层音，江淮方言点的读音可谓这一底层音的反映，笔者也有这方面的论述①，这个字甚至出现在了这些地方一些作家的作品中。

3）可是一切这些解闷的法儿都不中用！两个人都觉得胸膛里塞满了橡皮胶似的，一颗心只是黏忑忑地摆布不开。（茅盾《子夜》十七）

茅盾是吴方言区的浙江义乌人。

4）决不婆婆妈妈的，决不黏黏搭搭的，一针见血，一刀两断。（朱自清《白种人——上帝的骄子！》）

朱自清是江淮方言区的江苏扬州人。

5）仨指头蘸蘸水，轻轻拍拍，喧腾腾，粘都都，头锅闹了个满堂彩。（《上海文学》1980 年第 10 期）

"忑忑""搭搭""都都"显然都是同音替代字。在这么一大片区域的方言中读音如此高度一致，其本字究竟是怎样的呢？

从音变的角度似乎可以这样解释："粘"中古属"知"纽，上古应属"端"纽，阳入对转，"粘"读成"得"顺理成章，但这样却把问题简单化了。从各方言中［təʔ］的读音来看，其字为入声，且是阴入，声母当为端母。根据《苏州方言志》，苏州今读作［təʔ］音节的韵母一般是德韵。我们从《广韵》中看到入声职韵章母的"腯"（之翼切），跟 təʔ 的意义差不多，《周礼·考工记·弓人》："凡昵之类不能方"，汉郑玄注："故书昵，或作枳。……玄谓枳，脂膏腯败之腯。腯，亦黏也。"唐贾公彦疏："若今人头发有脂膏者则谓之腯。"清周亮工《书影》卷四："《考工记·弓》注云'腯，亦粘

---

① 参见拙作《通泰方言的吴语底层及历史层次》，《东南大学学报》（哲学社会科学版）2003 年第 2 期。实际上，江淮方言的历史同吴语一样古老，由于地理上相互靠近，语言中也会保留一些共同成分，而这些共同成分往往是史前土著民族语言的遗留。

也。'今人目不通变者曰滞，发为膏所沾，印朱为油所腻，皆曰滞，似皆常用膉为古。"方言中有"膉腻"一词，形容东西粘或人的行动迟缓。周密《齐东野语·明真王真人》："其妻适见之，因扣以妇人头月直疏者，还可禳解否？"明顾起元《客座赘语·方言》："南都方言……作事之不果决曰摸索，曰膉腻。"明徐渭《井田解》："盖取其细流以泽田，而水势之分，千条万派，如发之析而约于梳齿，无膉腻不通之患。"从音韵学的角度分析，章母字的声母在上古为ȶ、端母为t，同为舌音，清钱大昕提出"古人多舌音，后代多变为齿音，不独知彻澄三母为然也"[1]，许多人主张将端章两组合并；德、职两韵母在上古同属职部，拟音为ək，随着章母字声母由ȶ→tɕ→tʂ、职韵由ək→əʔ的演变，"膉"的读音发生了变化，在一些地方出现了新的写法，如在北方汉语中写成了"滞"，在吴语、湘语、江淮方言中təʔ的读音并没有发生多大变化，但字形却逐渐被人遗忘了。文章所讨论的təʔ在现代韩国语及侗台语族的部分语言中也有分布。

韩语中떡（年糕）可转写为ttək，指用米粉做成的糕，是极为普通的食品，如가래떡（条糕）、찹쌀떡（江米糕）、떡을 빚다（做糕），还有떡보（年糕大王、能吃糕的人）；由떡组成的带有比喻性的习语，如떡이 되다（成年糕了，指被羞得无地自容），떡 주무르듯 하다（捏个扁的是扁的，捏个圆的是圆的），与汉语"黏"所表示的"黏乎乎""做事不果断"的引申义相类似。

跟təʔ一样，떡由其粘性也引申出了动词的"紧贴"义：

6）그는 떡버티고 섰다（他一动不动地硬撑着站着）
7）떡들러붙어 안 떨어진다（紧紧贴在上面掉不下来）
8）진흙 덩리가 담벼락에 들러붙었다（泥块紧贴在墙上）

很难说这是巧合。

此外，我们在古百越族直系后裔的壮侗语族和关系密切的南岛语族的语

---

① 钱大昕：《舌音类隔之说不可信》，载《十驾斋养新录》，上海书店，1983。

言中也发现了与 tɐʔ 同源的词：

布依语：

布依语属壮侗语族壮傣语支。

deebt¹［tɛp³⁵］贴、粘贴：deebt xos baaihroh 贴在外面

deebt²［te：p³⁵］贴近；挨近：mal deebt gul 来挨近我

布央语：

布央人是百越人的一支遗裔，现主要分布在滇东、广南、富宁以及桂西南那坡县，三县互为毗邻，逐步与壮、布依族融合。属于布央语区的郎架和巴哈表示"粘（信）、（粥）稠、粘、紧"词的读音分别是：

	郎架	巴哈
粘（信）	nɛm²⁴	nəɯ
（粥）稠	hun²⁴	tsin³³
粘	qa0ma:u²⁴	nɯk³³
紧	ʔdɛt	dat

nɛm²⁴ 或 nəɯ 可能是借用汉语，而表示"紧"义的 ʔdɛt 或 dat 则是本族词。

克木语：

克木人与孟高棉语族的佤、布朗、德昂等族同源于古代"百濮"族群，贴（标语）为 tap，糊纸盒为 tap。

莽语：

操该语言的人与我国古代濮人有一定的关系，贴（标语）为［tɐ³¹ tap⁵⁵］。

独龙语：

表示"粥稠"义时，独龙河方言为［nɯ˩ tāt ʎɹaˑˣ ʋɯ˩ nɯ˩ ɹin˩］，怒江方言为［ɹin˩ thāt˥ ɾɯ˩］。

江苏海安方言中有"说话罗罗［ʔɐ³ ʔɐ³］"的说法，表示"啰唆、絮絮叨叨"，在今天的北京方言、东北方言中也有"得得"或"嘚嘚"的说法，表示数说、议论别人，也作"嘚巴""嘚啵"，如北京话：她就好嘚啵别人。反映北京方言特点的《儿女英雄传》第四十回："那珍姑娘虽然这一向有个正经事

儿，也跟在里头嘚啵两句儿。"马思周、姜光辉的《东北方言词典》记有"嘚嘚 dē de，絮叨"。"dēi dei：上下牙连续撞击、哆嗦（紧张得牙都上下嘚嘚上了，打嘚嘚）"，"得"或"嘚"是同音替代字，可能与 təʔ 同源。

"粘"和"təʔ"出现在同一方言中时，并没有造成构词上的混乱，而是各司其职。吴方言和江淮方言中，təʔ 既可以单独作动词，也可以重叠后表示状态，像"粘忒忒""粘 təʔ təʔ""粘都都"等至今在方言中还有强大的表现力。明代南都方言的"腒腻"与今天崇明方言的 təʔ ȵin 一样，堪称北方汉语和百越语底层词的合璧！

参考文献

奥德林（Terence Odlin）：《语言迁移：语言学习的语际影响》，上海外语教育出版社，2001。

鲍明炜、王均主编《南通地区方言研究》，江苏教育出版社，2002。

陈国庆：《克木语研究》，民族出版社，2002。

高永奇：《莽语研究》，民族出版社，2003。

国家汉办、教育部社科司、《汉语国际教育用音节汉字词汇等级划分》课题组：《汉语国际教育用音节汉字词汇等级划分（国家标准·应用解读本）》，北京语言大学出版社，2010。

马思周、姜光辉编《东北方言词典》，吉林文史出版社，1991。

江苏省地方志编纂委员会编著《江苏省志·方言志》，南京大学出版社，1998。

姜信道、池在运主编《精选韩汉汉韩词典》，商务印书馆，2001。

李锦芳：《布央语研究》，中央民族大学出版社，1999。

梁启超：《论译书》，《饮冰室合集·文集之一》，中华书局，1989。

罗大经：《鹤林玉露》，中华书局，1983。

钱乃荣：《上海方言俚语》，上海社会科学院出版社，1989。

申采浩：《朝鲜上古史》，钟路书院，1948。

斯钦朝克图：《康家语研究》，上海远东出版社，1999。

孙宏开编著《独龙语简志》，民族出版社，1982。

汪平：《苏州方言的特殊词汇》，《方言》1987年第1期。

汪如东：《海安方言研究》，新华出版社，1996。

王力：《汉语语音史》，中国社会科学出版社，1985。

翁寿元：《无锡（薛典）方言单音词汇释》，《方言》1992年第1期。

吴启禄、王伟、曹广衢、吴定川编著《布依汉词典》，民族出版社，2002。

许宝华、汤珍珠主编《上海市区方言志》，上海教育出版社，1988。

许宝华、宫田一郎主编《汉语方言大词典》，中华书局，1999。

许丽英：《巢湖方言词汇》（一），《方言》1988年第2期。

杨葳、杨乃浚编著《绍兴方言》，国际文化出版公司，2000。

叶祥苓：《苏州方言志》，江苏教育出版社，1988。

叶祥苓编纂《苏州方言词典》，江苏教育出版社，1993。

张惠英编纂《崇明方言词典》，江苏教育出版社，1993。

张之洞撰《张之洞全集》，河北人民出版社，1998。

朱云影：《中国文化对日韩越的影响》，广西师范大学出版社，2007。

第二章

汉字词的定义、来源及形义关系

第一节　汉字词的定义

日韩两国自古属于"汉字文化圈"[①]，我们把存在于日韩语、从古汉语中派生而来的词叫"汉字词"（Sino-Xenic, SX），日语叫"漢語"（かんご）[②]，韩语叫"한자어"（汉字語）。

关于汉字词的定义和范围，韩国学者有不同的看法，申在基（音）（1987）对汉字词的定义是"国语中能以汉字来表记的所有词汇"，宋基宗（音）认为是"组成词汇项的各音节的读音与韩国汉字的读音一致的词"，卢明姬（音）认为"不管是起源于中国、日本还是韩国，能以汉字来表记，能以韩国汉字音来音读的所有国语词汇"。[③]

汉字词可以直接用汉字来标记，而固有词只能用本民族文字（日语的平假名、片假名，韩语的谚文）来标记。如"中国"一词，日语记作"中国（ちゅうごく）"，韩语记作"중국（中國）"；"银行"日语为"銀行（ぎんこう）"，韩语为"은행（銀行）"。汉字词和固有词有些同时存在，"车"日本固有词为くるま，同时有汉语词"車（しゃ）"；"爱情"韩语固有词是사랑，汉字词是"애정（愛情）"。这些汉字词最初进入日韩语时都是当时的形式，有些是与今天简体字形不同的繁体字形式。汉字词在日语中词形多为双音节，和日语词并存时，汉字词多作书面语，同音词较多。汉字和日本的现代化关系密切，在日本出现的新汉字词，如：無感地震（无感地震）、中小型企業金融專門機関（中小型企业金融专门机关）、国連難民高等弁務官事務所（国联难民高等弁务官事务所）、総合失調症（精神分裂症）、反磁性体、超短波、

---

① 汉字文化圈又称儒家文化圈，是以儒家文化构建基础社会的区域的统称，指历史上受中华政治及中华文化影响，曾经或现在仍然使用汉字、以汉语（汉文）作为书面语（并不使用口头语言的汉语官话作为交流媒介）、文化、习俗相近的区域，包括日本、朝鲜、韩国、越南及其他东南亚地区。

② 这里的"漢語"特指现存于日语中的汉源词，一般日本人已经认为是日语的一部分了，区别于一般外来词。

③ 朴锦珠：《韩国语汉字心理形容词及与之对应的汉语词研究》，硕士学位论文，延边大学，2006。

非結晶（非结晶）、過酸化水素（过酸化水素）、不良債権（不良债权）、同时多発テロ事件（同时发生的多起恐怖事件）、復興応援国际会議（复兴支援国际会议）等都是这种类型的词语。山田孝雄的《国語の中に於ける漢語の研究》（1940年初版，1958年修订版），从宏观和微观的角度研究了日本"漢語"的特点、类型、流变，全面展示了日本汉语的各种面貌。佐藤喜代治的《日本の漢語》出版于1979年，采用引证和事例分析的方法，对许多汉字的产生和变化做了细致的描述，附有词汇索引，具有很高的参考价值。近年来，日本在"新汉语"的研究方面，即明治时期的译语研究方面取得了进展，如沈国威的《近代日中语汇交流史》《〈新爾雅〉とその語彙》，荒川清秀的《近代日中学術用語の形成と伝播》等。

假名和谚文产生后，汉字的使用逐步受限或被完全取消，形、音方面与现代汉语之间的差别也较大，但如果厘清它们之间的音义方面的联系，就会发现大多数在意义上仍然比较一致，演变也是有规律可循的，要把握汉字词的变化过程也绝不是难事。汉字词的比较研究要想更深入，就需要加入历时的比较和更详尽的解释。如现代日语中"数多"音すうた或训读为あまた，《汉语大词典》不收此词，但《太平广记》卷442引《宣室志》"晋阳民家"条："后一日，乃语里中他民曰：'数多闻林中有婴儿号。'吾度此地不当有婴儿，惧其怪耳。"日语的"数多"盖源于此。

"话题"和"焦点"是两个语言学界的学术名词，又是普通名词，三国语言在用法上有高度的一致性（本课题重在相近词语的辨别和比较，用以比较的词语用逗号隔开一列出，下同）。

（1）话题［日汉：話題、韩汉：화제］[①]

　　1）話題の豊富な人（健谈的人）

　　2）話題をそらす（把话题岔开）

　　3）야구 경기를 화제로 삼다（以棒球比赛为话题）

---

① 　日汉指日语汉字词，韩汉指韩语汉字词。

汉语中"话题"指"谈话的主题""谈话的中心"，明无名氏《白兔记·团圆》："贫者休要相轻弃，否极终有泰时，留与人间作话题。"说明至少在明代它就已经出现，现代汉语可说"转换话题""中心话题"。

（2）焦点［日汉：焦点、韩汉：초점］

　　比较：聚焦:［日汉：焦点を結ばせる、韩汉：초점을 모으다］

　　　　热点［日汉：焦点、韩汉：뜨거운 감자］

1）しょうてんをあわせる（聚焦）

2）しょうてん距離（焦距）

3）わだいの焦点（话题的中心）

4）ニュースの焦点（新闻的焦点）

5）논쟁의 초점（争论的焦点）

6）사진의 초점이 맞지　않다（照片的焦点没对好）

7）타원의 초점을 구하다（求椭圆的焦点）

8）요즘 국민들의 관심사는 물가이다（最近国民关心的焦点是物价）

"焦点"原为自然科学上的一个概念，指光线经折射或反射后的焦点，也指某些与椭圆、双曲线或抛物线有特殊关系的点，现多用作比喻，指事情或道理成为引人注意的集中点，如"关注的焦点""焦点透视""事情的焦点""争论的焦点"，中国中央电视台一个有名的社会访谈栏目就叫"焦点访谈"。由此又产生了一些新词，如"聚焦"，指把注意力集中在某件事物之上，一般作动词用，如"聚焦××奶粉事件""聚焦××高考舞弊事件"。汉语中与"焦点"相近似的词还有"热点"，原也是自然科学的术语，引申指某时期引人注目的地方或问题，如"大学自主招生改革是老百姓当前关注的热点问题之一"，"高速公路通车后，那个地方成了旅游的热点"。"热点问题"也可以说"焦点问题"，但"旅游的热点"不说"旅游的焦点"，"问题的焦点"也不等于"问题的热点"。

除汉字之间可以自由组合之外，日韩语中的汉字词还可与固有词、外来词组合在一起，造出很多新词，汉字词与汉字词之间也可以自由地结合，具

有很强的造词力，但和相应汉语词不同的是，日韩语中的汉字词具有一定的形态特征，如带上する、하다、스럽다、답다等后缀，整个词语本身也就有了动词义或形容词义，这样，掌握这些汉字词的基本形态就显得非常重要。日韩留学生在学习汉语时，往往没有充分利用这一优势，特别是韩国学生母语中的汉字词都是用韩文书写的，发音跟现代汉语又不同，他们在学习汉语时首先被大量同音词所困扰，很少能从具体语素的角度来分析这些构词成分，更不会刻意去追究这些汉字词的写法，常常难识其"庐山真面目"。① 韩国外国语大学的孟柱亿把这类词称为积极的孪生词，即在两语中能指和所指的连接关系相同，如"安全（안전）、保护（보호）、动物（동물）、参考书（참고서）、常识（상식）、成功（성공）、出国（출국）、传统（전통）、农业（농업）、蛋白质（단백질）"。但大部分的孪生词跟汉语并不能完全对应，甚至水平相当高的人在翻译时也会犯错误，他用《伊索寓言》中的一个故事，把这类词称为"蝙蝠词"②，形象地说明了韩语中这部分汉字词和汉语之间既相互联系又相互区别的特征。③

　　以下结合日韩语的情形，分类进行比较列举。为了弄清楚这些词的来龙去脉，笔者特地引例说明这些词语在古汉语中的使用情况，这部分内容对全面了解汉字词的源头及在汉语中演变的情形非常有帮助，但对初学汉语的留学生来说，阅读时可能有一定难度，学习时可以根据自己的汉语水平灵活掌握，也可暂时跳过这部分内容。

一　名词类

　　（3）弹力［日汉：弹力（だんりょく）、韩汉：탄력］

　　　　比较：弹性［日汉：弹力性（だんりょくせい）、韩汉：탄력성］；

---

① 参看甘瑞瑗《"国别化"对外汉语教学用词表制定的研究》，北京大学出版社，2006，第139页。

② 《伊索寓言》中有一则故事把蝙蝠描写成非常狡猾的动物，在一次兽类与鸟类的战争中，它既不表明自己是鸟类又不表明自己是兽类，哪一方有利就到哪一方去，没有固定的我方和敌方。因此，蝙蝠成为既狡猾又不可靠的代名词。

③ 孟柱亿：《韩汉两语中的误导词蝙蝠词》，暨南大学学术报告论文，2006年4月。

"弹力"本义指弹簧、橡皮筋之类的弹性力度。

　　1）고무줄의　탄력（橡皮筋的弹力）

引申表示"灵活"。

　　2）戦術に弾力性がある（战术很灵活）
　　3）상황에 따라 탄력있게 대처하다（根据情况，灵活应付）
　　4）탄력성이 있는　외교（有弹性的外交）
　　5）국정을 탄력성　있게 운영하다（机智地处理国事）

　　古汉语中，"弹力"指"弹射之力"，唐段成式《酉阳杂俎·诡习》："张芬曾为韦南康亲随行军，曲艺过人，力举七尺碑……高及半塔，弹力五斗。"现代汉语中的"弹力"一般指物体发生形变时所产生的使物体恢复原状的作用力，现代汉语中表示"灵活""机动"义时一般用"弹性"一词："弹性外交""弹性学制"。闻一多《神话与诗·文学的历史动向》："诗这东西的长处就是在它有无限的弹性，变得出无穷的花样，装得进无限的内容。"胡适《这一周》："学制从硬性的变成有弹性的，固是一大解放。"日韩语中，"弹性"仍叫"弹力性（だんりょくせい、탄력성）"，汉字词"弹力"在词义上有时包含"弹性"的意义。

　　（4）新闻［日汉：ニュース、韩汉：뉴스］
　　　　比较：报纸［日汉：新聞、韩汉：신문］

　　1）ニュース放送（新闻广播）
　　2）ニュースを取材する（采访新闻）
　　3）何か新しいできるごとがありますか（有什么新闻吗？）
　　4）新聞を配達する（送报）
　　5）その新聞はよくよまれている（那家报纸看的人很多）
　　6）국내 뉴스（国内新闻）

7）너 한국에 관한 뉴스 봤니？（你看了关于韩国的新闻了吗？）

8）신문 기자（新闻记者）

9）신문사（报社）

现代汉语中的"新闻"与日韩语中的ニュース、뉴스相当，如"新闻报道""新闻联播""新闻人物""新闻公报""新闻记者"。"新闻"在古汉语中指社会上新近发生的事情，唐李咸用《春日喜逢乡人刘松》诗："旧业久抛耕钓侣，新闻多说战争功。"《红楼梦》第一回："当下轰动街坊，众人当作一件新闻传说。"宋时"新闻"指有别于正式朝报的小报，宋赵升《朝野类要·文书》："朝报，日出事宜也。每日门下后省编定，请给事判报，方行下都进奏院，报行天下。其有所谓内探、省探、衙探之类，皆衷私小报，率有漏泄之禁，故隐而号之曰新闻。""新闻纸"在近代指"报纸"，清吴趼人《二十年目睹之怪现状》第十四回："继之把新闻纸递给我，指着一条道：'你看我们的国事怎么得了！'"现代汉语中"新闻"开始被"报纸"一词所取代，两者的分工也日趋明确，曹禺《日出》第二幕："我都想过，画报上一定登那么老大的照片，我的，胡四的，我们俩的，报纸每天登着我们蜜月的新闻。"

（5）模范［日汉：模範、韩汉：모범］

比较：规范［日汉：規範／軌範、韩汉：규범］

示范［日汉：示範、韩汉：모범］

1）模範囚（模范囚犯）

2）模範試合（示范性比赛）

3）模範生（模范生）

4）人の鑑となる／남의 모범이 되다（成为别人的模范）

5）모범수（模范囚犯）

6）あの方の生き方を手本としよう／그 분의 차세를 모범으로 삼자（那位的人生堪称范本）

7）規範に合う（合乎规范）

8）행동 규범（行动规范）

9）영국의 모범 의학（英国的示范医学）

　　"模范"本义指"制作器物的模型"，汉王充《论衡·物势》："今夫陶冶者，初埏埴作器，必模范为形，故作之也。"《金史·食货志三》："不若弛限钱之禁，许民自采铜铸钱，而官制模范，薄恶不如法者，令民不得用。"引申为法度、规则。宋王谠《唐语林·栖逸》："方（方干）诗在模范中尔，奇意精识者亦然之。"指"榜样、表率"，汉扬雄《法言·学行》："师者，人之模范也。"此义成为现代汉语的常用义，如"劳动模范、工作模范、生产模范、模范标兵"等。"模范"在古代还有"效法""描摹""约束"等义项，今均已消失。现代汉语中，"模范"和"规范"的差别比较大，"模范"可以是形容词，指"可以作为榜样的、值得学习的"，如"模范人物""模范事迹"，也可以指"值得学习、作为榜样的人"，如"他是一个有名的劳动模范"。"规范"作为名词，指"约定俗成或明文规定的标准"，如"语音规范""道德规范"，可以用作形容词、动词，如"这个字体不规范""规范青少年的道德行为"，日韩语中只用作名词。"示范"指做给别人看，在日语中是一个名词，在汉语中可以作动词和名词，指做出某种可供学习的典范，如"示范动作""示范后人"，"做一个示范"，韩语中无"示范"一词，相应的意思由"模范"一词来承担。

（6）人事［日汉：人事、韩汉：인사］

　　比较：挨拶（zá）［日汉：挨拶、韩汉：인사］

1）人事を尽くして天命を待つ（尽人事以听天命）

2）人事上の秘密（人事方面的秘密）

3）社内人事（人事干事）

4）人事異動（人事变动）

　　"人事"在韩语中是인사，寒暄话叫인사말。

5）인사가 밝다（懂礼貌）

6）어른에 대한 인사（对长辈的礼仪）

7）인사를 나누다（互相认识认识）

也表示"人事工作"。

8）인사에 관한 일을 맡다（负责有关人事工作）

"挨拶（あいさつ）"是日语表示"寒暄、打招呼"的意思，引申指"致辞、致意"。

9）何の挨拶もない（不打任何招呼）

10）開会の挨拶（会议致辞）

古代汉语中，"挨拶"是推挤、拥挤的意思。宋葛长庚《海琼集·鹤林问道篇》："昔者天子登封泰山，其时士庶挨拶。"后来佛教禅宗用来指和尚之间互相问答，一问一答，犹如一推一挤，宋释圆悟《碧岩录》卷三第二十三："至于衲僧门下，一言一句，一机一境，一出一入，一挨一拶，要见深浅，要见向背"，"他三人同得同证，同见同闻，同拈同用，一出一入，递相挨拶"。日语中"挨拶"一词"打招呼、寒暄"的意思概由此发展而来。古代汉语中，"人事"表示"人力所能及的事"，《南史·虞寄传》："匪独天时，亦由人事。"表示"人情事理""人间世事"，《史记·太史公自序》："夫《春秋》，上明三王之道，下辨人事之纪。"唐韩愈《题李生壁》："始相见，吾与之皆未冠，未通人事。"《乐府诗集·杂曲歌辞十三·焦仲卿妻》："自君别我后，人事不可量。"指"人为的动乱"，《汉书·吴王刘濞传》："诸侯皆有背叛之意，人事极矣。"指仕途，《南史·臧焘传》："顷之去官，以父母老家贫，与弟熹俱弃人事，躬耕自业。"指"交际应酬"，晋袁宏《后汉纪·殇帝纪》："儒生寡少，其在京师不务经学，竞于人事，争于货贿。"指"赠送的礼品"，唐白居易《让绢状》："恩赐田布与臣人事绢五百匹"，宋许观《东斋记事·人事物》：“今人以物相遗，谓之人事。”指男女间情欲之事，《红楼梦》第七十四回：“或者年纪大些的，知道了人事。”指官员的任免升降等事宜，清纪昀《阅微草堂笔记·滦阳消夏录二》：“以人事譬之，同一迁官，尚书迁一级则宰相，典史迁一级不过主簿耳。”“人事”在现代汉语中主要指对人员的管理使用和考核奖惩等工作，如“人事部门”“人事安排”“人事调动”，还指人与人之间的相互关系，“单位人多嘴杂，人事纠纷说不清楚”。

（7）基础［日汉：基礎（きそ）、韩汉：기초］

比较：基盘［日汉：基盤（きばん）、韩汉：기반］

1）われわれは今まで基礎の上に立って努力を続け，たえず向上しなければならない。（我们应该继续努力，在原有的基础上不断向上）

2）기초 지식（基础知识）

3）기본 봉급（基础工资）

汉语中的“经济基础”在日韩语中要说成“経済基盤（けいざいきばん、경제기반）”或“下部構造（かぶこうぞう、하부구조）”。汉语中“基盘”一词较少使用，也没有“下部构造”的说法。“基础”在汉语中原指建筑物的根脚，北魏郦道元《水经注·渠》：“今碑之左右，遗塘尚存，基础犹在。”引申指事物发展的根本或起点，清吴趼人《二十年目睹之怪现状》第二十一回：“同他讲解明白了，自然他就明理，明了理，自然德性就有了基础。”现代汉语中有“学习基础、经济基础、感情基础、思想基础、理论基础”等。“基盘”也见用于现代汉语，指“最基础的底层构造”，如“电子基盘”“井口基盘”“基盘客”，分别属于电子、钻探、汽车行业的专业术语。

二　动词类

（8）署名［日汉：署名する、韩汉：서명하다］

比较：签名［日汉：署名する、韩汉：서명하다］

签字［日汉：サインする、韩汉：사인하다］

1）署名運動（签名运动）

2）署名代理（签名代理）

3）이러한 상황하에서 그들은 서명하다 결심을 표시하였다（在这种情况下，他们都签名表示决心）

4）書類にサインする（签署文件）

5）비밀　서류에서 사인하다（在秘密文件上签名）

日韩语中，"署名"有汉字词"署名（しょめい）、서명"和英译词 sign（サイン、사인）两类表达法。

古汉语中，"署名"指在书信、文稿或文件上签上名字，《三国志·吴书·孙綝传》："尚书桓彝不肯署名，綝怒杀之。"也叫"署字"，《元史·拜住传》："拜住为太常礼仪院使，年方二十，吏就第请署字。"现代汉语中一般说"签名、签字"，可用于领导的批文，如"签字盖章""签字同意"。"署名"作名词时一般指文章作者的名字，如"署名文章""署名权"，不能用"签名"来替换。

（9）同意［日汉：同意する、韩汉：동의하다］

比较：批准［日汉：批准する、韩汉：비준하다］

1）本社は私たちの計画に同意した（公司同意我的计划）

2）批准書を交換する（交换批准书）

3）나의 의견에 동의하느냐？（我的意见你同意吗？）

4）조약을 비준하다（批准条约）

"同意"在古汉语中指"一心、同心"，《孙子·计》："道者，令民与上同意也"，"同意"指"意义相同"，汉王充《论衡·辨祟》："明与鬼神同意共指，欲令众下信用不疑。"现代汉语中"同意"相当于"赞成"，如"同意你们的做法""对这个问题的解决办法表示同意"。"批准"也写作"批準"，指"上级对下级的意见、建议或请求表示同意"，明凌濛初《初刻拍案惊奇》

卷三十三："包龙图见他两人说得有理，就批准了状词，随即拘唤刘天祥夫妇同来。""经国务院批准，同意在沿海城市设立特区。"

（10）折中［日汉：折衷する、韩汉：절충하다］

　　1）和洋折衷（日西合璧）
　　2）양자의 의견을 절충하다（折中双方的意见）

古代汉语中，"折衷"也写作"折中"，指"取正，用为判断事物的准则"，《楚辞·九章·惜诵》："令五帝以折中兮，戒六神与向服。"朱熹集注："折中，谓事理有不同者，执其两端而折其中，若《史记》所谓'六艺折于夫子'是也。"宋叶适《题〈西溪集〉》："夫欲折中天下之义理，必尽考详天下之事物而后不谬。"指"调节使适中"，《南史·江淹传》："君昔在尚书中，非公事不妄行，在官宽猛能折衷。"唐韩愈《上张仆射第二书》："乘之有道，步骤折中，少必无疾，老必后衰。"现代汉语中"折中"用作动词和形容词，如"把那两个方案折中一下""折中处理""折中方案"。

（11）树立［日汉：樹立する、韩汉：수립하다］
　　　　比较：建立［日汉：建立する、韩汉：건립하다］
　　　　　　　设立［日汉：設立する、韩汉：설립하다］
　　　　　　　创立［日汉：創立する、韩汉：창립하다］

　　1）新政権を樹立する（建立新政权）
　　2）世界記録の新記録を樹立する（树立世界纪录的新纪录）
　　3）신기록을 수립하다（树立新纪录）

古汉语中，"树立"指"直立、竖立"，《汉书·王莽传下》："是月，杜陵便殿乘舆虎文衣废臧在室匣中者出，自树立外堂上，良久乃委地。"颜师古注："树，竖也"，引申为"建立、建树"，司马迁《报任少卿书》："特以为智穷罪极，不能自免，卒就死耳。何也？素所自树立使然也。"现代汉语表示实在意义的"竖立"，"门前竖立着几排旗杆"，宾语也可以是比较抽象的词语，"树立理想、树立目标、树立信心、树立威信"。"树立"和"建立"在意义上有相近之处，多用于抽象的美好事情，如"树立典型""树立助人为乐的良好风尚"。"建立"指"开始成立或产生"，如"建立国家""建立政权""建立基地"，比较具体，也可以说"建立机制""建立友谊""建立邦交"，相对比较抽象。"建立"还可以作名词，如"两国外交关系的建立是双方长期不断努力的结果"。日韩语中"建立""设立"的对象一般比较具体。

　　4）銅像建立 / 동상 건립（建立铜像）
　　5）この学校は設立されてから 3 年になる（这个学校创立有三年了）

　　"设立"的对象在汉语中一般也比较具体，《水浒传》第二回："史进修整门户墙垣，安排庄院，设立几处梆子，拴束衣甲，整顿刀马，提防贼寇，不在话下。"清孔尚任《桃花扇·设朝》："至于设立将相，寡人已有成议。"现代汉语中如"设立奖学金""设立服务机构""设立奖惩机制"。"建立友谊、建立外交关系"日语要说"友誼を結ぶ""外交関係を打ち立てる"。

　　"成立"在古汉语中指"成就"，《北史·范绍传》："汝父卒日，令汝远就崔生，希有成立。今已过期，宜遵成命。"指"成长自立"，晋李密《陈情表》："臣少多疾病，九岁不行，零丁孤苦，至于成立。""建成"后接的宾语一般指建筑物，如"建成五幢大楼""建成一座佛寺"，也可指"建成小康社会"。现代汉语中"成立"主要指"创立、建立"及"理论、意见等有根有据，站得住脚"，如"成立合作组织""成立书法协会"，"他的说法道理上不成立""这条原理在实践中不成立"。汉语中的"成立"还对应于日语的"创立""设立"。

　　6）バレーボールのチームができる（成立排球队）
　　7）理由が完全に成り立つ（理由完全可以成立）
　　8）科学協会が創立される（成立科学协会）

9）研究会を設立する（成立研究会）

"创立"在汉语中指"首次建立、初建"，《元典章·刑部六·保辜》："本路官吏即非创立衙门，凡诉殴伤，自有定例"，现代汉语可说"创立学说""创立门派"，涉及的对象相对比较抽象，一般不用"建立"。

（12）否定［日汉：否定する、韩汉：부정하다］

比较：否认［日汉：否認する、韩汉：부인하다］

"否定"指不承认事物的存在或真实性，如"否定生命、否定一切"，也是一个逻辑学名词，与"肯定"相对，如"否定判断"。可用于主动句也可以用于被动句，如"他们否定了这一提议""他的这一想法被否定了"。"否认"指"不承认"，一般用于主动句中，如"他们否认有偷窃行为""事实不可否认"。日韩语中，"否定"和"否认"与汉语的用法相近，一般用作动词。

1）一切を否定する態度をとる（采取否定一切的态度）

2）罪状を否認する（否认罪状）

3）모두의 의견을 부정하다（否定大家的意见）

4）그런 일이 없었다고 부인하다（否认说没那么回事）

日韩语中，跟"否认"相对应的是"是认（是認，사인）"，现代汉语中相对应的词语是"承认"。

（13）运行［日汉：運行する、韩汉：운행하다］

比较：运转［日汉：運転する、韩汉：운전하다］

"运行"在日韩语中一般表示天体的运动。

1）天体の運行（天体运行）

2）星はその軌道を運行する（行星沿着它的轨道运行）

也表"行驶"义。

3）列車の運行が乱れる（列车的运行时刻表打乱了）

4）夏の間だけバスが運行する（公共汽车只在夏季行驶）

5）버스 운행（公共汽车的运行）

6）운행 노선（运行路线）

7）천체의 운행을 관측하다（观测天体的运行）

8）열차 운행 지역（火车运行地区）

9）천체가 궤도를 따라 운행하다（天体沿着轨道运行）

汉语中"运行"一般指"周而复始的运转"，《易经·系辞上》："日月运行，一寒一暑。"现代汉语如"太阳的运行""行星的运行"。"运行"在古代还有"活动""命运"义，《朱子语类》卷五十九："告子只说那生来底便是性，手足运行，耳目视听，与夫心有知觉之类。"《北史·序传·李延寿》："然北朝自魏以还，南朝从宋以降，运行迭变，时俗污隆，代有载笔。"宋周辉《清波别志》卷上："（祐陵）晚年谓近习曰：'我运行极不佳，且睹时事之变，竟不克自反，奸臣蔽蒙之罪，可胜诛哉！'"现代汉语则多指"机车的运转"，如"运行时刻表""运行时间"等。与"运行"相近的词语是"运转"，日语为運転（うんてん）する、韩语为운전하다，该汉字词在日韩语中广泛使用，但常用意义与汉语词有所不同，相当于汉语的"驾驶"。

10）新しい機械が据え付けてから本生産に入る前に，普通試運転が必要である（新机器在安装好之后、正式生产之前，一般需要先进行试车）

11）自動車を運転する（驾驶汽车）

12）運転免許証（驾驶执照）

13）運転手 / 운전수（司机）

14）운전 연습（驾驶练习）

15）운전대（方向盘）

16）車を運転する / 차를 운전하다（开车）

汉语中"开车"指"驾驶机动车"，如"开车技术""学会开车"。也可用作比喻，如"开历史的倒车"，指做不符合时代发展的事情。

日韩语中"运转"也指资金周转。

    17）資金を巧みに運転する（巧妙地周转资金）

    18）運転資金（周转资金）

    19）운전 자본（运转资本）

    现代汉语中"运转"一般指物体沿着一定的轨道运行，也指机器的转动，比喻组织、机构等进行的工作；"运行"则指星球、车船等周而复始地运转，如"列车运行图"，也比喻组织、机构等的权力或功能的运转，在汉语里基本上是两个书面语词。现代汉语中"驾车许可证"又叫"驾照""驾车执照"，口语中还可称作"驾车小本本"。

（14）诱导［日汉：誘導する、韩汉：유도하다］

      比较：引导［日汉：案内する、韩汉：안내하다］

          开导［日汉：慰める、韩汉：위로하다］

"诱导"在日韩语中指"引导"。

    1）被災者を安全な場所に誘導する（把受灾者引导到安全场所）

    2）飛行機を空港に誘導する（把飞机导航到机场）

    3）誘導弾（导弹）

    4）誘導兵器（制导武器）

    5）誘導単位（导出单位）

表示"电磁感应"。

    6）静電誘導（静电感应）

    7）相互誘導（互感）

    8）誘導電機（感应电机）

    9）범인을 이쪽으로 유도하다（把犯人引导到这边）

10）유도 신문（诱导新闻）

11）유도 전류（感应电流）

12）비행기를 유도한다（给飞机导航）

与"诱导"相近的词语"引导""开导"在日韩语中的相近说法是"案内する、안내하다""慰（なぐさ）める、위로하다"。

13）皆さんを会場にご案内しましょう／여러분을 회장으로 안내하게습니다（把大家引进会场）

14）友を慰める（开导朋友）

15）아들을 잃은 어머니를 어떻게 위로해 드릴까？（怎么去开导那些失去儿子的妈妈们呢？）

"诱导"见于古今汉语，一般也表示引导，《三国志·吴书·吴主传》："刘备帅军来伐，至巫山、秭归，使诱导武陵蛮夷，假与印传，许之封赏。"《周书·文帝纪上》："乞少停缓，更思后图，徐事诱导，渐就东引。"现代汉语中与"诱导"意义相近的还有"开导""引导"，"诱导"多指"言语、方法上的劝诱、教导"及"思想上的引导"，如"对学生要多采用启发和诱导的方法""这部电影的结局很能诱导观众进行思考"。"引导"指"给予指点"，多指积极的方面，"诱导"有时可指消极的方面，如"诱导犯罪""受坏人的诱导"，"开导"则多指从言语上启发教导。

（15）改善［日汉：改善する、韩汉：개선하다］

比较：改进［日汉：改善する、韩汉：개진하다］

改造［日汉：改造する、韩汉：개조하다］

1）われわれの仕事の改善に役立てるため，貴重な意見をどしどしお聞かせください（请大家多提宝贵意见，帮助我们改进工作）

2）自然を改造する（改造自然）

3）양국의 관계를 개선하다（改善两国关系）

　　4）공장 건물을 개조하다（改造工房）

　　"改进"指"改变旧有情况，使有所进步"，如"改进学校食堂""改进工作作风"。"改造"在古汉语中指"另制、重制"，《诗·郑风·缁衣》："缁衣之好兮，敝，予又改造兮。适子之馆兮，还，予授子之粲兮。"指"另行选择"，《荀子·议兵》："中试则复其户，利其田宅，是数年而衰，而未可夺也。改造，则不易周也。"杨倞注："改造，更选择也。"表示"就原有的事物加以修改或变更，使适合需要"，宋叶适《福建运使赵公墓志铭》："初，朝廷患开禧会子轻，仅卖半价，悉改造及元陌止。"这一义项也是现代汉语的常用义，如"旧城改造""改造思想""技术改造""项目改造"。"改善"在古汉语中指"改正过失或错误，回心向善"。《后汉书·独行传·王烈》："盗惧吾闻其过，是有耻恶之心。既怀耻恶，必能改善。"现多指"改变原有情况使比较好一些"，如"改善居住环境""改善工作作风"。

　　（16）供给［日汉：供給する、韩汉：공급하다］

　　　　比较：提供［日汉：提供する、韩汉：제공하다］

　　　　　　　供应［日汉：供給する、韩汉：공급하다］

　　1）工場に原料を供給する（供应工厂原料）
　　2）食糧的供給を受ける（接受粮食供应）
　　3）식량의 공급이 원활하지 않다（粮食供应不正常）
　　4）수요에 따라 물자를 공급하다（按需要供应物资）

　　汉语中"供给"的"给"念jǐ，一作动词，指"以物资、钱财等给人而供其所需"，《管子·地图》："论功劳，行赏罚，不敢蔽贤有私；行用货财，供给军之求索"，"这个水产品批发市场供给本市市民日常消费的水产品""父母供给他上学读书"。一作名词，指生活所需的钱物，唐杜甫《有客》诗："不嫌野外无供给，乘兴还来看药栏。""供给"在古汉语中还指"奉伺、祭祀"，《礼记·曲礼上》："祷伺，祭祀，供给鬼神，非礼不诚不庄。"宋欧阳修《南省试进士策问》之二："其斋戒供给，期召奔走，废日几

何？"现代汉语中，"供给"一般见于书面语，如"保障供给""供给制"。"供应"在古汉语中作为动词短语使用时有两种不同的意义，一指"伺候、听候使唤"，明冯梦龙《警世通言·金令史美婢酬秀童》："县主急忙忙下船，到府迎接，又要支持船上，往还供应，准准的一夜眼也不合。"另表示供给所需的财物，宋尤袤《淮民谣》："供应稍不如，向前受答箠。"现代汉语中"供应"在口语、书面语中都比较常见，如"市场供应""供应物资"，"群众需要的化肥商店一直有供应"，用作动词和名词。"提供"在日韩语中分别为提供する、제공하다，如：

　　5）労力を提供する（提供劳力）
　　6）난민에게 식료품과 물품을 제공한다（向难民提供食品和物资）

　　"提供"是近代从日语流传到汉语的，在现代汉语中一般用作动词，后带宾语，如"提供粮食""提供场地"，也可说"提供条件""提供意见"，而"供给、供应"的对象一般都比较具体。

三　形容词类

　　（17）低廉［日汉：低廉、韩汉：저렴］
　　　　比较：廉价［日汉：廉価する、韩汉：염가하다］

　　1）ていれんな価格／저렴한 가격（低廉的价格）
　　2）廉価販売（低价出售）
　　3）이 상품들 염가로 판매해라（把这些商品廉价出售吧）

　　汉语有"价格低廉、劳动力低廉"，指"价格的数值或劳动力价值的低下"。"低廉"和"廉价"两词在汉语中的区别表现在词语的搭配上，如"价格低廉"不说"价格廉价"；"廉价的劳动力"也不说"低廉的劳动力"，"廉价书、廉价商品"不说"低廉书、低廉商品"。

（18）发达［日汉：発達する、韩汉：발달하다］

　　比较：发展［日汉：発展する、韩汉：발전하다］

1）交通が発達した行くにも便がいい／교통이 발달하여 사통팔달하다（交通发达，无论去哪儿都很方便）

2）科学が急速な発達を遂げている（科学得到快速的发展）

3）남인도는 북인도의 고등 종교를 서서히 받아들여 독자적인 문화를 발달시켰다（南印度慢慢吸收了北印度的高等宗教，发展出了独特的文化）

4）중국 문화의 영향을 받고 인도의 도움도 받았지만, 동남아시아는 독특한 문화를 발달시켰다（受到中国文化的影响及印度文化的帮助，东南亚发展出独特的文化）

汉语中，"兴旺发达"常常连在一起称说，多指事业、经济、技术等充分发展。"发达"在古汉语中还表示"个人的发迹、飞黄腾达"，元马致远《荐福碑》第一折："张镐，几时是你那发达的时节也呵！"《水浒传》第四十四回："石秀道：'小人只会使些枪棒，别无甚本事，如何能够发达快乐？'"表示"使充分发展"，宋苏轼《御试重巽申命论》："至于风……发达万物，而天下不以为德。"现代汉语中常见的搭配如"经济发达、技术发达、发达国家"等，多作形容词，而日韩语中一般用作动词；现代汉语中"发展"指事物由小到大、由简单到复杂、由低级到高级的变化，也指"组织、规模"等的扩大，可以是名词，如"得到发展""发展很快"，也可以是动词，可以带宾语，如"发展经济""发展生产""发展新会员"。日韩语中"发展"作为动词使用时只是不及物动词，如：

5）農業を発展させる（使农业得到发展）

6）사건은 뜻하지 않은 방향으로 발전했다（事情向没有预料到的方向发展了）

日语中"发展"还有"交际广、沉湎酒色"的意思。

　　7）彼は発展家のようです（他好似酒色之徒）

这种用法在韩汉语中不存在。

（19）正直［日汉：正直、韩汉：정직］

　　　比较：老实［日汉：誠実である、韩汉：성실하다］

　　　　　　正派［日汉：立派である、韩汉：엄숙단정하다］

　　1）ばか正直（过于老实）

　　2）三度目の正直（事不过三）

　　3）正直な人（老实人）

　　4）正直なところ，彼は信用できない（说实在的，他不可靠）

　　5）모든 정직한 사람들（所有正直的人）

　　6）그는 정직을 무엇보다 도중히 여기다（他把正直看得比什么都重要）

　　7）真面目な生活態度／성실한 생활태도（认真的生活态度）

　　8）立派な人物／엄숙단정한 사람（正派人物）

　　汉语中"正直"和"老实"是两个不同的词。"正直"指刚正无私、性格率直，《韩诗外传》卷七："正直者，顺道而行，顺理而言，公平无私，不为安肆志，不为危激行。"现代汉语中有"为人正直""正直坦率"，多指人的品行和道德；"老实"在汉语中一般指"忠厚诚实"，又表示"循规蹈矩、规规矩矩"，但人如果过于顺从，就给人"无用、愚笨"的感觉，所以汉语中"老实"有时又是"无用"的婉辞，元冯子振《鹦鹉曲·愚翁放浪》："东家西舍随缘住，是个忒老实愚父。""老实"可以重叠，如"老老实实做人"，"正直"一般不重叠。"正派"在汉语中原指宗族的嫡系或学业、技艺等一脉相传的嫡派，《西游记》第十五回："其为家父行者之嫡系正派，不言而可知也。"元刘埙《隐居通议·四诗类苑》："（宋三大家诗）体虽不同，而气壮语浑，同出于杜，此则诗之正派也。"今"正派"多指人品作风规矩、严肃，是个形容词，如"为人正派""作风正派""正派人"，也可说"十分正派""非常正派""很正派"。

（20）悲惨［日汉：悲惨な、韩汉：비참하다］

　　　比较：凄惨［日汉：凄惨する、韩汉：처참하다］

　　1）悲惨な光景 / 비참한　광경（悲惨光景）

　　2）悲惨な運命 / 비참한　운명（悲惨的命运）

　　3）생활이 비참하다（生活悲惨）

　　4）凄惨な光景 / 처참한 광경（凄惨的光景）

汉语中"悲惨"指"悲苦、凄惨"，三国魏明帝《长歌行》："徒然喟有和，悲惨伤人情。"也写作"悲憯"，明刘基《雪晴偶兴因以成篇》："天民日望天爱怜，破瓦颓垣最悲憯。""凄惨"在古汉语中也有"悲惨、悲痛"义，《东周列国志》第三十二回："却说桓公尸在床上，日久无人照顾……（众人）见虫攒尸骨，无不凄惨。"今汉语有"悲惨的生活、悲惨的日子、悲惨的情景"，多指"处境或遭遇令人伤心"；"凄惨"还可说"歌声凄惨""凄惨的笑容"，与"凄凉"意近。

（21）含蓄［日汉：含蓄する、韩汉：함축하다］

　　　比较：包含［日汉：包含する、韩汉：포함하다］

　　1）含蓄のある話（含蓄的话）

　　2）がんちくに富む文章（意义含蓄的文章）

　　3）함축미（含蓄美）

　　4）인생의 참뜻을 함축한 시편（包含着人生真理的诗篇）

古汉语中，"含蓄"可作动词，表示"深藏"，宋司马光《和邻几六月十一日省书事》诗："上有长松林，蔽日深杳冥。下有万仞壑，含蓄太古冰。"表示言语、诗文等耐人寻味，是形容词，《朱子语类》卷三十八："至于上大夫之前，则虽有所浄，必须有含蓄不尽底意思，不如侃侃之发露得尽也。"现代汉语中，"含蓄"一般用作形容词，如"说话很含蓄"。"包含"在汉日韩语中一般用作动词。

5）矛盾をほうがんする（包含矛盾）

6）経済的危機を包含する（包含经济危机）

7）여러가지 의미를 포함하다（包含各种意思）

8）그 가격엔 포장비가 포함되어 있다（那个价格之中包含有包装费）

现代汉语中，"包含"一般也作动词，如"这句话包含了好几层意义""房费包含了每天的饭费"。"包含"要注意不要与"包涵"相混。

（22）低迷［日汉：低迷する、韩汉：흐릿하다］

比较：低下［日汉：低下する、韩汉：저하하다］

低落［日汉：低落する、韩汉：저락하다］

1）暗雲低迷／암운이 점미하다（乌云低迷）

2）低迷する日本経済（低迷的日本经济）

"低迷"在中国古代指"神智模糊"，三国魏嵇康《养生论》："夜分而坐，则低迷思寝；内怀殷忧，则达旦不瞑。"表"迷离""迷蒙"，南唐李煜《临江仙》："别巷寂寥人散后，望残烟草低迷。"现代汉语中一般说"情绪低迷""情感低迷""市场低迷"。

3）温度が低下する（温度下降）

4）疲労は病気に対する抵抗力を低下させる（疲劳会降低对疾病的抵抗力）

5）물가저하（物价下降）

6）사기가 저하하다（士气跌落）

7）이 약초는 고혈압을 낮추는데 좋다（这个草药对降低高血压有好处）

现代汉语中"低下"指事物的数量、质量、程度或水平等在一般标准之下，是形容词，如"生产力低下""语言能力低下""产品质量低下"，也可指"社会地位低下、思想品德低下"。作动词时，"低下"是一个动补结构，可以说"低下头""低下了身子"。"下降"是一个不及物动词，指"由高到低""从多到少"的变化，如"产量下降""气温下降""人数下降"。"低落"在日语中特指物价下滑。

8）株価低落（股价下降）

现代汉语中，"低落"指"下降"，除指"价格低落"之外，还可指"士气低落""情绪低落"等。

（23）老成［日汉：老成する、韩汉：노련하다］
　　　比较：老练［日汉：老練な、韩汉：노련하다］

1）ろうせいした人物（世故的人）
2）ろうせいした考え（成熟的想法）

日语中"老練（ろうれん）"指"熟练"，如：

3）老練な監督（经验丰富的导演）

韩语中作形容词时，是노련하다，相当于어른스럽다。

4）노련한 외교가（老练的外交家）
5）어리지만 어른스럽다（少年老成）

古代汉语中，"老成"指年高有德，《后汉书·和帝纪》："今彪聪明康强，可谓老成黄耇矣。"李贤注："老成，言老而有成德也。"宋俞文豹《吹剑四录》："恐数十年后老成凋丧，后生小子，不知根底，耳濡目染，日变而不复还。"指"老年",《北史·程骏传》："卿尚年幼,言若老成,美哉!"表"精明练达",明陈大声《新水令·鱼隐》："笑他每干时的欠老成,叩谏的忒直正,堆金的少见识,拜将的多侥幸。"表"稳重、老实",元关汉卿《金线池》第三折："本分的从来老成,聪俊的到底杂情。"清李渔《怜香伴·随车》:"我老成不作轻佻计。""老成"与"老练"都有因经验丰富、阅历多而办事稳重、办法多的意思,差别在词语的搭配组合上,现代汉语中一般说"老成持重""少年老成",多形容人的性格,而"办事老练""处世老练"多指人的处事能力。

（24）高级［日汉：高級、韩汉：고급］

　　比较：高档［日汉：高級、韩汉：고급］

　　　　1）高い段階（高级阶段）

　　　　2）高級商品（高档商品）

　　　　3）고급품（高级品）

　　　　4）고급 회화（高级会话）

　　汉语中"高级"指阶段、级别达到一定高度,如"高级汉语""高级人民法院",分别相对于"初中级汉语""中级人民法院"而言;指质量、水平等超过一般的,如"高级衣料""高级手表""高级材料"。"高档"在汉语中一般指质量好、价格较高的商品,也可以说"高档衣料""高档手表""高档饭店",但不说"高档职称""高档汉语""高档阶段"。

（25）积极［日汉：積極、韩汉：적극］

　　"积极"是一个日源汉字词,日语"積極"指事物两面性中肯定、正确的一方,包括与静相对的动、与阴相对的阳的一方,反义词是"消极"。现代汉语中"积极"一般用作形容词,如"表现积极""非常积极""不太积极",后面可带补语,如"积极一点""积极得很"。日韩语中的"积极的（せっきょくてき、적극적）"作副词。

　　　　1）積極的に発言する（积极发言）

2）적극적으로 행동하다（积极地行动）

日韩语中"積極財產（せっきょくざいさん、적극재산）、積極策（せっきょくせき、적극책）"指"积极财产、积极策略"，相应的反义词则是"消极财产、消极策略"。"积极财产、消极财产"是根据财产对主体的积极效益和消极效益划分的，前者指物权、知识产权和债权等，对主体能产生积极的有益的收益；后者指债务，指对主体产生负面的收益。

（26）复杂［日汉：複雜、韩汉：복잡하다］

1）複雜手續（复杂的手续）
2）複雜な気持（复杂的心情）
3）내용이 매우 복잡하다（内容非常复杂）

日语有"複雜怪奇（复杂离奇）""複雜骨折（复杂骨折）"。韩语中，"复杂"还可指"人流交通繁忙混杂""头脑混乱"。

4）주말에는 백화점 안이 매우 복잡하다（周末百货店内非常混杂）
5）지금 머리가 복잡해요（现在脑子很乱）

"复杂"在汉语中指事物的种类或头绪多而杂。明胡应麟《诗薮·古体上杂言》："骚与赋句语无甚相远，体裁则大不同：骚复杂无伦，赋整蔚有序。""复杂"在现代汉语主要用作形容词，如"问题复杂、形势复杂"，"很复杂、十分复杂、确实复杂""复杂得很、复杂得不行、复杂得不得了"。

（27）简单［日汉：簡單、韩汉：간단하다］

　　比较：容易［日汉：容易、韩汉：용이하다］
日语中"簡單"和"簡短"同音。

1）簡單な機械（简单的机械）
2）言うだけなら簡短だ（说话的话也很简短）

日本的"简单服"，是一种夏天妇女穿的简单的连体服装，也叫あっぱっぱ。"容易"对应于日语中的汉字词"容易（ようい）"。

3）容易に解決できる（能够易于解决）

也对应于日语的固有词如やさしい、たやすい。

4）言うのはやさしいが，やってみると難しい（说起来容易，做起来难）

5）この仕事はたやすい（这个工作很容易）

韩语中相对应的汉字词是간단하다、용이하다。

6）간단한 면접 시험이 있겠습니다（有一个简单的面试）

7）이일은 용이하다（这件事容易）

固有词如쉽다。

8）말하기는 쉬워도 행하기는 어렵다（说起来容易做起来难）

汉语中"简单"指"单纯、不复杂"，是形容词，如"简单的工作""简单的经历"，也可以充当副词，作状语，指"粗略""大致"，如"简单地应付一下""简单弄一弄"。"容易"在古代已见使用，如北齐颜之推《颜氏家训·勉学》："校定书籍，亦何容易，自扬雄、刘向方称此职尔。观天下书未遍，不得妄下雌黄"，和今天"容易"的常用义一样，"容易"还表示"轻易、草率"，《儒林外史》第二十一回："久已闻得有位牛布衣，住在甘露庵，容易不肯会人，相交的都是贵官长者。"指"轻慢、放肆"，《旧唐书·韩愈传》："宪宗谓宰臣曰：'……然愈为人臣，不当言人主事佛乃年促也。我以是恶其容易。'"指"疏忽；糊涂"，唐欧阳炯《木兰花》诗："儿家夫婿心容易，身又不来书不寄。"这些用法在后来都消失了。现代汉语中"简单"和"容易"在意义和用法上有交叉,如"这件事情做起来很简单",也可以说"这件事情做起来很容易",但"他人很简单""想法很简单"不说"他人很容易""想法很容易",这里的"简单"指"单纯";"这件事情容易做"不说"这件事情简单做",说"简单化",不说"容易化"。日韩语中跟汉语的"简单"和"容易"相对应的,既有汉字词,也有固有词。

以上是分类列举几组词语所进行的比较,不一定全面。这种所谓的同形词语其实在汉日韩语中是大量存在的。唐磊《现代日中常用汉字对比词典》(1996)的前言中写道"日本常用汉字与中国的简体字相比,字形完全相同的占总数的54%"。甘瑞瑗在《"国别化"对外汉语教学用词表制定的研究》(2006)中考察出韩语前3000词中分布在HSK词汇大纲中的汉字词共有877个。奇化龙(2000)调查了《汉语教程》中的8626个词表,认为其中1762个可以归入"中韩同形词",占总量的20%,并认为在这1762个词中,有1677个词是同形同义的,占"中韩同形词"总量的95%,这些"同形词"在日韩留学生学习汉语的过程中可以起到正迁移作用。但任何事物都具有两面性,日韩语中的这些汉字词既是日韩留学生学习汉语的捷径,也是一个诱人的陷阱。他们有时会无原则地推导出汉语中并不存在的一些词语,根本看不到那些同形近义词的区别,错用、误用的情况比比皆是。严格来说,这里"同形"的说法并不准确,如韩语中,有些词不光发音不同,书面语中也只用韩文来表示,并不用汉字,所以根本"不同形",加之发音有别、意义也不完全对应,所以很难从整体上把握。表2-1是韩文汉字、韩文与汉语词语的形式对照。

表 2-1 汉语词语、韩文汉字、韩文形式对照

汉语词语	韩文汉字	韩文
信	片纸	편지
草纸	休纸	휴지
赠品	膳物	선물
账单	計上书	계상서
餐桌	食卓	식탁
支票	手票	수표

续表

汉语词语	韩文汉字	韩文
名片	名衝	명함
女佣	下女	하녀
取缔	休止	휴지
学习	工夫	공부
非常	大端	대단
囚犯	罪囚	죄수
侧房	옆房	옆방

这些韩文中的汉字词，有些在汉语中也有，且意思大致相同，如"罪囚"，有些虽有，但意思并不相同，如"工夫""休止"，有些则根本不存在，如"休纸""下女"等。这些汉字词已经完全成为韩语系统符号的组成部分，读音、表意、传情都必须遵守韩语内部的各种规则，而相应的汉语词也同样必须遵守汉语内部的各种规则，就像韩国人打招呼常说的"你好"，一般韩国人不一定知道就是汉语的"安宁（宁）"，现代汉语现在也不会用"安宁"来作为招呼语。同样"中国""日本"是两个常见的名词，如果用日语发音，在书面上写成ちゅうごく、にほん，也不能说与汉语中的相应词同音。再从字形的角度来说，日语的"感動""発展"到了现代汉语已经简化成了"感动""发展"，形体上也不完全相同了。但这些并不妨碍我们临时借用来指称那些共同来源于汉语，在意义、用法上存在种种联系的词语。关键是要掌握这些词语彼此之间的不同，利用其中存在的规律，实现汉语习得过程中母语向目的语的正迁移。

第二节　日语汉字词的来源

一　来源于古汉语

日本从古代中国传入了大量汉字词汇，据有汉字记载的文献分析，《万叶集》和其他作品中已经出现了许多汉语词和汉译词，例如：博士、弟子、職事、赏罚、谋反、恶人、観喜、邪心、嫉妒、思惟、恋慕、国士、恭敬、威仪、贫穷、他国、颜容、盛年、入学、落第、法师、布施、過所、朝参、雙六、五位、藐孤射、塔、离士、饿鬼、檀越、婆羅门等。还有汉语的外来词，如：師子、芭蕉、葡萄、琉璃、袈裟、琵琶等。此外，从现在留存的"宣命"①中也能了解到奈良时代汉语词汇与中国文化相关联的情况。这些汉语词有的与儒学、老庄学说相关，如：礼、乐、孝义、孝子、仁孝、节夫；有的与政治相关，如：功、斩、禄、阴阳寮、缘坐、强盗、过所、故杀、五位、散位、职事、诸王、瑞书、窃盗、大逆、大瑞、大保、内相、八虐、反逆、边戍、谋杀、谋反、远流、乾政官、大将军、镇守副将军、有位、无位等；有的与度量衡相关，如：斛、斗、端、疋；有的表示年号：大宝、庆云、和铜、灵龟、养老、神龟、天平、天平感宝、天平胜宝、天平宝字、天平神护、神护景云、宝龟、天应、延历。自奈良时代末期到平安初期，为"唐风文化"的全盛时期，大量汉语词汇进入日语，同时假名也逐渐成熟，平安时代中期进入黄金时代，假名的中间夹用汉字，特别是汉字标记的词汇，所占比重可参见表2-2。

表2-2　假名文学作品中汉语词汇的比重

《竹取物语》	7.4%，112词	《古今和歌集》和歌部分	0.6%，15词	《枕草子》	3.8%，930词
《伊势物语》	6.2%，93词	《古今和歌集》辞书部分	11.3%，107词	《源氏物语》	12.6%，1888词
《土佐日记》	4%，36词	《蜻蛉日记》	7.4%，320词	《更级日记》	7.6%，166词

资料来源：刘元满：《汉字在日本的文化意义研究》，北京大学出版社，2003。

　　中世时期，汉语词已广泛扎根于日常生活，进一步与和语融合。《军记物语》中的汉语词比例最高，与平安时代相比，一字词、三字词减少，二字词呈增加趋势，大约85%的汉语词都是体言，在表达中占主要地位。近世以

---

① 诏敕的一种，用汉字书写主要的体言及用言的词干，而用万叶假名（仅表音）写助词及用言的词尾。这样的用字方式叫"宣命体"。

后，以江户时代为中心，德川幕府奖励儒学，以朱子学为官学，古学、阳明学等学派兴盛，汉字成为研究的对象。明治维新以后，西方文化蜂拥而至，大量新思想、新概念、新事物被介绍到日本，日语中出现了许多新词，大部分是汉语词的形式，1866 年的《英和对译袖珍辞书》中约有 20%，到 1888 年的《和译英字汇》增至 60%。1891 年的辞书《言海》收上古至近代的词语约 39000 个，其中汉语词 13546 个，占全部的 34.7%，而 1956 年同等规模的《例解国语辞典》收汉语词 21656 个，占全部词汇的 53.6%。日本明治维新期间援引了大量中国古籍用词并独立创造了大批汉字词，主要用来翻译西方文化中的新事物。

　　汉文化的载体是汉字，吸纳汉语的词语，就必须学习汉字、汉文，汉字本身是形、音、义三位一体的，进入日语后必须进行调整，比如，在古今字的问题上，日语和汉语有不同的做法，日语对古字形的字有保留，而汉语一般保留今字形的字。① 例如古汉语有古今字"唱"和"倡"、"沈"和"沉"，也有异体词"提倡"和"提唱"、"沈没"和"沉没"，日语保留了"提唱""沈没"，是古字词形，汉语则保留"提倡""沉没"，是今字词形。古汉语中"见"和"现"是古今字，在日语中"发见"和"发现"都有，汉语保留"发现"，与日语的"発見（はっけん）"词义相同，而与日语的"発現"（はつげん）（出现）是同形异义，如日语的"問題を発見した（出现了问题）"。正由于日语和古汉语之间如此密切的联系，日本人、中国人即使不懂得对方的语言，但见到对方的文字（日语中指用汉字）时，都有似曾相识之感。下面这些词语见于日语，也见于现代汉语，日语往往还保留着古汉语的意义。

　　（28）老婆［日汉：老婆、韩汉：할머님］
　　　　　比较：老太婆［日汉：老婆、韩汉：할머님］
　　　　　　　　老婆儿［日汉：老婆、韩汉：할머님］

---

① 古今字是由于古汉语中多义词的某个义项在词义系统发展过程中，逐渐从原词的引申义列中分化独立而形成新词，或上古同音借用形成的同形词在汉语发展中分化出新词，在书面上为这些新词另造新字的现象。

"老婆"在日语中指老太婆、老婆婆，ろうばしん（老婆心）指过分的恳切心，现代汉语"老婆"与妻子同义，日语另有"女房"指现代汉语的"妻子"义。唐代以前，汉语中的"老婆"也是老婆婆的意思，唐寒山《诗》："东家一老婆，富来三五年。昔日贫于我，今笑我无钱。""老翁娶少妇，发白妇不耐。老婆嫁少夫，面黄夫不爱。"但唐代以后，"老婆"就有了现代汉语的妻子义了，宋吴自牧《梦粱录》："时运来时，买庄田，取老婆。"但还可用作老年妇女的自称，或称丫头或年老的女仆，如金董解元《西厢记诸宫调》卷六："有的言语，对面评度。凡百如何，老婆斟酌。"元无名氏《陈州粜米》第一折："我做斗子十多罗，觅些仓米养老婆"，《红楼梦》第三十五回："到了怡红院中，只见抱厦里外回廊上，许多丫头老婆站着，便知贾母等都在这里。"表示妻子的俗称，现代汉语的"老婆"一般读 lǎopo，汉语中还有"老太婆"一词，称老年妇女，语多含轻蔑，另有"老婆儿"，也指年老的妇女，含亲热义。"老婆婆"韩语固有词是할머님。

（29）名刺［日汉：名刺、韩汉：명함］

日语的"名刺（めいし）"相当于现代汉语的"名片"。汉代以前称为"谒"，隋唐称为"刺""名刺"。《梁书·江淹传》："永元中，崔慧景举兵围京城，衣冠悉投名刺，淹称疾不往。"宋元以后称"名纸""名帖"，明清逐渐称"名片"，日本今称"名刺"，当是受隋唐汉语的影响。韩语的명함来自汉字词"名衔"。

（30）石炭［日汉：石炭、韩汉：석탄］

元代以前汉语称"煤"为石炭。北魏郦道元《水经注·漯水》："山有石炭，火之热同焦炭也。"《老学庵笔记》卷一："北方多石炭，南方多木炭，而蜀又有竹炭。"汉语称"煤"开始于元明之交，《元史》卷八十九："西山煤窑场，提领一员。"《天工开物》："凡烧砖，有柴薪窑，有煤炭窑。"日语为"石炭（せきたん）"。

（31）箸［日汉：箸、韩汉：젓가락］

汉语从明代开始有"筷子"一词，但作为吃饭的用具早就出现，古代叫"箸"，日语はし。《荀子·解蔽》："从山下望木者，十仞之木若箸"，《韩非子·喻老》："昔者纣为象箸而箕子怖"，《礼记·曲礼上》："饭黍毋以箸"，

明陆容《菽园杂记》："民间俗讳，各处有之，而吴中为甚。如舟行讳'住'讳'翻'，以'箸'为'快儿'，幡布为'抹布'；讳'离''散'，以梨为'圆果'、伞为'竖笠'；讳'狼藉'，以榔槌为'兴哥'；讳'恼躁'，以'谢灶'为'谢欢喜'，此皆俚俗可笑处，今士大夫亦有犯俗称'快儿'者。"现代闽语仍叫"箸"，江淮方言不少地方把"筷筒"叫"箸笼"。"筷子"韩语固有词为젓가락。

（32）驿［日汉：駅、韩汉：역］

"驛"的简写，古代指驿站，日语"駅（えき）"。《史记·酷吏列传》："令郡具私马五十匹，为驿自河内至长安。"《后汉书·刘昆传》："先是崤黾驿道多虎灾，行旅不通。"今日语指火车站，如"東京駅"指"东京火车站"。

（33）豚［日汉：豚、韩汉：돼지］

猪肉在日语中为"豚肉（ぶたにく）"，汉语中"豚"最初指小猪，《论语·阳货》："阳货欲见孔子，孔子不见，归孔子豚。"《韩诗外传》卷九："孟子问其母曰：'东家杀豚何以为？'母曰：'欲啖汝。'"《孟子·梁惠王上》："鸡豚狗彘之畜，无失其时，七十者可以食肉矣。"韩语固有词为돼지。

（34）键［日汉：鍵、韩汉：열쇠］

鍵（かぎ）日语指钥匙。《战国策·赵策三》："天子巡狩，诸侯辟舍，纳管键，摄衽抱几，视膳于堂。"《淮南子·主术训》："五寸之键，制开阖之门。""管键"就是大门的钥匙。"钥匙"韩语固有词为열쇠。

（35）扉［日汉：扉（とびら）、韩汉：문짝］

日文指"门"，"自动扉"指"自动门"，但今天的日语一般说"自動ドア"，ドア是英语door的音译。《仪礼·士相见礼》："主妇阖扉，立于其内。"《礼记·玉藻》："闰月则阖门左扉，立于其中。"汉语今有"心扉"一词，系比喻用法。韩语문짝表示汉语的"扉"，是汉字词문（門）和固有词짝的合璧词。

（36）汤［日汉：湯（ゆ）、韩汉：뜨거운 물］

现代汉语指"食物煮后的汁水"，日语指热水、温泉。鑑子に湯沸がせふども（孩子如铛子中的沸水一样吵闹），"湯の町"指有温泉的小镇。《论语·季氏》："见善如不及，见不善如探汤。"吴语"面汤"指"洗脸的热水"。

汤的温泉义始于中古汉语，如《新唐书·逆臣传》："为卿别治一汤，可会十月，朕待卿华清宫。""热水"韩语为뜨거운　물。

（37）吃茶［日汉：喫茶、韩汉：차를 마시다］

汉语的"喝茶"，日语写作"喫茶"，读きっーちゃ，或きっさ，是沿用唐代的写法，今一般说"お茶を飲む"。《五灯会元》卷四："遇茶吃茶，遇饭吃饭。"今湖南、江苏等地方言仍说"吃茶"。

（38）馒头［日汉：饅頭、韩汉：만두］

"馒头"在汉语中分有馅儿的和没馅儿的，叫法在各地不同。日语将有馅儿的叫"馒头"，源于近代汉语。宋高承《事物纪原》："因杂用羊豕之肉，而包之以面，象人头以祠……后人由此为馒头。"馒头在今天中国的北方大多是没馅儿的，有馅儿的叫"包子"，但在南方，"馒头"也可以指有馅儿的，如"菜馒头""萝卜丝馒头"。上海有名的"小笼馒头"，也叫"小笼包"。

（39）铳［日汉：銃、韩汉：총］

銃（じゅう）日语中指发射弹药的管型武器。明丘浚《大学衍义补》卷一百二十二："近世以火药实铜铁器中，亦谓之炮，又谓之铳。"闽南话至今仍保留此种说法。

（40）红毛［日汉：紅毛、韩汉：서양인］

紅毛（こうもう）日语指西洋人，源自明清汉语，起初指荷兰人。《明史》卷二百六十四："红毛夷者，海外杂种，绀眼，赤须发，所谓和兰国也。"后泛指西洋人。魏源《圣武纪》卷十四："红毛戈船火器，横行海外。"闽方言和新加坡华人仍称洋人为"红毛"。韩语서양인即"西洋人"。

（41）麻将［日汉：麻雀、韩汉：마장/마작］

日语称牌类娱乐用具的"麻将"为"麻雀（マージャン）"，与当今粤方言完全一致，共同源自清代汉语。清胡思敬《国闻备乘》："麻雀之风起自宁波沿海一带，后渐染于各省，近数年来京师遍地皆是……肃亲王善耆、贝子戴振皆以叉麻雀牌自豪。"《官场现形记》第二十一回："他自己爱的是赌，时常邀几个相好朋友到家叉麻雀，不是五百块钱一底，就是一千块钱一底。""麻将"一词当来自吴方言。

二　来自佛经教义

远在东汉、南北朝至唐代，中国人就和西域僧人合作，翻译了许多佛典，创制了大量新词，丰富了汉语词汇库，如"翻译""翻案""方便""天堂""地狱""宿命""平等""悲观""觉悟""境界""唯心""实体""实际""真实""真理""真谛""信仰""因果""相对""绝对""信手拈来"等。汉唐时代的汉译佛典不仅创制了大量汉语词，也树立了汉语借词（外来词）的基本范式。[①] 6 世纪，汉传佛教经由朝鲜半岛进入日本，并迅速在日本流行开来，进一步扩大了识字阶层。大化革新后，日本建立封建中央集权制，沿用了唐代的律令制度，将佛教奉为国教，使得佛教词汇也进入日语，如："经、塔、僧、御袈裟、饿鬼、讲读、大御舍利、诸天、世间、禅师、帝释、大师、大律师、婆罗门、护法善神、护法梵王、最胜王经、四大天王、观世音菩萨、卢舍那如来、不可思议神"等，这些词语来自中国佛教经书，有的为音读，有的为训读，都东渡日本，直至今日仍为日本人所采用。

三　来自自身的创造

日语不仅从汉语借去了文字，也学到了使用汉字的语言学方法，可以根据社会发展层出不穷地创造词汇。明治维新时期日本吸收西方先进的科技和思想，运用古汉语语汇或自造汉字翻译了大量西方语，这说明，汉字已深深地在日语中扎根。利用汉字音译欧美语词，如瓦斯——（英）gas、淋巴——（英）lymph、混凝土——（英）concrete、米——（法）metro；利用汉字意译欧美词语，如引渡、市场、高潮、主体、客体、方针、政策、哲学、细胞、生产力、消费力、文学、新型、抽象、错觉、象征、美感、电流、分子、组织、杂志、社会、生产、革命、浪人、国家、经济、解放、宿舍、关系。自己创制的词语，不少在汉语中普遍使用，如场合、场面、备品、舞

---

① 中国最早输入借词是在西汉时代，汉武帝时张骞通西域，"蒲桃（葡萄）""苜蓿""狮子""骆驼"等从中亚地区传入中原，东汉以后的外来词大多是古印度的佛教名词。

台、储蓄、调制、大本营、道具、景气、服从、服务、复写、副食、复习、必要、保健、方针、一览表、人力车、解决、经验、权威、化妆品、希望、记录、个别、交换、克服、故障、交通、共同、距离、命令、身份、目标、内服、内容、认可、玩具、例外、联想、作物、三轮车、请求、接近、说教、节约、支部、支店、市场、执行、申请、初步、症状、展开、手续、话题、特别、要素、要点、想象、出席等；利用自创汉字音译欧美词语，如吨——（英）ton；利用自创汉字意译欧美词语，如腺、癌、寸、尺；借用汉字表达日本自创的概念，如物语、辩護士、歌舞伎、柔道、花道、权益。从欧美音译而来的词，可以看作外来词，借用古代汉语的现成词意译外来或自身概念的词表面上看直接来源于古代汉语，但意已经悄然发生了嬗变，如"杂志"在古汉语中原指"读书札记"，而现在则指"期刊"；"浪人"在古汉语中指行踪漂泊不定、四处游荡之人，日语中借指幕府时期失去主家的流浪武士，以后又引申为无业游民、失业学生，在日语中产生的新义随之进入了现代汉语。再如"文化、革命、厚生、写真"等都是同样类型的词语。

（42）文化［日汉：文化（ぶんか）、韩汉：문화］

古汉语指"文治教化"。汉刘向《说苑·指武》："凡武之兴，为不服也，文化不改，然后加诛。"日语用来翻译英语的 culture，指人们在社会历史实践过程中所创造的物质财富和精神财富的总和，特指精神财富，如教育、科学、文艺等。

（43）革命［日汉：革命（かくめい）、韩汉：혁명］

古汉语指"实施变革以应天命"。《易·革》："天地革而四时成，汤武革命，顺乎天而应乎人。"孔颖达疏："夏桀、殷纣，凶狂无度，天既震怒，人亦叛亡，殷汤、周武，聪明睿智，上顺天命，下应人心，放桀鸣条，诛纣牧野，革其王命，改其恶俗，故曰'汤武革命，顺乎天而应乎人'。"日语革命（かくめい）用来翻译英语的 revolution，指社会、政治、经济的大变革。

（44）厚生［日汉：厚生、韩汉：후생］

古汉语指"使人民生活充裕"。如《尚书·大禹谟》："正德，利用，厚生，惟和。"蔡沈集传："利用者，工作什器，商通货财之类，所以利民之用

也。厚生者，衣帛食肉，不饥不寒之类，所以厚民之生也。"孔颖达疏："厚生，谓薄征徭，轻赋税，不夺农时，令民生计温厚，衣食丰足，故所以养民也。"指使人民生活充裕，又指重视养生以保长寿，《魏书·列女传·封卓妻刘氏》："人之处世，孰不厚生？"三国魏嵇康《答难养生论》："只足以灾身，非所以厚生也。"该词在现代汉语中已不见使用，但在日语中常用，"厚生（こうせい）"，指"健康福利"、日本政府有"厚生省（こうせいしょう）"，后来流传到韩语中，如"후생 사업（福利事业）、후생시설（福利设施）"等。

（45）交通［日汉：交通、韩汉：교통］

"交通"在古代指"交相通达"，晋陶潜《桃花源记》："阡陌交通，鸡犬相闻"，指"勾结，串通"，《红楼梦》第一百零五回："贾赦交通外官，依势凌弱。""交通"指"交往、往来"，《韩诗外传》卷十："渊愿贫如富，贱如贵，无勇而威，与士交通，终身无患难。"这些义项在现代汉语中都已经消失。"交通"常用于指各种运输情况及邮电通信，日韩语相同。如："道路交通（도로교통）""红绿灯（交通信号、교통신호）""交通便利（交通便利、교통편리）"，韩语中，"교통（交通）"还指"交往、往来"。

1）졸업 후에는 서로 교통이 없다（毕业后，彼此之间没有往来）

（46）写真［日汉：写真、韩汉：사진］

"写真（しゃしん）"一词大概在隋唐时期传到日本，其用法与古代汉语略同，指肖像画。杜甫《丹青引赠曹将军霸》："将军善画盖有神，偶逢佳士亦写真。"成寻《参天台五台山记》卷七："文慧大师作与写真赞"，"写真"为绘制的佛像。在成书于15世纪中期的日本古辞书《节用集》中，"写真""肖像"并提，释义为人像。1839年，照相术由法国人发明后，于1848年传入日本，"写真图""写真画""写真照相"等词语应运而生，1894年日本两家最早的摄影专业杂志《写真月报》《写真新报》创刊，"写真"的现代摄影义也就形成了。当时的汉语里"写真器""写真镜"等词语指照相机，但汉语经过由文言向白话的转变，一般用"照相"一词来表示该义，"写真"指以某人的身体为创作主体的人体摄影，如"人体写真"，即指裸体艺术照。"写真"在当今汉语中还由"画人的真容"引申为"写实"，如"大写真"，指对事实的客观描写或报道，也是古语新用。

日语利用汉字创造的新词，不少流传到汉语、韩语中，成为基础词汇库中的重要成员。

（47）刺激［日汉：刺激、韩汉：자극］

"刺激"表示"生理上对感觉器官的作用"。

　　1）刺激療法（刺激疗法）

　　2）子どもに刺激の強い食べ物はむかない（不宜给小孩子刺激性强的食物）

　　3）この薬は舌に強い刺激をあたえる（这种药对舌头有强烈的刺激）

　　4）그빛은 눈에 자극을 준다（那个光线刺激眼睛）

　　5）전파가 뇌를 자극하다（电波刺激脑子）

表示"心理上的刺激"。

　　6）刺激のない生活（平淡的生活）

　　7）労働者を刺激するのは会社の損だ（刺激工人对公司不利）

　　8）그의 일상 생활은 자극이 없어 단조롭다（他的日常生活缺乏刺激，单调得很）

　　9）선동가의 연설에 자극된 군중（听了宣传员的演说而激动起来的群众）

　　10）자극적 발언（带有刺激性的发言）

现代汉语中，"刺激"本义指现实的物体和现象作用于感觉器官的过程，比喻人的精神受到挫折或打击："刺激神经""刺激大脑"。也可以指事物："刺激经济""刺激消费"。可以说"受刺激"，也可以说"真刺激""够刺激"。

（48）象征［日汉：象徵、韩汉：상징］

1）純潔を象徴する（象征纯洁）

2）象徴主義（象征主义）

3）횃불은 광명을 상징하다（火炬象征着光明）

4）십자가는 기독교를 상징하다（十字架象征着基督教）

5）비둘기는 평화를 상징한다（鸽子象征和平）

现代汉语中"象征"一词的常见搭配如"象征派""象征意义""象征性""象征主义""玫瑰象征爱情""火炬是光明的象征"等。

（49）指标［日汉：指標、韩汉：지표］

1）経済指標（经济指标）

2）景気指標 / 경기　지표（景气指标）

3）지표 식물（地表植物）

4）しひょうせいぶつ（指标生物）

5）新聞の発行部数は文化の一指標だ（报纸的发行数是文化的一个指标）

现代汉语有"数量指标""生产指标""经济指标"等。

（50）器用［日汉：器用、韩汉：재주가 있다］

"器用（きよう）"在汉语和日语中的意义差别较大，在日语中表"灵巧、巧妙"义，是日语的创造。

1）器用な人（灵巧的人）

2）器用に世渡りする（处世稳重）

3）不器用（不高明、拙笨）

汉语中"器用"指"器皿用具"，《尚书·旅獒》："无有远迩，毕献方物，唯服食器用。"也指兵器或农具，《国语·周语上》："先王之于民也，懋正其德而厚其性，阜其财求而利其器用。"韦昭注："器，兵甲也；用，耒耜之属也。"比喻人才，汉王褒《圣主得贤臣颂》："夫贤者，国家之器用也。"也指才能，作动词时表示"重用、使用"，晋袁宏《后汉纪·章帝纪下》："宠奉事先帝，深见委任。若以岁月言之，宜蒙功劳之报；以才量言之，应受器用之赏。不可以机微之故，以伤辅政之德。"现代汉语有"受到……的器用"，"器用"用作动词。

根据高岛俊男考察，日本最早的和制汉字词"参入"在《万叶集》中已有记载，平安时期和制汉字词逐渐增多，如"恶霭""院宣"，这一时期，和制汉字词有训读变为音读的情况，比如"立腹、出張、物騒、火事、大根"，和汉混合词，如"合点、无造作、当番、调印、无骨"。"议会""议院"这两个词最早出现在 1857 年中国科学杂志《六合丛谈》，编辑人是英国人伟烈亚力（Alexander Wylie）、慕维廉（William Muirhead）、艾约瑟（Joseph Edkins）三人。"六合"即天地四方之意。该书于 1858 年在日本重印，1864 年翻译成日文，"议会""国会"分别对应英语的 parliament、congress。这些词虽然最早出现在中国的杂志上，但最早在日本广泛使用，后来通过留日中国留学生的口传和翻译再次回流到中国。

近现代流传到汉语中的词如"手续（手続）""卖场（売場）""科学（科学）""议会（議会）""博物馆（博物館）"等名词，从词语的特点分析，一般以意译为主。有许多没能传到汉语中来的，如"风邪"在日语中是感冒的意思，日语中"麒麟"已经分化成两个词，写为汉字的"麒麟"指神话中的麒麟，而指长颈鹿的"麒麟"则写作キリン，"长颈鹿科"也作"キリン科"。现在似乎带有日语发音特点的词也会以音译的方式进入汉语，如"呷哺呷哺"是一家火锅连锁店，可能来自日语的しゃぶしゃぶ，指"涮羊肉"，又作副词，表示"轻轻地洗、轻轻地浇"，用作火锅店名是把它当名词用了。当然，这种说法能不能在汉语中普及开来是另外一回事，这种直接来自日语读音的词语在汉语中还是太少。再比如"动员"，是近代从日语传入汉语的一个军事术语，指"国家把武装力量由和平状态转入战时状态，把所有的经济部门（工业、农业、运输业等）转入供应战争需要"。

（51）动员［日汉：動員する、韩汉：동원하다］

1）動員令（动员令）

2）産業動員（产业动员）

3）学徒動員（学生动员）

4）こうはんなたいしゅうを動員する（调动广大群众）

该词也进入了韩语：

5）모든 인력을 동원하다（调动所有人力）

6）홍수　막이 공사에 군대를 동원하다（防洪工程调动了军队）

"动员"在进入现代汉语后词义有引申，指"发动人参加某项活动"："经过动员，他同意报名参加比赛""他动员全家人支持他的创业计划"。常见的搭配如"组织动员""动员大会""动员报告"等。

有些词语看似来自日语，其实在汉语里早就存在了，或者说，这些词语先在日语里使用，得到强化后再反过来影响汉语。鸦片战争之后，随着西方侵略愈演愈烈，西学东渐及新语创译达到了新的高潮。到 19 世纪末为止，近 60 年里中国译著的西学新书远远超过明末清初的 190 年，内容更为广泛。在中国人李善兰、徐寿、华蘅芳等人的配合下，马礼逊（Robert Morrison）、丁韪良（William Alexander Parsons Martin）、傅兰雅（John Fryer）等译著了诸如《万国公法》《佐治刍言》《微积溯源》《三角数理》《电学》《声学》《光学》《以太说》《地学浅释》《化学鉴原》《公法总论》《几何原本》等西方文献。《电学》厘定了电极、电线、电钟、摩擦生电等概念。芝加哥大学东亚语言文化学系教授钱存训说："至少有八十名不同国籍的耶稣会士参与翻译西书为中文的工作，先后译书四百多种，所涉及的范围，对中国人而言，都是新的知识领域。"据统计，从利玛窦（Matteo Ricci）来华，至耶稣会解散（1773）的 190 多年间，耶稣会士在华著译书 437 种，其中宗教书 251 种，占 57%；人文学书（地理地图、语言文字、哲学、教育等）55 种，占 13%；自然科学书 131 种，占 30%。意大利传教士艾儒略（Giulio Aleni）于 1623 年译著的《西学凡》和《职方外纪》两书，创制了诸如"原罪""采取""处置""救世主""造物主""公法""文科""理科""法科""法学""地球""大西洋""热带"等词。"物理"一词始见于明末方以智的《物理小识》，1872 年出版的由美国传教士卢公明（Justin Doolittle）主持编纂的英汉辞典《英华萃林韵府》已经将"物理"与英语的"physics"对译（日本 1875 年出版的小学教材《物理阶梯》首先使用"物理"一词）。暨南大学曾昭聪教授等发表的《〈新名词训纂〉中的日源外来词研究——兼谈〈汉语外来词词典〉的疏漏》一文认为，"服务""方针"这两个词或与中国古汉语中词义的引申有关，不应属于来自日语的外来词。

外国传教士还在中国开设了出版机构，如 1843 年英国人在上海创建的墨海书馆，中外人士合作译著刊行了《大美联邦志略》（1851 年）、《博物新编》（1855 年）、《续几何原本》（1857 年）、《植物学》（1858 年）、《代微积拾级》（1859 年）、《代数学》（1859 年）、《全体新论》（1851 年）等书，厘定了圆锥、曲线、轴线、代数、微分、积分、系数、椭圆、级数、常数、变数、植物学等一批术语，并传往日本。中国人自己也开办翻译机构，如京师同文馆、上海广方言馆、江南制造局翻译馆、海军衙门、税务总司、京师大学堂编译馆、上海南洋公学、湖北官书局、北洋官书局。据统计，从咸丰五年（1855）到宣统三年（1911）近 60 年间，仅江南制造局及翻译馆就有 468 部西方科学著作被译成中文出版，其中总论及杂著 44 部，天文气象 12 部，数学 164 部，理化 98 部，博物 92 部，地理 58 部，包括算学测量、汽机、化学、地质地理、天文、航海、博物、医药、工艺、造船及水陆兵法等共 180 种。今天常用的很多科学名词，都是江南制造局翻译馆最初定下来的。日本目白大学陈力卫教授证实："当时日本外务省官员柳原前光曾将江南制造局所译的书籍十数种购回日本，用作教科书和同类学科书籍翻译时的参考。""据调查，仅 19 世纪出版的汉译西书就有 155 种被日本人翻刻利用，通过加注释、加日文翻译解释等程序后，其中的'汉语'词便也随之直接地借用到日语里去了。"① 这些词语来自以下学科。

数学类：1607 年徐光启和利玛窦合译的《几何原本》，首先厘定了"几何"这个科学名称，并创造了诸如"点、线、直线、平面、曲线、对角线、并行线（平行线）、直角、钝角、三角、面积、体积、相似、外似"等新词，引入了西方科学的新概念；1613 年利玛窦和李之藻合译的《同文算指》，创制了诸如"平方、立方、开方、乘方、通分、约分"等新词；《微积溯源》中厘定了"变数、函数、微分、积分、系数、极大值、极小值"等术语。

宗教学类：利玛窦于 1595 年译辑的西方格言集《交友论》出现了"上帝、人类"等词语，1599 年编译的伦理箴言集《二十五言》出现了"上帝、天主、生物"等词语，1584 年意大利传教士罗明坚（Micheel Ruggieri）译述的《天主圣教实录》，意译了"天主、宠爱、复活"等，音译了"耶稣"等词，将 angel 译成"天神"，后改译为"天使"，将 soul 译成"魂灵"，后改译为"灵魂"，并自创了象形表意词"十字架"。

地理学类：1602 年利玛窦为《坤舆万国全图》撰写的总论和各部分说明中，厘定了"地球、南北二极、北极圈、南极圈、五大洲、赤道、经线、纬线"等一批地理术语，李之藻的《浑盖通宪图说》中出现了"天体、赤道、子午规、地平规、天地仪、地球仪"等天文地理术语。

逻辑学类：1627 年葡萄牙人傅讯际（Franciscus Furtado）和李之藻合译的亚里士多德（Aristotle）的逻辑学著作——《名理探》中出现了"明确、解释、剖析、推论"等词。

教育学类：艾儒略在《欧逻巴总说》一文中具体介绍了欧洲的学制："欧逻巴诸国，皆尚文学，国王广设学校，一国一郡有大学、中学，一邑一乡有小学。……"向中国引入了"大学、中学、小学"的概念。

法学类：由美国传教士丁韪良译著，于 1864 年刊行的《万国公法》，厘定了"遗产、惯行、关涉、管制、限定、权力、交战、固辞、国权、遵守、臣民、专管、宣战、大局、追求、通知、特派、法院、民主、友谊、维持、异邦、会议、管辖、议定、权威、权利、公法、国政、国法、国民、战时、

---

① 陈力卫：《东往东来：近代中日之间的语词概念》，社会科学文献出版社，2019。

战争、法院、盟约"等新词，并传入日本，被日本视为国际公法范本。日本于 1866 年出版的《毕洒林氏万国公法》和 1868 年出版的《泰西国法论》采用和中国《万国公法》相同的法律词汇术语有 250 余例。

由傅兰雅等译著、江南制造局翻译馆于 1885 年出版的《佐治刍言》，创制新词涉及面颇广，如数学、动物学、植物学、天文学等学科名称至今仍被沿用，创造了"执照、国债、银行、资本、价值、物价、公司、股份、工资、巡捕、空气、机器、铁路、汽车、纺织机器、煤气、自来水、自来水公司、自来火"等词语；首次提出了"动产""不动产"的概念，称"动产"为"能移动之产业"，"不动产"为"能传授之产业"，并多次采用"资本"这个词，提出了"资本"的概念："所谓资本者，不第钱财已也，凡值钱之物，如舟车、房屋、铁路及宝石之类，皆可谓之资本。"可当时"资本"一词并未被国人采用，严复、梁启超等均采用"母财"，后来才传到日本，被日源汉字"资本"所取代。[①]19 世纪 70 年代末，中国人用汉语撰写的有关日本的游记越来越多，如 1876 年李圭的《环游地球新录·东行日记》，1877 年何如璋的《使东述略》、1879 年王韬的《扶桑游记》、1880 年李筱圃的《日本游记》，这类游记中已经出现了许多日语词，如"剧场、演出、博览会、美术会、教育、教授、保障、世界、公园、会社"等。

第三节　日语汉字词与现代汉语相应词语的形义关系

一　同形同义

万玲华将《汉语水平词汇与汉字等级大纲》中的甲乙两级词汇，与日本《常用汉字表》中的词汇相对照，发现 1033 个甲级词中，日汉同形同义

---

① 这部分内容参考了网络上流行的帖子，"驳所谓离开了日本外来词，中国人无法说话谬论"，笔者不完全赞成帖子作者的主要观点，所论及的这些词语也没有去一一考证，特此说明。

词所占比例约为 44.43%，2018 个乙级词中，日汉同形同义词所占比例约为 42.62%，从词类上分析，主要是名、动、形等实词类。①

　　这方面最多的是名词，除了人名、地名基本上都可以通用外，有许多单音节词在汉日语中也是通用的，如数词：一、二、三、四、五、六、七、八、九、十；方位词：上、下、左、右、前、后（後）、东（東）、南、西、北；时间和季节的名称：年、月、日、时（時）、分、秒、春、夏、秋、冬；动物名称：牛、羊、马（馬）、猫、狗、鸟（鳥）、鱼（魚）、虎、鹿、熊；金属名称：金、银（銀）、铜、铁（鉄）、钢（鋼）、锡（錫）；颜色名称：黑（黒）、黄、白、绿（綠）、紫、赤；自然现象名称：风（風）、雨、雪、雾、霜、天、地、花、木、林、海、水；身体部位名称：手、头（頭）、口、耳、鼻、肩、腰、足。双音节词中的汉日同形词数量同样很大，主要从中国传到日本，也有从日本传到中国的，如：政府、政治、经济、文化、国家、民主、警察、外交、商品、法律、武器、文章、作品、政策、国防、市长、司令官、学校、教室、教授、体育、音乐、学会、学者、哲学、物理、生物、化学、交通、道路、事故、地震、幸福、安全、普通、大胆、特别、愉快、有名、具体、景气、出版、演出、旅行、演出、混乱、通知、努力、修理、表明、希望、注意、完成、出席、存在、交涉等。

　　同形近义的双音节词，如：兄弟、家族、地方、提出、讲义（講義）、成长（成長）、表现（表現）、发表（発表）、处分、事情、深刻、专门（専門）、质问（質問）、情报（情報）、移动（移動）、培养（培養）等。

二　同形异义

表 2-3　日语和汉语中的同形异义词比较

汉字词	日语义	汉语义
家内	妻子	家里面
泥棒	小偷	带泥的棒子
单位	分数	组织机构

---

① 万玲华：《中日同字词比较研究》，博士学位论文，华东师范大学，2004。

续表

汉字词	日语义	汉语义
野菜	蔬菜	野外天然的一种蔬菜
大家	房东	众人
成败	惩罚	成功与失败
娘	女儿	妈妈
差别	歧视	不同
出力	输出	出力气
大丈夫	没关系	男子汉
湯	热水、温泉	喝的汤
頭	石块	脑袋
一味	同伙，同党	一个劲儿地、单纯的
模样	花纹	样子
親切	热情	随和、容易接近

　　"娘"在日语中指"女儿"或未婚女子，尚保留古代汉语的用法，《子夜歌》："见娘喜容媚，愿得结金兰。"现代汉语的俗语"天要下雨，娘要嫁人"中，"娘要嫁人"即指女儿大了就要出嫁，难以阻拦；也有人理解为妈妈跟人跑了，孩子没办法。"走る"在日语中表示"奔跑"的意义，现代汉语意义上的"走路"则对应日语中的步く。"走"在汉语的一些成语中仍有"奔跑"义，如"走马观花"原指骑在奔跑的马上看花，形容事情如意，心情愉快，出自唐孟郊的《登科后》："春风得意马蹄疾，一日看尽长安花。"后指大略地看一下，如"时间紧，我只是把书走马观花地翻了一遍"。再如"三十六计走为上"，"走"指"逃亡"。也有些日语词和汉语词字形上相同，但所表示的意义却不完全相同或没有任何联系，如"东洋"在汉语中一般指日本，而在日语中则包括亚洲东部和南部，如日本、中国、泰国、缅甸、印度、印度支那、印度尼西亚等国。"切手"在汉语中是个动宾结构的短语，指刀切了手或用刀切手，而在日语中指邮票，这是偶然的字形和读音相同，意义则是风马牛不相及了，再比如"勘定（かんじょう）"，日语中指"结账"，汉语用如"勘定边界"。

同形异义词，有些一眼就能看出差别，有些差别并不是很大，需要仔细辨别。如"表现"在日语中是"表現"，汉语指人的行为，日语指语言表达；"组合"现代汉语指"组装、组织"，相当于日语的"組み合わせる"，如"排列与组合""歌唱组合""三人组合""组合式""人员组合"等。

（52）组合［日汉：組合、韩汉：조합］

　　　比较：组织［日汉：組織する、韩汉：조직하다］

日韩语的"組合"相当于汉语的"工会""行会"。

日韩语相对应的汉字词是"組織（そしき）する、조직하다"：

1）労働組合（工会）

2）組合員（工会会员）

3）농업 협동 조합（农业协会）

4）労働組合を組織する（组织工会）

5）전문가로 조직된 단체（由专家组成的团体）

"组合"在现代汉语中还可以作动词，如"组合新家庭""把三个人组合到一起"，跟"组合"相近的是"组织"，"组织"也可以作动词，指"安排分散的人或事物使具有一定的系统性和整体性"，如"组织生产""组织比赛""组织联欢会"；作名词时，指"器官组织""神经组织"等机体中构成器官的单位，也可以指"党团组织""生活组织""集体组织"等按一定的宗旨及系统建立起来的集体。

同形的有些词很早就出现在汉语里了，日韩语增加了该词的其他义项，这些义项后来在汉语中变得很常见，以下试举数例加以说明。

（53）机关［日汉：機関、韩汉：기관］

　　　比较：机构［日汉：機構、韩汉：기구］

日韩语中"机关"相当于"发动机"，韩语기관的汉字词是"機關"。

1）きかんしゃ（发动机）

2）きかんしゅう（机车头）

3）증기 기관（蒸汽机）

4）기관사（火车司机、轮机长）

5）기관차（火车机车头）

6）기관총（机关枪）

7）交通機関（交通工具）

"机关"也表示政府机构。

8）きかんし（机关报）

9）정권 기관（政权机关）

"机构"相对应的汉字词"機構（きこう）、기구"，表机械的内部结构，也表行政流通等的组织。

10）機械を分解してその機構を明らかにする（拆开机器，搞清其结构）

11）行政機構／행정 기구（行政机构）

12）流通機構／유통 기구（流通机构）

古汉语中，"机关"指"设有机件而能制动的器械"，汉王充《论衡·儒增》："夫刻木为鸢以象鸢形，安能飞而不集乎？既能飞翔，安能至于三日？如审有机关，一飞遂翔，不可复下，则当言遂飞，不当言三日。"近代汉语中"机关"还有"计谋、心机"义，《红楼梦》第五回："机关算尽太聪明，反误了卿卿性命"，现代汉语中"机关"主要指办理事务的部门或机构，"政府机关、机关作风、党务机关"中"机关"所表示的意义才是来自日语。同"机关"相比，现代汉语"机构"所指范围更为广泛，包括机关、团体或其他工作单位，常见的搭配如"机构重叠""机构臃肿""机构调整""办事机构""领导机构"等。

（54）照会［日汉：照会、韩汉：조회］

近代以来指一国政府就有关事件行文通知另一国政府，也指外交往来的

文件。这一意义来自日语，韩语是조회。也用作动词。

　　1）照会状（照会书）
　　2）관계 부문에 직접 조회하여 보십시오（请直接向有关单位查询）
　　3）身元照会 / 신원 조회（身份查询）

　　"照会"在中国古代指官署间的有关事务行文，宋苏轼《相度准备赈济第一状》："本司已具上项事件，关牒本路转运提刑司，照会相度施行去讫。"还指"参照、对戡"，《宋史·河渠志三》："访闻先朝水官孙民先、元祐六年水官贾种民各有《河议》，乞取索照会。"表示"打招呼、通知"，《醒世恒言·赫大卿遗恨鸳鸯绦》："我都晓得了，不消你去打照会。"表示"理会、明白"，《西湖佳话·三生石迹》："这孩子只会啼哭，再不肯住，不知为甚缘故。李源心下虽是照会，却疑惑道：'圆师别时，约我以笑，这个啼哭却为甚么？'"现代汉语中"照会"与外交相关，作动词时，指"一国政府把自己对于彼此相关的某一事件的意见通知另一国政府"，作名词用则指在这一外交活动中所涉及的外交文件，基本是外交领域的词语。

（55）人气［日汉：人気、韩汉：인기］

汉语中"人气"一词近几年颇有人气，表示人或物受欢迎的程度，如"人气高""人气足""没有人气""有人气"，韩语为인기。

　　1）배우는 인기가 있다（演员人气高）
　　2）인기 있는 상품（畅销货）

该词义受日语影响。

　　3）にんきがある（有人缘、受欢迎）
　　4）にんきが出る（红起来）
　　5）にんきが失う（不受欢迎）

日语中"人气"还有じんき一读，表示当地的风气，如"土地の人気"中的"人気"，既可读にんき，也读じんき，但"有人气"一般不说じんきがある。古汉语中早已有"人气"一词，但意义迥别。一指人的意志、气质、感情等，汉董仲舒《春秋繁露·人副天数》："天气上，地气下，人气在其间。"《西游记》第四十一回："你这呆子，全无人气，你就惧怕妖火，败走逃生，却把老孙丢下。"还指人体的气味和气息，宋文天祥《〈正气歌〉序》："骈肩杂遝，腥臊污垢，时则为人气。"

（56）顾客［日汉：顧客、韩汉：고객］

汉语中"顾客"指商店里购买货物的人，或服务行业中服务的对象。唐郑嵎《津阳门诗》："酒家顾客催解装，案前罗列樽与卮。"现代汉语中有"新老顾客""顾客盈门""顾客至上"等多种表达方式。日韩语中相对应的汉字词是"こきょく、고객"，日语也说"お得意、お客さん"。

　　1）あの方はうちの店のお得意さんです／저분는 우리 상점의 고객입니다（那位是本店的常客）

"顾客"的韩语固有词是손님。

三　异形同义

飛行機（飞机）、建物（建筑）、洋服（西装）、金持（富人）、退院（出院）、往診（出诊）、手袋（手套）、代金（贷款）、花見（赏花）、休講（停课）、運命（命运）、見送（送行）、映画（电影）、下着（内衣）、卒業（毕业）、独学（自学）、廊下（走廊）、火事（火灾）、人足（搬运工）、恋病（相思病）、目覚（觉醒）、月給（月薪）、相談（商谈）、歩道（人行道）、支配人（经理）、宿題（课外作业）、悪者（坏人）、定期券（月票）、意味（意思）、発見（发现）、連絡（联系）、台所（厨房）、食事（饭菜）、平気（冷静）。

这些词中日语有些用汉字的繁体字，有些是日本汉字的写法，跟汉语写法不同。

第四节   韩语汉字词的来源

韩国在地理位置上靠近中国，汉字词在韩国的语言文化生活中具有举足轻重的地位。这些汉字词刚传入朝鲜半岛时可能和汉语有同样的意思，但在中韩不同的语言文化背景下，经过长期的演变，字形、字音、字义以及构词、检字等各方面都发生了变化。中国汉字也经历了几千年的演变，具有不同于古代和近代汉字的显著特征。当前，学界称指这类词语时使用的术语比较多。[1]奇化龙（2000）调查了《汉语教程》中的8626个词表，认为其中1762个可以归入中韩同形词，约占总量的20%，并认为在这1762个词中，有1677个词是同形同义的，占中韩同形词总量的95%。在1762个中韩同形词中，有917个是名词，所占比例约为52%。甘瑞瑗在《"国别化"对外汉语教学用词表制定的研究》（2006）一书中考察出韩语前3000词中分布在HSK词汇大纲中的汉字词共有877个，这877个汉字词中，名词（包括汉语兼类性质的名词）有498个，所占比例约为56.8%。赵贤贞（2007）以《韩民族语言信息化：南北韩言语比较辞典》中10000个双音节同形汉字词为主，通过对中国的《现代汉语词典》（2005）和韩国的3901个汉字词比较，得出的结论是中韩同形词有3190个，约占81.78%，异形词有711个，约占18.22%。同形词当中，同形同义词有2786个，约占87.33%，其中绝对同义词有2693个，约占96.66%，相对同义词有93个，约占3.34%。同形词当中，同形异义词有404个，约占12.66%，其中完全异义词有147个，约占36.38%，部分异义词有257个，约占63.61%，而在对部分异义词进行分析的过程中，将其分类：除共同词义外韩语中有其他词义的100个，除共同词义外，汉语中

---

[1] 据笔者所搜集的，有中韩同形词（朱英月《〈汉语水平考试词汇等级大纲〉中的中韩同形词比较研究》，《汉语学习》1996年第5期）、汉源韩字（苗春梅等编《韩国语入门》，外语教学与研究出版社，1995），义同音近词语（马洪海编《汉朝义同音近词语对照手册》，北京语言学院出版社，1994），此外还有汉韩同形词、韩中同形词、中韩汉字词、中韩汉字词同形词、汉韩汉字词、韩国语汉字词、韩国语中的汉源词汇等不同名称。

有其他词义的 108 个，除共同词义外两国语中都有其他词义的 49 个。[①] 陈榴（2007）统计了《大辞典》（韩国朝鲜语学会，1957）、《国语大辞典》（李熙升，1961）、《标准国语大辞典》（韩国国立国语研究院，1999）中汉字词语使用情况，见表 2-4。[②]

表 2-4　韩国《大辞典》《国语大辞典》《标准国语大辞典》中词语总量及汉字词语量比例

词典名	词语总量（个）	汉字词语量（个）	所占百分比（%）	备考
《大辞典》	164125	85527	52.11	
《国语大辞典》	257854	178756	69.32	一说 63.44%
《标准国语大辞典》	443156	252416	56.96	

由表 2-4 可以看出，在不同历史时期，韩语汉字词的比例一直占 60% 左右。

一　来源于汉语

汉源汉字词主要来源于中国的文言文、白话和佛教典籍。韩语中直接从中国借用的汉语词是以"四书""五经"为首，以《孝经》《左传》等传统典籍为原始材料而形成的汉字词。中国汉朝时儒学兴盛，尤其是到了汉武帝时期，汉四郡实行儒家制度，儒学正式传入朝鲜半岛，而儒学经典作为汉字的载体也广为流传。高句丽、百济和新罗时期，儒家经典著作广为流传。据《北史·高句丽列传》，高句丽"书有五经三史、三国志、晋阳秋"。6 世纪，百济也设有专治传统儒家经典的专门职务，百济王曾派王仁赴日本献《论语》十卷、《千字文》一卷等汉文书籍。儒家经典进入新罗最晚，但在儒学的研究方面却是后来者居上，《唐会要》卷三十六记载，仅唐文宗开成二年（837）就有新罗留学生 216 人，不少人积极参加科举考试，一些人曾长

① 赵贤贞：《中韩汉字同形词对比研究》，硕士学位论文，东北师范大学，2007。
② 陈榴：《东去的语脉：韩国汉字词语研究》，辽宁师范大学出版社，2007，第 100 页。

期在中国为官。还有一些汉字词从中国传来的佛经中翻译而来。佛教起源于印度，通过丝绸之路传入中国，逐步本土化。东晋时期，佛教就已经从中国传入高句丽，唐朝政府曾三次向新罗赠送佛经达300卷，佛教的传播，加速了汉字、汉文化的推广。据统计，古汉语外来借词中有90%属于佛教词语，那些进入汉语的佛教词语几乎都"原汁原味"地进入了韩语词汇库，佛教用语的汉字词，如"佛、菩萨、释迦牟尼、弥勒、佛光、姻缘、受戒"不仅在王公大臣阶层广为流传，而且在平民百姓之间传颂，"人间""平等""结果"等词语至今仍见于韩国人的口头。《老乞大》和《朴通事》记载了元代汉语的口语，是朝鲜时期人们学习汉语的教材，今天成了汉语史研究的重要资料。

来自汉语的同形同义词，主要是人名、地名、方位、建制、物品等名称，如"金、纪顺民、光州、釜山、全罗道、大学、教授、部长、一、十、千、万、花、鸟、虫、鱼"等，表示道德、伦理等抽象的名词，如"仁义、孝顺、心理、安顺"等，也有大量普通名词及动词、形容词、副词等，如"方法、教室、军事、世界、风俗、音乐、生活、饭店、自然、海洋、态度"；"准备、访问、团结、参观、经过、研究、整理、努力"；"巧妙、重要、有名、平凡"；"本来、原来、近来"等。这类词只要记住其与汉语之间的正确对应，就可以把它们迁移到汉语中来。

值得注意的是与汉语同词（字）异义、同词异字的汉字词，所谓异字又可分为"小异"和"大异"，如"参观"在汉语中搭配的对象可以是"农场、学校、部队、设施、展览、建筑物"等，但韩语中只能是"课堂、教学"等，相当于汉语的"观摩"，可谓小有不同；"放心"汉语中表示"不担心、心里没有负担"，相应的韩语방심，表示"疏忽大意"，意义差别较大；这些汉字词语在不同的语境或者表达的意义上同中有异，或者使用的范围有大小的不同，在长时间的传播、借用过程中受各种内在、外在条件的制约，在形态、意义、词性等方面有了添加、脱落等现象，随之产生同形异义词。汉语内在因素的复杂性体现在语素义的不对称上，汉语有上千个语素，构成数以万计的词，汉语和韩语中的汉字词以合成词为主，即由单音节词复合而成，而单音节词具有多义的特征，语素义的不同造成了汉字词在汉韩语中的同形

异义，如"过年"在汉语中指"过春节"，"过"表示"欢度""度过"，"年"表示"年节"；韩语中"过年（과년）"则表示"超过年龄"，"过"表示"超过"，"年"表示"年龄"；"病故（병고）"的"故"汉语中本指原因、缘故，《左传·庄公三十二年》："是何故也？"引申指"陈旧、变故"，近代"故"才有"死亡"义，《古今小说》第五卷："前年赵三郎已故了。他老婆在家守寡。""病故"在韩语中表示"得病"，在汉语中表示"因病而亡"，分别采用了"病故"的本义和引申义。"汽车"在日韩语中指火车，因为蒸汽机车传到日本后，日本人看到它是以蒸汽来驱动，故命名为汽车；汉语则是指以内燃机为动力、主要在马路或公路上行驶、通常有四个或四个以上的橡胶轮胎的交通工具。

（57）约束 [日汉：約束する、韩汉：약속하다]

比较：约束 [日汉：会うことを約束する、韩汉：（만날）약속하다]

1）ほかに約束がありますので少しも早めに失礼します（另有一场约会，要早些告退了）

2）나와 수미는 이번 주말에 함께 영화를 보기로 약속했다（我和秀美约好了这个周末一起去看电影）

例中的"약속하다"是动词，和"他不能约束自己的行为"中的"约束"意义不同，汉语相对应的词语是"约会、约定"。

（58）学习 [日汉：学習、韩汉：학습]

1）学習参考書（学习参考书）

2）나는 산동대학에서 한국어를 배우고 있어요（我在山东大学学习韩国语）

"学习"的对象在汉语和韩语中有"知识、技能"；汉语中还有"文化、先进经验、别人的长处"等，韩语的借用词比原词少了这些义项，

范围有所缩小，部分义项的表达由固有词배우다来承担。

　　这些同形微异词在数量上究竟有多少，并没有一个具体的数字，但却是日韩留学生学习汉语的难点，使用时稍不注意就会出现偏误，每当出现这些同形异义词时，教师要把讲课重点放在这些单词义的差异上，尽可能地减少偏误。如汉语的"停车场"在日韩语中分别为"駐車場（ちゅうしゃじょう）、パーキングエリア；주차장"，也可用英文字母 P（park 的缩写）作标志。"停车"，在中国香港和内地有些地方用"泊车"。日韩语和汉语一样，"泊［はく］"指船只"停泊、靠岸"，"泊"在日韩语中有"宿泊（しゅくはく、숙박）（住宿）"义。

　　"旅客"韩语叫"여행자（旅行者）"，"主办"叫"주최（主催）"等，如果把这些词语原封不动地搬到现代汉语中来，在音和义上虽都能跟现代汉语沾上点边儿，但毕竟不是规范的汉语表达。

　　表 2-5 是汉语和韩语部分同形词语在意义方面的差异比较。

表 2-5　汉语和韩语部分同形词语意义方面的差异比较

汉字词	现代汉语义	韩文	韩语义
小心	注意、谨慎	소심	性格谨小慎微
意味	隐含的意思、趣味	의미	意思、含义
结束	事情发展到最后阶段，不再继续	결속	团结、扎、捆
汽车	机动车一类，一般由四轮驱动	기차	火车
工夫	本领	공부	学习
點心	糕饼之类的食品	점심	午餐
藥水	液态的药	약수	矿泉水、纯净水
學院	大学的一种，以专业教学为主	학원	社会上的办学机构
新聞	报社、电视等的消息	신문	报纸
作業	学生的功课、军事或生产等活动	작업	工作、营生
失職	没有尽职	실직	失业
試驗	为察看某事结果或某物性能而从事的活动	시험	考试
操心	担忧	조심	小心
五岳	东岳泰山、西岳华山、南岳衡山、北岳恒山和中岳嵩山的合称	오악	金刚山、智异山、妙香山、白头山（长白山）、三角山的合称

二 来源于日语

韩语还吸收了日语创造的汉字词,有人把日源汉字词的传入分为四个时期,即朝鲜王朝时期、开化时期、日殖时期和光复之后。[①]

1. 朝鲜王朝时期的日源汉字词

朝鲜王朝向日本派遣使臣,日本商人在朝鲜从事贸易,两国的交往为两国语言的接触提供了便利条件。这时韩语中出现了一些日源汉字词,但并未广泛使用。

2. 开化时期的日源汉字词

日本经过明治维新,走上资本主义道路,经济迅速发展,急于寻找原料产地和商品销售市场,而朝鲜内忧外患,成了日本的目标。《江华条约》签订后,朝鲜被迫打开国门,大量日源汉字词随之涌入,韩语在政治、经济、军事、文化、教育各领域的词都受到了影响。这一时期传入的词,现代韩语仍然在使用,19 世纪末 20 世纪初,表示同一概念或指称同一对象的汉语词和日语汉字词曾一度并用,但大部分以日语汉字词形式沉淀下来。如星期的说法,韩语用日、月、金、木、水、火、土来表达,汉语则在星期后加数字来表达,此外"会社、新聞、汽車、大統領"等也是从日语传到韩语中来的。

3. 日殖时期的日源汉字词

1910 年,韩日合邦,韩国沦为日本的殖民地,日殖时期禁止学校使用韩语,大力推行日语。该时期出现许多日语音译词,现在已不再使用,但有些汉字词现在中韩两国都在使用,数量广,范围大。如"政治、經济、社会、民主、文明、思想、文化"等,借原有的古汉语词来命名西洋词。另外还有一些古汉语词被赋予了新的意义,如"共和、生產、憲法"等。

---

① 引自李祥《浅析日韩语汉字词中的"韩语独有日源汉字词"》,《芒种》2015 年第24 期。

4. 光复之后

1945 年朝鲜半岛光复，日语对韩语的语言输入一时中断。1948 年韩国掀起"国语醇化运动"，其中重要的内容就是对日源外来词进行规范。日语音译词大量消失，而日源汉字词则以汉字词的形式保存下来。1965 年韩日恢复邦交，韩日语再次频繁接触，日语对韩语再一次进行了语言输入，如"情报化、残業、集中、豪雨"等。

韩日同属汉字文化圈，和汉语属于不同的语系，在语法结构上都是SOV 型结构，敬语发达，语言上的亲缘关系使得韩语在吸收汉字词时，当中日两国就同一英译名出现分歧的时候，韩语从日不从中，如"時計、汽車、映画、写真"等，因此出现大量韩语独有日源词。另外，和日语一样，韩语也没有汉语的声调，韩语能够拼出日语所有音节的发音，这也是当出现一个汉字词中日都有不同说法时，韩语更倾向于日译的原因。表 2-6 为日源汉字词在三国语言中的比较，可以看出不少词语日韩语一致，而汉语则采用了其他形式。

表 2-6   日源汉字词在日语、韩语、汉语中的比较

日语	韩语	汉语
試合	시합（試合）	比赛
手続	수속（手續）	手续
見積もり	견적（見積）	估价
組み立て	조립（組立）	装配
大売出し	대매출（大賣出）	批发
株式	주식（株式）	有限
建物	건물（建物）	建筑
大学院	대학원（大學院）	研究生院
汽車	기차（汽車）	火车
放送局	방송국（放送局）	广播电台
産婦人科	산부인과（産婦人科）	妇产科
授業	수업（授業）	上课
宿題	숙제（宿題）	作业
注文	주문（注文）	订货

续表

日语	韩语	汉语
書類	서류（書類）	文件
自動車	자동차（自動車）	汽车
野球	야구（野球）	棒球
冷藏庫	냉장고（冷藏庫）	冰箱
時計	시계（時計）	表
弁護士	변호사（辯護士）	律师
案内	안내（案内）	指南
奉仕	봉사（奉仕）	服务
会社	회사（會社）	公司
待合室	대합실（待合室）	等候室
見本	견본（見本）	样本
荷物	하물（荷物）	行李
売上高	매상고（賣上高）	销售额
役割	역할（役割）	任务
残業	잔업（殘業）	加班
出荷	출하（出荷）	送货
入荷	입하（入荷）	进货
割引	할인（割引）	打折
間食	간식（間食）	零食

三　来源于自身的创造

在长期使用汉字作书面语的过程中，韩国人以其深厚的汉字素养作为基础，创造了韩国固有的汉字词，这些汉字词有的用中国汉字组成，有的由韩国创造的特殊汉字组成，称为"国字"，如将"舟"和"居"左右组合，表示"无帆小舟"，"水"和"田"上下组合，表示"水田"。有些还保留着汉语词的意思，有些已经失去原来的意义，表 2-7 是近代开化运动时期在书籍、报刊上出现的一些自造的汉字词语。

表 2-7   韩国近代开化运动时期在书籍、报刊上出现的部分自造汉字词语

汉字词	韩字	意义
鄉札	향찰	以汉字记录韩国语的方法之一，主要用于新罗时代歌谣"乡歌"的记录
吏讀	이두	以汉字表记韩国语的一种方法，三国时开始使用
还上	환자	高利贷粮
落只	지기	种植农作物的土地面积单位
等神	등신	愚蠢的人
不汗黨	불한당	成帮结伙以抢劫财物为生的人
两班	양반	贵族、官吏
三寸	삼촌	叔、舅（四寸，就是三寸的后代间的互称，以此类推。韩国有"八寸以内皆亲戚"之说）
幇子	방자	贱隶，也指房子
简介	동개	朝鲜王朝时期称弓矢之服
休暇	휴가	假期
美辭学	미사학	修辞学
優良国	우양국	先进国
教場	교장	教室
寄附金	기부금	捐款
筋肉勞動	근육 노동	体力劳动

　　韩语的汉字词有很强的概括缩略能力，如"工大"是工科大学的缩略，"劳总"是劳动组合总联盟的缩略，"国科搜"是国立科学搜查研究所的缩略，这种缩略能力也促使一大批新词产生。

第五节　汉字词与汉语词的意义比较

　　正如前面所讨论的，汉字词和汉语词今天属于不同的语言体系，经过漫长时间的演变后，无论是形体还是意义都已经跟当初不同。有些词语变化不

大，还能看出当初的模样；有的则变化很大，几乎成了另一个词；更多的是介于两者之间，既有继承和保存，又有发展与变化。以下分类分别从意义和形式角度进行比较，在列表举例（见表 2-8）之后，再就几组词语做进一步详细的比较，着重说明其在现代汉语中的使用情形。

一 日韩语相同，与现代汉语有别

表 2-8 日韩语相同、与现代汉语有别的词语举例

汉语	日语	韩语
情人、恋人	愛人	애인（愛人）
到达	到着	도착（到着）
邮政局	郵便局	우편국（郵遍局）
电影	映画	영화（映画）
指导、通知、向导	案内	안내（案内）
棒球	野球	야구（野球）
乒乓球	卓球	탁구（卓球）
汽车	自動車	자동차（自動車）
总统	大統領	대통령（大統領）
火车	汽車	기차（汽車）
报纸	新聞	신문（新聞）
照片	写真	사진（写真）
约会	約束	약속（約束）
面试	面接	면접（面接）
单程	片道	편도（片道）
出差	出張	출장（出張）
月薪	月給	월급（月給）
出人头地	出世	출세（出世）
卫生间	化粧室	화장실（化粧室）
心算	暗算	암산（暗算）
作业	宿題	숙제（宿題）
丛生	密生	밀생（密生）

续表

汉语	日语	韩语
密切	密接	밀접（密接）
公司	会社	회사（會社）
惊蛰	啓蟄	계칩（啓蟄）
车票	乗車券	승차권（乘車券）
游泳	水泳	수영（水泳）
星期	曜日	요일（曜日）
文件	書類	서류（書類）
上班	出勤	출근（出勤）
牛奶	牛乳	우유（牛乳）
开门	開店	개점（開店）
召开	開催	개최（開催）
过高	過大	과대（過大）
繁忙	多忙	다망（多忙）
冷气	冷房	냉방（冷房）

《中华人民共和国宪法》明文规定中国的行政区分为省、县、乡三级。

表示行政区划的单位，中国现在是省、县、乡。日本的地方行政区划制度，随明治政府于1871年实施的废藩置县政策而建立，一般分为都、道、府、县（广域地方公共团体）以及市、町、村（基础地方公共团体）两级。现今日本全国分为47个一级行政区：1都（东京都）、1道（北海道）、2府（大阪府、京都府）、43县（省），其下再设立市、町、村。韩国全国划分为1个特别市（首尔特别市）、1个特别自治市（世宗市）、6个广域市、8个道（不含"以北五道"）及1个特别自治道（济州道）；以上一级行政区称为"广域自治团体"，共有17个。广域自治团体以下二级行政区则称为"基础自治团体"，共有73个自治市、86个郡、69个自治区。基础自治团体以下又分为面、邑、洞；再分为里、统以及最基层的班。"道"在古汉语中表示道路，历史上曾作为行政区划的名称，唐朝时相当于现在的省，清朝和民国初年在省下面设道，但不久就取消了

"道"这一行政区划。朝鲜半岛在高丽末期引进，并一直使用至今，如韩国的全罗道、庆尚道。

　　汉语中有些单音节词在传入日韩语后，沿用至今，而现代汉语却换成双音节词，这些词有的增加了词缀，如脑—脑子、木—木头，有的增加了类名词，如女—女人、春—春天；有的增加了语素，如棉—棉花、泪—眼泪等，词形也发生了变化。

　　以下这些汉字词，日韩语表示的意义相同相近，与现代汉语有所不同。

　　（59）出世［日汉：出世する、韩汉：출세하다］

　　"出世"本是个佛教词语，相当于"出家"，还有出仕做官之意，李白《窜夜郎，于乌江留别宗十六璟》："浪迹未出世，空名动京师。"这在日韩语中也有相应的保留：

　　　　1）しゅっせして故郷に帰る（衣锦还乡）

　　　　2）立身出世（出人头地）

　　　　3）장관으로 출세하다（出任部长）

　　　　4）출세할 기회를 놓치다（放弃升迁的机会）

　　"出世"在现代汉语中指"出生"，是动宾结构，如"我那时还没出世呢"；又比喻某类事物的诞生、来到世间，如"新产品横空出世"。"出世"和"入世"在汉语中是一对反义词，是古代中国为官者的两种人生态度。

　　（60）小康［日汉：小康、韩汉：소강］

　　"小康"是现代汉语中出现频率比较高的一个词语，如"小康社会、小康生活、生活奔小康"，更多用在经济层面，日韩语中的"小康"词义跟现代汉语有所不同，近于古代汉语。

　　　　1）彼の病気は小康を保っている（他病情稳定）

　　　　2）소강 상태（小康状态）

　　　　3）소강을 얻다（达到小康）

日语对小康的解释是"世の中がしばらく無事であること"（世上短暂的安宁，疾病、战乱的暂时平静）。《诗·大雅·民劳》："民亦劳止，汔可小康。"郑玄笺："康，安也。……今周民罢劳矣，王几可以小安之乎?""小康"是儒家理想中的政教清明、人民富裕安乐的社会局面，指禹、汤、文、武、成王、周公之治，后指境内安宁、社会经济情况较好，《资治通鉴·后唐明宗长兴四年》："在位年谷屡丰，兵革罕用，校于五代，粗为小康。"宋洪迈《夷坚甲志·五郎君》："庠不能治生，贫悴落魄……然久困于穷，冀以小康。"

（61）改新［日汉：改新する、韩汉：개신하다］

　　比较：革新［日汉：革新する、韩汉：혁신하다］

1）制度を改新する / 제도를 개신하다（改革制度）

2）사상의 혁신（思想革新）

"改新"是日韩语中的汉字词，在现代汉语中不是一个词，一般出现在"以旧改新"或"旧改新"短语中，相应的意思是"改革""革新"，在汉语中系同义词，指把事物中不合理的旧的部分改成新的，使之能适应客观的情况，如"技术改革"也说"技术革新"，后逐步成了固定搭配，如"改革开放"一词出现的频率较高，"革新开放"说得就比较少了。古汉语中还有"改旧"一词，指改变事物原来的状态或面貌，《魏书·咸阳王禧传》："宜应改旧，以成日新之美"，今罕用。

（62）教书［日汉：教書、韩汉：교서］

"教书"在日韩语中是一个偏正结构的复合词，有多种含义，可指天主教会对信徒发布的有关信仰、道德方面的书简，也指美国总统对议会或国民发表政治意见等内容的书面资料，还指王或诸侯发布的命令书。日韩语与现代汉语"教书"一词相对应的是"授業（じゅぎょう）する、수업을 하다"，"做先生、当老师"就是教书，日韩语也可以说：彼女は小学校の先生をしている（她在小学当老师）、교사가 된다（做老师）现代汉语中指"把知识和技能教给别人"，是一个动宾结构的短语，老师过去也叫"教书先生"，"教书匠"是对教师的蔑称。

（63）查阅［日汉：査閲する、韩汉：사열하다］

　　比较：阅读［日汉：閲読する、韩汉：열독하다］

　　　　　检阅［日汉：検閲する、韩汉：검열하다］

　　1）査閲台／사열대（检阅台）

　　2）査閲式／사열식（检阅式）

　　3）演習を査閲する（检阅演习）

从搭配对象来看，日韩语中的"查閲"和"検閲"与现代汉语的相应词正好相反。现代汉语"查阅"指"查阅文件""查阅资料""查阅档案"，而"检阅"一般指"检阅部队""检阅仪式"；"检阅书稿"指"翻检阅读"，是古代汉语用法的遗留。日语"新聞記事の検閲""原稿を検閲する"中的"検閲"与此义相同。汉语的"阅读"指"看书报、资料、文件等并理解其中的内容"，如"阅读报刊""阅读资料""阅读课"，用作名词或动词。古代汉语中，"查阅"也指"检查、察看"，清王士禛《居易续谈》："臣奉命巡视西域，前往西山一带查阅。""检阅"在古代汉语中指"查看"，现代则多指高级首长亲临军队，或在群众面前举行检验仪式。

（64）失脚［日汉：失脚する、韩汉：실각하다］

　　　　比较：失足［日汉：踏み外す、韩汉：실족하다］

日韩语中"失脚"表"失足、跌倒"，多用作比喻义，但与汉语有所不同。

　　1）しっきゃくした政治家（失掉地位的政治家）

　　2）収賄の疑いで失脚する（因被怀疑受贿而下台）

　　3）経済政策の失敗で実角했다（由于经济政策的失败而下野）

　　4）정적을 실각하게 하다（让政敌失势）

　　5）足を踏み外して階段から落ちる（失足从楼梯上摔下去）

　　6）남자 아이가 실수로 물속에 실족했다（小男孩一不留神掉进水里）

现代汉语中"失脚"罕用，一般用"失足"，如"失足青少年"，指违法犯罪或做了严重错事的年轻人，如"一失足成千古恨""青少年的失足问题引起了全社会的关注"。一般不说"失脚青少年"。古汉语中"失脚"指举步不慎而跌倒，《水浒传》第十八回："朱全只做失脚扑地，倒在地下。"比喻受到挫折或犯错误，《红楼梦》第九十二回："我一时失脚，上了他的当。"现代逐渐被"失足"所取代。"失足"一词其实在中国古代就已存在，指"举止不庄重"，《礼记·表记》："君子不失足于人，不失色于人，不失口于人。"孔颖达疏："不失此足之容仪而作夸毗进退于众人也。"引申为"不慎跌倒"，唐五代王定保《唐摭言·误掇恶名》："杨篆员外，乾符中佐永宁刘丞相淮南幕，因游江失足坠水。"比喻堕落或犯严重的错误，明陈汝元《金莲记·弹丝》："少逢漂泊，偶尔失足于风尘。"

（65）进出［日汉：進出する、韩汉：진출하다］

　　　比较：进出口［日汉：輸出入、韩汉：수출입］

　　　　　　进口［日汉：輸入する、韩汉：수입하다］

　　　　　　出口［日汉：輸出する、韩汉：수출하다］

汉语的"进出"（進出），相当于日语的"入る"和"出る"。

1）政界に進出する（进入政界）

2）企業の海外進出（企业进军海外）

3）동남아에 진출한 기업（进入东南亚的企业）

"进出"在现代汉语中包括"进入""出去"两个意思，如"这里不能随便进出""他从这里进出了好几次"，可重叠为"进进出出"；引申指"收入"和"支出"，如"公司每天有好几万元的进出""单位上个月的进出不大，收支基本保持平衡"。汉语中的"进出口"是"进口、出口"的合称，日韩语中在此意义上的对应词语是"输入（ゆにゅうする、수입하다）""输出（ゆしゅつする、수출하다）"。

4）農産物を輸入する／농산물을 수입하다（进口农产品）

5）輸出品／수출 품（出口产品）

6）ゆしゅつにゅう（进出口）

7）수출 입（进出口）

"输出""输入"在汉语里主要用作动词，也可说"输出劳动力""往电脑里输入汉字"。表示某场所的进口、出口，日韩语分别用入口（いりぐち）、입구；出口（でぐち）、출구来表示。

8）駅の出口（车站的出口）

9）입구는 이쪽입니다（入口在这边）

日语中"口に出す"指话说出口，"毒づく悪口を言う"指"出口伤人"。

（66）苦学［日汉：苦学、韩汉：고학］

1）苦学力行の士（努力钻研学问的读书人）

2）苦学生／고학생（勤工俭学的学生）

汉语中"苦学"指刻苦学习，宋苏轼《留别叔通元弼坦夫》："有如袁伯业，苦学到衰老。"但汉语中"苦学生"一般指身处苦难中的学生，不能由此引申指勤工俭学的学生。

（67）后日［日汉：後日、韩汉：후일］

　　　比较：以后［日汉：以後、韩汉：이후］

　　　　　　将来［日汉：将来、韩汉：장래］

　　　　　　未来［日汉：未来、韩汉：미래］

"后日"在日韩语中表"日后、以后"。

1）後日またに目かかります（改日再见）

2）災いをごじつに残す（留下后患）

3）詳細は後日に譲る（详情改日再谈）

4）後日談（日后谈）

5）가까운 후일에 다시 만나자（不久的将来再见）

日韩语中与"以后"相对应的说法分别是以後、今後、この後；이후、금후。

6）5分後，彼はほんとうにやってきた（5分钟以后，他果然来了）

7）일주일 이후에 끝난다（一周以后结束）

8）작년에 편지 한통 온후에는 다시 편지가 오지 않았다（去年来过一封信，后来再也没有来过信）

"后日"在古汉语中也表示"日后、今后"，《尚书·盘庚上》："自今至于后日，各恭尔事。"唐韩愈《李花赠张十一署》诗："只今四十已如此，后日更老谁论哉。""以后"指比现在或某一时间晚的时期，宋司马光《论西夏札子》："自今以后，贡献赐予，悉如旧规。"现代汉语中一般指"明天的明天"，表示"将来、以后"义时一般用"日后"。"以后"可以单用，也可以作为后置成分，"后来"只能单用，如只能说"六月以后"，不能说"六月后来"。"以后"可以指过去，也可以指将来，如"那件事以后我就再没见到过他"，"你以后会见到他的"；"后来"只指过去，如"那件事后来怎么说的"，相对于说话之时的过去。"后来"在古代一开始指"迟到，后到"，南朝宋刘义庆《世说新语·雅量》："支道林还东，时贤并送于征虏亭。蔡子叔前至坐近林公，谢万石后来，坐小远。"指"以后"，过去某一时间之后的时间，跟"起先"等相对，唐李白《酬殷明佐见赠五云裘歌》："谢朓已没青山空，后来继之有殷公。"

日韩语中与"将来"和"未来"相对应的汉字词是"将来（장래）""未来（미래）"。

9）子供のしょうらいを考えてみなさい／아이의 장래를 생각해 보게（请为孩子的将来考虑吧）

10）美しい未来（美好的未来）

11）미래의 꿈（未来之梦）

　　古汉语中"将来"表示"打算来"，是动宾结构，如《左传·昭公三年》："我欲得齐，而远其宠，宠将来乎？"现代汉语一般说"将要来""将会来"。表示"带来"，《金瓶梅词话》第七十二回："温秀才道：'帖在那里？将来学生写。'""将"在这里也用作动词。表示"未来"，《汉书·匈奴传下》："消往昔之恩，开将来之隙。"这一义项成为现代汉语中的常用义项。"未来"在古汉语中指"没有到来；不来"，《楚辞·九歌·湘君》："望夫君兮未来，吹参差兮谁思？"指"事情尚未发生"，晋葛洪《抱朴子·安贫》："明哲消祸于未来，知士闻利则虑害。""未来"作为佛教语，指来生，来世，《魏书·释老志》："浮屠正号曰佛陀……凡其经旨，大抵言生生之类，皆因行业而起。有过去、当今、未来，历三世，识神常不灭。凡为善恶，必有报应。"该义项后成为现代汉语的常用义，与"将来"同义，"未来"比"将来"显得更书面语化，在词语的搭配上，两词有所不同，如"过去、现在、将来"可以并称，"美好的未来"不说"美好的将来"，"开创未来"也不说"开创将来"。

　　（68）无理［日汉：無理、韩汉：무리］

1）むりを言う（不讲理）

2）無理難題（不合理）

3）無理が通れば道理が引っ込む（无理行得通，道理就不存在了）

4）あなたが怒るのはむりもない（你发怒也不是没道理的）

5）むりをして出掛ける（勉强出去）

6）무리한 태도（无理的态度）

7）무리하게 야단치다（无理取闹）

8）기계를 무리하게 돌리면 고장이 난다（机器负荷过重就会出现故障）

"无理"在古今汉语中多指没有法度和道理,《百喻经·人说王纵暴喻》:"王甚暴虐,治政无理",现代汉语指"没有道理"或"理由不充分",如"这事是他无理,可他就是不承认","无理取闹"原指蛙声没来由地喧闹,后指人没道理地吵闹。

(69)道理[日汉:道理、韩汉:도리]

"道理"在日韩语中有"事理""情理"义。

1)彼が病気だったのか,道理で元気がなかった(他生病了,怪不得无精打采的)

2)그를 이길 도리가 없다(没有战胜他的道理)

古代汉语中,"道理"还指"处理事情的办法、打算",明冯梦龙《量江记·皇甫醉遁》:"将军醉得这个模样,不如大家扶他上马,逃回金陵,再作道理。""道理"指"道术、法力",《封神演义》第三十七回:"今有张桂芳,以左道旁门之术,征伐西岐。弟子道理微末,不能治伏。""道理"也可指"道里",清刘献廷《广阳杂记》:"上因修《一统志》,令天下皆具舆地图册,以考疆域道理之远近,皆聚于通志馆中。"

(70)試合[日汉:試合、韩汉:시합]

　　比较:比赛[日汉:競技、韩汉:경기]

　　　　競技[日汉:競技、韩汉:경기]

1)野球の試合 / 야구의 시합(棒球比赛)

2)夜間試合 / 야간 시합(夜间比赛)

3)今度の試合には自信がない / 이번 시합에는 자신이 없다(对于此次比赛没有信心)

4)競技者 / 경기자(比赛选手、竞技者)

汉语中没有"試合",一般说"竞技""比赛","比赛"指在体育、生产活动中比较本领、技术的高低,如"篮球比赛""技术比赛",可以作动词,如"比赛篮球""比赛技术"。"比赛"可用于书面语，也可用于口语，如"游泳比赛""比赛射击"，"竞技"一般用于书面语，如"同台竞技""竞技体操"。

（71）服务［日汉：奉仕する、韩汉：봉사하다］

　　　比较：奉事［日汉：捧げる、韩汉：바치다］

　　　　　　服侍［日汉：介抱する、韩汉：간호하다］

　　　1）じんみんにほうしする（为人民服务）

　　　2）ほうし品（廉价卖的商品）

　　　3）사회에 봉사하다（服务社会）

　　　4）けが人を介抱（かいほう）する（服侍伤员）

　　　汉语中的"服务、奉事、服侍"在意义上有相近之处。与"服务"相对应的日韩语汉字词是"奉仕（ほうし）する、봉사하다。"奉仕"一词是来自日语的汉字词，被韩语引进，韩文봉사。汉语中与此相对应的词语是"服务"，使用范围比日韩语广泛。古代汉语中有与"奉仕"同音的"奉事"，服侍、伺候，《战国策·秦策四》："薛公入魏而出齐女……齐女入魏而怨薛公，终认齐奉事王矣。"表示"信奉、供奉"，《二刻拍案惊奇》卷十一："我情愿做你侧室，奉事你与夫人，完我余生。"现代汉语中很少使用。日韩语也有"服務、복무"，指"按照职务规定所做的事情"，如"服務规程、복무규정"，指工作规定。日韩语中还有"サービス、서비스"，"产品的售后服务"称作アフターサービス、아프터 서비스，是 after service 的英译。现代汉语中"服务"可以作动词，如"服务国家、服务社会"，也可以作名词，"享受服务、社区服务"，"售后服务"现在也频繁使用。口语中与"服务"意思相近的有"服侍"一词，音 fú·shi，指"侍候、照料"，对象一般为个人，如"服侍病人、服侍父母、轮流服侍"。"服务"指为了集体、他人的利益或为某种事业而工作、奉献，如"服务人民、为他人服务"，"他在邮局服务了三十年"。

（72）延命［日汉：延命、韩汉：연명하다］

　　　比较：延龄［日汉：延齢、韩汉：장수하다］

长命［日汉：長命、韩汉：장수하다］

日韩语中"延命（えんめい）"表"延长生命"。

1）延命策を講じる（讲究长寿之道）

2）えんめいぎく（长命菊）

3）えんめいしゅう（长寿酒）

4）그 사람은 막노동으로 근근히 연명해 나가다（他靠干苦力活儿勉强过日子）

5）친척의 도움으로 겨우 연명하다（靠亲戚的帮助才得以苟活下来）

"延龄"在汉语中即表示"长生"，梁简文帝《谢敕赉长生米启》："食乃民天之贵，粒有延龄之名。""延龄客"指菊花。也流传到日韩语中，如："延龄（えんれい）"，现代汉语中"延长寿命"并不简称"延命"，但有"延龄""长命"的说法，如"延龄益寿""长命百岁"。"长命"韩语一般说"长寿（장수하다）"。

（73）配达［日汉：配達する、韩汉：배달하다］

　　比较：送达［日汉：配達する、韩汉：배달하다］

　　　　递送［日汉：届ける、韩汉：보내다］

　　　　快递［日汉：速達、韩汉：속달］

1）無料で配達する（免费送达）

2）郵便を配達する（送信件）

3）우편　배달（投递邮件）

4）신문을 배달하다（送报纸）

5）荷物を届ける（递送行李）

6）편지를 보내다（寄送信件）

7）速達郵便／속달　우편（快递邮件）

古今汉语没有"配达"一词，现代汉语有"送达""递送""快递"等词语。"送达"指"送到"，如"务请在某日之前送达"，可带宾语，即"送达某处"；"递送"一般带宾语，如"递送文件""递送情报"；"快递"一词在当今中国社会更为常见，如"快递业务""快递小哥"，可作名词，如"送快递""寄快递"，也可用作动词，如"快递给他""快递了几斤桃子"。

（74）脱退［日汉：脱退する、韩汉：탈퇴하다］

　　比较：退出［日汉：退出する、韩汉：퇴출하다］

　　　　　脱身［日汉：拔け出す、韩汉：빠져나오다］

　　1）會から脱退する／협회에서 탈퇴하다（从协会退出）

　　2）탈퇴자（退出人员）

　　3）子供に手がかかって拔け出すことができます（由于孩子缠身，我走不开）

　　4）일단 그들과 협의를 달성하면 빠져나오기가 매우 어렵다（一旦与他们达成协议，就就很难脱身了）

汉语中没有"脱退"一词，相对应的词语是"退出""脱身""引退"等，词语搭配上有不同，"退出""引退"一般是主动行为，"退出"多指从团体或活动中离开，如"从那个协会退出"，"退出总统选举"。日韩语汉字词"退出（たいしゅつ）する、퇴출하다"一般用"脱退（だったい）する、탈퇴하다"来表示。"引退"在汉语中多指"辞去官职或职务"，如唐钱起《晚归蓝田旧居》："才微甘引退，应得遂霞栖。"现代汉语"引退二线"指从以前正式的工作岗位上退下来。"脱身"多比喻摆脱繁杂、困难的事务或境况，如"从繁忙的科研任务中脱身""从琐碎的家庭事务中脱身"。

（75）自活［日汉：自活する、韩汉：자활하다］

　　　比较：自立［日汉：自立、韩汉：자립］

　　　　　　独立［日汉：独立、韩汉：독립］

日韩语中"自活"表"独立生活""自求生存"。

1）学校卒業したら自活しなければならない（学校毕业后得自食其力）

2）자활하다（自立）

3）자활의 길（自求生存的路径）

《淮南子・道应训》："为人君而欲杀其民以自活也，其谁以我为君者乎?"《三国志・魏书・倭人传》："有千余户，无良田，食海物自活，乘船南北市籴。"现代汉语中没有"自活"一词，一般说"自食其力""自立"。"自立"一词在日韩语中也有，意义上相当于汉语的"独立"。

4）自立経営 / 자립 경영（独立经营）

5）自立劇団 / 자립 극단（独立剧团）

汉语中"自立"和"自力"同音，但日韩语中不同音，如"自力更生"，日语じりきこうせい、韩语자력 갱생，都指靠自己的努力改变现状。日语的"自立語"汉语要说"孤立语"，对应于黏着语、综合语，指语言的不同类型；"独立語"是一种语法术语，用以表达"感叹、称呼、应答、连接"等功能，与其他成分之间的联系不太紧密，相对比较独立。"独立"一词在三国语言的应用上比较接近，如都可说"国家独立""独立宣言""独立经营"等，"独立"在宋元以前书面上记作"獨立"。

（76）休讲 [日汉：休講する、韩汉：휴강하다]

"休讲"在日韩语中指老师停止讲课，即汉语的"停课"。

1）この教授はあした休講する（教授明天停止授课）

2）김 교수는 오늘 휴강합니다（金教授今天休课）

"休讲"在汉语中作短语时指"不要讲"，多用于表示让步关系的复句，如"休讲他体弱多病，出国根本不能适应，就说外语也是二十六个字母都认不全，听说更成问题了"，一般带有文言色彩，口语中是"不用说""不要说"。类似的词语如"休战""休业""休市"中，"休"都有"停止"的意思。

（77）广场［日汉：広場、韩汉：광장］

"广场"在三国语言中意义相对比较一致，都指"广阔的场地"。出自汉张衡《西京赋》："临迴望之广场，程角抵之妙戏。"现代汉语特指城市中的广阔场地，如天安门广场、人民广场。汉语的"广场"近几年产生了一种新的用法，对应英语的 plaza（购物中心，也叫购物广场），日韩语中没有这样的说法，一般说ショッピングセンター，쇼핑센터，由英文 shopping center 音译而来。

二　汉、韩语相同或相似，与日语有别

汉、韩语相同或相似，与日语有别的词语见表 2-9。

表 2-9　汉、韩语相同或相似，与日语有别的词语举例

汉语	日语	韩语
硕士	修士（しゆうし）	석사（碩士）
车费	車代（くるまだい）	차비（車費）
邮票	切手（きって）	우표（邮票）
八字	運命（うんめい）	팔자（八字）
视角	見方	시각（視角）
遗憾	残念	유감（遺憾）
广阔	広大	광활（廣闊）
小米	粟	소미（小米）
少妇	年若い婦人	소부（少婦）
笑声	笑い声	소성（笑聲）
苏醒	蘇生	소성（蘇醒）
小虫	小さな虫	소충（小蟲）
素汤	肉類入らないスープ	소탕（素湯）

表 2-9 中所列举的这些汉字词，汉语和韩语相同，日语在表达相应的意思时或是使用了其他词语，或因缺乏相应的语汇表达而使用描述性的短语或句子。这方面的语例还如：

（78）小人［日汉：小人、韩汉：소인］

日韩语中，"小人（しょうにん、こびと、소인）"指"小孩、儿童"，多用在入场券、乘车券等标示性文字上表示对小学生和小孩的称呼，与"大人"相对。

　　1）小人半額/소인 반액（儿童半价）

韩语中，"小人"还指"侏儒""人格卑劣的人"及过去用于表示自谦的称呼，跟汉语中的用法很相似，可以构成形容词소인스럽다（奸诈），日语没有此用法。"小人"在今上海话中也指小孩子，在普通话中则指人格卑鄙的人，如"他道德败坏，完全是个小人！"该义在汉语自古而然，如《尚书·大禹谟》："君子在野，小人在位。"《三国志·蜀书·诸葛亮传》："亲贤臣，远小人，此先汉所以兴隆也；亲小人，远贤臣，此后汉所以倾颓也。""小人"在古代还有现代汉语所不见的其他多种用法，如指一般百姓，《汉书·董仲舒传》："《易》曰：'负且乘，致寇至。'乘车者君子之位也，负担者小人之事也。此言居君子之位而为庶人之行者，其祸患必至也。""小人"是自谦之词，《左传·隐公元年》："小人有母，皆尝小人之食矣，未尝君之羹"；"小人"指仆隶之人，《论语·阳货》："唯女子与小人为难养也。"朱熹集注："此小人亦谓仆隶下人也。""小人"指"见识浅陋的人"，北齐颜之推《颜氏家训·勉学》："若能常保数百卷书，千载终不为小人也。"

（79）明白［日汉：明白、韩汉：명백］

"明白"在日韩语中有"清楚、显明"的意思。

　　1）明白な誤り（明显的错误）

　　2）허위임이 명백해졌다（虚伪的面目逐渐显露）

汉语说"道理再明白不过了"。"明白"在汉语中还引申出了许多相关的其他意义，如"公开、不含糊"，《刘知远诸宫调·知远别三娘太原投事》："今夜与妻故来相别，不敢明白见你。"表示"聪明的、懂道理"，《红楼梦》第五十七回："姑娘是个明白人，没听见俗语说的'万两黄金容易得，知心一个也难求！'"表示"了解、知道"，《老子》："明白四达，能无知乎？"《庄子·天道》："夫明白于天地之德者，此之谓大本大宗，与天和者也。"现代汉语中的一些句子，如"这件事你可明白地跟他讲""他是个明白人，不会不知道事情的利害得失""我明白他的意思"中保留了这些引申用法，日语的"分かる"、韩语的알다只对应了其中某一义项。

（80）心中［日汉：心中、韩汉：심중］

日韩语中"心中"表示内心。

　　　1）心中を察しがない（不能体谅内心）
　　　2）심중이 편안하지는 않다（内心不安定）

古汉语中，"心中"指"中心点"，《墨子·经说上》："捷与狂之同长也，心中自是往相若也。"孙诒让间诂："规画其边，周匝成圆形，则自圆边为多线，以往凑中点，其长诸线必正相等，此即同长相若之义。"古今汉语"心中"都表"心里"，《国语·晋语二》："使百姓莫不有藏恶于其心中。""我的心中只有你。"韩语的심중也是如此，都没有日语的"自杀"义。

（81）食福［日汉：食べ物に恵まれる運、韩汉：식복］

　　　　比较：口福［日汉：食いっぱぐれる、韩汉：식복］

　　　　　　　口服［日汉：薬を口から飲む、韩汉：내복하다］

"食福"是存在于韩语中的一个汉字词，相应的汉语意义是"口福"，日语指"食べ物に恵まれる運"。

　　　1）식복이 있다（有口福）
　　　2）식복을 타고난 사람（天生有口福的人）

　　3）薬を飲みます（服药）

　　4）약품을 내복하다（口服药品）

　　汉语口语中"有口福""口福深"，还用以借指人的寿命，《二十年目睹之怪现状》第二十回："我并不是迷信那世俗折口福的话，但是精明的是正路，刻薄的是邪路。""口福"与"口服"在现代汉语中两词同音，意义上没有任何纠葛，"口服"在现代有两种意思，一是通过嘴巴内服，一般指吃药，如"口服药""药片每日口服三片"；二是表示"口头信服"，如"心服口服"，表示不但嘴里服，而且心里也服。

　　（82）缺乏［日汉：欠乏する、韩汉：결핍하다］

　　　　比较：缺少［日汉：足りない、韩汉：부족하다］

　　1）물자가 결핍하다（物资缺乏、不足）

　　2）철분 결핍 증세（铁质缺乏症）

　　3）비타민 A 가 결핍되다（缺乏维生素 A）

　　4）人手が足りない（人手缺少）

　　5）여비가 부족하다（旅费不足）

　　汉语的"缺乏"韩语中相对应的汉字词是결핍，日语中相对应的汉字词是"欠乏"，但后面不带宾语，如さんそけつぼう指"缺氧"。古汉语中有"缺乏"一词，《东周列国志》第五十九回："厉公与妇人饮酒，索鹿肉为馔甚急。使寺人孟张往市取鹿，市中适当缺乏。"现代汉语中"缺乏"指"缺少、不足"，可以是比较具体的产品、物资，也可以是比较抽象的知识、能力，如"物资缺乏""能力缺乏""缺乏想象力""缺乏知识"，也可以说"缺乏物资""缺乏能力""缺乏想象力"。和"缺乏"相比，"缺少"内部凝固性不太强，如可说"缺衣少食""缺医少药"。"缺乏"语义较重，"缺少"相对较轻，在词语搭配上有时可以互通，如前例中的"缺乏"也可以用"缺少"来替代，意思没有大的变化，但后接具体数量词时，用缺少，一般不用缺乏。

（83）动摇［日汉：動搖する、韩汉：동요하다］
　　　比较：摇动［日汉：搖れ動く、韩汉：흔들다］

　　1）彼の決意はどうようした（他的决心动摇了）
　　2）木の風の中で揺れ動く（树在风中摇动）
　　3）바람이 나뭇　가지를 흔들다（风摇晃着树枝）

日语中"动摇"还指"骚动"。

　　4）政界の動搖（政界的骚动）

又指"摇动、摇摆"。

　　5）물가가 동요한다（物价摇摆）

　　古汉语中"动摇"指"有所动作"，《尚书·大传》："动摇而不逆天之道。"指"摇动、晃动"，唐杜甫《阁夜》："五庚鼓角声悲壮，三峡星河影动摇。"指"形体的活动"，《后汉书·方术传下·华佗》："人体欲得劳动，但不当使极耳。动摇则谷气得销，血脉流通，病不得生。"引申为"政局、立场等的不稳固"，《史记·南越列传》："瓯骆相攻，南越动摇。"这也是现代汉语的常用义，如"立场动摇""军心动摇""信心动摇"；也可以作动词使用，如"动摇人心""动摇意志"。"动摇"和"摇动"是一对逆序词，在使用上有相同处，如"人心动摇""信念动摇"中"动摇"就是摇动的意思；"摇动"作动词时，一般描述比较具体的事物，有"摇东西使其动"之义，如"摇动双手""摇动船橹"；"摇动"还表示"摇摆"，如"杨柳在风中摇动"，不能用"动摇"来替代。

（84）试问［日汉：試問、韩汉：구두　시험］
"試問"在日语中泛指考试，尤指口试。

1）口頭試問（口试）

"试问"在汉语中表"试探性地问"，是一个动词短语，唐牛僧孺《玄怪录·张左》："左甚异之，试问所从来，叟但笑而不答。"还可用于质问或表示向对方提出不同的看法，宋苏轼《又和刘景文韵》："试问壁间题字客，几人不为看花来？"古代也有表示考试义的"试问"，《宋史·选举制三》："诸正名学生有试问《景祐新书》者，诸判局阙而合差，诸秤漏官五年而转资者，无不属于秘书。"此处"试问"明显是个动词，这是不同语法结构层面上的差异。

（85）操心［日汉：用心する、韩汉：조심하다］

比较：小心［日汉：気をつける、韩汉：조심하다］

用心［日汉：心をこめる、韩汉：마음을 쓰다］

与汉语的"操心"相对应的韩语是조심，但意思不同，表"小心、当心"义。日语的"小心"要说"気をつける"。

1）길이 미끄러우니 조심해라（当心路滑）

2）말과 행동을 각별히 조심하다（谨言慎行）

3）감기에 걸리지　않도록 조심하다（小心别感冒）

4）階段が急ですから気をつけて（台阶很陡，请小心）

日语中相对应的词语是"用心"。

5）火の用心（小心防火）

6）用心金（以备不时之需所准备的钱）

也说"心をこめる、마음을 쓰다"。

汉语中"操心"指所执持的心志，宋司马光《皮公弼第二札子》："盖言人操心不正者，虽有材能，无所用也。"指"劳神、担心"，《孟子·尽心上》："独孤臣孽子，其操心也危，其虑患也深，故达。"后来词义渐渐发生

了转移，现代汉语中，"操心"一般指为某人或事费尽心机地考虑及操持办理，如"他为儿女的婚事操碎了心""人家的事情自己会处理好的，你操什么心呢？"韩语的"조심"仍保留汉语原来的意义，即对应于"小心"。汉语中的"小心"一般指"认真、仔细""精神集中或高度重视"，如"小心蛇！""路上有点滑，你要小心"。"小心"和"用心"在汉语中词义上有交叉之处，"用心"一相当于"不良或险恶的心理"，作名词，如"用心不良""险恶用心""别有用心"；一指"在某些方面集中注意力、全身心投入"，"用心读书""用心听课""用心学习"，作动词，"操心""小心""用心"在汉语里意思各不相同。

日汉同形异义词，据郭洁（2008）统计，以《汉语水平词汇和汉字等级大纲》为根据，甲乙丙丁四级词汇中同形异义词所占的比例分别为1.36%、1.34%、1%、1.28%。廉红红（2013）统计出1033个甲级词汇中共有36个，所占的比例为3.5%。[1]

三 汉、日语相同，与韩语有别

汉、日语相同，与韩语有别的词语见表2-10。

表2-10 汉、日语相同，与韩语有别的词语举例

汉语	日语	韩语
伤口	傷口	상처（傷处）
勘定	勘定	계정（計定）
谴责	譴責	계책（戒責）
弟弟	弟	남동생（男同生）*
天气	天気	일기（日氣）
奇怪	奇怪	괴상（怪常）
教书	教書	글을［공부를］가르치다

---

[1] 郭洁：《对日汉语词汇教学研究——汉日同形词偏误分析与对策》，硕士学位论文，厦门大学，2008；廉红红：《日语汉字词对日本留学生汉语学习的负迁移研究》，硕士学位论文，湘潭大学，2013。

汉语	日语	韩语
未到	未到	미답（未踏）
土产	土産	토산물（土産物）
明晚	明晩	내일（來日）밤

　　* 韩语中"同生"表示"弟兄姐妹"，弟弟叫"男同生"，妹妹叫"女同生"。在古代汉语中，有"同产"表示"弟兄姐妹"的说法，《二年律令·贼律》简1、2："以城邑亭障反，降诸侯，及守乘城亭障，诸侯人来攻盗，不坚守而弃去之，若降之，及谋反者皆要（腰）斩。其父母、妻子、同产，无少长皆弃市。其坐谋反者能偏（遍）捕，若先告吏，皆除坐者罪。"

（86）滋味［日汉：滋味、韩汉：맛］

日语中指有滋味的食物。

　　1）滋味に乏しい（乏味）

引申指有意思的作品。

　　2）滋味豊かな作品（耐人寻味的作品）

　　"滋味"在古代汉语中指"美味"，引申指一般的味道，三国魏阮籍《乐论》："故孔子在齐闻《韶》，三月不知肉味，言至乐使人无欲，心平气定，不以肉为滋味也。"汉张衡《南都赋》："酸甜滋味，百种千名。"引申指苦乐的感受，唐刘知幾《史通·杂说上》："叙兴邦则滋味无量，陈亡国则凄凉可悯。"此义也是现代的常用义："痛苦的滋味""心里不是滋味"。"滋味"也可拆开使用，"有滋有味"指吃得很香。韩语中固有词"맛"由表示味觉到感觉、趣味、满足等，使用频繁。

（87）点心［日汉：点心、韩汉：점심］

　　1）点心をつまる（吃点心）
　　2）점심을 하다（吃午饭、做午饭）

3）점심때가 되어서야 일이 모두 끝나다（到了晌午活才干完）

4）쓴맛（苦味）

5）고생맛을 모르는구나（还不知生活的艰难啊）

6）그 작품에는 음미 할 만한 맛이 없다（这部作品没有什么值得回味的有趣之处）

宋庄季裕《鸡肋编》卷下："上觉微馁，孙见之，即出怀中蒸饼云：'可以点心'。""点心"原是佛教词语，指正餐之前吃的零食，也指午饭。古白话指在正餐之前暂为充饥，唐孙颀《幻异志·板桥三娘子》："有顷，鸡鸣，诸客欲发，三娘子先起点灯，置新作烧饼于食床上，与客点心。""点心"在古代还可指早馔，宋周煇《北辕录》："洗漱冠栉毕，点心已至。"后泛指饭前饭后的小食，如馒头、馄饨、包子等，在现代汉语中多指糕饼之类的食品。韩语中的"점심（點心）"指"中午"，用食品名指时间概念，"点心"同时也指午饭。

（88）场合［日汉：場合、韩汉：경우］

　　　比较：场所［日汉：場所、韩汉：장소］

　　　　　　境遇［日汉：境遇、韩汉：경우］

1）こういう場合には（在这种情况下）

2）どんな場合でも逃げてはない（在任何情况下都不能逃跑）

3）いまはぐずぐずしている場合ではない（现在不是磨磨蹭蹭的时候）

4）경우에 따라서는 삼사 일할수도 있다（根据情况可延长三四天）

表"事态"。

5）場合によっては（根据情况）

6）あなたの場合とわたしの場合とではない（你我的情况完全不同）

汉语中的"场合"指特定的时间、地点，如"特定的场合""适当的场合""在那种场合下说这种话不合适"，"场合"应是来自日语。韩语中相对应的词是경우（境遇）。"场所"指活动的具体处所，如"公共场所""文化场所""娱乐场所"，日韩语"約束の場所、약속장소"相当于汉语的"约会场所"，也称"约会地点"。现代汉语中"境遇"与"场所"则截然不同，"境遇"指处境、待遇，如"他的境遇大不如前"。

（89）家常饭［日汉：日常茶飯事、韩汉：집밥 / 늘 있는 사소한 일］

1）現代では，仕事のために新幹線を使って，東京から京都や大阪へ日帰で出張することなど，日常茶飯事になってきた。（现在，出于工作的需要，每日乘新干线从东京到京都、大阪等地出差已经是家常便饭了）

现代汉语与日语"日常茶飯事"相对应的说法是"家常便饭""家常茶饭""家常饭"，比喻极为平常的事情。韩语不用"茶饭事"来表示日常小事。

（90）本当［日汉：本当、韩汉：진실］

比较：本来［日汉：本来、韩汉：본래］

"本当"存在于日汉语中，韩语与之相对应的词语是정말、진실（真實），"本当に"对应于"정말로"。表"真正的"。

1）人のうことをほんとにする（把别人说的当真）
2）あれこそほんとの学者だ（那才是真正的学者）

表"实在"。

3）君が来て本当によかった（你能来实在太好了）
4）本当を言うとぼくはいやだ（说实在的，我不喜欢）

表"本来、正常"。

5）本当はそうできないのだが（本来不能那么做）

6）それが本当のやり方だ（那是正确的做法）

在汉语中，"本当"表"本来应该""本来应当"之意，如"他生病住院了，我本当买点东西去看一看"。"东西从船上掉到水里去的，本当还在这一片水下面。"跟"本当"意义相近的词语有"本来"，作形容词或副词，分别表示"原有的""本来的样子""本来面目"；表"原先、以前"，如"他本来不打算来的，经不住别人劝说，就跟着来了"。在这两个义项上"本当"不能替换。"本来"还表示"理所当然"，如"你本来就应该准时到校"，这与"本当"意义一样。

（91）健康［日汉：健康、韩汉：건강］

　　比较：健全［日汉：健全、韩汉：건전］

　　　　　康健［日汉：康健、韩汉：강건］

　　　　　健在［日汉：健在、韩汉：건재］

日韩语中"健康"在表示身体意义时和汉语使用一致。

1）身体が健康である（身体健康）

2）ご健康を祈ります（祝您健康）

3）건강 식품（健康食品）

4）부모님께서는 건강하시지요？（令尊令堂身体好吗？）

但指事物层面的健康义则不能完全对应。

5）この歌は健全だ（这首歌很美）

6）사상이 건전하다（思想健康）

现代汉语中"健全"跟"健康"不完全同义，汉语可说"家庭健全""体制健全"，还可以用作动词，如"健全制度""健全组织"。在汉语和日语中"健

康"的倒序词"康健"一般指身体健康。另有"健在"一词，跟"健康""康健"词义有联系，但差别较大。日韩语中也有"健在（けんざい、건재）"。

　　7）両親は健在です（双亲健在）

　　8）動乱の中でも大使館は健在です（尽管处于骚乱之中，大使馆依然完整地存在）

　　9）ご健在を祈る（祝您健康）

　　10）그는 한때 폐병을 앓은적도 있으나 아직 건강합니다（他虽曾患过一时的肺病，但仍健在）

"健康"在汉语中指人体身心机能正常，没有缺陷，"身体健康""恢复健康"；也形容其他事物正常，没有缺陷，如"健康人生""健康的作品"。"健在"多用于指人"健康地活着"：五代齐己《秋夕寄诸侄》："弟兄应健在，兵火里耕桑。"一般不能用于当面祝福。

四　汉、日、韩语表示同一意义但形式各不相同

汉、日、韩语表示同一意义但形式各不相同的词语举例见表 2-11。

表 2-11　汉、日、韩语表示同一意义但形式各不相同的词语举例

汉语	日语	韩语
家庭成员	家族	식구（食口）
朋友	友達	친구（親舊）
白糖	砂糖	설탕（雪糖）
工作	仕事	사업（事業）
辛苦	苦労	고생（苦生）
优点	長所	장점（長点）
问候	挨拶	인사（人事）
姓名	名前	성함（姓銜）

续表

汉语	日语	韩语
感冒	風邪	감기（感氣）
缺点	短所	단점（短点）
木匠	大工	목수（木手）
顺序	順番	차례（次例）
参观	見物	구경（求景）
退休	定年	정년（停年）
回答	返答	대답（対答）
桌子	机	책상（冊床）
钱包	財布	지갑（紙匣）
担心	心配	념례（念慮）
丈夫	夫	남편（男便）
探望病人	見舞い	문병（問病）
苹果	林擒	사과（沙果）
书	本	책（冊）
子时	夜の 12 時	자정（子正）
订婚	婚約	약혼（約婚）
受到帮助	世話	신세（身世）
走廊	廊下	복도（複道）
花甲	還暦	환갑（還甲）
手套	手袋	장갑（掌匣）
花图	花札	화투（花鬪）
书信	手紙	편지（便紙）
媒介人	仲人	중매（仲媒）
多亏	お御蔭	덕택（德澤）
生气、发火	腹を立てる	역정（逆情）
书包	カバン	책보（冊褓）
篮球	バスケットボール	농구（籠球）
足球	サッカ、フットボール	축구（蹴球）

汉语	日语	韩语
例子	例	보기（補氣）
对不起	恐縮	죄송（罪悚）
受伤	怪我	상처（傷處）
忍受	我慢	참다
闪电	稲妻	번개
游泳衣	水着	수영복（水泳服）
计划	計画	계획（計畫）
小偷	泥棒	도둑

（92）家族［日汉：家族、韩汉：가족］

　　　　比较：家属［日汉：家族、韩汉：가족］

　　　　　　　食口［日汉：家族、韩汉：식구］

汉日韩语中都有"家族（かぞく、가족）"一词，但所指有所不同。

　　1）家族制度（家族制度）

　　2）家族手当（家属津贴）

　　3）家族風呂（家庭浴池）

韩语中指"家口、家庭成员"。

　　4）우리집은 가족이 많다（我们家人口很多）

　　5）우리회사는 종업원을 가족으로 여긴다（我们公司把职工看作一家人）

韩语也用"食口（식구）"来指称家庭成员。

　　6）그집은 식구가 많다（那家人口多）

古汉语有"家族"一词，与"公族"相对，《管子·小匡》："公修公族，家修家族，使相连以事，相及以禄。""家族"指"家属"，《三国志平话》卷上："玄德又言：'我妻儿必为吕布所杀，可以写书见吕布，可保家族。'"但在现代汉语中这两个义项都较少使用，鲁迅《书信集·致沈雁冰》："先曾决赴日本，昨忽想及，独往大家不放心，如携家族同去，则一履彼国，我即化为翻译，比在上海还要烦忙，如何休养？"这大概是受日语的影响。现代汉语的"家族"是以血统关系为基础而组成的社会单位，包括同一血统的几辈人，如"他家是个大家族，几代人住在一个大院子里"。由"家族"组成的词语，如"家族企业""家族集团""家族社会"。"家属""家人""家庭"等都是目前使用频率比较高的汉语词，"家属"指在同一家庭内部生活的成员，如"家属代表""拥军家属""困难家属"；"家人"指家庭成员，多用于口语；"家庭"一般是一个集合体，如"幸福的家庭""两个人组成了小家庭""家庭内外"。韩语中的"食口（식구）"也见于古代汉语，指不劳动吃闲饭的人，后指家口。《商君书·垦令》："禄厚而税多，食口众者，败农者也。"《墨子·号令》："某里某子，家食口十人，积粟百石。"相当于现代汉语的"家庭成员"，"家中吃饭的人多"即"家庭成员多"，韩语中食口用于家族成员时义同"家族"。

（93）价格［日汉：価格、韩汉：가격（價格）］

　　　比较：价钱［日汉：価格、韩汉：가격］

　　　　　　价值［日汉：価値、韩汉：가치］

日韩语中"价格"固有词的表达分别是"値段、값"，相应的汉字词分别是"価格、價格（가격）"。

1）公正価格／공정 가격（公道价格）

2）卸値（卸し値段）／도매 가격（批发价格）

3）小売価格／소매 가격（零售价格）

4）貨幣価値（货币价值）

5）その本は読むかちがない（那本书不值一读）

6）이 자료들은 매우 가치가 있다（这些资料很有参考价值）

现代汉语的"价格"和"价钱",都是商品价值的货币表现,常见表达如"价格很贵""价格不菲""价格战""离岸价格""网上价格","高价钱""价钱便宜""生猪卖个好价钱"。"价格"是个日源汉语词,近代传入汉语,"价钱"则在古汉语中就已存在,指"物品的价格",《元典章·圣政二·赈饥贫》:"官人每根底放鹰犬,分拨与的山场禁治著,不交百姓每采打柴薪,以致柴薪价钱贵了。"价钱也指"工钱、役费",唐元稹《招讨镇州制》:"应缘军务所须,并不得干扰百姓。如要车牛、夫役及工匠之类,并宜和雇情愿,仍优给价钱。"现代汉语中"价钱"和"价格"的意思差不多,如"那种事情是不讲价钱的","价钱"指条件,是比喻用法,一般不用"价格"来替代。"价值"在近代汉语中也用来指"价格",清李渔《闲情偶寄·声容·薰陶》:"香皂以江南六合县出者为第一,但价值稍昂。"现代更多指体现在商品中的社会劳动,生产某一商品所需的社会必要劳动时间越长,价值就越大,如"剩余价值""劳动价值"。"价值"又用来比喻积极的作用,如"这件事的价值不大""生命的价值""存在的价值"。

（94）坚决 [日汉:断固、韩汉: 단호하다]

比较: 坚强 [日汉: 強靱、韩汉: 굳세다]

坚固 [日汉: 堅固、韩汉: 견고]

1）断固として任務を成し遂げる（坚决完成任务）

2）단호한 태도（坚决的态度）

3）단호한 조치를 취하다（采取坚决的措施）

4）強靱な意志（坚强的意志）

5）의지가 굳세다（意志坚强）

汉语中"坚决"和"坚强"都是形容词,"坚决"指态度、主张、行动等确定不移,《史记·留侯世家》:"上欲废太子,立戚夫人子赵王如意。大臣多谏争,未能得坚决者也。"现代汉语"坚决"可以作谓语,如"态度坚决、意志坚决",也常作状语,如"坚决拥护、坚决执行、坚决实施"。"坚强"指强固有力,不可动摇或摧毁,《左传·成公九年》:"勤以抚之,宽以待之,坚强以御之。"现代汉语中充当谓语，如"作风坚强、意志坚强"，也可充当定语，如"坚强的决心、坚强的品格"。

　　6）堅固なからだ（结实的身体）

　　7）道心堅固な人（信仰坚定的人）

　　8）수비가 견고하다（守备坚固）

　　9）堅固な要塞／견고한 요새（坚固的要塞）

　　日韩语中"坚固"包含"坚定"一词部分的义项，现代汉语中一般不用"坚固"来形容身体，但古汉语中可以，《管子·内业》："定心在中，耳目聪明，四枝坚固。"也表示"坚定"，汉刘向《列女传·楚平伯嬴》："伯嬴自守，坚固专一，君子美之，以为有节。"现代汉语的义项范围小于日韩语。"坚定"在汉语中指立场、主张、意志等坚强、稳定，明王守仁《传习录》卷中："修谨而不失之拘局，久则体貌习熟，德性坚定矣。"现代汉语有"坚定立场""坚定信心""坚定执行"。

五　汉日韩同一形式，但意义各不相同

（95）迷惑［日汉：迷惑、韩汉：매혹］
日语中的めいわく指"（添）麻烦、（使人）为难、困扰"。

　　1）めいわくを掛ける（打搅人、给人添麻烦）

　　2）ごめいわくながら（麻烦您，打搅您）

　　3）けっしてごめいわくになるようことはしません（决不让您为难）

韩语中的매혹指"迷人"。

　　4）매혹적인 자태（迷人的姿态）

5）그녀의 미소는 애혹적 이다（她的微笑非常迷人）

汉语中"迷惑"与日韩语的意义不同，《管子·任法》："百姓迷惑而国家不治"，《庄子·盗跖》："矫言伪行，以迷惑天下之主"，"迷惑"指不辨是非。现代汉语如"迷惑别人""被她的美貌所迷惑""采用花言巧语迷惑别人"，一般有贬义，用作动词。也可以作形容词，如"感到迷惑""非常迷惑""迷惑不解"，都指"不能辨别清楚"。

（96）无心［日汉：無心、韩汉：무심］

日语指"一心""专心"。

1）無心に遊ぶ子供（一心贪玩的孩子）
2）金を無心する（追求金钱）

韩语指"单纯、冷漠"。

3）무심한 어린이（单纯的孩子）
4）남의 속도 몰라주는 무심한 사람（不理解别人、内心冷淡的人）

例3）韩语一般也说순진한 어린이。

"无心"在古代汉语中指"无意"，晋陶潜《归去来兮辞》："云无心以出岫，鸟倦飞而知还。"佛教上指脱邪念的真心，唐修雅《闻诵〈法华经〉歌》："我亦当年学空寂，一得无心便休息。"今汉语"无心"一般指"无意"，如"说者无心，听者有意""他无心学习，只知道玩儿"。"无心"在各自语言中的意义有所不同。

（97）叮咛［日汉：ていねい、韩汉：정녕］

比较：嘱咐［日汉：言い聞かせる、韩汉：분부하다］

叮嘱［日汉：言いつける、韩汉：신신당부하다］

日语中"叮咛"表示"很有礼貌、恭恭敬敬"。

1）丁寧な口をきく（说话很有礼貌）

2）丁寧におじぎをする（恭恭敬敬地行礼）

韩语表示"一定、果真"。

3）정녕 떠나려나（果然一定要走吗）

4）정녕 거짓말이 아니다（一定不是谎话）

与"嘱咐"相对应的日韩语是"言い聞かせる、분부하다"。

5）よく勉強するように子供に言い聞かせる（嘱咐孩子好好学习）

6）분부하실 일이 무엇인지요？（有何吩咐？）

"叮嘱"可说"言いつける、신신당부하다"。

7）医者は彼女によく休養するように言いつけた（大夫叮嘱她好好休息）

8）어머니께서는 그에게 추위와 더위에 조심하고 주의할 것을 신신당부하셨다（母亲叮嘱他冷暖当心，注意饮食）

汉语中"叮咛"表示"嘱咐"，如"再三叮咛""仔细叮咛"，唐寒山《诗》第二百一十六："自古多少圣，叮咛教自信。""叮咛"有殷勤义，唐鲍溶《范真传侍御累有寄因奉酬》诗之五："闻道中山酒，一杯千日醒。黄莺似传语，劝酒太叮咛。"表"仔细"义，元马致远《耍孩儿·借马》套曲："马儿行嘱咐叮咛记：鞍心马户将伊打，刷子去刀莫作疑。"表示"清楚"义，《敦煌曲·太子入山修道赞》："宫中闻唤太子声，甚叮咛。""丁宁"在古代汉语中指一种古代的乐器及乐器发出的声响，也指"嘱咐、告诫"，《汉书·谷永传》："二者（日食、地震）同日俱发，以丁宁陛下，厥咎不远，宜厚求诸身。"丁宁"表示言语恳切貌，元倪瓒《三月一日自松陵过华亭》："竹西莺语太丁宁，斜日山光澹翠屏。"表示"音讯、消息"，唐韩愈《华山女》："仙梯难攀俗缘重，浪凭青鸟通丁宁。""叮咛"在现代汉语中表"再三嘱咐"，如"再三叮咛""千叮咛、万嘱咐"。"叮嘱"也是再三嘱咐的意思，如"再三叮嘱"，两者的区别是，"叮嘱"可以带宾语，如"我再三叮嘱他"，"叮咛"一般不带宾语。

（98）追加［日汉：追加、韩汉：추가］

　　　比较：增加［日汉：增加、韩汉：증가］

　　　　　增长［日汉：增長する、韩汉：증장하다］

日韩语中，"追加（ついか、추가）""增加（增加ぞうか、증가）""增长（增長ぞうちょう、증장）"，都有名动词形式的对应。

　　1）追加試験／추가　시험（追加考试）

　　2）追加料／추가량（追加量）

　　3）추가　요금（追加金额）

　　4）人口增加（人口增加）

　　5）생산량의 증가（产量的增加）

古汉语中，"追加"指对死者给予封赐或贬削，《汉书·五行志上》："戾后，卫太子妾，遭巫蛊之祸，宣帝既立，追加尊号。"宋陆游《老学庵笔记》卷五："元丰间建尚书省于皇城之西，铸三省印，米芾谓印文背戾，不利辅臣。故自用印以来，凡为相者悉投窜，善终者亦追加贬削。"现代汉语中，"追加"指在原定的数额之外再增加，如"追加投资""追加计划"。与"增加"相比，两词都有在原有基础上数量加大之义，但搭配有所不同，"追加"强调事后行为，"增加"一般指事前，如表示人口数量的加大，"人口由 800 万增加到 1000 万"，其中"增加"不能由"追加"替代。

"增长"在日语中表"自大起来"。

　　6）わがままが增長する（越发任性起来）

7）ほめられて増長する（受到表扬后自大起来）

"增长"在汉语中指"增加、提高"，《后汉书·孝桓帝纪》："六月，彭城泗水增长逆流。"宋苏轼《议学校贡举状》："而欲使此等分别注疏，粗识大义，而望其才能增长，亦已疏矣。"现代汉语中"增长"常见搭配如"增长知识""增长见识""增长才干"，也可以说"产量增长""收入增长"，一般具有褒义或中性义，没有日语之中表"自大起来"的贬义色彩的用法。

（99）故事［日汉：物語／こじ、韩汉：고사］

汉语的"故事"，日语词是"物語"，如紫式部的《源氏物语》，但汉语的"故事片"日语叫"劇映画（げきえいが）"，韩语为극영화，"民间故事"日语叫"民話（みんわ）"或"民間に伝わる物語"，韩语为민간 고사。日语的こじ（故事）指过去发生的事情，类似于古汉语中"故事"的意义。如《商君书·垦令》："知农不离其故事，则草必垦矣。"指旧日的典章制度，《汉书·楚元王传》："宣帝循武帝故事，招选名儒俊材置左右。"现代汉语中则指文学体裁的一种，如"童话故事""有趣的故事"。

（100）交流［日汉：交流、韩汉：교류］

比较：交际［日汉：交際、韩汉：교제］

交往［日汉：付き合う、韩汉：사귀다］

"交流""交际"在日韩语中使用也较频繁，是源于古汉语的汉字词语。

1）物資交流（物资交流）
2）仕事の経験を話し合う（交流工作经验）
3）문화 교류（文化交流）
4）학교 간의 교류（校际交流）

"交流"在古代指江河或水渠等交错而流，也指一齐流淌，汉班昭《东征赋》："望河洛之交流兮，看成皋之旋门。"《红楼梦》第一百零五回："贾母没有听完，便吓得涕泪交流，连话也说不出来。""交流"指"来往"，宋陆游《晚步江上》诗："山林独往吾何恨，车马交流渠自忙。"引申指相互交换、传播，这一义项成为现代汉语的主要意义，如"经验交流、物资交流、交流会"。

     5）こうさいひ（交际费）

     6）言語はコミュニケーションのである／언어는 사람들의 교제 수단 이다（语言是人们的交际工具）

     7）彼は交際が下手だ（他不善于交际）

     8）교제가 넓은 여자（交际广的女子）

    "交际"指"往来应酬"，《孟子·万章下》："敢问交际，何心也？"朱熹集注："际，接也。交际，谓人以礼仪币帛相交接也。"指"融和感通"，《乐府诗集·唐祭太社乐章·肃和》："九域底平，两仪交际。"现代汉语"交际"一般指"人际应酬"，如"善于交际""交际能力""跨文化交际"等，"交往"指"互相来往"，宋苏轼《答孙志康书》："李泰伯虽前辈，不相交往。"现代汉语中意思差不多，如"她平时交往的人不多""我跟他交往了大半年"。"交际"与"交往"同义，但在词语的风格上，"交际"的书面语色彩浓些，搭配上也有不同，如"交际工具"不说"交往工具"，"交际舞"不说"交往舞"。汉语的"交往"在日韩语中相对应的汉字词是"交际"，但也有固有词或其他汉字词与之的表达，如付合い、사귀다、내왕하다。

     9）付合いが広い（交往广泛）

     10）그는 사람들과 그다지 내왕하지 않는다（他不大和人交往）

     11）사람과 사귀다（跟人交往）

    내왕的汉字词是"来往"。"交往"在汉语里一般不带宾语，说"跟……有交往""互相交往"。

（101）了解［日汉：了解する、韩汉：이해하다、조사하다］

      比较：理解［日汉：理解する、韩汉：이해하다］

    日语中的"了解"相当于现代汉语的"理解"。

　　1）了解を求める（求得理解）

　　2）相手の真意を了解した（理解对方的真实意图）

　　3）君の言うことは了解に苦しむ（我很难理解你在说什么）

　　りょうかいしんりがく（了解心理学）在汉语中为"理解心理学"。韩语的이해하다，对应于汉语的"了解"和"理解"，汉语"了解"还有"调查、弄清楚"义，韩语是조사하다。

　　4）직접 가서 한번 조사해본다（自己去了解一下）

　　现代汉语中"了解"和"理解"一样都是动词，在词语搭配和语法功能上存在差异。"了解"指"明白"，宋洪迈《容斋续笔·资治通鉴》："经文至简，不过一二十字，一览可以了解。"也指"调查""弄清楚"，如"了解问题""了解情况"。"理解"本义指"顺着脉理或条理进行剖析"，宋苏轼《众妙堂记》："庖丁之理解，郢人之鼻斫，信矣。"引申指"从道理上了解"，《宋史·儒林传三·林光朝》："然（光朝）未尝著书，惟口授学者，使之心通理解"，后泛指"了解、认识"。"理解"没有"了解"的"调查""弄清楚"义，"阅读理解"不说"阅读了解"，"了解问题"和"理解问题"意思不同，"表示理解"不说"表示了解"，可以说"了解了解"，但"理解理解"则不大说。

第六节　利用汉字词语素成词的组合规则
扩充汉语的词汇量

　　汉字词是语素构成词语，利用语素和词的意义场来扩展新词，不失为记忆汉语词汇的一种有效方法。如表示家庭关系的意义场：爷爷、奶奶、爸爸、妈妈、哥哥、姐姐、妹妹；表示球类运动的意义场：篮球、排球、羽毛球、

乒乓球、足球、网球、水球、棒球、高尔夫球；表示时间、日期的意义场：星期一、星期二、一月、二月、两点、三点。在这一点上，日韩留学生都能从汉语语素构词的结构方式中受益，如表示月份、时间，日语是按照"一月、二月、三月……""一时（時）（一点）、二时（两点）、三时（三点）……"之类的次序；足球是一项全球性的运动项目，英语 football、soccer，日语音译フットボール、サッカ，韩语축구（蹴球）。表示球类项目的名词，韩语还有농구（籃球，篮球）、탁구（卓球、乒乓球）、배구（排球）等，구（球）是韩语中以汉语语素为构词成分的汉字词，也有배드민턴（badminton，羽毛球）、골프（golf，高尔夫球）等音译外来词。

　　理清日韩留学生母语中的汉字词与现代汉语之间种种复杂的关系，可以帮助学生有效地记忆现代汉语词，老师应紧紧抓住其中的有利因素，摸索出一条有别于针对欧美留学生的汉语教学法，使其在汉语学习的过程中既能受益于母语，又能规避母语干扰所造成的负迁移影响，从而更快地掌握汉语。老师可以在已学汉字中选出可以组成汉字词的一些汉字，让学生使用这些已学过的汉字来组合汉字词。比如老师给出"出、入、人、口、火、山、水、星、动、物"等一些基本的汉字，让学生自由组合，根据他们的母语知识，韩国学生可能会组出下面这些词语。

　　出＋入＝出入（출입）、人＋口＝人口（인구）、出＋口＝出口（출구）、人＋物＝人物（인물）、入＋口＝入口（입구）、火＋山＝火山（화산）、出＋动＝出动（출동）、山＋水＝山水（산수）、水＋星＝水星（수성）、动＋物＝动物（동물）、火＋星＝火星（화성）、火＋口＝火口（화구）（火山口）

　　这些词语绝大多数在现代汉语中使用，教学中要提醒留学生注意彼此之间的不同。如日韩语的"出勤（しゅっきん、출근）""退勤（たいきん、퇴근）"相当于汉语的"上班""下班"，但汉语没有"退勤"的说法，"出勤"除了指去上班外，去上课也叫出勤，如"出勤率"指实际上班或上课的数量与应该出勤数量的比率，可以说出勤率高，出勤率低。

　　老师还可以给出两个或三个汉字，让学生在已经学过的词语中找出用这些汉字组成的汉字词，这些汉字的位置没有任何限制，可在词头，也可在词中、词末，比如老师给出"地、猛、出、发"等四个汉字，学生找出了下列有关的汉字词。

地（지）：지구（地球）、지도（地图）、지방（地方）、지역（地域）、지옥（地狱）、지리（地理）、지위（地位）、지점（地点）、지형（地形）；대지（大地）、당지（当地）、경지（境地）、육지（陆地）、각지（各地）、초지（草地）。

猛（もう、맹）：맹훈련（猛訓練）、맹공격（猛攻擊）、もうあく（猛悪）（残暴）、もうい（猛威）（凶猛、猛烈）、もうう（猛雨）、もうか（猛火）、もうしょ（猛暑）（酷暑）、맹금／もうきん（猛禽）、もうこ（猛虎）、もうしょう（猛将）、もうじゅう（猛兽）、맹격／もうげき（猛撃）、맹공／もうこう（猛攻）、もうだ（猛打）（棒球等的）猛攻、もうつい（猛追）、もうどく（猛毒）、もうばく（猛爆）（猛轰）、맹렬／もうれつ（猛烈）。

出（출）：출산（出产）、출동（出动）、출발（出发）、출생（出生）、출구（出口）、출현（出现）、출신（出身）、수출（输出）、돌출（突出）、걸출（杰出）、출국（出国）、출가（出家、出嫁）、출석（出席）。

发（발）：발표（发表）、발달（发达）、발동（发动）、분발（奋发）、발명（发明）、발언（发言）、발생（发生）、발휘（发挥）；계발（启发）、출발（出发）、고발（告发）、발양（发扬）、발각（发觉）、발전（发展）、개발（开发）。

这个过程是通过迁移扩充词汇量，又把所学过的词语进行归纳的过程，在学习过程中应注意无谓的迁移。日韩语借用的是古代汉语，因此大部分汉字词保留了借用时汉语的意义，要注意跟现代汉语之间的不同，比如在用"出"组合词语时，有留学生在作文中造出了"出帆""出送""出超""出荷"等词语，这些应该都是韩语汉字词，现代汉语中不用或较少使用。

参考文献

曹聪孙：《中日间外来词的双向交流》，《今晚报》2001 年 10 月 18 日。

甘瑞瑗：《"国别化"对外汉语教学用词表制定的研究》，北京大学出版社，2006。

高名凯、刘正埮：《现代汉语外来词研究》，文字改革出版社，1958。

刘元满：《汉字在日本的文化意义研究》，北京大学出版社，2003。

马洪海编《汉－朝义同音近词语对照手册》，北京语言学院出版社，1994。

李冰：《中日同形词比较研究——以〈汉语水平词汇与汉字等级大纲〉甲级词为中心》，《云南师范大学学报》（对外汉语教学与研究版）2008 年第 4 期。

苗春梅等编《韩国语入门》，外语教学与研究出版社，1995。

奇化龙：《中韩同形词正负迁移初探》，《汉语学习》2000 年第 1 期。

邵荣芬：《评〈现代汉语外来词研究〉》，《中国语文》1958 年 7 月号。

唐磊主编《现代日中常用汉字对比词典》，北京出版社，1996。

钱存训：《近世译书对中国现代化的影响》，香港《明报月刊》第九卷第八期，1974。

王庆云：《韩国语中的汉源词汇与对韩汉语教学》，《语言教学与研究》2002 年第 5 期。

朱京伟：《现代汉语中日语借词的辨别和整理》，《日本学研究 3》1994 年第 1 期。

朱英月：《〈汉语水平考试词汇等级大纲〉中的中韩同形词比较分析》，《汉语学习》1996 年第 5 期。

曾昭聪、张敬稳、杨雨蒙、韩叶：《〈新名词训纂〉中的日源外来词研究——兼谈〈汉语外来词词典〉的疏漏》，《语文建设通讯》（香港）2009 年第 92 期。

第三章

汉字词的读音和等级

第一节 汉字词的读音

语音是语言的物质外壳，日韩语中的汉字词跟现代汉语词之间的语音差异非常明显。当初，承载着音义功能的汉字语词在进入日韩语言的读音体系中时，首先跟日韩语词本身的发音特征产生了矛盾：现代汉语是一种声调语言，同一音节声调不同，意义就有差异；日韩语的语音系统中没有汉语声调的概念，词汇的构成也比较复杂，有固有词、汉字词，还有外来词，读音呈现比较复杂的情形。汉字在中国的读音因时代和地区的差异而不同，早期传入日本的读音称为"吴音"（大抵是长江下游的读音），唐朝传入的读音称为"汉音"（今西安和华北地区），宋元以后传入的读音称为"唐音"，还有宋音、明音，但成系统的只有吴音、汉音，这两种是主要的读音，影响也最为广泛。吴音在推古天皇时代成为日本汉字音读的基础，万叶假名也多本吴音，但到了奈良末平安初，日本朝廷将汉音作为正雅之音，用政令强制推行，这样日语中"汉语"的读音就呈现错综复杂的情形，相同的"汉语"因语源不同而有吴音、汉音两读。不同的音读有时意义一样，如"人気"，吴音にんき，汉音じんき；有时起着区别意义的作用，如"人間"，吴音にんげん（人类、人）；汉音じんかん（人世）；"成敗"指成功和失败时，音せいはい，发せいばい时，指"裁决、处罚、斩首"；"経文（きょうもん）、成就（じょうじゅ）"是吴音，"経済（けいざい）、成績（せいせき）"是汉音，"経"和"成"读音不同；日语中"今日"有きょう和こんにち两个读音，如"今日は"是打招呼的问候语，相当于汉语的"你好"。在下面两句中，"今日"的读音不同，意义也不同。

1）それは二年前の今日のことでした（那是两年前的今天的事）
2）今日の世界情勢が悪化する一方だ（当今世界形势不断恶化）

"生物""骨折"在日语中都分别有"せいぶつ、こっせつ"和"なまも

の、ほねおり"两种不同的读音，词语的意义及内部结构也有差异，如在"多細胞生物""無生物"中"生物"读せいぶつ，而读なまもの时，则表示"未经烧烤、干燥的或生鲜食品"，前者是词，后者是短语；"骨折"读こっせつ时，与汉语中的用法一致；而读ほねおり时，则有"尽力、努力"之类的意思，日语的"骨折損"有"劳而无功、白费力气"的意思，汉语则没有这种用法。"杯"在现代汉语普通话中读 bēi，在由"杯"组成的复合词语，如"杯子""茶杯""水杯""世界杯"中也读 bēi，而在日韩语里"杯"却有音读和训读的不同，"杯子"在日韩语里都是用外来词（cup）音译的形式，日语为コップ，韩语为컵；"玻璃杯"，日语为ガラスのコップ，韩语为유리컵；但"干杯"日语为かんぱい，韩语为건배，"杯"又都是汉字词的读音。

要揭示日韩语中汉字词内在的读音规律，离不开汉语音韵学这把钥匙。日韩语中的汉语词分别于不同时代从汉语中传入，虽然一些词的读音跟普通话差别很大，却保留着古汉语的某些语音特征，或跟汉语的某个方言读音相似。

韩语中，"儒"和"如"的读音不同，如"儒家"（유가）、"如干（여간）（若干）"中"儒""如"读音不同就是古汉语鱼虞二韵有别的反映，而现代汉语中鱼、虞韵分别的方言已很少见了；韩语中"一"和"二"的发音很相似，区别在收尾的不同，"二"的发音和汉语"一"的发音一模一样，以至于不少韩国留学生在学习汉语时常将韩语的"二"和汉语的"一"相混。"二"古属日母至韵，日语读に，韩语读이，正好都保留着中古汉语的发音特征，而现代汉语普通话中"二"已经全然变成了一个卷舌音。"一、六、七、八、十、百"等数字词都是古入声字，在日韩语中至今保留入声字读音的特征，如日语常以促音或爆破音收尾；韩语则是以 -ㅂ、-ㅅ、-ㄱ、-ㄹ 等收尾为常，而在汉语普通话中，入声字早已归入了阴阳上去，也没有类似日韩语那样的收尾或爆破。再如"万"在日韩语中读重唇，在汉语普通话中读轻唇，这正是"古无轻唇音"语音规则在日韩语汉字音中的具体体现。这些音韵学的专门术语不一定要教给学生，但老师如果有意识地对这些汉字的

读音做一些归纳，学生会从中得到很多有益的启示，而掌握了这些规律，在学习汉语的过程中就能尽量避免受到母语负迁移的影响，利用母语中这类汉字词的读音规律，实现向目的语词语的正迁移。因此，教汉字音节读音的时候，重点最好放在单音节汉字上，先从简单而常用的单音节名词开始教，因为单音节名词在句中能够单独使用，且活用比其他词性的单词简单，如天、地、人、星、木、月、日、火、山、水等都是单音节名词，教这些汉字时要让学生既记音又记义，一般要求学生先记住每个汉字的义后再记音。再比如，教韩国留学生这十个汉字时，可以加上一些形象化的内容，把这些字跟相应的母语词汇相关联来增强他们的记忆："하늘천（天），땅지（地），사람인（人），별성（星），나무목（木），달월（月），해일（日），불화（火），산산（山），물수（水）"，先用固有词来解释意义，接着呈现韩语的读音，再把这些用韩语读出的词语跟汉语普通话的读音——对照，从而完成向汉语普通话词语读音的迁移。

第二节　汉字词的读音规律举隅

一些汉字词语在韩语和日语中读双唇音，现代汉语中要读成唇齿音，日韩留学生要注意将汉语唇齿音声母发到位。如前面所叙述的，"古无轻唇音"是清初钱大昕发现的一条重要的语音演变规律。其实，这种音变现象在历史上早已存在，唐义净《南海寄归内法传》卷一之二"对尊之仪"有"履屣不旋佛塔，教已先明；富罗勿进香台，颂之自久"。唐玄应《一切经音义》卷十六"腹罗"："或作福罗，或云富罗，正言布罗，此言短靿靴也。"即"着靴不得进入佛殿"。说明在唐代汉语中帮系声母字已有轻重唇的分别。今河南开封有一塔名"繁塔"，当地人读"繁"仍是重唇音的读法，正是"古无轻唇音"的反映。韩语中非、敷、奉、微声母的字至今尚未从帮、滂、並、明中分化出来，以至韩语中"出发"的"发"，"粉笔"的"粉"起音都是双唇音，现代韩语中没有 f 声母，初声读ㅂ、ㅍ的字，而在现代汉语中则都念 f 声母。

ふん＼분（f）：分份粉纷芬   はん＼범（f）：范凡泛犯帆

はっ＼はつ＼발（f）：发   ふく＼복（f）：福复服伏腹

ぶつ＼불（f）：佛   ほう＼봉（f）：奉封峰

ひ＼비（f）：飞妃费   ふ＼부（f）：夫妇富扶父副

ほう＼방（f）：方芳访防（ぼう）   はん＼반（f）：反繁

房（ぼう）

ばん＼번（f）：番   ほう＼풍（f）：丰风（ふう）枫

（ふう）疯

ばつ＼벌（f）：罚   はん＼판（f）：贩

ほう＼법（f）：法   はい＼페（f）：废

一部分韩语中起音为ㅁ的汉字词语在普通话中要读成零声母，如
"万""微""亡"等字，这样可以记忆一大批复音词，如：

万（만）：万福（만복）、万古（만고）、万里（만리）、万民（만민）、
万能（만능）、万事（만사）、万寿（만수）、万物（만물）、万一（만일）、
万有引力（만유　인력）、亿万（억만）、千万（천만）

微（미）：微分（미분）、微贱（미천）、微弱（미약）、微生物（미생
물）、微细（미세）、微笑（미소）、微行（미행）、显微镜（현미경）

亡（망）：亡国（망국）、亡灵（망령）、亡命（망명）、死亡（사망）、
灭亡（멸망）、逃亡（도망）、兴亡（흥망）

日语中这些汉字词语也读作重唇音，如"万"的音读为まん、ばん，
"微"为び，"亡"为ぼう、もう，日语中由此构成的复音词也可转换成相应
的现代汉语词。

万（まん、ばん）：万一（まんいち）、万人（まんにん）、万万（まん
まん）、万代（まんだい）、万世（ばんせい）、万古（ばんこ）、万年（ま
んねん）、万全（ばんぜん）、万有引力（ばんゆういんりょく）、万里（ば
んり）、万国（ばんこく）、万能（ばんのう）、万象（ばんしょう）、万难
（ばんなん）

微（び）：微力（びりょく）、微小（びしょう）、微分（びぶん）、微

生物（びせいぶつ）、微妙（びみょう）、微弱（びじゃく）、微笑（びしょう）、微粒子（びりゅうし）、微量（びりょう）、微贱（びせん）、微积分（びせきぶん）

亡（ぼう、もう）：亡命（ぼうめい）、亡国（ぶうこく）、亡者（もうしゃ）、亡灵（もうれい）

"仏語"在日语中读成ふつご时是"法语"，读成ぶつご时，指"佛教用语"，轻重唇的读音不同，所构成的词语也不同。留学生母语中的汉语词汇库被激活后，老师要提醒他们不要受母语负迁移的影响，即不能将母语的发音规律无条件地迁移到汉语中。若将母语中汉字词的词义及用法同汉语词完全等同起来，会造成一系列意义、用法上的偏差、偏误。日韩语中有些由汉字组合起来的复合词，在现代汉语中并不存在，如日语中的"万才（ばんざい）"（万岁、万幸）、"万病（まんびょう）"（百病）、"万遍无（まんべんなく）"（一处不漏地）、"微伤（びしょう）"、"微尘（びじん）"、"亡骸（なきがら）"，不能一股脑儿地照搬到汉语学习中。对汉语母语者而言，唇音声母容易掌握，而对日韩留学生来说，要把它们（特别是轻唇音）发准确，并不是件很容易的事。由于受到母语的影响，韩国留学生常把轻唇音发成 pf，或虽带有重唇音的影子，但并不地道；日本留学生则将 f 发得近于日语的ふ，唇齿没有完全到位，这些都要一一给予纠正。

钱大昕发现的另一条重要的语音演变规律，即"古无舌上音"。舌头和舌上读音的区别在三种语言中至今仍清晰可辨，如"打"属古舌头音，韩语的"打倒（타도）""打击（타격）""打破（타파）""打算（타산）""打字（타자）"中都发成타；日语中由"打"构成的复合词有读训读的（うち），如"打消（うちけす）""打落（うちおとす）""打坏（うちこわす）""打上（うちあげ）"；也有一些音读、训读两可或仅有音读一种读法的，如"打倒（だとう、うちたおす）""打破（だは、うちゃぶる）""打算（ださん）""打开（だかい）"。《简明日汉词典》中收录以"一"打头的词语（包括"一"本身）共235条，其中能正确迁移的有"一遍（いっぺん）""一種（いっしゅ）""一衣带水（いちいたいすい）"等，也有如"一泊（いっぱく）""一炊（いっすい）""一昨昨日（いっさくさくじつ）"等

不能正确迁移的，学生要能正确加以识别。"知"属古舌上音，"知识"在韩语中发音为지식，在日语中发音为ちしき。古精章组字在今日韩语的汉字词中可能已经相混，如"精""障"在韩语中起音均为ㅈ，但在日语中有别，"精""障"的音读分别是せい，しょう，汉语普通话中也有 j、q、x［tɕ、tɕʰ、ɕ］和 zh、ch、sh［tʂ、tʂʰ、ʂ］的分别；"精"和"经"在普通话中早已合流，即不分尖团，而在日韩语中则是泾渭分明，"经（經）"仍保留牙音的读法，跟齿音的"精"毫不相混，可对学生做一些比较说明，并引导他们去记忆一些相关的词。

精：精粹（せいすい／정수）、精力（せいりょく／정력）、精密（せいみつ／정밀）、精巧（せいこう／정교）、精神（せいしん／정신）、精通（せいつう／정통）、精子（せいし／정자）、精髓（せいずい／정수）、精度（せいど／정도）、精选（せいせん／정선）

经：经过（けいか／경과）、经济（けいざい／경제）、经历（けいれき／경력）、经书（けいしょ／경서）、经纬（けいい／경위）、经验（けいけん／경험）、经由（けいゆ／경유）、经络（けいらく／경락）、经费（けいひ／경비）、经营（けいえい／경영）

以上所举的汉语词语，有些在日韩语里成了同音词，如日语里的"微笑"和"微小"、韩语里的"精髓"和"精粹"在各自的语言里分别同音。研究显示，日本学生在学习汉语语音时，普遍存在听力差、发音难等现象，原因是日语本身音素比汉语少得多，日语与汉语相同的音素也极少，学生习惯于音与义的结合，忽视了形与义的对应，韩国学生也有相似的情况。有针对性地加强对日韩留学生语音教学，可以减少音近字带来的困扰。

第三节　汉字词与汉语词的读音比较

一　声母方面

汉语普通话及其方言中，塞音、塞擦音声母有送气、不送气之别，因而属于不同的音位。如普通话中的"爸、怕""打、塔""遮、车"，苏州话中的"帮、滂""到、套""尖、千"分别不同音，主要是送气和不送气的区别。汉语有些方言，如客家话、赣语、晋语、北方官话中的兰银官话、江淮官话中的泰如片方言等把普通话中的不送气声母念成了同部位的送气声母，如"病""近"的声母读成了 p［pʰ］、q［tɕʰ］；也有些方言点如湖南长沙等地将普通话的送气声母一律念成了不送气，如把"爬""曹"等字的声母读成了［b］、［dz］。汉语普通话中有 6 对送气音与不送气音，即 b—p、d—t、g—k、j—q、zh—ch、z—c，都是清音，没有清浊音的对立。日语中有清浊音的对立，如"分布"（ぶんぷ、bunpu），其中ぶ加两点表示 hu → bu 浊音，ぷ加小圈表示 hu → pu 半浊音，两者之间不是汉语送气与不送气的区别。这种语音系统的差异很容易使留学生混淆汉语这 6 对声母的发音，如把"半"读成"判"，把"草"读成"早"。日语字母是按照清浊来分类的，送气不送气没有区别词义的职能，但［ば］行、［ぱ］行的假名在实际发音过程中事实上却有送气与不送气的区别，单念或位于单词词尾时发送气音，表示浊音和半浊音。日语本没有浊声母，从室町时代的 1392 年开始分写清浊，是为了表示当时汉语的浊声母，以致今天的日语有浊头音，如じかん（時間）、だいおう（大王）。为了表示汉语的来母，产生了ら（ラ）行头音，如れいみん（黎民）、らいう（雷雨）。

使用小型字母表示"促音"（短音）和"拗音"（近似汉语的齐齿音），促音、拗音和拨音的写法开始于平安时代（公元 800 年左右）。规定了长音写法，如"立秋"（りっしゅう），其中う表示长音，小字母っ表示前面是促音，小字母ゅ表示拗音（跟前面辅音拼合成音），不是独立音节；如果不用小字母，"秋"就变成"私有"（しゆう、siyū）。促音是汉语入声韵的产物，入声韵尾［-p］、［-t］、［-k］在日语中的音读分别为は（ハ）、た（タ）、か（カ）三行的二段或三段假名，但入声字下接以か、さ、た、は假名为头音的某些汉字组成"汉语"词时，该入声字韵尾变为促音，如こっか（国家）、にっぽん（日本）；拗音是以い段假名和复元音や、ゅ、よ相拼来表示，如とくしょ（讀書）、ちゃわん（茶碗）。补充鼻尾字母，表示音节末尾的鼻音，日本称为"拨音"，日语音系中原本没有ん，对译汉语的［-n］韵尾时，万叶假名用な（ナ）行字来表示，即读［-na］、［-ni］、［-nu］、［-ne］、［-no］，后专门造ん（ン）［-n］来表示，如せんせい（先生）、げんき（元気），鼻尾字母不是音节字母，而是音素字母。此外，还有拗长音：ちゅうごく（中国）、じょうきょう（状況）；拗拨音：じゅんび（準備）、たんじゅん（単純）；拗促音：しゅっさん（出產）。

　　浊声母的发音特征是气流从气管爆破后振动声带成声，普通话中全浊声母已经消失，但在闽南话、吴方言、湘方言中仍有保留。以苏州话为例，只要念准了下列字的声母，就能掌握日语十五个全浊声母的发音。见表3-1。

表 3-1　苏州话与日语浊音对照表

苏州话	日语
茄	が
×	ぎ
×	ぐ
隑	げ
□笨重，愚笨	ご
伩	だ
件	ち
字	づ
台	で
×	ど
排	ば
编	び
婆	ぷ
赔	べ
爬	ぼ

　　注：×表示方言中缺少此音节，□表示有音无字。

同样，读准厦门话的"义""誉""五"就掌握了日语ぎ、ぐ、ご的正确发音。方言就在我们的口头，当然，掌握浊声母的发音特征还是为了注意比较普通话清声母中送气和不送气的区别。韩语中浊声母的情形显得更为复杂，由于韩国缺乏古文献，最早的是1145年编的《三国史记》，所以还不清楚韩国古代汉字音的语音面貌是怎样的。韩语辅音中没有清浊对立，严格地说，韩国传承韩字音里根本没有全浊音，当时还有一套汉字音，即在15世纪编纂《东国正韵》时采用的汉字音，以双写辅音（紧喉音）转写对应图里的中国全浊音，但这套《东国正韵》式的汉字音是人为的，所以不到50年就不再使用了。韩语的紧音是清音，松音也是清音，但在词中会有浊音出现，至今尚不能断定韩国的汉字词发音跟三四世纪前后的吴语音有没有关系。①

汉语方言中，鼻音和边音混读的现象非常普遍，如西南部地区，南方湘、赣、闽等大部分地区。即便在北方方言中的西南官话、下江官话（江淮方言）、西北官话都在很大程度上存在这一现象。据粗略统计，混读现象占整个汉语区的一半，还有的方言中三个声母相混，如扬州话中挠＝脑＝老，都读 [l] 声母。[n] 是一个鼻音，发音时舌尖必须抵住上齿龈，气流从鼻腔流出；[l] 是一个边音，气流从舌边流出，[r] 是一个闪音，发音时舌尖卷向硬腭颤动发音，在普通话中分属三个不同的音位。日语中 [な] 行假名和 [ら] 行假名的发音相当于汉语 [n]、[l] 两母的对立，日语中 [ら] 行假名虽标为闪音，但日本人一般发成边音；因为日语中没有卷舌音，发音时舌头基本上是平伸的，所以卷舌音的 zh、ch、sh 常常发成 j、q、x。此外，由于日语中没有 [r] 的发音，而日语 [ら] 行音的辅音介于 r 和 l 之间，

---

① 韩国古代汉字音的读音是个比较复杂的问题，这里不拟展开。李得春《汉语上古音在十六世纪朝鲜汉字音中的遗存》(《民族语文》1985年第5期) 一文认为这些汉字词保存了一些汉语音韵上比较古老的特点，这些特点比《切韵》所代表的中古音系早，考虑到朝鲜在公元前后高句丽、新罗、百济三国建立初期已借用汉字作为国家的公用文字，因此，不妨说朝鲜汉字音中保存的那些特点乃是汉语上古音的遗留。聂鸿音《〈切韵〉重纽三四等字的朝鲜读音》(《民族语文》1984年第3期) 也认为"许多汉字的朝鲜读音用《切韵》是解释不通的，相反，在上古汉语里却都可以求得圆满的答案。那么我们就不妨说，朝鲜汉字读音比《切韵》更加近似于上古汉语，至少在重纽问题上是这样的"。

所以日本学生 r 的发音往往似是而非。

以上问题，有的可以通过较为简单的辅助方法解决，比如送气音与不送气音的区别，只要用一张纸放在嘴前，就能有效地加以区分；有的则可以利用日语的发音来引导学生掌握正确的方法，如卷舌音的 ch，可以让学生先把舌尖贴近上齿龈和硬腭之间的隆起处，然后发日语ち的音，就可以得到 ch 的发音。sh 音可以让学生摆好日语し的舌位，然后将舌尖向硬腭处翘起，使气流从舌尖和硬腭之间通过，就可得到 sh 的发音。只要掌握了 sh 的发音，然后振动声带，就可掌握 r 的发音方法。

二　韵母方面

日韩留学生对汉语单元音韵母 a 和 u 的发音常常不到位，混同于日韩语的あ、아及う、우，因为其母语元音的开口度小于汉语，尤其是日本人在发元音时习惯双唇微启，口形呈自然状态，因此其汉语发音的口形总张不到应有的程度。汉语 u 的发音也难做到圆唇、嘴唇前突。日本学生还常把汉语的 u 发成 i，也是由于没有圆唇。可以让学生先摆好 i 的舌位，然后将口形逐渐收拢，稍微前突，即可得到 u 的发音。在汉语复元音韵母的学习中，留学生要注意鼻韵母的正确发音，即分清前鼻音和后鼻音，前后鼻音混淆在日本学生中表现得尤为明显，如"山"与"上"、"船"与"床"在他们口中常发成了同音。还有些字的发音乍一听跟汉语相近，但仔细听还是有所不同，如"爱"（愛），在韩语中的发音是애，在日语中为あい，似乎都跟汉语的 ai 接近，但实际上并不一样，韩国学生应把嘴张得大些，发出 a 的音，并以 i 收尾；日本学生则要注意不要读成两个音节。这样，一批由"爱"构成的复合词理所当然会被收入汉语词汇库中。

爱称（あいしょう、애칭）、爱抚（あいぶ、애무）、爱国（あいこく、애국）、爱国心（あいこくしん、애국심）、爱国者（あいこくしゃ、애국자）、爱国主义（あいこくしゅぎ、애국　주의）、爱好者（あいこうしゃ、애호자）、爱护（あいご、애호）、爱人（あいじん、애인）、爱情（あいじょう、애정）、爱慕（あいぼ、애모）

三 声调方面

声调是汉语重要的语音特征，很早就受到人们的重视，前人留下了对汉语声调高低认识的描述。唐朝和尚处忠在《元和韵谱》中写道："平声哀而安，上声厉而举，去声清而远，入声直而促。"明朝和尚真空在《玉钥匙歌诀》中写道："平声平道莫低昂，上声高呼猛烈强，去声分明哀远道，入声短促急收藏。"跟汉语不同的是，日韩语言没有声调，但古代的日本人和韩国人对汉语的声调早就有了认识。日本僧人安然在《悉昙藏》中说："我日本国元传二音，表则平声直低，有轻有重；上声直昂，有轻无重；去声稍引，无重无轻；入声径止，无内无外……承和之末，正法师来……四声之中，各有轻重……元庆之初，聪法师来……四声皆有轻重。"承和之末大约在 848 年，元庆之初大约为 877 年，《悉昙藏》成书于 880 年。[1] 朝鲜时代《训民正音·合字解》用一种近似玄奥的语言对韩语声调特征进行了描写："平声安而和，春也，万物舒泰。上声和而举，夏也，万物渐盛。去声举而壮，秋也，万物成熟。入声促而塞，冬也，万物闭藏。"

在日韩留学生的教学实践中，我们发现，在习得汉语声调时，单字声调方面往往存在下面一些共性的偏误情形。例如普通话的"妈"是阴平调 55，留学生读"妈"时发音的调值常常不到 44；普通话阳平调调值为 35，其音高必须前低后高，保持升调的特性，而有些日韩学生只能发为 24，起音不高，升调也升不到应有的高度。例如"麻""长"。[2] 由于没有声调，韩语中的同音现象大量存在，如姓氏中"田"和"全"同音，"姜"和"康"同音，"任"和"林"同音，"郑"和"丁"同音。地名中"广州"和"光州"同音。一般词语中，"实业"和"失业"、"端正"和"断定"、"电器"和"前期"、"地图"和"指导"、"普及"和"补给"、"工人"和"公认"、"故事"和"古寺"、"古事"、"高射"、"告辞"、"考查"等分别同音。为了克

---

[1] 日本延历寺安然（841—901）撰《悉昙藏》，见大正藏第八十四册。

[2] 关于日韩学生的发音难点也可参看《现代汉语概论》（留学生版）（刘焱、汪如东、周红编著，上海教育出版社，2009）第 54~55 页的相关论述。

服同音的干扰，老师可引导学生在易于引起误解的同音词后面加注汉字以示区别。

　　以上只是从面的角度大致做了一些对比，具体的一些读音规律学生需在汉语学习的实践中去做归纳，这样得到的认识会更深刻一些。汉语词汇量很大，在初学阶段不妨先掌握一些基础性的常用词，寻找汉字词与汉语词之间的读音联系。《汉语国际教育用音节汉字词汇等级划分》和《汉语口语水平等级标准及测试大纲》，分别经中国教育部、国家语委批准，前者于 2010 年 10 月 19 日发布，自 2011 年 2 月 1 日起实施，规定了汉语国际教育用音节、汉字、词汇的等级划分，给出了分级音节表、汉字表、词汇表，主要适用于汉语国际教育教材编写、课堂教学、课程测试、工具书编写、音节库和词库建设，也可供我国少数民族汉语教学参考。该等级划分以大规模规范口语动态语料和国内外相关研究成果为基础，体现了汉语国际教育的新理念，创立了适用于汉语国际教育的音节、汉字、词汇的三维基准体系。其中汉语国际教育用一级音节 608 个，二级音节 300 个，三级音节 163 个，三级附录（规范性附录）音节 39 个，共计 1110 个；汉语国际教育用一级汉字 900 个，二级汉字 900 个，三级汉字 900 个，三级附录（规范性附录）汉字 300 个，共计 3000 个；汉语国际教育用一级词 2245 个，二级词 3211 个，三级词 4175 个，三级附录（规范性附录）词 1461 个，共计 11092 个。设立国际汉语教学最低的入门等级，将一级定为初级或普及化等级，顺应了汉语国际教育大众化、普及化的发展趋势；设立音节、汉字、词汇的三级附录（规范性附录），为汉语学习者进一步提高汉语水平提供了方便，测试词语表分初等（2100 条）、中等（3100 条）和更广泛生活领域等三个基本层级的三十个具体区域。以下根据《汉语国际教育用音节汉字词汇等级划分》中汉语普及化等级汉字与音节（900 个，覆盖音节 608 个）及普及化等级词汇（共 2245 个）与音节，对其日韩语汉字、词的读音进行相应标注，有些词的对应不是非常严格，如在词性、词义等方面都会有所不同，有些词日韩语用固有词来表示，没有相对应的汉字词，有些仅做了意义方面的解释。至于每个词在各自语言里的具体用法就更不能仅以表 3-2 所论为据了。

第四节 普及化等级汉字、词与日韩语的读音（意义）对照

普及化等级汉字、词与日韩语的读音（意义）对照见表 3-2。

表 3-2 普及化等级汉字、词与日韩语的读音（意义）对照

序号	等级	汉语	拼音	词性	日语	韩语
1	一②	啊	·a	助	あ	아
2	一②	爱	ài	动	あい（愛）	애（愛）
3	一②	爱好	àihào	动、名	あいこう（愛好）	애호（愛好）
4	一③	爱情	àiqíng	名	あいじょう（愛情）	애정（愛情）
5	一③	爱人	ài·ren	名	あいじん（愛人）	애인（愛人）
6	一③	爱心	àixīn	形	あいしん（愛心）	사랑하는 마음
7	一②	安静	ānjìng	形	静か	조용하다
8	一③	安排	ānpái	动、名	てはい（手配）する、てはい（手配）	안배(安排、按排、按配)하다、안배（安排）
9	一①	安全	ānquán	形、名	あんぜん（安全）な、あんぜん（安全）	안전（安全）하다、안전（安全）
10	一①	安装	ānzhuāng	动	組立てる	설치（設置）하다
11	一③	按	àn	动、介	押す…に基づき	누르다…에따라서
12	一③	按照	ànzhào	介	…に基づき	…에 따라서
13	一①	八	bā	数	はち（八）	팔（八）
14	一②	把	bǎ	介		
15	一②	把	bǎ	量		
16	一③	把握	bǎwò	动、名	はあく（把握）する	파악（把握）하다
17	一①	爸爸|爸	bà·ba|bà	名	パパ、お父さん	아빠、아버지
18	一①	吧	ba	助		
19	一①	白	bái	形	白い	희다
20	一③	白	bái	副	空しく	공짜로
21	一③	白菜	báicài	名	はくさい（白菜）	배추（白菜）

续表

序号	等级	汉语	拼音	词性	日语	韩语
22	一③	白酒	báijiǔ	名	パイ‐チュウ（中国白酒）	백주（白酒）
23	一③	白人	báirén	名	はくじん（白人）	백인（白人）
24	一③	白色	báisè	名	はくしょく（白色）	백색（白色）
25	一①	白天	bái·tiān	名	にっちゅう（日中）	대낮
26	一②	百	bǎi	数	ひゃく（百）	백（百）
27	一②	班	bān	名、量	クラス（class）	반（班）
28	一②	班长	bānzhǎng	名	はんちょう（班長）	반장（班长）
29	一③	板	bǎn	名	はん（板）	판（板）
30	一①	办	bàn	动	しょり（処理）する	처리（處理）하다
31	一②	办法	bànfǎ	名	ほうほう（方法）	방법（方法）
32	一②	办公室	bàngōngshì	名	じむしつ（事務室）	사무실（事務室）
33	一③	办理	bànlǐ	动	しょり（処理）する	처리（處理）하다
34	一①	半	bàn	数	はん（半）	반（半）
35	一②	半年	bàn nián	名	はんとし（半年）	반년（半年）
36	一③	半天	bàntiān	名	はんにち（半日）	한나절
37	一③	半夜	bànyè	名	はんや（半夜）、ちゅうや（中夜）	반야（半夜）、중야（中夜）
38	一①	帮	bāng	动	助ける	돕다
39	一①	帮忙	bāng // máng	动	手伝う	일을 돕다
40	一①	帮助	bāngzhù	动	助ける	돕다
41	一①	包	bāo	名、量、动	カバン、包んだものを数える、包む	가빵、포、싸다
42	一②	包子	bāozi	名	ギョーザ（餃子）	만두（饅頭）
43	一③	保	bǎo	动	保つ	지키다
44	一③	保安	bǎo'ān	名	けいびいん（警備員）	경비원（警備員）
45	一③	保持	bǎochí	动	ほじ（保持）する	유지（維持）하다
46	一③	保存	bǎocún	动	ほぞん（保存）する	보존（保存）하다
47	一②	保护	bǎohù	动	ほご（保護）する	보호（保護）하다
48	一③	保留	bǎoliú	动	ほりゅう（保留）する	보류（保留）하다

续表

序号	等级	汉语	拼音	词性	日语	韩语
49	一③	保险	bǎoxiǎn	形、名	ほけん（保険）	보험（保險）
50	一③	保证	bǎozhèng	动、名	ほしょう（保証）する、ほしょう（保証）	보증（保證）하다、보증（保證）
51	一③	报	bào	名	しんぶん（新聞）	신문（新聞）
52	一③	报到	bào // dào	动	受付	도착（到着）신고（申告）를 하다
53	一③	报道（报导）	bàodào（bàodǎo）	动、名	ほうどう（報道）する、ほうどう（報道）	보도（報道）하다、보도（報道）
54	一③	报告	bàogào	动、名	ほうこく（報告）する、ほうこく（報告）	보고（報告）하다、보고（報告）
55	一③	报名	bào // míng	动	申し込む	신청（申請）
56	一②	报纸	bàozhǐ	名	しんぶん（新聞）	신문（新聞）
57	一②	抱	bào	动	抱く	포옹（抱擁）하다
58	一②	杯	bēi	量	はい（杯）	잔（盞）
59	一②	杯子	bēizi	名	コップ	컵（cup）
60	一②	背	bēi	动	背负う	업다
61	一①	北	běi	名	きた（北）	북（北）
62	一①	北边	běibian	名	北の方	북쪽
63	一③	北部	běibù	名	北の方	북부（北部）
64	一③	北方	běifāng	名	北の方	북방（北方）
65	一②	北京	Běijīng	名	ペキン（北京）	북경（北京）
66	一②	背	bèi	动	背く	어기다
67	一③	背	bèi	名	せなか（背中）	등
68	一③	背后	bèihòu	名	後ろ	배후（背後）
69	一②	被	bèi	介		
70	一③	被子	bèizi	名	ふとん（布団）	이불
71	一①	本	běn	量	ほん（本）	권
72	一③	本来	běnlái	形、副	ほんらい（本来）	본래（本來）
73	一③	本领	běnlǐng	名	ぎのう（技能）、のうりょく（能力）	기능（技能）、능력（能力）、기량（技倆）

序号	等级	汉语	拼音	词性	日语	韩语
74	一③	本事	běnshi	名	さいのう（才能）、しゅわん（手腕）	재능 (才能)、수완 (手腕)
75	一①	本子	běnzi	名	ノート（note）	공책 (空冊)、책자 (冊子)
76	一①	比	bǐ	介、动	比べる	비 (比) 하다
77	一③	比方	bǐfang	名、动	譬え、譬える	비유、비유하다
78	一②	比较	bǐjiào	副、动	ひかく（比較）	비교 (比較)
79	一③	比例	bǐlì	名	ひれい（比例）比率	비례 (比例)
80	一③	比如	bǐrú	动	たとえば	예를 들다
81	一③	比如说	bǐrú shuō		たとえば	예를 들다、예컨대、비유하여、말하면
82	一②	比赛	bǐsài	动、名	しあい（試合）をする、しあい（試合）	시합 (試合) 을하다、시합 (試合)
83	一②	笔	bǐ	名、量	ひつ（筆）	필 (筆)
84	一②	笔记本	bǐjìběn	名	ノート（note）	노트 (note)、공책 (空冊)
85	一③	必然	bìrán	名	ひつぜん（必然）	필연적이다 (必然)
86	一②	必须	bìxū	副	…せねばならない	반드시… 해야한다
87	一③	必要	bìyào	形	ひつよう（必要）	필요 (必要)
88	一②	边	biān	名	たん（端）	변 (邊)
89	一②	变	biàn	动	変わる	변 (變) 하다
90	一②	变成	biànchéng	动	…に変わる	…로 변하다
91	一②	变化	biànhuà	动、名	へんか（変化）する、へんか（変化）	변화 (變化) 하다、변화 (變化)
92	一③	变为	biànwéi		…に変わる	…으로 변하다
93	一②	遍	biàn	量	一通り、一回	번 (番)
94	一③	标题	biāotí	名	ひょうだい（標題）	표제 (標題)
95	一②	标准	biāozhǔn	名、形	ひょうじゅん（標準）	표준 (標準)
96	一②	表	biǎo	名	うでどけい（腕時計）	손목 시계
97	一③	表达	biǎodá	动	表す	표현 (表現) 하다
98	一③	表面	biǎomiàn	名	ひょうめん（表面）	표면 (表面)

续表

序号	等级	汉语	拼音	词性	日语	韩语
99	一③	表明	biǎomíng	动	ひょうめい（表明）する	표명（表明）하다
100	一②	表示	biǎoshì	动、名	ひょうじ（表示）する、ひょうじ	표시（表示）하다、표시
101	一③	表现	biǎoxiàn	动、名	ひょうげん（表現）する、ひょうげん	표현（表現）하다、표현
102	一②	表演	biǎoyǎn	动、名	演じる、えんぎ（演技）	연기（演技）하다、연기（演技）
103	一①	别	bié	副	…しない	…하지마
104	一①	别的	biéde	代	別の	별개
105	一①	别人	biéren	代	べつじん（別人）	타인（他人）
106	一①	并	bìng	副、连	ともに、そして	결코（結局）、그리고
107	一③	并	bìng	动	合わせる	합（合）치다
108	一②	并且	bìngqiě	连	しかも	또한
109	一①	病	bìng	动、名	びょうき（病気）になる、びょうき（病気）	병나다、병（病）
110	一①	病人	bìngrén	名	びょうにん（病人）	병자（病者）
111	一③	播出	bōchū	动	ほうそう（放送）する	방송（放送）하다
112	一③	播放	bōfàng	动	ほうそう（放送）する	방송（放送）하다
113	一③	不必	bùbì	副	ふひつよう（不必要）	필요（必要）가 없다
114	一②	不错	bùcuò	形	悪くない	정확（正確）하다
115	一③	不大	bù dà	副	あまり…でない	그다지… 하지 않다
116	一②	不但	bùdàn	连	…ばかりでなく	…뿐만 아니라
117	一②	不断	bùduàn	副	絶えず	끊임없다
118	一②	不对	bùduì	形	間違いである	부정확（不正確）하다
119	一②	不够	bùgòu	形	ふそく（不足）する	부족（不足）하다
120	一③	不过	bùguò	连	でも、しかし、ただし	근데
121	一③	不论	bùlùn	连	どんな…	…를 막론（莫論）하고
122	一②	不太	bùtài	副	あまり…ではない	그다지 하지 않다
123	一②	不要	bùyào		…しては いけない	…하지 마라

序号	等级	汉语	拼音	词性	日语	韩语
124	一②	不用	bùyòng	副	ふよう（不要）	…할 필요（必要）가 없다
125	一②	补	bǔ	动	ほしゅう（補修）する	보수（補修）하다
126	一③	补充	bǔchōng	动	ほじゅう（補充）する	보충（補充）하다
127	一①	不	bù	副	いいえ、…しない	아니다、…하지 않다
128	一③	不安	bù'ān	形	ふあん（不安）	불안（不安）
129	一②	不得不	bù dé bù	副	…しなければならない	…하지 않으면 안된다
130	一②	不管	bùguǎn	连	…であろうと、…にもかかわらず	막론（莫論）하고、…하든 지간（間）에
131	一③	不光	bùguāng	副、连	だけではない、ばかりではない	…뿐 아니라
132	一②	不好意思	bù hǎoyìsi	形	恥ずかしい、済（す）みません	부끄럽다、미안（未安）합니다
133	一②	不仅	bùjǐn	连	…ばかりでなく	…일 뿐만 아니라
134	一②	不久	bùjiǔ	副	間もなく	머지 않아
135	一③	不满	bùmǎn	形	ふまん（不満）	불만족（不滿足）
136	一②	不如	bùrú	动	…に及ばない	…만 못하다
137	一②	不少	bù shǎo	形	多い	적지 않다
138	一②	不同	bù tóng	形	違う	다르다
139	一②	不行	bùxíng	动、形	許されない、良くない	허가（許可）할 수 없다、좋지 않다
140	一②	不一定	bù yīdìng	形	…と決まっていない	반드시… 하는 것은 아니다
141	一③	不一会儿	bù yīhuìr	名	間もなく	머지 않아
142	一③	布	bù	名	ぬの	천
143	一③	步	bù	名、量	歩み	걸음
144	一③	部	bù	名、量	ぶもん（部門）	부（部）
145	一②	部分	bùfen	名	ぶぶん（部分）	부분（部分）
146	一③	部门	bùmén	名	ぶもん（部門）	부문（部門）

序号	等级	汉语	拼音	词性	日语	韩语
147	一③	部长	bùzhǎng	名	ぶちょう（部長）	부장（部長）
148	一①	才	cái	副	たった今、… したばかり	방금（方今）、비로소
149	一③	才能	cáinéng	名	さいのう（才能）	재능（才能）
150	一③	采取	cǎiqǔ	动	取る	채취（採取）하다
151	一③	采用	cǎiyòng	动	さいよう（採用）する	채용（採用）하다
152	一③	彩色	cǎisè	名	さいしき（彩色）	채색（彩色）
153	一①	菜	cài	名	りょうり（料理）、やさい（野菜）	채소（菜蔬）、요리（料理）、반찬（盤盞）
154	一②	菜单	càidān	名	メニュー（menu）	식단（食單）、메뉴（menu）
155	一②	参观	cānguān	动	けんがく（見学）	참관（參觀）하다
156	一②	参加	cānjiā	动	さんか（参加）する	참가（參加）하다
157	一②	草	cǎo	名	くさ（草）	풀
158	一③	草地	cǎodì	名	しばふ（芝生）	초지（草地）
159	一②	层	céng	量	かい（階）	층（層）
160	一②	曾经	céngjīng	副	かつて	이전에
161	一①	茶	chá	名	ちゃ（茶）	차（茶）
162	一②	查	chá	动	調べる	찾아보다
163	一①	差	chà	动、形	間違える、悪い	다르다、나쁘다
164	一①	差不多	chàbuduō	形、副	ほぼ同じ	거이 비슷하다
165	一③	产量	chǎnliàng	名	せいさんりょう（生産量）	생산량（生産量）
166	一③	产生	chǎnshēng	动	生まれる	생기다
167	一①	长	cháng	形	長い	길다
168	一③	长城	chángchéng	名	万里のちょうじょう（長城）	장성（長城）
169	一②	长处	chángchu	名	ちょうしょ（長所）	장소（長所）
170	一②	长期	chángqī	名	ちょうき（長期）	장기（長期）
171	一①	常	cháng	副	しばしば、しょっちゅう	항상（恒常）

续表

序号	等级	汉语	拼音	词性	日语	韩语
172	一①	常常	chángcháng	副	しばしば、しょっちゅう	항상 (恒常)
173	一②	常见	cháng jiàn	形	よく見かける、よくある	자주 (흔히) 보다
174	一②	常用	cháng yòng	形	いつも使う	상용 (常用)
175	一③	厂	chǎng	名	こうじょう（工場）	공창 (工廠)
176	一③	场	chǎng	量	かい（回）	회 (回)
177	一③	场合	chánghé	名	ばあい（場合）	경우 (境遇)
178	一③	场所	chǎngsuǒ	名	ばしょ（場所）	장소 (場所)
179	一①	唱	chàng	动	歌う	노래하다 크게 외치다
180	一①	唱歌	chànggē	动	歌を歌う	노래를 부르다
181	一②	超过	chāoguò	动	ちょうか（超過）する	초과 (超過) 하다
182	一③	超级	chāojí	形	すーぱー	슈퍼
183	一③	成果	chéngguǒ	名	せいか（成果）	성과 (成果)
184	一②	超市	chāoshì	名	スーパーマーケット（supermarket）	슈퍼마켓（supermarket）
185	一③	朝	cháo	介	…に向ける	…을 향 (向) 하여
186	一①	车	chē	名	くるま（車）	차 (車)
187	一③	车辆	chēliàng	名	しゃりょう（車両）	차량 (車輛)
188	一①	车票	chēpiào	名	きっぷ（切符）	차표 (車票)
189	一②	车上	chē shang	名	車の中	차안
190	一①	车站	chēzhàn	名	えき（駅）	역 (驛)
191	一③	车主	chēzhǔ	名	車の持ち主	차주 (車主)
192	一②	称	chēng	动	…と言う	부르다
193	一③	称为	chēngwéi	动	…と言われる	…라고 일컫다
194	一②	成功	chénggōng	动、形	せいこう（成功）する	성공 (成功) 하다
195	一②	成绩	chéngjì	名	せいせき（成績）	성적 (成績)
196	一③	成就	chéngjiù	名、动	じょうじゅ（成就）、かんせい（完成）する	성취 (成就) 、이루다
197	一③	成立	chénglì	动	せいりつ（成立）する	성립 (成立) 하다

续表

序号	等级	汉语	拼音	词性	日语	韩语
198	一③	成熟	chéngshú	形	熟す	성숙（成熟）하다
199	一②	成为	chéngwéi	动	…になる、…となる	…으로되다
200	一③	成员	chéngyuán	名	メンバー	성원（成員）
201	一③	成长	chéngzhǎng	动	せいちょう（成長）する	성장（成長）하다
202	一③	承认	chéngrèn	动	しょうにん（承認）する、認める	승인（承認）하다
203	一③	城	chéng	名	じょう（城）	성（城）
204	一②	城市	chéngshì	名	とし（都市）	도시（都市）
205	一③	程度	chéngdù	名	ていど（程度）	정도（程度）
206	一①	吃	chī	动	食べる	먹다
207	一①	吃饭	chī fàn	动	ご飯を食べる	밥을 먹다
208	一③	持续	chíxù	动	続ける	지속（持續）하다
209	一③	冲	chōng	动	突き進む	돌진（突進）
210	一③	充满	chōngmǎn	动	満ちる	충만（充滿）하다
211	一③	重	chóng	副	もういちど（一度）	다시
212	一③	重复	chóngfù	动	じゅうふく（重複）する	중복（重複）하다
213	一②	重新	chóngxīn	副	もういちど	（처음부터）다시
214	一①	出	chū	动	出る	나가다
215	一②	出发	chūfā	动	しゅっぱつ（出発）する	출발（出發）하다
216	一③	出国	chū // guó	动	しゅっこく（出国）する	출국（出国）하다
217	一②	出口	chūkǒu	名	でぐち（出口）	출구（出口）
218	一③	出口	chū // kǒu	动	口に出す	말을 꺼내다
219	一①	出来	chūlai	动	出てくる	나오다
220	一③	出门	chū // mén	动	がいしゅつ（外出）する	외출（外出）하다
221	一①	出去	chūqu	动	外に出る	나가다

续表

序号	等级	汉语	拼音	词性	日语	韩语
222	一③	出生	chūshēng	动	しゅっせい（出生）する、しゅっしよう（出生）する	출생（出生）하다
223	一②	出现	chūxiàn	动	しゅつげん（出現）する	출현（出現）하다
224	一③	出院	chū∥yuàn	动	たいいん（退院）する	퇴원（退院）하다
225	一②	出租	chūzū	动	貸し出す	세주다
226	一②	出租车	chūzūchē	名	タクシー（taxi）	택시（taxi）
227	一③	初	chū	副	もとの	처음으로
228	一③	初（初一）	chū(chūyī)		しょ（初）一	초（初）一
229	一③	初步	chūbù	形	しょほ（初歩）	초보（初步）
230	一②	初级	chūjí	形	しょきゅう（初級）	초급（初級）
231	一②	初中	chūzhōng	名	ちゅうがっこう（中学校）	중학교（中學校）
232	一②	除了	chúle	介	…を除いて	…을 제외하고
233	一③	处理	chùlǐ	动、名	しょり（処理）する、しょり（処理）	처리（處理）하다、처리（處理）
234	一①	穿	chuān	动	服を着る	옷을 입다
235	一③	传	chuán	动	伝える	전（傳）하다
236	一③	传播	chuánbō	动	でんぱ（伝播）する	전파（傳播）하다
237	一③	传来	chuánlái	动	でんらい（伝来）する	전래（傳來）하다
238	一③	传说	chuánshuō	动、名	でんせつ（伝説）する、でんせつ（伝説）	전설（傳說）하다、전설（傳說）
239	一①	船	chuán	名	ふね（船）	배
240	一①	窗子	chuāngzi	名	まど（窓）	창문（窓門）
241	一①	床	chuáng	名	ベッド（bed）	침대（寢臺）
242	一③	创新	chuàngxīn	动	打ち出す	창조（創造）하다
243	一③	创业	chuàngyè	动	そうぎょう（創業）する	창업（創業）하다
244	一③	创造	chuàngzào	动、名	そうぞう（創造）する、そうぞう（創造）	창조（創造）하다、창조（創造）

序号	等级	汉语	拼音	词性	日语	韩语
245	一③	创作	chuàngzuò	动、名	そうさく（創作）する、そうさく（創作）	창작（創作）하다、창작（創作）
246	一②	吹	chuī	动	吹く	불다
247	一②	春节	Chūnjié	名	きゅうしょうがつ（旧正月）、しゅんせつ（春節）	음력（陰曆）설
248	一②	春天	chūntiān	名	はる	봄
249	一②	词	cí	名	たんご（単語）	단어（單語）.
250	一②	词典	cídiǎn	名	じてん（辞典）	사전（辭典）
251	一①	次	cì	量	ばん（番）	차（次）
252	一①	从	cóng	介	…から	…부터
253	一①	从来	cónglái	副	じゅうらい（従来）	종래（從來）
254	一③	从前	cóngqián	名	前かち	종전（從前）
255	一①	从事	cóngshì	动	じゅうじ（従事）する	종사（從事）하다
256	一③	从小	cóngxiǎo	副	小さい時から	어릴 때부터
257	一②	村	cūn	名	むら（村）	촌（村）、마을、시골
258	一②	存	cún	动	ほぞん（保存）する	보존（保存）하다
259	一③	存款	cúnkuǎn	名	よきん（預金）	저금（貯金）、예금（預金）
260	一③	存在	cúnzài	动	そんざい（存在）する	존재（存在）하다
261	一①	错	cuò	形	間違っている	잘못하다
262	一②	错误	cuòwù	形、名	間違う、間違い	잘못하다、잘못
263	一②	答应	dāying	动	答える	응답（應答）하다
264	一②	达到	dádào	动	達する	달성（達成）하다
265	一①	打	dǎ	动	打つ	때리다
266	一①	打车	dǎchē	动	タクシー（taxi）を拾う	택시（taxi）를타다
267	一①	打电话	dǎ diànhuà	动	電話をかける	전화（電話）를 걸다
268	一②	打工	dǎ // gōng	动	アルバイトする	아르바이트하다
269	一①	打开	dǎkāi	动	開ける	타개（打開）하다
270	一③	打破	dǎpò	动	だは（打破）する	타파（打破）하다

序号	等级	汉语	拼音	词性	日语	韩语
271	一①	打球	dǎ qiú	动	バスケットボール (basketball) をする	농구를　하다
272	一②	打算	dǎ·suàn	动、名	ださん (打算) する、ださん (打算)	타산 (打算) 하다、타산 (打算)
273	一③	打听	dǎting	动	尋ねる	물어 보다
274	一②	打印	dǎyìn	动	プリントする	프린트 하다
275	一①	大	dà	形	大きい	크다
276	一②	大部分	dà bùfen	名	だいぶぶん (大部分)	대부분 (大部分)
277	一③	大大	dàdà	副	だいだいてき (大々的)	크게、대단히
278	一②	大多数	dàduōshù	名	だいたい	대다수 (大多數)
279	一②	大概	dàgài	名、副	たいがい (大概)	대개 (大概)
280	一③	大规模	dà guīmó	形	だいきぼ (大規模)	대규모 (大規模)
281	一①	大家	dàjiā	代	皆さん	여러분
282	一③	大姐	dàjiě	名	一番上の姉、お姉さん	언니、누나
283	一③	大量	dàliàng	形	たいりょう (大量)	대량 (大量)
284	一③	大妈	dàmā	名	おばさん	아주머님
285	一③	大人	dàren	名	おとな	대인 (大人)
286	一②	大声	dà shēng	名	おおごえ (大声)	대성 (大聲)
287	一③	大象	dàxiàng	名	ぞう、エレファント (elephant)	코끼리
288	一②	大小	dàxiǎo	名	大きさ、だいしょう (大小)	대소 (大小)
289	一①	大学	dàxué	名	だいがく (大学)	대학 (大學)
290	一①	大学生	dàxué shēng	名	だいがくせい (大学生)	대학생 (大學生)
291	一③	大衣	dàyī	名	オーバーコート	외투 (外套)
292	一②	大约	dàyuē	副	たいやく (大約)	대략 (大略)
293	一③	大众	dàzhòng	名	たいしゅう (大衆)	대중 (大衆)
294	一③	大自然	dàzìrán	名	たいしぜん (大自然)	대자연 (大自然)
295	一②	大夫	dàifu	名	いしゃ (医者)	의사 (医師)
296	一③	代	dài	动	代わる	대신 (代身) 하다
297	一③	代	dài	名	だい (代)	대 (代)

续表

序号	等级	汉语	拼音	词性	日语	韩语
298	一②	代表	dàibiǎo	名、动	だいひょう（代表）、だいひょう（代表）する	대표（代表）、대표（代表）하다
299	一③	代表团	dàibiǎotuán	名	だいひょうだん（代表団）	대표단（代表團）
300	一②	带	dài	动	持つ	가지다
301	一③	带动	dàidòng	动	動かす	이끌어 나가다
302	一②	带来	dàilai	动	もとらす	가져오다
303	一③	带领	dàilǐng	动	率いる	인솔（引率）하다
304	一③	单位	dānwèi	名	たんい（単位）	단위（單位）
305	一②	但	dàn	连	しかし	그러나
306	一①	但是	dànshì	连	しかし	그렇지만
307	一②	蛋	dàn	名	たまご（卵）	알
308	一①	当	dāng	动、介	とう（当）	당（當）하다
309	一③	当初	dāngchū	名	とうしょ（当初）	당초（當初）
310	一③	当地	dāngdì	名	げんち（現地）	당지（當地）
311	一①	当然	dāngrán	形、副	とうぜん（当然）	당연（當然）
312	一③	当时	dāngshí	名	とうじ（当時）	당시（當時）
313	一③	当中	dāngzhōng	名	真ん中	당중（當中）
314	一②	刀	dāo	名	かたな刀	칼
315	一③	导演	dǎoyǎn	动、名	かんとく（監督）	감독（監督）
316	一②	倒	dǎo	动	倒れる	넘어 지다
317	一①	到	dào	动	着く	도착（到着）하다
318	一②	到处	dàochù	副	至る所	도처（到處）
319	一②	到达	dàodá	动	とうたつ（到達）する	도달（到達）하다
320	一③	到底	dàodǐ	副	いったい	도저（到底）히
321	一②	倒	dào	动	注ぐ	따르다
322	一②	道	dào	量	ばん（番）	번（番）
323	一②	道理	dào·lǐ	名	どうり（道理）	도리（道理）
324	一②	道路	dàolù	名	どうろ（道路）	도로（道路）

序号	等级	汉语	拼音	词性	日语	韩语
325	一②	得	dé	动	得る	얻다
326	一③	得出	déchū	动	…を得る、…を出す	…을 얻어내다
327	一①	得到	dédào	动	得る	얻다
328	一③	得分	défēn	动、名	とくてん（得点）する	득점（得點）하다、득점（得點）
329	一③	得意	déyì	形	とくい（得意）	득의（得意）
330	一①	地	de	助		
331	一①	的	de	助		
332	一②	的话	dehuà	助	…ということなら	…하다면
333	一①	得	de	助		
334	一②	灯	dēng	名	とう（灯）	등（燈）
335	一①	等	děng	动	待つ	기다리다
336	一②	等	děng	助	…など	…등
337	一③	等待	děngdài	动	待つ	기다리다
338	一③	等到	děngdào	动	…になってから	…때에 이르러
339	一②	等于	děngyú	动	…に等しい	…와 같다
340	一②	低	dī	形、动	低い、低まる	낮다、낮아지다
341	一②	底下	dǐxia	名	…した（下）	…아래
342	一③	地	dì	名	とち（土地）	땅
343	一①	地点	dìdiǎn	名	ちてん（地点）	지점（地點）
344	一①	地方	dìfang	名	ちほう（地方）	지방（地方）
345	一③	地球	dìqiú	名	ちきゅう（地球）	지구（地球）
346	一③	地区	dìqū	名	ちく（地区）	지구（地區）
347	一①	地上	dìshang	名	ちじょう（地上）	지상（地上）
348	一②	地铁	dìtiě	名	ちかてつ（地下鉄）	지하철（地下鐵）
349	一③	地铁站	dìtiězhàn	名	地下鉄の駅	지하철 역（地下鉄驛）
350	一②	地图	dìtú	名	ちず（地図）	지도（地圖）
351	一②	弟弟｜弟	dìdi｜dì	名	おとうと（弟）	남동생（男同生）
352	一①	第（第二）	dì（dì èr）	前缀	だい（第）	제（第）

序号	等级	汉语	拼音	词性	日语	韩语
353	一①	点	diǎn	量、动、名	てん（点）、点じる	점（點）、점（點）을 찍다
354	一②	点头	diǎn // tóu	动	うなずく	머리를 끄덕이다
355	一①	电	diàn	名	でんき（電気）	전기（電氣）
356	一①	电话	diànhuà	名	でんわ（電話）	전화（電話）
357	一①	电脑	diànnǎo	名	コンピューター（computer）	컴퓨터（computer）
358	一①	电视	diànshì	名	テレビ（television）	텔레비전（television）
359	一①	电视机	diànshìjī	名	テレビ（television）	텔레비전（television）、수상기（受像機）
360	一③	电视剧	diànshìjù	名	テレビ ドラマ（television drama）	텔레비전　드라마（television drama）
361	一③	电视台	diànshìtái	名	ほうそうきょく（放送局）	방송국（放送局）
362	一③	电台	diàntái	名	ほうそうきょく（放送局）	방송국（放送局）
363	一②	电影	diànyǐng	名	えいが（映画）	영화（映畫）
364	一②	电影院	diànyǐngyuàn	名	えいがかん（映画館）	영화관（映畫館）
365	一③	电子邮件	diànzǐ yóujiàn		E メール（email）	이메일（email）
366	一③	调	diào	动	転勤する	전근（轉勤）하다
367	一③	调查	diàochá	动、名	ちょうさ（調査）する、ちょうさ（調査）	조사（調査）하다、조사（調査）
368	一②	掉	diào	动	落ちる	떨어지다
369	一②	定	dìng	动	落ち着く	정（定）하다
370	一③	定期	dìngqī	名	ていき（定期）	정기（定期）
371	一①	东	dōng	名	とう（東）	동（東）
372	一①	东北	dōngběi	名	とうほく（東北）	동북（東北）
373	一①	东边	dōngbian	名	ひがしがわ（東側）	동쪽（東쪽）
374	一③	东部	dōngbù	名	とうぶ（東部）	동부（東部）
375	一③	东方	dōngfāng	名	とうほう（東方）	동방（東方）
376	一③	东南	dōngnán	名	とうなん（東南）	동남（東南）
377	一①	东西	dōngxī	名	とうざい（東西）	동서（東西）

序号	等级	汉语	拼音	词性	日语	韩语
378	一①	冬天	dōngtiān	名	ふゆ（冬）	겨울
379	一②	懂	dǒng	动	分かる	알다
380	一③	懂得	dǒngde	动	分かる	알다
381	一①	动	dòng	动	動く	건드리다
382	一③	动力	dònglì	名	どうりょく（動力）	동력（動力）
383	一③	动人	dòngrén	形	感動させる	감동（感動）시키다
384	一②	动物	dòngwù	名	どうぶつ（動物）	동물（動物）
385	一③	动作	dòngzuò	名	どうさく（動作）	동작（動作）
386	一①	都	dōu	副	なんでも	모두
387	一②	读	dú	动	読む	읽다
388	一②	读书	dú // shū	动	どくしょ（読書）	독서（讀書）
389	一③	读者	dúzhě	名	どくしゃ（読者）	독자（讀者）
390	一②	度	dù	名、量	ど（度，吴音）、と（度，汉音）	도（度）
391	一②	短	duǎn	形	短い	짧다
392	一②	短处	duǎnchu	名	短所	단처（短處）
393	一②	短信	duǎnxìn	名	ショットメール（short mail）	단신（短信）
394	一②	段	duàn	量	切れ端	토막
395	一②	断	duàn	动	切る	끊다
396	一②	队	duì	名	たい（隊）	대（隊）
397	一②	队员	duìyuán	名	たいいん（隊員）	대원（隊員）
398	一②	队长	duìzhǎng	名	たいちょう（隊長）	대장（隊長）
399	一①	对	duì	形	正しい	맞다
400	一①	对	duì	介、动	…に対して、相対する	…한테、…에게、…을 향하여、…에 대하여
401	一①	对不起	duìbuqǐ	动	すみません	실례합니다
402	一③	对待	duìdài	动	たいしょ（対処）する	상대（相待）하다
403	一③	对方	duìfāng	名	あいて（相手）	상대방（相對方）

续表

序号	等级	汉语	拼音	词性	日语	韩语
404	一②	对话	duìhuà	动、名	たいわ（対話）する、たいわ（対話）	대화（對話）하다、대화（對話）
405	一②	对面	duìmiàn	名	たいめん（対面）	대면（對面）
406	一③	对手	duìshǒu	名	あいて（相手）	상대（相對）
407	一③	对象	duìxiàng	名	あいて（相手）	대상（對象）
408	一③	对于	duìyú	介	…について	…에대해
409	一②	顿	dùn	量		
410	一①	多	duō	形	多い	많다
411	一②	多	duō	副	どんなに	훨씬
412	一③	多久	duō jiǔ	名	どれほど	얼마동안
413	一②	多么	duōme	副	どんなに	얼마나
414	一①	多少	duōshao	代	たしょう（多少）	대소（大小）
415	一③	多数	duōshù	名	たすう（多数）	다수（多數）
416	一①	饿	è	形	ひもじい	고프다
417	一①	儿子	érzi	名	むすこ（息子）	아들
418	一②	而且	érqiě	连	そのうえ	…뿐만 아니라
419	一①	二	èr	数	に（二）	이（二）
420	一②	发	fā	动	送り出す	부치다
421	一③	发表	fābiǎo	动	はっぴょう（発表）する	발표（發表）하다
422	一③	发出	fāchū	动	出す	（소리 등을）내다、（편지등을）부치다
423	一③	发达	fādá	形	はったつ（発達）する	발달（發達）하다
424	一③	发动	fādòng	动	はつどう（発動）する	발동（發動）하다
425	一③	发明	fāmíng	动	はつめい（発明）する	발명（發明）하다
426	一③	发生	fāshēng	动	はっせい（発生）する	발생（發生）하다
427	一③	发送	fāsòng	动	はっそう（発送）する	발송（發送）하다
428	一②	发现	fāxiàn	动	はつげん（発現）する	발현（發現）하다
429	一③	发言	fā // yán	动	はつげん（発言）する	발언（發言）하다
430	一②	发展	fāzhǎn	动、名	はってん（発展）する、はってん（発展）	발전（發展）하다、발전（發展）

序号	等级	汉语	拼音	词性	日语	韩语
431	一③	法院	fǎyuàn	名	さいばんしょ（裁判所）	법원（法院）
432	一③	反对	fǎnduì	动	はんたい（反対）する	반대（反對）하다
433	一③	反复	fǎnfù	副、动	はんぷく（反復）、はんぷく（反復）する	반복（反復）、반복（反復）하다
434	一③	反应	fǎnyìng	动、名	はんのう（反応）する、はんのう（反応）	반응（反應）하다、반응（反應）
435	一③	反正	fǎn·zhèng	副	どうせ	어차피（於此彼）
436	一①	饭	fàn	名	ごはん（飯）	밥
437	一①	饭店	fàndiàn	名	はんてん（飯店）	반점（飯店）
438	一③	范围	fànwéi	名	はんい（範囲）	범위（範圍）
439	一①	方便	fāngbiàn	形	べんり（便利）	방편（方便）
440	一①	方便面	fāngbiàn miàn	名	インスタント（instant）ラーメン	인스턴트（instant）라면
441	一②	方法	fāngfǎ	名	ほうほう（方法）	방법（方法）
442	一②	方面	fāngmiàn	名	ほうめん（方面）	방면（方面）
443	一③	方式	fāngshì	名	ほうしき（方式）	방식（方式）
444	一①	方向	fāngxiàng	名	ほうこう（方向）	방향（方向）
445	一③	防	fáng	动	ぼうし（防止）する	방지（防止）하다
446	一③	防止	fángzhǐ	动	ぼうし（防止）する	방지（防止）하다
447	一①	房间	fángjiān	名	へや（部屋）	방（房）
448	一③	房屋	fángwū	名	かおく（家屋）	가옥（家屋）
449	一①	房子	fángzi	名	かおく（家屋）	가옥（家屋）
450	一③	访问	fǎngwèn	动	ほうもん（訪問）する	방문（訪問）하다
451	一①	放	fàng	动	解き放す	놓아주다
452	一①	放假	fàng // jià	动	（学校の長期の）休み	방학（放學）
453	一③	放下	fàngxia	动	おろす	내버리다
454	一②	放心	fàng // xīn	形	ほうしん（放心）	방심（放心）
455	一②	放学	fàng // xué	动	学校が引ける	학교가 파하다
456	一②	放在	fàng zài	动	…置く	…에 놓다
457	一①	飞	fēi	动	飛ぶ	날다

续表

序号	等级	汉语	拼音	词性	日语	韩语
458	一①	飞机	fēijī	名	ひこうき（飛行機）	비행기（飛行機）
459	一③	飞行	fēixíng	动	飛ぶ	비행（飛行）하다
460	一①	非常	fēicháng	副	ひじょう（非常）	대단히
461	一①	非法	fēifǎ	形	ひほう（非法）	비법（非法）
462	一③	费	fèi	动、名	費やす、ひよう（費用）	쓰다、비용（費用）
463	一③	费用	fèiyong	名	ひよう（費用）	비용（費用）
464	一①	分	fēn	名、量	ぶん、ふん	분（分）
465	一②	分	fēn	动	分ける	나누다
466	一③	分别	fēnbié	动、副	ぶんべつ（分別）する、別々に	분별（分別）하다、따로따로
467	一③	分开	fēnkāi	动	分ける	나누다
468	一③	分配	fēnpèi	动	ぶんぱい（分配）する	분배（分配）하다
469	一②	分数	fēnshù	名	ぶんすう（分数）	점수（點數）
470	一③	……分之……	fēnzhī	名	…ぶん（分）の	…분의
471	一②	分钟	fēnzhōng	名	ふん（分）	분（分）
472	一②	份	fèn	量	セットのもの	세트（set）
473	一③	丰富	fēngfù	形	ほうふ（豊富）	풍부（豊富）하다
474	一②	风	fēng	名	かぜ（風）	바람
475	一③	风险	fēngxiǎn	名	きけん（危険）	위험（危険）
476	一②	封	fēng	量	つう（通）	통（通）
477	一③	否定	fǒudìng	动、形	ひてい（否定）する、ひてい（否定）	부정（否定）하다、부정（否定）적
478	一③	否认	fǒurèn	动	ひにん（否認）する	부인（否認）하다
479	一③	夫人	fū·rén	名	ふじん（夫人）	부인（夫人）
480	一②	服务	fúwù	名	ふくむ（服務）	복무（服務）
481	一②	服装	fúzhuāng	名	ふくそう（服装）	복장（服装）
482	一③	福	fú	名	ふく（福）	복（福）
483	一②	父母	fùmǔ	名	ふぼ（父母）	부모（父母）
484	一③	父亲	fù·qīn	名	ちちおや（父親）	부친（父親）

序号	等级	汉语	拼音	词性	日语	韩语
485	一②	负责	fùzé	动	責任を持つ	책임을 지다
486	一②	复印	fùyìn	动	コピー（copy）する	복사（複寫）하다
487	一②	复杂	fùzá	形	ふくざつ（複雑）	복잡（複雜）하다
488	一③	富	fù	形	富む	풍부（豐富）하다
489	一②	该	gāi	动	…すべきである	…해야 한다
490	一②	改	gǎi	动	変える	바꾸다
491	一②	改变	gǎibiàn	动	変える	개변（改變）하다
492	一③	改进	gǎijìn	动	かいしん（改進）する	개진（改進）하다
493	一③	改造	gǎizào	动	かいぞう（改造）する	개조（改造）하다
494	一③	概念	gàiniàn	名	がいねん（概念）	개념（概念）
495	一①	干	gān	形	乾く	마르다
496	一②	干杯	gān // bēi	动	かんぱい（乾杯）する	건배（乾杯）하다
497	一①	干净	gānjìng	形	綺麗（きれい）	깨끗하다
498	一③	赶	gǎn	动	追う	따라가다
499	一③	赶到	gǎndào	动	間に合うように到着する	서둘러 도착하다
500	一②	赶紧	gǎnjǐn	副	急いで	서둘러
501	一②	赶快	gǎnkuài	副	早く	어서
502	一②	敢	gǎn	动	あえて…する	감히
503	一②	感到	gǎndào	动	…をかん（感）じる	생각해 내다
504	一②	感动	gǎndòng	形、动	かんどう（感動）する	감동（感動）하다
505	一②	感觉	gǎnjué	动、名	かんかく（感覚）する、かんかく（感覚）	감각（感覺）하다、감각（感覺）
506	一③	感情	gǎnqíng	名	かんじょう（感情）	감정（感情）
507	一③	感受	gǎnshòu	名、动	かんじゅ（感受）、かんじゅ（感受）する	감수（感受）、감수（感受）하다
508	一②	感谢	gǎnxiè	动	かんしゃ（感謝）する	감사（感謝）하다
509	一①	干	gàn	动	働く	일을하다
510	一②	干活儿	gàn huór	动	仕事をする	일을하다
511	一②	干吗	gànmá	代	どうして	왜

续表

序号	等级	汉语	拼音	词性	日语	韩语
512	一①	干什么	gàn shénme	代	どうして	왜
513	一①	刚	gāng	副	…したばかりである	막
514	一①	刚才	gāngcái	名	先ほど	방금（方今）
515	一①	刚刚	gānggāng	副	ちょうど	방금（方今）
516	一①	高	gāo	形	たかい	높다
517	一③	高度	gāodù	名、形	こうど（高度）	고도（高度）
518	一②	高级	gāojí	形	こうきゅう（高級）	고급（高級）
519	一③	高速	gāosù	形	こうそく（高速）	고속（高速）
520	一③	高速公路	gāosù gōnglù	名	こうそくどうろ（高速道路）	고속 도로（高速道路）
521	一①	高兴	gāoxìng	形	喜んで…する、嬉しい	즐겁다
522	一②	高中	gāozhōng	名	こうとうがっこう（高等学校）	고등 학교（高等學校）
523	一③	搞	gǎo	动	する	하다
524	一③	搞好	gǎohǎo	动	うまくやる	（일을）잘 해내다
525	一③	告别	gào // bié	动	こくべつ（告別）する	고별（告別）하다
526	一②	告诉	gàosu	动	おし教える	알리다、말하다
527	一①	哥哥|哥	gēge|gē	名	あに（兄）	형（兄）、오빠
528	一①	歌	gē	名	うた（歌）	노래
529	一①	歌迷	gēmí	名	ファン	노래 애호가（爱好家）
530	一③	歌声	gēshēng	名	うたごえ（歌声）	가성（歌聲）
531	一③	歌手	gēshǒu	名	かしゅ（歌手）	가수（歌手）
532	一①	个	gè	量	こ（個）	개（個）
533	一③	个人	gèrén	名	こにん（個人）	개인（個人）
534	一③	个性	gèxìng	名	こせい（個性）	개성（個性）
535	一②	各	gè	代、副	かく（各）	각（各）
536	一②	各地	gèdì	名	かくち（各地）	각지（各地）
537	一③	各位	gè wèi	名	皆さん	각위（各位）、여러분

序号	等级	汉语	拼音	词性	日语	韩语
538	一②	各种	gè zhǒng	名	かくしゅ（各種）	각종（各種）
539	一③	各自	gèzì	代	かくじ（各自）	각자（各自）
540	一①	给	gěi	动、介	くれる、…することを許す	주다、…에게 을당하다
541	一①	根本	gēnběn	名	こんぽん（根本）	근본（根本）
542	一③	根本	gēnběn	副	ぜんぜん（全然）	전연（全然）
543	一③	根据	gēnjù	动、介、名	こんきょ（根拠）、…に基づいて	근거（根據）하다、근거（根據）
544	一①	跟	gēn	动、介、连、	…あとについて行く、…に対して、…といっしょに	따라가다、…（와）과、…에게를 향하여
545	一①	更	gèng	副	いっそう	더욱
546	一③	更加	gèngjiā	副	ますます（益益）	더욱
547	一②	工厂	gōngchǎng	名	こうしょう（工廠）、こうじょう（工場）	공창（工廠）
548	一②	工程师	gōngchéng shī	名	エンジニア（engineer）	기사（技師）
549	一③	工夫	gōngfu	名	くふう（工夫）	공부（工夫）
550	一③	工具	gōngjù	名	こうぐ（工具）	공구（工具）
551	一①	工人	gōng·rén	名	ろうどうしゃ（労働者）	노동자（勞動者）
552	一③	工业	gōngyè	名	こうぎょう（工業）	공업（工業）
553	一②	工资	gōngzī	名	きゅうりょう（給料）	월급（月給）
554	一①	工作	gōngzuò	名	こうさく（工作）	공작（工作）
555	一③	公布	gōngbù	动	公布する、公表する	공포（公布）하다
556	一③	公共	gōnggòng	形	こうきょう（公共）	공공（公共）
557	一②	公共汽车	gōnggòng qìchē	名	バス（bus）	버스（bus）
558	一②	公交车	gōngjiāochē	名	バス（bus）	버스（bus）
559	一②	公斤	gōngjīn	量	キログラム（kilogram）	킬로그램（kilogram）
560	一③	公开	gōngkāi	形、动	公開する	공개하다
561	一②	公里	gōnglǐ	量	キロメートル（kilometer）	킬로미터（kilometer）

续表

序号	等级	汉语	拼音	词性	日语	韩语
562	一②	公路	gōnglù	名	どうろ（道路）	공로（公路）
563	一③	公民	gōngmín	名	こうみん（公民）	공민（公民）
564	一②	公平	gōng·píng	形	こうへい（公平）	공평（公平）
565	一②	公司	gōngsī	名	かいしゃ（会社）	회사（會社）
566	一③	公务员	gōngwùyuán	名	やくにん（役人）、こうむいん（公務員）	공무원（公務員）
567	一②	公用电话	gōngyòng diànhuà	名	こうしゅうでんわ（公衆電話）	공중 전화（公衆电话）
568	一②	公园	gōngyuán	名	こうえん（公園）	공원（公園）
569	一③	功夫	gōngfu	名	腕前、カンフ（中国拳法）	중국 쿵푸
570	一③	功课	gōngkè	名	じゅぎょう（授業）	강의（講義）
571	一③	功能	gōngnéng	名	こうのう（功能）	공능（功能）
572	一③	共同	gòngtóng	形	きょうどう（共同）	공동（共同）
573	一③	共有	gòngyǒu	动	きょうゆう（公有）する	공유（共有）하다
574	一②	够	gòu	形	じゅうぶん（十分）ある	충분（充分）하다
575	一②	姑娘	gūniang	名	女の子	아가씨
576	一③	古	gǔ	形	古い	낡다
577	一③	古代	gǔdài	名	こだい（古代）	고대（古代）
578	一②	故事	gùshi	名	こじ（故事）	고사（故事）
579	一③	故乡	gùxiāng	名	こきょう（故郷）、ふるさと	고향（故郷）
580	一②	故意	gùyì	副	こい（故意）	고의（故意）
581	一②	顾客	gùkè	名	こきゃく（顧客）	고객（顧客）
582	一②	挂	guà	动	掛ける	걸다
583	一①	关	guān	动	閉める	닫다
584	一③	关机	guānjī	动	携帯を切る	전화가 꺼지다
585	一②	关上	guānshang	动	閉める	닫다
586	一②	关系	guān·xì	名、动	かんけい（関係）、かんけい（関係）する	관계（關係）、관계（關係）하다

续表

序号	等级	汉语	拼音	词性	日语	韩语
587	一②	关心	guān // xīn	名、动	かんしん（関心）、かんしん（関心）する	관심（關心）、관심（關心）하다
588	一②	关于	guānyú	介	…にかん（関）して	…에 관해서
589	一③	关注	guānzhù	动	ちゅうもく（注目）する	주목（注目）하다
590	一③	观察	guānchá	动	かんさつ（観察）する	관찰（觀察）하다
591	一②	观点	guāndiǎn	名	かんてん（観点）	관점（觀点）
592	一③	观看	guānkàn	动	眺める	보다
593	一③	观念	guānniàn	名	かんねん（観念）	관념（觀念）
594	一②	观众	guānzhòng	名	かんしゅう（観衆）	관중（觀衆）
595	一②	管	guǎn	动	受け持つ	담당（擔當）하다
596	一②	管理	guǎnlǐ	动	かんり（管理）する	관리（管理）하다
597	一③	光	guāng	名	ひかり（光）	빛
598	一③	光	guāng	形、副	何もない、…だけ	전혀없다、다만
599	一③	光明	guāngmíng	形、名	こうみょう（光明）	광명（光明）
600	一②	广播	guǎngbō	动、名	ほうそう（放送）する、ほうそう（放送）	방송（放送）하다、방송（放送）
601	一②	广场	guǎngchǎng	名	ひろば（広場）	광장（廣場）
602	一③	广大	guǎngdà	形	こうだい（広大）	광대（廣大）하다
603	一②	广告	guǎnggào	名	こうこく（広告）	광고（廣告）
604	一②	规定	guīdìng	动、名	きてい（規定）する、きてい（規定）	규정（規定）하다、규정（規定）
605	一③	规范	guīfàn	形、名、动	きはん（規範）てき、きはん（規範）、きはん（規範）にある	규범（規範）적、규범（規範）、규범화하다（規範）
606	一③	规模	guīmó	名	きぼ（規模）	규모（規模）
607	一①	贵	guì	形	ねだん（値段）が高い	값이 비싸다
608	一①	国	guó	名	こく（国）	국（国）
609	一②	国际	guójì	名	こくさい（国際）	국제（國際）
610	一①	国家	guójiā	名	こっか（国家）	국가（國家）
611	一②	国内	guónèi	名	こくない（国内）	국내（國內）

序号	等级	汉语	拼音	词性	日语	韩语
612	一③	国庆	guóqìng	名	こっけいせつ（国慶節）	국경절（國慶節）
613	一②	国外	guówài	名	こくがい（国外）	국외（國外）
614	一③	国王	guówáng	名	こくおう（国王）	국왕（國王）
615	一③	果然	guǒrán	副	かぜん（果然）	과연（果然）
616	一①	过	guò	动	過ぎる	지나다
617	一③	过程	guòchéng	名	かてい（過程）	과정（過程）
618	一①	过来	guòlai	助	…てくる	…오다
619	一②	过年	guò // nián	动	年を迎える	새해를 맞다
620	一②	过去	guòqù	动、名	過ぎる、かこ（過去）	지나다、과거（過去）
621	一②	过去	guòqu	助	…て 行く	…나라가다
622	一③	哈哈	hāhā	拟声	はは	하하
623	一①	还	hái	副	まだ、もっと	아직、또
624	一①	还是	háishi	副、连	まだ、もっと、それとも	아직、또
625	一①	还有	hái yǒu	连	その上	그리고
626	一①	孩子	háizi	名	こども（子供）	아이
627	一②	海	hǎi	名	うみ（海）	바다
628	一③	海关	hǎiguān	名	ぜいかん（税関）	해관（海關）
629	一②	害怕	hài // pà	形	恐れる	무섭다
630	一②	喊	hǎn	动	叫ぶ	부르다
631	一①	汉语	Hànyǔ	名	かんご（漢語）	한어（漢語）
632	一①	汉字	Hànzì	名	かんじ（漢字）	한자（漢字）
633	一③	行	háng	量	れつ（列）	열（列）
634	一①	好	hǎo	形	いい	좋다
635	一③	好	hǎo	副	かなり	아주、매우
636	一①	好吃	hǎochī	形	うまい、おいしい	맛있다、맛나다
637	一③	好处	hǎochu	名	ちょうしょ（長所）	장점（長點）
638	一②	好多	hǎoduō	形	非常に多い	너무 많다
639	一②	好久	hǎojiǔ	形	長い間	오랫 동안
640	一①	好看	hǎokàn	形	美しい、奇麗	아름답다、재미 있다

序号	等级	汉语	拼音	词性	日语	韩语
641	一③	好人	hǎorén	名	お人好し	호인 (好人)
642	一③	好事	hǎoshì	名	よい事	호사 (好事)
643	一①	好听	hǎotīng	形	聞き善い	듣기 좋다
644	一①	好玩儿	hǎowánr	形	面白い	재미 있다
645	一②	好像	hǎoxiàng	副	…ようである	미치…과 같다
646	一①	号	hào	名、量	ばんごう (番号)	호 (號)
647	一③	好奇	hàoqí	形	こうき (好奇)	호기 (好奇)
648	一①	喝	hē	动	飲む	마시다
649	一③	合	hé	动	閉める、ぴったり合う	감다, 맞다
650	一③	合法	héfǎ	形	ごうほう (合法)	합법 (合法)
651	一②	合格	hégé	形	ごうかく (合格)	합격 (合格) 하다
652	一③	合理	hélǐ	形	ごうり (合理)	합리 (合理)
653	一③	合适	héshì	形	てきせつ (適切)	적합 (適合) 하다
654	一③	合作	hézuò	动	がっさく (合作) する	합작 (合作) 하다
655	一①	和	hé	连	と	와 (과)
656	一②	和平	hépíng	名	へいわ (平和)	평화 (平和)
657	一②	河	hé	名	かわ (川)	강
658	一①	黑	hēi	形	黑い	검다
659	一②	黑板	hēibǎn	名	こくばん (黑板)	흑판 (黑板)
660	一③	黑人	Hēirén	名	こくじん (黑人)	흑인 (黑人)
661	一③	黑色	hēisè	名	こくしょく (黑色)	흑색 (黑色)
662	一①	很	hěn	副	たいへん (大変)	매우
663	一②	红	hóng	形	赤い	붉다
664	一②	红茶	hóngchá	名	こうちゃ (紅茶)	홍차 (紅茶)
665	一③	红酒	hóngjiǔ	名	ワイン	홍주 (紅酒)
666	一③	红色	hóngsè	名	あかいろ (赤色)	홍색 (紅色)
667	一①	后	hòu	名	こう (後)	후 (後)
668	一①	后边	hòubian	名	うしろ (後)	배후 (背後)
669	一③	后果	hòuguǒ	名	後の結果	후과 (後果)

续表

序号	等级	汉语	拼音	词性	日语	韩语
670	一②	后来	hòulái	名	その後	후래（後來）
671	一①	后面	hòu·miàn	名	後ろ側	후면（後面）
672	一②	后天	hòutiān	名	明後日	후일（後日）
673	一②	忽然	hūrán	副	突然	돌연（突然）
674	一②	湖	hú	名	みずうみ	호수（湖水）
675	一③	互联网	hùliánwǎng	名	インターネット（Internet）	인터넷（Internet）
676	一②	互相	hùxiāng	副	そうご（相互）	상호（相互）
677	一②	护士	hùshi	名	かんごふ（看護婦）	간호사（看護師）
678	一②	护照	hùzhào	名	りょけん（旅券）	여권（旅券）
679	一①	花	huā	名	はな（花）	꽃
680	一②	花	huā	形	ぴかぴかする	번쩍이다
681	一②	花	huā	动	使う	쓰다
682	一②	花园	huāyuán	名	はなぞの（花園）	화원（花園）
683	一②	划船	huáchuán	动	船を漕ぐ	배를 젓다
684	一②	华人	huárén	名	かじん（華人）	화인（華人）
685	一②	华语	huáyǔ	名	中国語	화어（華語）
686	一③	化（现代化）	huà(xiàndàihuà)	后缀	－か（化）	－화（化）
687	一②	画	huà	动	書く	그리다
688	一③	画家	huàjiā	名	がか（画家）	화가（畵家）
689	一②	画儿	huàr	名	え（絵）	그림
690	一③	话	huà	名	ことば（言葉）	말、이야기
691	一③	话剧	huàjù	名	しんげき（新劇）	화극（話劇）
692	一③	话题	huàtí	名	わだい（話題）	화제（話題）
693	一①	坏	huài	形	悪い	나쁘다
694	一③	坏处	huàichu	名	悪いところ	나쁜 점
695	一③	坏人	huàirén	名	あくにん（悪人）	나쁜 사람
696	一③	欢乐	huānlè	形	かんらく（歓楽）	환락（歡樂）
697	一②	欢迎	huānyíng	动	かんげい（歓迎）する	환영（歡迎）하다

序号	等级	汉语	拼音	词性	日语	韩语
698	一①	还	huán	动	返す	돌려주다
699	一②	环	huán	名	リング	고리
700	一③	环保	huánbǎo	名、形	かんきょうほご（環境保護）	환경 보호（環境保護）
701	一②	环境	huánjìng	名	かんきょう（環境）	환경（環境）
702	一②	换	huàn	动	換える	바꾸다
703	一②	黄	huáng	形	きいろ	노란색
704	一③	黄色	huángsè	名	きいろ（黄色）	노란색
705	一①	回	huí	动	回る	돌아오다
706	一②	回	huí	量	ばん（番）	회（回）
707	一①	回答	huídá	动、名	かいとう（回答）する	대답（對答）하다
708	一①	回到	huídào	动	回る	돌아오다
709	一①	回家	huí jiā	动	うちへ帰る	집으로 돌아가다
710	一①	回来	huílai	动	帰って来る	돌아오다
711	一①	回去	huíqu	动	帰って行く	돌아가다
712	一①	会	huì	动	出来る	할수 있다
713	一③	会	huì	名	かい（会）	회（會）
714	一③	会谈	huìtán	动、名	かいだん（会談）する、かいだん（会談）	회담（會談）하다、회담（會談）
715	一③	会议	huìyì	名	かいぎ（会議）	회의（會議）
716	一③	会员	huìyuán	名	かいいん（会員）	회원（會員）
717	一①	活	huó	形、动	生かす	살다
718	一①	活动	huó·dòng	动、名	かつどう（活動）する、かつどう（活動）	활동（活動）하다、활동（活動）
719	一①	火	huǒ	名	か（火）	화（火）
720	一①	火车	huǒchē	名	きしゃ（汽車）	기차（汽車）
721	一③	或	huò	连	或いは	혹시（或是）
722	一②	或者	huòzhě	连	或いは	혹시（或是）
723	一①	机场	jīchǎng	名	くうこう（空港）	공항（空港）
724	一②	机会	jī·huì	名	きかい（機会）	기회（機會）

续表

序号	等级	汉语	拼音	词性	日语	韩语
725	一①	机票	jīpiào	名	飛行機のチケット、航空券	비행기표、비행기탑승권
726	一③	机器	jī·qì	名	きかい（機械）	기계（機械）
727	一①	鸡	jī	名	ニワトリ（鶏）	닭
728	一①	鸡蛋	jīdàn	名	たまご（卵）	계란（鷄卵）
729	一③	积极	jījí	名	せっきょく（積極）	적극（積極）
730	一③	基本	jīběn	形	きほん（基本）	기본（基本）
731	一③	基本上	jīběn shang	副	主に	주로
732	一②	基础	jīchǔ	名	きそ（基礎）	기초（基礎）
733	一②	及时	jíshí	形	適時	적시（適時）
734	一②	级	jí	名	きゅう（級）	급（級）
735	一②	…极了	…jíle	副	本当に	매우
736	一②	急	jí	形	焦る	급（急）하다
737	一③	集体	jítǐ	名	しゅうだん（集団）	집체（集體）
738	一③	集中	jízhōng	动、形	しゅうちゅう（集中）	집중（集中）
739	一①	几	jǐ	数	いくつ	몇
740	一②	计划	jìhuà	名	けいかく（計画）	계획（計劃）
741	一③	计算	jìsuàn	动	けいさん（計算）する	계산（計算）하다
742	一②	计算机	jìsuànjī	名	けいさんき（計算機）	계산기（計算機）
743	一①	记	jì	动	覚える	기억하다
744	一①	记得	jìde	动	覚える	기억하다
745	一③	记录	jìlù	名、动	きろく（記録）、きろく（記録）する	기록(記錄)、기록(記錄)하다
746	一③	记者	jìzhě	名	きしゃ（記者）	기자（記者）
747	一①	记住	jìzhù	动	覚えておく	확실히 기억해 두다
748	一③	纪录	jìlù	名	きろく（記録）	기록（紀錄）
749	一③	纪念	jìniàn	动、名	きねん（記念）する、きねん（記念）	기념（記念）하다、기념（記念）
750	一③	技术	jìshù	名	ぎじゅつ（技術）	기술（技術）
751	一②	继续	jìxù	动	けいぞく（継続）する	계속（繼續）

序号	等级	汉语	拼音	词性	日语	韩语
752	一②	寄	jì	动	ゆうそう（郵送）する	우송（郵送）하다
753	一②	加	jiā	动	足す	더하다
754	一③	加工	jiā∥gōng	动	かこう（加工）する	가공（加工）하다
755	一③	加快	jiākuài	动	速くする	속도를 올리다
756	一③	加强	jiāqiáng	动	きょうか（強化）する	강화（強化）하다
757	一②	加入	jiārù	动	かにゅう（加入）する	가입（加入）하다
758	一②	加上	jiāshang	连	そのうえ	게다가
759	一②	加油	jiā∥yóu	叹	がんばれ	힘내라
760	一①	家	jiā	名	か（家）	가（家）
761	一③	家（科学家）	jiā(kēxuéjiā)	后缀	-か（家）	一가（家）
762	一③	家具	jiā·jù	名	かぐ（家具）	가구（家具）
763	一①	家里	jiāli	名	家の中	집안
764	一②	家人	jiārén	名	かぞく（家族）	가족（家族）
765	一③	家属	jiāshǔ	名	かぞく（家族）	가족（家族）
766	一②	家庭	jiātíng	名	かてい（家庭）	가정（家庭）
767	一②	家乡	jiāxiāng	名	ふるさと（故里）	가향（家郷）
768	一①	假	jiǎ	形	偽り	가짜
769	一③	假如	jiǎrú	连	もし…ならば	만약
770	一②	价格	jiàgé	名	かかく（価格）	가격（價格）
771	一③	价钱	jià·qián	名	かかく（価格）	가격（價格）
772	一③	价值	jiàzhí	名	かち（価値）	가치（價值）
773	一③	架	jià	量	か（架）	가（架）
774	一③	架	jià	动	かせつ（架設）する	가설（架設）하다
775	一③	假期	jiàqī	名	きゅうか（休暇）	휴가（休暇）
776	一②	坚持	jiānchí	动	けんじ（堅持）する	견지（堅持）하다
777	一③	坚决	jiānjué	形	断固として	결연（決然）하다, 단호（斷乎）하다
778	一③	坚强	jiānqiáng	形	きょうじん（強靭）	강인（強靭）하다
779	一①	间	jiān	量	かん（間）	간（間）

序号	等级	汉语	拼音	词性	日语	韩语
780	一②	检查	jiǎnchá	动、名	けんさ（検査）する、けんさ（検査）	검사（檢查）하다、검사（檢查）
781	一②	简单	jiǎndān	形	かんたん（簡単）	간단（簡單）하다
782	一③	简直	jiǎnzhí	副	全く	정말
783	一①	见	jiàn	动	会う	만나다
784	一②	见到	jiàndào	动	会う	만나다
785	一②	见过	jiànguo	动	会った	만났다
786	一①	见面	jiàn // miàn	动	会う、たいめん（對面）する	대면（對面）하다
787	一②	件	jiàn	量	けん（件）	건（件）
788	一③	建	jiàn	动	建てる	짓다
789	一③	建成	jiànchéng	动	けんせつ（建設）する	건설（建設）하다
790	一③	建立	jiànlì	动	けんりつ（建立）する	건립（建立）하다
791	一③	建设	jiànshè	动、名	けんせつ（建設）する、けんせつ（建設）	건설（建設）하다、건설（建設）
792	一②	建议	jiànyì	动、名	ていあん（提案）する、ていあん（提案）	건의（建議）하다、건의（建議）
793	一②	健康	jiànkāng	形、名	けんこう（健康）	건강（健康）
794	一③	将	jiāng	副	まさに…しようとしている	장차（將次）…를것이다
795	一③	将	jiāng	介	…によって	막
796	一③	将近	jiāngjìn	副	数が…近い	거의… 에가깝다
797	一②	将来	jiānglái	名	しょうらい（將来）	장래（將來）
798	一②	讲	jiǎng	动	話す	말하다
799	一②	讲话	jiǎng // huà	名、动	話をする	말을하다
800	一②	交	jiāo	动	交わる	바치다
801	一②	交费	jiāo fèi	动	費用を納める	비용을 납부하다
802	一②	交给	jiāo gěi	动	に任せる、… に手渡す	교부하다、건네주다、맡기다
803	一③	交警	jiāojǐng	名	こうつうけいさつ（交通警察）	교통 경찰（交通警察）

序号	等级	汉语	拼音	词性	日语	韩语
804	一③	交流	jiāoliú	动、名	こうりゅう（交流）する、こうりゅう（交流）	교류（交流）하다、교류（交流）
805	一②	交通	jiāotōng	名	こうつう（交通）	교통（交通）
806	一③	交往	jiāowǎng	动	付合い	내왕하다
807	一③	交易	jiāoyì	名	こうえき（交易）	교역（交易）
808	一①	教	jiāo	动	教える	가르치다
809	一②	角	jiǎo	量	かく（角）	각（角）
810	一③	角	jiǎo	名	かく（角）	각（角）
811	一③	角度	jiǎodù	名	かくど（角度）	각도（角度）
812	一②	饺子	jiǎozi	名	ぎょうざ（餃子）	만두（饅頭）
813	一②	脚	jiǎo	名	あし（脚）	발
814	一①	叫	jiào	动	呼ぶ	외치다
815	一②	叫	jiào	介	…させる	…하게하다
816	一②	叫做	jiàozuò	动	…と呼ばれている	…라고 부르다
817	一③	较	jiào	副	より	더욱
818	一③	教练	jiàoliàn	名	コーチ	코치
819	一②	教师	jiàoshī	名	きょうし（教師）	교사（教師）
820	一②	教室	jiàoshì	名	きょうしつ（教室）	교실（教室）
821	一②	教学	jiàoxué	名	きょうがく（教学）	교학（教學）
822	一②	教育	jiàoyù	动、名	きょういく（教育）する、きょういく（教育）	교육（教育）하다、교육（教育）
823	一③	结实	jiēshi	形	じょうぶ（丈夫）	단단하다
824	一②	接	jiē	动	迎える	마중하다
825	一③	接待	jiēdài	动	せったい（接待）	접대（接待）하다
826	一②	接到	jiēdào	动	受ける	받다
827	一③	接近	jiējìn	动	せっきん（接近）する	접근（接近）하다
828	一②	接受	jiēshòu	动	せっしゅう（接収）する	접수（接受）하다
829	一②	接下来	jiē·xià·lái	连	さって	이하（以下）는
830	一②	接着	jiēzhe	连	引き続いて	이어서

续表

序号	等级	汉语	拼音	词性	日语	韩语
831	一②	街	jiē	名	通り	거리
832	一②	节	jié	名	せつ（節）、せっく（節句)	명절（名節)
833	一③	节假日	jiéjiàrì	名	祝日休日	경축일과 휴일（慶祝日과休日)
834	一②	节目	jiémù	名	プログラム（program）	프로그램（program）
835	一②	节日	jiérì	名	きねんび（紀念日)	명절（名節)、기념일（紀念日)
836	一②	节约	jiéyuē	动	せつやく（節約）する	절약（節約）하다
837	一②	结果	jiéguǒ	名	けっか（結果)	결과（結果)
838	一③	结合	jiéhé	动	けつごう（結合）する	결합（結合）하다
839	一②	结婚	jié // hūn	动	けっこん（結婚）する	결혼（結婚）하다
840	一②	结束	jiéshù	动	終わる	종결（終結）하다、종료（終了）하다
841	一①	姐姐｜姐	jiějie｜jiě	名	あね（姉)	누나、언니
842	一③	解决	jiějué	动	かいけつ（解決）する	해결（解決）하다
843	一③	解开	jiěkāi	动	解く	해체하다
844	一②	介绍	jièshào	动	しょうかい（紹介）する	소개（紹介）하다
845	一①	借	jiè	动	借りる、貸す	빌다、빌려주다
846	一②	斤	jīn	量	きん（斤)	근（斤)
847	一③	今后	jīnhòu	名	こんご（今後)	금후（今後)
848	一①	今年	jīnnián	名	ことし（今年)	금년（今年)
849	一①	今天	jīntiān	名	こんにち（今日)	금일（今日)
850	一③	金	jīn	名	きん（金)	금（金)
851	一③	金牌	jīnpái	名	金メダル	금메달（金 medal)
852	一③	仅	jǐn	副	ただ（只)	단지
853	一③	仅仅	jǐnjǐn	副	ただ（只)	단지
854	一③	尽量	jǐnliàng	副	できるだけ	되도록
855	一③	紧	jǐn	形	きつい	팽팽하다
856	一③	紧急	jǐnjí	形	きんきゅう（緊急)	긴급（緊急）하다

序号	等级	汉语	拼音	词性	日语	韩语
857	一②	紧张	jǐnzhāng	形	きんちょう（緊張）	긴장（緊張）하다
858	一①	进	jìn	动	入る	들어가다
859	一②	进步	jìnbù	动、形	しんぽ（進歩）する、しんぽ（進歩）	진보（進步）하다
860	一③	进口	jìnkǒu	名	入り口	입구（入口）
861	一③	进口	jìn∥kǒu	动	ゆにゅう（輸入）する	수입하다
862	一③	进来	jìnlai	动	入って来る	들어오다
863	一①	进去	jìnqu	动	入って行く	들어가다
864	一②	进入	jìnrù	动	入る	진입（進入）、들어가다、들다
865	一②	进行	jìnxíng	动	しんこう（進行）する	진행（進行）하다
866	一③	进一步	jìnyíbù	副	いっそう	진일보
867	一③	进展	jìnzhǎn	动	しんてん（進展）する	진전（進展）하다
868	一②	近	jìn	形	近い	가깝다
869	一③	近期	jìnqī	名	たんき（短期）	단기（短期）
870	一②	京剧	jīngjù	名	きょうげき（京劇）	경극（京劇）
871	一③	京戏	jīngxì	名	きょうげき（京劇）	경극（京劇）
872	一②	经常	jīngcháng	副	いつも	경상（經常）
873	一②	经过	jīngguò	动、名	横切る、通過	걸리다、경과（經過）
874	一③	经济	jīngjì	名、形	けいざい（経済）	경제（經濟）
875	一②	经理	jīnglǐ	名	しはいにん（支配人）	경리（經理）
876	一③	经历	jīnglì	动、名	経験する、けいれき（経歴）	경험（經驗）하다、경력（經歷）
877	一②	经验	jīngyàn	名	けいけん（経験）	경험（經驗）
878	一③	经营	jīngyíng	动	けいえい（経営）する	경영（經營）하다
879	一②	精彩	jīngcǎi	形	素晴らしい	훌륭하다
880	一②	精神	jīngshén	名	せいしん（精神）	정신（精神）
881	一③	精神	jīngshen	形	元気	원기（元氣）가 있다
882	一③	景色	jǐngsè	名	けしき（景色）	경색（景色）
883	一②	警察	jǐngchá	名	けいさつ（警察）	경찰（警察）

续表

序号	等级	汉语	拼音	词性	日语	韩语
884	一②	静	jìng	形、动	静か	조용하다
885	一①	九	jiǔ	数	きゅう（九）	구（九）
886	一③	久	jiǔ	形	久しい	오래다
887	一①	酒	jiǔ	名	さけ	술
888	一①	酒店	jiǔdiàn	名	ホテル	주점（酒店）
889	一②	旧	jiù	形	古い	낡다
890	一②	救	jiù	动	救う	구하다
891	一①	就	jiù	副	直ぐに	바로
892	一②	就是	jiùshì	副	どうしても	바로
893	一②	就要	jiù yào	副	今すぐ	곧
894	一③	就业	jiù // yè	动	しゅうぎょう（就業）する	취업（就業）하다
895	一②	举	jǔ	动	挙る	들어 올리다
896	一③	举办	jǔbàn	动	開催する	개최하다
897	一②	举手	jǔ shǒu	动	手を上る	손을 들다
898	一②	举行	jǔxíng	动	きょこう（挙行）する	거행（擧行）하다
899	一②	句	jù	量		
900	一②	句子	jùzi	名	文、センテンス（sentence）	문장（文章）
901	一③	具体	jùtǐ	形	ぐたい（具体）	구체（具體）
902	一③	具有	jùyǒu	动	備えている	구비（具備）하다
903	一③	剧场	jùchǎng	名	げきじょう（劇場）	극장（劇場）
904	一③	据说	jùshuō	动	言う、聞くところによれば…だそうだ	말하는 바에 의하면
905	一②	决定	juédìng	动、名	けってい（決定）する、けってい（決定）	결정（決定）하다、결정（決定）
906	一③	决赛	juésài	动、名	けっしょう（決勝）する、けっしょう（決勝）	결승（決勝）하다、결승
907	一③	决心	juéxīn	名、动	けっしん（決心）、けっしん（決心）する	결심（決心）、결심（決心）하다
908	一①	觉得	juéde	动	…感じる、…と思う	…라고느 끼다、…라고생각하다

续表

序号	等级	汉语	拼音	词性	日语	韩语
909	一③	绝对	juéduì	副	ぜったい（絶対）	절대（絶對）
910	一③	军队	jūnduì	名	ぐんたい（軍隊）	군대（軍隊）
911	一③	军人	jūnrén	名	ぐんじん（軍人）	군인（軍人）
912	一②	卡	kǎ	名	カード（card）	카드（card）
913	一①	开	kāi	动	開る	열다
914	一①	开车	kāi // chē	动	うんてん（運転）する	운전（運轉）하다
915	一③	开发	kāifā	动	かいはつ（開発）する	개발（開發）하다
916	一③	开放	kāifàng	动	かいほう（開放）する	개방（開放）하다
917	一①	开会	kāi // huì	动	かいかい（開会）	개회（開會）
918	一③	开机	kāi // jī	动	オンにする、オンモードにする	작동하다
919	一②	开始	kāishǐ	动、名	かいし（開始）する、かいし（開始）	개시（開始）하다、개시（開始）
920	一①	开玩笑	kāi wánxiào	动	冗談を言う	농담을하다
921	一②	开心	kāixīn	形、动	ゆかい（愉快）	하다、즐겁다
922	一③	开学	kāi // xué	动	かいがく（開学）する	개학（開學）하다
923	一③	开业	kāi // yè	动	かいぎょう（開業）する	개업（開業）하다
924	一③	开展	kāizhǎn	动	てんかい（展開）する	전개（展開）하다
925	一①	看	kàn	动	見る	보다
926	一①	看病	kàn // bìng	动	しんさつ（診察）する	진찰（診察）하다
927	一①	看到	kàndào	动	見かける、見える	보이다、눈이 닿다
928	一②	看法	kàn・fǎ	名	見方	견해、보는방법
929	一①	看见	kàn・jiàn	动	目に入る，見える	보다、보이다
930	一②	看来	kànlái	副	見たところ… のようだ	이로부터 보면、이것으로미루 어보면
931	一③	看上去	kàn・shàng・qù	副	…そうだ	…보인다
932	一②	考	kǎo	动	しげん（試験）する	시험（試驗）을 보다
933	一③	考察	kǎochá	动、名	こうさつ（考察）する、こうさつ（考察）	고찰（考察）하다、고찰（考察）

续表

序号	等级	汉语	拼音	词性	日语	韩语
934	一③	考生	kǎoshēng	名	じゅけんせい（受験生）	수험생（受験生）
935	一②	考试	kǎo // shì	名	しけん（試験）	시험（試験）
936	一③	考验	kǎoyàn	动	しれん（試練）する	시련（試鍊）하다
937	一②	靠	kào	动	寄る	기대다
938	一②	科	kē	名	か（科）	과（科）
939	一③	科技	kējì	名	かがくぎじゅつ（科学技術）	과학 기술（科學技術）
940	一②	科学	kēxué	名、形	かがく（科学）	과학（科學）
941	一③	科研	kēyán	动、名	かがくけんきゅう（科学研究）する、かがくけんきゅう(科学研究)	과학 연구（科學研究）하다, 과학 연구（科學研究）
942	一②	可爱	kě'ài	形	かわいい（可愛い）	귀엽다
943	一③	可靠	kěkào	形	頼りになる	믿을 만하다
944	一②	可能	kěnéng	副、形、名	かのう（可能）	가능（可能）
945	一②	可怕	kěpà	形	恐ろしい、怖い	두렵다、끔찍하다
946	一①	可是	kěshì	连	が、しかし、ところで	그러나、그런데
947	一①	可以	kěyǐ	动	…できる	…할 수 있다
948	一①	渴	kě	形	喉が乾く	목타다
949	一②	克	kè	量		
950	一③	克服	kèfú	动	こくふく（克服）する	극복（克服）하다
951	一②	刻	kè	量	こく（刻）	각（刻）
952	一③	刻	kè	动	彫る	새기다
953	一③	客观	kèguān	形	きゃっかん（客観）	객관（客觀）
954	一②	客人	kè·rén	名	きゃくじん（客人）	객인（客人）
955	一①	课	kè	名	じゅぎょう（授業）	수업（授業）
956	一①	课本	kèběn	名	テキスト（text）	교과서（教科書）
957	一③	课程	kèchéng	名	かてい（課程）	과정（課程）
958	一②	课堂	kètáng	名	きょうしつ（教室）	교실（教室）
959	一②	课文	kèwén	名	ほんもん（本文）	본문（本文）
960	一②	肯定	kěndìng	动、形	こうてい（肯定）	긍정（肯定）

序号	等级	汉语	拼音	词性	日语	韩语
961	一③	空	kōng	形、副	空しい、無駄に	비다、부질없이
962	一②	空气	kōngqì	名	くうき（空気）	공기（空氣）
963	一②	空调	kōngtiáo	名	エアコン（air condition）	에어컨（air condition）
964	一③	空儿	kòngr	名	ひま（暇）	틈
965	一①	口	kǒu	量、名	こう（口）	구（口）
966	一②	哭	kū	动	泣く	울다
967	一②	苦	kǔ	形	苦い	쓰다
968	一①	块	kuài	名、量	かたまり（塊）	조각
969	一①	快	kuài	形、副	速い	빠르다、빨리
970	一②	快餐	kuàicān	名	フアーストフード	속성 음식（速成饮食）、즉석 음식（即食品）
971	一②	快乐	kuàilè	形	ゆかい（愉快）	유쾌（愉快）하다
972	一③	快速	kuàisù	形	かいそく（快速）	쾌속（快速）하다
973	一②	快要	kuàiyào	副	もうすぐ、じきに	곧…
974	一②	筷子	kuàizi	名	はし（箸）	젓가락
975	一③	困	kùn	形、动	困る	고생하다
976	一②	困难	kùnnan	名、形	こんなん（困難）	곤란（困難）、곤란하다
977	一②	拉	lā	动	引く	끌다
978	一①	来	lái	动	来る	오다
979	一②	来到	láidào	动	とうちゃく（到着）する	도착（到着）하다
980	一③	来自	láizì	动	…から来る	…에서 오다
981	一②	蓝	lán	形	青い	파랗다
982	一③	蓝色	lánsè	名	青	남색（藍色）
983	一②	篮球	lánqiú	名	バスケットボール（basketball）	농구（籠球）
984	一②	浪费	làngfèi	动	ろうひ（浪費）する	낭비（浪費）하다
985	一②	劳动	láodòng	动、名	ろうどう（労働）する	노동（勞動）하다

续表

序号	等级	汉语	拼音	词性	日语	韩语
986	一①	老	lǎo	形	古い	늙다
987	一②	老	lǎo	副	いつも	늘
988	一③	老（老王）	lǎo(Lǎo Wáng)	前缀		
989	一③	老百姓	lǎobǎixìng	名	いっぱんたいしゅう（一般大衆）	백성（百姓）
990	一②	老板	lǎobǎn	名	しゅじん（主人）	주인（主人）
991	一③	老年	lǎonián	名	ろうねん（老年）	노년（老年）
992	一①	老人	lǎo·rén	名	ろうじん（老人）	노인（老人）
993	一①	老师	lǎoshī	名	せんせい（先生）	선생님（先生）
994	一③	老是	lǎo·shì	副	ずっと、いつも	늘、항상
995	一③	老太太	lǎotàitai	名	おばあさん	자당（慈堂）
996	一③	老头儿	lǎotóur	名	ロートル	노인（老人）
997	一③	乐	lè	形	楽しい	즐겁다
998	一③	乐观	lèguān	形	らっかん（楽観）する	락관（樂觀）하다
999	一①	了	le	助		
1000	一③	类	lèi	名、量	しゅるい（種類）	종류（種類）
1001	一③	类似	lèisì	动、形	るいじ（類似）する	유사（類似）하다
1002	一①	累	lèi	形	疲れる	힘들다
1003	一①	冷	lěng	形	寒い	춥다
1004	一②	离	lí	动	離れる	떠나다
1005	一③	离婚	lí // hūn	动	りこん（離婚）する	이혼（離婚）하다
1006	一②	离开	líkāi	动	離れる、発つ	떠나다、벗어나다
1007	一②	礼物	lǐwù	名	贈リ物	선물（膳物）
1008	一①	里	lǐ	名	うら（裏）	속、안
1009	一①	里边	lǐbian	名	ないぶ（内部）	내부（内部）
1010	一①	里面	lǐ·miàn	名	うちがわ（内側）	내부（内部）
1011	一②	里头	lǐtou	名	ないぶ（内部）	내부（内部）
1012	一③	理解	lǐjiě	动	りかい（理解）する	이해（理解）하다
1013	一③	理论	lǐlùn	名	りろん（理論）	이론（理論）
1014	一②	理想	lǐxiǎng	名	りそう（理想）	이상（理想）

续表

序号	等级	汉语	拼音	词性	日语	韩语
1015	一②	理由	lǐyóu	名	りゆう（理由）	이유（理由）
1016	一③	力量	lì・liàng	名	ちから（力）	역량（力量）
1017	一②	历史	lìshǐ	名	れきし（歴史）	역사（歴史）
1018	一②	立刻	lìkè	副	直ぐに	즉시（卽時）、당장（當場）
1019	一②	利用	lìyòng	动	りよう（利用）する	이용（利用）하다
1020	一②	例如	lìrú	连	たとえば	예를 들면、예컨대
1021	一②	例子	lìzi	名	れい（例）、サンプル（sample）	예（例）
1022	一②	连	lián	动、副	連ねる、続けて	이닷다、계속（「續）하여
1023	一③	连忙	liánmáng	副	急いで、さっそく	재빨리、급히
1024	一③	连续	liánxù	动	れんぞく（連続）する	연속（連續）하다
1025	一③	连续剧	liánxùjù	名	ドラマ（drama）	연속극（連續劇）
1026	一③	联合	liánhé	动	れんごう（聯合）する	연합（聯合）하다
1027	一③	联合国	Liánhéguó	名	こくさいれんごう（国際連合）	유엔（UN）
1028	一②	联系	liánxì	动	れんけい（連係）する	연락（連絡）하다
1029	一②	脸	liǎn	名	かお（顔）	얼굴（面目）
1030	一②	练	liàn	动	れんしゅう（練習）する	연습（練習）하다
1031	一②	练习	liànxí	动、名	れんしゅう（練習）する、れんしゅう（練習）	연습（練習）하다、연습（練習）
1032	一②	凉	liáng	形	涼しい	서늘하다
1033	一②	凉快	liángkuai	形	涼しくて気持がよい	시원하다
1034	一②	量	liáng	动	量る	재다
1035	一②	两	liǎng	数	に、ふたつ	이、둘
1036	一②	两	liǎng	量		
1037	一②	亮	liàng	形、动	明るい	밝다
1038	一②	辆	liàng	量	台だい	
1039	一②	了解	liǎojiě	动	りょうかい（了解）する	이해（理解）하다

序号	等级	汉语	拼音	词性	日语	韩语
1040	一①	零｜〇	líng｜líng	数	ゼロ（zero）	영（零）
1041	一③	领	lǐng	动	導く	이끌다
1042	一③	领导	lǐngdǎo	动、名	とうそつ（統率）する、しどうしゃ（指導者）	영도（領導）하다、영도자（領導者）
1043	一③	领先	lǐng // xiān	动	リード（lead）する	리드（lead）하다
1044	一②	另外	lìngwài	代、副	ほかの、別に	다른
1045	一③	另一方面	lìng // yì fāngmiàn	连	別の方面	다른 방면（方面）
1046	一②	留	liú	动	留まる	머무르다
1047	一②	留下	liúxia	动	引き止める	묵다
1048	一③	留学	liú // xué	动	りゅうがく（留学）する	유학（留學）하다
1049	一②	留学生	liúxué shēng	名	りゅうがくせい（留学生）	유학생（留學生）
1050	一②	流	liú	动	流す	흐르다
1051	一②	流利	liúlì	形	りゅうちょう（流暢）する	유창（流暢）하다
1052	一②	流行	liúxíng	动、形	りゅうこう（流行）する	유행（流行）하다
1053	一①	六	liù	数	ろく（六）	육（六）
1054	一③	龙	lóng	名	りゅう（竜）	용（龍）
1055	一①	楼	lóu	名	ビル	루（樓）
1056	一②	楼上	lóu shàng	名	にかい（二階）、かいじょう（階上）	루상（樓上）
1057	一②	楼下	lóu xià	名	かいか（階下）	루하（樓下）
1058	一③	录	lù	动	きろく（記録）する	기록（記錄）하다
1059	一③	录音	lùyīn	动、名	ろくおん（録音）する、ろくおん（録音）	녹음（錄音）하다、녹음（錄音）
1060	一①	路	lù	名	みち（道）	길
1061	一①	路口	lùkǒu	名	辻の入口	길목
1062	一①	路上	lùshang	名	とちゅう（途中）	노상（路上）
1063	一③	路线	lùxiàn	名	ろせん（路線）	노선（路線）

序号	等级	汉语	拼音	词性	日语	韩语
1064	一②	旅客	lǚkè	名	りょきゃく（旅客）	여객（旅客）
1065	一②	旅行	lǚxíng	动	りょこう（旅行）する	여행（旅行）하다
1066	一②	旅游	lǚyóu	动	りょこう（旅行）する	여행（旅行）하다
1067	一②	绿	lǜ	形	緑（みどり）	푸르다
1068	一②	绿茶	lǜchá	名	りょくちゃ（緑茶）	녹차（綠茶）
1069	一③	绿色	lǜsè	名	グリーン（green）	녹색（綠色）
1070	一②	乱	luàn	形	乱れる	어지럽다
1071	一③	落后	luò // hòu	形	らくご（落後）する	락후（落後）하다
1072	一①	妈妈｜妈	māma｜mā	名	御母さん、母	어머님、엄마
1073	一②	麻烦	máfan	动、形	世話になる	귀찮다
1074	一①	马	mǎ	名	ば（馬）	말（馬）
1075	一①	马路	mǎlù	名	大通リ	도로（道路）
1076	一①	马上	mǎshàng	副	直ぐに	곧、즉시
1077	一①	吗	ma	助		
1078	一①	买	mǎi	动	買う	사다
1079	一②	卖	mài	动	売る	팔다
1080	一②	满	mǎn	形	満ちる	가득하다
1081	一②	满意	mǎnyì	动	まんぞく（満足）する	만족（滿足）하다
1082	一③	满足	mǎnzú	动	まんぞく（満足）する	만족（滿足）하다
1083	一①	慢	màn	形	遅い	느리다
1084	一①	忙	máng	形	忙しい	바쁘다
1085	一②	毛	máo	量		
1086	一③	毛	máo	名	け（毛）、ヘア（hair）	털
1087	一②	毛病	máo·bìng	名	けってん（欠点）	약점（弱點）
1088	一①	没	méi	副	まだ…しない	…도 없다
1089	一①	没关系	méi guānxi	形	だいじょうぶ（大丈夫）	괜찮다
1090	一①	没什么	méi shénme	形	何もない	상관없다
1091	一②	没事儿	méi // shìr	形	だいじょうぶ（大丈夫）	괜찮다
1092	一①	没用	méi yòng	形	無駄	소용이 없다

续表

序号	等级	汉语	拼音	词性	日语	韩语
1093	一①	没有	méi·yǒu	动、副	まだ…しない	…도 없다
1094	一③	媒体	méitǐ	名	メディア	매체（媒體）
1095	一②	每	měi	代	まい（毎）	매（每）
1096	一③	每	měi	副	…するたびごとに	늘、항상
1097	一③	美	měi	形	美しい	아름답다
1098	一③	美好	měihǎo	形	美しい	아름답다
1099	一③	美术	měishù	名	びじゅつ（美術）	미술（美術）
1100	一②	美元	měiyuán	名	ベイ（米）ドル	미화（美貨）
1101	一②	妹妹｜妹	mèimei｜mèi	名	いもうと（妹）	여동생（女同生）
1102	一①	门	mén	名	もん（門）	문（門）
1103	一①	门口	ménkǒu	名	入リロ	입구（入口）
1104	一②	门票	ménpiào	名	にゅうじょうけん（入場券）	입장권（入場券）
1105	一①	们（朋友们）	men（péngyoumen）	后缀	―たち	―들
1106	一③	迷	mí	动	迷う	잃다
1107	一②	米	mǐ	名	こめ	쌀
1108	一②	米	mǐ	量	メートル（meter）	미터（meter）
1109	一②	米饭	mǐfàn	名	ご飯、ライス	쌀밥
1110	一②	面	miàn	名	ラーメン	밀가루
1111	一③	面	miàn	量	めん（面）	면（面）
1112	一①	面包	miànbāo	名	パン	빵
1113	一③	面对	miànduì	动	向かう	대면（對面）하다、당면（當面）하다
1114	一③	面积	miànjī	名	めんせき（面積）	면적（面積）
1115	一③	面前	miànqián	名	めんぜん（面前）	면전（面前）
1116	一②	面条儿	miàntiáor	名	うどん	국수
1117	一③	民间	mínjiān	名	みんかん（民間）	민간（民間）
1118	一③	民主	mínzhǔ	名	みんしゅ（民主）	민주（民主）
1119	一③	民族	mínzú	名	みんぞく（民族）	민족（民族）

序号	等级	汉语	拼音	词性	日语	韩语
1120	一③	名	míng	名	名前（なまえ）	이름
1121	一③	名称	míngchēng	名	めいしょう（名称）	명칭（名稱）
1122	一③	名单	míngdān	名	リスト（list）	명단（名單）
1123	一①	名字	míngzi	名	みょうじ（名字）	명자（名字）
1124	一①	明白	míngbai	形、动	明白、分かる	명백（明白）하다、알다
1125	一①	明年	míngnián	名	らいねん（来年）	명년（明年）
1126	一③	明确	míngquè	形	明確に	명확（明確）하다
1127	一①	明天	míngtiān	名	みょうにち（明日）	명일（明日）
1128	一③	明显	míngxiǎn	形	明確	명확（明確）하다
1129	一②	明星	míngxīng	名	スター（star）	스타（star）
1130	一③	命运	mìngyùn	名	うんめい（運命）	운명（運命）
1131	一③	某	mǒu	代	なにがし、ぼう	모（某）
1132	一③	母亲	mǔ·qīn	名	ははおや（母親）	모친（母親）
1133	一②	目标	mùbiāo	名	もくひょう（目標）	목표（目標）
1134	一②	目的	mùdì	名	もくてき（目的）	목적（目的）
1135	一③	目前	mùqián	名	もくぜん（目前）	목전（目前）
1136	一①	拿	ná	动	持つ	가지다
1137	一①	哪	nǎ	代	どこ（何処）	어디
1138	一①	哪里	nǎli	代	どこ（何処）	어디
1139	一①	哪儿	nǎr	代	どこ（何処）	어디
1140	一②	哪些	nǎxiē	代	どれ	어떤
1141	一①	那	nà / nèi	代	それ	그
1142	一③	那	nà	连	その	그
1143	一②	那边	nàbiān	代	そこ（其所、其处）	그곳
1144	一③	那会儿	nàhuìr	代	あのとき（時）	그 당시（当時）
1145	一①	那里	nàli	代	そこ（其所、其处）	그곳
1146	一①	那么	nàme	代	…のように	그렇게
1147	一①	那儿	nàr	代	そこ（其所、其处）	그곳

续表

序号	等级	汉语	拼音	词性	日语	韩语
1148	一②	那时候|那时	nàshíhou|nà shí	名	あのとき（時）	그당시（當時）
1149	一①	那些	nàxiē	代	それら	그것들
1150	一①	那样	nàyàng	代	そんな	그렇게
1151	一①	奶	nǎi	名	にゅう（乳）、ミルク	젖
1152	一②	奶奶	nǎinai	名	おばあさん	할머니
1153	一①	男	nán	名	男	남자（男子）
1154	一①	男孩儿	nánháir	名	男の子、ボーイ（boy）	사내 아이
1155	一①	男朋友	nánpéngyou	名	かれい（彼氏）	남자 친구
1156	一②	男人	nánren	名	男の人	남자（男子）
1157	一①	男生	nánshēng	名	だんしがくせい（男子学生）	남학생（男學生）
1158	一③	男子	nánzǐ	名	だんし（男子）	남자（男子）
1159	一①	南	nán	名	みなみ（南）	남
1160	一①	南边	nánbian	名	南の方	남면、남쪽
1161	一③	南部	nánbù	名	なんぶ（南部）	남부（南部）
1162	一③	南方	nánfāng	名	なんぽう（南方）	남방（南方）
1163	一①	难	nán	形	難しい	어렵다
1164	一②	难道	nándào	副	まさか…でもあるまい、とでもいうのか	설마…하겠는가？그래…란 말인가？
1165	一③	难度	nándù	名	難易度	난이도（難易度）
1166	一②	难过	nánguò	形	苦しい	고생스럽다
1167	一②	难受	nánshòu	形	体の具合が悪い、つらい	괴롭다
1168	一②	脑子	nǎozi	名	あたま（頭）	뇌、머리
1169	一①	呢	ne	助		
1170	一③	内	nèi	名	ない（内）	내（内）
1171	一③	内容	nèiróng	名	ないよう（内容）	내용（内容）
1172	一③	内心	nèixīn	名	ないしん（内心）	내심（内心）
1173	一①	能	néng	动	…できる	…할 수 있다

续表

序号	等级	汉语	拼音	词性	日语	韩语
1174	一③	能够	nénggòu	动	…できる	…할 수 있다
1175	一②	能力	nénglì	名	のうりょく（能力）	능력（能力）
1176	一①	你	nǐ	代	あなた（彼方）	너
1177	一①	你们	nǐmen	代	あなたたち（彼方達）	너희들
1178	一①	年	nián	名	とし（年）	년（年）
1179	一③	年初	niánchū	名	ねんしょ（年初）	년초（年初）
1180	一②	年代	niándài	名	ねんだい（年代）	년대（年代）
1181	一③	年底	niándǐ	名	ねんまつ（年末）	년말（年末）
1182	一②	年级	niánjí	名	ねんきゅう（年級）	학년（學年）
1183	一②	年纪	niánjì	名	年とし	년세（年歲）
1184	一②	年轻	niánqīng	形	（年が）若い	젊다
1185	一②	念	niàn	动	読む	읽다
1186	一②	鸟	niǎo	名	とり	새、조
1187	一②	您	nín	名	あなた	귀하（貴下）
1188	一①	牛	niú	名	うし	소
1189	一①	牛奶	niúnǎi	名	ぎゅうにゅう（牛乳）	우유（牛乳）
1190	一②	农村	nóngcūn	名	のうそん（農村）	농촌（農村）
1191	一②	农民	nóngmín	名	のうみん（農民）	농민（農民）
1192	一③	农业	nóngyè	名	のうぎょう（農業）	농업（農業）
1193	一②	弄	nòng	动	（手で）動かす	만들다
1194	一①	努力	nǔlì	形	どりょく（努力）する	노력（努力）하다
1195	一①	女	nǚ	形	おんな（女）	여자、여
1196	一①	女儿	nǚ'ér	名	むすめ（娘）	딸
1197	一①	女孩儿	nǚháir	名	女の子	여자 아이
1198	一①	女朋友	nǚpéng you	名	ガールフレント（girlfriend）	여자 친구（女子親舊）
1199	一②	女人	nǚrén	名	おんな、じょせい（女性）	여자（女子）
1200	一①	女生	nǚshēng	名	じょしがくせい（女子学生）	여학생（女學生）

续表

序号	等级	汉语	拼音	词性	日语	韩语
1201	一③	女士	nǚshì	名	レディー（lady）	숙녀（淑女）
1202	一③	女子	nǚzǐ	名	じょし（女子）	여자（女子）
1203	一②	暖和	nuǎnhuo	形	暖かい	따뜻하다
1204	一②	爬	pá	动	登る	기다
1205	一②	爬山	pá shān	动	山登りをする、とうざん（登山）する	산에 오르다、등산하다
1206	一①	怕	pà	动	恐れる	무서워하다
1207	一③	怕	pà	副	たぶん…かもしれない	아마…일 것이다
1208	一②	拍	pāi	动	たたく、打つ	치다
1209	一②	排	pái	名、量	れつ（列）	열
1210	一③	排	pái	动	並ぶ	배열하다
1211	一②	排队	pái // duì	动	たいれつ（隊列）を並ぶ	열을 짓다
1212	一③	排名	pái // míng	动	名前を並べる	이름을 순서에 따라 올리다
1213	一②	排球	páiqiú	名	バレーボール	배구（排球）
1214	一②	牌	pái	名	紙製のカルタ	（화투 따위의）놀이딱지
1215	一②	牌子	páizi	名	商標、マーク	상표
1216	一③	派	pài	动、名	はけん（派遣）する、は（派）	파견（派遣）하다、파（派）
1217	一③	判断	pànduàn	动、名	はんだん（判断）する、はんだん（判断）	판
1218	一①	旁边	pángbiān	名	そば	옆
1219	一①	跑	pǎo	动	走る	뛰다
1220	一③	配	pèi	动	力を合わせる	배합（配合）하다
1221	一③	配合	pèihé	动	きょうりょく（協力）する、きょうどう（協同）する	협동（協同）하다、협력（協力）하다
1222	一①	朋友	péngyou	名	ともだち（友達）	친구（親舊）
1223	一②	碰	pèng	动	ぶつかる	부딪치다

序号	等级	汉语	拼音	词性	日语	韩语
1224	一②	碰到	pèngdào	动	出会う	우연이 만나다
1225	一②	碰见	pèng·jiàn	动	出会う	우연이 만나다
1226	一②	批评	pīpíng	动	ひひょう（批評）する	비평（批評）하다
1227	一③	批准	pīzhǔn	动	ひじゅん（批准）する	비준하다
1228	一③	皮	pí	名	ひふ（皮膚）	피부
1229	一③	皮包	píbāo	名	（革製の）かばん	가죽 가방
1230	一②	皮鞋	píxié	名	かわぐつ	가죽구두
1231	一②	篇	piān	量	ぺん（篇）	편（篇）
1232	一②	便宜	piányi	形	安い	싸다
1233	一②	片	piàn	量	かた	조각、편（片）
1234	一①	票	piào	名	きっぷ（切符）	표（票）
1235	一②	漂亮	piàoliang	形	きれい、美しい	아름답다、예쁘다
1236	一②	平	píng	形	平たい	평탄（平坦）하다
1237	一①	平安	píng'ān	形	へいあん（平安）する	평안（平安）하다
1238	一②	平常	píngcháng	名、形	へいそ（平素）、ふつう（普通）	평소（平素）、보통（普通）
1239	一②	平等	píngděng	名、形	びょうどう（平等）	평등（平等）、평등（平等）하다
1240	一②	平时	píngshí	名	へいそ（平素）	평상시（平常時）
1241	一③	评价	píngjià	动、名	ひょうか（評価）する、ひょうか（評価）	평가（評價）하다、평가（評價）
1242	一②	瓶	píng	名	ボトル（bottle）	병（瓶）
1243	一②	瓶子	píngzi	名	ボトル（bottle）	병（瓶）
1244	一②	破	pò	形、动	破れる、破る	낡다、찢다
1245	一③	破坏	pòhuài	动	はかい（破壊）する	파괴（破壞）하다
1246	一③	普遍	pǔbiàn	形	ふへん（普遍）する	보편（普遍）적이다
1247	一③	普及	pǔjí	动、形	ふきゅう（普及）する	보급（普及）하다
1248	一②	普通	pǔtōng	形	ふつう（普通）	보통（普通）이다
1249	一②	普通话	pǔtōnghuà	名	きょうつうご（共通語）	표준어（標準語）
1250	一①	七	qī	数	しち（七）	칠（七）

续表

序号	等级	汉语	拼音	词性	日语	韩语
1251	一②	期	qī	量	き（期）	기（期）
1252	一③	齐	qí	形	そろっている	가지런하다
1253	一③	其次	qícì	代	その次	다음
1254	一③	其实	qíshí	副	じっさい（実際）は	사실상（事實上）
1255	一②	其他（其它）	qítā	代	そのほか（他）	기타（其他）
1256	一②	其中	qízhōng	名	その中	그 중
1257	一②	奇怪	qíguài	形	おかしい	기괴（奇怪）하다
1258	一②	骑	qí	动	乗る	타다
1259	一②	骑车	qíchē	动	自転車に乗る	자전거를 타다
1260	一①	起	qǐ	动	起きる	일어나다
1261	一②	起床	qǐ // chuáng	动	起きる	일어나다
1262	一③	起飞	qǐfēi	动	りりく（離陸）する	이륙（離陸）하다
1263	一①	起来	qǐlai	动	起きる	일어서다
1264	一③	气	qì	名	き（気）	기（氣）
1265	一③	气	qì	动	怒る	화나다
1266	一③	气候	qìhòu	名	きこう（気候）	기후（氣候）
1267	一③	气温	qìwēn	名	きおん（気温）	기온（氣溫）
1268	一①	汽车	qìchē	名	じどうしゃ（自動車）	자동차（車）
1269	一②	千	qiān	数	せん（千）	천（千）
1270	一③	千万	qiānwàn	副	せんまん（千万）	천만（千萬）
1271	一①	前	qián	名	まえ（前）	전（前）
1272	一①	前边	qiánbian	名	前の方	전면（前面）
1273	一③	前后	qiánhòu	名	ぜんご（前後）	전후（前後）
1274	一③	前进	qiánjìn	动	ぜんしん（前進）する	전진（前進）하다
1275	一①	前面	qián·miàn	名	ぜんめん（前面）	전면（前面）
1276	一②	前天	qiántiān	名	おととい	그저께
1277	一③	前往	qiánwǎng	动	向かう	가다
1278	一①	钱	qián	名	おかね（金）	돈
1279	一①	钱包	qiánbāo	名	さいふ（財布）	지갑（紙匣）

序号	等级	汉语	拼音	词性	日语	韩语
1280	一②	强	qiáng	形	強い	세다
1281	一③	强大	qiángdà	形	きょうだい（強大）	강대（強大）하다
1282	一③	强调	qiángdiào	动	きょうちょう（強調）する	강조（強調）하다
1283	一③	强烈	qiángliè	形	きょうれつ（強烈）する	강렬（強烈）하다
1284	一②	墙	qiáng	名	へき（壁）	벽（壁）
1285	一②	桥	qiáo	名	はし（橋）	다리
1286	一③	亲	qīn	形	亲しい	친하다
1287	一③	亲切	qīnqiè	形	しんせつ（親切）	친절（親切）하다
1288	一③	亲人	qīnrén	名	みうち（身内）のもの（者）	직계 친족（直系親族）、육친
1289	一③	亲自	qīnzì	副	自ら	직접（直接）
1290	一②	青年	qīngnián	名	せいねん（青年）	청년（青年）
1291	一③	青少年	qīng-shàonián	名	せいしょうねん（青少年）	청소년（青少年）
1292	一②	轻	qīng	形	かるい	가볍다
1293	一②	清楚	qīngchu	形	せいそ（清楚）	청초（清楚）하다
1294	一③	情感	qínggǎn	名	じょうかん（情感）	정감（情感）
1295	一②	情况	qíngkuàng	名	じょうきょう（情況）	상황（狀況）
1296	一①	请	qǐng	动	お願いする	초청하다
1297	一①	请假	qǐng // jià	动	休暇を取る	휴가를 받다
1298	一③	请教	qǐngjiào	动	教えてもらう	가르침을 청하다
1299	一①	请进	qǐng jìn	动	いらしゃいませ	들어 오세요
1300	一②	请客	qǐng // kè	动	しょうたい（招待）する	손님을 초대하다
1301	一②	请求	qǐngqiú	动	せいきゅう（請求）する	청구하다
1302	一①	请问	qǐngwèn	动	お尋ねします、お伺いします	말 좀 물읍시다
1303	一①	请坐	qǐngzuò	动	おすわりください	어서 앉으십시오
1304	一②	庆祝	qìngzhù	动	祝う	경축（慶祝）하다

续表

序号	等级	汉语	拼音	词性	日语	韩语
1305	一②	秋天	qiūtiān	名	あき	가을
1306	一②	求	qiú	动	乞う	청하다
1307	一①	球	qiú	名	ボール（ball）	구（球）
1308	一②	球场	qiúchǎng	名	きゅうじょう（球場）	구장（球場）
1309	一②	球队	qiúduì	名	チーム（team）	팀（team）
1310	一③	球迷	qiúmí	名	ファン（fan）	팬（fan）
1311	一②	球鞋	qiúxié	名	うんどうくつ（運動靴）	운동화（運動靴）
1312	一③	区	qū	名	く（区）、くいき（区域）	구、지역
1313	一③	区别	qūbié	名、动	くべつ（区別）、くべつ（区別）する	구별（區別）、구별（區別）하다
1314	一②	取	qǔ	动	取る	가지다
1315	一②	取得	qǔdé	动	しゅとく（取得）する	취득（取得）하다
1316	一③	取消	qǔxiāo	动	取り消	취소（取消）하다
1317	一①	去	qù	动	出かける	떠나다
1318	一①	去年	qùnián	名	きょねん（去年）、さくねん（昨年）	거년（去年）、작년（昨年）
1319	一③	去世	qùshì	动	せいきょ（逝去）する	서거（逝去）하다、별세（別世）하다、작고（作故）하다
1320	一①	全	quán	副、形	まったく、みんな（皆）	완전（完全）히、완전（完全）하다
1321	一②	全部	quánbù	名	ぜんぶ（全部）	전부（全部）
1322	一③	全场	quán chǎng	名	まんじょう（満場）	만장（滿場）
1323	一③	全国	quán guó	名	ぜんこく（全国）	전국（全國）
1324	一③	全家	quán jiā	名	いっか（一家）	전가족（全家族）、일가（一家）
1325	一③	全面	quánmiàn	名	ぜんめん（全面）	전면（全面）
1326	一③	全年	quán nián	名	まるいちねんかん（一年間）	만 일년 간（滿一年間）
1327	一③	全球	quánqiú	名	ぜんせかい（全世界）	전세계（全世界）
1328	一②	全身	quánshēn	名	ぜんしん（全身）	전신（全身）

序号	等级	汉语	拼音	词性	日语	韩语
1329	一②	全体	quántǐ	名	ぜんたい（全体）	전체（全體）
1330	一③	缺	quē	动	…を欠く、…が足りない	모자라다
1331	一②	缺点	quēdiǎn	名	けってん（欠点）	결점（缺點）
1332	一③	缺少	quēshǎo	动	足りない	결핍（缺乏）하다、부족（不足）하다
1333	一③	确保	quèbǎo	动	かくほ（確保）する	확보（確保）하다
1334	一③	确定	quèdìng	形、动	かくてい（確定）する	확정（確定）하다
1335	一②	确实	quèshí	形、副	かくじつ（確実）な、確かに	확실（確實）하다、확실（確實）히
1336	一③	群	qún	量		
1337	一③	群众	qúnzhòng	名	ぐんしゅう（群衆）	군중（群衆）
1338	一①	然后	ránhòu	连	そして	연후（然後）
1339	一①	让	ràng	介、动	…にさせる	…하도록시키다
1340	一①	热	rè	形、动	暑い、熱くする	덥다、데우다
1341	一③	热爱	rè'ài	动	ねつあい（熱愛）する	열애（熱愛）하다
1342	一②	热烈	rèliè	形	ねつれつ（熱烈）	열렬（熱烈）하다
1343	一②	热情	rèqíng	名、形	ねつじょう（熱情）、親切	열정（熱情）、친절하다
1344	一①	人	rén	名	ひと、じん、にん（人）	사람、인（人）
1345	一③	人才（人材）	réncái	名	じんざい（人材）	인재（人才）
1346	一③	人工	réngōng	名、形	じんこう（人工）	인공（人工）
1347	一③	人家	rénjia	代	じんか（人家）	인가（人家）
1348	一③	人口	rénkǒu	名	じんこう（人口）	인구（人口）
1349	一③	人类	rénlèi	名	じんるい（人類）	인류（人類）
1350	一③	人们	rénmen	名	ひとびと（人々）	사람들
1351	一②	人民	rénmín	名	じんみん（人民）	인민（人民）
1352	一②	人民币	rénmínbì	名	じんみんげん（人民元）	인민폐
1353	一③	人生	rénshēng	名	じんせい（人生）	인생（人生）
1354	一②	人数	rénshù	名	にんずう（人数）	인수（人數）

序号	等级	汉语	拼音	词性	日语	韩语
1355	一③	人物	rénwù	名	じんぶつ（人物）	인물（人物）
1356	一③	人员	rényuán	名	じんいん（人員）	인원（人員）
1357	一③	认可	rènkě	动	にんか（認可）する	인가（認可）하다
1358	一①	认识	rènshi	动、名	にんしき（認識）する、にんしき（認識）	인식（認識）하다、인식（認識）
1359	一①	认为	rènwéi	动	…と考える	여기다
1360	一①	认真	rènzhēn	形	まじめ	진지（眞摯）하다
1361	一③	任	rèn	动	にんめい（任命）する	임명（任命）하다
1362	一③	任	rèn	量	かい（回）	번（番）、차례（次例）
1363	一③	任何	rènhé	代	どんなことでも	어떠한…라도
1364	一③	任务	rènwu	名	にんむ（任務）	임무（任務）
1365	一③	仍	réng	副	依然として	여전（如前）히
1366	一③	仍然	réngrán	副	依然として	여전（如前）히
1367	一①	日	rì	名	ひ（日）	일（日）
1368	一①	日报	rìbào	名	にっぽう（日報）	일보（日報）
1369	一①	日常	rìcháng	名	にちじょう（日常）	일상（日常）
1370	一①	日期	rìqī	名	日取り	날짜
1371	一②	日子	rìzi	名	日暮し	날
1372	一②	容易	róngyì	形	ようい（容易）	용이（容易）하다
1373	一①	肉	ròu	名	にく（肉）	육（肉）
1374	一②	如果	rúguǒ	连	もし	만약
1375	一③	如何	rúhé	代	どうだらう	어떻게
1376	一②	入口	rùkǒu	名	いりぐち（入口）	입구（入口）
1377	一③	入门	rù // mén	名	にゅうもん（入門）	입문（入門）
1378	一①	三	sān	数	さん（三）	삼（三）
1379	一②	沙发	shāfā	名	ソファー（sofa）	소파
1380	一③	沙子	shāzi	名	すな（砂）	모래
1381	一①	山	shān	名	やま、さん（山）	산（山）
1382	一③	伤	shāng	动、名	ふしょう（負傷）する、きず（傷）	부상（負傷）하다、상처（傷處）

序号	等级	汉语	拼音	词性	日语	韩语
1383	一③	伤心	shāng // xīn	形	心を痛める	상심 (傷心)
1384	一②	商场	shāngchǎng	名	マーケット (market)	시장 (市場)
1385	一②	商店	shāngdiàn	名	しょうてん (商店)	상점 (商店)
1386	一②	商量	shāng liang	动	そうだん (相談) する	상의 (商議) 하다
1387	一③	商品	shāngpǐn	名	しょうひん (商品)	상품 (商品)
1388	一③	商人	shāngrén	名	しょうにん (商人)	상인 (商人)
1389	一③	商业	shāngyè	名	しょうぎょう (商業)	상업 (商業)
1390	一①	上	shàng	动	さかのぼる	올라가다
1391	一①	上	shàng	方	うえ	윗 -
1392	一①	上班	shàng // bān		しゅっきん (出勤) する	출근 (出勤) 하다
1393	一①	上边	shàngbian	名	上の方	위
1394	一①	上车	shàng chē	动	車に乗る	차를타다
1395	一①	上次	shàng cì	名	ぜんかい (前回)	지난번
1396	一③	上街	shàng jiē	动	街に出る	거리로 나가다
1397	一①	上课	shàng // kè	动	じゅぎょう (授業) する	수업 (授業) 하다
1398	一①	上来	shànglai	动	上がって来る	올라오다
1399	一①	上面	shàng · miàn	名	前の方に	(물체의) 표면
1400	一①	上去	shàngqu	动	上がって行く	올라가다
1401	一③	上升	shàngshēng	动	じょうしょう (上昇) する	상승 (上昇) 하다
1402	一①	上网	shàng // wǎng	动	インターネット (internet) をする	인터넷 (internet) 에 접속 (接續) 하다
1403	一①	上午	shàngwǔ	名	ごぜん (午前)	오전 (午前)
1404	一②	上学	shàng // xué	动	にゅうがく (入学) する	입학 (入學) 하다
1405	一②	上周	shàng zhōu	名	せんしゅう (先周)	전주 (前周)、지난 주
1406	一①	少	shǎo	形、动	少ない、欠ける	적다、잃다
1407	一②	少数	shǎoshù	名	しょうすう (少数)	소수 (少數)

续表

序号	等级	汉语	拼音	词性	日语	韩语
1408	一③	少年	shàonián	名	しょうねん（少年）	소년（少年）
1409	一③	设备	shèbèi	名	せつび（設備）	설비（設備）
1410	一③	设计	shèjì	动、名	せっけい（設計）する	설계（設計）하다
1411	一③	设立	shèlì	动	せつりつ（設立）する	설립（設立）하다
1412	一②	社会	shèhuì	名	しゃかい（社会）	사회（社會）
1413	一①	谁	shéi / shuí	代	だれ（誰）	누구
1414	一③	身份证	shēnfèn zhèng	名	みぶんしょうめいしょ（身分証明書）（本国人）、とうろくしょめ いしょう（登録証明書）（外国人）	등록증（登錄證）、신분증（身分證）
1415	一①	身上	shēn shang	名	からだ（体）	신상（身上）
1416	一①	身体	shēntǐ	名	しんたい（身体）	신체（身體）
1417	一②	深	shēn	形	深い	깊다
1418	一③	深刻	shēnkè	形	しんこく（深刻）	심각（深刻）하다
1419	一③	深入	shēnrù	动、形	深く入る、深い	심입（深入）하다、철저하다
1420	一①	什么	shénme	代	なに（何）	무엇
1421	一②	什么样	shénmeyàng	代	どんな	어떠한
1422	一③	升	shēng	动	昇る	오르다
1423	一②	生	shēng	动	生む	낳다
1424	一②	生	shēng	形	なま	설다
1425	一②	生病	shēng // bìng	动	病気になる	발병（發病）하다
1426	一③	生产	shēngchǎn	动	せいさん（生産）する	생산（生産）하다
1427	一③	生存	shēngcún	动	せいぞん（生存）する	생존（生存）하다
1428	一③	生动	shēngdòng	形	せいどう（生動）	생동（生動）하다
1429	一①	生活	shēnghuó	名、动	せいかつ（生活）、生きる	생활（生活）、살다
1430	一③	生命	shēngmìng	名	せいめい（生命）	생명（生命）
1431	一①	生气	shēng // qì	名、动	せいき（生気）、腹を立てる	생기（生氣）、역정（逆情）내다

序号	等级	汉语	拼音	词性	日语	韩语
1432	一①	生日	shēng·rì	名	たんじょうび(誕生日)	생일 (生日)
1433	一③	生意	shēngyi	名	ビジネス (business)	장사
1434	一③	生长	shēngzhǎng	动	せいちょう（成長）する	성장 (成長) 하다
1435	一③	声明	shēngmíng	动、名	せいめい(声明)する、せいめい（声明）	성명 (聲明) 하다、성명 (聲明)
1436	一②	声音	shēngyīn	名	おんせい（音声）	성음 (聲音)
1437	一②	省	shěng	名	しょう（省）	성 (省)
1438	一②	省	shěng	动	せつやく（節約）する	절약 (節約) 하다
1439	一③	胜	shèng	动	勝ち	낫다
1440	一②	胜利	shènglì	动、名	しょうり(勝利)する、しょうり	승리 (勝利) 하다、승리
1441	一②	失去	shīqù	动	失う	잃다
1442	一①	十	shí	数	じゅう（十）	십 (十)
1443	一③	十分	shífēn	副	ひじょう（非常）に	매우
1444	一②	石头	shítou	名	いし（石）	돌
1445	一③	石油	shíyóu	名	せきゆ（石油）	석유 (石油)
1446	一③	时	shí	名	じ（時）	시 (時)
1447	一③	时代	shídài	名	じだい（時代）	시대 (時代)
1448	一①	时候	shíhou	名	じこう（時候）	때 시간
1449	一①	时间	shíjiān	名	じかん（時間）	시간 (時間)
1450	一③	时刻	shíkè	名	じこく（時刻）	시각 (時刻)
1451	一②	时期	shíqī	名	じき（時期）	시기 (時期)
1452	一②	实际	shíjì	名、形	じっさい（実際）	실제 (實際)
1453	一③	实际上	shíjìshang	副	じっさい（実際）に	실제 (實際)로
1454	一③	实力	shílì	名	じつりょく（実力）	실력 (實力)
1455	一②	实习	shíxí	动、名	じっしゅう（実習）する、じっしゅう（実習）	실습 (實習) 하다、실습 (實習)
1456	一②	实现	shíxiàn	动	じつげん（実現）	실현 (實現) 하다
1457	一③	实行	shíxíng	动	じっこう（実行）する	실행 (實行) 하다

序号	等级	汉语	拼音	词性	日语	韩语
1458	一③	实验	shíyàn	动、名	じっけん（実験）する、じっけん（実験）	실험（實驗）하다、실험（實驗）
1459	一③	实验室	shíyànshì	名	じっけんしつ（実験室）	실험실（實驗室）
1460	一②	实在	shízài	副	ほんとう（本当）に	사실상（事實上）、기실（其實）
1461	一②	实在	shízai	形	しんじつ（真実）	진실（眞實）하다
1462	一③	食品	shípǐn	名	しょくひん（食品）	식품（食品）
1463	一②	食物	shíwù	名	しょくもつ（食物）	식물（食物）
1464	一③	使	shǐ	动	…に…させる	…시키다
1465	一②	使用	shǐyòng	动	しよう（使用）する	사용（使用）하다
1466	一③	始终	shǐzhōng	副	しじゅう（始終）	시종（始終）
1467	一③	世纪	shìjì	名	せいき（世紀）	세기（世紀）
1468	一②	世界	shìjiè	名	せかい（世界）	세계（世界）
1469	一③	世界杯	shìjièbēi	名	ワールドカップ（World Cup）	월드컵（World Cup）
1470	一②	市	shì	名	し（市）	시（市）
1471	一③	市场	shìchǎng	名	しじょう（市場）	시장（市場）
1472	一②	市长	shìzhǎng	名	しちょう（市長）	시장（市長）
1473	一①	事	shì	名	じ（事）	사（事）
1474	一③	事故	shìgù	名	じこ（事故）	사고（事故）
1475	一③	事件	shìjiàn	名	じけん（事件）	사건（事件）
1476	一③	事情	shìqing	名	じじょう（事情）	사정（事情）
1477	一③	事实	shìshí	名	じじつ（事実）	사실（事實）
1478	一③	事实上	shìshí shang	名	じじつじょう（事実上）	사실상（事實上）
1479	一②	事业	shìyè	名	じぎょう（事業）	사업（事業）
1480	一②	试	shì	动	試す	시험（試驗）하다
1481	一③	试验	shìyàn	动	しけん（試験）	시험（試驗）하다
1482	一①	是	shì	动	…だ、…である	이다
1483	一①	是不是	shìbushì		…かどうか	그러냐
1484	一①	适合	shìhé	动	てきごう（適合）する	적합（適合）하다

序号	等级	汉语	拼音	词性	日语	韩语
1485	一③	适应	shìyìng	动	てきおう（適応）する	적응（適應）하다
1486	一③	适用	shìyòng	形	てきよう（適用）する	적용（適用）하다
1487	一③	室	shì	名	しつ（室）	실（室）
1488	一②	收	shōu	动	受ける	얻다
1489	一②	收到	shōudào	动	受け取る	입수（入手）하다
1490	一②	收费	shōu fèi	动	費用を取る	비용을 받다
1491	一③	收看	shōukàn	动	してい（視聴）	시청하다、TV를 보다
1492	一②	收入	shōurù	动、名	しゅうにゅう（収入）する、しゅうにゅう（収入）	수입（收入）하다、수입（收入）
1493	一③	收听	shōutīng	动	ちょうしゅ（聴取）する	청취（聽取）하다
1494	一③	收音机	shōuyīnjī	名	ラジオ	라디오
1495	一①	手	shǒu	名	て	손
1496	一②	手表	shǒubiǎo	名	とけい（時計）	시계（時計）
1497	一①	手机	shǒujī	名	けいたいでんわ（携帯電話）	핸드폰（handphone）
1498	一③	手续	shǒuxù	名	てつづき（手続き）	수속（手續）
1499	一③	手指	shǒuzhǐ	名	手の指	손가락
1500	一③	首先	shǒuxiān	副	先ず最初に	우선（于先）
1501	一③	受	shòu	动	取ける	수령（受領）하다
1502	一②	受到	shòudào	动	…を受ける	…을 받다
1503	一②	受伤	shòu // shāng	动	ふしょう（負傷）する	수상（受傷）하다
1504	一①	书	shū	名	本（ほん）	책（册）
1505	一①	书包	shūbāo	名	カバン	책가방
1506	一①	书店	shūdiàn	名	しょてん（書店）	서점（書店）
1507	一②	书架	shūjià	名	しょだな（書棚）	서가（書架）
1508	一②	舒服	shūfu	形	気持がいい	상쾌（爽快）하다
1509	一②	输	shū	形	負ける	지다
1510	一③	输入	shūrù	动	輸入する	수입（輸入）하다
1511	一②	熟	shú / shóu	形	煮える	익다

续表

序号	等级	汉语	拼音	词性	日语	韩语
1512	一③	熟人	shúrén	名	良く知っている人	지인（知人）
1513	一③	属	shǔ	动	ぞく（属）する	속（屬）하다
1514	一②	属于	shǔyú	动	…に属（ぞく）する	…（범위）에 속하다
1515	一②	数	shǔ	动	数える	세다
1516	一③	束	shù	量	たば（束）	다발（束）
1517	一①	树	shù	名	き（樹）	나무
1518	一③	树林	shùlín	名	はやし（林）、森もり	수림（樹林）
1519	一③	数量	shùliàng	名	すうりょう（数量）	수량（數量）
1520	一③	数字	shùzì	名	すうじ（数字）	수자（數字）
1521	一②	双	shuāng	量、形		
1522	一③	双方	shuāngfāng	名	りょうほう（両方）	상대방（相對方）
1523	一①	水	shuǐ	名	みず（水）	물
1524	一①	水果	shuǐguǒ	名	くだもの（果物）	과실（果實）
1525	一②	水平	shuǐpíng	名	すいへい（水平）	수평（水平）
1526	一①	睡	shuì	动	寝る	자다
1527	一①	睡觉	shuì // jiào	动	眠る	잠을 자다
1528	一②	睡着	shuìzháo	动	眠りに入る	잠들다
1529	一②	顺利	shùnlì	形	じゅんちょう（順調）する	순리（順利）하다
1530	一①	说	shuō	动	言う、話す	말하다
1531	一①	说话	shuō // huà	动	ものを言う	이야기하다
1532	一②	说明	shuōmíng	动、名	せつめい(説明)する、せつめい（説明）	설명（說明）하다、설명（說明）
1533	一②	司机	sījī	名	うんてんしゅ(運転手)	운전수（運轉手）
1534	一③	思想	sīxiǎng	名	しそう（思想）	사상（思想）
1535	一①	死	sǐ	动、形	死ぬ	죽다
1536	一①	四	sì	数	し、よん	사、네
1537	一①	送	sòng	动	送る	주다
1538	一②	送到	sòngdào	动	送る	주다
1539	一②	送给	sòng gěi	动	…に贈る	주다

序号	等级	汉语	拼音	词性	日语	韩语
1540	一③	速度	sùdù	名	そくど（速度）	속도（速度）
1541	一②	算	suàn	动	数える	셈하다
1542	一②	虽然	suīrán	连	…であるが…	비록… 일지라도
1543	一③	随	suí	动	…についていく	…따르다
1544	一②	随便	suíbiàn	形	気のまま	마음대로
1545	一②	随时	suíshí	副	いつでも	언제나
1546	一①	岁	suì	量	さい（歳）	세（歲）
1547	一③	所	suǒ	名、量	ところ（所）	－ 소（所）、곳
1548	一①	所以	suǒyǐ	连	だから	그래서
1549	一②	所有	suǒyǒu	形	しょゆう（所有）する	소유（所有）하다
1550	一③	所长	suǒzhǎng	名	しょちょう（所長）	소장（所長）
1551	一①	他	tā	代	かれ（彼）	그
1552	一①	他们	tāmen	代	彼ら	그들
1553	一②	它	tā	代	それ（其）	그
1554	一②	它们	tāmen	代	それら	그들
1555	一①	她	tā	代	かのじょ（彼女）	그녀
1556	一①	她们	tāmen	代	彼女ら	그녀들
1557	一③	台	tái	名、量	たい・だい（台）	대（臺）
1558	一①	太	tài	副	ひじょう（非常）に	너무
1559	一②	太太	tàitai	名	おくさま（奥様）	부인（夫人）
1560	一②	太阳	tàiyáng	名	たいよう（太陽）	태양（太陽）
1561	一②	态度	tàidu	名	たいど（態度）	태도（態度）
1562	一②	谈	tán	动	語る	말하다
1563	一③	谈话	tán // huà	动	だんわ（談話）する	담화（談話）하다
1564	一②	汤	tāng	名	おつゆ（御汁）	국물
1565	一②	糖	táng	名	さとう（砂糖）	설탕（雪糖・屑糖）
1566	一②	讨论	tǎolùn	动	とうろん（討論）する	토론（討論）하다
1567	一②	套	tào	量	ワンセット	련（連）、가지
1568	一②	特别	tèbié	形、副	とくべつ（特別）、 とくべつ（特別）に	특별（特別）하다、 특별（特別）히

序号	等级	汉语	拼音	词性	日语	韩语
1569	一②	特点	tèdiǎn	名	とくてん（特点）	특징（特徵）
1570	一③	特色	tèsè	名	とくしょく（特色）	특색（特色）
1571	一②	疼	téng	形	痛い	아프다
1572	一②	提	tí	动	あげる	（손에）들다
1573	一②	提出	tíchū	动	ていしゅつ（提出）する	제출（提出）하다
1574	一②	提到	tídào	动	話が触れる	언급（言及）하다
1575	一②	提高	tígāo	动	向上させる	제고（提高）하다
1576	一③	提前	tíqián	动	繰り上げる	앞당기다
1577	一③	提问	tíwèn	动	しつもん（質問）する	질문（質問）하다
1578	一②	题	tí	名	もんだい（問題）	문제（問題）
1579	一③	体会	tǐhuì	动、名	たいけん（体験）する、たいけん（体験）	체험（體驗）하다、체험（體驗）
1580	一③	体现	tǐxiàn	动	たいげん（体現）する	체현（體現）하다
1581	一③	体验	tǐyàn	动	たいけん（体験）する	체험（體驗）하다
1582	一②	体育	tǐyù	名	たいいく（体育）	체육（體育）
1583	一②	体育场	tǐyùchǎng	名	うんどうじょう（運動場）	운동장（運動場）
1584	一②	体育馆	tǐyùguǎn	名	たいいくかん（体育館）	체육관（體育館）
1585	一①	天	tiān	名	そら（空）	천（天）하늘
1586	一③	天空	tiānkōng	名	てんくう（天空）	천공（天空）
1587	一①	天气	tiānqì	名	てんき（天気）	천기（天氣）
1588	一②	天上	tiānshang	名	てんじょう（天上）	천상（天上）
1589	一②	条	tiáo	量		
1590	一②	条件	tiáojiàn	名	じょうけん（条件）	조건（條件）
1591	一②	调	tiáo	动	ちょうてい（調停）する	조정（調停）하다
1592	一③	调整	tiáozhěng	动	ちょうせい（調整）する	조정（調整）하다
1593	一②	跳	tiào	动	跳ぶ	뛰다
1594	一③	跳高	tiàogāo	动、名	走り高跳びする	높이뛰기

序号	等级	汉语	拼音	词性	日语	韩语
1595	一②	跳舞	tiào // wǔ	动、名	ダンス（dance）をする	춤을 추다
1596	一③	跳远	tiàoyuǎn	动、名	走り幅跳びする	멀리뛰기
1597	一③	铁	tiě	名	てつ（鉄）	철（鐵）
1598	一③	铁路	tiělù	名	てつろ（鉄路）	철로（鐵路）
1599	一①	听	tīng	动	聞く	듣다
1600	一②	听到	tīngdào	动	聞く	들리다
1601	一①	听见	tīng·jiàn	动	聞える	들리다
1602	一③	听讲	tīng // jiǎng	动	講演か講義を聞く	강연（講演）을 듣다、청항（聽講）하다
1603	一③	听力	tīnglì	名	ちょうりょく（聴力）	청력（聽力）
1604	一③	听说	tīngshuō	介	…ということだ	…는 말을 듣다
1605	一③	听众	tīngzhòng	名	ちょうしゅう（聴衆）	청중（聽衆）
1606	一②	停	tíng	动	停める	멎다
1607	一②	停车	tíng // chē	名	ていしゃ（停車）	주차（駐車）
1608	一②	停车场	tíngchēchǎng	名	ていしゃじょう（停車場）	주차장（駐車場）
1609	一②	停止	tíngzhǐ	动	ていし（停止）する	정지（停止）하다
1610	一②	挺	tǐng	副	とても	매우
1611	一②	挺好	tǐnghǎo	形	とてもよい	매우좋다
1612	一②	通	tōng	动	通る	통（通）하다
1613	一③	通常	tōngcháng	形	ふつう（普通）	통상（通常）
1614	一②	通过	tōngguò	介、动	…を通す、つうか（通過）する	…을 [를] 통하 다 …、통과（通過）하다
1615	一③	通信	tōng // xìn	名	つうしん（通信）	통신（通信）
1616	一②	通知	tōngzhī	动、名	つうち（通知）する、つうち（通知）	통지（通知）하다、통지（通知）
1617	一②	同时	tíngshí	连、名	どうじ（同時）	동시（同時）
1618	一②	同事	tóngshì	名	どうりょう（同僚）	동료（同僚）
1619	一①	同学	tóngxué	名	どうそう（同窓）	학우（學友）
1620	一②	同样	tóngyàng	形、连	どうよう（同様）、どうよう（同様）に	동양（同様）、마찬 가지로

续表

序号	等级	汉语	拼音	词性	日语	韩语
1621	一①	同意	tóngyì	动	どうい（同意）する	동의（同意）하다
1622	一③	同志	tóngzhì	名	どうし（同志）	동지（同志）
1623	一③	痛	tòng	形	痛い	아프다
1624	一③	痛苦	tòngkǔ	形	くつう（苦痛）する	고통（苦痛）스럽다
1625	一②	头	tóu	名、量	あたま（頭）	머리
1626	一③	头	tóu	形	一番上	첫째
1627	一③	头脑	tóunǎo	名	ずのう（頭脳）	두뇌（頭腦）
1628	一②	头（木头）	tou(mùtou)	后级		
1629	一③	突出	tūchū	形、动	とっしゅつ（突出）する	돌출（突出）하다
1630	一②	突然	tūrán	形	とつぜん（突然）	돌연（突然）하다
1631	一③	图	tú	名	ず（図）、え（絵）	그림、도표（圖表）
1632	一③	图画	túhuà	名	ずか（図画）	도화（圖畵）
1633	一②	图书馆	túshūguǎn	名	としょかん（図書館）	도서관（圖書館）
1634	一③	土	tǔ	名	つち（土）	흙
1635	一③	团	tuán	名、量		
1636	一③	团结	tuánjié	动	だんけつ（団結）する	단결（團結）하다
1637	一③	团体	tuántǐ	名	だんたい（団体）	단체（團體）
1638	一②	推	tuī	动	押す	밀다
1639	一③	推动	tuīdòng	动	すいしん（推進）する	추동（推動）하다
1640	一③	推广	tuīguǎng	动	押し広める	널리 보급（普及）하다
1641	一③	推进	tuījìn	动	すいしん（推進）する	추진（推進）하다
1642	一③	推开	tuīkāi	动	押し開ける	밀어열다
1643	一②	腿	tuǐ	名	あし（足・脚）	다리
1644	一③	退	tuì	动	こうたい（後退）する、たいきゃく（退却）する	후퇴（後退）하다、퇴각（退却）하다
1645	一③	退出	tuìchū	动	たいしゅつ（退出）する	퇴출（退出）하다
1646	一②	退休	tuìxiū	动	たいしょく（退職）する	퇴직（退職）하다

序号	等级	汉语	拼音	词性	日语	韩语
1647	一③	托	tuō	动	支える	받치다
1648	一③	托儿所	tuō'érsuǒ	名	たくじしょ（託児所）	탁아소（託兒所）
1649	一①	外	wài	名	そと（外）	외변（外邊）
1650	一①	外边	wàibian	名	外の方	외변（外邊）
1651	一③	外地	wàidì	名	がいち（外地）	외지（外地）
1652	一①	外国	wàiguó	名	がいこく（外国）	외국（外國）
1653	一②	外国人	wàiguórén	名	がいこくじん（外国人）	외국인（外國人）
1654	一①	外交	wàijiāo	名	がいこう（外交）	외교（外交）
1655	一①	外面	wài·miàn	名	ひょうめん（表面）	외면（外面）
1656	一③	外文	wàiwén	名	がいこくご（外国語）	외문（外文）
1657	一①	外语	wàiyǔ	名	がいこくご（外国語）	외국어（外國語）
1658	一①	完	wán	动	おしまいになる	완결（完結）되다 끝나다
1659	一②	完成	wánchéng	动	かんせい（完成）する	완성（完成）하다
1660	一③	完美	wánměi	形	かんぺき（完璧）	완미（完美）하다
1661	一②	完全	wánquán	形、副	かんぜん（完全）、ぜんぜん（全然）	완전（完全）하다、완전（完全）히
1662	一③	完善	wánshàn	形、动	かんぜん（完全）	완선（完善）하다
1663	一③	完整	wánzhěng	形	かんぜんむけつ（完全無欠）	완정（完整）하다
1664	一③	玩具	wánjù	名	がんぐ（玩具）	완구（玩具）
1665	一①	玩儿	wánr	动	遊ぶ	놀다
1666	一①	晚	wǎn	形	遅い	늦다
1667	一①	晚安	wǎn'ān	动	お休みなさい	안녕（安寧）히 주무십시오
1668	一③	晚报	wǎnbào	名	ゆうかん（夕刊）	석간 신문（夕刊新聞）
1669	一①	晚饭	wǎnfàn	名	ばんごはん（晩御飯）	만찬（晩餐）
1670	一②	晚会	wǎnhuì	名	夜の集い	야회（夜會）
1671	一①	晚上	wǎnshang	名	よる（夜）	밤（晩）、저녁
1672	一②	碗	wǎn	名	わん（碗）	그릇
1673	一②	万	wàn	数	まん（万）	만（萬）

续表

序号	等级	汉语	拼音	词性	日语	韩语
1674	一③	万一	wànyī	名、连	まんいち（万一）、ひょつとして	만일（萬一）、만약
1675	一②	网	wǎng	名	あみ（網）	망（網）
1676	一②	网络	wǎngluò	名	ネット（net）	네트（net）
1677	一②	网球	wǎngqiú	名	テニス（tenis）	정구（庭球）
1678	一①	网上	wǎng shang	名	ネット（net）	네트（net）
1679	一③	网友	wǎngyǒu	名	ネット友	인터넷（internet）동호인（同好人）
1680	一③	网站	wǎngzhàn	名	ウェブサイト（website）	웹사이트（website）
1681	一②	往	wǎng	动、介	行く、…の方へ	가다、…（로）향하다
1682	一③	往往	wǎngwǎng	副	おうおう（往往）にして、しばしば	왕왕（往往）、자주
1683	一①	忘	wàng	动	忘れる	잊어버리다
1684	一③	忘记	wàngjì	动	忘れる	잊어버리다
1685	一③	危害	wēihài	动、名	きがい（危害）する、きがい（危害）	위해를 가하다（危害）
1686	一③	危机	wēijī	名	きき（危機）	위기（危機）
1687	一②	危险	wēixiǎn	形、名	きけん（危険）	위험（危險）
1688	一③	为	wéi	动	する	하다
1689	一③	围	wéi	动	囲む	에워싸다
1690	一③	伟大	wěidà	形	いだい（偉大）	위대（偉大）하다
1691	一②	卫生	wèishēng	形、名	えいせいてき（衛生的）、えいせい（衛生）	위생적（衛生的）、위생（衛生）
1692	一③	卫星	wèixīng	名	えいせい（衛星）	위성（衛星）
1693	一②	为	wèi	介	…の爲に	…위（爲）하다
1694	一①	为了	wèile	介	…の爲に	…위（爲）하다
1695	一①	为什么	wèi shénme	副	なぜ（何故）	왜
1696	一②	位	wèi	量		
1697	一②	味道	wèi·dào	名	あじ（味）	맛

续表

序号	等级	汉语	拼音	词性	日语	韩语
1698	一②	温度	wēndù	名	おんど（温度）	온도（溫度）
1699	一③	温暖	wēnnuǎn	形、动	おんだん（温暖）、温める	온난（溫暖）하다、따뜻하게 하다
1700	一②	文化	wénhuà	名	ぶんか（文化）	문화（文化）
1701	一③	文件	wénjiàn	名	しょるい（書類）	서류（書類）
1702	一③	文明	wénmíng	名	ぶんめい（文明）	문명（文明）
1703	一③	文学	wénxué	名	ぶんがく（文学）	문학（文學）
1704	一③	文章	wénzhāng	名	ぶんしょう（文章）	문장（文章）
1705	一③	文字	wénzì	名	もんじ（文字）	문자（文字）
1706	一②	闻	wén	动	嗅ぐ	맡다
1707	一①	问	wèn	动	しつもん（質問）する	질문（質問）하다
1708	一②	问路	wèn lù	动	道を尋る	길을묻다
1709	一②	问题	wèntí	名	もんだい（問題）	문제（問題）
1710	一①	我	wǒ	代	私、僕	저、나
1711	一①	我们	wǒmen	代	私したち	우리
1712	一②	握手	wò // shǒu	动	あくしゅ（握手）する	악수（握手）하다
1713	一③	屋子	wūzi	名	へや（部屋）	방（房）
1714	一③	无法	wúfǎ	动	仕方がない	방법이 없다
1715	一③	无论	wúlùn	连	どうしても	…에도 불구하고
1716	一①	五	wǔ	数	ご（五）	오（五）
1717	一①	午饭	wǔfàn	名	ひるめし（昼飯）	점심（點心）
1718	一③	午睡	wǔshuì	名、动	ひるね（昼寝）	낮잠
1719	一③	武器	wǔqì	名	ぶき（武器）	무기（武器）
1720	一②	武术	wǔshù	名	ぶじゅつ（武術）	무술（武術）
1721	一③	舞台	wǔtái	名	ぶたい（舞台）	무대（舞臺）
1722	一①	西	xī	名	にし	서쪽
1723	一③	西北	xīběi	名	せいほく（西北）	서북（西北）
1724	一①	西边	xībian	名	にしがわ（西側）	서쪽
1725	一③	西部	xībù	名	せいぶ（西部）	서부（西部）

续表

序号	等级	汉语	拼音	词性	日语	韩语
1726	一②	西餐	xīcān	名	ようしょく（洋食）	양식（洋食）
1727	一③	西方	xīfāng	名	せいほう（西方）	서방（西方）
1728	一③	西南	xīnán	名	せいなん（西南）	서남（西南）
1729	一③	西医	xīyī	名	いしゃ（医者）	양의（洋醫）
1730	一②	希望	xīwàng	动、名	きぼう（希望）する、きぼう（希望）	희망（希望）하다、희망（希望）
1731	一②	习惯	xíguàn	名、动	しゅうかん（習慣）	습관（習慣）
1732	一①	洗	xǐ	动	洗う	씻다
1733	一①	洗手间	xǐshǒujiān	名	べんじょ（便所）、トイレ	화장실（化粧室）
1734	一②	洗衣机	xǐyījī	名	せんたくき（洗濯機）	세탁기（洗濯機）
1735	一②	洗澡	xǐ // zǎo	动	風呂に入る	목욕（沐浴）하다
1736	一①	喜欢	xǐhuan	动	す（好）ぎ	좋아하다
1737	一②	系	xì	名	がくぶ（学部）	학과（學科）
1738	一①	下	xià	动	くだる	내리다
1739	一①	下	xià	名	した	아래
1740	一②	下	xià	量		
1741	一①	下班	xià // bān	动	たいきん（退勤）する	퇴근（退勤）하다
1742	一①	下边	xiàbian	名	下の方	하변（下邊）
1743	一①	下车	xià chē	动	げしゃ（下車）する	하차（下車）하다、차내리다
1744	一①	下次	xià cì	名	じかい（次回）	차회（次回）
1745	一①	下课	xià // kè	动	授業が終わる	수업（授業）이 끝나다
1746	一①	下来	xiàlai	动	降って来る	하래（下來）하다
1747	一①	下面	xià·miàn	名	下の方	하면（下面）
1748	一①	下去	xiàqu	动	下に降りる	하거（下去）하다
1749	一①	下午	xiàwǔ	名	ごご（午後）	오후（午後）
1750	一②	下周	xià zhōu	名	らいしゅう（来週）	다음주
1751	一②	夏天	xiàtiān	名	なつ（夏）	여름
1752	一①	先	xiān	副、名	先に、まえ（前）	우선、선두

序号	等级	汉语	拼音	词性	日语	韩语
1753	一③	先后	xiānhòu	名、副	せんご（先後）、前後して	선후（先後）、전후하여
1754	一③	先进	xiānjìn	形、名	せんしん（先進）	선진（先進）
1755	一①	先生	xiānsheng	名	せんせい（先生）	선생（先生）
1756	一③	显得	xiǎnde	动	…に見える	…하게 보이다
1757	一③	显然	xiǎnrán	形	あき（明）らかに	분명（分明）하다
1758	一③	显示	xiǎnshì	动	はっきり示す	과시（誇示）하다
1759	一③	现场	xiànchǎng	名	げんじょう（現場）	현장（現場）
1760	一③	现代	xiàndài	名	げんだい（現代）	현대（現代）
1761	一③	现金	xiànjīn	名	げんきん（現金）	현금（現金）
1762	一③	现实	xiànshí	名	げんじつ（現実）	현실（現實）
1763	一③	现象	xiànxiàng	名	げんしよう（現象）	현상（現象）
1764	一①	现在	xiànzài	名	げんざい（現在）	현재（現在）
1765	一②	线	xiàn	名	せん（線）	선（線）
1766	一③	相比	xiāngbǐ	动	ひかく（比較）する	비교（比較）하다
1767	一③	相当	xiāngdāng	副、动	なかなか、そうとう（相当）する	상당（相當）히、상당（相當）하다
1768	一③	相关	xiāngguān	动	かんけい（関係）する	상관（相關）하다
1769	一③	相互	xiānghù	副	そうご（相互）	상호（相互）
1770	一③	相似	xiāngsì	形	似ている	상사（相似）하다
1771	一②	相同	xiāngtóng	形	同じ	상동（相同）하다
1772	一②	相信	xiāngxìn	动	信じる	상신（相信）하다
1773	一②	香	xiāng	形	におう	향기롭다
1774	一②	响	xiǎng	形	（声や音が）高い	（소리가）높고 크다
1775	一①	想	xiǎng	动	考える	생각（生覺·省覺）하다
1776	一②	想到	xiǎngdào	动	思い出す	생각이 나다
1777	一②	想法	xiǎng·fǎ	名	考え方	생각（生覺·省覺）
1778	一③	想起	xiǎngqǐ	动	思い出す	상기（想起）하다
1779	一①	向	xiàng	介、动	…に向かって、…に向う	…（으）로、…에게

序号	等级	汉语	拼音	词性	日语	韩语
1780	一③	项	xiàng	量		
1781	一③	项目	xiàngmù	名	こうもく（项目）	항목（項目）
1782	一②	相机	xiàngjī	名	カメラ（camera）	카메라（camera）
1783	一②	像	xiàng	动	…似ている	…와 같다
1784	一③	像	xiàng	名	ぞう（像）	상（像）
1785	一③	消费	xiāofèi	动	しょうひ（消费）する	소비（消費）하다
1786	一③	消失	xiāoshī	动	しょうしつ（消失）する	소실（消失）하다
1787	一②	消息	xiāoxi	名	しょうそく（消息）	소식（消息）
1788	一①	小	xiǎo	形	小さい	작다
1789	一②	小（小李）	xiǎo(Xiǎo Lǐ)	前缀	しょう（小）-	소（小）-
1790	一①	小孩儿	xiǎoháir	名	こども（子供）	아이
1791	一①	小姐	xiǎo·jiě	名	お嬢さん	아가씨
1792	一①	小朋友	xiǎopéngyǒu	名	子供	아이
1793	一②	小声	xiǎoshēng	名	小さな声	작은소리
1794	一①	小时	xiǎoshí	名	じかん（時間）	시간（時間）
1795	一②	小时候	xiǎoshíhou	名	小さい時	어렸 을때
1796	一③	小说	xiǎoshuō	名	しょうせつ（小说）	소설（小說）
1797	一②	小心	xiǎo·xīn	形、动	気をつける	조심（操心）스럽다、주의（注意）하다
1798	一①	小学	xiǎoxué	名	しょうがく（小学）	소학（小學）
1799	一①	小学生	xiǎoxué shēng	名	しょうがくせい（小学生）	소학생（小學生）
1800	一③	小组	xiǎozǔ	名	グループ（group）	소조（小組）
1801	一③	校园	xiàoyuán	名	こうてい（校庭）	교정（校庭）
1802	一②	校长	xiàozhǎng	名	こうちょう（校长）	교장（校長）
1803	一①	笑	xiào	动	笑う	웃다
1804	一③	笑话	xiàohua	动	嘲笑う	비웃다
1805	一③	笑话儿	xiàohuar	名	じょうだん（冗談）	농담（弄談）
1806	一③	效果	xiàoguǒ	名	こうか（効果）	효과（效果）

序号	等级	汉语	拼音	词性	日语	韩语
1807	一②	鞋	xié	名	くつ（靴）	구두
1808	一①	写	xiě	动	書く	쓰다
1809	一③	写作	xiězuò	动	ちょさく（著作）する	저작（著作）하다
1810	一③	血	xiě	名	けつ（血）	혈（血）
1811	一①	谢谢	xièxie	动	かんしゃ（感謝）する	감사（感謝）하다
1812	一②	心里	xīnli	名	胸の中	가슴속
1813	一②	心情	xīnqíng	名	しんじょう（心情）	심정（心情）
1814	一③	心中	xīnzhōng	名	しんじゅう（心中）	심중（心中）
1815	一①	新	xīn	形	新あたら（新）しい	새롭다
1816	一①	新年	xīnnián	名	しんねん（新年）	신년（新年）
1817	一②	新闻	xīnwén	名	しんぶん（新聞）	뉴스
1818	一③	信	xìn	动	確か	확실하다
1819	一②	信	xìn	名	てがみ（手紙）	편지（便紙）
1820	一③	信号	xìnhào	名	しんごう（信号）	신호（信號）
1821	一③	信任	xìnrèn	动	しんにん（信任）する	신임（信任）하다
1822	一③	信息	xìnxī	名	じょうほう（情報）	정보（情報）
1823	一②	信心	xìnxīn	名	しんじん（信心）	신심（信心）
1824	一③	信用卡	xìnyòngkǎ	名	しんよう（信用）カート（card）	신용（信用）카드（card）
1825	一①	星期	xīngqī	名	ようび（曜日）	요일（曜日）
1826	一①	星期日	xīngqīrì	名	にちようび（日曜日）	일요일（日曜日）
1827	一①	星期天	xīngqītiān	名	にちようび（日曜日）	일요일（日曜日）
1828	一③	星星	xīngxing	名	ほし（星）	별
1829	一①	行	xíng	动	行く	가다
1830	一③	行动	xíngdòng	动、名	こうどう（行動）する、こうどう（行動）	행동（行動）하다、행동（行動）
1831	一②	行李	xíngli	名	にもつ（荷物）	수화물（手荷物）、여행（旅行）짐
1832	一③	行人	xíngrén	名	つうこうにん（通行人）	행인（行人）
1833	一③	行为	xíngwéi	名	こうい（行為）	행위（行爲）

续表

序号	等级	汉语	拼音	词性	日语	韩语
1834	一③	形成	xíngchéng	动	けいせい（形成）する	형성（形成）하다
1835	一③	形式	xíngshì	名	けいしき（形式）	형식（形式）
1836	一③	形象	xíngxiàng	名、形	けいしょう（形象）	형상（形象）
1837	一③	形状	xíngzhuàng	名	けいじょう（形状）	형상（形状）
1838	一②	幸福	xìngfú	形、名	こうふく（幸福）する、こうふく（幸福）	행복（幸福）하다、행복（幸福）
1839	一③	幸运	xìngyùn	形	こううん（幸運）	행운（幸運）
1840	一③	性（积极性）	xìng(jījíxìng)	后缀	－せい（性）	－성（性）
1841	一③	性格	xìnggé	名	せいかく（性格）	성격（性格）
1842	一②	姓	xìng	名、动	せい（姓）、せい（姓）は…である	성（姓）、성이…이다
1843	一②	休假	xiū // jià	动、名	きゅうかを（休暇）と（取）る、きゅうか（休暇）	휴가（休暇）를 하다、휴가（休暇）
1844	一①	休息	xiūxi	动	きゅうそく（休息）する	휴식（休息）하다
1845	一②	修	xiū	动	飾る	꾸미다
1846	一③	修改	xiūgǎi	动	かいてい（修訂）する	수개（修改）하다
1847	一③	需求	xūqiú	名	求め	수요（需要）
1848	一②	需要	xūyào	动、名	ひつよう（需要）	수요（需要）
1849	一②	许多	xǔduō	形	たくさん（沢山）	허다（許多）하다
1850	一③	宣布	xuānbù	动	はっぴょう（発表）する	선포（宣布）하다
1851	一③	宣传	xuānchuán	动、名	せんでん（宣伝）する、せんでん（宣伝）	선전（宣傳）하다、선전（宣傳）
1852	一②	选	xuǎn	动	せんたく（選択）する	선택（選擇）하다
1853	一③	选举	xuǎnjǔ	动、名	せんきょ（選挙）する、せんきょ（選挙）	선거（選舉）하다、선거（選舉）
1854	一③	选手	xuǎnshǒu	名	せんしゅ（選手）	선수（選手）
1855	一①	学	xué	动	学ぶ	배우다
1856	一②	学费	xuéfèi	名	がくひ（学費）	학비（學費）

续表

序号	等级	汉语	拼音	词性	日语	韩语
1857	一③	学期	xuéqī	名	がっき（学期）	학년（學年）
1858	一①	学生	xuésheng	名	がくせい（学生）	학생（學生）
1859	一①	学习	xuéxí	动	がくしゅう（学習）する	학습（學習）하다
1860	一②	学校	xuéxiào	名	がっこう（学校）	학교（學校）
1861	一①	学院	xuéyuàn	名	がくいん（学院）	대학（大學）
1862	一②	雪	xuě	名	ゆき（雪）	설（雪）
1863	一③	训练	xùnliàn	动、名	くんれん（訓練）する、くんれん（訓練）	훈련（訓練）하다、훈련（訓練）
1864	一②	压	yā	动	押す	누르다
1865	一③	压力	yālì	名	あつりょく（圧力）	압력（壓力）
1866	一③	烟	yān	名	タバコ（tobacco）	담배
1867	一②	研究	yánjiū	动	けんきゅう（研究）する	연구（研究）하다
1868	一③	研制	yánzhì	动	研究製造する	연구제작（研究製作）하다
1869	一②	颜色	yánsè	名	がんしょく（顔色）	색（色）
1870	一②	眼	yǎn	名	め（目）	눈
1871	一③	眼前	yǎnqián	名	めさき（目先）	안전（眼前）
1872	一②	演	yǎn	动	演ずる	공연（公演）하다
1873	一③	演唱会	yǎnchànghuì	名	コンサート（concert）	음악회（音樂會）
1874	一③	演出	yǎnchū	动、名	じょうえん（上演）する、じょうえん（上演）	연출（演出）하다、연출（演出）
1875	一②	演员	yǎnyuán	名	はいゆう（俳優）	배우（俳優）
1876	一②	羊	yáng	名	ひつじ（羊）	양（羊）
1877	一②	阳光	yángguāng	名	ようこう（陽光）	양광（陽光）
1878	一②	养	yǎng	动	養う	기르다
1879	一②	样子	yàngzi	名	ようす（様子）	양자（樣子长相）、보기
1880	一②	要求	yāoqiú	动、名	ようきゅう（要求）する、ようきゅう（要求）	요구（要求）하다、요구（要求）

续表

序号	等级	汉语	拼音	词性	日语	韩语
1881	一②	药	yào	名	やく（薬）	약（藥）
1882	一③	药片	yàopiàn	名	じょうざい（錠剤）	정제（錠劑）、알약
1883	一③	药水	yàoshuǐ	名	みずぐすり（水薬）	약수（藥水）
1884	一①	要	yào	助动	するつもりだ	…할것이다、…해야 한다
1885	一②	要是	yàoshi	连	もし	만일…하면
1886	一②	爷爷	yéye	名	お爺さん	할아버지
1887	一①	也	yě	副	も	도
1888	一②	也许	yěxǔ	副	かも知れない	아마도
1889	一②	页	yè	量	ページ（page）	페이지（page）
1890	一③	夜	yè	名	よる（夜）	밤
1891	一③	夜里	yèli	名	よなか（夜中）	야간（夜間）
1892	一①	一	yī	数	いち（一）	일（一）
1893	一①	衣服	yīfu	名	いふく（衣服）	의복（衣服）
1894	一③	衣架	yījià	名	ハンガー	옷걸이
1895	一①	医生	yīshēng	名	いしゃ（医者）	의사（醫師）
1896	一①	医院	yīyuàn	名	びょういん（病院）	병원（病院）
1897	一③	依据	yījù	动、名	依拠する、依拠	의거하다、의거
1898	一③	依靠	yīkào	动、名	頼る、頼り	의뢰하다（依賴）、의뢰
1899	一①	一半	yībàn	数	はん（半）	반（半）
1900	一③	一部分	yībùfen	名	いちぶぶん（一部分）	일부분（一部分）
1901	一②	一定	yīdìng	形	いってい（一定）	일정（一定）하다
1902	一②	一共	yīgòng	副	ぜんぶ（全部）で	모두
1903	一①	一会儿	yīhuìr	名	暫く	잠시
1904	一②	一会儿	yīhuìr	副	すぐ	곧
1905	一①	一块儿	yīkuàir	副	いっしょに	같이
1906	一③	一路	yīlù	名、副	どうちゅう（道中）	일로（一路）、함께
1907	一②	一路平安	yīlù píng'ān	形	道中御無事	조심해 가세요
1908	一②	一路顺风	yīlù shùnfēng	形	万事順調	모든 일이 다 잘되 시 길 바랍 니다

序号	等级	汉语	拼音	词性	日语	韩语
1909	一②	一切	yīqiè	代	いっさい（一切）	일체（一切）의
1910	一①	一下儿	yīxiàr	名、副	ちょっと、暫くして	한번、갑자기
1911	一③	一下子	yīxiàzi	名、副	ちょっと、暫くして	한번、갑자기
1912	一①	一样	yīyàng	形	どうよう（同様）	같다
1913	一③	一致	yīzhì	名、形	いっち（一致）、いっち（一致）する	일치（一致）하다、일치（一致）
1914	一②	已经	yǐjīng	副	もう、すでに	이미、벌써
1915	一①	以后	yǐhòu	名	いご（以後）	이후（以後）
1916	一③	以来	yǐlái	名	いらい（以来）	이래（以來）
1917	一①	以前	yǐqián	名	いぜん（以前）	이전（以前）
1918	一③	以上	yǐshàng	名	いじょう（以上）	이상（以上）
1919	一③	以外	yǐwài	名	いがい（以外）	이외（以外）
1920	一①	以为	yǐwéi	动	…と思う	…생각（生覚）하다
1921	一③	以下	yǐxià	名	いか（以下）	이하（以下）
1922	一②	椅子	yǐzi	名	いす（椅子）	의자（椅子）
1923	一②	一般	yìbān	形	いっぱん（一般）	일반（一般）
1924	一①	一边	yìbiān	名、副	いっぽう（一方）、…しながら…する	한편、한편으로
1925	一③	一点儿	yìdiǎnr	名、副	少し	조금
1926	一③	一点点	yì diǎndiǎn	数	少しだけ	아주 조금
1927	一③	一方面	yì fāngmiàn	连	一方では	한편으로는… 하며、한편으 로는…
1928	一①	一起	yìqǐ	副	一緒に	같이
1929	一③	一生	yìshēng	名	いっせい（一生）	일생（一生）
1930	一①	一些	yìxiē	数	少しばかりの	약간（若干）
1931	一②	一直	yīzhí	副	ずっと	곧바로
1932	一②	亿	yì	数	おく（億）	억（億）
1933	一③	义务	yìwù	名	ぎむ（義務）	의무（義務）
1934	一③	艺术	yìshù	名	げいじゅつ（芸術）	예술（藝術）
1935	一②	意见	yì·jiàn	名	いけん（意見）	의견（意見）

续表

序号	等级	汉语	拼音	词性	日语	韩语
1936	一②	意思	yìsi	名	いみ（意味）	의미（意味）
1937	一③	意外	yìwài	形、名	いがい（意外）	의외（意外）
1938	一②	意义	yìyì	名	いぎ（意義）	의의（意義）
1939	一③	因此	yīncǐ	连	このため（為）に	그래서
1940	一①	因为	yīn·wèi	连	…の為に	…때문에
1941	一②	音乐	yīnyuè	名	おんがく（音楽）	음악（音樂）
1942	一②	音乐会	yīnyuèhuì	名	おんがくかい（音楽会）	음악회（音樂會）
1943	一③	银	yín	名	ぎん（銀）	은（銀）
1944	一②	银行	yínháng	名	ぎんこう（銀行）	은행（銀行）
1945	一③	银行卡	yínhángkǎ	名	ぎんこう（銀行）カート（card）	은행（銀行）카드（card）
1946	一②	印象	yìnxiàng	名	いんしょう（印象）	인상（印象）
1947	一③	应当	yīngdāng	副	…べきである	응당（應當）
1948	一①	应该	yīnggāi	副	…べきである	…해야한다
1949	一③	英文	Yīngwén	名	えいぶん（英文）	영문（英文）
1950	一③	英雄	yīngxióng	名	えいゆう（英雄）	영웅（英雄）
1951	一②	英语	Yīngyǔ	名	えいご（英語）	영어（英語）
1952	一③	迎接	yíngjiē	动	げいせつ（迎接）する	영접（迎接）하다
1953	一②	营养	yíngyǎng	名	えいよう（営養）	영양（營養）
1954	一③	影片	yǐngpiàn	名	えいが（映画）	영화（映画）
1955	一③	影视	yǐngshì	名	えいが（映画）とテレビ（television）	영화（映画）와텔에비전（television）
1956	一②	影响	yǐngxiǎng	动、名	えいきょう（影響）する、えいきょう（影響）	영향（影響）하다、영향（影響）
1957	一③	应用	yìngyòng	动	おうよう（応用）する	응용（應用）하다
1958	一②	永远	yǒngyuǎn	副	えいえん（永遠）に	영원（永遠）히
1959	一①	用	yòng	动	用いる	쓰다
1960	一②	优点	yōudiǎn	名	ちょうしょ（長所）	장점（長點）
1961	一③	优势	yōushì	名	ゆうせい（優勢）	우세（優勢）
1962	一③	由	yóu	介	…から、…によって	…께서、…에서

序号	等级	汉语	拼音	词性	日语	韩语
1963	一③	由于	yóuyú	介	…による	…때문에
1964	一②	邮局	yóujú	名	ゆうびんきょく（郵便局）	우체국（郵遞局）
1965	一②	邮票	yóupiào	名	きって（切手）	우표（郵票）
1966	一②	油	yóu	名	あぶら（油）	기름
1967	一②	游	yóu	动	泳ぐ	헤엄 치다
1968	一③	游客	yóukè	名	かんこうきゃく（観光客）	관광객（觀光客）
1969	一②	游戏	yóuxì	名	遊ぶ	유희（遊戲）
1970	一②	游泳	yóuyǒng	名、动	すいえい（水泳）、水泳する	수영（水泳）、수영하다
1971	一②	友好	yǒuhǎo	形	ゆうこう（友好）する	우호（友好）하다
1972	一②	有	yǒu	动	持つ、ある、いる	있다
1973	一①	有的	yǒude	代	どうである	어떤 것、어떤 사람
1974	一①	有的是	yǒudeshì	形	たくさん（沢山）ある	얼마든지 있다
1975	一②	有空儿	yǒukòngr	形	暇がある	틈이 있다
1976	一③	有利	yǒulì	形	ゆうり（有利）	유리（有利）하다
1977	一①	有名	yǒu // míng	形	ゆうめい（有名）	유명（有名）하다
1978	一①	有时候｜有时	yǒushíhou｜yǒushí	副	あるとき（時）	어떤때
1979	一③	有效	yǒuxiào	形	ゆうこう（有効）	유효（有效）하다
1980	一①	有（一）点儿	yǒu（yì）diǎnr	副	少しある	조금
1981	一①	有（一）些	yǒu（yì）xiē	代	どうである	어떤 것、어떤 사람
1982	一②	有意思	yǒu yìsi	形	面白い	재미있다
1983	一①	有用	yǒu yòng	形	ゆうよう（有用）	유용（有用）하다
1984	一①	又	yòu	副	また	다시、또
1985	一②	右	yòu	名	みぎ（右）	우측
1986	一②	右边	yòubian	名	右の方	오른쪽
1987	一②	鱼	yú	名	さかな（魚）	물고기

续表

序号	等级	汉语	拼音	词性	日语	韩语
1988	一③	与	yǔ	介、连	…と共に、および	…에게、…과
1989	一②	雨	yǔ	名	あめ	비
1990	一②	语言	yǔyán	名	げんご（言語）	언어（言語）
1991	一③	语音	yǔyīn	名	おんせい（音声）	음성（音聲）
1992	一③	预报	yùbào	动	よほう（予報）する	예보（豫報）하다
1993	一③	预防	yùfáng	动	よぼう（予防）する	예방（豫防）하다
1994	一③	预计	yùjì	动	あらかじめみつ（見積）もる	예측（豫測）하다
1995	一②	元	yuán	量	げん（元）	원（元）
1996	一③	员（服务员）	yuán（fúwùyuán）		－いん（員）	-원（員）
1997	一③	员工	yuángōng	名	じゅうぎょういん（從業員）	종업원（從業員）
1998	一②	原来	yuánlái	形、副	元の	원래（原來）
1999	一②	原因	yuányīn	名	げんいん（原因）	원인（原因）
2000	一①	远	yuǎn	形	遠い	멀다
2001	一①	院	yuàn	名	なかにわ（中庭）	안뜰、내정
2002	一③	院长	yuànzhǎng	名	いんちょう（院長）	원장（院長）
2003	一③	院子	yuànzi	名	なかにわ（中庭）	뜰、정원（庭院）
2004	一②	愿望	yuànwàng	名	がんぼう（願望）	원망（願望）
2005	一②	愿意	yuàn·yì	动	願う	…하기를 바라다
2006	一②	约	yuē	动	約する	약（約）하다
2007	一①	月	yuè	名	がつ・げつ（月）	월（月）
2008	一③	月份	yuèfèn	名	がつ・げつ（月）	월분（月份）
2009	一②	月亮	yuèliang	名	つき（月）	달
2010	一②	越	yuè	副	ますます	더
2011	一②	越来越	yuè lái yuè		…あればあるほどますます…だ	…하면할 수록…
2012	一②	运动	yùndòng	名、动	うんどう（運動）、うんどう（運動）する	운동（運動）、운동（運動）하다
2013	一③	运输	yùnshū	动	ゆそう（輸送）する	운수（運輸）하다

序号	等级	汉语	拼音	词性	日语	韩语
2014	一②	杂志	zázhì	名	ざっし（雑誌）	잡지（雑誌）
2015	一①	再	zài	副	もう	다시
2016	一①	再见	zàijiàn	动	さようなら	또 뵙겠습니다
2017	一①	在	zài	动、介	（…が、…に）ある / いる	…에 있다
2018	一②	在	zài	副	…している	…하고있다
2019	一①	在家	zàijiā	动	ざいたく（在宅）	집에있다
2020	一③	咱	zán	代	われわれ	우리
2021	一②	咱们	zánmen	代	われわれ	우리
2022	一②	脏	zāng	形	汚い	더럽다
2023	一①	早	zǎo	形	早い	이르다
2024	一②	早晨	zǎochen	名	そうちょう（早朝）	아침
2025	一①	早饭	zǎofàn	名	あさめし（朝飯）	조반（早飯）、아침
2026	一③	早就	zǎo jiù	副	早くに	일찍이
2027	一①	早上	zǎoshang	名	ごぜんちゅう（午前中）	오전（午前）
2028	一③	早已	zǎoyǐ	副	とっくに	이미
2029	一③	造	zào	动	つくる	만들다
2030	一③	造成	zàochéng	动	ぞうせい（造成）する	조성（造成）하다
2031	一③	责任	zérèn	名	せきにん（責任）	책임（責任）
2032	一①	怎么	zěnme	代	どうして	어떻게
2033	一②	怎么办	zěnme bàn	代	どうすればいい	어떻게 하다
2034	一①	怎么样	zěnmeyàng	代	どうですか	어떻게합니까
2035	一③	怎样	zěnyàng	代	どうですか	어떠하냐
2036	一②	增加	zēngjiā	动	ぞうか（増加）する	증가（増加）하다
2037	一③	增长	zēngzhǎng	动	ぞうちょう（増長）する	증장（増長）하다
2038	一③	展开	zhǎnkāi	动	てんかい（展開）する	전개（展開）하다
2039	一③	占	zhàn	动	占る	점령（占領）하다
2040	一①	站	zhàn	动	立つ	서다
2041	一①	站	zhàn	名	えき（駅）	역（驛）

续表

序号	等级	汉语	拼音	词性	日语	韩语
2042	一②	张	zhāng	量	ちょう（張）	장（張）
2043	一③	张	zhāng	动	開く	열다
2044	一①	长	zhǎng	动	生える	나다
2045	一②	长大	zhǎngdà	动	せいちょう（成長）する	성장（成長）하다
2046	一②	掌握	zhǎngwò	动	しょうあく（掌握）する	장악（掌握）하다
2047	一③	招生	zhāo // shēng	动	がくせいぼしゅう（学生募集）する	신입생（新入生）을 모집（募集）하다
2048	一③	招手	zhāo // shǒu	动	手招きする	손짓하다
2049	一②	着急	zháo // jí	形	しんぱい（心配）する	조급하다
2050	一①	找	zhǎo	动	搜す	찾다
2051	一①	找到	zhǎodào	动	見ける	찾다
2052	一③	照	zhào	动、介	照る、…の通りに	비치다、…대로…
2053	一②	照顾	zhào·gù	动	世話をする	고려하다、돌보다
2054	一②	照片	zhàopiàn	名	しゃしん（写真）	사진（寫眞）
2055	一②	照相	zhào // xiàng	动	しゃしん（写真）をとる	사진을 찍다
2056	一①	这	zhè	代	これ、ここ	이、이곳
2057	一②	这边	zhèbiān	代	こっちのほう（方）	여기
2058	一①	这里	zhèli	代	ここ	여기
2059	一①	这么	zhème	代	こんなに	이러한
2060	一①	这儿	zhèr	代	ここ	여기
2061	一②	这时候｜这时	zhèshíhou｜zhè shí	名	この時	이때
2062	一①	这些	zhèxiē	代	これらの	이러한
2063	一①	这样	zhèyàng	代	このような	이렇다
2064	一①	着	zhe	助	…している	…하고있다
2065	一①	真	zhēn	形、副	真の、実に	진실하다、실로
2066	一①	真的	zhēnde	形	本当	진실하다
2067	一③	真实	zhēnshí	形	しんじつ（真実）	진실（眞實）하다

序号	等级	汉语	拼音	词性	日语	韩语
2068	一③	真正	zhēnzhèng	形	しんせい（真正）	진정（眞正）하다
2069	一③	争	zhēng	动	争う	다투다
2070	一③	争取	zhēngqǔ	动	かくとく（獲得）する	쟁취（爭取）하다
2071	一③	整	zhěng	形、动	ぜんぶ（全部）、整える	완전하다、정리（整理）하다
2072	一②	整个	zhěnggè	形	全体の	온 -
2073	一③	整理	zhěnglǐ	动	せいり（整理）する	정리（整理）하다
2074	一②	整齐	zhěngqí	形	せいぜん（整然）としている	정연（整然）하다
2075	一③	整体	zhěngtǐ	名	ぜんたい（全体）	전체（全體）、총체（總體）
2076	一③	整天	zhěngtiān	名	まるいちにち（丸一日）	온종일（終日）
2077	一③	整整	zhěngzhěng	副	まるまる	꼭
2078	一①	正	zhèng	副	ちょうど（丁度）	꼭 알맞다、마침
2079	一③	正	zhèng	形	正しい	곧다
2080	一②	正常	zhèngcháng	名	せいじょう（正常）	정상（正常）
2081	一②	正好	zhènghǎo	形、副	ちょうどよい、ちょうど（丁度）	마침
2082	一②	正确	zhèngquè	形	せいかく（正確）	정확（正確）하다
2083	一③	正式	zhèngshì	形	せいしき（正式）	정식（正式）
2084	一③	正是	zhèng shì	动	まさにその通だ	바로…이다
2085	一①	正在	zhèngzài	副	しつつある	마침…하고 있는 중이다
2086	一③	证	zhèng	名	しょう（証）	증（證）
2087	一③	证件	zhèngjiàn	名	しょうめいしょ（証明書）	증명서（證明書）
2088	一③	证据	zhèngjù	名	しょうこ（証拠）	증거（證據）
2089	一②	证明	zhèngmíng	动、名	しょうめい（証明）する、しょうめい（証明）	증명（證明）하다、증명（證明）
2090	一③	政府	zhèngfǔ	名	せいふ（政府）	정부（政府）
2091	一③	政治	zhèngzhì	名	せいじ（政治）	정치（政治）

续表

序号	等级	汉语	拼音	词性	日语	韩语
2092	一②	之后	zhīhòu	名	そのあと（後）	그후
2093	一②	之间	zhījiān	名	…のあいだ（間）	…사이
2094	一③	之内	zhīnèi	名	…のうち	…의안
2095	一②	之前	zhīqián	名	そのまえ（前）	…의전
2096	一③	之外	zhī wài	名	…のほかに	…그 외에 그 의 밖에
2097	一③	之下	zhī xià	名	…よりした（下）	…의아래
2098	一②	之一	zhī yī	名	…の一つ	…중하나 이다
2099	一③	之中	zhī zhōng	名	そのなか（中）	그중
2100	一②	支	zhī	量		자루
2101	一②	支持	zhīchí	动	しじ（支持）する	지지（支持）하다
2102	一③	只	zhī	量		
2103	一①	知道	zhī·dào	动	知る	알다
2104	一②	知识	zhīshi	名	ちしき（知識）	지식（知識）
2105	一③	直	zhí	形、动	まっすぐである	곧다
2106	一③	直	zhí	副	ずっと	똑바로
2107	一③	直播	zhíbō	动	なまほうそう(生放送)	생방송
2108	一③	直到	zhídào	动	…になるまで	쭉…에이르다
2109	一②	直接	zhíjiē	形	ちょくせつ（直接）する	직접（直接）하다
2110	一③	值	zhí	动	値打ちがある	…할 가치가 있다
2111	一②	值得	zhí·dé	动	値打ちがある	할만한가치가 있다
2112	一③	职工	zhígōng	名	しょくいん（職員）	직공（職工）
2113	一②	职业	zhíyè	名	しょくぎょう（職業）	직업（職業）
2114	一②	只	zhǐ	副	ただ	다만
2115	一②	只好	zhǐhǎo	副	…するほかない	부득이
2116	一②	只能	zhǐnéng	副	…なければならない	다만 할 수 있는 뿐 이다
2117	一③	只是	zhǐshì	副	ただ…だけだ	다만
2118	一②	只有	zhǐyǒu	连	…でなければ…できない	…해야만、…（이다）

序号	等级	汉语	拼音	词性	日语	韩语
2119	一②	纸	zhǐ	名	かみ（紙）	종이
2120	一③	指	zhǐ	动	指す	가리키다
2121	一③	指出	zhǐchū	动	してき（指摘）する	지적（指摘）하다
2122	一③	指导	zhǐdǎo	动	しどう（指導）する	지도（指導）하다
2123	一③	至今	zhìjīn	副	今に至るまで	지금까지
2124	一②	至少	zhìshǎo	副	少なくとも	최소한
2125	一③	志愿	zhìyuàn	名	しがん（志願）	지원（志願）
2126	一③	志愿者	zhìyuànzhě	名	ボランティア（volunteer）	자원자
2127	一③	制定	zhìdìng	动	せいてい（制定）する	제정（制定）하다
2128	一③	制度	zhìdù	名	せいど（制度）	제도（制度）
2129	一③	制造	zhìzào	动	せいぞう（製造）する	제조（製造）하다
2130	一③	制作	zhìzuò	动	せいさく（制作）する	제작（制作）하다
2131	一③	治	zhì	动	治まる	다스리다
2132	一①	中	zhōng	名	ちゅうかん（中間）	중간（中間）
2133	一②	中餐	zhōngcān	名	ちゅうかりょうり（中華料理）	중국 음식（中國飲食）
2134	一①	中国	Zhōngguó	名	ちゅうごく（中国）	중국（中國）
2135	一③	中华民族	Zhōnghuá Mínzú	名	ちゅうかみんぞく（中華民族）	중화 민족（中華民族）
2136	一②	中级	zhōngjí	形	ちゅうきゅう（中級）	중급（中級）
2137	一①	中间	zhōngjiān	名	ちゅうかん（中間）	중간（中間）
2138	一③	中年	zhōngnián	名	ちゅうねん（中年）	중년（中年）
2139	一①	中文	Zhōngwén	名	ちゅうごくご（中国語）	중문（中文）
2140	一①	中午	zhōngwǔ	名	昼ごろ	정오（正午）
2141	一②	中心	zhōngxīn	名	ちゅうしん（中心）	중심（中心）
2142	一①	中学	zhōngxué	名	ちゅうがく（中学）	중학（中學）
2143	一①	中学生	zhōngxuéshēng	名	ちゅうがくせい（中学生）	중학생（中學生）
2144	一③	中央	zhōngyāng	名	ちゅうおう（中央）	중앙（中央）

续表

序号	等级	汉语	拼音	词性	日语	韩语
2145	一②	中医	zhōngyī	名	かんぽうい（漢方医）	한방의（漢方醫）
2146	一②	终于	zhōngyú	副	けっきょく（結局）	결국（結局）
2147	一③	钟	zhōng	名	しょう（鐘）	종（鐘）
2148	一②	种	zhǒng	量	しゅ（種）	종목（種目）
2149	一③	种子	zhǒngzi	名	しゅし（種子）	종자（種子）
2150	一①	重	zhòng	形	重い	무겁다
2151	一③	重大	zhòngdà	形	じゅうだい（重大）	중대（重大）하다
2152	一③	重点	zhòngdiǎn	名、副	じゅうてん（重点）、じゅうてんてき（重点的）に	중점（重点）、중점적（重点的）으로
2153	一③	重视	zhòngshì	动	じゅうし（重視）する	중시（重視）하다
2154	一①	重要	zhòngyào	形	じゅうよう（重要）する	중요（重要）하다
2155	一②	周	zhōu	名	しゅう（週）	주（週）
2156	一③	周年	zhōunián	名	しゅうねん（周年）	주년（周年）
2157	一②	周围	zhōuwéi	名	しゅうい（周囲）	주위（周圍）
2158	一③	主持	zhǔchí	动	しゅさい（主催）する	주최（主催）하다
2159	一③	主动	zhǔdòng	形	しゅどう（主動）する	주동（主動）하다
2160	一②	主人	zhǔ·rén	名	しゅじん（主人）	주인（主人）
2161	一③	主任	zhǔrèn	名	しゅにん（主任）	주임（主任）
2162	一③	主席	zhǔxí	名	しゅせき（主席）	주석（主席）
2163	一②	主要	zhǔyào	形	しゅよう（主要）	주요（主要）하다
2164	一③	主意	zhǔyi	名	しあん（思案）	주의（主意）
2165	一③	主张	zhǔzhāng	动、名	しゅちょう（主張）する、しゅちょう（主張）	주장（主張）하다、주장（主張）
2166	一①	住	zhù	动	住む	살다
2167	一③	住房	zhùfáng	名	じゅうたく（住宅）	주택（住宅）
2168	一②	住院	zhù // yuàn	动	にゅういん（入院）する	입원（入院）하다
2169	一②	注意	zhù // yì	名	ちゅうい（注意）	주의（注意）
2170	一②	祝	zhù	动	祝う	경축（慶祝）하다

序号	等级	汉语	拼音	词性	日语	韩语
2171	一②	抓	zhuā	动	つかみとる	잡다
2172	一②	抓住	zhuāzhù	动	つかみとる	잡다
2173	一③	专家	zhuānjiā	名	せんもんか（專門家）	전문가（專門家）
2174	一③	专门	zhuānmén	副	せんもん（專門）	전문（專門）
2175	一③	专题	zhuāntí	名	とくてい（特定）の テーマ	특정（特定）한 제 목（題目）
2176	一②	专业	zhuānyè	名	せんぎょう（專業）	전업（專業）
2177	一②	转	zhuǎn	动	伝える	전（轉）하다
2178	一③	转变	zhuǎnbiàn	动	変わる	전변（轉變）하다
2179	一③	装	zhuāng	动	荷物を積む	싣다
2180	一③	状况	zhuàngkuàng	名	じょうきょう（状況）	상황（狀況）
2181	一③	状态	zhuàngtài	名	じょうたい（状態）	상태（狀態）
2182	一②	追	zhuī	动	追う	쫓다
2183	一③	准	zhǔn	形、副	正しい、必ず	정확하다、반드시
2184	一②	准备	zhǔnbèi	动	じゅんび（準備）する	준비（準備）하다
2185	一③	准确	zhǔnquè	形	かくじつ（確実）	확실（確實）하다
2186	一①	桌子	zhuōzi	名	つくえ、テーブル	탁자（卓子）
2187	一③	资格	zīgé	名	しかく（資格）	자격（資格）
2188	一③	资金	zījīn	名	しきん（資金）	자금（資金）
2189	一③	子女	zǐnǚ	名	しじょ（子女）	자녀（子女）
2190	一③	自从	zìcóng	介	…より、…から	…이래、…부터
2191	一③	自动	zìdòng	形、副	じどう（自動）、じ どうてき（自動的） に	자동（自動）、자동（自 動）으로
2192	一②	自己	zìjǐ	代	じこ（自己）	자기（自己）
2193	一③	自觉	zìjué	形	じかく（自覚）する	자각（自覺）하다
2194	一③	自然	zìrán	形	しぜん（自然）	자연（自然）스럽다
2195	一③	自身	zìshēn	名	じしん（自身）	자신（自身）
2196	一②	自行车	zìxíngchē	名	じてんしゃ（自転車）	자전거（自轉車）
2197	一②	自由	zìyóu	名、形	じゆう（自由）	자유（自由）롭다

续表

序号	等级	汉语	拼音	词性	日语	韩语
2198	一③	自主	zìzhǔ	名	じしゅ（自主）	자주（自主）
2199	一①	字	zì	名	じ（字）	자（字）
2200	一②	字典	zìdiǎn	名	じてん（字典）	자전（字典）
2201	一①	子（刀子）	zi(dāozi)	后缀	－し（子）	-자（子）
2202	一③	总结	zǒngjié	动、名	総括する、総括	총결（總結）하다、총결（總結）
2203	一③	总理	zǒnglǐ	名	そうり（総理）	총리（總理）
2204	一②	总（是）	zǒng(shì)	副	いつも	반드시
2205	一①	走	zǒu	动	歩く	걷다
2206	一③	走过	zǒuguò	动	歩いて行く	걷다
2207	一③	走进	zǒujìn	动	歩いて入る	들어가다
2208	一③	走开	zǒukāi	动	立ち去る	떠나다
2209	一①	走路	zǒu // lù	动	歩いて行く	길을 가다
2210	一②	租	zū	动	借りる	임차
2211	一③	足够	zúgòu	动	十分	족（足）하다
2212	一②	足球	zúqiú	名	サッカー（soccer）	축구（蹴球）
2213	一②	组	zǔ	动、名	組む、グループ	조직하다、그룹
2214	一②	组成	zǔchéng	动	組織する	조성（組成）하다
2215	一③	组合	zǔhé	动	組み合わせる	조합（組合）하다
2216	一②	组织	zǔzhī	动、名	組織する、組織	조직（組織）하다、조직（組織）
2217	一②	嘴	zuǐ	名	くち（口）	입
2218	一①	最	zuì	副	いちばん（一番）	가장
2219	一①	最好	zuìhǎo	副	一番いい…ほうがいいです	…제일 좋기는
2220	一①	最后	zuìhòu	名	さいご（最後）	최후（最後）
2221	一②	最近	zuìjìn	名	さいきん（最近）	최근（最近）
2222	一①	昨天	zuótiān	名	さくじつ（昨日）	작일（昨日）
2223	一②	左	zuǒ	名	ひだり	왼쪽
2224	一②	左边	zuǒbian	名	ひだりがわ（左側）	좌측（左側）

序号	等级	汉语	拼音	词性	日语	韩语
2225	一②	左右	zuǒyòu	名、动	さゆう（左右）、さゆう（左右）する	좌우（左右）、좌우（左右）하다
2226	一③	作家	zuòjiā	名	さっか（作家）	작가（作家）
2227	一③	作品	zuòpǐn	名	さくひん（作品）	작품（作品）
2228	一③	作为	zuòwéi	介	…として	…의신분으로서
2229	一②	作文	zuòwén	名	さくぶん（作文）	작문（作文）
2230	一②	作业	zuòyè	名	さぎょう（作業）	작업（作業）
2231	一②	作用	zuòyòng	名	さよう（作用）	작용（作用）
2232	一③	作者	zuòzhě	名	さくしゃ（作者）	작자（作者）
2233	一①	坐	zuò	动	座る	앉다
2234	一①	坐下	zuòxia	动	腰をおろす	앉다
2235	一②	座	zuò	量		
2236	一②	座位	zuò·wèi	名	ざせき（座席）	좌석（座席）
2237	一①	做	zuò	动	作る	만들다
2238	一②	做到	zuòdào	动	実行する	달성하다
2239	一③	做法	zuò·fǎ	名	作り方	만드는 법

第五节　日韩语入声字词的读音及构词等级

　　汉语的入声在日韩语中得到了比较完整的保留，特别是韩语中 -p，-t，-k 的收尾字成系统，例外字较少。我国南方的一些方言也保留着很多古音，这就是现代韩语一些汉字的发音跟闽南语、粤语很像而跟现代汉语普通话的发音反而相差较远的原因。吴语、闽语、粤语、客家话、江淮官话等都还保留着比较完整的入声。1994 年出版的《中华字海》，共收字 87019 字，日本最大的《诸桥大汉和辞典》记载了近 5 万个汉字，传到日本的大约 5000 个，日本政府规定使用的常用汉字有 1945 个，常用汉字中有 321 个入声字，约占16.5%。试比较一些古入声数字词在日韩语中的读音，见表 3-3。

表 3-3 古入声数词在日韩语中的汉字词读音举例

汉字词	日语	韩语
一	いち	일
七	しち	칠
八	はち	팔
十	じゅう	십
百	ひゃく	백

　　汉语普通话中的古入声已经消失，合并到了阴阳上去四声，其中以归并到阳平、去声的字为多。韩语中以 -p、-t、-k、-l 收尾，日语汉字词中的许多促音字或以 -p、-t、-k 收尾的爆破音字一般都是入声字，在学习汉语时，应引导学生注意这些入声字的读音特征，并读出正确的声调。在"一、二、三、四、五、六、七、八、九、十、百、千、万、兆"这些数字中，"一、六、七、八、十、百"都是古入声字，由于所属的韵摄不同，在日韩语中表现为不同的收尾："一、七、八"分别为质韵、黠韵字，中古汉语以 -t 收尾，日语收ち，韩语收ㄹ尾；"六、百"为屋韵，中古汉语以 -k 收尾，日语收く，韩语收ㄱ尾；"十"为缉韵，中古汉语以 -p 收尾，日语收う，韩语收ㅂ尾。还可以入声字的声旁读音为记音的线索来记忆相关联的汉语词，如"领域、疑惑"中"域、惑"共同的声符"或"是入声字，在日韩语中具有共同的收尾，但在汉语中读音则不完全一样。促音发生在か、さ、た、ぱ四行假名的前面，不是凡可变成促音的汉字在以上四行假名的前面都要变成促音，如"学"（がく）在"校"字前变成"学"（がっ），但在"生"字前不变，读がくせい（学生）；"七"在"宝"前变读为しっ，如"七宝"（しっぽう），但在"色"字前却不变，如しちしょく（七色）。以下是这些入声字的读音及所组成词汇的词性及等级。

　　以く、ㄱ 收尾的，有 133 个。

　　1.白（はく＼백）：

　　一级词汇：白（形）、白（副）、白菜（名）、白酒（名）、白人（名）、白色（名）、白天（名）

二级词汇：白领（名）、白云（名）

三级词汇：白白（副）

2.百（はゃく＼백）：

一级词汇：百（数）

二级词汇：百分点（名）、百货（名）

三级（高级）附录词汇：百分比（名）、百合（名）

3.北（はく＼북）：

一级词汇：北（名）、北边（名）、北部（名）、北方（名）、北京（名）

二级词汇：北风（名）、北极（名）

4.伯（はく＼백）：

三级词汇：伯伯（名）

5.泊（はく＼박）

6.剥（はく＼박）

三级词汇：剥夺（动）、剥削（动、名）

7.舶（はく＼박）

8.博（はく・ばく＼박）：

二级词汇：博客（名）、博览会（名）、博士（名）、博物馆（名）

9.薄（はく＼박）：

二级词汇：薄弱（形）

10.侧（そく＼측）：

二级词汇：侧（动、名）

三级词汇：侧面（名）、侧重（动）、

11.策（さく＼책）：

二级词汇：策划（动）、策略（名）

12.测（そく＼측）：

二级词汇：测定（动）、测量（动）、测试（动、名）、测算（动）、测验（动、名）

13.尺（しゃく＼척）：

二级词汇：尺寸（名）、尺子（名）

14. 触（しょく＼축）：

三级词汇：触动（动）、触犯（动）、触摸（动）

三级（高级）附录词汇：触觉（名）、触目惊心

15. 错（さく＼착란）：

三级（高级）附录词汇：错觉（名）、错位（动）、错综复杂

16. 得（とく＼득）：

一级词汇：得（助）

二级词汇：得了（动）、得以（动）

三级词汇：得罪（动）、得知（动）、得益于

三级（高级）附录词汇：得不偿失、得当（形）、得力（形）、得失（名）、得手（形）、得体（形）、得天独厚、得意洋洋

17. 德（とく＼덕）：

二级词汇：德语（名）

18. 督（とく＼독）：

三级词汇：督促（动）

19. 毒（どく＼독）：

二级词汇：毒品（名）

20. 独（どく＼독）：

二级词汇：独立（动）、独特（形）、独自（副）

三级词汇：独唱（动）、独家（名）、独身（动）

三级（高级）附录词汇：独立自主、独一无二

21. 读（どく＼독）：

一级词汇：读书（动）、读者（名）

22. 额（がく＼액）：

三级词汇：额外（形）

23. 厄（やく＼액）：

三级（高级）附录词汇：厄运（名）

24. 恶（あく＼악）：

三级词汇：恶化（动）、恶劣（形）、恶性（形）、恶意（名）

三级（高级）附录词汇：恶梦（名）

25.服（ふく＼복）：

一级词汇：服务（动）、服装（名）

二级词汇：服（动）、服从（动）

三级词汇：服饰（名）、服务器（名）、服用（动）

26.福（ふく＼복）：

一级词汇：福（名）

二级词汇：福利（名）

三级词汇：福气（名）

27.幅（ふく＼폭）：

二级词汇：幅（量）、幅度（名）

28.副（ふく＼부）：

二级词汇：副（量）、副（形）

29.复、複（ふく＼복）：

一级词汇：复印（动）、复杂（形）

二级词汇：复苏（动）、复习（动）、复制（动）

三级词汇：复合（动）、复发（动）、复活（动）、复兴（动）

三级（高级）附录词汇：复查（动）、复原（动）

30.腹（ふく＼복）：

三级词汇：腹部（名）、腹泻（动）

31.覆（ふく＼복）：

三级词汇：覆盖（动）

32.革（かく＼혁）：

二级词汇：革命（动、名）、革新（动）

33.各（かく＼각）：

一级词汇：各（代、副）、各地（代）、各种（代）、各位（代）、各自（代）

二级词汇：各个（代）

三级（高级）附录词汇：各奔前程

34. 国（こく＼국）：

一级词汇：国（名）、国际（名）、国家（名）、国内（名）、国庆（名）、国王（名）、国外（名）

二级词汇：国产（名）、国防（名）、国歌（名）、国会（名）、国籍（名）、国民（名）、国旗（名）

三级词汇：国宝（名）、国画（名）、国徽（名）、国情（名）、国土（名）、国有（形）

三级（高级）附录词汇：国学（名）

35. 核（かく＼핵）：

三级词汇：核（名）、核实（动）、核武器（名）、核能（名）、核对（动）、核电站（名）

36. 黑（こく＼흑）：

一级词汇：黑（形）、黑板（名）、黑人（名）、黑色（名）

二级词汇：黑暗（形）、黑夜（名）

三级词汇：黑白（名）、黑客（名）

三级（高级）附录词汇：黑马（名）、黑手（名）、黑心（名）

37. 獲、穫（かく＼획）：

二级词汇：获（动）、获得（动）、获奖（动）、获取（动）

三级词汇：获胜（动）、获悉（动）

38. 即（そく＼즉）：

二级词汇：即将（副）、即使（连）

三级词汇：即（副）、即便（连）、即可

39. 极（きょく＼극）：

二级词汇：极（副）、极端（名、形）、极其（副）

三级词汇：极度（副）、极力（副）、极少数（形）、极为（副）、极限（名）

40. 角（かく＼각）：

一级词汇：角（量）、角（名）、角度（名）

三级词汇：角落（名）

41.借（しゃく）：

一级词汇：借（动）

二级词汇：借鉴（动）

三级词汇：借条（名）、借用（动）、借助（动）

42.局（きょく＼국）：

二级词汇：局（名）、局（量）、局面（名）、局长（名）

三级词汇：局部（名）、局势（名）、局限（动）

43.菊（きく＼국）：

三级词汇：菊花（名）

44.觉（かく＼각）：

一级词汇：觉得（动）

二级词汇：觉悟（动、名）

三级（高级）附录词汇：觉醒（动）

45.爵（しゃく＼작）：

三级词汇：爵士（名）

46.克（こく＼극）：

一级词汇：克（量）、克服（动）

三级词汇：克隆（动）、克制（动）

47.刻（こく＼각）：

一级词汇：刻（量、动）

三级词汇：刻苦（形）、刻意（副）

三级（高级）附录词汇：刻舟求剑

48.客（きゃく＼객）：

一级词汇：客观（形）、客人（名）

二级词汇：客车（名）、客户（名）、客气（形、动）

三级词汇：客房（名）、客机（名）、客流（名）、客运（名）

49.酷（こく＼혹）：

二级词汇：酷（形）

三级（高级）附录词汇：酷似（动）

50. 扩（かく＼확）：

二级词汇：扩展（动）

三级词汇：扩（动）、扩建（动）、扩散（动）、扩张（动）

51. 六（ろく＼육）：

一级词汇：六（数）

52. 陆（りく＼육）：

二级词汇：陆地（名）、陆军（名）、陆续（副）

53. 录（ろく＼녹）：

一级词汇：录（动）、录音（动、名）

二级词汇：录取（动）、录像（动、名）、录音机（名）

三级词汇：录制（动）

54. 落（らく＼락）：

一级词汇：落后（动、形）

二级词汇：落实（动）

三级词汇：落地（动）、落户（动）、落下（动）、下落（动）

三级（高级）附录词汇：落差（名）

55. 络（ろく＼락）：

二级词汇：联络（动）

56. 绿（りょく＼녹）：

一级词汇：绿（形）、绿色（名）、绿茶（名）

二级词汇：绿化（动）

三级词汇：绿灯（名）

三级（高级）附录词汇：绿地（名）

57. 略（りゃく＼약）：

三级词汇：略（动、形）

三级（高级）附录词汇：略微（副）

58. 麦（むぎ＼맥）

59. 脉（みゃく＼맥）：

三级词汇：脉搏（名）

三级（高级）附录词汇：脉络（名）

60.膜（まく＼막）：

二级词汇：膜（名）

61.默（もく＼묵）：

二级词汇：默默（副）

三级词汇：默契（形、名）

三级（高级）附录词汇：默读（动）、默默无闻

62.木（もく＼목）：

二级词汇：木（名、形）

三级词汇：木板（名）、木材（名）、木匠（名）、木偶（名）

63.目（もく＼목）：

一级词汇：目标（名）、目的（名）、目前（名）

二级词汇：目光（名）

三级词汇：目的地（名）、目睹（动）、目录（名）

三级（高级）附录词汇：目不转睛、目瞪口呆、目中无人

64.牧（ばく＼목）：

三级词汇：牧场（名）、牧民（名）

65.幕（まく·ばく＼막）：

三级词汇：幕（名）、幕后（名）

66.逆（ぎゃく＼역）：

三级（高级）附录词汇：逆（动）

67.虐（ぎゃく＼학）：

三级词汇：虐待（动）

68.诺（だく＼낙）：

三级词汇：诺言（名）

69.迫（はく＼박）：

二级词汇：迫切（形）

三级词汇：迫害（动）、迫使（动）

三级（高级）附录词汇：迫不及待

70. 扑（ばく＼박）：

二级词汇：扑（动）

三级（高级）附录词汇：扑面而来

71. 朴（ばく＼박）：

三级词汇：朴实（形）、朴素（形）

72. 曲（きょく＼곡）：

三级词汇：曲（名）

73. 却（きゃく＼각）

二级词汇：却（副）、却是（动）

74. 确（かく＼확）：

一级词汇：确保（动）、确定（形、动）、确实（形、副）

二级词汇：确立（动）、确认（动）

三级词汇：确切（形）、确信（动）、确诊（动）

三级（高级）附录词汇：确凿（形）

75. 肉（にく＼육）：

一级词汇：肉（名）

76. 若（じゃく・にゃく＼약）：

二级词汇：若（连）

三级词汇：若干（代）

77. 弱（じゃく＼약）：

二级词汇：弱（形）

三级词汇：弱点（名）、弱势（名）

78. 勺（しゃく＼작）：

二级词汇：勺（名）

79. 释（しゃく＼석）：

二级词汇：释放（动）、解释（动）

80. 饰（しょく＼식）：

二级词汇：装饰（动）

81. 叔（しゅく＼숙）：

二级词汇：叔叔（名）

82. 熟（じゅく＼숙）：

一级词汇：熟（形）、熟人（名）、成熟（形）

二级词汇：熟练（形）、熟悉（动）

83. 属（ぞく＼속）：

一级词汇：属（动）、属于（动）、家属（名）

三级词汇：属性（名）

三级（高级）附属词汇：归属（动）

84. 束（そく＼속）：

一级词汇：束（量）

三级词汇：束缚（动）

85. 俗（ぞく＼속）：

二级词汇：风俗（名）

三级词汇：俗（形）、俗话（名）、俗话说、民俗（名）

三级（高级）附录词汇：俗语（名）

86. 肃（しゅく＼숙）：

二级词汇：严肃（形、动）

87. 宿（しゅく＼숙）：

二级词汇：宿舍（名）

三级（高级）附录词汇：归宿（名）

88. 缩（しゅく＼축）：

二级词汇：缩小（动）、缩短（动）

三级词汇：缩（动）、缩水（动）

三级（高级）附录词汇：缩影（名）

89. 索（さく＼색）：

二级词汇：线索（名）

三级词汇：索赔（动）、索取（动）、索性（副）

90. 特（とく＼특）：

二级词汇：特（副）、特大（形）、特地（副）、特定（形）、特快（形）、

特殊（形）、特性（名）、特意（副）、特有（形）、特征（名）、独特（形）

三级词汇：特产（名）、特长（名）、特价（名）、特制（动）、特质（名）、奇特（形）、

三级（高级）附录词汇：特例（名）、特邀（动）

91.託（たく＼턱）：

一级词汇：托（动）、托儿所（名）

三级（高级）附录词汇：托付（动）

92.拓（たく＼턱）：

三级词汇：拓展（动）、开拓（动）

93.握（おく＼악）：

一级词汇：握手（动）

二级词汇：握（动）

94.屋（おく＼옥）：

一级词汇：屋子（名）

二级词汇：屋（名）

三级词汇：屋顶（名）

95.息（そく＼흡＼식）：

一级词汇：休息（动）

96.蓄（ちく＼축）：

三级词汇：储蓄（动、名）

97.削（さく＼삭）：

三级词汇：削（动）、削弱（动）

98.学（がく＼학）：

一级词汇：学（动）、学费（名）、学期（名）、学生（名）、学习（动）、学校（名）、学院（名）

二级词汇：学分（名）、学会（名）、学科（名）、学历（名）、学年（名）、学时（名）、学士（名）、学术（名）、学位（名）、学问（名）、学员（名）、学者（名）

三级词汇：学说（名）、学堂（名）、学业（名）

三级（高级）附录词汇：学艺（动）、学子（名）

99.药（やく＼약）：

一级词汇：药（名）、药片（名）、药水（名）

二级词汇：药店（名）、药品（名）、药物（名）

三级词汇：药材（名）、药方（名）

100.抑（よく＼억）：

三级词汇：抑郁（形）、抑郁症（名）、抑制（动）

三级（高级）附录词汇：抑扬顿挫

101.译（やく＼역）：

三级词汇：译（动）

102.亿（おく＼억）：

一级词汇：亿（数）

103.玉（ぎょく＼옥）：

二级词汇：玉（名）、玉米（名）

104.育（いく＼육）：

一级词汇：体育（名）、体育场（名）、体育馆（名）

三级词汇：生育（动）

三级（高级）附录词汇：孕育（动）

105.浴（よく＼욕）：

三级词汇：浴室（名）

106.欲（よく＼욕）：

三级词汇：欲望（名）

107.约（やく＼약）：

一级词汇：约（动）

二级词汇：约定（动）、约会（动、名）、约束（动）

三级（高级）附录词汇：约定俗成

108.岳（がく＼악）：

三级词汇：岳父（名）、岳母（名）

109. 乐（らく＼악）：

三级词汇：乐器（名）

110. 跃（やく＼약）：

三级词汇：飞跃（动）

111. 泽（たく＼택）

112. 择（たく＼택）：

二级词汇：选择（动、名）

113. 则（そく＼칙）：

三级词汇：则（连、量）

114. 贼（ぞく＼적）：

三级词汇：贼（名）

115. 榨（さく＼착）：

高级附录词汇：榨（动）

116. 宅（たく＼택）

117. 植（しょく＼식）：

二级词汇：植物（名）

118. 殖（しょく＼식）：

三级词汇：养殖（动）

119. 职（しょく＼직）：

一级词汇：职工（名）、职业（名）

二级词汇：职能（名）、职位（名）、职务（名）、职责（名）

三级词汇：职权（名）、职业病（名）、职员（名）、兼职（名）

120. 轴（じく＼축）

121. 竹（ちく＼죽）：

二级词汇：竹子（名）

三级词汇：竹竿（名）

122. 逐（ちく＼죽）：

二级词汇：逐步（副）、逐渐（副）

三级词汇：逐年（副）

123. 嘱（しょく＼촉）：

三级词汇：嘱咐（动）

124. 筑（ちく＼축）：

三级（高级）附录词汇：筑（动）

125. 卓（たく＼탁）：

三级词汇：卓越（形）

126. 酌（しゃく＼작）：

三级（高级）附录词汇：酌情（动）

127. 着（ちゃく・じゃく＼착）：

一级词汇：着急（形）、着（助）

二级词汇：着（动）

三级词汇：着火（动）、着力（动）、着实（副）、着手（动）、着想（动）、着眼（动）、着眼于、着重（动）、沉着（形）

三级（高级）附录词汇：着落（名）、着迷（动）

128. 浊（だく＼탁）

129. 濯（たく＼탁）

130. 足（そく＼족）：

一级词汇：足够（动）、足球（名）

二级词汇：足（形、副）、足以（动）

三级词汇：足迹（名）

三级（高级）附录词汇：足智多谋

131. 族（ぞく＼족）：

二级词汇：族（名）、族（上班族）（后缀）

132. 漠（ばく＼막）：

三级（高级）附录词汇：漠然（形）

133. 墨（ぼく＼먹）：

二级词汇：墨水（名）

三级词汇：墨（名）

以き、ㄱ收尾的，有 27 个。

1.壁（へき＼벽）：

三级（高级）附录词汇：壁画（名）

2.斥（せき＼질）

3.滴（てき＼적）：

二级词汇：滴（动、量）

4.笛（てき＼적）：

三级词汇：笛子（名）

5.敌（てき＼적）：

二级词汇：敌人（名）

6.的（てき＼적）：

一级词汇：的（助）、的话（助）

二级词汇：的确（副）

7.迹（せき＼적）

8.激（げき＼격）：

二级词汇：激动（形、动）、激烈（形）、激情（名）

三级词汇：激发（动）、激光（名）、激化（动）、激活（动）、激励（动）、激起（动）

三级（高级）附录词汇：激素（名）

9.积（せき＼긓）：

一级词汇：积极（形）

二级词汇：积累（动）

三级词汇：积（动）、积蓄（动、名）

三级（高级）附录词汇：积淀（动、名）

10.击（げき＼격）：

二级词汇：袭击（动）

11.绩（せき＼적）：

一级词汇：成绩（名）

12.籍（せき＼적）：

三级词汇：书籍（名）

13. 历（れき＼역）：

一级词汇：历史（名）

三级词汇：历程（名）、历届（形）、历经（动）、历来（副）、历时（动、形）

14. 癖（へき＼벽）

15. 识（しき＼식）：

二级词汇：识（动）、识字（动）

三级词汇：识别（动）

16. 适（てき＼적）：

一级词汇：适合（动）、适应（动）、适用（形）

三级词汇：适度（形）、适量（形）、适时（形）、适宜（形）

17. 夕（せき＼석）

18. 析（せき＼석）：

二级词汇：分析（动）

19. 惜（せき＼석）

20. 席（せき＼석）：

一级词汇：主席（名）

二级词汇：出席（动）

三级词汇：席（名）、缺席（动）

三级（高级）附录词汇：席位（名）

21. 液（えき＼액）：

三级词汇：液晶（名）、液体（名）

22. 驿（えき＼역）

23. 域（いき＼역）：

二级词汇：区域（名）

三级词汇：地域（名）、领域（名）

24. 责（せき＼책）：

一级词汇：责任（名）

二级词汇：指责（动）

三级词汇：责备（动）、责怪（动）

25. 摘（てき＼적）：

二级词汇：摘（动）

26. 只（隻）（せき＼척）：

一级词汇：只（副）、只好（副）、只能（副）、只是（副、连）、只要（连）、只有（连）

二级词汇：只不过、只得（副）、只顾（副）、只管（副）、只见

27. 剧（げき＼격）：

一级词汇：剧场（名）、京剧（名）

二级词汇：剧（名）、剧本（名）、戏剧（名）

三级词汇：剧烈（形）、剧目（名）、剧团（名）、剧院（名）、剧组（名）

三级（高级）附录词汇：剧情（名）

以つ、己收尾的，有85个。

1. 拔（ばつ＼발）：

三级词汇：海拔（名）

2. 笔（ひつ＼필）：

一级词汇：笔（名）、笔记本（名）

二级词汇：笔记（名）、笔试（动）

3. 必（ひつ＼필）：

一级词汇：必然（形）、必须（副）、必要（形）

二级词汇：必（副）、必将（副）、必修（形）、必需（动）

三级词汇：必不可少、必定（副）

4. 别（べつ＼별）：

一级词汇：别（副）、别的（代）、别人（代）、分别（动、副）

二级词汇：别（动）

三级词汇：别墅（名）、别说（连）、别提了、别致（形）、别扭（形）

三级（高级）附录词汇：别具匠心、别看（连）

5. 擦（さつ＼찰）：

二级词汇：擦（动）

6. 察（さつ＼찰）：

三级词汇：察看（动）、察觉（动）、检察（动）

7. 撤（てつ＼철）：

二级词汇：撤离（动）、撤销（动）

三级词汇：撤（动）

三级（高级）附录词汇：撤换（动）

8. 吃（喫）（さつ＼흘）：

一级词汇：吃（动）、吃饭（动）

二级词汇：吃惊（动）、吃力（形）

三级词汇：吃不上、吃苦（动）、吃亏（形）

三级（高级）附录词汇：吃喝玩乐

9. 出（しゅつ＼출）：

一级词汇：出（动）、出发（动）、出国（动）、出口（名）、出口（动）、出来（动）、出门（动）、出去（动）、出生（动）、出现（动）、出院（动）、出租（动）、出租车（名）

二级词汇：出版（动）、出差（动）、出场（动）、出动（动）、出访（动）、出汗（动）、出路（名）、出面（动）、出名（动）、出入（动、名）、出色（形）、出事（动）、出售（动）、出台（动）、出行（动）、出于（动）

三级词汇：出版社（名）、出丑（动）、出道（动）、出发点（名）、出境（动）、出局（动）、出卖（动）、出任（动）、出身（动、名）、出示（动）、出手（动）、出头（动）、出土（动）、出息（名）、出众（形）、出资（动）、出自（动）、出走（动）

三级（高级）附录词汇：出厂（动）、出风头、出具（动）、出口成章、出毛病、出难题、出人意料、出山（动）、出血（动）、出演（动）、出洋相、出游（动）、出主意

10. 撮（さつ＼촬）

11. 达（たつ＼달）：

一级词汇：达到（动）、到达（动）

二级词汇：达成（动）

三级词汇：达标（动）

12. 迭（てつ＼질）：

三级（高级）附录词汇：迭起（动）

13. 夺（だつ／탈）：

二级词汇：夺（动）、夺取（动）

三级词汇：夺魁（动）、抢夺（动）

三级（高级）附录词汇：夺冠（动）

14. 发（はつ・ほつ＼발）：

一级词汇：发（动）、发表（动）、发出（动）、发达（形）、发动（动）、发明（动、名）、发生（动）、发送（动）、发现（动、名）、发言（动）、发展（动、名）、出发（动）

二级词汇：发病（动）、发布（动）、发电（动）、发放（动）、发挥（动）、发觉（动）、发怒（动）、发票（名）、发起（动）、发烧（动）、发射（动）、发行（动）、发言人（名）、发炎（动）

三级词汇：发布会（名）、发财、发愁、发电机（名）、发抖（动）、发光（动）、发火（动）、发酵（动）、发掘（动）、发脾气、发起人（名）、出发点（名）

三级（高级）附录词汇：发愣（形）、发扬光大、发源地（名）

15. 伐（ばつ＼벌）

16. 阀（ばつ＼벌）：

三级词汇：阀门（名）

17. 发（髪）（はつ＼발）

18. 佛（ふつ・ぶつ＼불）

19. 沸（ふつ＼비）：

三级词汇：沸腾（动）

三级（高级）附录词汇：沸沸扬扬（形）

20. 割（かつ＼할）：

二级词汇：割（动）

三级词汇：分割（动）

三级（高级）附录词汇：切割（动）

21. 骨（こつ\골）：

二级词汇：骨干（名）、骨头（名）

三级词汇：骨折（动）

三级（高级）附录词汇：骨气（名）

22. 喝（かつ\갈）：

一级词汇：喝（动）

三级词汇：喝彩（动）

23. 褐（かつ\갈）

24. 活（かつ\활）：

一级词汇：活（动、形）、活动（动、名）、生活（名、动）

二级词汇：活力（名）、活泼（形）、活跃（形、动）

三级词汇：活儿（名）

三级（高级）附录词汇：活该（动）、活期（名）

25. 疾（しつ\질）：

二级词汇：疾病（名）

26. 接（せつ\접）：

一级词汇：接（动）、接待（动）、接到（动）、接近（动）、接受（动）、接下来（动、连）、接着（动）

二级词汇：接触（动）、接连（副）、接受（动）

三级词汇：接班人（名）、接轨（动）、接见（动）、接力（动）、接纳（动）、接手（动）、接送（动）、接替（动）、接听（动）、接通（动）

三级（高级）附录词汇：接班（动）、接二连三、接济（动）

27. 杰（傑）（けつ\걸）：

二级词汇：杰出（形）

28. 结（けつ\결）：

一级词汇：结果（名、连）、结合（动）、结婚（动）、结束（动）

二级词汇：结（动、名）、结构（名）、结论（名）

三级词汇：结冰（动）、结晶（名）、结局（名）、结识（动）、结尾（动、名）

29. 诘（さつ＼힐）

30. 洁（けつ＼결）：

三级（高级）附录词汇：洁净（形）

31. 决（けつ＼결）：

一级词汇：决定（动、名）、决赛（动、名）、决心（名、动）

二级词汇：决不（副）、决策（动、名）

三级词汇：决议（名）

三级（高级）附录词汇：诀别（动）、诀窍（名）

32. 绝（ぜつ＼절）：

一级词汇：绝对（副）

二级词汇：绝（形、副）、绝大多数、绝望（形）

三级词汇：绝招（名）

三级（高级）附录词汇：绝技（名）、绝缘（动）

33. 掘（くつ＼굴）

34. 渴（かつ＼갈）：

一级词汇：渴（形）

二级词汇：渴望（动）

35. 括（かつ＼괄）：

二级词汇：括号（名）

三级词汇：括弧（名）

36. 列（れつ＼열）：

二级词汇：列（动、量）、列车（名）、列入（动）、列为（动）

三级词汇：列举（动）

37. 劣（れつ＼열）：

三级词汇：劣势（名）、劣质（形）

38. 烈（れつ＼열）：

三级词汇：烈士（名）

39. 裂（れつ＼열）：

二级词汇：裂（动）、分裂（动）

三级词汇：裂缝（名）、破裂（动）

三级（高级）附录词汇：裂痕（名）

40. 律（りつ＼율）：

二级词汇：律师（名）、纪律（名）

41. 密（みつ＼밀）：

二级词汇：密（形）、密码（名）、密切（形、动）

三级词汇：密度（名）、密集（形）

三级（高级）附录词汇：密不可分、密封（动）

42. 灭（滅）（めつ＼멸）：

二级词汇：灭（动）、消灭（动）

三级词汇：破灭（动）、灭亡（动）

三级（高级）附录词汇：灭绝（动）

43. 抹（まつ＼말）：

三级词汇：抹（动）

44. 末（まつ＼말）：

二级词汇：末（名）、周末（名）

三级词汇：末日（名）

45. 没（ぼつ＼몰）：

一级词汇：没（副、动）、没关系、没什么、没事儿（动）、没用（形）、没有（动、副）

二级词汇：没收（动）

三级词汇：没劲（形）、没说的、没完没了、没意思（形）、没准儿（副）

三级（高级）附录词汇：没落（动）、没辙（动）

46. 漆（しつ＼칠）：

三级词汇：漆（名、动）

47. 欠（けつ＼흠）：

二级词汇：欠（动）

三级词汇：欠条（名）

附录高级词汇：欠缺（动、名）

48. 窃（せつ＼절）：

三级（高级）附录词汇：窃取（动）

49. 屈（くつ＼굴）：

三级词汇：屈服（动）

50. 热（ねつ＼열）：

一级词汇：热（形、动）、热爱（动）、热烈（形）、热情（名、形）

二级词汇：热点（名）、热量（名）、热门（名）、热闹（形、动）、热水（名）、热水器（名）、热线（名）、热心（形）

三级词汇：热潮（名）、热带（名）、热气（名）

三级（高级）附录词汇：热气球（名）、热腾腾（形）、热衷（动）

51. 舌（ぜつ＼설）：

二级词汇：舌头（名）

52. 摄（せつ＼섭）：

二级词汇：摄像（动、名）、摄像机（名）、摄影（动、名）、摄影师（名）

三级词汇：摄氏度（量）

53. 设（せつ＼설）：

一级词汇：设备（名）、设计（动、名）、设立（动）、建设（动、名）

三级词汇：设（动）、设定（动）、设法（动）

54. 失（しつ＼실）：

二级词汇：失败（动、名）、失望（形）、失误（动、名）、失业（动）

三级词汇：失控（动）、失利（名、形）、失落（动、形）、失眠（名、动）、失明（动、名）、失效（动）、失业率（名）、失踪（动）、丢失（动）

三级（高级）附录词汇：失传（动）、失恋（动）、失灵（动）

55. 湿（しつ＼습）：

二级词汇：湿（形）、潮湿（形）

三级词汇：湿度（名）、湿润（形）

56. 实（じつ＼실）：

一级词汇：实在（副）、实在（形）、事实（名）

二级词汇：实惠（形、名）、实践（动、名）、实施（动）

三级词汇：实地（副）、实话（名）、实话实说、实况（名）、实事求是、实体（名）、实物（名）、实质（名）、坚实（形）

57. 室（しつ＼실）：

一级词汇：室（名）、教室（名）、办公室（名）

58. 述（じゅつ＼술）：

三级词汇：叙述（动）

59. 术（じゅつ＼술）：

二级词汇：手术（名）

三级词汇：手术室（名）

60. 刷（さつ＼쇄）：

二级词汇：刷（动）、刷牙（动）、刷子（名）

61. 率（りつ・そつ＼율）：

二级词汇：率领（动）、率先（副）

62. 铁（てつ＼철）：

一级词汇：铁（名）、铁路（名）

63. 凸（とつ＼철）：

三级词汇：凸（形容词）、凸显（动）

64. 突（とつ＼돌）：

一级词汇：突出（形、动）、突然（形）

二级词汇：突破（动、名）、冲突（动、名）

三级词汇：突发（动）、突击（动）、突破口（名）

三级（高级）附录词汇：突如其来

65. 脱（だつ＼탈）：

二级词汇：脱（动）、脱离（动）

三级词汇：脱落（动）、解脱（动）

三级（高级）附录词汇：脱节（动）、脱口而出、脱身（动）、脱颖而出

66. 物（ぶつ・もつ＼물）：

一级词汇：动物（名）、食物（名）

二级词汇：物价（名）、物品（名）、物业（名）、物质（名）、物资（名）、事物（名）、植物（名）、动物园（名）

三级词汇：物体（名）

三级（高级）附录词汇：物证（名）

67. 辖（かつ＼갈）

68. 穴（けつ＼혈）：

三级词汇：穴位（名）

69. 雪（せつ＼설）：

一级词汇：雪（名）

二级词汇：冰雪（名）、下雪（动）

三级（高级）附录词汇：雪山（名）、雪上加霜

70. 血（けつ＼혈）：

二级词汇：血管（名）、血压（名）

三级词汇：血缘（名）、心血（名）、鲜血（名）、献血（动）

三级（高级）附录词汇：血脉（名）、血栓（名）

71. 压（あつ＼압）：

一级词汇：压（动）、压力（名）

二级词汇：压迫（动）

三级词汇：压缩（动）、压抑（动）、血压（名）

三级（高级）附录词汇：压倒（动）、压制（动）

72. 谒（えつ＼알）

73. 乙（おつ＼을）

74. 逸（いつ＼일）：

三级词汇：安逸（形）

75. 月（がつ・げつ＼월）：

一级词汇：月（名）、月份（名）、月亮（名）

二级词汇：月饼（名）、月底（名）、月球（名）、岁月（名）

三级词汇：月初（名）、月票（名）、腊月（名）

三级（高级）附录词汇：日新月异

76. 悦（えつ＼열）：

三级词汇：喜悦（形）

三级（高级）附录词汇：悦耳（形）

77. 越（えつ＼월）：

一级词汇：越（副）、越来越（副）

二级词汇：超越（动）

三级词汇：越发（副）、越过（动）、跨越（动）

78. 阅（えつ＼월）：

二级词汇：阅读（动）、阅览室（名）

三级（高级）附录词汇：阅历（名）

79. 札（さつ＼찰）

80. 折（せつ＼절）：

二级词汇：折（动）、打折（动）

三级词汇：折合（动）、折扣（名）、折磨（动）、折射（动）

三级（高级）附录词汇：折叠（动）

81. 哲（てつ＼철）：

二级词汇：哲学（名）

82. 秩（ちつ＼질）

83. 窒（ちつ＼질）：

三级（高级）附录词汇：窒息（动）

84. 拙（せつ＼졸）：

三级（高级）附录词汇：拙劣（形）

85. 卒（そつ＼졸）

以ち、ㄹ收尾的，有3个。

1. 八（はち＼팔）：

一级词汇：八（数）

三级词汇：八卦（名）

2. 七（しち＼칠）：

一级词汇：七（数）

三级（高级）附录词汇：七嘴八舌

3. 壹（いち＼일）

有两个以上不同收尾的，有 19 个。

1. 钵（はつ · はち＼발）

2. 罚（ばつ · ばち＼벌）：

二级词汇：罚（动）、罚款（名）

三级词汇：惩罚（动、名）

3. 吉（きち · きつ＼길）：

二级词汇：吉利（形）、吉祥（形）

三级词汇：吉普（名）、吉他（名）、吉祥物（名）

4. 节（せつ · せち＼절）：

一级词汇：节（名、量）、节假日（名）、节目（名）、节日（名）、节约（动）

二级词汇：节（动）、节能（动）、节省（动）、节奏（名）、季节（名）

三级词汇：节水（动）、节俭（形）

三级（高级）附录词汇：节气（名）、节衣缩食

5. 日（にち · じつ＼일）：

一级词汇：日（名）、日报（名）、日常（形）、日期（名）、日子（名）、节日（名）、生日（名）

二级词汇：日记（名）、日历（名）、日夜（名）、日语（名）

三级词汇：日程（名）、日后（名）、日前（名）、日趋（副）、日益（副）

三级（高级）附录词汇：日复一日、日新月异

6. 一（いち · いつ＼일）：

一级词汇：一半（数）、一部分（名）、一定（形、副）、一共（副）、一会儿（名）、一会儿（副）、一块儿（名、副）、一路（名、副）、一路顺风、一切（代）、一下儿、一下子（副）、一样（形）、一致（形、副）

二级词汇：一辈子（名）、一次性（形）、一代（名）、一带（名）、一旦（名、副）、一道（副）、一度（副）、一贯（形）、一句话（名）、一律（副）、一下儿（副）、一向（副）、一再（副）、一般来说、一番、一口气（副）、一模一样、一齐（副）、一身（名）、一时（名、副）、一同（副）、一行（名）

三级词汇：一刹那（名）、一大早（名）、一动不动、一个劲儿（副）、一面（名、副）、一事无成、一味（副）、一系列（形）、一阵（数量）

三级（高级）附录词汇：一成不变、一筹莫展、一干二净、一鼓作气、一锅粥（名）、一举一动、一揽子（形）、一毛不拔、一如既往、一声不吭、一无所有、一无所知、一心一意、一言不发、一言一行、一应俱全

7.赤（せき・しゃく＼적）：

三级词汇：赤字（名）

8.寂（じゃく）：

三级词汇：寂静（形）、寂寞（形）

9.力（りょく・りき＼력）：

一级词汇：力（名）、力量（名）、动力（名）

二级词汇：力（影响力）（后缀）、力气（名）、人力（名）、暴力（名）

三级词汇：力度（名）、力求（动）、力争（动）

三级（高级）附录词汇：力不从心、力所能及

10.色（しょく・しき＼색）：

一级词汇：颜色（名）

二级词汇：色（名）、色彩（名）、脸色（名）

11.食（しょく・じき＼식）：

一级词汇：食品（名）、食物（名）

二级词汇：食堂（名）、食欲（名）

三级词汇：食用（动）

三级（高级）附录词汇：食宿（名）

12.昔（せき・しゃく＼석）：

三级词汇：昔日（名）

13. 役（きやく・えき＼역）

14. 疫（やく・えき＼역）：

三级（高级）附录词汇：防疫（动）

15. 石（せき・しゃく・こく＼석）：

一级词汇：石头（名）、石油（名）

16. 织（しょく・しき＼직）：

二级词汇：织（动）

三级词汇：纺织（动）

17. 直（ちょく・じき＼직）：

一级词汇：直（形、动）、直（副）、直播（动、名）、直到（动）、直接（副）、简直（副）

二级词汇：直线（名）

三级词汇：直达（动）、直观（形）、直径（名）、直觉（名）、直至（动）

三级（高级）附录词汇：直奔（动）、直视（动）

18. 册（さつ・さく＼책）：

二级词汇：册（量）

19. 匹（ひつ・ぴき＼필）：

二级词汇：匹（量）

三级词汇：匹配（动）

入声字兼有其他音读的有 20 个。

1. 法（ほう・ほつ・はつ＼법）：

一级词汇：法院（名）

二级词汇：法（名）、法官（名）、法规（名）、法律（名）、法庭（名）、法语（名）、法制（名）

2. 坊（ばう・ばつ＼방）

3. 合（ごう・がつ・かつ＼합）：

一级词汇：合（动）、合法（形）、合格（形）、合理（形）、合适（形）、合作（动）、结合（动）

二级词汇：合并（动）、合成（动）、合同（名）、合约（名）

三级词汇：合唱（动）、合乎（动）、合伙（动）、合计（动）、合影（动、名）、合资（动）

附录高级词汇：合情合理、合作社（名）

4. 滑（かつ・こつ＼활）：

二级词汇：滑（形、动）

三级词汇：滑冰（名）、滑雪（名）

三级（高级）附录词汇：滑稽（形）、滑梯（名）

5. 画（かく・が＼화）（非入声）：

一级词汇：画（动）、画家（名）、画儿（名）

二级词汇：画面（名）

三级词汇：画展（名）

三级（高级）附录词汇：画册（名）、画龙点睛、画蛇添足

6. 脚（きゃく・きゃ＼각）：

一级词汇：脚（名）

二级词汇：脚步（名）、脚印（名）

7. 立（りつ）：

一级词汇：立刻（副）、成立（动）

二级词汇：立（动）、立场（名）、立即（副）、站立（动）

三级词汇：立方（名）、立方米（名）、立交桥（名）、立体（形）、立足（动）、树立（动）

三级（高级）附录词汇：立功（动）

8. 泌（ひつ・ひ＼비）（非入声）：

三级词汇：分泌（动）

9. 纳（なつ・のう・な・なん・どう＼납）：

二级词汇：纳税（动）

三级词汇：容纳（动）、交纳（动）

10. 拍（はく・ひょう＼박）：

一级词汇：拍（动）

二级词汇：拍摄（动）、拍照（动）

三级词汇：拍卖（动）、拍戏（动）

三级（高级）附录词汇：拍板（动）

11. 切（せつ·さい＼절）：

一级词汇：亲切（形）

二级词汇：切实（形）

三级词汇：确切（形）

三级（高级）附录词汇：切除（动）、切割（动）、切身（形）

12. 质（しつ·しち·ち＼질）：

二级词汇：质量（名）、品质（名）

三级词汇：质地（名）、质疑（动、名）、气质（名）

三级（高级）附录词汇：质朴（形）、质问（动）

13. 祝（しゅく·しゅう＼축）：

一级词汇：祝（动）、庆祝（动）

二级词汇：祝福（动）、祝贺（动）

14. 杀（さつ·さい·せつ＼살）：

二级词汇：杀（动）

三级词汇：杀毒（动）、杀害（动）、杀手（名）

15. 十（じっ·じゅう·じゅっ＼십）：

一级词汇：十（数）、十分（副）

二级词汇：十足（形）

三级词汇：十字路口

16. 说（せつ·ぜい＼설）：

一级词汇：说（动）、说话（动）、说明（动、名）、小说（名）、听说（动）

二级词汇：说不定（动、副）、说法（名）、说服（动）、说明书（名）、说实话（动）

三级词汇：说白了、说不上（动）、说到底、说道（动、名）、说干就干、说谎（动）、说起来（动）、说闲话、说真的

三级（高级）附录词汇：说老实话、说情（动）

17.杂（ざっ・ぞう＼잡）：

一级词汇：杂志（名）、复杂（形）

二级词汇：杂（形）

三级词汇：杂技（名）

18.早（さっ・そう＼조）（非入声）：

一级词汇：早（形）、早晨（名）、早饭（名）、早就、早上（名）、早已（副）

二级词汇：早餐（名）、早期（名）、早晚（名）

三级词汇：早年（名）、早日（副、名）

19.执（しっ・しゅう＼집）：

二级词汇：执行（动）

三级词汇：执法（动）、执意（副）、执照（名）、执著（形）、争执（动）

20.昨（さく・さ＼작）：

一级词汇：昨天（名）

第六节　日源汉语词汇的等级及词性 ①

B

一级词汇：保险（形、名）、必要（形）

二级词汇：背景（名）、博物馆（名）

三级词汇：饱和（动）、表决（动）、不景气（形）、标本（名）、保障（动、名）

其他词汇：白夜（名）、百日咳（名）、版画（名）、半径（名）、半旗（名）、编制（名）、变压器（名）、律师（辩护士）（名）、标高（名）、表象（名）、病虫害（名）、舶来品（名）、博士（名）、不动产（名）

---

① 这些日源汉语词可能并不全面，这里举例性的说明，目的是引导大家根据词语的等级有重点、分难点地进行汉语词汇的学习或教学，书中用对应的现代汉字加以标注，跟日语中的有差异。

C

一级词汇：参观（动）、出口（名）、出口（动）、出发（动）、场合（名）、场所（名）、成员（名）、承认（动）、创作（动、名）

二级词汇：衬衣（名）、成分（名）、出版（动）、常识（名）、乘客（名）

三级词汇：抽象（形）、出发点（名）、传染病（名）、储蓄（动、名）、参照（名）

三级（高级）附录词汇：错觉（名）

其他词汇：财阀（名）、采光（名）、参看（动）、策动（动）、插话（动）、茶道（名）、长波（名）、常备兵（名）、乘务员（名）、宠儿（名）、出超（动）、出庭（动）、初夜权（名）、处女地（名）、处女作（名）、储藏（动）、触媒（动）、催眠（动）、催眠术（名）

D

一级词汇：代表（名、动）、单位（名）、但是（连）

二级词汇：单纯（形）、登记（动）、动态（名）、动员（动）

三级词汇：大气（名）、代言人（名）、蛋白质（名）、低调（名、形）、地下水（名）、地质（名）

其他词汇：大本营（名）、大局（名）、代议士（名）、贷方（名）、单利（名）、单行本（名）、导火线（名）、德育（名）、登载（动）、等外（名）、低能（形）、低能儿（名）、低压（名）、敌视（动）、抵抗（动）、地上水（名）、动议（名）、独裁（名）、独占（动）、读本（名）、短波（名）

E

二重奏

F

一级词汇：发明（动、名）、反对（动）、反应（动、名）、否认（动）、服务（动）

二级词汇：法律（名）、法庭（名）、反响（名、动）、方案（名）、方针（名）、分析（动）、复制（动）

三级词汇：反感（形、名）、范畴（名）、封建（名、形）、封锁（动）、否决（动）、服用（动）、辐射（动）

其他词汇：法人（名）、法则（名）、番号（名）、反射（动）、泛神论（名）、泛心论（名）、方程式（名）、方程（名）、放射（动）、分解（动）、分配（动）、分子（名）、风琴（名）、否定（动）、复式（形）、复员（动）、副食（名）、副官（名）、副手（名）

G

一级词汇：概念（名）、公民（名）、观点（名）、观念（名）、广场（名）、广告（名）、规范（形、名、动）、国际（名）、工业（名）、关系（名、动）

二级词汇：概括（动、形）、高潮（名）、公认（动）、固定（形、动）、故障（名）、观测（动）、光线（名）、规则（名）、过渡（动）

三级词汇：改编（动）、干部（名）、干事（名）、纲领（名）、广义（名）、归纳（动）

三级（高级）附录词汇：感性（形）

其他词汇：改订（动）、概略（名）、概算（名）、干线（名）、高利贷（名）、高炉（名）、高射炮（名）、高周波（名）、歌剧（名）、攻守同盟（名）、公报（名）、公立（形）、公判（形）、公仆（名）、公诉（动）、公营（名）、公债（名）、共产主义（名）、共和（名）、共鸣（名）、固体（名）、观照（动）、光年（名）、国教（名）、国库（名）、国立（形）、国税（名）、国体（名）

H

一级词汇：环境（名）、会谈（动、名）

二级词汇：化石（名）、活跃（形、动）

三级词汇：海拔（名）

三级（高级）附录词汇：混凝土（名）

其他词汇：寒带（名）、寒流（名）、航空母舰（名）、和服（名）、黑死病（名）、弧光（名）、化学（名）、化妆品（名）、画廊（名）、幻灯（名）、幻想曲（名）、回收（动）、会社（名）、火成岩（名）

J

一级词汇：积极（形）、记录（名、动）、坚持（动）、简单（形）、交通（名）、节约（动）、紧张（形）、经济（名）、经验（名）、精神（名）、警察（名）、绝对（副）、集中（动、形）、计划（动、名）、剧场（名）

二级词汇：机关（名）、机械（名）、基地（名）、基督教（名）、集团（名）、间接（形）、鉴定（动、名）、讲座（名）、交换（动）、教授（名）、解放（动）、金融（名）、进化（动）、经费（名）、俱乐部（名）、建筑（名、动）

三级词汇：基准（名）、记号（名）、假定（动）、尖端（名、形）、教科书（名）、阶级（名）、解剖（动）、介入（动）、进度（名）、警官（名）、净化（动）、竞技（动）、就任（动）、拘留（动）、巨头（名）、巨星（名）

三级（高级）附录词汇：教养（名）

其他词汇：机关枪（名）、基调（名）、基督（名）、基质（名）、技师（名）、加农炮（名）、假分数（名）、假名（名）、假想敌（名）、尖兵（名）、检波器（名）、见习（名）、间歇泉（名）、间歇热（名）、讲师（名）、讲坛（名）、讲习（动）、讲演（动）、交感神经（名）、交响乐（名）、脚本（名）、脚光（名）、教育学（名）、酵素（名）、接吻（动）、结核（名）、借方（名）、金额（名）、金刚石（名）、金婚式（名）、金牌（名）、金丝雀（名）、进化论（名）、进展（名）、经济恐慌（名）、经济学（名）、景气（名、形）、静脉（名）、巨匠（名）、巨星（名）、具体（形）、决算（动）、军部（名）、军国主义（名）、军籍（名）、军需品（名）

K

一级词汇：科学（名）、客观（形）、课程（名）、肯定（动、形）

二级词汇：空间（名）、会计（名）

三级词汇：科目（名）、扩散（动）

其他词汇：看护妇（名）、看守（名、动）、客体（名）

L

一级词汇：劳动（动、名）、理论（名）、理想（名）、了解（动）

二级词汇：理智（名、形）、列车（名）

三级词汇：冷战（名）、理念（名）、理性（形、名）、临床（动）、领土（名）、论坛（名）

其他词汇：浪人（名）、劳动者（名）、劳动组合（名）、劳作（动）、累减（动）、类型（名）、冷藏（动）、冷藏车（名）、理事（名）、力学（名）、立场（名）、立宪（动）、例会（名）、量子（名）、淋巴（名）、领海（名）、领空（名）、流感（名）、流体（名）、流行病（名）、流行性感冒（名）、伦理学（名）、论理学（名）、论战（名）、落选（动）

M

一级词汇：美术（名）、民主（名）、明确（形、动）、目标（名）、目的（名）

二级词汇：漫画（名）、敏感（形）

三级词汇：码（动）、码（量）、美化（动）、命题（名）

其他词汇：脉动（名）、漫笔（名）、漫谈（动）、盲从（动）、媒质（名）、美感（名）、免许（动）、民法（名）、明细表（名）、母体（名）、母校（名）

N

一级词汇：内容（名）、能力（名）

二级词汇：内在（形）

三级词汇：内幕（名）、农作物（名）

其他词汇：内服（动）、内阁（名）、内勤（名）、能动（形）、能力

（名）、能率（名）、暖流（名）

O
二级词汇：偶然（形）

P
一级词汇：批评（动）、评价（动、名）

三级词汇：派遣（动）、判决（动）、平面（名）

其他词汇：陪审（动）、陪审员（名）、配电盘（名）、配给（动）、平假名（名）、坪（名）

Q
一级词汇：取消（动）

二级词汇：企业（名）、前提（名）、气体（名）、铅笔（名）、权利（名）

三级词汇：侵略（动）、情报（名）、取缔（动）、权威（名）

三级（高级）附录词汇：权益（名）

其他词汇：旗手（名）、骑士（名）、气质（名）、汽船（名）、汽笛（名）、牵引车（名）、前卫（形）、前线（名）、强制（形）、侵犯（动）、勤务（名）、清教徒（名）、清算（动）、驱逐舰（名）、权限（名）

R
一级词汇：入口（名）

二级词汇：人权（名）

三级词汇：人格（名）、日程（名）、入场券（名）

其他词汇：人力车（名）、人文主义（名）、人选（名）、溶体（名）、肉弹（名）、入超（名）

S
一级词汇：商业（名）、社会（名）、生产（动）、时间（名）、世纪

（名）、市场（名）、市长（名）、手续（名）、输入（动）、思想（名）

二级词汇：身份（名）、神经（名）、时事（名）、输出（动）

三级词汇：社会主义（名）、社交（名）、社团（名）、审美（动）、事态（名）、水准（名）、私立（形）

三级（高级）附录词汇：审判（动）、生命线（名）

其他词汇：商法（名）、上水道（名）、少将（名）、少尉（名）、社会学（名）、神经过敏（名）、神经衰弱（名）、审问（动）、升华（名）、生产关系（名）、生产力（名）、生理学（名）、生态学（名）、剩余价值（名）、失效（形）、时计（名）、时效（名）、实感（名）、实绩（名）、实权（名）、实业（名）、使徒（名）、世界观（名）、事变（名）、事务员（名）、手工业（名）、手榴弹（名）、受难（动）、水成岩（动）、水密（名）、水素（名）、私法（名）、思潮（名）、死角（名）、所得税（名）、所有权（名）、索引（名）

T

一级词汇：台（名、量）、体育（名）、条件（名）、图书馆（名）

二级词汇：同情（动）、统计（动）、投资（名）、图案（名）

三级词汇：探险（名）、特长（名）、投机（名）、退役（动）

其他词汇：他律（名）、榻榻米（名）、台车（名）、太阳灯（名）、探海灯（名）、探照灯（名）、特务（名）、誊写版（名）、体操（名）、天鹅绒（名）、天主（名）、铁血（名）、通货膨胀（名）、通货收缩（名）、投影（名）、退化（动）

W

一级词汇：卫生（形、名）、温度（名）、文化（名）、文明（名、形）、文学（名）、舞台（名）

二级词汇：物质（名）

三级词汇：瓦（名）

其他词汇：瓦斯（名）、外分泌（名）、外勤（名）、外在（形）、唯心论（名）、唯物论（名）、味之素（名）、胃溃疡（名）、尉官（名）、温床

（名）、温室（名）、文库（名）、无产阶级（名）、无产者（名）、物理（名）、物理学（名）、物语（名）、悟性（名）

X

一级词汇：现金（名）、现实（名）、现象（名）、效果（名）、信号（名）、宣传（动、名）、选举（动、名）

二级词汇：系列（名）、系统（名）、细胞（名）、想象（名、动）、象征（动、名）、消防（动）、消化（动）、消极（形）、小型（形）、协会（名）、信用（名）、性能（名）、学会（名）、学历（名）、学士（名）、学位（名）

三级词汇：喜剧（名）、纤维（名）、宪法（名）、相对（动、形）、协定（名）、刑法（名）、序幕（名）

三级（高级）附录词汇：血栓（名）

其他词汇：系数（名）、下水道（名）、现役（名）、宪兵（名）、消费（动、名）、消火栓（名）、小夜曲（名）、校训（名）、效果（名）、心理学（名）、新闻记者（名）、信托（名）、猩红热（名）、形而上学（名）、旋盘（名）、学府（名）、血色素（名）、血吸虫（名）、训话（动）、训令（名）、讯问（动）

Y

一级词汇：演出（动、名）、意义（名）、银行（名）、艺术（名）、印象（名）、营养（名）、运动（动、名）

二级词汇：演习（动）、演奏（动）、业务（名）、医学（名）、遗传（名）、议会（名）、议员（名）、意识（名、动）、元素（名）、原理（名）、原则（名）

三级词汇：演说（动、名）、银幕（名）、影像（名）、液体（名）、预算（动、名）

三级（高级）附录词汇：演绎（名、动）

其他词汇：压延（动）、雅乐（名）、燕尾服（名）、羊羹（名）、阴极（名）、义务（名）、议决（名）、议院（名）、异物（名）、意匠（名）、意译（动、名）、音程（名）、引渡（动）、印鉴（名）、优生学（名）、游离（动）、游弋（动）、右翼（名）、语源学（名）、预备役（名）、预后（名）、元帅（名）、园艺（名）、原动力（名）、愿意（动）、原子（名）、原罪（名）、原作（名）、远足（名）、运动场（名）、运转手（名）

Z

一级词汇：杂志（名）、直接（形）、知识（名）、指导（动）、重点（名、副）、主动（形）、自由（名、形）、总理（名）、组成（动）、组织（动、名）、作品（名）、作者（名）

二级词汇：展览（动、名）、哲学（名）、政党（名）、支配（动）、指标（名）、指数（名）、质量（名）、终点（名）、制约（动）、主观（形）、主体（名）、注射（动）、资本（名）、资料（名）、宗教（名）、综合（动）

三级词汇：展览会（名）、阵容（名）、直观（形）、直觉（名）、制裁（动）、仲裁（动）、主人公（名）、主食（名）、主义（名）、作物（名）、座谈（动）

其他词汇：战线（名）、真空管（名）、政策（名）、支部（名）、支线（名）、直径（名）、直流（名）、扬弃（动）、纸型（名）、制版（动）、制限（名）、控制器（名）、中将（名）、仲裁人（名）、重工业（名）、株式会社（名）、烛光（名）、主笔（名）、专卖（形）、转炉（名）、资本家（名）、紫外线（名）、自律（动）、自然淘汰（动）、自治（动）、总动员（动）、总领事（名）、组阁（动）、组合（动、名）、最惠国（名）、左翼（名）

参考文献

陈海伦：《中古音韵对现代方言声韵母对应规律性程度的测度》，《语言研究》1997年第1期。

邓宗荣：《"泥""来"二纽汉字词在韩国语中的读音》，《南开学报》（哲学社会科学版）1997年第2期。

中国国家对外汉语教学领导小组办公室，教育部社科司《汉语国际教育用音节汉字词汇等级划分》课题组编《汉语国际教育用音节汉字词汇等级划分（国家标准·应用解读本）》，北京语言大学出版社，2010。

李得春：《汉语上古音在十六世纪朝鲜汉字音中的遗存》，《民族语文》1985 年第 5 期。

李鹤桐等编《日语汉字读音速查词典》，外语教学与研究出版社，1994。

李钟九：《〈翻译老乞大·朴通事〉所反映的汉语声调调值》，《语言文字学》1998 年第 3 期。

刘淑学：《日语拨音音节汉字的音读与汉语音韵的对比研究——兼论研究日语汉字音读的意义》，《河北大学学报》（哲学社会科学版）1994 年第 1 期。

刘文祥等编《简明日汉词典》，商务印书馆，1992。

马洪海：《朝汉双语声母对应规律初探》，《天津师范大学学报》（社会科学版）1992 年第 2 期。

马洪海：《从朝、韩留学生普通话语音的偏误看汉字音的影响》，《天津师范大学学报》（社会科学版）1997 年第 3 期。

姜信道主编《韩汉词典》，商务印书馆，2001。

曲翰章：《通过日语汉音看假名五段与汉字四等的关系》，《中国语文》1982 年第 5 期。

沈定昌：《实用日韩对照语法》，中央民族大学出版社，1994。

施向东：《汉语音韵学与对外汉语语音教学》，载孙晖、施向东主编《天津市对外汉语教学论文集》，天津人民出版社，1998。

王彦承：《汉日语音对比与对日汉语语音教学》，《汉语学习》1990 年第 6 期。

严棉：《从闽南话到日本汉字音》，《中国语文》1994 年第 2 期。

严翼相：《韩国古代汉字为中国上古音说》，《语言研究》1997 年第 1 期。

杨信川：《试论入声的性质及其演变》，《语言文字学》1997 年第 7 期。

袁庆述：《部分中古入声字读音与日语汉字音读的对应关系》，《古汉语研究》1993 年第 1 期。

第四章

汉字词的结构与词序

汉语和日语、韩语属于不同的语言类型，汉语属于孤立语，日语、韩语属于黏着语。汉语词汇没有形态上的标志，使用时缺少严格意义上的形态变化，自古以来兼类、活用现象比较普遍；日韩语词内部结构中有专门表示语法意义的成分，汉字词语一般由词干和词尾组成，根据词尾可以判定词性，名词可以直接用来造句，充当动词、形容词要添加する或하다，如"勉強する（学习）"或"未安하다（对不起）"。"关心"一词在汉语中既可以作动词，也可以作名词，而在日韩语中只能作名词，所以韩国人在学汉语时会说"有关心""无关心"，汉语会说"关心他人""关心集体"。"专攻"在汉语中主要用作动词，如"他专攻古文字"，在日韩语中还可以作名词，相当于汉语的专业。就词语结构而言，汉语以复合结构为主，日韩语以派生结构为主，日韩语的词汇系统容纳了大量汉语词汇，并与本民族的语音和语法形式结合得天衣无缝。从汉字复合词的内部分析，可以分为并列、偏正、动宾、动补、主谓等不同类型，日语中的汉字词，并列结构的如纤维、选举、权利、方法、请求、紧张、斗争；偏正结构的如美学、人道、优势、环境、论文、背景、独裁、联想、广告、遗传、讲义；动宾结构的如断交、动员、入党、出院、无料；主谓结构的如民主、人为；动补结构的如说明、改善。韩语中的汉字词，主谓结构的如家贫、地动、国立、人造、日出；偏正结构的如汉字、多元、未刊、蜜月、名人；并列结构的如都市、父母、选择、命运、言语；动宾结构的如观光、落榜、关心、断罪；动补结构的如移动、修正、说明、卖出、买入。这些词语中动宾复合词构词依据的是汉语的 VO 结构，而不是日韩语的 OV 结构，说明其构词理据和构词法是汉语式的，反映了汉语对日韩语汉字词的影响之深。

日韩语运用汉语的构词手段，在已有汉字词语的基础上构造新的合成词和派生词，尤其是一些由汉字词和固有词及西方外来词组合而成的新词，举例见表4-1。

表 4-1　日韩语运用汉语构词手段构造的复合词举例

汉语	日语	韩语
手机	携帯電話	핸드폰（handphone）
优胜杯	優勝杯	우승컵（優勝 cup）
歌厅		노래방（노래房）
公共汽车站	バス停留所	버스장（bus 場）
网吧	ネットカフェ（net cafe）或者インターネット バー（internet bar）	PC 방（PC 房）

除了复合词以外，日韩语中还有词根加词尾的派生词，如“先头、可爱、所愿、第一”等。“椅子、帽子、饺子、扇子、孙子、调子、后头”等汉字词都是表示概念的一个语义单位，其中的“子”不具有再生性。

第一节　内部结构的比较

一　主谓型

主谓型复合词也叫陈述型复合词，前一词根表示被陈述的事物，后一词根是陈述前一词根的。汉语词如嘴馋、民主、肉麻、眼熟、自动、心慌、海啸等，跟日韩语之间的比较见表 4-2。

表 4-2　汉语主谓型复合词与日韩语之比较

汉语	日语	韩语
年轻	若い	젊다
自动	自動	자동（自動）
私立	私立	사립（私立）
事变	事変	사변（事變）
心急	短気	초조（焦燥）
地震	地震	지동（地动）

续表

汉语	日语	韩语
心疼	心を痛む	몹시아끼다
日落	日が沈む	일몰（日没）
目击	目撃	목격（目撃）
眼看	見る間に	순식간（瞬息間）에
嘴甜	口先が甘い	말이　달콤
例如	たとえば	예（例）를　들면
冬至	冬至	동지（冬至）
胆小	臆病	담（膽）이　작다
面熟	顔なじみ	지면（知面）하다
兵变	軍隊の反乱	병변（兵變）
泥石流	土石流	흙탕물
日食	日食	일식（日食）

以下是相关结构的一些词语的比较。

（1）掌握［日汉：掌握する、韩汉：장악하다］

　　比较：把握［日汉：把握する、韩汉：파악하다］

　　　1）実権を掌握する／실권을 장악하다（掌握实权）

　　　2）이 지역을 장악하였다（掌握了这一区域）

　　　3）정세를 파악하다（把握形势）

　　　4）참가 인원을 파악하다（掌握参加人员情况）

　　　5）実権を把握する（把握实权）

　　　6）状況を把握する（了解现状）

　　"掌握"本义指"手掌"，比喻所控制的范围，《史记·淮阴侯列传》："且汉王不可必，身居项王掌握中数矣，项王怜而活之。"唐杜甫《太子张舍人遗织成褥段》："掌握有权柄，衣马自肥轻。"作动词用时指"控制、主持"，《宋书·恩幸传序》："赏罚之要，是谓国权，出内王命，由其掌握。"这两个意义

都是现代汉语的常用义，如"这些情况都在他的掌握之中"，"公安部门充分
掌握了他的犯罪事实"，还可以说"掌握知识、掌握技术、掌握本领、掌握
用法"，指对事物熟悉、了解并加以运用。"把握"在古汉语中最初指"一把
所握之大小长短"，《国语·楚语下》："郊禘不过茧栗，烝尝不过把握。"韦
昭注："把握，长不出把。"指祭祀用的牛的角，汉晁错《论贵粟疏》："其为
物轻微易藏，在于把握。"指"掌握、把持"，唐柳宗元《贞符》："运臂率指，
屈伸把握，莫不统率。"指成功的根据和信心，清郑观应《盛世危言·商务》：
"商务一端，必须统筹全局，果有把握而后可行。"两词都有"握、拿"的意
思，如"把握着方向盘、掌握着方向盘"。从各自的引申义来看，"把握"一
般是比较抽象的事物，如"把握原则""把握方向""把握时机"；"掌握"则
可能是具体的东西，也可能是抽象的事物，如"掌握证据""掌握技术""掌
握原则""掌握规律"。"有把握""把握性较大"中"把握"指成功性，不能
用"掌握"替代。

（2）内包［日汉：内包（ないほう）、韩汉：내포］

比较：含有［日汉：含有する、韩汉：함유하다］

1）内包と外延（内涵和外延）

2）内包量（内含量）

3）내포와 외연（内涵和外延）

4）여러가지 뜻을 내포하고 있는 말（包含了多种意思的话）

5）私を含め五人家族（连我在内家里共五个人）

6）그중에는 그의 매력도 포함되어 있다（其中也包含着他的魅力）

7）ビタミンＡを豊富に含有する食品（含有维他命Ａ的食品）

8）바닷물에는 염분이 함유되어 있다（海水中含有盐分）

汉语与日韩语中在"内包"哲学上相对应的词语，都是"内涵"，即一
个概念所反映的事物本质属性的总和，指概念的内容。"内包"的动词义在汉
语里相对应的词语是"包含""含有"等，一般认为是"里面包含""内中含
有"的略称，不单说。

（3）自信［日汉：自信、韩汉：자신］

　　比较：自负［日汉：自負する、韩汉：자부하다］

1）自信満満の態度／자신만만한 태도（自信十足的态度）

2）나는 운동에 자신이 없다（我对运动没有自信）

3）그는 모든 　일에 자신감이 넘친다（他对一切事情都充满自信）

"自信"的"相信自己"义在古代就存在，《墨子·亲士》："虽杂庸民，终无怨心，彼有自信者也。"有自表诚信义，三国魏曹操《举贤勿拘品行令》："吴起贪将，杀妻自信，散金求官，母死不归。"该义现已消失。"自信"指"相信自己"，如"充满自信、自信心、自信力、失去自信"；可作动词，如"他自信能一次通过测试"；也可作形容词，如"十分自信、非常自信"。汉语中"自负"指"自以为了不起、目空一切"，如"这个人自负得很""他因为有点才气而十分自负"，具有贬义色彩，是形容词。"自负"还是短语，相当于"自己负责"，如"文责自负""自负盈亏"。

（4）风化［日汉：風化、韩汉：풍화］

"风化"在日韩语中指"教化"。

1）君臣風化の道（君臣道德教化的道理）

2）풍속 교화에 해가 되다（有伤风化）

3）암석이 풍화되다（岩石风化）

日语中还指"淡薄"。

4）戦争体験が風化する（战争的体验淡薄）

"风化"在古代汉语中指风俗、社会公认的道德规范，唐玄宗《端午三殿宴群臣探得神字》："股肱良足咏，风化可还淳。"《古今小说·李秀卿义结黄贞女》："（周庠）因将女作男，事关风化，不好声张其事。"现代汉语中"风化”指含结晶的水的化合物在空气中失去结晶水，还指由于长期的风吹日晒、雨水冲刷和生物的影响等，地表岩石受到破坏或发生分解。

（5）理屈［日汉：理屈、韩汉：도리］

“理屈”在日语中指“道理”，韩语为도리。

1）理屈に合っている（合乎道理）

2）あの男に理屈を言って聞かせても無駄だ（向他讲道理也白搭）

3）そんな理屈はない（岂有此理）

4）그를 이길 도리가 없다（没法赢他）

又指“借口”。

4）彼は何とか理屈をつけては学校を休もうとする（他千方百计找借口不上学）

5）理屈を言えばききりがない（歪理说起来没有边儿）

6）理屈と膏薬はどこへでも付く（借口到处可找，膏药到处可贴）

汉语中“理屈”是“理亏”的意思，指“没有理由”或“因理亏而无话可说”，宋洪迈《夷坚乙志·栏街虎》：“会其人以讼事至廷，诘问理屈，遂杖之，数至八而毙。”“理屈”还指“以理折服对方”，京剧《将相和》第六场：“如此，理屈强秦，方为两全之策。”现代汉语中一般指理亏而无话可说，如“他自知理屈，也就不说什么了”。

二　并列型

并列型复合词也叫联合型复合词，由两个意义相同、相近、相关或相反的词根并列组合而成，两词根意义或并列，可互相说明，如价值、途径、体制、治理、关闭；或产生了新的意义，如聪明、方圆、眉目、始终、骨肉；或变成偏义复合词，只有一个词根的义项在起作用，如国家、窗户、忘记、长短、质量，这两个词根的前后顺序一般不能随意调换，如"买卖"不能说成"卖买"，"快慢"不说"慢快"，也有少量词可对调，如"互相"可说成"相互"。

表 4-3 汉语并列型复合词与日韩语之比较

汉语	日语	韩语
捐赠	寄附する	기부（寄附）하다
出租	賃貸する	임대（賃貸）하다
等级	レベル	등차（等次）
朋友	友達	친구（親舊）
消灭	消滅する	멸사（滅殺）하다
阶级	階級	계급（階級）
办理	処理する	처리（處理）하다
表达	表する	표현（表現）하다
表演	出演する	상연（上演）하다
传播	伝播する	전파（傳播）하다
音乐	音楽	음악（音樂）

（6）休养［日汉：休養、韩汉：휴양］

　　比较：休息［日汉：休息、韩汉：휴식］

　　　　修养［日汉：修養、韩日：수양］

1）休養をとる（选择休养）

2）十分に休養する（充分地休养）

3）휴양 시설（休养设施）

4）병으로 일년간 휴양했다（因病休养了一年）

古汉语中"休养"指安定人民生活，使经济力量得到恢复和发展，汉赵晔《吴越春秋·越王无余外传》："因传国政，休养万民。""休养生息"指在国家遭受大动荡、大变革后，采取措施减轻人民负担，以恢复元气，唐韩愈

《平淮西碑》："高祖、太宗，既除既治；高宗、中、睿，休养生息；至于玄宗，受报收功。"也指"休息调养，使身心得到休息滋补"，宋陆游《小憩》诗："休养观书眼，调娱宴坐身。"现代汉语有"身体休养""休养所""休养院"之类的说法。注意和近义词"疗养""保养"、同音词"修养"之间的区别。"疗养"重点在治病休息，"保养"重点在"维护"，对象既可以是人（皮肤保养），也可以是物（车辆保养）。"休养"和"修养"仅是同音关系，在意义上没有任何联系，后者常见的搭配如"理论修养""思想修养""艺术修养"，也指正确的人际交往的态度与方法，如"待人很有修养"。从"休养"和"休息"两词的意义相比较，可知"休养"除了休息外，还有"调养"的含义，既可以指调养身心，也比喻恢复和发展国家或百姓的经济，如"休养生息"。"休息"指暂时停止工作、活动或学习，以恢复体力或精力，《诗·周南·汉广》："南有乔木，不可休息"，《吕氏春秋·孟冬》："是月也，大饮蒸，天子乃祈来年于天宗……劳农夫以休息之。""休息"在古代也指"休养生息"，《史记·曹相国世家》："然百姓离秦之酷后，参与休息无为，故天下俱称其美矣。"又指社会安定，处于和平环境中。唐张九龄《敕北庭经略使盖嘉运书》："先声既振，后殿载扬，凶党闻之，卷甲而遁，使我边镇，且得休息。"休息也指"休假，休整"，《晋书·王浑传》："时州兵并放休息，众裁一旅，浮淮潜济，出其不意，莹等不虞晋师之至。""休息"指事物停止活动，汉贾谊《鹏鸟赋》："万物变化兮，固无休息。"现代汉语中"休息"一般指人停止工作或劳作，让体力或精力得到恢复，如"休息几天""放假休息"。日韩语中相对应的是"休む、休憩する；휴식"。

1）張り切って仕事をする一方，適当な休息をとることも必要だ／긴장된 작업도 하되 적당한 휴식도 취해야 한다（既要有紧张的工作，又要有适当的休息）

但汉语的"休息"与日韩语的相应表达也不是完全对应的，如"今天我休息"日语说：

2）今日は休みの日です

"百货店星期天也不休息"，韩语要说：

3）백화점은 일요일도 휴업하지 않는다

"휴업"指休业。

（7）重复［日汉：重複する、韩汉：중복하다］
　　比较：反复［日汉：反復する、韩汉：중복하다］

　　1）彼の文は重復が多くてくどい（他的文章重复冗赘）
　　2）같은 말이 중복되다（重复相同的话）

　　"重复"在古代汉语中指相同的事物又一次出现，《汉书·艺文志》："至元始中，征天下通小学者以百数，各令记字于庭中。扬雄取其有用者以作《训纂篇》，顺续《仓颉》，又易《仓颉》中重复之字，凡八十九章。"谓山重水复，南朝宋颜延之《始安郡还都与张湘州登巴陵城楼作》诗："水国周地险，河山信重复。"也指"重新恢复"，明黄周星《垂虹桥新涨歌》："今年闻说鸠僝功，重复故道浚吴淞。"现代汉语中"重复"可以作定语，如"重复的事情""重复的过程"，也可以作状语，如"重复进行""重复计算"，还可作中心语，如"不断重复""反复重复"，后可带宾语，如"重复了好几次""重复了很多遍"。"反复"古代也写作"反復""反覆"，指"重复再三；翻来覆去"，《诗·小雅·小明》："岂不怀归，畏此反覆。"宋朱熹集传："反覆，倾侧无常之意也。"指"倾覆；倾动"，《战国策·赵策二》："欲反覆齐国而不能。"表示"再三考虑；再三研究"，唐韩愈《上兵部李侍郎书》："沉潜乎训义，反复乎句。"现代汉语中"反复"可以作动词谓语，如"做事反复无常""矛盾有反复"；也可以作状语，表示"一再；一遍又一遍"，如"反复说明道理、反复学习、反复练习"。日语中"反復"多出现在"反復練习""反復記号""反復説""反復法"等表达中，多是名词短语，相应的动词要用其他词语，如：

3）彼の病気は再発した／그 의 병이 또 다시 도졌다（他的病又反复了）

4）何度も釈明して諒解を求める（反复解释，以求谅解）

日语中此义相应的表达多用"繰り返す"。

5）彼はこの問題を繰り返し研究した（他对这个问题做了反复研究）

现代汉语中"反复"指一次又一次，多次重复，多指不同的事物或动作的重复，如"反复思考，反复实践，反复无常"等。"重复"着重于相同的事物或动作又重做一次。从次数比较，"重复"次数比"反复"少。从对象比较，"反复"多指不同的动作或事物多次出现，"重复"指相同的动作或事物再现；"反复"是形容词，可重叠为"反反复复"，表示多次反复。"重复"是动词，可带宾语，如"我们不能重复这样的错误"，不能重叠。另外，还要注意"重"在这里读 chóng，不读 zhòng。

（8）交代［日汉：交代する、韩汉：교대하다］

比较：交接［日汉：つながりあう、韩汉：연계가 있다］

日韩语中的"交代"相当于现代汉语的"交接"。

1）交代働く（轮班劳动）

2）交代時間／교대 시간（交接班时间）

3）교대로 근무（轮流值勤）

4）근무 교대（勤务交接）

5）けつのつながりあう（具有血缘关系）

6）문장의 연결（文章的连接）

古汉语中"交代"指前后任相接替、移交，《汉书·元后传》："予伏念皇天命予为子，更命太皇太后为'新室文母太皇太后'，协于新故交代之际，信于汉氏。"现代汉语中"交代"一般指"嘱咐、说明"或把经手的事务移交给接替的人，如"交代他一件事情、交代清楚、交代明白"，也指坦白错误或罪行，如"如实交代、坦白交代"。"交接"则指连接、结交、移交和接替，如"春夏交接""交接朋友""政权交接、人事交接、工作交接"等。

（9）传来［日汉：届いて来た、韩汉：전래하다］

　　1）远方から歌声を届いて来た（从远方传来歌声）
　　2）조상에 때 부터 전해 내려 온것（祖先传下来的）

汉语"传来消息、传来喜讯、传来噩耗"，也可以说"消息不久从前线传来""喜讯从远方传来""噩耗从某地传来"。

（10）分配［日汉：分配（ぶんぱい）する、韩汉：분배하다］

　　1）実りを分配した（分配果实）
　　2）노동량에 따라 분배하다（按劳分配）

也有其他相应表达，如：

　　3）宿舎を割り当てる（分配宿舍）
　　4）労働力を合理的配分する（合理分配劳动力）
　　5）내게 배정된 집（分配给我的房子）

古汉语中"分配"指相配、配合，《左传·昭公二十年》"一气，二体，三类，四物，五声"，唐孔颖达疏："声之清浊，凡有五品，自然之理也。圣人配于五方：宫居其中，商、角、徵、羽分配四方"，指"按一定标准分发"，《后汉书·光武帝纪上》："悉将降人分配诸将，众遂数十万。"这也是现代汉语的常用义，如"分配工作""分配住房"，"分配"还指"安排、分派"，如

"组织分配""毕业分配"等。

　　（11）进行［日汉：進行する、韩汉：진행하다］

　　　　　比较：进展［日汉：進展する、韩汉：진전하다］

"進行"在日语中表"行进"。

　　1）進行中の列車（正在行驶的列车）

表"变化、发展"。

　　2）病状が進行する／병세가 다른 단계로 발전하고 있다（病情向另一阶段发展）

表"推进"。

　　3）議事の進行をはかる（设法推进审议）

　　4）의사 진행（推进议事）

　　5）進行中である／징행중이다（进行中、正在进行）

日韩语中"进展"既可以作动词，也可以作名词，如日语的"進展する"。

　　6）情勢は進展が目まぐるしい（形势进展迅速）

　　7）交渉は大きな進展をみせた（谈判有了很大的进展）

韩语的진전。

　　8）진전이 대단이 빠르다（进展迅速）

　　9）공사가 순조롭게 진행되다（工程进展很顺利）

现代汉语中，"进行"表示从事某种活动，后面一般接动词，如"进行教育”“进行批评”“进行讨论”，一般是可持续性及表示正式、严肃的行为，相当于“实行”。古汉语中的“进行”有由表“向前行走”到表动作实行的由实到虚的演变，《孟子·梁惠王上》：“吾惛，不能进于是矣”，汉赵岐注：“王言我情思惛乱，不能进行此仁政。”唐牛僧孺《周秦行记》：“夜月始出，忽闻有异气如贵香，因趋进行，不知厌远。”“进展”，在汉语中表示事情发展的状况，可作动词和名词，如“事情进展如何”“那件事没有任何进展”，常见的搭配，如“取得进展”“进展迅速”等。

（12）符合［日汉：符合する、韩汉：부합하다］

比较：适合［日汉：適合する、韩汉：직합하다］

1）事実に符合する（符合事实）

2）증언이 사실과 부합되다（证词符合事实）

3）계획이 현실에 부합하다（计划符合现实）

4）条件に適合（てきごう）させる（符合条件）

5）너 혼자 가는 것은 그리 적합하지 않다（你一个人去不太合适）

汉语“符合”中的“符”在古代指“符信”，是符节印章等信物的统称，“符合”本指“符信的两半契合”，《汉书·文帝纪》：“初与郡守为铜虎符”，颜师古注引应劭：“铜虎符第一至第五，国家当发兵遣使者，至郡合符，符合乃听受之。”“符合”也指“与符命、符兆相结合”。《汉书·外戚传下·孝成赵皇后》：“陛下圣德盛茂，所以符合于皇天也。”现代汉语常说“符合要求、符合标准、符合条件、符合精神”，也常说“……与……相符合”，如“照片与本人相符合”“本人条件与报名要求相符合”，这里的“符合”不能用“适合”来代替。“适合”指“符合某种实际情况或客观要求”，如“过去的经验未必适合当前的情况”“当地的土壤条件不适合种植西瓜”。

（13）省觉［日汉：考え、韩汉：생각］

比较：看法［日汉：見方、韩汉：견해］

意见［日汉：意見、韩汉：의견］

异议［日汉：異議、韩汉：이의］

韩语中생각（省觉、生觉）一词使用相当频繁，可作名词和动词，相当于汉语的"打算、决定、认为、觉得"等多种意思，一般人可能不认为其是一个汉字词。

1）좋은 생각이 떠오른다（浮现出好的想法）

2）내주 떠날 생각이다（打算下周出发）

3）그가 특별히 유능한 사람이라고는 생각되지 않는다（认为他不是个特别有能力的人）

日韩语中跟汉语的"看法"相对应的汉字词是"見方，견해、보는 방법"。

4）彼にはいくらが違った見方がある（他另外有一些看法）

5）이 문제에 대해서 두가지 다른 견해가 있다（对这个问题有两种不同的看法）

日韩语中跟"意见"相对应的汉字词是"意見、의견"。

6）大眾の意見に耳を傾ける（倾听群众意见）

7）의견을 구하다（征求意见）

表示对人或事不满时，日韩语中相对应的汉字词是"异议（異議、이의）"。

8）この案に対して私は異議がある（对这个方案我有异议）

9）나는 이 방법에 대해 이의가 많다（我对这种做法有不少不同看法）

古汉语有"省觉"一词，表示"觉悟、发觉"，《搜神记》："村人应病死者，蒋辄恍惚熟眠经日，见病人死，然后省觉。"元陶宗仪《南村辍耕录·阴府辩词》："侧室刁氏有娠，妻怒之，棰挞苦楚，昼夜不息，数次自经与溺，以省觉不得死。"表示苏醒，《醒世恒言·佛印师四调琴娘》："和尚鼻息如雷，那里摇得觉……自初更摇起，只要守和尚省觉，直守到五更，也不省。""看法"指对事物的认识和见解，如"看法一致""不同看法""相同看法"。有时也指对某人或某事表示不满，如"大家对他有看法"。"意见"指"见解、主张"，《后汉书·王充等传论》："夫遭运无恒，意见偏杂，故是非之论纷然相乖。"指对人或事不满意的想法，清采蘅子《虫鸣漫录》卷一："于是上官存意见，胥吏得舞文。"现代汉语中基本保持了古代这两种用法，如"意见一致""提出意见""大家对他很有意见"。

（14）考察［日汉：考察する、韩汉：고찰하다］

　　　　比较：察看［日汉：つぶさに観察する、韩汉：살펴보다］

　　　　　　　观察［日汉：観察する、韩汉：관찰하다］

　　　1）若者文化について考察する（考察与青年人有关的文化）

　　　2）問題の本質を考察する（考察问题的本质）

　　　3）地形を観察する（察看地形）

　　　4）自然の　모든　현상을　자세히　살펴보다（仔细观察所有的自然的现象）

　　"考察"在中国古代指"对官吏政绩的考核"，《宋史·选举志四》："三省分三年考察之，高则引对，次即试用，下者还之本选。"指"考试"，《宋史·选举志三》："凡考察，悉准在学人数，每内舍十人取五，外舍十人取六，自上而下分为三等籍，以俟上舍考定而参用之。"指"观察、审察"，《新唐书·李石传》："古之圣贤，必观书以考察往行，然后成治功。"引申指今天的"实地观察调查"，如"组织考察、组团考察、考察提拔"等。"察看"指为了了解情况而细看，如《清会典事例·刑律断狱·妇人犯罪》："限满，由有狱管狱官察看情形，实知改悔，据实结报，即予释放。"与"考察"有意义相重合处，但不说"组织察看、组团察看、察看提拔"，可以说"对……进行考察"，不说"对……进行察看","留党察看""留校察看"中的"察看"指根据当事人的表现决定是否继续留用。

（15）护送［日汉：護送する、韩汉：호송하다］

比较：保送［日汉：推薦する、韩汉：추천하다］

1）犯人を護送する（押解犯人）

2）多額の金を護送する（护送大笔款项）

3）무기를 호송하다（押送武器）

也指"押解罪犯、俘虏等"。

4）범인을 호송하다（押解犯人）

日韩语中，与"保送"相对应的是"推薦する、추천（推薦）하다"。

5）彼を積極分子として推薦する（保送他为积极分子）

6）추천 입학（保送入学）

现代汉语中"护送"多指用武装保护相陪同，以使保护对象免遭意外，如"护送粮食""护送伤员""护送出境"等；"保送"指由国家、机关、学校、团体等保荐去学习，如"保送生""保送读大学""保送名额"。

（16）带领［日汉：引率する、韩汉：인솔하다］

比较：领导［日汉：統率する、韩汉：지도하다］

"带领"在日语中相对应的词语是"引き連れる、引率する"。

1）ガイドガみなを連れて名所古跡を見学した（导游带领大家参观了名胜古迹）

2）生徒を引率する（带学生）

韩语中相对应的词语是"데리다、인솔하다"。

3）재학생이 신입생을 데리고 선생님을 뵈러가다（老同学带领新同学去见老师）

4）선생님은 학생들을 인솔하여 농민들의 추수를 도우러 교외로 갔다（老师带领同学们到郊区帮助农民秋收）

"领导"有动词和名词两种用法，作动词在日语中是"統率する"，"指導する"，作名词是"指導者"。

5）軍団を統率する（领导军团）

6）統率力（领导力）

韩语中相对应的汉字词是영도（領導）、지도（指導）。

7）지도 집단（领导集团）

8）영도자（领导者）

9）지도력（领导能力）

但现代一般用英译的리더（lead），如"리더 그룹（领导集团）""리더십（领导力）"。

汉语中"领导"主要用作动词，指"带领"，《水浒传》第五十回："只见庄客入来报说，有本州知府带领三五十部汉到庄。"现代汉语可说"带领群众奔小康"，"在他的带领下，工厂产量迅速得到提高"。用作名词，指担任领导职务的人，如"学校换了新的领导班子"。

（17）根据［日汉：根拠する、韩汉：근거하다］

比较：据说［日汉：言う/聞くところによれば…だそうだ、韩汉：다른 사람의 말에 따르면…］

　　1）同名の小説をもとに作られた映画／동명소설에 근거해서 촬영한 영화／（根据同名小说改编的电影）

　　2）전혀 근거 없다／何らの根拠もない（毫无根据）

　　汉语中"据说"指"根据别人所说"，"据说他明年结婚"，日韩语中没有相对应的汉字词。但一些句式，如日语的"…そうです（だ）"、韩语的"…것이 라하고"，汉语相应的说法为"根据"。

　　3）あちらの夏は涼しいそうです（据说那一带夏天很凉快）

　　4）この人はなかなかの学者だそうだ（据说这个人很有学问）

　　5）이 사고는 부주의 해서 일어난 것이라 한다（这场事故据说是由于疏忽造成的）

　　"根据"在古汉语中指"盘踞"，《汉书·霍光传》："党亲连体，根据于朝廷。"引申指"依据、作为根据的事物"，元虞集《牟伯成墓碑》："谈笑倾倒，援引根据，不见涯矣。"现代汉语有"根据地""根据群众的意见""根据不足""无根无据"。经常表示以某种事物或行动作为前提或基础，如"根据《中华人民共和国公司法》，本法庭作出如下判决"。

　　（18）出现［日汉：現れる、韩汉：출현하다］

　　　　比较：呈现［日汉：現す、韩汉：나타나다］

　　　　　　　发现［日汉：発見する，韩汉：발견하다］

　　　　　　　发觉［日汉：きがづく、見する、韩汉：발견하다］

　　"出现"在日语中是現れる，韩语用汉字词出现（出現）하다。

　　1）空に一片の新月が現れた（天空出现一轮新月）

　　2）적기의 출현（敌机的出现）

　　"呈现"也指"显露、出现"，一般指比较具体的状态或情景，如"呈现欣欣向荣的景象""当时的景象顿时在我眼前呈现"，日语用"現す"或"呈する”，如：

　　3）喜びの色を現す（呈现喜悦之色）
　　4）活気を呈する（呈现活跃气象）

韩语中与汉语"呈现"相对应的是固有词나타나다。

　　5）우리나라 농업 구조조정으로 좋은 변화가 나타났다（我国的农业结构调整呈现出喜人的变化）

　　"出现"在汉语中指"显露出来、呈现"，唐慧能《坛经·付嘱品》："诸佛出现，犹示涅槃。有来必去，理亦常然。"现代汉语一般作动词和名词使用，如"出现问题""出现喜人的景象"，"问题的出现""现象的出现"。前面可加状语，如"屡次出现""多次出现"。
　　日语中与汉语"发现"相对应的汉字词是"発見する"。

　　6）新種を発見する（发现新品种）
　　7）発見的原理（发现式原理）

汉语的"发现"在日韩语中还有"見いだす、발견하다 나타나다"等说法。

　　8）問題を見いだし，解決する／문제를 발견하고 문제를 해결하다（发现问题、解决问题）
　　9）양심이 나타나다（良心显现）

　　"发现"在古汉语中也写作"发见"，表示"显现、出现"，《史记·天官书》："日月晕适，云风，此天之客气，其发见亦有大运。"相当于"表现"，宋欧阳修《〈苏氏文集〉序》："虽其埋没而未出，其精气光怪，已能常自发见，而物亦不能掩也。"现代汉语中，"发现"指"看到或找到前人没有看到或找到的事物或规律"，如"发现新大陆""考古发现"。相当于"发觉"，"人们发现他这些天上班时来得特别早"。日语中与汉语"发觉"相对应的说法是"気がづく、発見する"。

10）家を出たところで，彼は自分が鍵を忘れたのに気がついた（刚出家门，他忽然发觉忘了带钥匙）

11）過ちは発見したらすぐに改めるべきである（错误一经发觉，就应该改正）

韩语中"发现"的汉字词是발견（發見）。

12）인재를 발견하다（发现人才）

13）위기의 도래를 발견하다（发现危机的来临）

古代汉语中"发觉"表示"发现、察觉"，《汉书·酷吏传·咸宣》："于是作沉命法，曰：'群盗起不发觉，发觉而弗捕满品者，二千石以下至小吏主者皆死。'"表示"败露、暴露"，《汉书·五行志中之下》："是岁淮南、衡山王谋反，发觉，皆自杀。"表示"告发、揭发"，唐元稹《韦珩京兆府美原县令》："日者覃怀有过籍之赋，使吾百姓无聊生于下，非珩等为吾发觉，则吾终不得闻东人之疾苦矣。""发觉"的后两个义项现已不见使用，主要表示"发现、察觉"，与"发现"相比，"发觉"的对象往往比较具体，范围没有那么广，一般指当下，"发现"的对象则不限于当下。

（19）观看［日汉：観覧する、韩汉：관람하다］

　　比较：参观［日汉：参観する、韩汉：참관하다］

日韩语中跟"观看"相对应的汉字词是"観覧（かんらん、관람）"，如"観覧車（かんらんしゃ、관람차）"。"观看电影"韩语说영화를 관람하다、日语说"映画を見る"。"谢谢观看"在日语中如果指看电视节目，要说"ご覧になっていただき、誠にありがとうございます"；如果是参观的话，要

说"ご見物、誠にありがとうございます"。"观看"在中国古代指"参观、观赏"，元高文秀《渑池会》第一折："则听得秦邦使命到邯郸，要无瑕玉璧相观看。"指"阅读"，明李贽《与焦弱侯书》："念世间无有读得李氏所观看的书者，况此间乎！"现代汉语中，"观看"一般也指"参观、观赏"，如"观看表演、观看节目"；"观览"一词在古代汉语中也常用，表示"观察；视察"，汉班昭《东征赋》："历七邑而观览兮，遭巩县之多艰。"表"观赏；观看"，《红楼梦》第十七回："一山、一石、一花、一木，莫不着意观览。"表"阅览"，《汉书·刘向传》："书数十上，以助观览，补遗阙。""观览"在现代汉语中多见于书面，口头多说"观看"。古汉语中"参观"指"对照察看"，《韩非子·备内》："执后以应前，按法以治众，众端以参观。"《北史·崔宏传》："因命筮吉凶，参观天文，考定疑惑。"今指"实地考察"，如"参观学习""实地参观""参观展览会（展览会を見る、展覧会参観／점람회 참관）""参观工厂（工場を見学する）""参观游览（観光する）"。

（20）带动［日汉：先導する、韩汉：움직이다／선도하다］

比较：发动［日汉：発動する、韩汉：발동하다］

汉语"带动"在日韩语中相对应的词语是"動かす""先導する"선도（先導）하다。

1）水力で発電機を動かして発電する（以水力带动电机发电）

2）みなの学習を促進する（带动大家学习）

3）電気で機械を動かす（用电力带动机械）

4）공장의 고참 노동자의 인솔하에 우리 공장은 해마다 임무를 초과 달성했다（在工厂老工人的带动下，我厂年年超额完成任务）

"发动"原指通过动力使有关部分相应地动起来，如"蒸汽的压力带动齿轮运动""煤炭燃烧所产生的能量带动火车前进"，引申指"带领、领导"，如"带动就业""带动大家脱贫致富""在他的带动下"。在古汉语里指"奋起行动"，《淮南子·兵略训》："应敌必敏，发动必亟。"指"行动"，《后汉书·鲁恭传》："夫阴阳之气，相扶而行，发动用事，各有时节。若不当其时，

则物随而伤。"指"兴旺；生长"，《宋书·鲜卑吐谷浑传》："马是畜生，食草饮水，春气发动，所以致斗。"指"骚动"，《史记·平准书》："彭吴贾灭朝鲜，置沧海之郡，则燕齐之间靡然发动。"现代汉语有"发动机"，"发动"表示启动，如"柴油机不容易发动"，"发动"更常见的用法指"鼓动""鼓励"，如"发动群众""发动攻势""全力发动"等。日韩语中与"发动"相应的汉字词是"発動、발동"。

5）発動機（发动机）

6）指揮権の発動（启动指挥权）

7）헌법제오십일조를 발동시키다（启动宪法第 51 条）

但与现代汉语"发动"的常用义相对应的则是其他表达形式。

8）ストライキを始める（发动罢工）

9）戦争を起こす（发动战争）

10）진공을　시작하다（发动进攻）

11）기계가 시동을 걸었다（机器发动了）

（21）打算［日汉：打算（ださん）、韩汉：계획하다］
　　　比较：计划［日汉：計画する、韩汉：계획하다］
日韩语中跟汉语"打算"直接对应的汉字词是"打算（ださん、계획）"，意指"算计、盘算"。

1）損得の打算もない（不计较得失）

2）자신을 위해서 타산하다（为自己打算）

"打算"的"计划"义在日语中相应的结构是"…するつもりだ"。

3）彼は教師になるつもりでいる（他打算做老师）

4）私は行くつもりだ（我打算去）

韩语是"…하려고 하다""…할 작정이다"：

5）너는 언제 가려느냐（你打算几时走）

作名词时，日韩语中跟"打算"相对应的则是其他表达形式。

6）一致した考え（共同的打算）
7）夏休みは何か予定を立てましたか（暑假你有什么打算）
8）전략적인 계산（战略打算）
9）사람 마다 나름 대로의 계획이 있다（各人有各人的打算）

"打算"在中国古代指"计算、核算"，宋罗大经《鹤林玉露》卷四："祭酒芮国器奏曰：'陛下只是被数文腥钱使作，何不试打算，了得几番犒赏？'"指"考虑；计划"，《红楼梦》第八十一回："我原打算去告诉老太太，接二姐姐回来，谁知太太不依。"现代汉语中"打算"一般表示"考虑；计划"义，可作动词，如"我打算明天去""他打算和他一起去听音乐会"，也可作名词，如"早做打算"。"计划"也有"打算"义，日韩语作"計画、계획（計畫）"。

10）計画してから手をつける（计划好了再动手）
11）간행물 출판을 계획하다（计划出版一个刊物）

"计划"在汉语中指"计策；打算"，元无名氏《符金锭》第二折："我忙回住宅，自有个计划，便着你花烛筵开会宾客。"现代汉语中，"计划"可用作名词，如"计划不如变化快""好的计划还要人去落实"，也可用作动词，如"计划明年去国外旅行""你们俩好好计划一下"。和"打算"相比，"计划"一般见于书面语，"打算"一般见于口语。一般不说"好好打算""详细地打算""打算一下"，但可说"详细的计划""切实可行的计划"，可说"计划计划"，不说"打算打算"。

（22）打听［日汉：尋ねる/問い合わせる、韩汉：물어보다/알아보다］
　　比较：问路［日汉：道を尋ねる、韩汉：길을 묻다］
汉语的"打听"在日语中是"尋ねる""問い合わせる"。

　　1）道を尋ねる（问路）
　　2）あす上海行きの便があるかどうか問い合わせる（打听有没有明
天去上海的航班）

韩语中相应的表达是물어보다、알아보다。

　　3）당신에게 소식을 묻고 싶습니다（想向您打听个消息）
　　4）동료의 행방을 알아보다（打听一下同伴的下落）

"问路"日韩语分别说"道（みち）を尋（たず）ねる、길을 묻다"。
古汉语中"打听"表示"探问"，《京本通俗小说·刎颈鸳鸯会》："张
二官是个行商，多在外，少在内，不曾打听得备细。"现代汉语中主要用
作动词，可说"打听消息、打听一个人"，也可说"打听一下、打听不到、
打听打听"，还可说"无法打听、无从打听、专门打听"。"问路"是个动
宾结构的短语，可说"问一下路、问一问路"，"投石问路"指试探着往
前走。

（23）多少［日汉：多少、韩汉：다소］
"多少"在日韩语中作名词，指"多和少"。

　　1）多少にかかわらず（不论多少）
　　2）성공 여부는 자본의 다소에 달린다（成功与否与资本的多少相关）

用作副词，如：

3）중국어를 다소는 할 수 있다（多少会点中国话）

汉语中"多少"主要指数量的大小，《管子·七法》："刚柔也，轻重也，大小也，实虚也，远近也，多少也，谓之计数。""东西只管拿来，多少不问。"指"许多"，唐杜牧《江南春》诗："南朝四百八十寺，多少楼台烟雨中。""他苦苦思考了一个晚上，用尽多少脑筋。"表示"几何，若干"，《南史·蔡撙传》："武帝尝谓曰：'卿门旧尚有堪事者多少？'"这也是现代汉语常见的用法，如"多少钱""多少分"。表示"稍微"，晋干宝《搜神记》卷七："张掖太守焦胜上言：'以留郡本国图校今石文，文字多少不同。'""毕竟是经过修改的，两张图多少还是有些不一样。"用于感叹，唐费冠卿《久居京师感怀诗》："上国无交亲，请谒多少难。"

（24）封锁［日汉：封鎖する、韩汉：봉쇄하다］

　　比较：封闭［日汉：閉鎖する、韩汉：폐쇄하다］

　　1）港を封鎖する（封锁港口）

　　2）預金の封鎖（冻结存款）

　　3）해상 봉쇄（海上封锁）

　　4）봉쇄를 풀다（解除封锁）

　　5）工場を閉鎖する（封闭工厂）

　　6）폐쇄적인 사회（封闭的社会）

"封锁"在古代汉语中指"封闭加锁"，唐张鷟《朝野金载》卷五："至一宅，封锁正密，打锁破开之，婢及高丽并在其中。"元无名氏《延安府》第一折："你和媳妇儿先去，我封锁了门户便来也。"现代汉语指断绝与外界的联系，如"封锁现场""封锁消息""层层封锁""突破封锁"，用作动词。"封闭"在汉语中指"以封记关闭，使不能动用、通行或随便打开"，《史记·项羽本纪》："今沛公先破秦入咸阳，毫毛不敢有所近，封闭宫室，还军霸上，以待大王来。"现代汉语如"封闭教室""封闭道路"，作形容词时多指"交通、信息、思想等的落后"，如"交通封闭""思想封闭"。

（25）连带［日汉：連帯する、韩汉：연대하다］

　　1）連帯して責任を負う（负连带责任）

　　2）連帯保証債務（连带担保债务）

　　3）맹수의 모습이 무시무시하다（猛兽的模样令人毛骨悚然）

　　4）무시무시한 일이 벌어지다（出现了可怕的事情）

　　5）두 사람이 연대 보증을 서다（两人做了连环保）

　　6）두 단체가 힘을 합쳐 문제를 해결하다（两个团体联手解决问题）

　　在古汉语中，"连带"指"连接两物的带子"，宋欧阳修《拟玉台体·别后》："连环结连带，赠君情不忘。""连带"表示"连接"，《资治通鉴·齐高帝建元二年》："群蛮依阻山谷，连带荆、湘、雍、郢、司五州之境。"现代汉语也说"连带责任""连带债务"，指"互相关联"。"连带"还指"附带"，如"他下班后去超市，连带买点蔬菜""几个人都被请进了公安局，连带他们偷的那辆自行车"。"连带"表示"牵连"，如"不但大人遭殃，还连带孩子受罪"。现代汉语中"连……带……"表示前后两项包括在一起，如"连老带少""连老师带学生"，也表示两种动作紧接着，差不多同时发生，如"连打带骂""连滚带爬""连说明带比画"。

（26）参加［日汉：参加する、韩汉：참가하다］

　　　比较：加入［日汉：加入する、韩汉：가입하다］

　　日韩语中有"参加"一词，但跟现代汉语不是完全对应的关系。

　　1）ふるって御参加下さい（请拿出勇气来参加吧）

　　2）代表大会に出席する（参加代表大会）

　　3）クラブに入る（参加俱乐部）

　　4）전국 제육 대회에 참가한다（参加全国体育大会）

"加入"在日韩语中的表达与现代汉语不完全一致，如：

　　5）加入金 / 가입금（订金）

　　6）加入者 / 가입자（订户）

　　7）国際連合に加入する（加入联合国）

　　8）노동 조합을 가입하다（加入工会）

　　例5）韩语也说"계약금"，例6）说"정기 구매자"。

　　"参加"在古代汉语中指"相交加"，清王闿运《彭寿颐哀词》："官鞭作刑，毒杖参加"；指加入某种组织或参加某项活动，如"参加党组织""参加植树活动"。"加入"在汉语里指"添加、参加"，如"烧开的水中加入鸡蛋和糖""他加入我们公司里来了"。

　　（27）平易［日汉：平易、韩汉：평이하다］

　　　　比较：平白［日汉：わけない、なんのいわれもなく、韩汉：쉽고통속적이다、공연히］

　　　　1）平易な文章（平易的文章）

　　　　2）平易に説く（明白地说）

　　　　3）무난한 성격（平易的性格）

　　　　4）訳無く合格する（简单自然合乎要求）

　　　　5）이 문자는 쉽고 통속적이다（文字平白通俗）

　　　　6）理由もなく叱られた / 공연히 욕을 한바탕 먹다（平白挨了顿骂）

　　"平易"在古代汉语中指"平治、平整"，《新唐书·张茂昭传》："平易道路，以待西军。"指"平坦宽广"，《管子·形势解》："地险秽不平易，则山不得见。"指"性情温和宁静"，《庄子·刻意》："圣人休休焉，则平易矣；平易则恬淡矣。"指"浅近易懂"，《朱子语类》卷七十：《卦辞》有平易底，有难晓底。"现代汉语一般说"平易近人"，指态度温和，使人容易亲近，多指人的性情、态度谦逊和蔼或文章、话语等简单明了，如"语言平易简洁"。"平白"指"文辞浅显易懂"，如"平白如话"。"平白"在汉语中还表示"无缘无故",一般说"平白无故",如"银行卡里平白无故多了一万块钱"。

（28）持续［日汉：持続する、韩汉：지속하다］

　　　比较：继续［日汉：継続する、韩汉：계속하다］

　　　　　连续［日汉：連続する、韩汉：연속하다］

　　　　　延续［日汉：延長継続する、韩汉：연장하다 / 연속하다］

日语中固有词"続く"与以上这些汉字词形成使用上的对应关系。

　　1）こういう状態をいつまでも続けるわけにいかない（不能让这种状况延续下去）

　　2）日照りがもう2か月も続いている（旱象已经延续了两个月）

汉字词和汉语词之间基本形成一一对应的关系，"连续"在日语中要说"延長継続"，相应的韩语汉字词是"연장하다、연속하다"。

　　3）効果が持続する（效果持续）

　　4）8時間連続して仕事をする（连续工作八个小时）

　　5）이 작업장은 연속하여 세 차례의 신기록을 세웠다（这个车间连续创造了三次新纪录）

　　6）양국의 문화 교류는 이미 천 여년 지속되었다（两国的文化交流已经持续了一千多年）

　　7）자손은 생명의 연속이다（子孙就是生命的延续）

"继续"与其他词语在使用上有交叉。汉语中"持续"指"连续""延续"，如"这场大雨持续了好几个小时""罢工已经持续了多日，交通陷入瘫痪"。"可持续性发展。""继续"意义上指"连续下去、不中断进程"，汉刘向《列女传·召南申女》："嫁娶者，所以传重承业，继续先祖，为宗庙主也。"宋张载《经学理窟·丧纪》："然以重者计之，养亲承家，祭祀继续，不可无也，故有再娶之理。"现代汉语中"继续"可作动词和副词，如"继续下去""继续过去那一套做法"，"继续革命""继续做下去"。"连续"指"不间断、持续不断"，《释名·释亲属》："属，续也，恩相连续也。"晋潘岳《悼亡赋》："听辙人之唱筹，来声叫以连续。"现代汉语可说"连续好几天下雨""连续不断""连续高温天气"。"延续"指持续、延长下去，老舍《骆驼祥子》十九："生命的延续不过是生儿养女，祥子心里不由的有点喜欢。""延续"指状态的延长。现代汉语中这几个词的不同，主要体现在意义上细微的差异，也体现在词语搭配方面的差异。"持续""连续""延续"后面一般可带表示时间的词语，如"持续一个小时""连续好几天""延续一段时间"，"继续"一般没有类似的搭配；"持续、连续、延续"后可用"了"，"继续"后不可用；前面的修饰语也有不同，可以说"新闻在持续（继续、连续）发酵"，但不说"延续发酵"。

（29）成为［日汉：…になる／…となる、韩汉：…되다］

　　比较：作为［日汉：…として、韩汉：…으로서］

日韩语中没有与"成为"直接对应的汉字词，"成为"在日语中的相应结构是"…になる；…となる"，韩语是"…되다"；"作为"有相应的汉字词（作為、작위），但与现代汉语在词义、用法上差别都比较大。

　　1）作為の跡が見える（看得出有人为的痕迹）

　　2）作為債務（人为债务）

　　3）作為犯／작위범（故意犯）

现代汉语中，"作为"作名词时说"有所作为、一番作为"，用于句首时使用较多，相当于介词"当作"，日语是"…として"，韩语是"…으로서"。

　　4）行動の導きとする（作为行动的向导）

　　5）記念に受け取ってください（请收下作为纪念）

　　6）先生として、彼は毎日宿題を添削しなければならない（作为老师，他每天都要批改作业）

　　7）学生으로서 공부를 잘 해야한다（作为学生，应该好好学习）

　　汉语中"成为"指"变成",《魏书·崔鸿传》:"自晋永宁以后,虽所在称兵,竞自尊树,而能建邦命氏成为战国者,十有六家",现代汉语如"成为大学生""成为人民教师""成为先进典型""成为祸害""成为可能"。"作为"在古汉语中还指"创制",《诗·小雅·巷伯》:"寺人孟子,作为此诗。"《墨子·辞过》:"故圣王作为宫室,为宫室之法。"也指"所作所为、行为",唐白居易《策项一》:"化之善否,系乎君之作为。"特指人力所为,元刘埙《隐居通议·樊宗师文》:"要亦出于自然,非作为也。"现代汉语书面语中"作为"经常出现在句首,如"作为一个大学生,你应该把学习放在首位""作为他的监护人,我有权知道他放学后的行踪"。

　　(30)部署[日汉:配置する、韩汉:부서하다]

　　　　比较:配置[日汉:配置する、韩汉:배치하다]

　　　　　　布置[日汉:手配する、韩汉:배치하다]

　　"布署、配置、布置"在汉日韩三种语言中使用有交叉,先看日韩语中相应的词语。

　　　　1)部署に就く/부임하다(上岗)

　　　　2)近代化実現のために重要な手を打った(为了现代化的实现,作出重大部署)

　　　　3)警官が沿道に配置された(沿途布置下警察)

　　　　4)판매점에 전문 기술자를 배치하였다(销售点配置了专门的技术员)

　　　　5)仕事の手配をする(布置工作)

　　　　6)당신이 잘 배치해 봐요(你好好布置一下)

　　"部署"在韩语中指"部和署",是一个并列式复合词,"副署(부서)"指总统及国务总理和各长官的署名,与"部署"同音。汉语也可说"国家机关各部署",但在汉语中"部署"更多是作为一个动词使用,如"部署任务、部署工作",相当于"安排、布置"。"部署"和"布置"在动词所指对象及词语搭配上有所不同,"部署"一般比较抽象,如"部署今年的工作""部署秋收秋种工作";"布置"一般比较具体,如"布置会场""房间的布置"。"配

置"在现代汉语中指"配备、布置",可作名词和动词,如"兵力配置""电脑配置","配置交通工具""配置必要的人员"。汉语的"布置作业",日韩语分别说"宿題を出す、숙제를 내다"。

（31）呻吟［日汉：呻吟する、韩汉：신음하다］

    1）病床に呻吟する（在病床上呻吟）

    2）詩作に呻吟する（在诗作里呻吟）

    3）노인이 병석에서 신음하다（老人在病榻上呻吟）

    4）식민지 사람들이 식민 정책 아래 신음하다（殖民地人民在殖民统治下挣扎）

"呻吟"在古汉语中有"诵读、吟咏"义,汉王充《论衡·案书》:"刘子政玩弄《左氏》,童仆妻子,皆呻吟之。"因忧劳苦痛而嗟叹,也指嗟叹之声,《吕氏春秋·大乐》:"君臣失位,父子失处,夫妇失宜,民人呻吟。"该义为现代汉语的常用义,如"百姓在痛苦地呻吟""病人在床上呻吟"。"无病呻吟"是比喻义,指没有值得忧虑的事情却长吁短叹,也比喻作品缺乏真情实感,矫揉造作。

（32）会谈［日汉：会談、韩汉：회담］

    1）今回の会談では双方の意見は完全に一致した（这次会谈中,双方意见完全一致）

    2）양국 대표가 회담하다（两国代表举行会谈）

汉语中"会谈"指双方或多方举行的商谈或谈话,如"三方会谈""会谈协商""会谈纪要""正式会谈"。常见的搭配,如"举行会谈""进行会谈"。

（33）会议［日汉：会議、韩汉：회의］

    1）会議を開く（召开会议）

    2）中国人民政治協商会議（中国人民政治协商会议）

　　3）회의를 거행하다（举行会议）

　　4）회의 일정표（会议日程表）

　　"会议"在古代指聚会论议,《史记·平津侯主父列传》:"每朝会议, 开陈其端, 令人主自择, 不肯面折庭争。"现代指有组织有领导地商议事情的集会, 如"会议文件""会议材料""会议交流""会议成果", 常见的动词搭配, 如"召开会议""举行会议""举办会议"。

　　（34）管理［日汉：管理する、韩汉：관리하다］

　　　　比较：保管［日汉：保管する、韩汉：보관하다］

　　　1）健康管理（健康管理）

　　　2）公園を管理する（管理公园）

　　　3）수도를 관리하다（管理水道）

　　　4）保管料／보관료（保管费）

　　"管理"一词见于古汉语, 明刘兑《娇红记》:"去年听除回来, 为见侄儿申纯在家管理家务, 十分停当。"清魏源《圣武记》卷六:"近日西洋英吉利, 自称管理五印度。"汉语中现代意义上的管理学一词来自西方。"管理"的词义范围和搭配对象比"保管"宽泛, 如"管理财务、经营管理"指负责某项工作, 使其顺利进行;"管理图书"可指"保管图书","保管员"等于"管理员"。"管理"还有照管约束人和物的意思, 如"管理犯人""管理牲畜"。现代汉语中"保管"可以当名词用, 如"他是一个图书保管""来了个仓库保管", 还有"担保"义, 如"只要按照我的方法去做, 我保管你一个月之内就见效"。

　　（35）保留［日汉：とどめる／留保する、韩汉：보류하다］

　　　1）彼は意見を留保している／그는 의견을 보류했다（他持保留意见）

古代汉语中，"保留"指"保举留任"，清陈康祺《郎潜纪闻》卷六："沈琨初直军机，由中书选佛山同知，以忧归，服阕。阿文成、王文端二公，交章保留，仍在军机行走。"现代汉语一般指"留下""不表现出来"，如"保留意见""有所保留"，"保留剧目"指某个剧团或主要演员演出获得成功并保留下来以备经常演出的节目。

（36）报告［日汉：報告する、韩汉：보고하다］

　　1）試験の結果を報告する（报告测试的成绩）
　　2）그 일에 관한 어떤 보고도 받지 못했다（没有收到有关那件事情的任何报告）

古代汉语中"报告"指"宣告、告诉"，《宋书·张永传》："永即夜彻围退军，不报告诸军，众军惊扰。"现代汉语中主要指对上级有所陈请或汇报时所作的口头或书面的陈述，如"口头报告、开题报告、调研报告、总结报告、《关于进一步规范房地产市场、稳定房价的报告》"等。但汉语的报告会，日语要说"講演会"，"现在报告新闻"日语说"それではニュースをお伝えします"，"报告大家一个好消息"说成"みなさんにニュースをお知らせします"。此外，レーポト（report）在日语中也指"报道""通讯"。

（37）播出［日汉：放送する；韩汉：방송하다］
　　　　比较：播放［日汉：放送する、韩汉：방송하다］

　　1）番組を放送する（播出节目）
　　2）음악을 방송하다（播放音乐）

"播出"在古汉语中有"逃亡"的意思，《韩非子·八经》："父兄贤良播出曰游祸，其患邻敌多资。"指"流散出来"，《汉书·杜邺传》："碎首不恨"，颜师古注引汉应劭曰："禽息，秦大夫，荐百里奚而不见纳。缪公出，当车以头击阑，脑乃播出。"今主要指传播媒介发布，如"消息已由电台播出、电视上播出某些旱区赤地千里的新闻"。"播放"指通过广播或电视放送声音或影像，如"播放音乐""播放电影"。两者常常可以通用。

（38）创造［日汉：創造する、韩汉：창조하다］

　　　　比较：制造［日汉：製造する、韩汉：제조하다］

日语中有"創造する""創造性""創造者"，除汉字词外，日语还有其他词语表示相应的意思。

　　　1）新記録をつくり出す（创造新纪录）

　　　2）奇跡を起こす（创造奇迹）

韩语中相应的汉字词是창조（創造），如"창조력（創造力）"，同样也有其他韩语固有词来表示汉语相应的意思。

　　　3）신기록을 세우다（创造新纪录）

再看"制造"。

　　　4）旋盤を製造する（制造车床）

　　　5）자동차를 제조하다（制造汽车）

现代汉语中，"制造"多指"制作；建造"，如"制造武器""中国制造"；也指"造成"，如"制造事端""制造不团结""制造紧张气氛"，在此意义上，日韩语相对应的不是"製造"，如：

　　　6）緊張した情勢をつくり出す（制造紧张局势）

　　　7）不和を起す（制造矛盾）

　　　8）헛소문을 퍼뜨리다（制造谣言）

　　　9）긴장된 분위기를 조성하다（制造紧张气氛）

　　"创造"在古代汉语中指制造前所未有的事物，《宋书·礼志五》："至于秦汉，其（指南车）制无闻，后汉张衡始复创造。"也指"制造、建造"，《北史·长孙道生传》："初，绍远为太常，广召工人，创造乐器，唯黄钟不调，每恒恨之。"指"创作，撰写文章或创作文艺作品"，《后汉书·应劭传》："其见《汉书》二十五，《汉记》四，皆删叙润色，以全本体。其二十六，博采古今瑰玮之士，文章焕炳……其二十七，臣所创造。"现代汉语可说"创造幸福""创造价值""创造能力""创造性"等。"制造"指"制作；建造"，《北史·王盟独孤信等传论》："毗制造之功，亦足传于后叶。"宋吴曾《能改斋漫录·记事一》："徽宗崇宁四年，岁次乙酉，制造九鼎。"指"撰作、著作"，唐玄奘《大唐西域记·阿逾陀国》："论师于此制造经部《毗婆沙论》。""制造"还指"规划布置"，《古今小说·杨思温燕山逢故人》："谁知时移事变，流寓在燕山看元宵。那燕山元宵却如何……每年燕山市井，如东京制造，到己酉岁方成次第。"

　　（39）创作［日汉：創作する、韩汉：창작하다］
　　　　比较：写作［日汉：文章を書く、韩汉：저작하다］

　　1）創作の経験（创作经验）
　　2）美術品をつくり出す（创作美术作品）
　　3）문예 작품을 창작하다（创作文艺作品）

　　창작가（创作家）、창작품（创作品）分别指"文艺作家""文艺作品"。汉语中的"写作"日韩语中相对应的是"創作する、창작하다"。

　　4）創作を職業とする（从事写作）
　　5）창작에 종사하다（从事写作）

　　古汉语中"创作"指"制造，建造"，宋曾巩《叙盗》："其创作兵仗，合众以转劫数百里之间，至于贼杀良民，此情状之尤可嫉者也。"也指文艺创作或文艺作品，明李东阳《麓堂诗话》："及观其所自作，则堆叠饾饤，殊乏兴调。亦信乎创作之难也。"现代汉语如"文艺创作""创作音乐""作品创作"等。"写作"在古代主要指作诗文、绘画等,宋张孝祥《蝶恋花·行湘阴》词:"落日闲云归意促。小倚蓬窗,写作思家曲。"指写文章、创作,清文康《儿女英雄传》第三十六回:"除了那殿试写作平平,自分鼎甲无望的不作妄想外,但是有志之士,人人跂足昂头在那里望信。"这也是现代汉语中的主要用法,如"写作文章""会话写作""写作风格"。一般说"创作作品""创作音乐",不说"写作作品""写作音乐";"写作文章""写作课"也不说"创作文章""创作课"。

（40）广大［日汉：広大、韩汉：관대하다］

比较：广泛［日汉：広範、韩汉：광범하다］

1）広大な区域（广大的区域）

2）광대한 영토（辽阔的领土）

"广大"也表示人数、规模,如"广大群众""广大组织",日韩语中相对应的词语是"広（廣）範（こうはん、광범）"。

3）広範な大衆（广大群众）

4）광범한 연구（广泛的研究）

韩语还可说：

5）광대 무변（广大无边）

6）광범한 조직이 있다（广大的组织）

"广大"在古汉语中指面积、空间宽广、宽阔,《礼记·曲礼上》:"地广大,荒而不治,此亦士之辱也。"也指"宽广高大",《礼记·中庸》:"今夫山,一卷石之多,及其广大,草木生之,禽兽居之,宝藏兴焉。"也指"扩大;扩充",汉晁错《守边劝农疏》:"其起兵而攻胡粤者,非以卫边地而救民死也，贪戾而欲广大也。"还指范围广，南朝梁刘勰《文心雕龙·书记》："夫书记广大，衣被事体，笔札杂名，古今多品。"现代汉语中"广泛"主要指范围，如"用途广泛""广泛使用"，不大用来指面积或空间的广大。"广泛"在古汉语中还指"远航"，唐韩愈《远游联句》："广泛信缥缈，高行恣浮游。"

（41）规定［日汉：规定する、韩汉：규정하다］

　　比较：限定［日汉：限定する、韩汉：한정하다］

　　1）规定の用紙（规格用纸）

　　2）规定料金（规定费用）

　　3）한글 맞춤법의 규정（韩文正字法的规定）

　　4）규정에 따르다（遵守规定）

　　5）出席者数を限定する（限定出席人数）

　　6）이번 토론에 참가하는 인원수는 50명으로 한정되었다（这次讨论的人数限定为 50 人）

"规定"在汉语中可作动词，指定出具体的要求，如"规定具体的做法"，也可作名词，如"八项规定""标准规定"。"限定"指在数量、范围等方面加以规定，《朱子语类》卷六十七："六爻不必限定是说人君。"《醒世恒言·两县令竞义婚孤女》："（贾昌的老婆）又每日间限定石小姐要做若干女工针指还他。"

（42）举办［日汉：开催する、韩汉：개최하다］

　　比较：举行［日汉：举行する、韩汉：거행하다］

"举办"在日韩语中没有直接对应的汉字词，常见的词语如"开く、开催する；개최하다"。

　　1）展覧会を开く（举办展览会）

　　2）音楽会を开催する（举办音乐会）

　　3）상품 전람회를 개최하다（举办商品展览会）

　　4）학술 강좌를 개최하다（举办学术讲座）

　　"举行"在日韩语中对应的汉字词是"举行する、거행하다"。

　　5）式典を举行する（举行仪式）
　　6）입학식을 거행하다（举行入学典礼）

还有跟其他词语的对应，如日语的"行う"。

　　7）会談を行う（举行会谈）
　　8）球技の試合を行う（举行球赛）

　　"举办"在现代汉语中用作动词，如"举办展览会""举办讲座"，"举行"在古代汉语中作名词，相当于"措施"，《韩非子·五蠹》："废敬上畏法之民，而养游侠私剑之属。举行如此，治强不可得也"；也作动词，相当于"施行、进行"，明刘基《赠谥太公文成诰》："凡昔人所未议与议之而未行者，皆举行于今日焉。"现代汉语常见搭配，如"举行仪式""举行婚礼""隆重举行""如期举行"。有时两者可搭配同一个宾语，如"举办会议""举行会议"；"举办比赛""举行比赛"。"举办"针对的是活动、事情等具体的行为，"举行"指活动具体的进程。

三　动宾型

　　动宾型复合词指前一词根表示动作、行为，后一词根表示动作行为所支配的对象。例如：司法、管家、扫地、投资、动员、拔河、挂钩。日韩语的语序本来是宾语置于动词前，如"漢字を書く、한자를 쓰다"（写汉字），但动宾型复合词可采用符合汉语语序的动宾式，见表4-4。

表 4-4　汉语动宾型复合词与日语、韩语之比较

汉语	日语	韩语
观光	観光する	구경（求景）하다
破产	破産する	파산（破产）하다
录音	録音する	녹음（錄音）하다
唱歌	歌を歌う	창가（唱歌）하다
出国	出国する	출국（出國）하다
主席	主席	주석（主席）
关心	関心する	관심（關心）하다
着陆	着陸する	착륙（着陸）하다
营业	営業する	영업（營業）하다
满意	満足する	만족（滿足）하다
出勤	出勤する	출근（出勤）하다
上课	授業する	수업（授業）하다
推理	すいり（推理）	추리（推理）

（43）彻底［日汉：徹底する、韩汉：철저하다］

　　1）大悟徹底（彻悟）

　　2）徹底した利己主義（彻头彻尾的利己主义）

　　3）철저한 조사（彻底的调查）

　　4）철저하게 구명하다（彻底查明）

　　5）方針を徹底させる（使方针得到贯彻）

　　"彻底"在汉语中形容深透、完全无所遗留，北魏贾思勰《齐民要术·作酱法》："十日内，每日数度以杷彻底搅之。"唐马戴《边将》："塞迥连天雪，河深彻底冰。"形容水深见底，唐李白《秋登巴陵望洞庭》："明湖映天光，彻底见秋色。"《西湖佳话·六桥才迹》："碧澄澄，凝一万顷彻底琉璃；青娜娜，列三百面交加翡翠。"现代汉语中可用于动词前，如"彻底清除""彻底交代""彻底放弃"，也可以说"交代彻底""检查得

很彻底"。

（44）吃饭［日汉：飯を食う、ご飯を食べる、韩汉：밥 먹다、식사
하다］

"吃饭"在日韩语中既有固有词的表达，也有汉字词的表达。

　　1）昼ご飯を食う（吃午饭）

　　2）미안해，방금 밥 먹고 있었어（对不起，刚才在吃饭）

　　3）しょくじをしてからお帰りになってはいかがてすか（吃了饭再
走吧？）

　　4）오늘 저녁 같이 식사를 합시다（晚上一起吃晚饭吧）

　　汉语亦作"喫饭"，泛指生活或生存。清袁枚《随园诗话》卷二："苏州
薛皆三进士有句云：'人生只有修行好，天下无如吃饭难。'"毛泽东《反对党
八股》："共产党不靠吓人吃饭，而是靠马克思列宁主义的真理吃饭，靠实事
求是吃饭，靠科学吃饭。"[①]"饭碗"在汉语中成了工作的代名词，如"铁饭碗"
比喻工作比较稳定，"泥饭碗"则正好相反，"金饭碗"则比喻收入高又体面
的工作。不过日韩语中不用"吃饭"来表示生活、生存，也就没有"饭碗"
表示的几种比喻说法了。

（45）负责［日汉：責任を負う、韩汉：책임이 있다］

"负责"是"负责任"的缩略词，在日韩语中是一个短语。

　　1）責任を負う（负责）

　　2）改革に責任を持つ（对改革负责）

　　3）책임감이 있다（有责任心）

　　4）그는 일에 매우 책임 지다（他对工作很负责）

　　"负责"在古代汉语中指"失职"，如元王恽《荐台掾赵文昌事状》："某

---

① 毛泽东：《反对党八股》，《建党以来重要文献选编（1921~1949）》第十九册，中央文献出
版社，2011，第71页。

今当去职，有见不言，实为负责。"但这一用法罕见，主要还是表示"担负责任"，晋葛洪《抱朴子·博喻》："量才而授者，不求功于器外；撰能而受者，不负责于力尽。"该义项一直沿用至今。现代汉语中"负责"是一个动词的离合词，如可以说"负起责""负不起责""负得了责""负过责"，"负责"前面可由相应的副词来修饰，可说"比较负责、很负责、十分负责、勉强负责"，可接宾语，如"负责那件事、负责生活起居、负责照应"。在古代汉语中，"责"和"债"还可以通假，"负责"就是"负债"，如《南史·褚彦回传》："家无余财，负责数十万。"

（46）有力［日汉：有力、韩汉：유력하다］

　　1）有力者（实力人物）
　　2）有力な根拠 / 유력한 증거（有力的证据）
　　3）지방에서 영향력이 있는 인사（地方上有影响的人士）

　　古代汉语中，"有力"指"有力气、有力量"，《庄子·大宗师》："夫藏舟于壑，藏山于泽，谓之固矣，然而夜半有力者负之而走，昧者不知也。"指"有功劳的"，《国语·晋语八》："自文公以来，有力于先君而子孙不立者，将授立之。"指"有权力或有财势"，唐韩愈《应科目时与人书》："如有力者哀其穷，而运转之，盖一举手一投足之劳也。"指"使力"，《商君书·弱民》："故民富而不用，则使民以食出，各必有力，则农不偷。"现代汉语中用作形容词，如"保障有力""给予有力的支持"。

（47）打工［日汉：アルバイト、韩汉：아르바이트］

　　汉语中"打工"指从事那些不太固定、收入也不是很高的工作，可以说"打短工""打零工""打黑工"。日韩语在此意义上使用的是外来词（德语 Arbeit），分别是アルバイト、아르바이트，与表示一般意义的"工作（仕事、일、직업）"等相区别。

（48）环境［日汉：環境、韩汉：황경］
　　　　比较：环保［日汉：環境保護、韩汉：황경보호］

　　1）環境衛生／환경 위생（环境卫生）

　　2）客観的環境／객관적 환경（客观环境）

　　古汉语中"环境"指"周围的地方"，《新唐书·王凝传》："时江南环境为盗区，凝以强弩据采石，张疑帜，遣别将马颖，解和州之围。"指"环绕所管辖的地区"，清刘大櫆《偃师知县卢君传》："君之未治偃师，初出为陕之陇西县，寇贼环境。"今多指周围的自然和社会条件，如"自然环境优美""优良的投资环境"，日韩语中也有"环境保护（環境保護、황경보호）"的说法，但一般不简称"环保"，汉语可说"环保很重要""发展经济不能忘记环保"。

（49）乘马［日汉：乘馬、韩汉：승마］

　　原指"驾马"，《易·系辞下》："服牛乘马，引重致远。"引申指"骑马"，今在汉语书面语中仍表示"骑马"，韩语中指马术。

（50）登场［日汉：登場する、韩汉：등장하다］

　　　　比较：登台［日汉：舞台に登る、韩汉：무대에 오르다］

　　　　　　　出场［日汉：出場する、韩汉：출장하다］

　　　　　　　退场［日汉：退場する、韩汉：퇴장하다］

　　　　　　　下场［日汉：結果、韩汉：결국］

　　1）登場人物／등장　인물（剧中人，出场人物）

　　2）この小説の登場人物はだれとだれですが（这本小说中出现的人都是谁啊）

　　3）舞台に出て演技をする（登台表演）

　　4）무대에 올라 연설하다（登上舞台演讲）

　　5）감독님이 연출자가 배우들을 무대에 등장해 나가라 한다（导演让演员们登场）

　　6）사장이 전무를 자신의 후계자로 등장시키다（总经理把专务理事推举为自己的接班人）

　　7）새 제품이 시장에 선보이다（新产品在市场上亮相）

　　8）인류 최초로 출현한 곳은 메소포타미아였다（人类最早出现的

是美索不达米亚）

在古代汉语中"登场"指"谷物收割后运到场上，借指收割完毕"，唐白居易《孟夏思渭村旧居寄舍弟》："日暮麦登场，天晴蚕拆簇。"也指"进考场应试"，唐柳宗元《上大理崔大卿应制举不敏启》："登场应对，刺缪经旨，不可以言乎学。"指"当场"，《水浒传》第二十二回："便唤当地方仵作、行人、并地厢、里正、邻佑等一干人等，来到阎婆家，开了门，取尸首登场检验了。"现代汉语另有"登台"，除表示演出外，还有"登台演讲""登台执政"，不能用"登场"替代。"登场"特指剧中人物登上舞台，如"粉墨登场"，喻指幕后人物公开露面或登上政治舞台，有贬义，不用"登台"替代。与"登场"相近的词语还有"出场"（出場）、出台。

9）大会にしゅつじょうする（参加竞技大会）

10）결전에 뛰어들다（投身决战）

11）출장 정지 처분（禁止出场的处分）

汉语中"出场"本指"出面、露面"，引申为演员、运动员等在舞台或运动场出现，如"出场时间、出场费"。在古代，"出场"还表示"结局、收场"，宋朱熹《答刘平甫书》："即须一到面恳诸公，恐到彼终无好出场耳。"表示"出路"，《二刻拍案惊奇》卷十七："此间官官相护，做定了圈套陷人。闻兄只在家营救，未必有益。我两人进去，倘得好处，闻兄不若径到京来商量，与尊翁寻个出场。""出场"指考生离开考场，《二十年目睹之怪现状》第四十二回："通了外收掌，初十交卷出场，这卷先不要解，在外面请人再作一篇，誊好了，等进二场时交给他换了。"现代汉语中，"出台"可指演员上场，也比喻某公众人物公开出面活动，如"出台指责、出台干涉"；还指政策、措施的公布或予以实施，如"出台政策""房屋拆迁方案出台"等，该义项不能用"出场"替代。与"登场"相反的词语是"退场"（退場、퇴장）、"下场"。

12）退場を命じる（令其退场）

13）お静かにご退場ください（请安静地退场）

14）도중에 퇴장함으로서 항의를 표시했다（中途退场以示抗议）

　　现代汉语中"退场"指演员、运动员、观众等离开演出、比赛或集会等现场，"下场"可指人从场上下来，但多指不好的结局，如"下场不妙""可耻的下场""背叛祖国的人绝没有好的下场"。在此意义上，日语是"結果（けっか）"、韩语是"결국（結局）"，都是汉字词。

（51）当初［日汉：当初、韩汉：당초］

　　　比较：最初［日汉：最初、韩汉：최초］

　　日韩语里有汉字词"当初""最初"。

1）当初の予定（当初的约定）

　　"最初"指"最早的时候，开始的时候"，日韩语中没有"起初"，相对应的都是"最初"。

2）最初私は反対だった（起初我不同意）

3）この工場は最初はとても小さかった（这个工厂起初很小）

4）그 사람을 최초로 만난것은 작년 봄이었다（最初见到那个人是去年的春天）

　　日语中相对应的说法还有"もと、初め、以前、あの時"等。

5）もとはここは一面の荒れ野原だったが，今では工場が林立するようになった（当初这儿是一片荒野，如今工厂林立）

6）初めからこうするんじゃなかったんだ（当初你就不该这么做）

　　韩语中除최초、당초外，相应的表达还有처음、이전。

7）처음에는 매우 어려웠는데 후에는 쉬워졌다（起初很难，后来

变容易了）

　　8）이전에 여기는 넓은　바다였다（当初这里是一片汪洋）

　　"当初"在古代汉语里指"起初；过去"，北魏郦道元《水经注·滱水》："盖城地当初山水济荡，漂沦巨筏，阜积于斯，沙息壤加，渐以成地。"唐郑嵎《津阳门诗》："开元到今逾十纪，当初事迹皆残瓃。""起初"在汉语里表示"最初；起先"，元无名氏《赚蒯通》第一折："你起初时要他，便推轮捧毂；后来时怕他，慌封侯蹑足。"现代汉语中"最初"跟"最后"相对，"当初""起初"跟"后来"相对，"他当初就不该来"也可以说"他起初就不该来"，但"事已至此，何必当初""悔不当初"等习惯性的表达，不能随便换说成"起初"。

（52）加工［日汉：加工する、韩汉：가공하다］

　　　　比较：加班［日汉：残業する、韩汉：잔업하다］

　　　　　　　加油［日汉：頑張れ、韩汉：힘내라 / 파이팅］

　　1）加工品 / 가공품（加工品）

　　2）加工紙 / 가공지（加工纸）

　　3）加工貿易 / 가공 무역（加工贸易）

　　4）原料を加工して輸出する / 원료를 가공하여 수출한다（原料加工后输出）

　　"加工"在古代汉语中多指"花工夫使制品更加完美"，宋俞文豹《吹剑录外集》："如武举武学，正以试其武艺，而除绝伦能挽二石弓外，其余则以弓矢鞍马为文具，于经义论策则极意加工。"现代汉语中一般指"把原料或半成品制成成品"，如"加工面条、来料加工"，"加工"也可说"加点工""加些工"，如"那个工程要再加些工"指在那个工程上要多花些时间或精力。

　　5）労働者たちは残業して製品を生産する（工人们加工加点生产

产品）

　　6）어제는 밤 10 시까지 잔업을 했다（昨晚加班到晚上十点）

　　"加班"指在规定的工作时间结束后增加工作时间或班次，如"星期天也要加班""加班加点""加班生产"。

　　汉语中"加油"作动宾结构解释时，表示"给油箱、油罐等容器添加汽油、柴油等油类燃料或在机械的轴承部分施加润滑油"，日韩语叫給油、급유。

　　7）エンジンに給油する（给引擎加油）
　　8）자동차에 급유하다（给汽车加油）

　　"加油站"日语要说ガソリン・スタンド（gasoline stand），韩语是주유소（注油所）；表示鼓劲时常在嘴里喊的"加油！加油！"，日语叫"頑張（がんば）れ"，韩语叫"힘내라"或"파이팅"，파이팅系英语 fighting 的韩语音译。

（53）休假［日汉：休暇、韩汉：휴가］
　　　比较：假期［日汉：休みの間、韩汉：휴가 기간］

　　1）1 週間休暇を取る（休假一周）
　　2）여기로 휴가 왔다（到这儿来休假的）
　　3）休みの間、どこへ行きますか（你放假期间打算去哪里）
　　4）3 일의 휴가 기간이 매우 빨리 지나갔다（三天的假期很快就过去了）

　　"休假"在汉语中指度假，《宋书・张永传》："时将士休假，年开三番，纷纭道路"，"整整上了一个月的班，下周轮到休假了"。"休假"也指假日，《后汉书・陆康传》："康固守，吏士有先受休假者，皆遁伏还赴，暮夜缘城而入。"现代汉语中"休假"也指"假期"，"奖金在休假期间一律照发"。但

"假期"古代本指"假延时日"，晋陆云《请吴王引师友文学观书问道启》："孔子假期玩年，至于韦编三绝"，这一用法后来消失，现代汉语一般用作名词。

（54）讲话［日汉：話をする、韩汉：말하다］

比较：讲演［日汉：講演する、韩汉：강연하다］

日韩语中"讲话"作动词使用时，相当于一个动宾结构。

1）話が不得手である（不会讲话）

2）말하지 마세요（请别说话）

日韩语中跟"讲话"相近的还有"讲演（講演する）、강영하다"。

3）彼の講演はたいへんおもしろかった / 그의 강연은 생동감이 넘칩니다（他的讲演很生动）

4）연설 정신을 실현하다（落实讲话精神）

5）무대에 올라서 장연하다（登台讲演）

在汉语中"讲话"作动宾短语时，可以拆开或重叠，如"讲一次话""讲讲话"，相当于发言。"讲话"作为复合词时，相当于"演说""讲演"，如"在文艺座谈会上的讲话"。古汉语中"讲演"指"讲说、阐发"，清刘献廷《广阳杂记》卷五："汝去上白国王，当请元晓法师造疏讲演，夫人之疾自愈。"现代多指在公开场合向听众讲述学术知识或发表对某一问题的见解。

四　补充型

补充型复合词中的后一词根补充说明前一词根。前一词根表示动作，后一词根表示动作的结果，如"说服、打倒、延长、改进、合成、推广"；前一词根表示事物，后一词根表示事物的单位，如"船只、人员、羊群、花朵、

房间"。日韩语中没有类似于汉语的程度补语和趋向补语，凡是动词的修饰语都叫状语，位于动词前，如"よく出来る / 잘하다"（做得好），但补充型复合词沿用了汉语的动补型结构，见表4-5。

表4-5　汉语补充型复合词与日语、韩语之比较

汉语	日语	韩语
充满	充満する	충만（充滿）하다
革新	革新する	혁신（革新）하다
改良	改良する	개량（改良）하다
修正	修正する	수정（修正）하다
证明	証明する	증명（證明）하다
打倒	打倒する	타도（打倒）하다
扩大	拡大する	확대（擴大）하다
指出	指摘する	지적（指摘）하다
完善	完全	완벽（完璧）하다
完成	完成する	완성（完成）하다
解散	解散する	해산（解散）하다
说明	說明する	설명（說明）하다

（55）浮上 [日汉：浮上する、韩汉：부상하다]

比较：浮现 [日汉：浮かぶ、韩汉：떠오르다]

1）大統領候補として浮上する / 대통령 후보로 부상되다（作为总统候选人逐渐显现）

2）인기가 갑자기 부상하다（人气突然上升）

3）昔の苦しみが心に浮かぶ（过去的苦难涌上心头）

4）그녀의 모습이 자꾸 떠오른다（眼前不时浮现出她的身影）

汉语中，"浮上"不是一个词，指"从水下浮上来""浮上水面"，"从水底浮上来"，比喻背后的人物或事件的显现。日韩语中的"浮上"有时相

当于汉语的"浮现","浮现"在汉语中指过去经历的事情再次在脑海中显现，如"往事在脑中浮现"；也表"显露、呈现"，"一幅壮丽的图景浮现在眼前""脸上浮现出笑容"。

（56）放出［日汉：放出する、韩汉：방출하다］

"放出"在日韩语中指"发放、处理、推出"。

　　1）物资を放出する（处理积压物资）

　　2）チームの選手を放出する（对外推出选手）

　　3）오늘 시장에서 쌀 천 톤이 방출 되었다（今天市场放出了一千吨的谷米）

汉语中"放出"指"释放"，唐白居易《七德舞》诗："怨女三千放出宫，死囚四百来归狱。""他从劳教所放出没几天又犯事了。"引申指"发放或借出"，如"有些银行到年底就要把放出的贷款收回了"。也指"话说出去"，如"放出狠话""话已经放出去了"。

（57）充满［日汉：充满する、韩汉：충만하다］

　　　比较：充足［日汉：十分だ、韩汉：충분하다］

日韩语中，汉语的"充满"有相对应的汉字词，但意义上不是完全对应。"充足"日韩语中相对应的说法是十分だ、足りる、충분하다。

　　1）部屋にガスが充满する（家里充满了煤气味）

　　2）車はガソリンでいっぱいです（车子充满了汽油）

　　3）教室には楽しい歌声が溢れている（教室里充满了欢乐的笑声）

　　4）온몸에 정력이 가득차다（全身充满了精力）

　　5）공기에 꽃향기가 가득하다（空气中充满了花的香气）

　　6）一人暮らしには十分な広さの家（一人住，家里算相当大了）

　　7）이 정도면 여비는 충분하다（到这个程度的旅行费用很充足了）

"充满"在古代汉语中指"布满、填满"，北魏郦道元《水经注·渭水》：

"奇器珍宝，充满其中"；指"自满、骄傲"，《吕氏春秋·过理》："去国居卫，容貌充满，颜色发扬。"

汉语中，"充足"指"足够；饱满"，宋苏舜钦《答韩持国书》："此虽与兄弟亲戚相远，而伏腊稍充足，居室稍宽。"《三国演义》第十四回："只见那人眉清目秀，精神充足。"一般用作形容词，"充满"所搭配的对象既可以是"热情、希望、感激"之类的褒义词，也可以是"愤怒、仇恨、痛苦"之类的贬义词，一般不说"十分充满、有点充满、反复充满"，但可说"一直充满、始终充满"。

（58）看作［日汉：…と見なす、韩汉：간주하다］

　　比较：当作［日汉：…と思う、韩汉：…라고 여기다］

　　　1）彼を自分の身内と見なす（我把他看作自己的亲人）

　　　2）신화를 역사적인 사실로 간주할수 없다（不能把神话看作史实）

　　　3）하지만 세상에 나온 이후 이책은 거의 2000 년 동안 성서로 간주되었다（然而自问世以来，该书在大概 2000 年期间被看作圣书）

　　　4）彼を自分の兄のように思う（把他当作自己的亲哥哥）

　　　5）노동자가 공장을 자기 집처럼 여기다（工人把工厂当作自己的家）

汉语中"看作"和"当作"都有主观上"把……作为、当作"的意思，如"他把中国看作自己的第二故乡""我把那件东西看作无价之宝而珍藏着"中"看作"都可以用"当作"来替换，"当作"还有"装作"之意，如"我当作没看见，从他身边跑开了""你别当作别人都是傻子"，句中"当作"不能替换成"看作"。

（59）养成［日汉：養成する、韩汉：양성하다］

　　比较：培养［日汉：培養する、韩汉：배양하다］

"养成"和"培养"在日韩语中都有相对应的汉字词语，但搭配对象有所不同。

1）人材を養成する（培养人才）

2）看護婦を養成する（培养女护士）

3）기술자를 양성하다（培养技术人员）

4）우수한 인재를 양성하는 것을 목표로하다（以培养优秀人才为目标）

5）細菌を培養する／세균을 배양하다（培养细菌）

以上五例中"养成""培养"属动词。

6）우수한 인재의 양성（优秀人才的培养）

7）실력의 양성（实力的培养）

8）培養液／배양액（培养液）

以上三例中"养成""培养"属名词。

"养成"在古汉语中有"经培养而形成""教育"之类的意思，《吕氏春秋·本生》："始生之者天也，养成之者人也。"宋曾巩《筠州学纪》："令汉与今有教化开导之方，有庠序养成之法，则士于学行，岂有彼此之偏，先后之过乎？"现代汉语中"养成"可以作名词，如"习惯的养成"，主要用作动词，后面一般带宾语，可以是积极的，也可以是消极的，如"养成良好习惯""养成了好吃懒做的不良习惯"。"培养"本义指以适宜的条件使繁殖，如"培养细菌""培养良种"，喻指按照一定的目的长期地教育和训练，如"培养干部""培养人才""精心培养"。这里的"培养"不能用"养成"来替换。两词也有交叉，如"培养良好习惯"中"培养"可以用"养成"来替换。

（60）看见［日汉：目に入る／見える、韩汉：보다/보이다/눈에　띄다］

　　比较：看到［日汉：見かける／見える、韩汉：보이다/눈이　닿다］

　　　　　见到［日汉：会う、韩汉：만나다］

　　　　　见面［日汉：会う、韩汉：만나다］

　　　　　见过［日汉：会った、韩汉：만났다］

日韩语中与"看见""看到"等相对应的词语是"目に入る、見かける、见える；보이다、눈이닿다"等。

　　1）そこを曲がれば村が見える / 모퉁이를 돌면 마을을 볼　수 있을 것　이가（拐过弯儿就可以看到村子了）

　　2）너 그를 보았니?（你看见他了吗?）

　　"见到"在日韩语中相对应的表达是"会（あ）う、만나다"，如汉语"很高兴见到你"，日语为"お会いできて嬉しいです"、韩语为"만나서 반갑습니다"。"看见"指"看到""见到"，在意义上有相同之处，《朱子语类》卷七十二："我却不见雀，不知雀却看见我。""我看见有人进来了""你注意别被他看见"，"见到"一般指事先有计划，多指人，"看到"一般没有这样的意义，所带的宾语可以是人或其他事物，如"在黄浦江边可以看到东方明珠塔""这次去北京，我见到了好久没见面的老朋友""我一进门就看到他了"。从动词使用的自由度来说，"看"比"见"更容易单用，"别让他看到"可以说，"别让他见到"一般不说；"你没看到大家都在忙啊"可以说，"你没见到大家都在忙啊"一般不说；"距离太远，我看不到"可以说，"距离太远，我见不到"一般不说；可说"见到你很高兴"，不说"看到你很高兴"。现代汉语中"对面"和"见面"完全不一样，前者是名词，后者是动词，但在古汉语中"对面""见面"都可以作动宾短语，指"面对面"，如"对面不相见""见面不相识"，"见面"在现代汉语中是离合词，可以拆开，如"见过面""见一次面"，但不能带宾语，要说"跟……见面""与……见面"。

　　与汉语"见过"相对应的日韩语是あった、만났다。

　　3）一度しか彼女に会ったことがありません（只见过那个女人一次）

　　4）전화로 약속을 하고 다방에서 그녀와 만났다（打电话跟那个姑娘约好在茶馆见了面）

　　"见过"在古汉语中是谦辞，表示"来访"，宋欧阳修《与苏丞相书》："清明之约，幸率唐公见过，吃一碗不托尔，余无可以为礼也。"宋文莹《玉壶清话》卷七："紫垣甚近，黄阁非遥，僚友见过，幸低声笑语。"这一用法在现代汉语中已经消失，常用义是"看到过"或"见过面"，如"我见过美丽的大草原""演唱会上见过那个明星"。表示否定时，要说"没见过""未见过"，不说"不见过"。

（61）降下［日汉：降下する、韩汉：강하하다］

　　比较：下降［日汉：下がる、韩汉：떨어지다］

1）急降下 / 급강하（骤降）

2）気温が降下する / 기온이 강하하다（气温下降）

3）大命降下（下达命令）

4）落下傘を降下する（跳伞）

5）温度が摂氏零下10度に下がった（温度降低到摄氏零下十度）

6）죄인이 지옥에 떨어진다（有罪之人堕入地狱）

汉语中"降下"是一个动补短语，如"降下灾祸""降下雨水"，"降"音jiàng。"降下"中"降"还有一音 xiáng，指"使降服归顺、俯首称臣"，《史记·朝鲜列传》："左将军亦使人求间郤降下朝鲜，朝鲜不肯，心附楼船：以故两将不相能。"《汉书·高帝纪下》："然陛下使人攻城略地，所降下者，因以与之，与天下同利也。""下降"中的"降"音 jiàng，在古汉语中指"由高处向低处移动"，汉王粲《登楼赋》："循阶除而下降兮，气交愤于胸臆。""下降"指"公主出嫁"，《唐会要·公主》："自是公主下降，有舅姑者皆备礼。"宋孟元老《东京梦华录·序》："瞻天表则元夕教池，拜郊孟享，频观公主下降，皇子纳妃。"现代汉语中"下降"主要指"向低处位移"，也指数量、程度等降低、减少，如"飞机下降了五千米""体温有所下降""水位下降到了安全线以下"。

（62）投下［日汉：投下する、韩汉：투하하다］

1）일억의 자금을 투하한 사업 /1 億の資金を投下した事業（投下一亿元资金的企业）

2）爆弾が投下される / 폭탄을 투하되다（投下炸弹）

"投下"在元朝指诸王、驸马、勋臣所属的人户，《元典章·圣政一·劝农桑》："至元七年二月钦奉皇帝圣旨，宣谕诸路府州司县达鲁花赤管军官管民官，诸投下官员军民诸色人等。"今此义已消失。主要用作动词，一般后接宾语，如"投下炸弹、投下面粉"，表示资金投进时，还可用"投入"。

（63）放下［日汉：下に置く、韩汉：내려놓다］

日韩语中没有与"放下"直接相对应的汉字词，意义上相对应的表达为"に置く、내려놓다"。

1）やりかけの仕事をひとまず置いておく（放下手头的工作）
2）두 손에 들고 있던 짐을 땅에 내려놓다（两手捧着行李放到地上）

汉语的"放下"在日韩语中还有多种表达，如：

3）偉そうな態度を改める（放下臭架子）
4）武器を捨てる（放下武器）
5）총을 세워（放下枪）
6）마음의 부담을 버리다（放下思想包袱）
7）일을 평개치고 하지 않다（放下工作不做）

古汉语中"放下"指把握着、提着或负载着的物件从高处放到低处，《五灯会元·七佛·释迦牟尼佛》："佛曰：'放下著。'梵志遂放下左手一株花。"引申指"停止、搁置"，《朱子语类》卷九十六："虽是必有事焉而勿正，亦须且恁地把捉操持，不可便放下了。"现代汉语中可说"放下书本""放下武器""放得下""放不下"。

（64）选出［日汉：選出する、韩汉：선출하다］
　　　比较：选举［日汉：選挙する、韩汉：선거하다］
　　　　　　选拔［日汉：選抜する、韩汉：선발하다］

1）代議員に選ばれる / 대의원으로 선출되다（选为代议员）

2）代表を選出する / 대표를 선출하다（选出代表）

3）国会選挙 / 국회 선거（国会选举）

4）人材を選抜する（选拔人才）

5）경기를 이용하여 선수를 선발하다（利用比赛选拔选手）

汉语中，"选出"是个动补结构的词语，一般带宾语，如"选出班长""选出总统"，也可不带宾语，如"班长从几位候选人中选出"。"选举"指用投票或表决的方式选出代表或负责人，如"选举班委会""选举人大代表""首轮选举""选举权"；"选拔"指挑选人才，如"层层选拔""选拔优秀辅导员""选拔优秀运动员参加世界锦标赛"。

（65）辈出 [日汉：輩出する、韩汉：배출하다]

1）人材が輩出する / 인재가 배출하다（人才辈出）

2）その時代には偉人が続々とした（在那个时代，不断涌现出了很多伟人）

3）유교 소양을 갖춘 신사들이 배출되었다（具备儒教素养的绅士辈出）

现代汉语中"辈出"一般也与"人才"类相搭配，如"大师辈出""学者辈出""理论家辈出""英雄辈出""新人辈出"，指人才一代代地涌现。

（66）得到 [日汉：得る、韩汉：얻다]

日韩语中跟汉语"得到"直接对应的词语是"得（え）る、手に入れる""얻다、받다"等。

1）わずかな援助も得られない（得不到一点儿帮助）

2）소식을 조금도 얻지 못하다（得不到一点儿消息）

3）激励を受ける / 격려를 받다（得到鼓励）

古代汉语中"得到"是个短语，表示"能够到，可以到"，"到"表示"来到"的意思，金元好问《客意》诗："山间儿女应相望，十月初旬得到无？"现代汉语中表示"获得"，如"得到奖品""得到满足""得到提高"。现代汉语中"得到"经常用在动词后面，充当补语，如"做得到、想得到、看得到"等，表示"能够"，相应的否定结构是"做不到、想不到、看不到"。

（67）发出［日汉：出す、韩汉：보내다］

　　比较：发送［日汉：発送する、韩汉：발송하다］

"发出"在日韩语中一般用"出す""보내다"等。

　　1）警報を出す（发出警报）

　　2）指示を出す（发出指示）

　　3）소리를 내다（发出声音）

　　4）경고를 보내다（发出警告）

　　5）편지를 띄우다（发出函件）

汉语中与"发送"搭配的词语，如"发送货物""发送信息"，日语是"発信する、発送する"，韩语"발송하다、보내다"。

　　6）暗号電報を発信する（发送密码电报）

　　7）文書を発送する（发送文件）

　　8）화물을 발송하다（发送货物）

　　9）전보를 보내다（送情报）

古汉语中，"发出"指破土而出，《法苑珠林》卷十四："《如普曜经》云：太子满十月已临产之时，先现瑞应三十有二……五、地中二万宝藏自然发出。"指"表现出、显现出"，《朱子语类》卷六十八："仁皆从我发出，故无物不在所爱。"这一义项今天还保留着，如"发出声音、发出信号、发出信息、发出消息，发出号召、发出指示"。"发出"表示"出发"，如"火车从五号站台发出"。"发送"在古汉语中有"送交"之意，宋曾巩《史馆申请

三道札子》："各限自指挥到日，一月内取到文字，发送史局"，"发送"还有
"打发""送终""发泄"等义项，但在现代汉语中已逐渐消失。

（68）回来［日汉：帰って来る、韩汉：돌아오다］

比较：回去［日汉：帰って行く、韩汉：돌아가다］

回到［日汉：帰る、韩汉：돌다］

汉语中的"回来、回去"是表示动作和趋向的复合词，日韩语中分别由动
词"帰る、돌다"与表示趋向的"来る、오다""行く、가다"搭配使用。

1）学校から帰って来る時間（从学校回来的时间）

2）그 아이는 빨리 고개를 돌렸다（那个孩子很快回过头来）

汉语中"回来、回去、回到"除了可以单用，还是构成趋向结构的重要
成分，日韩语在用法上有所不同。

3）あの人は毎日朝早く出かけて，晩になってやっと帰って来る /
그는 매일 아침에 나갔다가 저녁에야 돌아온다（他每天早晨出去，晚上
才回来）

4）冬になるとツバメは南方に帰って行く（一到冬天，燕子就飞南
方去了）

5）고향을 떠난지 10 년이 되도록 한번도 돌아간 적이 없다（离别
家乡十年，一次也没回去过）

"回来 / 去"指"归来 / 去"，宋苏轼《和人见赠》诗："回来索酒公应
厌，京口新传作客经。"元关汉卿《单刀会》第三折："你先回去，我随后便
来也。"用在动词后，表示回到原来的地方，如"走回来 / 去""赶回来 / 去"。
"回到"后一般要有宾语，如"回到家""回到国内"；"回来""回去"后不带
宾语，要说"从学校回来""从街上回去"，也可以说"走回去""送回来"。

（69）加快［日汉：…を速める、韩汉：…가속하다］

比较：加速［日汉：…を速める、韩汉：…가속하다］

日韩语中没有与"加快"直接对应的汉字词，相应的表达如：

1) 歩調を速める / 발 걸음을 빨리（加快脚步）

2)（鉄道の）急行券 / 급행표（快车票）

3) 社会経済の発展を速める（加速发展社会经济）

4) 기초 건설 투자를 가속화 하다（加速基建投资）

"加快"意指增加速度，如"火车的速度加快了"，也可说"火车加速了"；"加快建设、加快发展"也可说"加速建设、加速发展"，但"加快步伐、加快投资"不说"加速步伐、加速投资"。过去邮政业务中的包裹送达有"加快"一类，比普通包裹送达速度快，火车票也有"加快票"，指普通客票改乘快车时办理的补票手续。

（70）加强［日汉：強める、韩汉：강화하다］

　　比较：强化［日汉：強化する、韩汉：강화하다］

日韩语中没有跟"加强"直接对应的汉字词，有些义项用"强化"来表达。

1) 団結を強める / 단결을 강화하다（加强团结）

2) 連絡を緊密にする（加强联系）

3) 군사력을 강화하다（加强军事力量）

4) 指導者の陣容を強化する（强化领导阵容）

5) 臨戦態勢を強化せよ / 임전 태세를 강화하다（强化临战状态）

"加强"指事物变得更坚强或更有效，常见的搭配如"加强建设、加强管理"，汉语中"强化"和"加强"的意思相近，但在词语的搭配上有所不同，如不说"强化团结""强化联系""强化建设"。

（71）出去［日汉：出て行く、韩汉：나가다］

　　比较：进来［日汉：入って来て、韩汉：들어오다］

　　　　　进去［日汉：中に入る、韩汉：들어가다］

"出去、进来、进去"在汉语中是表示动趋结构的复合词，日韩语一般由动词和趋向动词组合而成。

    1）彼は 3 日前に出かけた（三天前他就出去了）

    2）앞으로 몇 발자국 나가다（向前跨出几步）

汉语中"出去"用在动词之后时要轻读，与日韩语形成了多种多样的对应。

    3）ときどき外へ出て新鮮な空気を吸いなさい（多出去走走，呼吸点新鲜空气）

    4）投げ出す（扔出去）

    5）みずをぶっかける（水泼出去）

    6）出て行け（滚出去）

    7）좀 더 앞으로 나가서 구경하세요（请稍往前几步看看吧）

    8）그는 지금 방금 외출하였다（他刚出去了）

"扔出去"韩语是내던지다、내버리다，"滚出去"韩语要说얼은 꺼져 버려，사라져。

"出去"指"从里面到外面去"，《北史·杜弼传》："神武骂曰：'眼看人瞋，乃复牵经引礼！'叱令出去。"用在动词后，表示由里向外，逐渐远去。《朱子语类》卷七十一："一坎又满，又流出去。"现代汉语中这种用法比较常见，如"走出去""拿出去"。

与"出去"相关的趋向动词还有"进来、进去"，移动方向相反。

    9）彼は中に入ってから一言も口をきかない（他进来以后一句话都不说）

    10）部屋に入って行く（走进屋里去）

    11）한 사람이 들어왔다（一个人走了进来）

12）들어가서 좀 보아라, 내가 입구에서 기다리고 있을테니（你进去看看，我在门口等着你）

"进出"在汉语中过去也叫"出入"，表示"出来、进去"的证件，汉语叫"出入证（出入証 / 출입증）""通行证（通行証 / 통행증）"。"出入"在汉语中还表示"数字的差异"，如"统计的结果有出入""数字的出入不大"。"进来"在古汉语中表示"从外面到里面来"，唐王建《赠王枢密》诗："脱下御衣先赐著，进来龙马每教骑。"用在动词后，表示到里面来，《红楼梦》第二十四回："一连叫了两三声，方见两三个老婆子走进来。"现代汉语中，"请进"就是"请进来"的意思，但"进来"更多是在动词后面充当补语成分，如"闯进来""钻进来""混进来"。"进去"的位移方向跟"进来"正好相反，指从外面到里面，明何良俊《四友斋丛说·史四》："今严先生与我们拱拱手，方始进去。"用在动词后，表示到里面去。《初刻拍案惊奇》卷二十六："一伙公人打将进去，元来是一间地窖子。"现代汉语说"走进去""放进去""冲进去"，"进去"的动词义逐渐虚化，如"话听进去""把这个问题考虑进去"。

（72）过来［日汉：…て来る、韩汉：오다］

比较：过去［日汉：…て行く、韩汉：가다］

日语中，"过来"对应于…て来る、やって来る，韩语中用오다表示。

1）ちょっとこちらへ来てください（请你过来一下）

2）伝わって来る（传过来）

3）自覚してくる（觉悟过来了）

4）저기 조각배가 한척 오고 있다（那边有只小船过来了）

但韩语动词后面表示虚化意义的"过来"却不是这种简单的对应。

5）일이 많지 않아, 나 혼자서 할 수 있다（活儿不多，我一人忙得过来）

6）그는 정말 고집이세서, 도저히 설득 할 수 없다（他真固执，

简直劝不过来）

　　"过来"在汉语中指从另外一地向说话人的方向移动。唐韦应物《西楼》:
"烟尘拥函谷,秋雁过来稀。""过年周围的亲戚们都一起过来了。"现代汉语
中多用在动词后,表示方位的移动,如"一路走过来""慢慢爬过来"。"过
来"在动词后还引申指其他方面的意义,如用在动词后,表示时间、能力、
数量的充分,如"手头活儿不多,忙得过来",表示回到原来、正常的状态,
如"想了半天,她终于明白过来了"。

　　跟"过来"意义相对应的是"过去","过去"在日韩语中相对应的词语
是"過去、가다;과거"等,有些能跟汉字词对应,有些则不能直接对应。

　　　7）今までの仕事（过去的工作）
　　　8）過去を振り返る（回顾过去）
　　　9）과거의 일은 다시 거론할 필요가 없다（过去的事不用再提了）

有些在翻译成汉语时要用"过去"相对应,如:

　　　10）제비 한 마리가 날아갔다（一只燕子飞过去了）
　　　11）あの森を皆な彼に買われてしまった（那一片林子全让他买过
　　　去了）
　　　12）病人が気を失う / 환자가 기절했다（病人晕过去了）

　　"过去"在汉语里有名、动、助等几种不同的词性。用作名词,指现在
以前的时期,唐白居易《自觉》诗之二:"但受过去报,不结将来因。""他过
去曾做过手艺活儿。"用作动词,表示动作的趋向时,指向说话者的反方向移
动,或经过某地走向另一地点,《东观汉记·寇恂传》:"乃敕属县盛供具,一
人皆兼二人之馔,恂乃出迎于道,称疾还。贾复勒兵欲追之,而吏士皆醉,
遂过去。""你们留在这儿,我过去。"虚化指时间或状态的消失、逝去,如
"那些日子已经过去了";讳指"人的死亡、离世",《孽海花》第五回:"谁知

命运不佳，到京不到一年，那夫人就过去了。""过去"用在动词后构成动补结构，可表示多种意义，如表示动作向离开说话人的方向的移动，如"走过去""开过去""望过去"；表示"通过"，"说得过去""考得过去""对付得过去"。

（73）预防［日汉：予防ずる、韩汉：예방하다］

比较：防止［日汉：防止する、韩汉：방지하다］

1）予防の措置をとる（做好预防工作）

2）予防戦争（预防战争）

3）予防接種（预防接种）

4）예방이 치료보다 낫다（预防胜于治疗）

5）자연 재해를 예방하다（预防自然灾害）

"防止"在古汉语中指"防备制止"，《墨子·兼爱下》："我以为人之于就兼相爱、交相利也，譬之犹火之就上，水之就下也，不可防止于天下。"

6）騒音を防止する（防止噪声）

7）災害防止（防灾）

8）一酸化炭素中毒を放ぐ／가스 중독을 방지하다（防止煤气中毒）

现代汉语中"防止"后面的宾语可以是词，也可以是句子，如"防止风沙""防止空气污染""防止思想过分麻痹引起体重的反弹"。古汉语中"预防"指"事先防备"，南朝宋刘义庆《世说新语·言语》："身不能以道匡卫，思患预防，愧叹之深，言何能喻。"宋叶适《辩兵部郎官朱元晦状》："陛下原其用心，察其旨趣，举动如此，欲以何为！诚不可不预防，不可不早辩也。"现代汉语中"预防"后接名词，也可以接动词，如"火灾的预防""预防犯罪"。

（74）招来［日汉：招来する、韩汉：초래하다］

比较：招致［日汉：招く、韩汉：초래하다］

"招来"和"招致"在日韩语中的相应词语用法有相似之处，宾语一般带有贬义色彩。

1）インフレを招来する（导致通货膨胀）

2）災を招来する（招来灾祸）

3）그의 태도가 다른 사람의 의론을 불러 일으켰다（他的态度招来了他人的议论）

4）かれの発言は皆なのひはんを招いた（他的发言招致大家的批评）

"招来"在古代有"招引、延揽"义，《史记·孝武本纪》："乃作通天台，置祠具其下，将招来神仙之属。"现代汉语"招来"可以理解为"招聘而来"的省略，如"招来的两个大学生业务不太熟悉"。"招来"也相当于"招致"，如"他的古怪举动，招来了邻居们的非议""他的不友好的举动招来别人的白眼"，一般具有贬义的色彩。

（75）表达［日汉：表現する、韩汉：표현하다］

比较：表现［日汉：表現する、韩汉：표현하다］

表明［日汉：表明する、韩汉：표명하다］

汉语中，"表达"指用语言或行为把所思所想反映出来的一种行为，如"表达思想""表达感情"，也可说"书面表达""口头表达"。日韩语中相对应的是"表现"。

1）彼は自分の激した気持ちを言葉では表現できないと思った（他觉得他那激动的心情是难以用言语表达出来的）

2）原文のニュアンスを伝える（表达原文的语气）

3）그는 매우 분명하게 표현했다（他表达得很清楚）

4）君の表現を期待しています（期待你的表现）

5）생각을 표현하다（表达想法）

汉语中"表现"指"显示出来""表示出来"，如"表现得很出色""表

现勇敢"。作名词时，指"表示出来的行为、作风或言论等"，如"异常的表现""言语表现""错误表现"。"爱表现"指爱出风头、炫耀自己，日语中相对应的说法是自分をひけらかす。汉语的"表现"还对应于日韩语的表す、示す、みる、する等。

　　6）この動乱の中で，彼はしっかりした立場を示した（他在这次动乱中表现出坚定的立场）

　　7）이 학생은 요즘 아주 잘 한다（这个学生最近表现不错）

"表明"语出唐元稹《制诰序》："追而序之，盖所以表明天子之复古，而张后来者之趣尚耳"，"表明态度、表明立场"指"表示清楚"的意思，"表明意见""表明观念"指说出自己的感情或内心的想法。

　　8）立場を明らかにする（表明立场）

　　9）決意を表明する（表明决心）

　　10）태도를 표명하다（表明态度）

（76）超过［日汉：追い越す/超える、韩汉：초과하다］
"超过"在日韩语中相对应的词语是"追い越す、超える、초과하다"等。

　　1）この工場は技の面で他の工場を追い越している（这个厂在技术方面已经超过其他厂）

　　2）限度を超える（超过限度）

　　3）중량이 일 킬로 초과하다（重量超过一公斤）

古代汉语中"超过"指"超出、高于"，《法苑珠林》卷一百零七："（道朗）既从进（道进）受，以为菩萨胜地，超过三乘。"现代汉语中指"由某事物的后面赶到它的前面"，如"他的车从左边超过了前面的卡车"。也可以指

"高出……之上"，如"本学期的课程超过了五门""产量超过了七成"。

（77）觉得［日汉：感じる／…と思う、韩汉：…라고　느끼다／…라고　생각하다］

　　　比较：感到［日汉：感じる、韩汉：생각하다］

日韩语中没有直接跟"觉得""感到"相对应的汉字词。

1）おかずがひどく塩辛いと感じる（觉得菜太咸）

2）私は彼の言うことが正しいとは思わない（我不认为他说得对）

3）비록 일을 밤　늦게까지 했지만, 조금도 피곤함을 느끼지 않는다（虽然工作到深夜，但一点不觉得累）

4）너는 이 계획을 어떻게 생각하느냐?（你觉得这个计划怎么样?）

古代汉语中"觉得"指"感觉到；意识到"，《朱子语类》卷一百二十一："每常处事，或思虑之发，觉得发之正者心常安，其不正者心常不安。""我觉得心里有点闷"，现代汉语中相当于"认为"，也可以用"感到"，表示不太确定的语气，如"三年，我就觉得吧，有点时间太长""你觉得这个计划怎么样?"中的"觉得"一般不说"感到"。

五　偏正型

偏正型复合词的前一词根对后一词根起修饰限制作用，如"人群、高原、小说、汉字、母牛、黑色、倾销"等。汉语偏正型复合词与日语、韩语之比较见表4-6。

表4-6　汉语偏正型复合词与日韩语之比较

汉语	日语	韩语
万幸	幸運	다행（多幸）하다
漫画	漫画	만화（漫畵）
零售	小売	소매（小賣）

续表

汉语	日语	韩语
下酒菜	前菜	안주（按酒）
批发	卸壳	도매（都賣）
广告	廣告	광고（廣告）
篮球	バスケットボール	농구（籠球）
足球	サッカー、フットボール	축구（蹴球）
高楼	高層ビル	고층 건물（高層建物）
暖炕	火燵	온돌（溫突）
别人	別人	타인（他人）
草地	くさち	초지（草地）
存款	預金	저금（貯金）
歌迷	歌謠曲ファン（fan）	가요（歌謠）팬（fan）
数目	数字	숫자（數ㅅ字）

（78）和气［日汉：和気、韩汉：화기］

　1）和気靄靄たる家庭／화기애애한 가정（和乐的家庭）

　　"和气"在古代指天气暖和，古代认为天地间阴气与阳气交合而成"和气"，《道德经》："万物负阴而抱阳，冲气以为和。"引申指能招来吉利的祥瑞之气。指"温和的气度"，《礼记·祭义》："有和气者必有愉色。"指和睦融洽，宋陈师道《南柯子·贺彭舍人黄堂成》词："万家和气贺初成，人在笙歌声里、暗生春。"现代汉语中，"和气"主要指人很亲切，没有架子，如"待人和气""为人和气"，也指"和谐"，如"和气生财"。

（79）低调［日汉：低調、韩汉：저조하다］

　1）今年の展覧会は低調だった（今年的展览会不热烈）
　2）低調な記録に終る（以低水平的纪录告终）

　3）低調な試合（不热烈的比赛）

　4）低調な作品（庸俗的作品）

　5）생산실적이 저조하다（生产业绩低）

　　现代汉语有"行动低调""为人低调""低调处理"，"低调"指"不声张"或"动作比较缓和"，相对应的词语是"高调"。

（80）不调［日汉：不調する、韩汉：부조하다］

　　在日韩语中，"不调"指身体不顺。

　1）부조증（不調症）（月经不调）

　2）体が不調だ（身体不调）

　　也指"情况不利、失常"，如谈判等的破裂。

　3）交渉が不調に終わった（谈判以失败告终）

　　古代汉语中"不调"主要指"不协调"，包括阴阳自然，也包括与人相处，《汉书·元帝纪》："阴阳不调，黎民饥寒。"《楚辞·东方朔〈七谏·谬谏〉》："不论世而高举兮，恐操行之不调。"现代汉语的"不调"主要指自然或身体，如"风雨不调""身体不调"。

（81）他人［日汉：他人、韩汉：타인］

　　　　比较：别人［日汉：ほかの人、韩汉：다른 사람］

　　汉语中的"别人"在日韩语中相对应的汉字词是"他人（타인）"，也有自身短语形式的ほかの人、다른 사람，日韩语中的"他人"多用于一般俗语或习惯语。

　1）遠くの親戚より近くの他人（远亲不如近邻；远水不解近渴）

　2）他人扱い／타인 취급（视为外人）

　　现代汉语中"别人"和"他人"共存，"他人"在古代汉语中早就存在，如《诗·小雅·巧言》："他人有心，予忖度之"，"他人"一般也带有书面语色彩，如"各人自扫门前雪，莫管他人瓦上霜"，"房屋承租人如将所租房屋转租他人，须征得房主同意"。"别的、其他东西"是"别の物""他の物"。《国语·晋语四》："民生安乐，谁知其他？""再说说别的"一般不说"再说说其他"。

　　（82）暴发［日汉：暴発する、韩汉：폭발하다］

　　　　比较：爆发［日汉：勃発する、韩汉：일어나다］

　　　　1）乱闘が暴発する（爆发恶斗）

　　　　2）不注意のため猟銃が暴発する（猎枪突然走火）

　　　　3）화산이 폭발하다（火山爆发）

　　　　4）この事件の勃発は偶然のことではない（这一事件的爆发不是偶然的）

　　　　5）당시에 국내에는 대혁명이 일어났다（当时国内爆发了大革命）

　　现代汉语中"暴发"指"突然发作"，如"山洪暴发"。引申指"突然发财或得势"，如"暴发户""暴发家"，有贬义，北魏郦道元《水经注·鲍丘水》："山水暴发，则乘遏东下。"元关汉卿《裴度还带》第二折："近者有一等间阎市井之徒暴发，为人妄自尊大，追富傲贫。""爆发"本指火山内部的岩浆突然冲破地壳，引申为通过外部冲突的形式而发生重大变化，如"爆发革命""爆发战争""爆发起义"。

　　（83）常见［日汉：よく見かける/よくある、韩汉：자주（흔히）보다/흔히　있다］

　　日韩语中，"常见"作为名词，只有佛教的意义，指"我"即便死后也永劫不变的错误见解。与现代汉语"常见"义相对应的日语是よく見かける、よくある，如：

　　　　1）しゅうとめが嫁をいじめるのは，以前は世間でよく見かけたこ

とだ（婆婆虐待儿媳妇，是过去社会上常见的事情）

韩语是자주 / 흔히　보다、흔히　있다。

　　2）이　것은 흔히 볼수　있는 일이어서，결코 크게 놀랄　만한 것
이　못　된다（这是常见的事，并不值得大惊小怪）

"常见"在汉语中可以是一个动词，作谓语，如"这一段时间我们两人常
见""人们常见他们两个人手拉手，在街上走来走去"，可以用副词修饰，如
"很常见""十分常见""极其常见""太常见了"。"常见"本身也可以作为修
饰性成分，如"常见病""常见现象""常见问题"，"常见"后面可以带其他
补语成分，如"常见得很""常见得多""常见得不得了"。

（84）高兴［日汉：嬉しい、韩汉：기쁘다］
　　　比较：开心［日汉：愉快である、韩汉：즐겁다］
　　日韩语中没有和"高兴、开心"直接对应的汉字词。

　　1）弟の学習成績がよかったのを見て，彼はとても嬉しかった。
（看到弟弟的学习成绩很好，他心里很高兴）
　　2）두　옛　친구가 함께 술을　마시며 마실　수록 즐거워（两个
老朋友一块儿喝酒，越喝越高兴）
　　3）彼らは万里の長城でとても愉快に遊んだ（他们去长城玩得很
开心）
　　4）私をからかってばかりいる（专门拿我开心）
　　5）오늘은 마음이 울적하니우리 극장에 기분 전환하러 갑시다（今
天闷得慌，咱们上戏院开开心去）
　　6）나를 놀리지　마라（别拿我开心）

"高兴"与"开心"在现代汉语中词义相同，语法相似，都指心情愉快、
兴奋，可以说"十分高兴""十分开心""高兴得不得了""开心得不得了"；

"高高兴兴""开开心心"。"高兴"古代还指"高雅的兴致",唐杜荀鹤《戏题王处士书斋》:"先生高兴似樵渔,水鸟山猿一处居。""高兴"指"愉快而兴奋",唐武元衡《酬王十八见招》:"高兴不辞千日醉,随君走马向新丰。"成为现代汉语的常用义。"开心"在古代指"开通思想;启发智慧",北齐颜之推《颜氏家训·勉学》:"读书学问,本欲开心明目。"也指"开露心意,坦诚相待",唐李白《扶风豪士歌》:"原尝春陵六国时,开心写意君所知。"在近代汉语中,"开心"有"心情舒畅,快乐"之义,如《儿女英雄传》第三十三回:"普天下的妇道,第一件开心的事无过丈夫当着他的面赞他自己养的儿子",与"高兴"词义一样。"开心"还有"拿人开玩笑"之义,如"拿别人开心""跟别人开心","高兴"没有该义项。

（85）决心［日汉:决心、韩汉:결심］
　　　　比较:决意［日汉:决意、韩汉:결의］

　　　1）決心を固める（下定决心）

　　　2）굳은 결심（坚强的决心）

　　　3）식물 연구에 일생을 바치려고 결심했다（决心把一生奉献给植物研究）

汉语中"决心"指坚定不移的意志,如"决心很大",也可以作动词,如"下定决心"。"决意"在古代汉语中指"拿定主意",《后汉书·申屠刚传》:"将军素以忠孝显闻,是以士大夫不远千里慕乐德义,今苟欲决意侥幸,此何如哉?"这也是现代汉语的主要用法,"他决意不留下来过夜"。"决意"还表示"决定的意向;拿定的主张",唐唐彦谦《汉嗣》:"汉嗣安危系数君,高皇决意势难分。"表"绝情",宋罗大经《鹤林玉露》卷十二:"(高宗)能决意于太公、吕后,而不能决意于戚夫人。"日韩语中与"决意"相对应的汉字词是"决意（けつい）、결의",相当于现代汉语的"决定、决心"。

　　　4）われわれの工場は製品の品質を高めることを決意した（我们工厂决心提高产品质量）

5）그는 내일 아침 일찍 떠나기로 결심했다（他决意明天一早就离开）

汉语中"决心"和"决意"意义相近，但搭配不同，如"下定决心""决心很大"中"决心"不能用"决意"来替代。

六　重叠型

重叠是指语素、词语等的反复再现，在汉语中重叠是一种重要的构词手段。日韩语中也有采用重叠手段构成的词语，使语言变得形象生动，富于韵律感，可分为拟态的构词和拟声的构词。

拟态的叠词：

ありあり（明明白白）、いきいき（活活泼泼）、ふさふさ（一簇簇）、もやもや（朦胧状）；반짝반짝（萤火虫的光）、팽글팽글（滴溜溜旋转貌）、와들와들（哆哆嗦嗦）、너울너울（翩翩）、푸릇푸릇（青青）、반들반들（光滑滑）

拟声的叠词：

ぐうぐう（呼呼大睡）、べらべら（滔滔不绝）；동동（小鼓的声音）、졸졸（潺潺）、중얼중얼（喃喃自语）

重叠又是一种重要的句法形态，如汉语中动词的重叠有表达轻松、悠闲、尝试的语法意义。日韩语的重叠所表示的语法含义不一定完全跟汉语一样，但也相应地表示一定的语法意义。

1）待ちに待った国慶節がやってきた / 기다리고 또 기다리던 국경절이 끝내왔다（等了又等的国庆节终于来到了）

2）雨が降りに降る / 비가 내리고 또 내린다（雨下了又下）

下面一些词语的重叠形式分别见于汉语和日韩语，仅就其构词及使用的情形做一比较。

（86）碌碌 [日汉：碌々、韩汉：녹록]

　　1）碌々として一生を終える（虚度一生）

　　2）碌々寝ていない（没睡好觉）

　　3）녹록하지 않은 인물（非凡的人物）

　　现代汉语中，"碌碌"构成的词语如"忙忙碌碌""庸庸碌碌"，分别表示"繁忙劳苦""平庸无能"之义，来自古代汉语，唐牟融《游报本寺》："自笑微躯长碌碌，几时来此学无还。"《周书·李弼传》："丈夫生世，会须履锋刃，平寇难，安社稷以取功名；安能碌碌依阶资以求荣位乎？""碌碌"本义指"多石"，《汉官仪》卷下引马第佰《封禅仪记》："仰视岩石松树，郁郁苍苍，若在云中。俯视溪谷，碌碌不可见丈尺。"还用作叠音，模拟车轮的转动声和眼珠的转动貌，如宋陆游《季秋已寒节令颇正喜而有赋》："风色萧萧生麦陇，车声碌碌满鱼塘。""他小眼珠碌碌一转，又想到一个坏主意。"

（87）寥寥 [日汉：寥々、韩汉：매우 적다]

　　1）聴衆は寥々たるものだ（听众寥寥无几）

　　2）사람의 왕래가 매우 적다（人员往来寥寥无几）

　　古代汉语中，"寥寥"表"空虚貌"，《吕氏春秋·情欲》："俗主亏情，故每动为亡败，耳不可赡，目不可厌，口不可满，身尽府种，筋骨沉滞，血脉壅塞，九窍寥寥，曲失其宜。"高诱注："极三关之欲以病其身，故九窍皆寥寥然虚。"形容数量少，宋赵与时《宾退录》卷二："古今当其任者，盖寥寥可数。"表"广阔、空旷"，《魏书·术艺传·张渊》："恢恢太虚，寥寥帝庭，五座并设，爰集神灵。"注："恢恢、寥寥，皆广大清虚之貌。"表"雄劲、清越"，唐司空图《二十四诗品·雄浑》："荒荒油云，寥寥长风。"

（88）大大的 [日汉：大々的、韩汉：대대적]

　　1）大々的に宣伝する／대대적으로 선전하다（大张旗鼓的宣传）

　　2）대대적 토벌 작전（大规模的讨伐作战）

　　汉语中"大大"有两种不同的意思，一是相当于名词，方言中指父亲，《霓裳续谱·二月春光实可夸》："伤心煞了我，泪如麻。不知道是孩子的大大，奴家的他，将来是谁家，落在那一家？""大大的"在方言中还指"父亲的东西"。二是相当于形容词，"大大的"重叠表示摹状，如"他新买的房子大大的，价格也不太贵""那孩子大大的眼睛，笑起来还有两个浅浅的酒窝"。

　　（89）赤裸裸［日汉：赤裸々、韩汉：적나라］

　　　　1）赤裸々の事実（赤裸裸的事实）
　　　　2）赤裸々な告白（如实坦白）
　　　　3）적나라한 인간 만상（赤裸裸的人间万象）

　　"赤裸裸"在汉语中本指"光着身子、一丝不挂"，常比喻无所掩盖和遮拦："这是赤裸裸的强盗行径"，一般有贬义。

　　（90）早早［日汉：早々、韩汉：일찍］
　　表示"急忙、赶紧"，引申指时间上的"刚刚"。

　　　　1）早早に立去る（急忙离去）
　　　　2）入社早早（刚刚进入公司）
　　　　3）入学早早寝込んでしまった（才进学校就睡着了）
　　　　4）그는 일찍 잠자리에 들었다（他早早上床睡觉了）

　　"早早"在古汉语中指"很早"，唐杜甫《南楚》："南楚青春异，暄寒早早分"，引申为时间上"及早、趁早"，《西游补》第九回："你为何不早早打死了他，放他在世界之内，干出这样勾当！"现代汉语口语中，"早早"一般读儿化音"早早儿"，如"明天早早儿过来""他早早儿关门睡觉了"。"早早儿"作副词时，位置基本上固定在动词的前面。

七　附加成分型

　　汉语中还有一些复合词由词根和词缀构成，词缀在前的称前缀，词缀在后的称后缀。例如由"老"构成的"老虎、老师、老鼠"，由"第"构成的"第一、第二、第五"，由"阿"构成的"阿公、阿嫂、阿毛"等中"老、第、阿"是前缀。词根加后缀所构成的复合词在汉语中更为多见，如"－子"后缀：骗子、刀子、孩子、嫂子；"－头"后缀：枕头、个头、舌头、话头、活头；"－儿"后缀：鸟儿、曲儿、本儿、歌儿；"－性"后缀：弹性、柔性、硬性、酸性、创造性；"－的"后缀：男的、对的、碎的、红通通的、笑眯眯的。一些重叠成分也可以充当后缀形式，如"雄赳赳、醉醺醺、光溜溜、油滋滋"。日韩语的汉字词没有汉语前后附加成分使用那么普遍，这里以"否定性前缀"和"附加性后缀"为例来比较。

　　日语表示否定是在被否定成分后加否定词"ない"，如"学生ではない（不是学生）""早くない（不早）""読まない（不读）"；韩语表示否定，可以在被否定成分（一般是动词、形容词）后加"지아니、지않다"，如자유하지 아니（不自由）、가지 않다（不去）表示单纯否定；也可在动词前面加"안"表示否定，如일을 안 한다（不干事）。但日韩语都借用了汉语的否定方式，将"非""不""反""无""没"等作为前缀使用，以下是由这些前缀构成的词语，有些在现代汉语中也在使用。

　　非：非人道（ひじんどう/비인도적）、非公式（ひこうしき/비공식）、非合法（ひごうほう/비합법）、非合理（ひごうり/비합리）、非国民（ひこくみん/비국민），汉语说"非人道、非合法收费、非国民待遇"。

　　不：不人情（ふにんじょう/불인정）、不似合（ふにあい）、不人相（ぶにんそう）、不美人（ふびじん）、不必要（ふひつよう/불필요）、不品行（ふひんこう）、不許可（불허가）、不合理（불합리）、不合格（불합격）、不飽和（불포화），现代汉语有"不必要、不许可、不合理、不合格、不饱和"。

　　反：反体制（はんたいせい）、反粒子（はんりゅうし）、反例（はんれい）、反立（はんりつ）、反陽子（はんようし）、反作用（반작용）、反社会的（반사회적）、反政府（반정부），现代汉语有"反体制、反例、反作用、

反政府"。

　　无：無條件（むじょうけん/무조건）、無自覚（むじかく/무자각）、無試験（驗）（むしけん/무시험）、無資産（むしさん）、無慈悲（むじひ）、无差別（むしゃべつ）、無感覺（무감각）、無資格（무자격），现代汉语也讲"无条件、无感觉、无资格"。

　　没：没却（もっきゃく/몰각）、没後/歿後（もつご/몰후）、没收/没收（もっしゅう/몰수）、没日（もつにち）、没倒（もっとう）、没蹤跡（もっしょうせき）、沒經界（몰경계）、沒批判（몰비판）、沒常識（몰상식），现代汉语"没收、没常识"也在使用。

　　附加性后缀：如"－性""－家""－化""－者""－的"等。

　　可能性（かのうせい/가능성）、優越性（ゆうえつせい/우월성）、実用性實（じつようせい/실용성）、創造性（そうぞうせい/창조성）。

　　文学家/文學家（ぶんがくか/문학가）、音楽家/音樂家（おんがくか/음악가）、教育家（きょういくか/교육가）、作曲家（さっきょくか/작곡가），韩语中还有"恐妻家（공처가）"，汉语对应的是"妻管严"。

　　機械化（きかいか/기계화）、大衆化（たいしゅうか/대중화）、自動化（じどうか/자동화）、現代化（げんだいか/현대화）。

　　日语中的这些附加性后缀构成了现代汉语中的大批新词，这里不再一一罗列，下面以"然"和"员"为例，对相关汉字词语的使用进行比较。

　　（91）果然［日汉：果たして、韩汉：과연］

　　　　　比较：当然［日汉：当然；韩汉：당연/물론］

　　汉语的"果然"跟韩语的汉字词과연相对应，一般作副词。

　　1）과연 그렇다（果然如此）

　　2）果たしてそうだろうか（果然如此吗？）

　　在汉语中还可作连词，相当于"如果"，在此义项上日韩语相对应的是其他词语。

　　3）君がも彼女を愛しているのなら力になってやるべきだ／네가 만냑 그녀를 사랑한다면，너는 마땅히 그녀를 도와야 한다（你如果爱她，就应该帮助她）

　　古代汉语中"果然"本指"吃饱的样子"，宋范成大《次韵温伯雨凉感怀》："身安腹果然，此外吾何求"。也表示事实与预料的相同，《韩非子·内储说下》："（文公）乃召其堂下而谯之，果然，乃诛之。"这一义项成为现代汉语中的常见用法。

　　日韩语中与"当然"相对应的汉字词是"当然、당연""물론（勿論）"，日语中还有固有词，如もちろん。

　　4）当然の権利（当然的权利）
　　5）もちろん，きっと君を連れて行く（当然，我一定带你去）
　　6）이러한 상황이 된　것은 당연한 것이다（形成这种情况是当然的）
　　7）공부는 물론이고 운동도 잘　한다（无论学习和运动都很好）

　　汉语中"当然"指"应当如此"，宋苏轼《司马温公行状》："每论事必以人物为先，凡所进退，皆天下所谓当然者。"现代汉语有"当然如此""理所当然"。
　　（92）突然［日汉：突然、韩汉：돌연하다］
　　　　比较：忽然［日汉：思いがけなく、韩汉：갑자기］

　　1）突然の事変（突发事变）
　　2）情況の変化が突然に起こった（事情的发生使他感到突然）
　　3）돌연한 사건（突然事件）
　　4）雨が突然降り出した（突然下起雨来了）
　　5）갑자기 울기 시작했다（突然哭起来了）

　　后两句"突然"相当于"忽然"，但日韩语中一些句子不用汉字词，现代汉语要用"突然"对应。

6）思いがけない事故（突然的事故）

7）事の起こりが出し抜けだった（事情很突然）

8）電灯が急に明るくなった（电灯突然亮起来了）

8）전등이 갑자기 밝아졌다（电灯突然亮起来了）

9）결코 갑작스럽다고 생각하지는 않는다（并不认为突然）

古代汉语中"突然"和"忽然"的意义和用法并不一样，唐白居易《与元九书》："大丈夫所守者道，所待者时。时之来也，为云龙，为风鹏，勃然突然，陈力以出。""突然"指"猝然、一下子"，表"耸立貌"，如唐韩愈《燕喜亭记》："却立而视之，出者突然成丘，陷者呀然成谷。""忽然"指"不经心，忽略"，汉荀悦《汉纪·哀帝纪上》："人情不能无懈怠，或忽然不察其非而从之……其为害深矣。"指"一会儿"，《庄子·知北游》："人生天地之间，若白驹之过隙，忽然而已。"表示"偶然"，宋苏轼《陈季常自岐亭见访郡中及旧州诸家豪争欲邀致之戏作陈孟公诗一首》："忽然载酒从陋巷，为爱扬雄作酒箴。"表示"恍惚、不明"，《淮南子·原道训》："解车休马，罢酒彻乐，而心忽然若有所丧，怅然若有所亡也。"表示"尽；死"，《后汉书·文苑传下·赵壹》："（壹）曰：'窃伏西州，承高风旧矣，乃今方遇而忽然，奈何命也！'因举声哭，门下惊，皆奔入满侧。"李贤注："忽然，谓死也。"表示"假如；倘或"，《敦煌变文集·捉季布传文》："若是生人须早语，忽然是鬼奔丘坟。"《敦煌变文集·降魔变文》："忽然分寸差殊，手下身当依法。"蒋礼鸿通释："忽然，假使，倘或。"可见，在古汉语中，"忽然"要比"突然"多不少义项，这些用法在现代汉语中多已消失。"忽然"表示"突然"义在古代很早就见使用，如《史记·扁鹊仓公列传》："（长桑君）乃悉取其禁方书尽与扁鹊。忽然不见，殆非人也。"现代汉语中成为通常用法。语法功能上，"突然"和"忽然"都可以作状语，如"突然不见了"也可以说"忽然不见了"，但"事情太突然"不能说"事情太忽然"，"突然"可作谓语，"忽然"不能作谓语。

（93）会员［日汉：会員、韩汉：회원］

比较：构成员［日汉：構成員、韩汉：구성원］

从业员［日汉：従業員、韩汉：종업원］

"员"在汉语和日韩语中是一个能产的名词性后缀,会员(会員、회원)指某些团体或组织的成员,如"协会会员""研究会会员""会员登记""会员注册"。会员カード(会员卡);クラブメンバー(俱乐部会员)、노동 조합원(工会会员)、회원 자격(会员资格),日韩语中还有汉语所没有的一些构词,如"构成员(構成員、구성원)",汉语一般说"组成人员""构成人员"。

1)이렇게 함으로서 청년은 책임감이 있는 사회 구성원으로 되었다(通过这一点,青年成了富有责任感的社会成员)

此外,如"構成主義(构成主义)、構成素(构成要素)、構成要件(构成要件)"。"构成"在古汉语中指"凭空捏造出某种缺点或过失",《陈书·吴兴王胤传》:"是时张贵妃、孔贵嫔并爱幸,沈皇后无宠……而张孔二贵妃又日夜构成后及太子之短,孔范之徒又于外合成其事,祯明二年,废为吴兴王。"现代汉语中"构成"相当于"组成、建成",如"人员构成、结构构成、构成要素";可以作名词,如"人员的构成""要素的构成",也可以作动词,如"丰富多样的色彩构成了一幅美妙的图画"。

2)従業員(工作人员)
3)従業時間(上班时间)

现代汉语"从业"指"从事某种职业","从业员"要说成"从业人员""从业职工",当来自日语。

第二节 词语缩略语的比较

汉语词从古代发展到现代,表现出一种强烈的双音化倾向,一是把单音节词补充为双音节词;二是把超过两个音节的词缩减为双音节词。这在日韩

语中也有表现，如英语的 bank，日译原作"金銀ヲ預リ替セヲ組ム座"，汉译名为"金銀"；"国有鉄道"缩略为"国鉄"；"需要と供給"缩略为"需給"。朝鲜三国新罗时期，外位七等的官阶称为"幹支"，其缩略语"幹"也同时使用，为防止迁都平壤的高句丽长寿王的南侵，新罗和百济组成的新罗百济同盟被称为"罗济同盟（라제 동맹）"。

韩国国立国语研究院 1994 年《國語의略語目錄》（《国语省略语目录》）中共收录缩略语 7500 个，其中汉字词缩略语有 4452 个，占 59%。有些缩略语的形式和汉语是一样的，如"師大（사대，師範大學）、陸海空軍（육해공군，陸军、海军、空军）"。但韩语在使用汉字构成缩略语时，往往只是将缩略语看成对原语进行缩略的一种语音符号，不太关心缩略语后每个汉字之间的语义是否协调，这样韩语缩略语中就出现了一些不同于汉语缩略语的现象。

空輸（공수，航空輸送，汉语一般说"空运"）、碩博士（석박사，碩士、博士的简称，汉语的硕博生，是硕士、博士研究生的简称）、農水畜林協（농수축림협，農業協同組合、水産業協同組合、畜産業協同組合、林業協同組合的简称）、檢定（검정，檢定考試的简称）、藥師會（약사회，大韓藥師會的简称）、民團（민단，在日本大韓民國居留民團的简称）、女盟（여맹，女性同盟的简称）、国監（국감，國政監查的简称）、韓銀（한은，韓國銀行的简称）、知財權（지재권，知的財産權的简称）、原電（원전，原子力發電所）、生必難（생필난，生活必需品購入難）、損賠訴（손배소，損害賠償請求訴訟）。

一些缩略语中，汉字之间的组成关系容易被曲解。

放禁（방금하다，指放送禁止，在汉语中常会被误解为开放或取消禁令）

大抛（대포하하，指大学开除学生，在汉语中常被误解为大量抛弃）

佛語（불어，指法语，在汉语中一般认为是佛教的语言）

獨語（독어，指德语，在汉语中会被误解为自言自语）

日貨（일화，指日本货币，在汉语中会被误解为日本货物）

反之，汉语中的一些缩略语在日韩语中不能采用缩略的说法。

机票是飞机票的缩略，日语叫"飛行機のチケット、航空券"；韩语叫"비행기 표（飛行機票）、비행기 탑승권（飛行機搭乘券）"。

　　从音节数上看，韩语的三音节词语，如"황무지（荒蕪地）""공사지（工事地）""유도탄（誘導彈）""간행물（刊行物）""원고지（原稿纸）""다방면（多方面）""부동산（不動産）""부득이（不得已）""미가신（未可信）""회고담（懷古談）""미망인（未亡人）""공주병（公主病）""공제가（恐妻家）""탈북자（脱北者）"等在汉语中有的说成双音节，如"荒地""工地""导弹""刊物""稿纸"等，有的也是三音节，如"多方面""不动产""未亡人"，有些汉语要换一种说法，如"恐妻者"汉语是"妻管严"；"脱北者"指"脱离北方来到南方的朝鲜人"，这是基于朝鲜半岛特殊的政治背景而产生的一个带有地域特征的汉字词，现已为中国人所接受，报纸中就有以"脱北者问题""中国东北的脱北者现状"等为标题的新闻。日韩语是黏着语，汉语词音节的多少并不会让人觉得拗口；汉语是孤立语，说话或表达时音节受到韵律的影响。人们普遍认为汉语中两个音节为一个音步，双音节构成一个韵律单位，如汉语一般说"阅读报纸"，而不说"阅读报"；说"皮鞋厂"而不大说"鞋工厂"，而类似三音节的汉字词在日韩语中却比比皆是，如유부녀（夫のいる女性）、독신녀（独身の女性）、이혼녀（婚離の女性），直译为汉语就是"有夫女""独身女""离婚女"，但汉语不这样说，而要说成"有夫之妇""独身女人""离婚女人"。再如日韩语的"流動食／유동식、流動体／유동체"，汉语要分别说成"流食、流体"，说成三音节则显得不太自然，韩语中"유체、유동체"两种说法均可。"流动"在汉语中是一个双音节的动词，古代汉语指"经常变动"，南朝梁萧统《解二谛义》："生灭流动，无有住相。"还表示"流利通畅"，明谢榛《四溟诗话》卷三："务新奇则太工，辞不流动，气乏浑厚。"现代汉语可以说"人员流动"、"物资流动"（简称"物流"）、"流动红旗"、"流动哨"、"流动售货站"，日韩语如"流動資金""流動資本"。

　　以下是相关语例进一步的比较。

　　（94）先入见［日汉：先入観、韩汉：선입견］

　　　　比较：成见［日汉：先入観、韩汉：선입견］

　　　　　　偏见［日汉：偏见、韩汉：편견］

　　"先入観（せんにゅうかん）、선입견"对应于汉语的"成见"，"偏见

（へんけん）偏見"对应于汉语的"偏见"。

    1）彼は私に先入観がある（他对我有成见）

    2）사람들은 어떤 직업에 대해 선입견을 가지고 있다（人们对于某些职业抱有成见）

    3）선입관을 가지고 현상을 분석하다（怀着成见去分析现象）

    4）彼は我々に対して偏見を抱いている（他对我们抱有偏见）

    5）편견을 버리다（丢弃偏见）

    古代汉语有"先入之语"，《汉书·息夫躬传》："唯陛下观览古戒，反复参考，无以先入之语为主。"义同"先入之见"。"先入之见"一般也是"偏见""成见"；"成见"指"对人或事物所抱有的固定不变的看法"，往往指不好的看法，如"成见很深""对某人有成见"；"偏见"指"不顾事实、偏于某一方面的见解"，如"偏见很深""对某人有偏见"。"成见"还指"定见"，即个人的看法，如"对每个人的优缺点，她心里都有个成见"。但这种用法已不大常见。

（95）不毛地［日汉：不毛の地、韩汉：불모지］

    1）1935 년 가을 모택동과 홍군이 장정 끝에 이 곳에 도착했을 때는 이미 불모지로 변해 있는 상태였다（1935 年秋，毛泽东和红军长征结束到达时这里已经变成了不毛之地）

    2）불모지를 옥토로 바꾸다（不毛之地变成沃土）

在日语中有比喻义。

    3）不毛な議論（毫无结果的议论）

    4）不毛の一年（毫无成果的一年）

    古汉语中"不毛"有"未加种植"义，《周礼·地官·载师》："凡宅不毛者有里布，凡田不耕者出屋粟"，郑玄注引郑司农"宅不毛者，谓不树桑麻也"。引申指"不生植物的荒瘠之地"，诸葛亮《前出师表》："故五月渡泸，深入不毛。"宋王安石《收盐》诗："海中诸岛古不毛，岛夷为生今独劳"，现代汉语的"不毛之地"指"不长草木的贫瘠之地"。

（96）入学金［日汉：入学金、韩汉：입학금］

　　　比较：新入生［日汉：新入生、韩汉：입학생］

现代汉语中这两个词语分别要说成"入学学费""入学新生"。"入学"在汉语中是个动宾短语，可以说"入学考试""就近入学"，日韩语中是名词和不及物动词，学生因为受此干扰，而常造出一些不符合汉语语法的句子。

＊因为财大的学习环境不错，所以我入了学本科特别班。（因为财大的学习环境不错，所以我进入了本科特别班学习。）

＊2018年我入学了上海财经大学。（2018年我进入了上海财经大学学习。）

（97）一家族［日汉：一家族、韩汉：일　가족］

　　　比较：一家［日汉：一家、韩汉：일가］

　　　　　家里［日汉：家内、韩汉：집사람］

日韩语中"一家族"表示"一家"。

1）一家族が集って食事をしました（一家人一起吃了饭）

2）중국에서 방하나에 일　가족이 사는 일은 여전히 보편적이 현상이다（在中国，一家同住一屋是很普遍的情形）

"一家"也表示"一个流派"。

3）一家を立てる（形成一派）

汉语中"国"和"家"紧密相关，《管子·霸言》："一国而两君，一国不可理；一家而两父，一家不可理也。""一家"在古代可指一人，主要是君主，《礼记·大学》："一家仁，一国兴仁；一家让，一国兴让；一人贪戾，一国作乱。"郑玄注："一家、一人，谓人君也。""一家"可指一家

学说，如"成一家之言"。现代汉语中，"一家"还可充当数量词，如"一家工厂""一家企业"。日韩语中跟"家"相对应的词语是"家""家内；집、아내"。

　　4）家に客が来た（家里来客人了）
　　5）우리 집에 놀러 오세요（来我家玩）

　　"家里"指"家中"，宋黄庭坚《新喻道中寄元明用觞字韵》："但知家里俱无恙，不用书来细作行。"现代汉语如"家里一切都好"。"家里"在汉语中也可指妻子，多出现在口语或方言中，如"家里病了，刚陪她去了一趟医院"。韩语집사람相当于"妻子、屋里的"，大多见于口语。
　　（98）防御线［日汉：防御線、韩汉：방어선］
　　　　　比较：防备［日汉：防備、韩汉：방비］
　　"防御线"汉语简称为"防线"。日韩语中相近的说法有"防備（ぼうび）、방비"，也可用作动词。

　　1）防御線を突破する（突破防线）
　　2）방어선이 무너지다（防线崩溃了）
　　3）防御战（防御战）
　　4）防備を固める（严加防备）
　　5）방비선（防线）
　　6）首都を防備する／수도를 방비하다（警戒首都）

　　《吕氏春秋·论人》："贤不肖异，皆巧言辩辞，以自防御，此不肖主之所以乱也。"这里的"防御"相当于"防备"，清李渔《玉搔头·分任》："此人必有异谋，不可不加防御。"古汉语中，"防御"还指"防守抵御的设施"，即关禁，《后汉书·班固传下》："且夫辟界西戎，险阻四塞，修其防御，孰与处乎土中，平夷洞达，万方辐凑。"李贤注："防御谓关禁也。"在古代，"防御"还是防御使的简称，渐成为对士绅的尊称，宋洪迈《夷坚甲志·徐防御》：

"适显仁太后患目疾，访草泽医，遂获展效，补官与宅，锡赉不胜记，称为徐防御。"《古今小说·新桥市韩五卖春情》："那市上有个富户吴防御，妈妈潘氏，止生一子，名唤吴山。"宋金时称设有防御史的州为防御州。《续文献通考·职官十》："金诸防御州，防御使一人掌，防捍不虞，御制盗贼。"现代汉语中"防御"指"抗击敌人的进攻"，如"防御战""防御工事"；"防备"指"做好准备以应付攻击或避免受到伤害"，如"防备敌人的突然袭击""下雨天要小心，防备路滑跌倒"。

（99）丝绸之路［日汉：シルクロード、韩汉：실크로드］

汉语的"丝绸之路"，在韩语中过去是由汉字词"绯缎"和韩语固有词길（路）复合而成，비단길，现在一般说실크로드，日语シルクロード（silk road），完全是英语的英译。丝绸之路曾经是连接东西方经济文化交流的纽带，"绯缎（비단）"是一种绢织物，"绯"简写为"绯"，有红色义，唐段成式《酉阳杂俎·毛篇》："狒狒……血可染绯。"《旧唐书·舆服志》："文武官员三品以上服紫，金玉带；四品服深绯；五品服浅绯，并金带。"绯鱼袋是旧时朝官的服饰，唐韩愈《董公行状》："入翰林为学士，三年出入左右，天子以为谨愿，赐绯鱼袋。""缎"是一种质地厚密而有光泽的丝织品，明宋应星《天工开物·乃服》："先染丝而后织者曰缎。"现代汉语中"绯缎"一词罕用，但有"绸缎、缎子"等，由"绯"所组成的词语如"绯红"、"绯闻"（多指不正当的男女关系，如"绯闻不断"）等。

（100）专门家［日汉：專門家、韩汉：전문가］

比较：专家［日汉：專門家、韩汉：전문가］

现代汉语中"专门家"一词少用，一般说专家，指在学术、技艺等方面有专门研究或特长的人，疑"专门家"一词系近代从日语传到汉语中。古代汉语中有"专门名家"，宋苏轼《德威堂铭》："贯穿古今，洽闻强记，虽专门名家有不逮。"也有"专家"，南朝梁沈约《到著作省表》："臣艺不博古，学谢专家。"当下汉语中对某些名不副实的"专家"也用同音的"砖家"一词代指，有嘲讽诙谐义。日韩语的"專門医、전문의（專門醫）"，现代汉语要说"专业医生"或"专门医生"；"專門語、전문어（專門語）"现代汉语说"专业术语""专门术语"；"專門店、전문점"现代汉语一般说成"专卖店"。

日语中在完成专门学校课程的学习后获得的"専門士",相当于汉语的专科毕业文凭。

下面这些三音节词是日韩学生在学习汉语过程中受到母语影响所创造的,一般都是汉语所没有或不完全符合规范的,一般要说成双音节:比赛场(赛场)、表演员(演员)、大学院(研究生院)、法国语(法语)、骑马术(马术)、医科学(医学)、音乐团(乐团)、中学校(中学)、祝贺词(祝词)、学习生(学生)、羊毛衣(毛衣)、友人爱(友爱)、地下铁(地铁)。

第三节 异序词的比较

双音节复合词,在日韩语和现代汉语中有些词序相同,有些正好相异,有些则是两种不同词序的词语共存,在使用时存在一些差异。表4-7先举例说明,再做进一步的分析和比较。

表4-7 汉日韩语中双音节复合词异序词比较

汉语	日语	韩语
牙齿	歯	치아(齒牙)
限制	制限	제한(制限)
命运	運命	운명(運命)
安慰	慰安	위안(慰安)
光荣	栄光 光栄	영광(荣光)
压抑	抑える	억압(抑壓)하다
权利	利権 権利	이권(利權)
阶段	階段 段階	계단(階段) 단계(段階)
通奸	姦通	간통(姦通)
急促	速くて短い	촉급(促急)하다

续表

汉语	日语	韩语
牌位	位牌	位牌（위패）
保留	保留する 留保する	유보（留保）하다
正午	正午	오정（午正）
罗盘针	羅針盤	나침반（羅針盤）
介绍	紹介	소개（紹介）
伴随	伴う	수반（随伴）
界限	限界	한계（限界）
语言	言語	언어（言語）
盗窃	窃盗	절도（窃盗）
策划	画策	획책（畫策）
声音	音声	음성（音聲）
泄漏	漏洩	누설（漏泄）
躯体	体躯	체구（体軀）
掌管	管掌	관장（管掌）
设施	施設	시설（施設）
收买	買収	매수（買收）
生平	平生	평생（平生）
日期	期日	기일（期日）
拥抱	抱擁	포옹（抱擁）
搬运	運搬	운반（運搬）
采伐	伐採	벌채（伐采）
祖先	先祖	선조（先祖）
迫切	切迫	절박（切迫）
细微	微细	미세（微细）

（101）运搬［日汉：運搬、韩汉：운반］

　　比较：搬运［日汉：運搬する、韩汉：운반하다］

　　　　　搬移［日汉：移転する、韩汉：이전하다］

　　1）貨物を運搬する（搬运货物）

　　2）운반비（搬运费）

　　3）운반 기구（搬运器具）

　　4）4 月 1 日より当社は新しい場所に移転します（从四月一日起，本公司移至新的地址）

　　5）사무실 이전（办公室的搬迁）

　　"运搬"在汉语中一般说成"搬运"，《太平广记》卷二三九引唐胡璩《谭宾录·裴延龄》："若市草百万团，则一方百姓自冬历夏搬运不了，又妨夺农务。"宋沈括《梦溪笔谈·官政一》："陕西颗盐，旧法官自搬运，置务拘卖。"现代汉语中，"搬运"指把物品从一个地方运到另一个地方，如"把货物搬运到码头"，后可接名词，如"搬运行李""搬运器械""搬运货物"。"搬运工"指专门从事搬运工作的人；"搬移"侧重指"搬迁、移动"，如"他搬移到了东大街"，后也可接名词，如"搬移货物"，但一般说成"把货物搬移到某处"。

　　（102）习熟［日汉：習熟する、韩汉：습숙하다］

　　　　比较：熟悉［日汉：習熟する、韩汉：습숙하다］

　　现代汉语的"熟习（悉）"日韩语说"習熟"，指"熟习、熟练地掌握"。

　　1）技術に習熟する／기술에 습숙하다（掌握技术）

　　2）実務に習熟する（掌握实务）

　　古代汉语中有"习熟"一词，相当于"熟悉、熟知"，汉王充《论衡·超奇》："著书之人，博览多闻，学问习熟，则能推类兴文。"指对某事物不以为奇，宋周辉《清波别志》卷上："旧制：臣下职事小遗阙，止从罚金，虽大臣亦不免，习熟闻见，皆不以为耻。""熟习""熟悉"的意思相近，明唐顺之《条陈蓟镇练兵事宜》："又以其暇时，使绥兵谈说虏力之情状，与对敌胜败之故事，以熟习蓟人之心，而使之不慑。"三国魏嵇康《与山巨源绝交书》："足下昔称吾于颖川，吾常谓之知言。然经怪此意尚未熟悉于足下，何从便得之也。"
现代汉语指"非常了解"，如"熟悉业务""对……很熟悉""两个人很熟悉"。

（103）时限［日汉：時限、韩汉：시한］

　　　　比较：限时［日汉：制限、韩汉：제한］

　　　　　　　定时［日汉：定時、韩汉：정시］

"时限"在日韩语中指"规定的时间"。

　　1）時限装置（定时装置）

　　2）時限爆弾／시한 폭탄（定时炸弹）

　　3）時限スト（限时罢工）

日语中还指"课时"。

　　4）第一時限（第一节课）

　　相对应的韩语词是제일 교시（第一教时）。古汉语中也有"时限"一
词，唐薛用弱《集异记补编·李清》："会当至此，但时限未耳。"现代汉语中
"时限"作名词，作动词时说"限时"，指"限于一定的时刻"，如"限时限
量""限时三十分钟"。"定时"指"准时、按照规定的时间"，《水浒传》第
五十七回："梁山泊却叫凌振制造了诸般大炮，克日定时，下山对敌。"现代
汉语有"定时定量""定时炸弹""定时装置""定时器"等表达形式。

（104）爽凉［日汉：爽涼、韩汉：시원하다］

　　　　比较：凉爽［日汉：涼しい、韩汉：시원하다］

日语有"爽涼"，韩语中相应的是시원하다。

　　1）爽涼な秋の朝（凉爽的秋天的早晨）

　　2）시원한 고원의 아침（高原凉爽的早晨）

汉语中一般说"凉爽"，如"秋天的天气非常凉爽""凉爽的秋日早晨"。

（105）制限［日汉：制限、韩汉：제한］

　　　比较：限制［日汉：制限する、韩汉：제한하다］

　　　　　　节制［日汉：制限する、韩汉：제한하다］

　　　　　　调节［日汉：調節する、韩汉：조절하다］

　　1）制限速度（限制速度）

　　2）制限会社（有限公司）

　　3）制限君主制（有限君主制）

　　4）制限選挙（有限选举）

　　5）연령　제한이 없다（没有年龄界限）

　　6）고속 도로에서 자동차의 속도를 제한하다（在高速公路上限制汽车速度）

　　7）미성년의　출입이 제한되다（未成年人出入受限制）

　　8）会場が狭いので入場を制限すべきだ（会场较小，应限制入场人数）

　　9）그들은 초청 인원수를 제한했다（他们限制了邀请的人数）

　　10）生産量調節／생산량　조절（产量调节）

　　11）産児制限をする（节制生育）

　　12）음식을 절제하는 것이 건강에 이롭다（节制饮食有利于健康）

　　日韩语的“制限”（せいげん、제한），对应于汉语的“限制、节制、限度、界限”等多个词语。“制限”“限制”均见于古汉语，《魏书·食货志》：“谨寻不行之钱，律有明式，指谓鸡眼、镮凿，更无余禁。计河南诸州，今所行者，悉非制限。”《汉书·食货志上》：“故不为民田与奴婢为限”，唐颜师古注：“不为作限制”，指不允许超过的限度。现代汉语一般讲“限制”。“节制”一般指主观上的限制或控制，如“节制消费”“吃饭要有节制”。“限制”可以是动词，如“限制自由、限制消费、限制人数”，也可以是名词，如“突破限制、规模限制、人员限制”，多指客观层面上的控制或制约。

（106）离脱［日汉：離脱する、韩汉：이탈하다］

　　比较：脱离［日汉：離脱する、韩汉：이탈하다］

日韩语中的"离脱"，汉语说"脱离"。

　　1）職場を離脱する（脱离工作岗位）

　　2）実際から離脱する（脱离实际）

　　3）이탈자（脱离人员）

　　4）군무를 이탈하다（脱离军务）

　　古代汉语中"脱离"指"离开、断绝"，元马致远《任风子》第三折："脱离了酒色财气，人我是非，倒大来好幽哉快活也啊！"现代汉语中，"脱离"指离开（某种环境或情况）或断绝（某种联系），可以带宾语，如"脱离群众""脱离危险""脱离实际"，也可以不带宾语，如"与……相脱离"。

（107）毁损［日汉：毀損、韩汉：훼손］

　　　比较：损毁［日汉：壊す、韩汉：깨다］

　　　　　毁害［日汉：損害を与える、韩汉：손상하다］

　　1）名誉毀損 / 명예　훼손（名誉损害）

　　2）성벽의 남쪽은 강물에 씻겨 훼손되었지만 문은 여전히 남아　있었다（城墙的南边虽然被江水的冲刷损毁了，门还完整地保存着）

　　3）公の器具を借りて壊した場合はその代価に応じて賠償しなければならない（借用公共物件，如有损毁，须照价赔偿）

　　4）꽃병을 깨다（打破花瓶）

　　5）名誉を傷つける行為 / 명예를 손상시키는 행위（损伤名誉的行为）

　　北魏郦道元《水经注·鲍丘水》："过立积三十六载，至五年夏六月，洪水暴出，毁损四分之三，剩北岸七十余丈。""毁损"相当于"损害、损伤"，唐李翱《答韩侍郎书》："前人既非贤良，遂反相毁损者，亦有其人矣。""毁损"犹诋毁，对象可以是比较抽象的名誉、品行等，现代汉语中"毁害"指

"毁坏、祸害"，如"这一带常有野兽毁害庄稼"，"毁损"的对象一般指公物，如"不准毁损公共财物"，但一般用得较少，多说"损毁"。

（108）峻严［日汉：峻厳、韩汉：준엄］

　　　　比较：严峻［日汉：峻厳、韩汉：준엄］

　　　1）峻厳な態度（严峻的态度）

　　　2）峻厳をきわめる（最为严厉）

　　　3）준엄하게 꾸짖다（严厉责骂）

"峻严"在古代汉语中，多指建筑、山峦等地"高峻整肃"，唐白敏中《滑州明福寺新修浮图记》："界宇峻严，宛如鹫山。"也指人"态度严峻"，宋王谠《唐语林·政事上》："峻严整肃，人望而畏。"现代汉语一般说"严峻"，如"形势严峻""态度严峻""严峻的现实""严峻的局面"。"严峻"在古代汉语中还指"严格、严厉"，《史记·酷吏列传》："禹酷急，至晚节，事益多，吏务为严峻，而禹治加缓，而名为平。"《明史·秦良玉传》："良玉为人饶胆智……仪度娴雅，而驭下严峻，每行军发令，戎伍肃然。"

（109）展开［日汉：展開する、韩汉：전개하다］

　　　　比较：开展［日汉：繰り広げる、韩汉：전개하다］

　　　1）一大論争を展開する / 일대 논쟁을 전개하다（开展一场大的辩论）

　　　2）1000 년 청동기 문화전（千年青铜器文化展）

　　　3）貯蓄運動を展開する / 저축 운동을 전개하다（开展储蓄活动）

　　　4）愛国衛生運動を繰り広げる（开展爱国卫生运动）

　　　5）한중　무역을 전개하다（开展韩中贸易）

韩语中没有"开展"一词，개전是"开战"的意思；日语中有"開展"（かいてん）。汉语中的"展开"有跟"开展"相同的用法，即表示某项运动或活动的大规模进行，如"他们自上而下展开了大规模的讨论"。"展开"可

用"开展"来替代。但两词的用法并不完全相同，如"展开一幅画"，"他在大家面前展开一幅地图"中的"展开"不说"开展"。在古汉语中，"开展"可以表示"开阔"，宋苏辙《和子瞻司竹监烧苇园因猎园下》："乍分乍合势开展，苍烟被野风腾腾。"表示"使展开"，元无名氏《谢金吾》第一折："我是奉圣旨开展街道，现今你这楼正占着官街，应得拆毁的。"表示"铺开、张开"，《朱子语类》卷十八："欲致其知者，须先存得此心。此心既存，却看这个道理是如何，又推之于身，又推之于物，只管一层展开一层，又见得许多道理。"

（110）制压［日汉：制压する、韩汉：제압하다］

　　　比较：压制［日汉：压制、韩汉：압제］

　　　　　　压迫［日汉：压迫する、韩汉：압박하다］

　　1）暴徒を制圧する／폭도를 제압하다（压制暴徒）

　　2）軍部の圧制に抵抗する（抵抗军部的压制）

　　汉语中"制压"也见使用，魏巍《挤垮它》："今天敌人的飞机、坦克，是对我没有甚么大办法的，可是，对敌炮的斗争，制压敌炮的斗争，却要费费脑筋！"但一般说"压制"，指"竭力限制或制止"，如"压制民主、压制自由、受到压制、武力压制"。"压迫"指"用权势或势力强迫别人服从"，可以有共同的宾语，如"压迫（制）百姓""压迫（制）人民"，也可以说"受到压迫（制）"。但"压迫阶级"不说"压制阶级"，"压制民主"不说"压迫民主"。"压制愤怒""压制批评""压制不同意见"中"压制"的宾语不能用于"压迫"。"压制钢材""压制砖坯"中"压制"指用压的方法制造，不能用"压迫"替代。

（111）求乞［日汉：物乞いをする、韩汉：구걸하다］

　　　比较：乞求［日汉：お願いする、韩汉：기구하다］

　　　　　　乞讨［日汉：こい願う、韩汉：애걸하다］

　　1）行人에게 돈을 구걸하다（向行人乞讨）

2）구걸로 연명하다（以乞讨维持生命）

3）이집 저집으로 구걸하고 다니다（从这家乞讨到那家）

　　古汉语中，"求乞"表"请求、乞求"，《后汉书·杜林传》："后皇太子强求乞自退，封东海王。"表"乞讨"，《水浒传》第六十六回："只见孔明披着头发，身穿羊裘破衣，右手拄一条杖子，左手拿个碗，腌腌臜臜在那里求乞。"也有"乞求"一词，表"请求、祈求"，《三国志·蜀书·张嶷传》："在郡十五年，邦域安穆。屡乞求还，乃征诣成都。"表"希望、期望"，北魏杨衒之《洛阳伽蓝记·闻义理》："惠生既在远国，恐不吉反，遂礼神塔，乞求一验。"现代汉语多用"乞求"，表示"请求给予"，如"乞求施舍""乞求照顾""乞求宽恕""他用乞求的眼神看着我""乞求别人的同情"。汉语中"乞讨"一般指"向人要饭要钱等"，如"上门乞讨""沿路靠乞讨度日"。

（112）情热［日汉：情熱、韩汉：정열］

　　　　比较：热情［日汉：熱情、韩汉：열정］

1）情熱家 / 정열가（热情的人）

2）그는 일에 대한 열정이 충만한 기업가 이다（他是满怀工作热情的企业家）

3）情熱を燃やす（燃起热情）

　　"情热"在近现代作品中常见使用，叶圣陶《倪焕之》十六："母亲看到儿子情热到这样的程度，说得过分一点就是痴。"可能是受日语的影响，现代汉语一般更多说"热情"，如"工作热情""满腔热情""周到热情""热情洋溢"等。韩语的"情热（정열）"使用比较普遍，也用其他词语。

4）열렬（热烈）한　지지（热情的支持）

5）일에 대해 열정이 가득하다（做事充满热情）

　　일의即汉语的"热意"，汉语可以说"热烈的支持"，不说"充满热意"。

（113）诱引［日汉：誘引する、韩汉：유인하다］

　　　　比较：引诱［日汉：お引き寄せて…させる、韩汉：꾀다］

　　　　　　诱惑［日汉：誘惑する、韩汉：유혹하다］

　　1）ゆういんざい（显像剂）

　　2）적을 유인하다（引诱敌人）

　　3）敵を待ち伏せ場所にお引きを寄せる（引诱敌人进入伏击圈）

　　4）그는 일부로 말로 그녀를 꾄다（他故意拿话引诱她）

　　5）誘惑に陥る／유혹에 빠지다（陷入诱惑）

　　日韩语中有"誘引"，没有"引诱"，古汉语既有"诱引"，也有"引诱"。《后汉书·张奂传》："秋，鲜卑复率八九千骑入塞，诱引东羌与共盟诅。""引诱"指"劝导、诱导"，明蒋一葵《长安客话·边镇杂记·长安岭》："长安堡旧有社学，盖亦当事者引诱至意。"清颜星《重刊颜氏家训·小引》："黄门祖于《家训》篇首，曾揭是说，以引诱儿孙矣。"表"诱惑"，《二刻拍案惊奇》卷十四："做自家妻子不着，装成圈套，引诱良家子弟。"该义项成为现代汉语的常用义项，如"引诱犯罪""引诱敌人上钩""受到利禄的引诱"，"诱引"今不大使用。"引诱"可作名词和动词，往往指引导别人做不好的事，"诱惑"义近"引诱"，多指受到官名利色等的吸引。

（114）紧要［日汉：緊要、韩汉：중요하다］

　　　　比较：要紧［日汉：重要である、韩汉：요긴］

　　1）緊要な課題（重要的课题）

　　2）요긴한 일（要紧的事情）

　　3）私たちの事業に緊要な人／우리사업에 요긴한　사람（我们企业重要的人物）

　　古代汉语中，"紧要"和"要紧"都存在，"紧要"指重要，元关汉卿《窦娥冤》第四折："怎么塞卢医是紧要人犯不到？"引申为时间上的急迫，《初刻拍案惊奇》卷三十一："傅总兵带领人马，来到都督府，与杨巡抚一班官兵说，'朝廷紧要擒拿唐赛儿'一节。"今汉语有"紧要关头"。"要紧"也指重要，《二刻拍案惊奇》卷十一："那哥哥见他不说了，叫些随来的家人，把他的要紧箱笼，不由他分说，只一搬竟自搬到船上去了。"引申为急切、迫切，《水浒传》第二十回："原来宋江是个好汉……于女色上不十分要紧。"现代汉语中，"要紧"和"紧要"在意义上相近，区别在词语的搭配上，如"这件事情很要紧，千万别办砸了""他只是受了点轻伤，不要紧"。"紧要"指"紧急重要"，如"紧要关头""无关紧要"。例中两词在使用时不能互换。

（115）旧怀［日汉：旧懷、韩汉：회고하다］

比较：怀旧［日汉：旧懷、韩汉：회고하다］

日语中有"旧懷（きゅうかい）"，也有"懷旧（かいきゅう）"，一般用作名词，如：

1）旧懷の情（怀旧之情）

韩语中的"회고（回顾）하다"用作动词。汉语中没有"旧怀"，一般说成"怀旧"，指"怀念往事或故人"，唐元稹《赠吴渠州从姨兄士则》："泪因生别兼怀旧，回首江山欲万行。"现代汉语如"怀旧金曲""上了年龄的人容易怀旧"。

（116）惯习［日汉：慣習、韩汉：관습］

比较：习惯［日汉：習慣、韩汉：관습］

1）社会的慣習に従う／사회적 관습에 따르다（遵从社会习惯）
2）그곳의 관습에 젖응하다（对那里的社会习俗已经适应了）

古汉语有"惯习"一词，指"经常练习"，《水浒传》第四十一回："这人姓侯名健……做得第一手裁缝，端的是飞针走线。更兼惯习枪棒，曾拜薛永为师。"引申为"习惯于",宋孟元老《东京梦华录·正月》："向晚,贵家妇女纵赏关赌,入场观看,入市店饮宴,惯习成风。"现代汉语中"惯习"一词罕用,已被"习惯"所取代,日韩语中,"习惯"一般用作名词。

　　　　3)よい習慣を身心につける／좋은　습관을 몸에 붙이다（好的习惯不离身）

　　　　4)地方によって習わしは少しずっ違う／지방에 따라 습관은 조금씩 다르다（地方不同,习惯也不同）

　　　　5)習慣となる／습관　되다（成为习惯）

　　"习惯"也作"习贯",原指"习于旧贯",指逐渐养成不易改变的行为,《大戴礼记·保博》:"少成则若性也,习惯若自然也。"俗语有"习惯成自然",今有"个人习惯、习惯做法、良好习惯",引申指"风尚、习俗";作动词时表示对某种新情况逐渐适应,"七月十五祭奠先祖是那个地方的风俗习惯""他已经习惯那里忙忙碌碌的工作和学习生活了","习惯"有动词、名词两性,"习俗"是名词,指"习惯和风俗"。

　　(117)决裁［日汉:决裁、韩汉:결재］
　　　　　比较:裁决［日汉:裁决、韩汉:재결］
　　　　　　　　决定［日汉:决定、韩汉:결정］

　　　1)部長の決裁をもらう（得到部长的批准）
　　　2)裁決を下す（下达裁决）
　　　3)결재　서류（裁决文件）

　　汉语中"裁决",指"经过考虑作出的决定",相当于"裁定",《魏书·宋世景传》:"世景明刑理,著律令,裁决疑狱,剖判如流。""裁决"作动词,现代汉语中常见的搭配如"早日裁决""双方如发生争执,由当地主管部门裁决。""决定"指"对事情做出主张"。

4）この問題はまだ決定をみていない（这个问题还没作出决定）

5）決定に従う（服从决定）

《史记·殷本纪》："帝武丁即位，思复兴殷，而未得其佐。三年不言，政事决定于冢宰。"指"判断；断定"，《史记·龟策列传》："王者决定诸疑，参以卜筮，断以蓍龟，不易之道也。"指"确定"，宋陆游《一百五日行》诗："眼中青山身后冢，此事决定君何疑。"指"必然；一定"，《朱子语类》卷一三一："若欲与汤进之同做，决定做不成。后来果如此。"现代汉语中只有第一个义项保留了下来，"决定"可以作名词，也可以作动词，如"公司决定让他担任总经理""迅速做出决定"。

（118）练磨 [日汉：錬磨、韩汉：연마]

比较：磨练 [日汉：練磨、韩汉：연마]

古汉语中"练磨"见于佛经，《摄论》二卷十七页："无量诸世界，无量人有情，刹那刹那，证觉无上正等菩提。是为第一练磨其心"，后一般说"磨练"。

1）練磨された技術／연마 된 기술（磨练而成的技术）

2）意志を錬磨する（磨练意志）

3）정신을 연마하다（磨练精神）

古汉语中，有"研磨""研摩"，指"研究琢磨""研究揣摩"，宋欧阳修《读〈徂徕集〉》诗："子生诚多难，忧患靡不罹。宦学三十年，六经老研摩。"唐贾岛《送僧归天台》："妙宇研磨讲，应齐智者踪。"也说"磨练"，《醒世恒言·黄秀才徼灵玉马坠》："试期已到，黄生只得随例入场，举笔一挥，绝不思索。他也只当应个故事，那有心情去推敲磨练。"现代汉语中"磨练（炼）"，一般指"锻炼"，如"磨炼意志""磨炼才干"，是从古汉语中保留下来的，《朱子语类》卷十七："只恁地强信不得，须是学到那田地，经历磨炼多后，方信得过。"明王守仁《传习录》卷上："此时正宜用功；若此时放过，闲时讲学何用？人正要在此等时磨炼。"

（119）心醉［日汉：する、韩汉：하다］

　　　　比较：醉心［日汉：没頭する、韩汉：몰두하다］

日韩语中，专注于做某事或工作可说"心醉于××""埋头于××"。

　　　1）西洋文明に心醉する（醉心于西洋文明）

　　　2）과격한 사상에 심취하다（醉心于偏激的思想）

　　　3）研究に没頭する（埋头于研究）

　　　4）시험 공부에 몰두해라（专心准备考试吧）

　　汉语中"心醉"和"醉心"共存，意义上大同小异，均指"佩服、倾倒"，《庄子·应帝王》："列子见之而心醉，归以告壶子，曰：'始吾以夫子之道为至矣，则又有至焉者矣。"唐韩愈《祭裴太常文》："朝廷之重，莫过乎礼，虽经策俱存，而精通盖寡。自郊丘故事，宗庙时宜，大君之所旁求，丞相之所卒问，群儒拱手，宗祝醉心。"指"心里陶醉"或"倾心于某事"，唐宋之问《送赵六贞固》诗："目断南浦云，心醉东郊柳。"宋陆游《题梅汉卿醉经堂》诗："它人烂醉锦瑟傍，君独醉心编简香。"现代汉语指"对……痴迷、一心投入"，如"风景令人心醉""醉心于金石拓片的搜集"。"专注于某事、埋头于某项工作"，在汉语中指集中精力和注意力，不说"没头"。

（120）热狂［日汉：熱狂する、韩汉：열광하다］

　　　　比较：狂热［日汉：狂気じみる、韩汉：열광하다］

　　　1）熱狂的な歓迎を受ける（受到热烈的欢迎）

　　　2）열광적인 환영（热烈的欢迎）

　　日韩语中的"热狂"对应于汉语的"狂热"，表示"极度的热情"，鲁迅《彷徨·长明灯》："但他似乎并不留心别的事，只闪烁着狂热的眼光，在地上，在空中，在人身上，迅速地搜查，恍惚想要寻火种。"今有"狂热吹捧""狂热追求"，一般都带有贬义。

（121）由来［日汉：由来、韩汉：유래］

　　　比较：来由［日汉：由来、韩汉：유래］

　　1）彼は由来物を知らないのだ（他不知道由来）

　　2）由来無理な話だ（没有来由的话）

　　3）일의 유래를 밝히다（弄清楚事情的由来）

　　"由来"在古汉语中指"自始以来""历来"，《易·坤》："臣弑其君，子弑其父，非一朝一夕之故，其所由来者渐矣。"唐杜甫《上韦左相二十韵》："岂是池中物，由来席上珍。"表示"原因、来由"，《宋书·武帝纪中》："吾处怀期物，自有由来。""来由"表来历、缘由，《水浒传》第十二回："杨志道：'和你往日无冤，昔日无仇，一物不成，两物见在，没来由杀你做什么？'"现代汉语中"来由"指"原因""缘故"，如"这些话不是没有来由的"，相当于"由来"。

（122）切迫［日汉：切迫する、韩汉：절박하다］

　　　比较：迫切［日汉：切迫する、韩汉：절박하다］

　　1）試験の期日が切迫する（考期逼近了）

　　2）迫切した情勢（紧张的形势）

　　3）마감　날이 절박했다（截止日期迫近）

　　汉语中"切迫"用得较少，鲁迅《〈呐喊〉自序》："在我自己，本以为现在是已经并非一个切迫而不能己于言的人了。"《且介亭杂文末编·死》："不过默默地躺着，有时还发生更切迫的思想。"用得较为普遍的是"迫切"，表示"逼近"，《汉书·薛宣传》："况知咸给事中，恐为司隶举奏宣，而公令明等迫切宫阙，要遮创戮近臣于大道人众中。"表示"紧迫"，《汉书·赵广汉传》："广汉知事迫切，遂自将吏卒突入丞相府，召其夫人跪庭下受辞，收奴婢十余人去，责以杀婢事。"现代汉语中"迫切"一般指十分急切，"要求十分迫切""迫切需要"。

（123）到达［日汉：到達する、韩汉：도달하다］

比较：达到［日汉：達する、韩汉：이르다］

1）同じ結論に到達する（得出同样的结论）

2）목표에 도달하다（达到目标）

汉语中"到达"后一般接地点或某一阶段，如"到达目的地""车子到达南京""现在还有一些人的生活水平没有到达全面小康"。"到达"后面所带词语一般指比较具体的地点，"达到"后则一般较抽象，表"达成、得到"，如"达到目的""达到要求"。

（124）好吃［日汉：うまい／おいしい、韩汉：맛있다／맛나다］

比较：好看［日汉：美しい／奇麗である；韩汉：아름답다／재미 있다／체면이서다／웃음 거리가 되다］

好听［日汉：聞（き）きよい、韩汉：듣기 좋다］

吃好［日汉：御馳走（ごちそう）さまでした、韩汉：좀 많이 먹어］

看好［日汉：よく見てください、韩汉：잘 보다］

听好［日汉：よく聞きます、韩汉：잘 듣다］

1）그 꽃들은 매우 아름답다（那些花儿很好看）

2）이 소설은 매우 재미 있다（这本小说很好看）

3）아들이 공을 세우니 어미로서도 얼굴이 빛나는구나（儿子立了功，做娘的脸上也好看）

4）나더러 무대에 올라가 연기하라니 이건 나를 웃음 거리로 만들자는 것이 아니냐?（让我上台表演，这不是要我的好看吗?）

"您吃好"在韩语中要说成"좀 많이 먹어""좀 많이 드세요"，意思是多吃点。자신의 것 들을 돌봐（看好你自己的东西）、お前には期待してる（我看好你!）、나는 그를 잘 되리라 예측해요（我看好他）、この歌

は実にいい（这个歌儿真好听）、이　음막은 아주　듣기가 좋다（这音乐很好听）、그는 남에게 듣기 좋은 말을 한다（他对人说好听的话）、よくきけ（听好了！）、잘 들어요（听好了！）都是表示提示，词的顺序不同，语法结构就会有大的不同，句子的语气也会有很大的变化。

参考文献

冯胜利：《汉语韵律句法学》，上海教育出版社，2000。

汉语大词典编辑委员会、汉语大词典编纂处编纂《汉语大词典》（全十三卷），汉语大词典出版社，1995。

黄志强、杨剑桥：《论汉语词汇双音节化的原因》，《复旦学报》（社会科学版）1990年第 1 期。

吕叔湘主编《现代汉语八百词》，商务印书馆，1980。

曲维：《中日同形词的比较研究》，《辽宁师范大学学报》（社科版）1995 年第 6 期。

王作新：《汉语复音词结构特征的文化透视》，《汉字文化》1995 年第 2 期。

姚小平：《古汉语中的某些字及其意义在现代日语中的反映》，《日语学习与研究》1985 年第 4 期。

张光军：《韩国语中的汉字词缩略语》，《汉语学习》2006 年第 2 期。

中国社会科学院词典编辑室：《现代汉语词典》，商务印书馆，1989。

第五章

汉字词与汉语词的意义与风格差异

第一节　意义的异同

　　和表音文字不同的是，汉字具有突破时间和空间的特点：数千年前的《论语》《孟子》，今人仍能看懂；北京、上海、广东彼此相隔遥远，语音差别大，但通过文字交往却毫无阻碍。与汉语词的词义完全不同的汉字词在日语同形、同序词中的数量相对比较少：用心／用心、娘／娘、丈夫／丈夫、料理／料理、檢討／检讨、事情／事情、迷惑／迷惑、無論／无论、結構／结构、急用／急用、清楚／清楚、理屈／理屈、手紙／手纸、勉強／勉强、棚／棚、番／番、机／机、汽車／汽车、告訴／告诉。更多的是形体和意义有同有异，呈现比较复杂的情形，如："邮政"日语叫"郵便"，"便笺"叫"便紙"，日韩语中的汉字词很多源于古汉语，意义上跟古汉语比较一致，在本族语言的环境里又得到了进一步引申和发展。这些引申义有时跟汉语是一致的，比如"后门［日汉：裏門（うらもん）、韩汉：뒷문］"指房屋或院子后面的便门，《南齐书·高逸传·褚伯玉》："年十八，父为之婚，妇入前门，伯玉从后门出。"比喻"出路、退路"，《水浒传》第七十九回："这个写草诏的翰林待诏，必与贵人好，先开下一个后门了。"现代汉语中"走后门（儿）、开后门（儿）"多指不是通过正当途径达到某种目的。无独有偶，韩语中뒷문也有与汉语相类似的引申义。

　　1）뒷문으로 나가다（从后门出去）
　　2）뒷문으로 입학했다（从后门入的学）

　　日语的"裏門（うらもん）"相当于汉语的"后门"，与该比喻引申义相对应的是"裏口（うらぐち）"义。

　　3）裏口入学（非正常途径入学）
　　4）裏口営業（非正常途径营业）

以下试以更多的语例做一比较说明。

（1）直行［日汉：直行する、韩汉：직행하다］，

"直行"在日韩语中表示"不拐弯、一直往前走"。

1）現場に直行する／형장에 직행하다（直奔现场）

2）직행 버스（直达大巴）

引申为"仗义直行"，表示人的品行。

3）直行の士（正直的人）

现代汉语中，"直行"一般指不改变方向地往前走，韩语中相对应的汉字词"직행［直行］하다"用法与此相同，但在古代汉语中却有日语引申义的这种用法。《史记·屈原贾生列传》："屈平正道直行，竭忠尽智以事其君，谗人间之，可谓穷矣。"白居易《郑覃可给事中制》："（郑覃可）清节直行，正色寡言，先臣之风，蔼然犹在。"韩语和现代汉语中都没有这样的引申用法。也有汉语中古今意义差别不大，但在韩语中发生变化的，比如"名节"，在古代指"名誉和节操"，后来在韩语中词义发生演变，现在主要指节日（명절名節）。现代汉语中"名节"是个历史词，意义上古今变化不大，重要的节日也不大说"名节"；日语中"机、機"都存在，但表达的意思不同，"机"相当于汉语的"桌子"，指"书桌、办公桌"，"機"对应于现代汉语的"机"，指"机器、机械"，古汉语中，"机"指桤木树，通"几"，指几案、小桌子，也作"機"的简化字。"急用"汉语指"急需"，是动词，日语指"急事"，如："急いで病院に行かなければならない（病急必须去医院）"，是名词；"用心"汉语指"企图、苦心"，如"用心良苦、别有用心"，日语中指"小心、注意"，如："用心に越したことはない（最好小心点）"。

（2）料［日汉：料（りょう）、韩汉：료］

作为一个名词，汉语一般指肥料、材料，日韩语指"费用、钱物"。

1）原稿料／원고료（稿费）

2）通話料／통화료（电话费）

3）保管料（保管费）

4）料金（报酬）

5）給料（工资）

"料"在意义上对应于现代汉语的"费"。如果按字面意义来理解，常常会发生误解，如"送料"在现代汉语中一般指"添送原料"或"往田里运送肥料"等，是个动宾短语，日韩语指"邮费、运费"，是个偏正性的名词；日韩语的"无料"（無料、무료），从汉语字面理解，指"没有材料""没有肥料"，实则相当于汉语的"免费"，说明不光日韩语的"料"和现代汉语不完全对应，"无"也不完全对应现代汉语的"不"。"料"在中国隋唐时期指官吏于俸禄之外所补贴的食料、口粮，白居易《送陕州王司马建赴任》诗："公事闲忙同少尹，料钱多少敌尚书。"今天日韩语还保留了该词在隋唐时的意义。

（3）无用［日汉：無用、韩汉：무영］

　　　　比较：无钱［日汉：無錢、韩汉：무전］

日韩语的"无（無、무）"对应于现代汉语的"没有"，如"무영（無用）"指"没有用处"，"무영자（没用的人）"，"無用の長物"指"没用多余的东西"；"무영（無用）"还对应于"不要"。

1）心配ご無用（请不必挂念）

2）無用の者入るべからず（闲人免进）

3）立ち入り無用（禁止入内）

"无用"在古代汉语中指没有作用，《荀子·非十二子》："言无用而辩，辩不惠而察。"元关汉卿《四春园》第一折："则为那无用的梅香无去就，送的我泼水难收。"指"没有办法"，晋葛洪《抱朴子内篇·金丹》："（郑隐）

又于从祖受之，而家贫无用买药。"也指"不需要"，《东观汉记·梁商传》："殡已开冢，冢开即葬。祭食如前，无用三牲。"今一般说"没用""不用"，"没用的家伙""明天你不用来了"。"无用""无法"在现代汉语里也讲，多见于书面语。

现代汉语中表示"没有钱"时一般说"没钱"，不说"无钱"，日韩语中"无钱"不是"没钱"，而是指"不要钱""免费"，意义上同"无料"。

4）無銭飲食 / 무전 취식（不付钱白吃喝）

5）무전 여행（不花钱白旅行）

这种相同或相近意义的引申情形有时延及语法范畴："有"日语音读ゆう、训读ある，ある本义相当于"有"，由于汉语的"有"又可表示"某些""部分"等不确定的人和物，ある也被同化，引申出连体词的用法（汉字写作"或"）；"及"日语音读きゅう，训读およぶ，およぶ本义为"赶上、达到"，意义上相当于汉语的"及"，受"及"连词性引申义的影响，およぶ的连用および也用作接续词，相当于表并列关系的"与、和"。当然这样的情形毕竟是个别的，更多的情形是词语的本义跟汉语相同，但引申义经常会发生分歧。

（4）驰走 [日汉：馳走、韩汉：질주하다]

"驰走"在古汉语里是骑马或乘车奔驰疾行的意思，《史记·项羽本纪》："于是项王乃上马骑，麾下壮士骑从者八百余人，直夜溃围南出，驰走。"日本人的汉文作品中也有类似的用例，藤原忠宗《中右记·永长元年八月六日》："夜半许归家，一寝之间车马驰走道路。"后来"驰走"在日语中还有"豪华的饮食"一义：御馳走（ごちそう），"すごい御馳走だ"指"美味的饮食"，因为接待客人采办食品也需要奔走忙碌，于是把接待客人这一行为和为招待客人而准备的菜肴都叫作"驰走"，汉语的"驰走"则没有这样的引申义。韩语中"驰走"叫"질주（疾走）하다"，指"飞奔、奔驰"，日语的"ご馳走様でした"，韩语叫"잘 먹었습니다"，是吃饭之后表示礼貌的用语。

比喻义的引申方面也有差异。

（5）大手［日汉：大手、韩汉：대수］

"大手"在现代汉语中就是指"大的手"，日韩语中则指大型的厂商、企业，是比喻性的代指，还有下面这些用法。

　　1）大手を振る（大摇大摆）

　　2）大手をふって歩きまわる（大摇大摆地走来走去）

　　3）그는 증권 시장의 대수 이다（他是证券市场的推手）

古汉语中"大手"指"高手"，尤指文辞写作方面的名家，明沈德符《万历野获编·词曲·杂剧》："北杂剧已为金元大手擅胜场，今人不复能措手。""大手笔"指朝廷诏令等重要文章，也指杰出的文辞、书画，《陈书·徐陵传》："世祖、高宗之世，国家有大手笔，皆陵草之。"现代汉语中的"大手笔"指名家的著作，也喻指某件大的事情，如"建立拦海大堤是他就任新区一把手之后的大手笔之一"。现代汉语的"大手大脚"，形容花钱、用东西等浪费、没有节制。

有时词语意义的引申在不同的语言里看似难以理解，但仔细思考后发觉还是有据可循。

（6）留守［日汉：留守、韩汉：유수］

"留守"在古代汉语中指古代主要人物（天子、主人、主帅等）远出时留人在原地看守或指看守的人，是名词。《史记·越王勾践世家》："吴国精兵从王，唯独老弱与太子留守"中的"留守"是动词用法，现代汉语中动词的用法尚存，而名词的用法已经消失。韩语中유수（留守）指李朝时代治理开城、江华、广州、水原、春川的长官；日语中"留守"是吴音す，表示"看家、看家的人、不在家"，从"留人看守"及"留下来看守的人"二者的共同前提——"主人不在"这一点上进一步引申发展，日语中把"不在家"也叫留守。

　　1）彼は留守だ（他不在家）

这种引申是汉语、韩语所没有的。现代汉语中的"留守"相当于在家里看守，当下"留守儿童"一词专指父母常年在外地工作而不能与之见面的孩子。

这种词义方面的差异也表现在形容词上。

（7）疯狂［日汉：気が狂う、韩汉：미치다］

"疯"和"狂"在三种语言里形容人时都指一种非正常的精神状态，汉语中，"疯"本义是头病，引申指"神经错乱"，如"发疯"、"疯子"、"疯癫"（日语"風癲"），引申指"任性放荡、不受管束或没有节制地嬉笑哄闹"，如"他昨天又是喝酒、又是唱歌，足足疯了一个晚上"；"疯"还可以用于农作物，指生长旺盛但不结果，如"棉花疯长"，这一意义是日韩语所没有的；"狂"在汉语中本指疯狗，也指狗发疯，《晋书·五行志中》："旱岁犬多狂死。"有"躁率、激进义"，《论语·阳货》："好刚不好学，其蔽也狂。"朱熹注："狂，躁率也。"也指"浮夸、虚妄"，汉语有"狂妄、狂人"，"狂人"古代指"狂妄无知的人"，也指"精神病患者"，相当于现代汉语的"疯子"。"工作狂""色情狂"的"狂"指"在某些方面过于痴迷而近于不正常"，日韩语有"色情狂（しききょう、색정광）"，韩语也叫"색광"。"工作狂"在日韩语中要分别说成"しごとむし（働き蜂）、일벌레"，直译是"做事的虫子"，是比喻义构词。汉语说"狂犬病"，也说"疯犬病"，日韩语说"狂犬病（きょうけんびょう、광견병）"，不说"疯犬病"，说"狂牛病（きょうぎゅうびょう、광우병）"，不说"疯牛病"。

总而言之，日韩语中的汉字词在表达形式、词性、词义上与现代汉语的相应词既有联系又有不同。汉字性质规定了表词的理据，词义的变化跟语音的变化又是紧密相关的。受日韩语言各自语音体系的限制，汉字词在日韩语的音形方面呈现相对比较稳定的状态，表义方面所保留的古代汉语义项总体上也比现代汉语多。在长期的词义演变过程中，汉语词和汉字词在词义范围、轻重、褒贬、风格等方面都有所不同，结合古汉语的情形，往往能看得更清楚。

第二节　义项范围的对比

　　一种语言被一个国家借用以后，借用词的发展、变化不是随着来源国的语言同时发展、变化，而更多是受借用国语言的影响，自主地发展、变化。在日韩语发展过程中，一部分汉字词虽然形式上没有大的改变，但含义或多或少发生了变化，词义的使用范围比现代汉语词汇或宽或窄，或发生交叉或完全不同。词义变迁的结果一般有义项范围的扩大、缩小、转移等三类。词义的扩大，指日韩语汉字词词义所指范围比现代汉语词词义所指范围大，如"爱情"在现代汉语中一般指男女两性之间的感情，日韩语则指对一切事物的喜爱之情。词义的缩小指词义所指的意项范围变小，如"东西"在日韩语中泛指方位，现代汉语还泛指各种抽象或具体的事物，如"他收拾好东西就走了。真不是东西！"

　　（8）帮助［日汉：助ける、韩汉：도와주다］

　　"帮助"，汉语泛指替人出力或出主意，无所谓褒贬，宋宗泽《乞回銮疏》之十四："凡勤王人，例遭斥逐，未尝有所犒赏，未尝有所帮助。"日韩语则多指向坏人提供帮助，不但帮助的对象范围缩小，还带有贬义，如日韩语有"自杀帮助罪、帮助罪（방조죄）"，汉语指"胁从犯罪"。现代汉语的"帮助"在日语中一般说"助ける"。

　　1）他人が困る事に遭った時には、私はいつも悬命に助けます（他人遇到困难时，我总是尽力相助）

　　韩语中与"帮助"相对应的是도와　주다。

　　2）도와　주세요（请帮帮我）

　　再如前文所列举的"驿"在现代汉语中一般只出现在"驿站"一词中，属于历史词语，但最近汉语中又出现了如"市民驿站""论文驿站""菜鸟驿

站"等词,"驿"又有复活的倾向,日韩语的"驛(えき駅)、역"指"火车站",现在仍然频繁地使用着。"窗户"在日韩语中指"窗户"和"门",现代汉语仅指"窗户"。词义转移的情况比较复杂,引申的词义凡不属义项范围扩大和缩小的,都可归于转移。以下分类就汉字词和汉语词义项范围扩大和缩小的情形进行举例说明。

一　日韩语汉字词的义项范围比现代汉语词大

日韩语中汉字词所表示的各义项比现代汉语相应词语的义项多、范围大。先看韩语中的汉字词和现代汉语相应词语词义的比较,见表 5-1。

表 5-1　韩语中的汉字词和现代汉语相应词语词义的比较

汉字词	对应现代汉语词	韩语词义
내외(内外)	内外	上下、内外、夫妇、夫妻
정보(情報)	情报	信息、情报、讯息、资讯、消息
시간(時間)	时间	小时、时间、功夫、钟头、时辰
성질(性質)	性质	性质、性情、脾气、质地、资质
가부(家父)	家父	父亲、家长
신세(身世)	身世	身世、欠人情
각위(各位)	各位	各位、各自的地位、各神位
동료(同僚)	同僚	同事、同学
작자(作者)	作者	佃户、作者、家伙、买主
과객(过客)	过客	过客、乞丐
감독(监督)	监督	导演、教练、总监、监督
공도(公道)	公道	公平、公用道路

（9）家父［日汉：かふ、韩汉：가부］

　　　比较：家长［日汉：家長、韩汉：가장］

"家父"汉语中指在别人面前谦称自己的父亲,所以不能说"我家父",更不能用来称对方的父亲,尊称对方的父亲在过去要用"令尊",现代汉语说

"您父亲"就可以了。韩语的"家父长（가부장）"相当于汉语的"家长"，旧指一家之主，现多指未成年人的父母或其他监护人，现代汉语如"学校定期召开学生家长会"。

（10）各位［日汉：皆さん、韩汉：여르분］

　　　比较：大家［日汉：皆さん、韩汉：여르분］

"各位"在现代汉语中常使用在对众人的称呼上，如"各位同学""各位先生"，相当于日语的"皆さん"或韩语的여러분，也可以说"诸位"，或笼统地说"大家"，但注意不能说"大家同学""大家先生"，可以说"各位同学，大家好！"或"诸位先生，大家辛苦了！""大家"在汉语中还指"某领域著名的专家"，如"书法大家""医学大家"，还可以表示"出身名门"，如"大家闺秀"。

再看日语中的情形，见表5-2。

表5-2　日语中的汉字词和现代汉语相应词语词义的比较

汉字词	对应现代汉语词义	日语词义
兄弟	指哥哥和弟弟	除哥哥弟弟外还有姐姐妹妹
移動	位移	除位移外，调动工作也叫移动
茶碗	喝茶的碗	除喝茶的碗外还包括吃饭的碗
事情	人在生活中遇到的具体事情和活动	包括情况、情形、缘故、缘由等更广泛的含义
地方	指某地或与中央相对的地方	除指某地及与中央相对的地方外还指地区
東洋	日本	亚洲东部国家
列席	参加会议但没有表决权	参加会议但有表决权，相当于"出席"
交歡	古指"人际间的欢乐交往"，今指男女性事	交流

"结（結）束"在日语和汉语中都有不再继续的意思，日语还有"用绳子捆，团结"之义；"最低（低）"都有程度最低的意思，日语还有"最劣、最次"的意思。"算"都有"计数、谋划"之义，汉语还有"推测、承认、作罢、总算"之义。"快"有"速度快，愉快"之义，日语有"痊

愈"，汉语有"锐利""接近""赶紧"等意义。"教官"在日语中指国立学校和研究单位的教员，现代汉语指军队、军校中担任教练或教授文化知识的军官；"警官"在日语中指一般的警察职员，是警察官的缩略语，现代汉语指警察中的官员。

以下举例加以说明。

名词类

（11）答案［日汉：答案、韩汉：답안］

　　　比较：试卷［日汉：試験答案、韩汉：시험　답안］

　　　　1）答案を出す（交卷）

　　　　2）答案を調べる（看考卷）

　　　　3）答案用紙（试题答案）

　　　　4）시험 답안（考试答案）

汉语"答案"仅指对某个问题所作的解答，与日韩语"答案"相对应的词语还有"试卷""答卷"。

（12）风情［日汉：風情、韩汉：풍치］

　　　　1）風情のある景色（幽雅的风景）

　　　　2）もの悲しげな風情（表情悲伤的样子）

　　　　3）何の風情もなく相済みません（没有什么招待很抱歉）

　　　　4）이 정원은 풍치가 있다（这个庭院别有风情）

"风情"在古代汉语中指"丰采、神情"，《南史·齐衡阳元王钧传》："衡阳王飘飘有凌云气，其风情素韵，弥足可怀。"还指风雅的情趣，宋陆游《雪晴》："老来莫道风情减，忆向烟芜信马行。""风情"指男女相爱之情，宋柳永《雨霖铃》词："便纵有千种风情，更与何人说。"现代汉语中更多指"风土人情"，如"欧洲风情""异国风情"，义项比古代小，日语的义项范围比现代汉语大。

（13）身上［日汉：身上、韩汉：신상］

日语中"身上"指"财产"。

　　1）身上をつぶす（破产）

　　2）身上を築く（积累财产）

指"家务"。

　　3）身上を持つ（操持家务）

　　4）身上の苦労（家务辛劳）

指"家业"。

　　5）身上持ちがいい（家业治理得好）

指"长处"。

　　6）彼の身上は人がいいことだ（他的长处是人品好）

日韩语中，"身上（신상）"相当于"个人"。

　　7）身の上相談／신상 상담（个人咨询）

　　8）身上調査／신상 조사（身份调查）

汉语与日语"身上"的引申义和比喻义都有所不同。汉语指"身体"，唐杜甫《哀王孙》诗："已经百日窜荆棘，身上无有完肌肤。"引申为"本身、自己"，《宋书・庾炳之传》："炳之身上之衅，既自藉藉，交结朋党，构扇是非，实足乱俗伤风。"现代汉语的"身上"一般指"身体上"或"随身（携带）"，如"身上穿一件米黄色的上衣""身上带着枪"，没有日语所表示的词义范围广。

（14）讲座［日汉：講座、韩汉：강좌］

比较：讲席［日汉：講席、韩汉：강석］

　　1）ラジオ講座（广播讲座）

　　2）歴史の講座をする（担任历史讲座）

　　3）テキスト講座（讲习班）

　　4）한어 강좌（汉语教研室）

　　5）강좌장（教研室主任）

　　6）오후에 물리 강좌가 있다（下午有物理讲座）

　　"讲座"原指高僧说法或儒师讲学的座位，《朱子语类》卷七十九："（陆象山）于是日入道观，设讲座，说'皇极'，令邦人聚听之。"现指一种教学样式，多通过报告会、广播、电视或刊物连载等方式进行，如"开讲座、举办讲座、电视讲座"，汉语中"教研室"不叫"讲座"，指一种教学和研究的机构。与"讲座"比较近似的还有"讲席"，最初都指高僧、儒师讲经、讲学的座位或席位，"讲座"后又指一种教学样式，使用逐渐普遍，而"讲席"义则日渐衰微。

（15）体质［日汉：体質、韩汉：체질］

比较：素质［日汉：素質、韩汉：소질］

　　1）特異体質（特异性体质）

　　2）それはぼくの体質に合わない（那个不符合我的体质）

　　3）체질이 허약하다（体质弱）

指"性质""素质"。

　　4）企業の体質改善（改善企业素质）

　　5）당의 체질을 개선하다（完善党的性质）

　　在表示"身体素质"这一义项上，汉语与日韩语相同，也是古今汉语的常用义，《晋书·南阳王保传》："保体质丰伟，尝自称重八百斤。"明胡应麟《少室山房笔丛·丹铅新录八·素足女》："妇人缠足……体质干枯，秽腥特甚。""体质"在古汉语中还指"体与质"，即形体与质地，三国魏王弼《周易略例·明爻通变》："同声相应，高下不必均也；同气相求，体质不必齐也。"表示本质、气质，唐刘知幾《史通·言语》："寻夫战国已前，其言皆可讽咏，非但笔削所致，良由体质素美。"现代汉语"增强体质""体质强健"中的"体质"多指人体健康水平的高低；"素质"既可指身体，如"身体素质好"，也可指精神、知识、修养等其他方面，如"文化素质""知识分子总体素质比较高"，日韩语中的"体质"包含了现代汉语"素质"的部分义项。

（16）人间［日汉：人間、韩汉：인간］

　　日韩语中，"人间"表示"人类"义。

　　　　1）人間の尊厳（人的尊严）

　　　　2）人間は考える動物だ（人是能思维的动物）

　　　　3）인간이 라곤 그림자도 보이지　않다（连人影儿都见不到）

　　日语中，"人间"表示"人品"义。

　　　　4）人間がいい（人品好）

　　　　5）あの男は人間が正しいだ（他为人正直）

　　"真人間"（まにんげん）指"正直人、正派人"；"人间"还表示"人间、世上、社会"。

　　　　6）人間到る所青山あり（人间到处有青山）

　　　　7）人間は死すべきもの（人固有一死）

　　　　8）人間万事塞翁が馬（塞翁失马、焉知非福）

"人间"在日韩语中的所指比较广泛，相当于汉语的"人""人类""人品"等意义，韩语中"人间（인간）"指"为人、做人"。

9）인간이 어쩨 그 모양이냐（怎能如此为人？）

贬指自己不太喜欢的人，如：

10）이 인간이 또 사고를 쳤어（这家伙又惹事了）

"人间"在日韩语中所指范围也比现代汉语大。古代汉语中"人间"可以指"人类社会"，也可以指"世俗社会"，还指"民间"，《后汉书·卓茂传》："凡人之生，群居杂处，故有经纪礼义以相交接。汝独不欲修之，宁能高飞远走，不在人间邪？"《史记·留侯世家》："愿弃人间事，欲从赤松子游耳。"《南史·齐高帝纪》："明帝（宋明帝）嫌帝（萧道成）非人臣相，而人间流言，帝当为天子，明帝愈以为疑。""人间"在现代汉语中一般指"人类社会""人世间"，如"人间天堂""春满人间""人间乐园""人间万象""人间春色"，一般不用来指"人品、为人"。

（17）方面［日汉：方面、韩汉：방면］
        比较：方向［日汉：方向、韩汉：방향］
日韩语中"方面"表示"方向"。

1）ソウル方面に向う／서울 방면으로 향하다（去首尔方向）
2）北京方面（北京方向）
3）関西方面（关西方向）

表示"领域、专业"。

4）哲学の方面（哲学领域）
5）과학 방면에 흥미가 있다（对科学方面有兴趣）

　　"方面"在古汉语中也有"方向"义，如《南齐书·良政传·虞愿》："(帝)体肥憎风，夏月常著皮小衣。拜左右二人为司风令史，风起方面，辄先启闻。"还表示"四方、四面""方形颜面"，也指一个地方的军政要职或其长官，如《后汉书·冯异传》："(异)受任方面，以立微功。"现代汉语中"方面"指相对或并列的几个人或几个事物之一方，如"学习方面""工作方面""生活方面"。"方向"指东、南、西、北方位，也表示正对的位置或所去的目标，如"往教室方向走去""朝大楼方向望去"。表示专业研究领域，汉语说"方面""方向"都可以，如"王教授在对外汉语教学方面造诣很深"，"他在胰岛素的物质合成方向上卓有成就"。"方面"还可以重叠成"方方面面"，指"各个方面"，如"他方方面面的事都要管，一天到晚很忙"。"方向"没有这样的重叠。日韩语中的"方面"包含了汉语"方向"的部分义项。

　　(18) 内外 [日汉：内外、韩汉：내외]

　　　　1) 内外の記者団（国内外记者团）
　　　　2) 五千人内外（五千人左右）
　　　　3) 그는 국내외 뉴스를 손금 보듯 잘 알고 있다（他熟悉国内外新闻）
　　　　4) 그들 내외는 금슬이 참 좋다（他们夫妻感情很好）

　　"内外"在三国语中都表示方位"内部和外部"，但在日语中表示数量上的接近值，韩语中有"夫妻"的意思，比汉语词的意义有所扩大。韩语中固有词안팎，也是"内外"的意思，有类似的引申用法。

　　　　5) 학생들이 교실 안팎을 깨끗이 청소했다（同学们把教室里外打扫得干干净净）
　　　　6) 두시간 안팎에서 일을 끝내다（两个小时左右把活干完）
　　　　7) 어머니가 만원 안팎에서 장을 보다（母亲用一万元左右买菜）
　　　　8) 안팎이 함께 외출하다（夫妻一起外出）

（19）里面［日汉：裏面、韩汉：이면］

"里面"在日语中指"背面"。

1）裏面参照のこと（请参看背面）

日韩语中泛指"幕后"。

2）裏面工作（幕后活动）
3）裏面境界／이면 경계（事情的是非内容）
4）裏面史／이면사（内部史）

　　汉语中的"里面"指"内部""里边"，元纪君祥《赵氏孤儿》第一折："我抱着这药箱，里面有赵氏孤儿，天也可怜。"现代汉语中"里面"在意义上同"外面"相对，指一定的空间或范围以内，如"房间里面""电话里面""书里面""课程表里面"。衣服的里面也称"里子"，跟衣服的外面（面子）相对，日韩语中的"里面"对应于汉语的"里面、背面、里子、幕后、内部"等多种意义。

（20）教养［日汉：教養、韩汉：교양］
　　　　比较：教育［日汉：教育、韩汉：교육］

1）教養のそなわっているひと（有教养的人）
2）교양에 힘쓰다（致力于人才的教育培养）
3）아동을 교양하다（教育儿童）

　　古汉语中，"教养"可以作动词，《东观汉记·马融传》："马融才高博洽，为通儒，教养诸生，常有千数。"现在多用作名词，指"文化品德的修养"，如"教养很好""缺少教养"。和"教养"相比，"教育"的含义则显得更为广泛，既指学校对儿童和青少年的培养过程，如"幼儿教育""学校教育""青年教育"，也指说服别人使之照着规则、指示或要求等去做，如"文明礼貌的教育""说服教育"等。日韩语中的"教养"承担了汉语"教育"的部分义项。"教育"在三国语言中使用都很广泛,许多词语可以通用且意义较为一致,如"教育委员会""教育实习""教育心理学"等,也有一些差异性的词语,如日语的"教育相談""教育召集""教育総監部",汉语分别是"教育家""教育讲座""教育总管","教育センター"汉语一般称"教育中心、培训基地"。

（21）情绪［日汉：情緒 / 気持、韩汉：정서］

日韩语中,"情绪（情緒、정서）"表"氛围、情调",日语"気持"也与之意义相近。

　　　1）異国情緒を味わう / 이국 정서를 맛본다 (体味异国风情)
　　　2）気持ちが高ぶる（情绪高涨）

"情绪"在韩语中还表"情致"义。

　　　3）정서생활 (富有情趣的生活)
　　　4）가을　밤의 정서를 마음껏 즐기다 (尽情享受秋夜的情趣)

古代汉语中"情绪"指缠绵的情意,宋晏几道《梁州令》:"南桥杨柳多情绪,不系行人住。"也指"人的心情、心境",唐司空图《寓居有感》诗之三:"客处不堪频送别,无多情绪更伤情。"现代汉语中多指从事某种活动时所产生的心理状态和人的心情、心境,如"畏难情绪""情绪不高""急躁情绪""情绪波动""情绪高涨",也指不愉快的感情状态,如"有情绪""闹情绪",没有"情致"的意义。

（22）工具［日汉：工具、韩汉：공구］
　　　　　比较：道具［日汉：道具、韩汉：도구］
　　　　　　　　手段［日汉：手段、韩汉：수단］

汉语里的"工具"指劳动和工作时的器具,"机械工具""劳动工具",也喻指用以达到目的的手段,"教师职业是他谋生的工具""外语是不同文化

的人们互相之间交流的工具","工具"指手段。日韩语中汉字词"工具（공구）"使用范围比较狭窄，多指与机械加工相关的器具，如"工具研削盤（工具磨床）、工具鋼（工具钢）、공구 상자（工具箱）"。古汉语中的"道具"为佛教语，指修行者用的衣物器具。唐严维《送桃岩成上人归本寺》："道具门人捧，斋粮谷鸟衔。"现代汉语中"道具"仅指演剧或拍摄电影时用的器具，日韩语中的"道具"有汉语"家具、工具、手段"的多种意义。

　　1）道具箱（木匠用工具箱）

　　2）그림 그리는 도구（画画的工具）

　　3）言葉は心を伝えるための道具です／말은 의사 전달의 도구이다（语言是传达思想的工具）

　　4）出世の道具に使われる（作为出人头地的手段）

　　"手段"在古汉语中指"本领；技巧"，宋苏轼《与循守周文之书》之二："郑君知其俊敏，笃问学，观所为诗文，非止科场手段也。"《朱子语类》卷一一五："因举禅语云：'寸铁可杀人。''无杀人手段，则载一车铧刀，逐件弄过，毕竟无益。'"现代汉语中多用其比喻义，表示为了达到目的所采取的具体方式、方法，如"手段高强""不择手段"。日韩语也主要保留了词语的这一义项。

　　5）目的のためには 手段を選ばない（为达目的不择手段）

　　6）수단 방법을 가리지 않다（不择手段）

　　7）수단이 매우 교묘하다（手段巧妙）

（23）意味［日汉：意味、韩汉：의미］

　　　比较：意思［日汉：意思、韩汉：뜻］

"意味（いみ）、의미""意思（いし）、뜻"在日韩语中可以作名词。"意味"还用作动词。

1）単語の意味を調べる（查单词的意思）

2）辞書をひけば意味がわかる（一查字典就明白意思）

3）의미　심장한 미소（意味深长的一笑）

4）그 징조는 나쁜　일을 의미하다（那个预兆意味着坏事）

5）意思を明らかにする（表明意思）

表"意图、用意"。

6）あの言葉はなにをするのか（那句话是什么意思呢？）

7）그는 네가 그의 뜻을 이해하길 바란다（他希望你能理解他的意思）

表"价值、意义"。

8）意味のない仕事（没有价值的事情）

9）そんなことをしても意味がない（那样做也没有意义）

古汉语中的"意味"有日韩语的一些义项，如"意味深长"是个成语，指意义深刻、耐人寻味。《二程遗书》卷十九："先生云：'某自十七八读《论语》，当时已晓文义，读之愈久，但觉意味深长。'"现代汉语中"意味"的使用范围沿袭了古汉语，作名词时，表示"含蓄的意思"，如"他的话里含有调侃的意味"；也指某种情调、意趣，如"意味无穷""富于文学意味"。但一般不表示"意思、意图"，总体使用范围比日韩语窄。在日韩语中，"意思"的词义概指"意义、意愿、愿望"，在汉语中还有"礼品所代表的心意""事物出现的动向或苗头""情趣、兴致"等意义，如"一点小意思，请收下""看他那意思是不想去了""这部电影真有意思，他看了两遍"。

（24）景气［日汉：景气、韩汉：경기］

日韩语指"市面、商情"。

　　1）景気がいい（景气好）/ 景気が悪い（不景气）

　　2）景気がよくなる（景气好转）

　　3）불경기（不景气）/ 경기가 좋다（景气好）

　　4）여름　철　에는 통　경기가 없다（夏日没有一点景气）

表"繁荣"，引申为"精神好"。

　　5）空景気（虚假繁荣）

　　6）景気のよいこと（精神旺盛）

　　7）不景気な顔をする（无精打采）

　　8）여름　철　에는 통 경기가 없다（夏天一点精神没有）

日语中表"境况、光景"义，一般用于第二人称。

　　9）君，景気はどうかね（老兄，境况如何？）

表"活泼地，大方地"。

　　10）景気よく金を使う（花钱大方）

　　11）景気をつける（振作精神）

　　古汉语中"景气"指"景色、景象"，唐杜审言《泛舟送郑卿入京》诗：
"酒助欢娱洽，风催景气新。"《宋史·礼志七》："严冬之候，景气恬和。"现
代汉语有"经济不景气""景气指数"等说法，"景气"的意思当来自日语，
但现代汉语中，"景气"显然没有日韩语的义项范围大、使用那么频繁。

　　动词类

　　（25）登录［日汉：登録する、韩汉：등록하다］

　　　　比较：注册［日汉：登記する、韩汉：등기하다］

　　　　　　　登记［日汉：登記する、韩汉：등기하다］

1）登録商標（注册商标）

2）등록금（注册费）

3）登記簿（登记簿）

4）부동산을 등기하다（登记不动产）

"登录"在古代汉语中指"刊登""登记"，"注册"指登记于簿籍、备案，清顾炎武《圣安本纪》卷六："豫王命查之，百官不朝参者，妻子为俘差假者，堂官报名注册，每日点名。"现代汉语中的"注册"指"向有关机关、团体、学校或特定机构登记备案"，如"注册商标""新生报到注册"。"登录网站"是固定搭配，一般不说"注册网站"，但可以说"用户注册"。报名指参加某项活动时报告自己的姓名，也指投考或应征时填写姓名、籍贯、年龄等的一种手续，如"入学报名""考研报名""比赛报名"等，日语在此意义上相对应的词语是"申し込む"。

5）テレビ大学に申し込んだ人が 5 万人余りに達した（报名参加电视大学的有五万多人）

古代汉语中"报告"指向组织说明已经来到，宋文莹《玉壶清话》卷六："旧制，宰相报到，未刻方出中书，会岁大热，特许公（赵普）才午归第，遂为永制。"也指"报道、禀报"，唐释皎然《寻陆鸿渐不遇》："报道山中去，归来每日斜"，明吴承恩《点绛唇》曲："数声啼鸟，报到花开了。"现代汉语有"开学报到""报到事项""向大会报到"等说法。日语中"到学校去报到""向大会报到"分别说成：

6）新入生が手続きのために学校に出頭する（新生办理手续去学校报到）

7）大会の事務局に到着したことを報告する（向大会组织部门报到）

"报道"主要指通过报纸、杂志、广播或其他形式把新闻告诉群众，如"新闻报道"，也指用书面或广播形式发表的新闻稿，也写作"报导"。

（26）同居［日汉：同居する、韩汉：동거하다］

　　1）両親と同居する（和父母同住一起）
　　2）동거인을 두다（有同居的人）

现代汉语中"同居"特指"没有婚姻关系的男女非法在一起居住"，古代汉语中泛指在一起居住，《南史·孝义传上·陈玄子》："义兴陈玄子四世同居，一百七口。"唐张籍《征妇怨》诗："妇人依倚子与夫，同居贫贱心亦舒。"《警世通言·范鳅儿双镜重圆》："吕公将回文打发女婿起身，即令女儿相随，到广州任所同居。"同居者指家人，日韩语的用例所指范围与古代汉语相一致，但比现代汉语所指范围更广。

（27）采用［日汉：採用する、韩汉：채용하다］
　　　比较：录用［日汉：採用する、韩汉：채용하다］
　　　　　　采取［日汉：採取する、韩汉：채취하다］
　　　　　　听取［日汉：聽取する、韩汉：청취하다］
日韩语中"采用"表"采纳"义。

　　1）新しい方法を採用する（采用新方法）

表"任用"。

　　2）採用試験／채용　시험（录用考试）
　　3）新人の採用（录用新人）
　　4）회사의 간부로 채용　되었다（作为公司的干部被录用）

现代汉语中，"采用"指"因为合适而使用"，如"编辑部采用了他的那篇稿件""采用新工艺""采用传统中医治疗方法""采用新技术"。《东观汉记·马防传》:"防性矜严公正,数言政事,多见采用。""采用"也有"任用"义,《北史·李彪传》:"帝寻纳宋弁之言,将复采用。"现代汉语"采用"的适用对象比日韩语窄,如涉及人物时,一般说"录用、任用",不说"采用"。类似于这种动词所带宾语的差异还有"采取""听取"。

　　5)指紋を採取する / 지문 채취(采集指纹)
　　6)アワビを採取する(采鲍鱼)

　　古汉语中"采取"指"选取采用""开采、采伐",对象往往比较具体,《汉书·刘向传》:"故采取《诗》《书》所载贤妃贞妇,兴国显家可法则,及孽嬖乱亡者,序次为《列女传》,凡八篇,以戒天子。"《水浒传》第九十八回:"叶清后被邬梨差往石室山采取木石。"现代汉语中"采取"的对象既可以是比较实在的"指纹",但更多的是相对比较抽象的"方针、措施、手段、态度"等。

　　7)事情聴取 / 사정 청취(听取事情)
　　8)범행 동기를 청취한다(听取犯罪动机)
　　9)海外放送の聴取(收听海外广播)
　　10)聴取率(收听率)

　　"听取"在古代汉语中指"听到、听从",《敦煌曲子词·何满子》:"胡言汉语真难会,听取胡歌甚可怜。"宋辛弃疾《西江月·夜行黄沙道中》:"稻花香里说丰年,听取蛙声一片。"现代汉语多用于"听(意见、反映、汇报等)",如"听取工作汇报""听取各方意见"。
　　(28)处分 [日汉:处分する、韩汉:처분하다]
　　日韩语中"处分"指"处理"。

　　1)頓死して、処分なんどどもせざるままに / 갑작스러운 사망으로 관대히 처분한다(由于突然死亡,就宽大处理了)

表"处置、整理"。

2）古い家具を処分する（处置旧家具）

3）先生님의 처분대로 따르겠습니다（按照先生的意见处置）

表"处罚"，如：

4）행정　처분（行政处分）

5）停学処分（停学处分）

6）強制処分（强制处分）

汉语中"处分"常用作"处罚、惩罚"，宋苏舜钦《乞用刘石子弟》："臣近到阙，闻黄德和以退军及妄奏刘平、石元孙叛逆，朝廷已从军法处分。"现代汉语如"处分决定""受到处分""记大过处分"。"处分"在古代汉语中义项较多，有"处理、处置"义，《玉台新咏·古诗为焦仲卿妻作》："处分适兄意，那得任自专"；"指挥、调度"义，《魏书·崔玄伯传》："表等诸军，不为不足，但失于处分，故使小盗假息耳"；"吩咐"义，南朝宋刘义庆《世说新语·尤悔》："（谢安）曾送兄征西葬还，日莫雨，驶小人皆醉，不可处分，公乃于车中，手取车柱撞驭人，声色甚厉"；"决定"义，《二刻拍案惊奇》卷十七："大人虽如此说，甥女岂肯心伏？必得闻舍人自来说明，方好处分"；"举事、反叛"义，《南史·鲁爽传》："孝建元年二月，义宣与爽谋反，报秋当同举。爽狂酒乖谬，即日便起兵……义宣、质闻爽已处分，便狼狈同反。"日韩语汉字词保留了古代汉语的一些义项，比现代汉语所指范围更广。

（29）放心［日汉：放心する、韩汉：방심하다］

1）どうぞご放心ください（请放心）

2）방심은 금물（切忌掉以轻心）

3）남의 방심한 틈을 타다（利用他人麻痹的弱点）

　　韩语中"放心"有和汉语、日语相同意义的"安心"，还有"麻痹大意"的意思。现代汉语中"放心"指"心情安定，没有忧虑和牵挂"，是个离合词，可说"放不下心""放得了心"。元纪君祥《赵氏孤儿》第二折："我程婴不识进退，平白地将着这愁布袋连累你老宰辅，以此放心不下。"古汉语中"放心"还指"放纵之心"，宋司马光《答景仁论养生及乐书》："朝夕出入起居，未尝不在礼乐之间，以收其放心，检其慢志，此礼乐之所以为用也。"引申指"放纵心怀"，唐王维《瓜园诗》："携手追凉风，放心望乾坤"，表"决心、决定"，元无名氏《飞刀对箭》楔子："拿住总管张士贵，放心血溅东南半壁天。"

　　（30）自任［日汉：自任する、韩汉：자임하다］

　　　　比较：自处［日汉：自任する、韩汉：자처하다］

　　　　　　自命［日汉：自任する、韩汉：자처하다］

　　　　　　自封［日汉：自認する、韩汉：자임하다］

　　　　1）食通をもって自任する（以美食家自居）

　　　　2）세계의 제 일인자로 자임하다（自任是世界第一人）

　　　　3）愛国者を自任する／애국자로 자처하다（以爱国者自居）

　　　　4）명나라는 세계의 중심이자 최고의 문명국을 자처하였다（明代自居为世界的中心，有着最高度的文明）

　　　　5）自分で偉いと決め込む（自命不凡）

　　　　6）専門家を自認する／전문가로 자처하다（自封为专家）

　　与现代汉语相比，"自任""自处"在古汉语中使用更为频繁，一些义项现已消失。表"自信、自用"，北齐颜之推《颜氏家训·文章》："慎勿师心自任，取笑旁人也。"指"自觉承担、当作自身的职责"，《三国志·魏书·杜恕传》："是以古人不患于念治之心不尽，患于自任之意不足，此诚人主使之然也。"宋杨万里《夜读诗卷》："幽屏元无恨，清愁不自任。"现代汉语中"自任"可理解为"自己任命"的简称："他自任为第一区的区长"，但不是一个词。"自处"指"安置自己"，《史记·李斯列传》："人之贤不肖譬如鼠矣，在所自处耳。"相当于"自居",《宋书·刘湛传》:"既不能以礼自处,又不能以礼处人。"指"自己处理",《太平广记》卷七十六:"唐太史李淳风,校新历,太阳合朔,当蚀既,于占不吉。太宗不悦曰:'日或不食,卿将何以自处?'曰:'如有不蚀,臣请死之。'"表"独自居住",唐元稹《莺莺传》:"自去秋以来,常忽忽如有所失,于喧哗之下,或勉为语笑,闲宵自处,无不泪零。"今"自处"一般指"独自相处",有一定的书面语色彩,如"他喜欢自处,不喜欢群居"。现代汉语中与之相近的词语还有"自命"和"自封","自命"是"自己认为",如"自命为天下第一才俊""自命清高""自命不凡";"自封"则指"自己给自己加封号",相当于"自命"义,如"自封为钦差大臣""自封为著名语言学家",成语"故步自封",指"固守老的规则、不思变化和进步",都具有一定的贬义色彩。

（31）生成［日汉：生成、韩汉：생성］

日韩语中"生成"表"制成"。

1）新しい薬品を生成する（制成新药）

2）수소와 산소가 서로 작용하여 물이 생성된다（氢和氧相互作用生成水）

表"生长"。

3）地球上に生成する無数の動植物（生长于地球上的无数的动植物）

现代汉语中一般指"（自然现象）形成；经过化学反应而形成；产生"等,如"冻雨的生成有一定的自然条件""氢和氧化合生成水"。还表示"生就""天生如此",如"他生成一副好嗓子""他生成就不好动"。《水浒传》第一百零五回:"那山四面,都是生成的石室,如房屋一般,因此叫做房山。""生成"在古代汉语中还有"养育"义,《晋书·应詹传》:"(韦泓)既受詹生成之惠,詹卒,遂制朋友之服,哭止宿草。"表"长成"义,唐杜甫

《屏迹》诗之一："桑麻深雨露，燕雀半生成。"泛指"生物、物品"，唐杜甫《早行》诗："前王作网罟，设法害生成。"唐赵元一《奉天录》卷四："修神农之播植，垂尧舜之衣裳。凡在生成，孰不庆幸？"日韩语中的"生成"包含汉语词"生长"的一部分意义。

（32）埋没［日汉：埋没する、韩汉：매물하다］

日韩语中表示"埋葬、掩埋"。

　　1）どろ水の中に埋没した家（被泥水埋住了的房屋）
　　2）彼の業績は今は埋没して知る人もない（他的业绩如今被埋没，知者不多）

引申指"专心做某一事情"。

　　3）研究に埋没する（埋头于研究）

比喻"浪费（时间和人才等）"。

　　4）日常の中に埋没する（埋没在日常生活中）
　　5）인재를 매물하다（埋没人才）

古代汉语中，"埋没（mò）"主要指"埋葬"，唐杜甫《兵车行》："生女犹得嫁比邻，生男埋没随百草"，引申指"人不能尽其才、隐而不显"，北周庾信《哀江南赋》："功业夭枉，身名埋没。"《儒林外史》第一回："你埋没在这乡村镇上，虽有才学，谁人是识得你的？"有"泯灭"义，唐韦庄《秦妇吟》："昔时繁盛皆埋没，举目凄凉无故物。"现代汉语中"埋没"一般用其比喻义，指"名声或才能不为人所闻"，专心于某件事一般不说"埋没"，而要说"埋头"。

（33）追尾［日汉：追尾する、韩汉：추돌하다］

　　比较：追突［日汉：追突する、韩汉：추돌하다］

　　1）ミサイルが敵機を追尾する（导弹跟踪敌机）

　　"追尾"在古代汉语中指"追寻、尾追"，与日语的"追尾"义近，《新唐书·时溥传》："溥遣将李师悦等追尾巢至莱芜，大破之。"现代汉语中专指"汽车追尾""列车追尾"，义项范围较小。日韩语在这个意义上相对应的词语是"追突"。

　　2）2台の自動車が高速で追突する（两辆汽车在高速上追尾了）
　　3）추돌　사고（追尾事故）

（34）驱使［日汉：駆使する、韩汉：구사하다］

　　1）コンピューターを駆使する（熟练使用计算机）
　　2）日本語を自由に駆使する（日语说得很流利）
　　3）미사 여구로 구사한 문장（使用美词丽句写成的文章）

　　"驱使"在古代汉语中指"差遣；役使"，对象一般指人或牲畜，唐韩愈《应所在典贴良人男女等状》："右准律，不许典贴良人男女作奴婢驱使。"《三国志·吴书·张昭传》："夫为人君者，谓能驾驭英雄，驱使群贤，岂谓驰逐于原野，校勇于猛兽者乎？"现代汉语中"驱使"指"强迫人按照自己的意志行动"，如"把人当牛马一样驱使"；还指"推动"，如"受责任的驱使""被好奇心所驱使"，但"计算机、语言"等不能成为驱使的对象。

（35）成长［日汉：成長する、韩汉：성장하다］
　　　　比较：生长［日汉：成長する、韩汉：성장하다］
　　日韩语中"成长"表"孩子长大成人"。

　　1）成長して大人になる（长成大人）
　　2）아이가 행복한　가정에서 성장했다（孩子在幸福的家庭中成长）

表"增长、发展"。

　　3）経済の安定成長（经济的稳步发展）
　　4）高度の成長をとげた（获得了高度的发展）
　　5）그 회사가 세계 10 대　회사로 성장했다（那家公司已发展为世界十大公司之一）
　　6）成長テンポ（增长速度）

现代汉语中，"成长"一般用于人（主要指孩子）或植物等的生长并向成熟的阶段发展，也用于事物（如公司等）的由小变大，如"健康成长""茁壮成长""成长壮大""成长为对人民有用的人"。经济发展一般用"增长"，"由于金融危机的影响，全球经济增长缓慢""公司的效益稳步增长"。相近似的词语还有"生长"，一般指"生物体在一定的生活条件下，体积和重量逐渐增加"，如"生长期""生长过程"，一般不用来指非生物体或社会现象。

（36）经营［日汉：経営、韩汉：경영］
　　　比较：运营［日汉：運営、韩汉：운영］
　　　　　营运［日汉：運行と営業する、韩汉：운행　영업하다］

"经营"在日韩语中使用比较普遍，表"治理"。

　　1）大陸経営（经营大陆）
　　2）국가의 경영을 책임지다（负责国家的治理）

表"经办事业"，多用于工商企业。

　　3）多種的経営（多种经营）
　　4）事業を経営する（经营事业）
　　5）学級経営（作班级指导工作）
　　6）経営の才がある（有经营的才干）
　　7）経営学（经营学、企业管理学）

8）経営資金（流动资金、周转资金）

9）회사의 경영（公司的经营）

10）식당을 경영하다（经营食堂）

本例中"经营"的各类组合大都可以迁移到汉语中来。"经营"在古代汉语中指"筹划营造"，《尚书·召诰》："越三日戊申，太保朝至于洛，卜宅。厥既得卜，则经营。"又指"规划营治"，《史记·项羽本纪》："自矜功伐，奋其私智而不师古，谓霸王之业，欲以力征经营天下，五年卒亡其国。""经营"还有"往来、周旋之义"，《后汉书·冯衍传下》："疆理九野，经营五山，眇然有思陵云之意。"李贤注："经营，犹往来。"现代汉语中，"经营"一般指经办管理，多用于工商企业等，当是受日语的影响，如"经营企业""苦心经营""惨淡经营""公司经营得很好"，也作名词，如"经营学""经营学会"。

日韩语中"运营"比喻机构有组织地进行工作。

11）学会を運営する（学会的运营）

12）회사를 운영하다（公司运营）

13）운영을 잘 한다（运营得好）

汉语中，"运营"主要指"车船等的运行和营业"，如"汽车运营""运营里程""运营区间"，也说"营运"。日韩语中相对应的汉字词是"运转"（運転、운전）。

14）自動車の運転（汽车运营）

15）안전 운영（安全运营）

现代汉语中如"公司正常运营""游乐场星期日照常运营"，"运营"的用法应该来自日语。但"营运"在近代汉语中业已存在，常指经商，《醒世恒言·三孝廉让产立高名》："不如早早分析，将财产三分拨开，各人自去营运，不好么？"也表示"营生、生计"，明郑若庸《玉玦记·改名》："不如归家，寻些营运，有暇再来，免得误你。"

（37）演出［日汉：演出する、韩汉：연출하다］

　　　　比较：表演［日汉：演出する、韩汉：연출하다］

"演出"在日韩语中还指"导演、监制"，如"演出台本（脚本）、演出法（演出艺术）、演出家（导演）、演出效果（舞台效果）"。

　　1）劇を演出する（导演戏剧）

　　2）演出のよしあしで劇の評価が決まる（监制的好坏决定剧的评价如何）

　　3）그　때 그가 극적인 상황을 연출했다（那时他编导了富有戏剧性的场景）

表"组织安排"。

　　4）結婚式も最近はこった演出をする（近来结婚典礼也非常讲究）

　　5）国際会議の演出を担当する（负责组织国际会议）

古汉语中，"演出"有"演变而出"之意，明胡应麟《诗薮·周汉》："文姬自有骚体《幽愤诗》一章，虽词气直促，而古朴直至，尚有汉风。《胡笳十八拍》或是从此演出，后人伪作。"表示"偷偷地出行"，《好逑传》第二回："（铁公子）骑了一匹白马，只叫一人跟随，竟暗暗演出齐化门来，并不使一人知觉。"现代汉语中"演出"指"表演"，如"文艺演出""汇报演出""演出节目""演出时间"；有比喻义，如"他们艰苦创业，克服重重困难，演出了一幕新时代的活报剧"。"演出"与"表演"在词义方面有交叉："演出"指把戏剧、舞蹈、曲艺、杂技等表演给观众欣赏，也可以指代这一过程，如"演出杂技""演出相声"或"精彩的演出""汇报演出"；"表演"常见的组合，如"表演杂技""表演相声""精彩的表演"，但"魔术表演"或"表演魔术"一般不用"演出"。"表演"有比喻的用法，如"人生舞台上精彩的表演""政治舞台上丑陋的表演"，相当于"表现"。

（38）变化［日汉：变化、韩汉：변화］

　　　　比较：改变［日汉：改变、韩汉：개변］

　　　　　　　变更［日汉：变更、韩汉：변경］

　　"变化"指事物在形态或本质上产生新的状况，但日韩语中"变化"一般用作名词，作动词时，用"かわる、かえる、바뀌다、달라지다"等。

　　　　1）このところは大きな変化がありました（这个地方发生了很大的变化）

　　　　2）변화는 점진적으로 발생한다（变化是逐步发生的）

　　　　3）人々の考え方がかわった（人们的想法改变了）

　　　　4）生活様式をかえる（改变生活方式）

　　　　5）전략을 바꾸다（改变战略）

　　《易·乾》："乾道变化，各正性命。"孔颖达疏："变，谓后来改前；以渐移改，谓之变也。化，谓一有一无；忽然而改，谓之为化。"佛教上指"转换旧形，无而忽有"，《坛经·忏悔品》："一念思量，名为变化。"现代汉语中，"变化"可用作动词，也可用作名词，用作动词时指"改变"，如"他变化得真快""二十年过去他几乎没有什么大的变化"，可说"变化明显""变化剧烈"。"改变"在古汉语中指"事物产生显著的差别"，《孔子家语·弟子行》："祈奚曰：'每位改变，未知所止，是以不敢得知也。'"唐白居易《重到渭上旧居》诗："人物日改变，举目悲所遇。"也指"改换、更改"，明黄元吉《流星马》第二折："小生黄廷道，自离了京师，改变了衣服，随身带些干粮。"日韩语中与"变化"相对应的汉字词还有"改变（改变する，개변하다）""变更（变更する、변경하다）"，使用时可以互相替代。

　　　　6）記事内容を改変する（改变记事内容）

　　　　7）国政の改変（改变国政）

　　　　8）시설을 개변하다（改变设施）

　　　　9）계획을 변경하다（变更计划）

10）計画を変更する（变更计划）

11）날짜를 변경하다（变更日期）

　　现代汉语中，"变化""改变""变更"在词义上有相似之处。"改变"主要作及物动词，如"改变计划""改变方式"，也可作名词，如"一点改变也没有""他看不出有什么改变"。

形容词类

（39）变态［日汉：変態、韩汉：변태］

　　　比较：变形［日汉：変形する、韩汉：변형하다］

1）変態性欲（性变态）

2）변태　심리（心理变态）

3）変態繽紛として、神なり又神なり（千变万化、神出鬼没）

指具体形体的变化是"变形（变形する、변형하다）"：

4）彼は顔がやせて変形している（他脸快瘦得变形了）

5）자동차가 충돌하여 변형하다（汽车撞得变形了）

　　"变态"在古代汉语中指"万事万物变化的不同情状"，《荀子·君道》："贫穷而不约，富贵而不骄，并遇变态而不穷，审之礼也。"《新唐书·艺文志一》："历代盛衰，文章与时高下。然其变态百出，不可穷极，何其多也。"现代汉语的"变态"主要指一种变态的精神，义项范围比日韩语小。"变形"一般指具体事物外表形体的改变，如"脸都气得变形了"。"变形金刚"指一种可以变化形状的玩具，日语トランスフォーマー，韩语트랜스 포머，来源于英语的 Transformers。

（40）仔细［日汉：子細、韩汉：자세］

　　　比较：详细［日汉：詳細、韩汉：상세］

　　1）子細に検討する（详细地检查）

　　2）자세한 내용은 모른다（不知道详细的内容）

　　3）자세히 물어보다（详细地打听）

　　4）詳細に述べる（详细地陈述）

"仔细"在日语中还表"事情的缘由""障碍"，相当于一个名词。

　　5）子細を語る（述说缘由）

　　6）子細もあるまい（没有障碍吧）

　　"仔细"在现代汉语中主要用作形容词，如"他把题目仔细看了两遍""他看得很仔细"。引申为"当心、小心"，如"路太滑，仔细点儿！"这些义项由古汉语一脉相承而来，唐杜甫《九日蓝田崔氏庄》："明年此会知谁健，醉把茱萸仔细看。"元刘唐卿《降桑椹》第二折："哥也看仔细些，莫要掉将下来！"日语中还进一步引申为"缘由、障碍"。古汉语中"仔细"也有名词的用法，相当于"底细"，《武王伐纣平话》卷上："更无一人告与太子，太子不知仔细，方免娘娘之忧也。""仔细"和"详细"在现代汉语中一般都用作形容词，在词义上有相通之处，但也有不同："仔细"多指人做事细致，"详细"多指事情本身周密完备，"他做事很仔细"不说"他做事很详细"，"看书看得很仔细"不说"看书看得很详细"，"详详细细一本账"也不说"仔仔细细一本账"。

　　（41）高尚［日汉：高尚、韩汉：고상］

　　　　　比较：高深［日汉：高尚で深い、韩汉：고심］

　　"高尚"在日韩语中指程度高、深。

　　1）高尚な趣味（高尚的趣味）

　　2）高尚な学問（高深的学问）

　　3）고상한 옷차림（高贵的装束）

　　4）고상한 말을 쓰자（说话文雅些）

　　汉语中的"高尚"多指"品德、节操等的高洁"，或"有意义、非低级趣味"，《后汉书·党锢传·李膺》："天下士大夫皆高尚其道，而污秽朝廷。"《晋书·隐逸传·陶潜》："潜少怀高尚，博学善属文，颖脱不羁，任真自得，为乡邻之所贵。"表示学问、学习等的程度深，汉语一般说"高深的学问"，日韩语分别说"高度（こうど）""深奥（심오하다）"。

　　5）高度な知識（高深的知识）
　　6）강좌의 내용은 매우 심오하다（讲座的内容非常高深）

（42）满足［日汉：满足する、韩汉：만족하다］
　　　比较：满意［日汉：满足する、韩汉：만족하다］
　　　　　　不满［日汉：不满だ、韩汉：불만스럽다］
日韩语中"满足"表示"满意"。

　　1）いまの生活を満足している（满足于现在的生活）
　　2）十分満足する（十分满意）
　　3）만족해（感到满足）

"满足"还指"符合要求"。

　　4）この方程式を満足するＸの値を求めよ（试求符合此方程式要求的Ｘ值）

表示"完满"。

　　5）食事も満足にできないほど忙しい（忙得连饭都不能好好吃）
　　6）手紙も満足に書けない（连封信都写不好）
　　7）작은 수확에도 만족하는 사람（对小的收获也能满足的人）
　　8）このやり方には不満です（这种做法让我很不满）

古汉语中"满足"表示对某一事物感到已经足够,《南齐书·张敬儿传》:"(敬儿)自称三公。然而意知满足,初得鼓吹,羞便奏之。"可以带宾语,宋曾巩《与王介甫第三书》:"而介甫于此独能发明其志,读之满足人心,可谓能言人之所不能言者矣。"现代汉语有"满足现状""满足要求""满足于书本的内容"等,"满足"还指"达到一定期限",明贾仲名《金安寿》第一折:"为因蟠桃会上,金童玉女一念思凡,罚往下方,投胎托化,配为夫妇。他如今业缘满足,铁拐李,你须直到人间,引度他还归仙界。""满足"还可以是形容词,如"十分满足""非常满足"。汉语中"满意"与"满足"意义相近,指意愿得到满足,汉王充《论衡·佚文》:"奏记长吏,文成可观,读之满意,百不能一。"宋张端义《贵耳集》卷上:"元祐初,司马公薨,东坡欲主丧,遂为伊川所先,东坡不满意。""满意"还指"一心一意",《战国策·齐策四》:"孟尝君逐于齐而复返。谭拾子迎之于境,谓孟尝君曰:'君得无有所怨齐士大夫?'孟尝君曰:'有。''君满意杀之乎?'孟尝君曰:'然。'"《二十年目睹之怪现状》第七十回:"我这回进京,满意要见焦侍郎,代小儿求一封信,谋一个馆地。"现代汉语中有成语"心满意足",常用搭配如"对……很满意""满意自己的成绩""满意他的做法""不满意自己的汉语水平"。日韩语中没有跟汉语"满意"直接相对应的汉字词,但跟"满足"有时形成对应。

9)先生はこの学生にとても満足しています(老师对这个学生很满意)

10)그는 자신의 이번 시험 성적에 만족하지 않는다(他不满意自己这次考试的成绩)

(43)杰出 [日汉:傑出する、韩汉:걸출하다]

1)これは傑出した意見だ(这是极其宝贵的意见)

2)傑出した人物(杰出的人物)

3)그는 생김새가 걸출하고 인품도 훌륭하다(他容貌杰出,人品也很优秀)

汉语中"杰出"一般指"人物杰出""才能杰出"，但一般不说"杰出的意见"，唐司空图《与王驾评诗书》："国初，主上好文雅，风流特甚。沈、宋始兴之后，杰出于江宁，宏肆于李、杜，极矣！""杰出"在古代汉语中还指山峦、楼宇等的高耸、突出，北魏郦道元《水经注·河水四》："河中竦石杰出，势连襄陆。"清姚莹《游榄山记》："楼宇杰出，绕屋芭蕉径丈。"现代汉语的义项范围有所缩小。

（44）清洁［日汉：清潔、韩汉：청결］

比较：洁净［日汉：清潔する、韩汉：정결하다］

廉洁［日汉：清廉する、韩汉：청렴하다］

清廉［日汉：清廉する、韩汉：청렴하다］

1）清潔な政治（清廉的政治）

2）清潔な娘さん（清秀的姑娘）

3）청결한 복장（清洁的服装）

4）手を清潔にする（把手弄干净）

5）清廉潔白な人 / 청렴 결백한 사람（廉洁清正之人）

古汉语中，"清洁"指"清正廉洁"，《汉书·尹翁归传》："翁归为政虽任刑，其在公卿之间，清洁自守，语不及私。"《梁书·良吏传·孙谦》："（孙谦）既至，高祖嘉其清洁，甚礼异焉。"现代汉语中"清洁"主要指"没有尘土、油垢等"，如"家里很清洁""注意清洁卫生"，也可作动词，如"清洁厕所""清洁面部"，日韩语例的一些义项由"廉洁"充当，词义范围有所缩小。现代汉语中"洁净"一般指空气、水、环境等质量优良，古代汉语还表示纯洁无邪、简洁，明袁宗道《陶编修石篑》："此君气和骨硬，心肠洁净，眼界亦宽。""廉洁"古今都指为官清正，不贪财物，《汉书·贡禹传》："禹又言孝文皇帝时，贵廉洁，贱贪污。"现代汉语如"廉洁奉公""做事廉洁"。

（45）愉快［日汉：愉快、韩汉：유쾌］

比较：快乐［日汉：快楽、韩汉：쾌락］

欢乐［日汉：喜び、韩汉：기쁨］

1）愉快に時を過す（愉快地度过）

2）愉快な人（快乐的人）

3）오늘 저녁은 참 유쾌했다（今晚很愉快）

4）広場に喜びの歌声が満ち溢れている（广场上洋溢着欢乐的歌声）

5）그것을 듣고 기쁨도 남다릅니다（刚一听到那个消息，顿觉不同寻常的快感）

"愉快"在日语中还有"奇怪"之义。

6）あいつが入学できたとは愉快だ（他竟然能考上学校，令人莫名其妙）

7）愉快犯（以犯罪惹事为乐的罪犯）

"愉快"在古代汉语中指"快乐、适意"，《史记·酷吏列传》："非武健严酷，恶能胜其任而愉快乎！"清和邦额《夜谭随录·邱生》："晡时，僧却回，色殊愉快。"现代汉语多说"祝你愉快""生活愉快""过得很愉快"。"快乐"在现代汉语中是形容词，如"生日快乐""幸福快乐"。"快乐""欢乐"在日韩语中一般指感情和欲望的满足，多指性方面放纵的生活。

8）快楽を求める（追求快感）

9）인생의 쾌락（人生的快乐）

日语的"歓楽街（かんらくがい）"相当于汉语的"吃喝玩乐一条街"。

（46）明朗［日汉：明朗だ、韩汉：명랑하다］

　　比较：开朗［日汉：明るい、韩汉：개운하다］

韩语中指"心地明亮""开朗、爽快"。

1）明朗な性格（明朗的性格）

2）명랑한 아침（明朗的早晨）

"明朗"在古代汉语中还指"天气明亮""光线充足"，"事物或事态逐渐变得清晰、清楚"。唐韩愈《贺太阳不亏状》："自卯及巳，当亏不亏，虽有阴云，转更明朗。"《元典章·户部四·婚姻》："若夫妇不相安谐而和离者，不坐，须要明朗写立休书。"现代汉语如"皓月当空、夜色明朗"，"3 比 0，北京国安队出线的前景变得明朗起来"。汉语中"开朗"指"开阔明亮"，晋陶渊明《桃花源记》："初极狭，才通人，复行数十步，豁然开朗"，也指"乐观、爽朗"，《晋书·长沙王乂传》："乂身长七尺五寸，开朗果断，才力绝人，虚心下士，甚有名誉。""他是一个性格开朗的人。"日韩语中与"开朗"相对应的表达是"明るい、개운하다"。

3）明るい社会（清明的社会）
4）마음이 개운하다（心情开朗）
5）오늘 하늘은 유달리 넓고 밝다（今天的天空格外晴朗）

表示性格开朗，韩语可说"낙관（乐观）""명랑（明朗）"。

6）그의 생각은 매우 낙관적 이다（他的性格很开朗）
7）명랑한 성격（开朗的性格）

副词类
（47）随时［日汉：随時、韩汉：수시］
"随时"日韩语中表"临时"。

1）必要に応じて随時開催する（应需临时召开）
2）수시로 요구에 응하다（满足临时的要求）

表"任何时候"。

3）随時受けつけます（随时采纳）

"随时"在古代汉语中有"任何时候、不拘何时"之义，唐骆宾王《与程将军书》："随时任其舒卷，与物同其波流者矣。"还有"顺应时势，切合时宜"义，《国语·越语下》："夫圣人随时以行，是为守时。"韦昭注："随时：时行则行，时止则止。""随时"指"随着季节时令"，南朝宋谢灵运《山居赋》："夏凉寒燠，随时取适。"现代汉语"随时"一般指"任何时候"，"随时随地"指"依照当时的情形，在不同时间、地点"。

二 日韩语汉字词的词义范围比现代汉语词小

看表 5-3 汉语和韩语比较的例子。

表 5-3　汉语和韩语语义范围比较举例

汉字词	现代汉语义	韩语义
과거（過去）	1. 表时间：现在以前 2. 离开或经过说话人所在地向另一地方去：门口刚过去一辆汽车 3. 用在动词后，表示离开或经过自己所在的地方：把球踢过去 4. 用在动词后，表示反面对着自己：把书翻过去 5. 用在动词后，表示失去正常的状态：昏过去 6. 用在形容词后，表示超过，多跟"得""不"连用：鸡蛋还能硬得过石头去	过去（表时间）
장부（丈夫）	1. 女性的配偶 2. 有所作为的人：大丈夫 3. 男人	壮年男子、男人
순수（純粹）	1. 纯净、不含杂质 2. 副词，相当于"全" 3. 思想纯洁	纯净
친구（親舊）	亲戚、世交	朋友
배양（培養）	用于植物和人	植物

续表

汉字词	现代汉语义	韩语义
단정（端正）	除用于容貌、品行外，还用于态度	仅用于容貌、品行
의견（意见）	除想法、看法、建议外，还包括"不满"	指想法、看法、建议
대상（对象）	除对手、对方外还指男女朋友、恋人	指对手、对方
긴장（紧张）	用于精神、物质、时间、金钱、关系、节奏、气氛等多方面	用于精神方面
개표（开票）	投票后打开票箱、开发票	计算选票
경리（经理）	经营管理、经理、照料	经营管理

以下结合日韩语的情形分类举例。

名词类

（48）人家［日汉：人家、韩汉：인가］

汉语的"人家"有 rénjiā 和 rén·jia 两读，表示的意义也不同。读 rénjiā 时，表示"住户、家庭、女子未来的丈夫家"。日韩语中"人家"指"住户、住家"。

　　1）人家も稀な山中（人烟稀少的山中）
　　2）인가와 떨어져 있다（远离人家）

日韩语的"人家"没有汉语的"嫁人家"、即女子嫁往夫家的意义。相应的意思，日语要说成"彼女にいいなづけがいる"。读 rén·jia 时，汉语指"别人""某些人"或代指"我"，一般在表示亲热或俏皮时使用。相应的日韩语例。

　　3）人がなんと言おうが僕は平気だ（人家说什么我不在乎）
　　4）あの人は金持ちだから、こちらとはくらべものにならない（人家有钱咱不能跟人家比）
　　5）こちらは心配でいらいらしているのに、むこうはけろりとして

いる（人家挺着急的，他倒好像没事似的）

　　6）남을 탓만 하지 마라（你别光埋怨人家）

（49）性格［日汉：性格、韩汉：성격］

　　1）先天の性格（先天的性格）

　　2）性格が弱い（性格软弱）

　　3）성격이 급하다（性情急躁）

　　4）인물이 성격 묘사가 뛰어나다（人物性格描写十分突出）

　　现代汉语中的"性格"除指人的脾性外，还指人的品格，如"人物性格""性格冲突""他是一个很有性格的人"，多指人在态度和行为上表现出来的心理特征，如"性格孤僻""性格高傲"，日韩语中的"性格"除了指人，还指事物。

　　5）性格の異なる組織（性质不同的组织）

　　6）사건의 성격을 파악하다（准确把握事件的性质）

　　7）일의 성격（工作性质）

（50）气色［日汉：気色、韩汉：기색］

　　1）気色を窺う／기색을 살피다（察言观色）

　　2）노한 기색（怒容）

　　3）눈이라도 내릴 기색이다（看样子要下雪）

　　4）気色が悪い（心情不愉快）

　　"气色"在汉语中指"人的精神和面色"，如"他容光满面，气色非凡"。《汉书·翼奉传》："故臧病则气色发于面，体病则欠申动于貌。""气色"在古代汉语中还指"景色、景象"，《六韬·兵征》："凡攻城围邑，城之气色如死灰，城可屠。"明何景明《立春管汝济见过次韵》："胜日高人过，蓬门气色新。”

（51）相貌［日汉：相貌、韩汉：용모］

　　比较：容貌［日汉：相貌、韩汉：용모］

　　　　　面貌［日汉：面貌、韩汉：면모］

1）死人のような相貌（死人般的相貌）

2）末期的相貌（晚期的相貌）

3）아직도 그의 용모를 기억하고 있다（到现在还记得他的容貌）

　　“相貌”在日语中指“非同一般的相貌、容貌”，引申指“样子、情况”，韩语相对应的是“용모（容貌）”。汉语中既有“相貌”，也有“容貌”，《敦煌变文集·目连救母变文》：“忽下山宫澄禅观，威凌相貌其巍峨。”“相貌堂堂”指人的仪表端庄魁梧，《三国演义》第一回：“玄德看其人：身长九尺，髯长二尺；面如重枣，唇若涂脂；丹凤眼，卧蚕眉：相貌堂堂，威风凛凛。”《论语·泰伯》：“君子所贵乎道者三：动容貌，斯远暴慢矣；正颜色，斯近信矣；出辞气，斯远鄙倍矣。”“面貌”在三国语言中指人的“面相、容颜”，其中韩语和汉语现在还指事物所呈现的景象、状态，如精神面貌、시대의 면모（时代面貌）、社会面貌。

（52）事业［日汉：事業、韩汉：사업］

　　比较：企业［日汉：エンタープライズ、韩汉：기업］

　　　　　职业［日汉：職業、韩汉：직업］

1）事業界／사업계（商界）

2）社会事業（社会事业）

3）慈善事業（慈善事业）

4）事業に失敗する（事业失败）

5）사업을 시작하다（开始事业）

"事业"在现代汉语中一般指"人所从事的，具有一定目标、规模和系统而对社会发展有影响的经常活动"，如"革命事业、进步事业、文化事业"；还特指"没有生产收入，由国家经费开支，不进行经济核算的事业（对'企业'而言）"，如"事业编制""事业费""事业单位"。古代汉语中，"事业"指事情的成就、功业，《易·坤》："美在其中，而畅于四支，发于事业，美之至也。"孔颖达疏："所营谓之事，事成谓之业。"元秦简夫《赵礼让肥》第四折："男儿立事业，何用好容颜？铜刀安社稷，匹马定江山。""事业"指"政事"，《荀子·君道》："故明主有私人以金石珠玉，无私人以官职事业。""事业"指"职业"，《管子·国蓄》："君有山海之金，而民不足于用，是皆以其事业交接于君上也。"马非百《管子轻重篇新诠》六："事业即职业。""事业"指"家业、产业"，《老残游记》第五回："若说叫于大奶奶去吧，两个孙子还小，家里偌大的事业，全靠他一人支撑呢！""事业"在古代特指"耕稼、劳役"，《荀子·富国》："事业，所恶也；功利，所好也。"杨倞注："事业谓劳役之事。"指"才能"，宋赵令畤《侯鲭录》卷四："唐末五代，权臣执政，公然交赂，科第差除，各有等差。故当时语云：'及第不必读书，作官何须事业。'"现代汉语词义所指范围相比日韩语有所缩小。"企业"在汉语中指从事生产、销售、运输、贸易等经济活动的部门，常见词语如"企业化、企业家、中资企业、企业经营、合资企业、企业效益"。汉语中"职业"跟"事业、企业"相比差别较大，常用义指个人在社会中所从事的作为主要生活来源的工作，但在古代，"职业"有事业、职务、职分等多个义项；现代汉语的"职业训练、职业军人、职业意识、职业指导、职业病、职业篮球"等都可以直接从日韩语中迁移过来，但像"職業婦人"汉语叫"职业女性"，"職業案内"汉语叫"职业咨询"或"职业指导"。

（53）阶段［日汉：階段、韩汉：계단］

比较：阶梯［日汉：階段、韩汉：계단］

1）階段教室（阶梯教室）

2）계단 식밭（梯田）

3）계단을 오르내리다（走上台阶）

4）사십　계단을 오르면 절의　문이 있다（爬上四十节台阶，就是寺庙的门）

日韩语中还有"段階、단계"，跟"阶段"用法相同。汉语中"阶"本义指"台阶"，《史记·魏公子列传》："赵王扫除自迎，执主人之礼，引公子就西阶。公子侧行辞让，从东阶上。""阶段"在汉语中常见的意义是指事物发展进程中划分的段落，多表示时间，如"发展阶段、创作阶段、排演阶段、扫尾阶段"等；"阶梯"指台阶和梯子，比喻向上的凭借或途径，如"书籍是人类文明进步的阶梯"，日韩语中的"階段教室"汉语称"阶梯教室"。

（54）境界［日汉：境界、韩汉：경계］

"境界"指"区域的界限"。

1）境界線（边境线）

2）경계를 설정하다（设定边界）

"境界"原是佛教用语，指"受到因果报应的境遇"，《无量寿经》卷上："比丘白佛，斯义弘深，非我境界。"在古代汉语中指"疆界、土地的界限"，《后汉书·仲长统传》："当更制其境界，使远者不过二百里。"指一般的境况、情景，宋陆游《怀昔》诗："老来境界全非昨，卧看萦帘一缕香。"指事物所达到的程度或表现的情况，特指诗、文、画等的意境。此义一直沿用至今，现代汉语如"高尚的境界、人生的境界"。

（55）老眼［日汉：老眼、韩汉：노안］

日韩语中的"老眼"指"老花眼"，"老眼镜／노안경"指"老花镜"。汉语的"老眼"指老年人的眼睛，宋张元干《菩萨蛮》词："老眼见花时，惜花心未衰。"也指老年人的眼力，引申指辨别是非好坏的能力，唐杜甫《闻惠二过东溪特一送》："皇天无老眼，空谷滞斯人。"还指"旧眼（小洞、窟窿）"，"老眼镜"有时指"旧眼镜"，不一定是老花镜，汉语的义项多于日韩语。

（56）机械［日汉：機械、韩汉：기계］

比较：机器［日汉：機械、韩汉：기계］

日韩语中，汉语的"机器"一词都说成"机械（機械、기계）"。

　　1）機械を動かす / 기계를 움직이다（开动机器）
　　2）工作機械 / 공작　기계（工作机器）

指人办事机械、不灵活，日韩语分别说：

　　3）彼の考え方は機械的にすぎる（他的思考方式太机械了）
　　4）그는 너무 기계적　이다（他太机械了）

　　日韩语中也有些是用外来语的发音，如"机器人"日韩语分别是ロボット、로봇，是 robot 的音译。
　　现代汉语中，"机器、机械"是不同的词，但两者之间又有着密切的联系。古汉语中，"机器"指"机械、器具"，宋黄庭坚《和谢公定河朔漫成》之二："直渠杀势烦才吏，机器爬沙聚水兵。"后指由零件装成，可运转，能变换能量或产生有用功的装置，清黄钧宰《金壶浪墨·刘中丞书》："且彼制造物件，均用机器，较中国之用人力者，固有灵钝之别。"这成为现代汉语的常见用法，"机器"一词也比喻抽象的意义，指机构或活动的机体，如"国家机器""战争机器"。"机械"指利用力学等原理组成的各种装置，如各种机器、杠杆、枪炮等，在古代汉语中也早就出现，如《庄子·天地》："吾闻之吾师，有机械者必有机事。""机械"在古汉语中还指"巧诈；机巧"，如《淮南子·原道训》："故机械之心，藏于胸中，则纯白不粹，神德不全。"高诱注："机械，巧诈也。""机械"指"桎梏，束缚"，金蔡松年《庚申闰月从师还自颍上对新月独酌》诗："自要尘网中，低眉受机械。"引申指"不灵活、呆板"，现代汉语如"他机械地点点头""做事情不要太机械"。
　　（57）对象［日汉：对象、韩汉：대상］

　　1）攻撃の対象となる（成为攻击的对象）
　　2）소남 소녀를 대상으로 한 잡지（以少男少女作为对象的一本杂志）

　　"对象"在三国语言中都有"行动或思考时作为目标的人或事物"之义,汉语中还有"恋人""配偶"一类的说法,相当于"男女朋友"或"妻子、丈夫",多见于口语,如"两个人处对象""这是我对象","对象"可以作为离合动词使用,如"两个人到现在还没对上象"。

　　动词类

　　(58)分离〔日汉:分離、韩汉:분리〕

　　　　比较:分别〔日汉:別れる、韩汉:이별하다〕

　　　　　　告别〔日汉:告別する、韩汉:고별하다〕

　　　　　　分开〔日汉:分かれる、韩汉:헤어지다〕

　　　　1)分離課税(分别征税)

　　　　2)分離器(分离器)

　　　　3)본교에서 분리되어 분교로 되다(从本校分离出来成了分校)

　　　　4)기업에서 교육 사업을 따로 분리시키다(教育工作从企业中分离出来了)

　　　　5)행정과 사업을 분리하다(把行政与司法相分离)

　　汉语中"分离"表示"别离",汉东方朔《七谏·哀命》:"何君臣之相失兮,上沅湘而分离。"现代汉语中有"骨肉分离""两人永不分离"的说法。表"分开",《战国策·秦策四》:"刳腹折颐,首身分离。"现代汉语中"分离"后可带宾语,如"分离出物质"。"分离"与"分别"都有"别离"义,如"骨肉分离""他们分别已有十年了"。"分离"还有"分开"义,如"理论和实践相分离";"分别"有"辨别"义,"分别是非""分别轻重缓急",表示"不同""各自"义,可以当名词,如"看不出有什么分别";也可以作副词,如"分别对待""分别回答""分别访问了困难农户"。日语中与"分别"义相对应的是"別れる"。

　　　　6)半年別れた後でまた会った(分别了半年又见面了)

"分别主次""分别公私"中的"分别"相当于"区别""区分"，日语
说成：

　　7）主要なものと副次的なものを区別する（区别主次）
　　8）公私のけじめをつける（公私分明）

"分别"作副词时，相对应的日语表达是それぞれ、别々に、次々に、手
分けして等，如：

　　9）会長と秘書長がそれぞれ彼と会談を行った（会长和秘书长分别
跟他举行了会谈）

韩语中，与"分别"相对应的汉字词有"이별（離別）""구분（区
分）""개별（个别）"等多个。韩语固有词如"헤어지다、가르다、각각、따
로따로"等也表示类似的意思。

　　10）선악을 구분하다（分别善恶）
　　11）따로따로 처리하다（分别处理）

韩语中，还有汉字词"고별（告別）"。

　　12）친구에게 고별한다（向朋友告别）

"分手"日韩语分别是"別れる、헤어지다"。

　　13）私たちは驛で別れたものです（我们是在火车站分手的）
　　14）너와 헤어진지 일년이 된다（与你分手已经一年了）

"告别"指向主人辞别，辞行，《后汉书·郅恽传》："恽于是告别而去。"

也说"离别、离开"，唐杜甫《酬孟云卿》诗："相逢难衮衮，告别莫匆匆。"现代汉语中可说"告别父母""告别过去""跟父母告别""与过去告别"。"分手"指"分别"，引申指"结束互相之间的关系"，如"两个人在村口分手了""他们谈了十年恋爱后还是分手了"，"分手"后不带宾语，也不说"分一下手""分一分手"，"告别"可说"告个别""告下别"。"分开"指"使人或物不聚在一起"，日韩语中没有直接对应的汉字词，可说"別れる、別々になる、分ける"。

15）両親と子供は別れてからもう20年になる（父母和孩子分别已经二十年了）

16）よいものと悪いものを分ける（把好的和坏的分开）

韩语中相对应的说法是갈라지다、떨어지다、헤치다等。

17）두 형제가 갈라진지 이미 3년이 되었다（弟兄两人分开已经三年了）

18）그는 손으로 사람들을 헤치고 연단 앞으로 나아갔다（他用手分开人群，挤到台前）

《金瓶梅词话》第九回："那西门庆不听万事皆休，听了此言，正是：'分开八块顶梁骨，倾下一桶寒冽水。'"《文明小史》第三回："当下到得明伦堂上，人头挤挤，议论纷纷，他便分开众人，在地当中摆下一张桌子。"现代汉语中"分开"是一个述补结构，可说"把两人分开""我和爸爸分开住"，也可说"分得开""分不开"。

（59）告诉［日汉：告訴、韩汉：고소］

1）告诉書（控告书）

2）고소의 취소（取消上诉）

日韩语中的"告诉（gàosù）"是与诉讼相关的词语，现代汉语中也可特指被害人或其法定代理人向法院提起诉讼，如1979年的《中华人民共和国刑法》第二编第七章："第一百七十九条……告诉的才处理。"系沿用古汉语，《汉书·成帝纪》："刑罚不中，众冤失职，趋阙告诉者不绝。"引申为"一般的告知、对人说明"，宋杨万里《景灵宫闻子规》："今年未有子规声，忽向宫中树上鸣。告诉落花春不管，裴回晓月恨难平。""告诉"在现代汉语口语中的常用义是"告知"，诉读轻声。

（60）归还［日汉：帰還する、韩汉：반환하다］

　　1）月から地球に無事帰還する（从月球平安回到地球）

　　2）図書を返す / 도서를 반환하다（归还图书）

日语中"归还"特指从战场、军队中回到故乡，在古汉语中指"回到原来的地方"，《战国策·秦策一》："商君归还，惠王车裂之，而秦人不怜。"后指"将所借或所捡的钱、物等还给原主"，元关汉卿《单刀会》第四折："荆襄地合归还俺江东。"这也是"归还"在现代汉语中的常用义，如"归还财产""归还图书""借别人的东西要及时归还"。

（61）收敛［日汉：収斂する、韩汉：수렴하다］

　　比较：收集［日汉：収集する、韩汉：수집하다］

　　1）けっかんかしゅうれんする（伤口愈合）

　　2）収斂剤（收敛剂）

　　3）혈관이 수렴하다（血管收缩）

　　4）교육부에서 학부모들의 의견을 수렴하다（教育部收集学生家长的意见）

　　5）나라에서 근로자에게 세금을 수렴하다（国家向劳动者征税）

　　6）곤충 채집（昆虫收集）

　　7）廃品収集 / 폐품 수집（废品收集）

　　汉语中"收敛"表收缩，宋张世南《游宦纪闻》卷七："龙涎入香，能收敛。"表"收集、收取、征税"，《墨子·尚贤中》："收敛关市山林泽梁之利，以实官府。"《北史·崔浩传》："列置守宰，收敛租谷。"表停止、消失，《东观汉记·桓典传》："居无几，国相王吉以罪被诛，故人亲戚莫敢至者。典独弃官收敛归葬，负土成坟，为立祠堂，尽礼而去。"现代汉语中，"收敛"多指行为举止有所克制，如"这几年他的暴躁脾气收敛了许多""敌人的嚣张气焰有所收敛"。

　　（62）收获［日汉：収穫する、韩汉：수확하다］

　　　　比较：获得［日汉：獲得する、韩汉：획득하다］

　　　　1）大豆を収穫する（收大豆）

　　　　2）1年に2度の収穫がある（一年收获两次）

　　　　3）収穫物（收获物）

　　　　4）수확의　철（收获季节）

　　　　5）수확기（收获期）

　　　　6）수확고／収穫高（产量）

　　　　7）봄에 심고 가을에 수확（春种秋收）

　　　　8）가을은 수확의 계절이다（秋天是收获的季节）

　　　　9）이번 여행에서 얻은 수확이 크다（这次旅行收获很大）

　　　　10）賞金を獲得する（获得奖金）

　　　　11）권리를 획득하다（获得权利）

　　　古代汉语中，收获的"获"分别写作"獲"和"穫"，前者为"猎所获也"，后者为"刈谷也"，汉荀悦《汉纪·文帝纪八》："力耕数芸，收获如寇盗之至。"《后汉书·章帝纪》："车驾行秋稼，观收穫。"后无别，一般指收割农作物，日韩语汉字词用"穫"。泛指劳动成果或经验体会，可以作名词或动词，如"这次学习收获很大。""出国学习那么长时间难道就没有一点收获？""这次考察收获了很多他人的研究成果。""收获"由取得成熟的农作物，引申为精神上的获得，如"学习心得、工作体会"等。"获得"表"得到"义时，一般指比较抽象的事物，"获得表彰""获得好评""获得引人注目的成就"等，一般不说"获得心得、获得体会"，但有时也会有共同的宾语，如"获得爱情""收获爱情"。

（63）修正［日汉：修正する、韩汉：수정하다］

比较：改正［日汉：改正する、韩汉：개정하다］

1）この法律は修正を要する（这项法律需要修改）

2）예산안을 수정하다 / 予算案を修正する（修正预算草案）

3）선장이 항해 경로를 수정하다（船长修正航路）

4）계획을 수정하다（修正计划）

5）法律の改正（法律的修正）

6）낡은 규약을 개정하다（修正旧条约）

古汉语中，"修正"指"遵行正道"，《汉书·贾山传》："举贤以自辅弼，求修正之士以直谏。"表示"治理"，《荀子·王霸》："内不修正其所以有，然常欲人之有。如是则臣下百姓莫不以诈心待其上矣。""修正"表示改正，修改使正确，《汉书·刑法志》："时涿郡太守郑昌上疏言：'……今不正其本，而置廷平以理其末也，政衰听怠，则廷平将招权而为乱首矣。'宣帝未及修正。"现代汉语中"修正"作动词时，可说"修正缺点""修正时间""错误得到修正"，还有"修正主义"一词。"修正"和"改正"在意义上有重叠，如"修正错误""修正数字""修正说法"中"修正"指"修改使正确"，义同"改正"。"修正主义"中的"修正"有篡改义，不能用"改正"替代。

（64）解决［日汉：解决する、韩汉：해결하다］

比较：解释［日汉：解释する、韩汉：해석하다］

1）問題の解決 / 문제의 해결（问题的解决）

2）일이 해결되다（事情得到解决）

3）어려움이 해결되다（困难得到解决）

4）자금 문제를 해결하다（解决资金问题）

现代汉语中，"解决"可作为动词和名词使用，主要的搭配对象是"问题"，如"解决三农问题""解决住房问题""解决工资拖欠问题"，作名词使用时可以说"住房问题得到了解决""欠费问题一直得不到妥善解决"。"解决"还有比喻的用法，如"一个连的敌人被全部解决了""那么一大锅剩饭被他一个人解决了"，"解决"义指"消灭""吃光"。"解决"在古汉语中是一个短语结构，相当于"将问题梳理清楚、作出决断"，汉王充《论衡·案书》："至于论，不务全疑，两传并纪，不宜明处；孰与剖破混沌，解决乱丝，言无不可知，文无不可晓哉？""解决"又有"解释、疏通"义，唐杜牧《平卢军节度巡官李府君墓志铭》："年三十，尽明'六经'书，解决微隐，苏融雪释，郑玄至于孔颖达辈凡所为疏注，皆能短长其得失。"现代汉语中，"解决"和"解释"在词义和搭配上都有所区别，"解释"指"分析阐明"，如"随着科学技术的发展，很多自然现象已经得到了科学的解释"。尤指用语言文字等说明含义、原因、理由等，如"解释词句""解释误会"。

（65）突破［日汉：突破する、韩汉：돌파하다］

　　　比较：冲破［日汉：突き破る、韩汉：돌파하다］

　　　　　　打破［日汉：打破する、韩汉：타파하다］

　　1）敵陣を突破する（突破敌阵）

　　2）難関突破（突破难关）

　　3）とっぽこう（突破口）

　　4）一億を突破する（突破一亿）

　　5）아군이 적의 방어선을 돌파하다（我军突破敌人的防线）

　　6）세계 기록을 돌파하다（打破世界纪录）

　　7）이를 돌파할　수 있는 길은 어디에 있었을까？（突破这一点的途径在哪里呢？）

　　8）敵のお守り突き破る（突破敌人的防守）

　　9）모든 전통　문화의 속박을 돌파하다（冲破一切传统文化的束缚）

汉语中"突破"所搭配的对象跟日韩语差不多，可以说"突破防线""突破包围"，也可以说"突破纪录""突破口"。现代汉语中"突破"的对象不限于军事或数量，在学术上的超越也可以说"突破"，如"这篇论文在这一点上有突破""突破性的科研成果"，再如"突破规定""突破限制"等。另有一近义词"冲破"，指"突破某种状态、限制"，如"冲破禁区""冲破人为限制""冲破层层阻碍"，也可说"冲破纪录"，但"冲破"不当名词用，如不说"有冲破""冲破性很大"。"打破"在汉语中指"使物体破坏、损伤"的意思，元马致远《荐福碑》第二折："天色暗热，打破了我这脚，我慢慢的行波。"指"击溃敌军"，北齐颜之推《颜氏家训·音辞》："江南学士读《左传》，口相传述，自为凡例，军自败曰败，打破人军曰败。"指突破原有的例规、习惯、状况等，宋罗大经《鹤林玉露》卷十三："然世之作伪假真者，往往窃持敬之名，盖不肖之实……识者病之，至有效前辈打破一敬字以为讪侮者。"现代汉语的"打破杯子""打破世界纪录""打破沉默""打破限制"就是这一用法的延续。日语中"打破（だは）する"可以说"因習を打破する（打破旧习）"，但在日语中"打破"义更多的时候要训读为うちやぶる。

10）古いしきたりを打ち破る（打破常规）

11）記録を破る（打破纪录）

也可能使用其他词语，汉语中其他一些句子则不跟其形成对应关系，如：

12）境界を取り除く（打破界限）

13）情実をかなぐり捨てる（打破情面）

韩语中用타파하다、깨다。

14）미신을 타파하다（打破迷信）

15）세계 기록을 깨다（打破世界纪录）

16）교착 상태를 타개하다（打破僵局）

（66）中毒［日汉：中毒、韩汉：중독］

　　1）中毒者 / 중독자（中毒的人）
　　2）中毒性 / 중독성（毒性）
　　3）麻薬中毒になった人 / 마약에 중독된　사람（吸毒成瘾的人）
　　4）食中毒 / 식중독（食物中毒）

　　现代汉语一般说"食物中毒"，还有各种各样的中毒，如"煤气中毒""铅中毒""砷中毒""集体中毒""中毒很深"，引申指受到某种理论或教育的错误引导而走入歧途，如"他受到那家公司中毒性的宣传，被骗走了一大笔巨款"。
　　（67）促成［日汉：促成する、韩汉：촉성하다］

　　1）促成栽培（人工加速栽培）
　　2）이 일은 그가 큰힘을 써서 성사시킨 것이다（这件事是他大力促成的）

　　"促成"在古代汉语中指"急速完成"，明胡应麟《少室山房笔丛·丹铅新录八·履考》引《神仙传》："葛仙公跣足。屈氏二女夜促成双履献之，因得道。"也指"推动使之成功"，明郎瑛《七修类稿·事物四·忠靖二事》："未几，蔿叶（叶宗行）于朝，宗行得授钱塘知县。公后奏绩之日曰：'是叶促成也。'"该词义沿用至今，如"促成两家公司之间的合作""大力促成大龄男女青年之间的婚事"。日语中"促成"仅限于"人工促进生长"，词义范围比现代汉语和韩语窄。
　　（68）打开［日汉：打开する、韩汉：타개하다］

　　1）局面の打開に努力する（努力打开局面）
　　2）難局を打開する / 난국을 타개하다（打破困境）

　　汉语中"打开"的宾语要广泛得多，一般比较具体，指"拉开、揭开"，

如"打开箱子""打开窗户""打开抽屉"，也可以说"打开局面""打开天窗
说亮话"，比喻毫无保留地说出来。

（69）开机［日汉：オンにする／オンモードにする、韩汉：기계를 기동하다］

"开机"在汉语中有几个义项，一指"开动机器"，二指开始拍摄电影、
电视剧等，三特指打开电脑、手机，相对应的是"关机"。在日韩语中不同
的义项所使用的动词不同，表示"开动机器"时，日语中用外来词。

　　　1）オン（on）にする（开机）
　　　2）オンモードにする（开机）

"关机"日语是オフ（off）する。韩语说기계를　발동（發動）하다（开
机）、（영화나　TV 드라마의）촬영을　시작（始作）하다（电影、电视剧
的开机）。

（70）保持［日汉：保持する、韩汉：보지하다］
　　　　比较：维持［日汉：維持する、韩汉：유지하다］
　　　　　　　保护［日汉：保護する、韩汉：보호하다］

　　　1）世界記録を保持する／세계 기록을 보유（保有）하다（保持世
界纪录）
　　　2）토양의 수원을 보지하다（保持土壤的水源）

日韩语中的"保持"和汉语并不是一一对应的关系。

　　　3）土壌の流失を防ぐ（防止土壤流失）
　　　4）中立を保つ（保持中立）
　　　5）現状を維持する（保持现状）
　　　6）양호한 작업 태도를 유지하다（保持良好的工作作风）

"保持"在古汉语中指"保护扶持"，汉王符《潜夫论·本政》："而欲使

志义之士，匍匐曲躬以事己，毁颜谄谀以求亲，然后乃保持之，则贞士采薇冻馁，伏死岩穴之中而已尔。"指"保全"，保护使不受损害，晋袁宏《三国名臣序赞》："衰世之中，保持名节。"指"把持"，唐封演《封氏闻见记·铨曹》："观者万计，莫不切齿。从愿潜察获，欲奏处，刑宪为势门保持乃止。"指"保重"，唐张鷟《朝野金载》卷六："碧衣拜送门外云：'某是生人，安州编户，少府当为安州都督，故先施敬，愿自保持。'"现代汉语中"保持"用得最多的意义是"保留和维持原状"，如"保持传统""保持下去""继续保持""保持世界纪录"。

（71）温暖［日汉：温暖、韩汉：온난］

　　　　比较：暖和［日汉：暖かい、韩汉：따뜻하다］

日韩语中，"温暖"一般只有气候学上的意义，汉语中更多的是使用它的引申义和比喻义。"温暖"古代汉语中也写作"温腝""温煦""温煖"，《后汉书·东夷传·倭》："气温腝，冬夏生菜茹。"清蒲松龄《聊斋志异·翩翩》："顾生肃缩，乃持襆掇拾洞口白云，为絮复衣；着之，温煦如襦，且轻松常如新绵。"《淮南子·氾论训》："裘不可以藏者，非能具绨绵曼帛，温煖于身也。"后一律写作"暖"。现代汉语中"温暖"可以作形容词，如"天气温暖""温暖的话语"，也可以作动词，如"一席话温暖了我的心""光辉温暖人心"，还可以作名词，如"送温暖"，"温暖"一般有特定的比喻义。"暖和"在汉语中可以用作形容词，也可以用作动词，如"屋子里暖和""他一进屋子身上就暖和起来了"，可以重叠，如"暖和暖和"，"温暖"一般不能重叠。日韩语中跟"暖和"的形容词用法相对应的说法是"あたたかい、따뜻하다"。

1）部屋の中はエアコンがあるので，冬でも暖かい（屋子里有空调，冬天也暖和）

2）날씨가 따뜻하다（天气暖和）

与动词用法相对应的说法是"暖むる、불을　쬐다"等表达。

3）外は寒いから，早く部屋で暖まってください（外面很冷，快进屋暖和暖和吧）

4）난로 곁에 다가 와불을 쬐시오（挨着火炉子暖和暖和吧）

（72）检查［日汉：検査する、韩汉：검사하다］

　　比较：检验［日汉：検査する、韩汉：검사하다］

汉语中"检查"指"翻检查看"，如"检查物品""仪器检查"，日韩语中相对应的汉字词是"検査（けんさつ）、검사"。

1）身体検査／신체　검사를　하다（检查身体）

2）仕事を検査する（检查工作）

3）출판을 검열하다（检查刊物）

汉语中的"检查"还指"视察、巡查"，如"检查工作、卫生检查"，日韩语中相对应的汉字词是"点检（点検する、점검하다）"。

4）仕事を点検する／작업을 점검하다（检查工作）

5）학교에서 위생 대검사를 전개하다（学校开展卫生大检查）

"检查"还有"检讨"之意，如"写检查""做检查"，相当于"检讨"，日韩语中没有与这一义项相对应的表达，如：

6）自分をよくチェック（check）してください（请好好自我检查一下）

"产品检验、化学检验"中的"检验"在日韩语中也是"检查"。

7）製品は検査に合格してから市場に入ります（产品经过检验合格后进入市场）

8）동식물 검사（动植物检验）

检验指用工具、仪器或其他分析方法检查各种原材料、半成品、成品是否符合特定的技术标准和规格的工作过程，"检查"的对象相比"检验"更为宽泛，既有身体检查、仪器检查等跟"检验"手段比较一致的，也有"工作检查""检查材料"等意义差别比较大的词语搭配。

（73）不快［日汉：不快くだ、韩汉：불쾌하다］

1）彼に会うといつも不快だ（与他相见常觉不快）
2）先生はご不快でお休みです（老师有病休息了）
3）그를 만나면 언제나 불쾌하다（若与他相见，无论如何都不痛快）

古代汉语中"不快"指"不愉快、不高兴"，汉王符《潜夫论·述赦》："从事督察，方怀不快，而奸猾之党，又加诬言。"还指"不好、不吉"，元马致远《陈抟高卧》："命不快，遭逢着这火醉婆娘。""不快"在现代汉语中还指速度慢，如"他走的速度不快"。

第三节　表义轻重的对比

一　日韩语词义比现代汉语重

（74）怨声［日汉：怨聲、韩汉：원성］

1）古いの怨聲は恨みの声です（古代说的怨声，是指不满的痛恨、抱怨的声音）
2）고성 고처 원성 고라（歌声高处怨声高）
3）시황제가 죽자 농민의 원성은 폭발했다（始皇帝刚死，农民的

怨恨就爆发了）

古汉语中的"怨"对应于现代汉语的"恨"，词义较重。"怨声"指
"怨恨之声"，清李渔《风筝误·惊丑》："做媒须带本钱行，莫待无聊听怨
声。""怨声载道"指到处都是埋怨，形容怨恨者之多，该词义一直沿用至今，
但现代汉语中"怨声"一般指"抱怨、埋怨"，没有古代汉语及日韩语中的相
应词义重。

（75）喧哗［日汉：喧嘩、韩汉：싸움］

日语中的"喧嘩"比汉语的词义重，相当于"争吵、吵架"。韩语说
싸움。

1）喧嘩腰（打架的姿态）

2）喧嘩を買う（引起争吵）

3）喧嘩両成敗（日本封建时代刑法，意指对二者之间发生纠纷、冲
突者，不论谁是谁非，冲突双方都必须受到惩罚）

"喧哗"在古今汉语中均指"声音大而杂乱"，《后汉书·陈蕃传》："今
京师嚣嚣，道路喧哗，言侯览……等与赵夫人诸女尚书并乱天下。"宋欧阳修
《别后奉寄圣俞二十五兄》诗："欢言正喧哗，别意忽于邑。"现代汉语中的常
见搭配如"笑语喧哗""室内请勿大声喧哗"，词义较"争吵、吵架"轻。

（76）骚扰［日汉：騒擾、韩汉：소요］

比较：骚乱［日汉：騒ぎ、韩汉：소란］

"骚扰、骚乱"在汉语中分别作动词、名词，日韩语中相应的汉字词为
"騒擾、소요""騒乱、소란"。

1）騒擾が起こる（发生骚乱）

2）街で騒ぎが起こった（街上发生了骚乱）

3）몇 명의 강패들이 군중을 희롱하고 있다（几个流氓在骚扰群众）

4）泥棒が通行人をかき乱す（小偷骚扰路人）

"性骚扰"日语为セクハラ（sexual harassment），韩语为성희롱（性戏弄）。

古代汉语中"骚扰"除有"扰乱"动词义外，还有"社会不安定""动荡喧扰"等形容词义，《宋书·沈攸之传》："会巴西民李承明反，执太守张澹，蜀土骚扰。"三国魏曹操《与太尉杨彪书》："今军征事大，百姓骚扰。"现代汉语中，"骚扰"多用作动词，指"扰乱"，"土匪骚扰百姓""边境受到敌人的骚扰"，词义相对于日语为轻，"骚乱"则指社会发生群体性的大的动荡、混乱，多用作名词，词义也较骚扰为重。

（77）妨碍［日汉：妨害する、韩汉：방해하다］

　　比较：阻碍［日汉：妨げる、韩汉：막다］

　　1）演説を妨害する（妨碍演说）

　　2）妨害罪（妨碍罪）

　　3）安眠妨害（妨碍睡眠）

　　4）형님이 지금 공부하고 있으니 방해하지 말아라（哥哥现在在学习，不要妨碍他）

　　5）生産の発展を妨げる（阻碍生产的发展）

　　6）장래가 유망한 젊은 이의 앞길을 막지 마라（不要阻碍大有希望的年轻人未来的前途）

古汉语中"妨碍"指"阻碍、损害"，南朝齐萧子良《净住子净行法门·修理六根门》："初不乐闻，反生妨碍"，引申指事情不能顺利进行。现代汉语中"碍"组成的词语如"碍事""碍手碍脚""妨碍工作""妨碍公务""妨碍学习"。"妨碍"指事情不能顺利进行，"开着电视做作业会妨碍学习"。日韩语的"妨害"比汉语的词义重，有"阻碍"的部分词义，"阻碍"在现代汉语中指"不能顺利通过或发展"，如"阻碍交通""血管收缩阻碍了血液正常流通"。

（78）出头［日汉：出頭する、韩汉：출두하다］

　　比较：出面［日汉：顔を出す、韩汉：직접 나서다］

　　1）警察に出頭する（被警察传讯）

　　2）出頭衆（出人头地）

　　3）出頭第一（超群第一）

　　4）법정에 출두한다（被法庭传唤）

　　5）子供間の喧嘩ですから、両親が態態顔を出すことは必要はあり
ません（孩子之间吵架，父母没必要特意出面）

　　6）담판에 나서다（出面进行谈判）

　　"出头"在汉语中指"从困境中解脱"，《红楼梦》第一百零九回："二
姑娘这么一个人，为什么命里遭着这样的人！一辈子不能出头，这可怎么好
呢？"指"出人头地"，唐顾况《赠僧》诗之二："出头皆是新年少，何处能
容老病翁？"指"出面"，《西游记》第三十二回："只恐八戒躲懒便不肯出头。
师父又有些护短。"用在整数后表示有零头，"二十出头"指"二十多一点"，
"一百出头"指"一百后再加一个零头"。俗语"出头的椽子先烂"，比喻
"好出头的人，容易遭受打击"。但汉语的"出头"没有日韩语的"传唤"之
义，词义较轻。古代汉语有"出首"一词，有"自首"义，《晋书·华轶传》：
"寻而轶败，恓藏匿轶二子及妻，崎岖经年。既而遇赦，恓携之出首"，又有
"检举、告发"义，《水浒传》第二回："银子并书都拿去了，望华阴县里来出
首。"但现代汉语罕用。汉语的"出面"义在日韩语中的使用如下：

　　7）この件はあなたが出頭してください（这件事由你出面）

　　8）問題解決に乗り出す（出面解决问题）

　　9）기자의 질문에 나서 대답하다（出面回答记者的提问）

　　"出面"在汉语中指"牵头做某事"，如"政府出面平息了市场的恐慌情
绪""他出面解决了公司长期的债务纠纷"。

（79）检举［日汉：検挙する、韩汉：검거하다］

　　1）容疑者を検挙する（拘捕犯罪嫌疑人）

２）범인을 검거하다（拘捕犯人）

３）逃亡の末に検挙された／도피한　끝에 검거되었다（逃亡到最后被拘捕了）

汉语中"检举"指"揭发他人过失"，没有日韩语词义那么严重，《西游记》第二十三回："只是多拜老孙几拜，我不检举你就罢了。""检举"在古汉语中还有"选择"义，宋苏轼《杭州上执政书之二》："伏望相公一言，检举成法，自朝廷行下，使五谷通流，公私皆济。"有"荐拔"义，宋李光《与胡邦衡书》："郊赦虽有检举之文，仇人在朝，固已绝望，死生祸福，定非偶然。"两义项今都已消失。

（80）拘束［日汉：拘束する、韩汉：구속하다］

　　　比较：约束［日汉：約束する、韩汉：약속하다］

　　　　　　约定［日汉：約定する、韩汉：약정하다］

"拘束"在日韩语中表"限制"义。

１）彼の自由を拘束する（限制他的自由）

２）아이들이 정당한 활동을 구속하지 말아（不要限制学生正当的活动）

还可表"拘留"义。

３）身柄を拘束する（拘留犯人）

４）구속 처분을 받다（受拘留处分）

古汉语中，"拘束"也有"限制、约束"义，《北齐书·冯伟传》："王知其不愿拘束，以礼发遣。"宋李元膺《鹧鸪天》词："薄情风絮难拘束，吹过东墙不肯归。"引申指"拘谨、不自然"，南朝梁钟嵘《诗品》卷中："（颜延之诗）又喜用古事，弥见拘束。"现代汉语中多指人的行为、态度拘谨，如"受拘束""手脚拘束"，成语有"无拘无束"，词义较过去轻。和"约束"相

比，"拘束"主要指对人的言语行动加以不必要的限制，或显得过分拘泥而不自然，可以作形容词；"约束"指用纪律、协议等对人的行为做出限制，使其不越出范围，如"约束自己的行为"，作动词。"约束"（約束、약속）在日韩语中常用义与汉语不同。

    5）約束を守る／약속을 지키다（守约）

    6）ほかに約束があるので失礼します（另外有个约会我先走了）

    7）정부가 세금을 낮추기로 국민에게 약속했다（政府向国民许诺降低税收）

    8）結婚の約束をした人がいる（已有互许终身的对象）

    9）競技の約束に違反する（违反比赛规则）

表示"有前途、出息"。

    10）彼には重役の地位が約束されている（他有希望当董事）

    11）その成功はさらに輝かしい未来を彼女に約束する（那次成功，会给她带来更光明的前途）

    12）그 사람은 부장 자리가 약속되었다（那人被认为有望坐上部长的宝座）

    "约束"在古汉语中本指"缠绕、管束"，《庄子·骈拇》："约束不以纆索"，引申为"规约、限制"，《史记·曹相国世家》："参代何为汉相国，举事无所变更，一遵萧何约束。"现代汉语中的"约定、约会"跟日韩语中的"約束（약속）"意义相当，"约束"的对象是人的行为，如"纪律约束""规章约束"；"约定"是指"经过商量而确定的事件"，如"他们约定明年暑假一起到母校相聚""这是我们私下的约定"，与"拘束"之间的词义差别都较大。

    （81）抑郁［日汉：抑鬱する、韩汉：억울하다］

        比较：忧郁［日汉：憂鬱する、韩汉：우울하다］

　　　　1）抑鬱症（抑郁症）

　　　　2）抑鬱状態（抑郁状态）

韩语中还表示"冤枉、委屈"。

　　　　3）억울한 누명（不白之冤）

　　　　4）형이 억울하게 누명을 쓰다（哥哥蒙受不白之冤）

　　　　5）이번 일은 정말 억울하다（这一次实在冤枉）

　　汉语中"抑郁"指"忧愤烦闷、郁郁寡欢"，《汉书·司马迁传》："顾自以为身残处秽，动而见尤，欲益反损，是以郁悒而无谁语。"宋罗大经《鹤林玉露》卷五："其母叹曰：'苏学士知贡举，而汝不知名，复何望哉！'抑郁而卒。"现代汉语中有"抑郁的神情""抑郁症"。从韩语"抑郁"表"冤枉、委屈"义来分析，其词义比现代汉语的"抑郁、郁郁寡欢"要重。跟"抑郁"相近的词语有"忧郁"，从意义上看，"抑郁"强调"心有愤恨，因不能诉说或压抑在内心而苦恼、烦闷"，可以说"心情抑郁"；"忧郁"则强调"因心里担忧而在表情上表现出愁闷的样子"，如"表情忧郁"或"忧郁的神情"。日韩语中的"忧郁"组成的词语如憂鬱質（忧郁质）、憂鬱症（우울증）（忧郁症）、우울병（忧郁病）。

　　（82）不稳［日汉：不稳、韩汉：불온하다］

　　"不稳"在韩语中指"不确定、不适当"。

　　　　1）사상이 불온하다（思想不稳定）

　　　　2）불온한 언사를 쓰다（使用不当言辞）

现代韩语中一般说：

　　　　3）사상이 불안정하다（思想不稳定）

　　　　4）언사를 부적절하게 사용하다（使用不当言辞）

日语中还有"险恶"义。

　　5）不穏な空気（险恶的空气）
　　6）不穏分子（危险分子）

　　汉语中"不稳"指"不牢固、不安稳"，唐杜甫《促织》诗："草根吟不稳，床下意相亲。"指"不可靠"，《红楼梦》第九十四回："你去想想，打从老太太那边丫头起至你们平儿，谁的手不稳，谁的心促狭？"现代汉语中"不稳"一般指"不安稳"，如"站得不稳""政局不稳"，也指办事不可靠，如"小伙子毛手毛脚，办事不稳"，词义较日韩语轻。

（83）恍惚［日汉：恍惚する、韩汉：황홀하다］
　　　　比较：迷糊［日汉：はっきりしない、韩汉：모호하다］
　　　　　　　模糊［日汉：ぼやける、韩汉：부예지다］

　　1）恍惚として聞く（听得出神）
　　2）彼女の歌声に恍惚とする（为她的歌声而心醉神迷）
　　3）황홀한 장식（眼花缭乱的装饰）
　　4）황홀한 마음으로 그림을 감상하다（入迷地赏画）
　　5）頭がはっきりしない（头脑迷糊）
　　6）이 길은 걸으면 걸을수록 흐리멍덩해진다（这条路越走越迷糊）
　　7）論点がぼやける（论点模糊）
　　8）写真がぼやける／사진이 부예지다（照片模糊了）

　　汉语中，"恍惚"指"迷离"，《韩非子·忠孝》："世之所为烈士者……为恬淡之学，而理恍惚之言。臣以为恬淡，无用之教也；恍惚，无法之言也。"指"迷茫、心神不宁"，《敦煌变文集·降魔变文》："六师战惧惊嗟，心神恍惚。"该义项在现代汉语中使用比较普遍，如"心神恍惚""恍恍惚惚"。"恍惚"在古代还表时间短促，南朝宋鲍照《代升天行》："翩翩类回掌，恍惚似朝荣。"唐李白《天马歌》："鸡鸣刷燕晡秣越，神行电迈蹑恍惚。"表示"仿佛、近似"，明胡应麟《诗薮·古体中》："而其叙致周折，语意神奇处，更千百年大臣国工，殚精竭力不能恍惚。""恍惚"在日韩语中指"心醉神迷""神志不清"，词义较现代汉语为重。现代汉语中意义近似的有"迷糊"一词，也指"神志不清"或"听或看得不真切"，可以重叠，如"恍恍惚惚""迷迷糊糊"，但在搭配上有区别，如"我恍惚听见他回来了""他喝酒喝迷糊了"中"恍惚""迷糊"不能互相替代。

（84）不自由［日汉：不自由する、韩汉：부자유하다］

　　1）金に不自由する（缺钱）

　　2）目が不自由になる（眼睛不便）

　　3）足が不自由だ（腿脚不方便）

　　4）옷을 두껍게 입어 행동이 부자유스럽다（穿着厚衣服，行动不自由）

　　日韩语中的"不自由"指"不方便、不充裕、不如意"，是一种隐讳的表达，但在搭配上跟汉语还是有所不同，汉语的"不自由"往往指"受拘束、不能按自己的意志行事"，如"行动不自由""说话不自由"。"钱不自由"一般不说，"眼睛不自由""腿脚不自由"一般也指受到某种外界条件的约束而不自由，不一定指生病。

二　日韩语词义比现代汉语轻

（85）反面［日汉：反面、韩汉：반면］

　　1）あの子は英語はできないけれどは数学よくできる／그 아이는 영어를 못하는 반면 수학을 잘한다（那个孩子英语不行而数学却很好）

　　2）つらい反面は楽（苦的反面是乐）

　　3）괴로운 반면에 즐거움도 있다（有苦有乐）

　　4）귀족 지식인들 사이에서 유교가 침체된 반면，도가 사상이 존중

되었고 청담 사상이 유행하였다 (在贵族知识分子之间，与儒教的停滞不前相反，道教思想受到尊崇，清谈思想流行)

5) 교역을 통해 부를 독차지한 귀족들이 있는 반면 , 간난한 사람들은 먹고 살기 조차 힘들어 갓 낳은 아기를 사막에 버리는 일도 있었다 (与通过贸易独揽财富的贵族相反，艰难的人们连温饱都成问题，甚至有将新生儿遗弃在沙漠之中的事情)

6) 이 천은 열에 강한 반면 , 습기에 약하다 (这种布耐热的同时不耐湿)

汉语与之相对应的意思是"相反""反之""反面"。现代汉语中，"反面"常指物体跟正面相反的一面，喻指事情、问题的另一面，常有"落后、消极"的意思，如"反面人物"指代表落后或反动的、被否定的人物；"反面教员"指与人民为敌的人的言行，可以从反面教育人民。元无名氏《赚蒯通》第四折："我蒯彻做不得反面的人，唯有一死，可报韩元帅于地下。""反面"在古汉语中还有"返家时拜见父母（或其牌位）"的意思，《南史·张稷传》，"（稷）自幼及长，数十年中，常设刘氏神座。出告反面，如事生焉。"指"回过脸去"，清陈孟楷《湘烟小录·香畹楼忆语》："言际清泪栖睫，更无一言，反面贴席，若恐重伤余心者。"引申指"返回相见"，《晋书·慕容翰载记》："翰遥谓追者曰：'吾既思恋而归，理无反面。吾之弓矢，汝曹足知，无为相逼，自取死也。'""反面无情"形容翻脸不认人，不讲情谊，明李贽《三大士像议》："又读孙坚《义马传》，曾叹人之不如马矣，以马犹知报恩，而人则反面无情，不可信也。"现代汉语中，"反面"比"背面"的义项多，指具体物体的反面，也就是背面，共同的反义词是"正面"，但"背面"没有"反面"其他义项的用法。

（86）批判 [日汉：批判する、韩汉：비판하다]

　　比较：批评 [日汉：批评する、韩汉：비평하다]

　　　　非难 [日汉：非難、韩汉：비난]

1) 人を批判する (批评别人)

2）批判を受ける（受到批评）

3）교수가 학생들의 작품을 엄격하게 비판하다（教授严肃地批评学生的作品）

4）신랄하게 비판하다（辛辣的批判）

5）作品を批評する（评论作品）

6）나는 철학에 대해 잘 모르기 때문에 이론을 비평할 수 없다（我不懂哲学，评价不了这种理论）

日韩语中的"批判"包含汉语"批评"的意思。古汉语中，这两个词在使用上也有交叉，"批判"有批示、判断之义，一般限于公务活动，宋司马光《进呈上官均奏乞尚书省札子》："所有都省常程文字，并只委左右丞一面批判，指挥施行。""批评"指对事物加以分析比较，评定是非优劣，不一定限于公务文书，明李贽《寄答留都书》："前与杨太史书亦有批评，倘一一寄去，乃足见兄与彼相处之厚也。""批判"也有"评论"义，但离不开"评断"，金牛本寂《少林寺西堂法和塔铭》："评论先代是非，批判未了公案。""批评"在古代汉语中还表示"对书籍、文章加以批点、评注"，清孔尚任《桃花扇·逮社》："俺小店乃坊间首领，只得聘请几家名手，另选新篇。今日正在里边删改批评，俺早些贴起封面来。""批判"和"批评"在现代汉语中是两个词，有词义轻重的不同，"批判"是指对错误的思想、言论或行为做系统的分析，加以否定，如"大批判""批判错误思想""批判有害言论"；"批评"则指对所认为的缺点和错误提出改正的建议或意见，程度一般比"批判"轻，如"批评意见""自我批评"有时相当于"评论"。日韩语中的"批判"一般相当于现代汉语的"批评"。

7）当局を非難する（批评当局）

8）非難を浴びる／비난을 퍼붓다（斥责）

9）비난을 받다（受到责难）

现代汉语中"非难"可以作动词，如"非难别人"，疑从日语传入。徐铸成《报海旧闻》："沪上报纸，颇有非难。"今多见于书面语，指"指摘和责问"，多指言语方面。

（87）检讨［日汉：検討する、韩汉：검토하다］

"检讨"在日韩语中分别作名词和动词。

作名词。

　　1）さらに検討を要する（需要进一步加以研讨）

　　2）政府筋は対策を検討中である（政府正在研究对策）

　　3）검토가 불충분하다（研析得不充分）

作动词。

　　4）再検討する（再加研讨）

　　5）委員会で予算案を検討する（在委员会上商讨预算案）

　　6）안건을 검토하다（研讨案件）

日韩语中，"检讨"是"商讨、研讨"的意思，20世纪前期，"检讨"在汉语中也有过"总结研讨"义，闻一多《家族主义与民族主义》："我们现在将三千年来家族主义与民族主义两个势力发展的情形，作一粗略的检讨。"大概是受日语的影响。"检讨"在古代汉语有"查核、整理"的意思，宋叶梦得《石林燕语》卷一："仁宗庆历初，尝诏儒臣检讨唐故事，日进五条，数谕近臣，以为有补，其后久废。"在现代汉语中"检讨"指"找出缺点和错误，并做自我批评"，可以作名词，也可以作动词。"检讨"相当于"自我批评"，赵树理《登记》："人家说咱声名不正，除不给写信，还叫我检讨哩！"

（88）指摘［日汉：指摘する、韩汉：지적하다］

　　　比较：指出［日汉：指摘する、韩汉：지적하다］

日韩语中"指摘"表"指名、指出"。

　　1）不備な点を指摘する（指出不足之处）

2）지적을 받고 일어서다（被点名后站起来）

3）그의 이름을 지적하다（指出他的名字）

4）부모의 지적에 잘못을 뉘우치다（受到父母指点后认识到自己的错误）

5）많은 비판과 지적을 바랄 뿐이다（敬请批评指正）

古汉语中"指摘"指"挑出错误，加以批评"，《三国志·蜀书·孟光传》："延熙九年秋，大赦。光于众中责大将军费祎……光之指摘痛痒，多如是类。"近代汉语中，"指摘"有指出并摘录义，如"指摘要点"，现已不多见。现代汉语沿用了古汉语的"挑出错误、加以批评"义，如"相互指摘、指摘错误"，词义上较日韩语为重。"指出"在汉语中意为指点出来，现代汉语多指"提出论点或看法"，有时也特指"指出缺点或错误"。

（89）实践［日汉：実践、韩汉：실천］

1）実践に移す（转向实践）

2）형이 계획을 실천에 옮기다（哥哥将计划付诸实践）

3）말보다 실천이 중요하다（实践重于言辞）

4）실천할 수 있는 계획을 세워야 한다（要制订能够实践的计划）

汉语中"实践"表示"亲自实行、亲身去做"，明徐渭《季先生祠堂碑》："（先生）著书数百万言，大都精考索，务实践。"现代汉语中"实践"一般指一种有意识地改造自然和社会的活动，强调亲自去做或自己的亲身经历，如"实践出真知""实践是检验真理的唯一标准""实践诺言""工作实践""社会实践"，词义比日韩语要重。

（90）质问［日汉：質問、韩汉：질문］

比较：提问［日汉：質問する、韩汉：질문하다］

日韩语指一般的"询问""提问"。

1）質問に応ずる（回答提问）

2）質問を受ける（接收问询）

3）学生들에게 질문하다（向学生提问）

汉语指"根据事实问明是非"，跟"责问"同义，语义较重，这一义项日韩语通常用"质疑"。"提问"指发问，如"记者提问""提问问题"，语义较质问为轻。

第四节　感情色彩方面的对比

词语的感情色彩义是指某些词除了表达一定的概念义外，还带有人们主观评价的色彩，表达喜爱和厌烦、肯定和否定、赞许和贬斥的感情。人们往往把这种好恶的情感寄托在自然界的事物上，如以植物喻人，"白百合"在日语中比喻清秀的女子，如"白百合のような清楚な美人（白百合似的清秀的美人）"，汉语中也可用百合花来表示女性之美。再如，以动物喻人，日韩语用"牛步（ぎゅうほ、우보）"来表示"慢行、爬行"，如牛步主義（爬行主义）、牛步戦術（牛步战术）、우보（牛步）。"牛步"在现代汉语中罕用，鲁迅《书信集·致沈雁冰》："咋收到一日信，才明白了印刷之所以牛步化的原因，现经加鞭，且观后效耳。"大概来自日语。成语有"鸭步鹅行"用以形容人走路迟缓摇晃的样子，现代汉语用动物比喻走得慢，现在一般说"像蜗牛一样爬行"。

一　日韩语为褒义或中性义，汉语有贬义

（91）面目［日汉：面目、韩汉：면목］

比较：面子［日汉：メンツ、韩汉：체면］

1）面目を施す（露脸、作脸）

2）面目を一新する（面目为之一新）

3）면목을 잃다（有失体面）

4）面子を立てる（给面子）

5）나는 그의 체면을 세우고 싶지 않다（我不想给他面子了）

"面目"在汉、日、韩语中都存在，且在本义和引申义方面比较一致。古代汉语中，"面目"指"面孔、脸面"，《资治通鉴·唐懿宗咸通十年》："泗州被围凡七月，守城者不得寐，面目皆生疮。"《国语·吴语》："使死者无知，则已矣；若其有知，吾何面目以见员也。"现代汉语指"脸面、情面"，多用来比喻事物呈现的景象、状态，"面目全非"形容事物变化很大；"面目一新"指改变原来的样子，呈现出新貌；"面目可憎"形容人的容貌使人憎恶。类似的词语还有"面子"，本指物体的表面，如"里子"和"面子"，比喻"情面"，如"碍于面子，我只好同意"。"面目"表示"脸面、情面"时多用于书面语，如"项羽被围垓下，自觉无面目见江东父老"。"面子"比喻"情面、脸面"时，则以口语中为常见，如"丢面子""没面子"。"真面目（진면목）"在日韩语与现代汉语中的意义则有所不同，日韩语中指"本来面目、真正本领"。

4）真面目を発揮する／진면목을 발휘하다（发挥真正的本领）

5）真面目な態度（认真的态度）

宋苏轼《题西林壁》："不识庐山真面目，只缘身在此山中。""面目"在现代汉语中多指"真相、本来的嘴脸"，在意义上大都有贬义。

（92）图谋［日汉：計画する、韩汉：도모하다］

比较：谋划［日汉：画策する、韩汉：도모하다］

1）국민의 복리를 도모하다（为民众谋福利）

2）편리를 도모하다（图方便）

日韩语中的"图谋""计划（画）"与现代汉语相比有词义褒贬的差异，

"计划"的使用见第四章中与"打算"的比较。"图谋（도모하다）"在韩语中是褒义词。古汉语中表"谋划"，《说唐》第四十四回："如今俺家被黑将杀败，难道军师终不肯与孤家图谋？"明李贽《与周友山书》："不能为子子孙孙图谋万年也。"也表"图财谋利"，《醒世恒言·杜子春三入长安》："众亲眷们，都是图谋的，我既穷了，左右没有面孔在长安，还要这宅子怎么？"现代汉语中与此相对应的是"谋"和"图"，都是动词，可以单独使用，如"谋福利""谋发展""谋生"；"图方便""图享受""图便宜"。"图谋"基本用作贬义，如"图谋不轨""图谋篡权"。"谋划"在意义上与之相近，但可用作褒义，常见搭配如"谋划发展""谋划赈灾捐款"。"图谋"作名词时相当于"计谋"，如"粉碎了敌人狡猾的图谋"。

（93）标榜［日汉：標榜する、韩汉：표방하다］

　　1）人の善行を標榜する（赞美人的善行）

　　2）정당의 이념으로 평등을 표방하다（以标榜平等为政党的理念）

　　3）업적을 표방하다（赞扬业绩）

"标榜"在古代汉语中也是作为褒义词使用，《史记·留侯世家》唐司马贞索隐："表者，标榜其里门。"《魏书·石文德传》："又梁州上言天水白石县人赵令安、孟兰强等，四世同居，行著州里，诏并标榜门闾。"《魏书·释老志》："又旨令所断，标榜礼拜之处，悉听不禁。"《北史·裴佗传》："所居宅洿下，标榜卖之"中的"标榜"是动宾短语，"标"是"题写"的意思，"榜"指"木牌，匾额"，"标榜"义为"题额，书写榜文"。后变为动词，义为"揭示、品评"，因为写在木牌、匾额上的文字具有这种功能，如《世说新语·文学》："谢镇西少时，闻殷浩能清言，故往造之。殷未过有所通，为谢标榜诸义，作数百语，既有佳致，兼辞条丰蔚，甚足以动心骇听。""标榜诸义"即"揭示诸义"，《世说新语·品藻》："王夷甫以王东海比乐令，故王中郎作碑云：'当时标榜，为乐广之俪'，此"标榜"是"品评"之义。"标榜"词汇化后还可以指"称扬、推崇"，《后汉书·党锢传序》："海内希风之流，遂共相标榜。"晋袁宏《三国名臣序赞》："标榜风流，远明管乐。"《北史·房法寿传》："廷尉卿崔光韶好标榜人物，无所推尚，每云景伯有士大夫之行业。"后来"标榜"逐渐用在否定性语境中，带有贬义色彩，指"夸耀、吹嘘"，宋佚名《大宋宣和遗事·利集》："盗我儒名，高自标榜。"《宋史·梁师成传》："师成实不能文，而高自标榜，自言苏轼出子。"此义一直沿用到现代，如"他标榜自己会说十国外语。""他以自己是大师的得意弟子相标榜。"

（94）纠合［日汉：糾合する、韩汉：규합하다］

1) 同志を糾合して蹶起する（聚集志同道合的人继而奋起）

2) 건달꾼들을 규합하여 나쁜 짓을　하다（纠集一群二流子做坏事）

3) 동지를 규합하다（聚集志同道合的人）

"纠合"在日韩语中是一个中性词。古汉语中，"纠合"指"集合、聚集"，"纠"也写作"糺"，如《左传·僖公二十四年》："召穆公思周德之不类，故糺合宗族于成周而作诗"，现代汉语多用作贬义，"纠合"的对象一般是人，如"乌合之众""党羽"等。

（95）说教［日汉：説教する、韩汉：설교하다］

1) 会眾に説教する（向与会者说教）

2) 説教を聞かされる（被教训一顿，受到责骂）

3) 교회에서 목사님의 설교를 듣다（在教堂听牧师说教）

"说教"在古汉语中常指向宗教信徒宣传教义，同日韩语中的常用义，还指讲解和教授义，宋朱熹《性理六·仁》："说教分明。"现代汉语中"说教"多指生硬、机械地空谈理论，如"政治说教""道德说教""理论说教"，后一般不带宾语，与日韩语相比有贬义。

（96）造成［日汉：造成する、韩汉：조성하다］

　　　　比较：形成［日汉：形成する、韩汉：형성하다］

1）宅地を造成する（建造宅基地）

2）造成地（人工形成的土地）

3）인공 언덕을 조성하다（人工造成小山坡）

4）북위 이래 유목 민족들의 황제는 모두 불상을 세울 생각을 생각을 갖고 거대한 석굴 사원을 대규모로 조성했다（北魏以来，游牧民族的皇帝都有建佛像的想法，大量地建造了石窟寺院）

5）人格の形成（人格的形成）

6）근대 자연 과학은 실험 과학의 등장한 이후에야 비로소 형성되었다（近代自然科学是自从有了实验科学之后才形成的）

"造成"在日韩语中指"建造而成"，其结果一般有褒义，至少为中性义。《诗·大雅·思齐》："肆成人有德，小子有造"，汉郑玄笺："子弟皆有所造成。""造成"相当于"造就"，一般表示好的结果。现代汉语往往表示形成不好的结果，如"造成后果""造成影响"。与之相近的是"形成"，指"通过发展变化而成为具有某种特点的事物，或者出现某种情形或局面"，可以作动词，也可以作名词。如"形成特色""形成规模""形成对比""自然灾害的形成与人类生产活动的无序不无关系"，"造成"一般用作动词。

（97）招致［日汉：招致する、韩汉：초치하다］

　　比较：诱致［日汉：誘致する、韩汉：유치하다］

日韩语中"招致"表"召请"。

1）オリンピックを招致する（邀请参加奥运会）

2）専門家を招致する（召请专家）

3）인재를 초치하다（招致人才）

古汉语中"招致"也有日韩语"招而使至"的意思，《荀子·君道》："夫人主欲得善射，射远中微者，县贵爵重赏以招致之。"汉应劭《风俗通·正失·淮南王安神仙》："淮南王安招致方术之士数千人。"也指带来不良的结果，《后汉书·陈龟传》："呼嗟之声，招致灾害。"现代汉语如"招致批评"招致破产""招致合作破裂"。

　　4）国家の滅亡を誘致する（导致国家的灭亡）
　　5）日本企業を誘致したい（招徕日本企业）
　　6）観光客を誘致を為めの宣伝したい（招徕游客的宣传）

　　日韩语中"誘致"是个中性词，汉语中往往指"用欺诈手法招致"，《汉书·武帝纪》："将三十万众屯马邑谷中，诱致单于，欲袭击之。"现代汉语如"吃发霉了的花生易诱致癌症""多种因素诱致了疾病的发生"，一般指带来不好的结果。

（98）粉饰［日汉：粉飾、韩汉：꾸미다］
　　　比较：美化［日汉：美化する、韩汉：미화하다］
"粉饰"和"美化"在意义上相近，都有比喻义。

　　1）粉飾決算（虚假决算）
　　2）粉飾預金（假存款）
　　3）そこの事情に粉飾を施す（对那里的情况加以粉饰）
　　4）キャンパスを美化する（美化校园）
　　5）実内　미화（室内美化）
　　6）侵略者を美化する言辞（美化侵略者的言辞）
　　7）거실을 잘 꾸미다（好好装饰一下居住空间）
　　8）도시의 환경을 미화하다（美化都市环境）

　　"粉饰"在汉语中指"傅粉装饰""粉刷"，《史记·滑稽列传》："巫行视小家女好者，云是当为河伯妇，即娉取……共粉饰之，如嫁女床席，令女居其上，浮之河中。""粉饰"指文辞上的修饰润色，引申为过分雕饰。后多指装饰外表，掩盖实情，宋苏辙《乞裁损待高丽事件札子》："其意欲以招致远夷，为太平粉饰，及掎角契丹，为用兵援助而已。"现代汉语中该词多有贬义，如"加以粉饰""粉饰太平"。"美化"在古代指"美好的教化"，《南史・宋纪上・武帝》："淳风美化，盈塞区宇。"现代汉语指加以装饰或点缀使之美观，如"美化环境、美化广场"；也指把丑的事物说成美的，如"美化帝国主义""美化侵略""对错误的行径加以美化"。

（99）滞留［日汉：滞留する、韩汉：체류하다］

　　　比较：逗留［日汉：逗留する、韩汉：체류하다］

　　　1）半月ほど滞留する予定です（预定逗留半个月）

　　　2）物資の滞留（物资滞留）

　　　3）장기 체류（长期滞留）

　　　4）서울에 수년간 체류하고 있다（旅居首尔数年）

　　　5）長逗留（长期逗留）

　　《荀子・王制》："通流财物粟米，无有滞留，使相归移也。"古代汉语中"滞留"还指有才德的人长久得不到官职或不得迁升，宋叶梦得《石林燕语》卷五："元祐初，用治平故事，命大臣荐士试馆职，多一时名士，在馆率论资考次迁，未有越次进用者，皆有滞留之叹。""逗留"在汉语中指"停留"，《汉书・匈奴传上》："上以虎牙将军不至期，而祁连知虏在前，逗留不进，皆下吏，自杀。"现记作"滞留"。现代汉语中"滞留"一般指非法停留或居留，如"非法滞留""滞留不归"。"逗留"指"在某地短暂停留"，如"下班后他在公司逗留了一会儿"，中性义。

（100）迎合［日汉：迎合する、韩汉：영합하다］

　　　1）上役に迎合する（迎合上司）

　　　2）人の言葉に迎合する（迎合别人的话）

　　　3）독자에게 영합하다（迎合读者）

　　　4）영합하여 사업을 같이 하다（同声共气干事业）

　　日韩语中"迎合"是中性词，而汉语中有"有意使自己的言语或举动适合别人的心意"之义，一般用作贬义，唐韩偓《海山记》："左右近臣，阿谀顺旨，迎合帝意。""他在发表意见时一味迎合领导的意图。""迎合"在古代汉语中还有"约期会和"之义，《南齐书·陈显达传》："申司州志坚节明，分见迎合，总勒偏率，殿我而进。"该义项现代汉语中已消失。

（101）暗算［日汉：暗算、韩汉：안산］

　　比较：心算［日汉：心算、韩汉：심산］

"暗算"在日韩语中指不用纸笔或珠算而在心中默默计算，现代汉语相对应的词语是"心算"。"暗算"在现代汉语中有贬义，指在背后密谋、算计，如"遭人暗算"。"心算（しんさん、심산）"在日韩语中表"打算、计划"。

　　1）头がパニック状态になるので、暗算は絶对に无理（脑袋慌乱的状态下绝无可能心算）

　　2）그의 죽음은 본래 남의 암산에 당한 것이었다（他的死原来是被人暗算的）

　　3）心算が狂う（算盘打错了，喻计划进展不顺利）

　　4）여생을 시골에서 지낼 심산이다（心中打算在乡村度过余生）

（102）下流［日汉：下流、韩汉：하유］

汉语和日韩语都有"河水下游"之意及引申指下等阶层，汉语还用来表示"卑鄙龌龊"，如"无耻下流""下流动作"等，有贬义。"下流"在古代就有"卑贱""劣等"之意，汉蔡邕《汉太尉杨公碑》："惟我下流二三小臣，秽损清风，愧于前人。"《儒林外史》第四十四回："你长成人了，怎么学出这般一个下流气质。"

（103）圆滑［日汉：円滑だ、韩汉：원활하다］

　　比较：滑溜［日汉：滑り、韩汉：매그럽다］

日韩语中"圆滑"指"畅通无阻，顺利"。

　　1）円滑に事を運ぶ（事情进展顺利）

　　2）일의 진행이 원활하다（事情进展顺利）

　　3）회의를 원활히 진행하다（会议进行得很顺利）

"滑溜"在日韩语中相对应的说法是"滑り、매그럽다"。

4）滑り車（滑车）

5）산　마루가 매우 미끄러워서 위험하다（山梁上非常滑，危险）

古汉语中，"圆滑"指"声音圆润流利"，宋丁谓《公舍春日》："莺声圆滑堪清耳，花艳鲜明欲照身。"指"躯体肥满滑溜"，宋苏轼《竹䍲》："野人献竹䍲，腰腹大如盎……鸱夷让圆滑，混沌惭瘦爽"；又形容为人处事善于敷衍、讨好，各方面都应付得很周到，现代汉语中此义最为常用，常用搭配如"手段圆滑、为人圆滑、世故圆滑"，可以用程度副词修饰，如"非常圆滑、十分圆滑、很圆滑"，一般用来形容人的品行。现代汉语中"滑熘"指一种烹调方法，把鱼、肉等切好，用芡粉拌匀，再用油炒，加葱、蒜等作料，再勾上芡，使汁变稠，如"滑熘里脊""滑熘鱼片"，音 huáliū；"滑溜"指物体表面光滑（含喜爱意），如"皮肤光滑""被面光滑"，音 huáliu。

（104）失职［日汉：失職する、韩汉：실직하다］

　　比较：失业［日汉：失業する、韩汉：실업하다］

1）社長と意見が立して失職した（因为和总经理意见不合而离职）

2）오늘　날 많은 청년들이 실직 상태에 있다（今天众多青年处于失业状态）

3）現在失業中である／현재 실직 중이다（目前处于失业之中）

4）失業対策を講じる／실업 대책을 강구하다（探求应付失业的对策）

"失职"在古汉语中指"失去常业"，《史记·燕召公世家》："召公巡行乡邑，有棠树，决狱政事其下，自侯伯至庶人各得其所，无失职者。"也指"失去职权"，明王鏊《震泽长语·官制》："光武中兴，身亲庶务，事归台阁，尚书始重，而西汉公卿稍以失职矣"，今日韩语中的"失职"义同此。"失职"在古代还有"不尽责""消极懈怠"义，《左传·昭公二十九年》："夫物，物有其官，官修其方，朝夕思之。一日失职，则死及之。"杜预注："失职，有罪。"是现代汉语的常用义，如"工作没做好是他的失职"，"失业"指有劳动能力的人找不到工作，如"处于失业状态""失业率"。相比起日韩语，汉语的"失职"一般有贬义色彩。

二　汉语是褒义或中性义，日韩语有贬义

（105）工作 [日汉：工作、韩汉：공작]

　　　　比较：作业 [日汉：作業、韩汉：작업]

日韩语中，"工作"表示"土木建筑等的工程"。

　　1）橋の補強工作（桥梁的加固工程）

　　2）工作機械（机床、工作母机）

　　3）공작에 이용되는 자재（制作所需要的材料）

　　4）사전 공작이 발각되다（事前的谋划被发觉了）

　　5）공작원이 비밀리에 움직이다（地下工作者在暗中活动）

　　6）공작원을 파견하다（派遣地下工作者）

在日本和韩国，很多人把从事地下工作的人与敌对的国家联系起来，所以"工作"常带有贬义。在古汉语中"工作"也可指工程，宋沈括《梦溪笔谈·官政一》："饥岁工价至贱，可以大兴土木之役，于是诸寺工作鼎兴。"指制作，北魏郦道元《水经注·谷水》："圃中有古玉井，井悉以珉玉为之，以缁石为口，工作精密。"在现代汉语中主要表示业务、任务、职业，这些义项也是现代汉语中用得最多的，如"做工作、工作重担、工作作风""工作到深夜""科研工作""他是做什么工作的？""作业"在日韩语中就是汉语"工作"的意思。

　　7）作業服 / 작업복（工作服）

　　8）さぎょう着（劳动服）

9）작업대（操作台、工作台）

10）작업　시간（工作时间）

11）작업장（工地）

"作业"在古汉语中指所从事的工作、业务，是名词，如《史记·高祖本纪》："常有大度，不事家人生产作业。"也指劳动、从事生产劳动，是动词，如《东观汉记·魏霸传》："为将作大匠，吏皆怀恩，人自竭节作业。"现代汉语中有"生产作业""作业流水线"，更多的是指教学活动中老师给学生布置的教学任务，如"课堂作业""课后作业""家庭作业""做作业""完成作业"等。与此意义相关的日韩语的词语是"宿题"（숙제）。

6）算数の宿題 / 산수　숙제（数学作业）

7）宿題を出す / 숙제를 내다（交作业）

汉语中没有"宿题"一词。

（106）执着［日汉：執著する、韩汉：집착하다］

　　　　比较：固执［日汉：固執する、韩汉：고집하다］

1）金に執著する（追逐金钱）

2）체육에 너무 집착하다（过分执着于体育）

3）개인의 출세에 집착하지 말아라（不要执着于个人的出息）

4）숫자 신비주의와 팔괘는 다른 나라에도 존재한다．하지만 그 어떤 민족도 중국인들만큼 그것에 집착하지는 않다（数字神秘主义和八卦在其他国家也存在，但没有哪个民族像中国人这样执着）

5）自分の主張を固執する（固执己见）

6）자기 의견을 고집하다（坚持己见）

"执著"也写作"执着"，原为佛教词语，指对某一事物坚持不放，不能超脱。《百喻经·梵天弟子造物因喻》："诸外道见是断常事已，便生执著，欺诳世间作法形象，所说实是非法。"后泛指固执或拘泥，也指对某种事物追求、不放弃。如"执着追求""执着于自己的研究"，一般指"坚持不懈""不轻易放弃"，如"执着地献身于祖国的航天事业""执着地追求实现人生的最大价值"，多为褒义。"固执"多指"坚持自己的见解，不接受别人的劝说"，如"性情固执""这人太固执了，怎么说也不听"。多为贬义，而日韩语中的"执着"则是一个中性色彩的词。

（107）兴奋［日汉：興奮、韩汉：흥분］

1) 興奮のあまり眠れない（兴奋得睡不着觉）
2) 그렇게 흥분하지 말고 침착해라（不要那么兴奋，冷静下来）

"兴奋"在现代汉语中表示"精神振奋、激动"的意义，"听到胜利的消息，大家兴奋不已"。而在日韩语中表示由于某种刺激而激动，这种状态往往是由于生气或过于高兴而行为过激。"興奮剂、흥분제"一词当来自日语，"兴奋"在这里具有贬义色彩。

第五节 语体风格色彩的对比

词汇是体现语体风格的重要语言材料，一些词经常出现在某种语体中也就具有了某种语体风格。汉代以后，汉语口语与书面语的差异越来越大，如《史记》吸收了当时许多口语成分，而《汉书》相比较而言具有明显的书面语色彩。如《史记·陈涉世家》中"伙颐，涉之为王沉沉者"，"伙颐"是楚地的方言词；《世说新语·巧艺》："传神写照，正在阿堵中"，"阿堵"是口语中的指示词，相当于"这、这个"；近代的《红楼梦》《金瓶梅》等小说中口语中的词语就更多了。[①]汉语口语词的大量出现和广泛使用，使汉语的词语形式发生了变化，不但复音节词语增加，而且构词上也由语义构词发展为语法构

---

①   陈榴：《东去的语脉——韩国汉字词语研究》，辽宁师范大学出版社，2007，第 76 页。

词，同时在语体风格上也发生了变化，主要表现之一就是口语词和书面语词的差别，这也使日韩语汉字词与汉语词之间的差异加大。如"抱负"指远大的志向，在现代汉语中是书面语，而日语的"抱負"（ほうふ）则是口语；现代汉语"起床"是口语，日语"起床"是书面语；日语"就床"表示"就寝，上床睡觉"，汉语没有"就床"的说法，而要说"上床睡觉"，是口语，但有"就餐、就位、就列"，具有一定的书面语色彩。

　　韩语固有词和汉字词之间也存在大量的同义现象，前者一般用于口语，后者多用于书面语，如다리—교량（桥梁），겨울—동계（冬季），오늘—금일（今日）等，固有词和汉字词在使用上也有明显的差异，如表示"牙齿"的汉字词"齿牙"（치아）和固有词이，在称说时，前者相比后者有尊重、严肃的色彩；"夫人（부인）"比固有词사모님显得严肃，当然相比较而言也就不如后者来得亲切。和现代汉语相比，日韩语中存在大量敬辞，这些敬辞有些是用汉字词来表现的，这里不一一列举，下文主要以具体的语例来比较说明日韩语的汉字词与汉语词在语体方面的差异。

一　日韩语见于口语，现代汉语多见于书面语

（108）契机 [日汉：契機、韩汉：계기]
　　　　比较：机会 [日汉：機会、韩汉：기회]
　　　　　　　时机 [日汉：時機、韩汉：시기]

　　　　1）病気を契機にタバコをやめることにした（借生病之机把烟戒了）

　　　　2）한무제가 장잠을 서역　지방에 파견한　것을 계기로하여 한나라와　서역사이에 길이 이다（汉武帝以派遣张骞出使西域为契机，建立了和西域之间的联系）

　　　　3）이를 계기로 200 여년을 걸쳐 십자군전쟁이 벌어지게 되었다（以此为契机，经过二百年后，发生了十字军战争）

现代汉语中"契机"指事物转化的关键、机会，如"抓住契机，促进经济快速发展""以总统的首次访问为契机，改善两国的关系"。"机会"在汉语中指时机，如宋苏轼《范景仁墓志铭》："速则济，缓则不及，此圣贤所以贵机会也"，现代汉语一般搭配如"大好机会""有利机会""抓住机会"等。与"机会"相对应的日韩语汉字词是"機会、기회"。

4）絶好の機会をのがす（丢失了绝佳机会）

5）機会音楽（为红白喜事等场合所作曲的音乐）

6）機会均等（机会均等）

7）기회　주의（机会主义）

8）절호의 기회（绝好的机会）

日语日常也用チャンス这一英译外来词。

9）ちょっと気をゆるめるとチャンスを逃がしてしまう（一松劲，机会就错过了）

日韩语中有"기회범（機會犯）"，即偶发性犯罪者，现代汉语相应的表达是"偶犯"。"时机"指具有时间性的客观条件、机会。

10）時機をとらえる（把握时机）

11）중요한 시기（重要时机）

唐杜荀鹤《寄从叔》诗："为儒皆可立，自是拙时机。""契机、机会、时机"在词义上有交叉，在词语的搭配和语体上有差别，如"契机"常说"以……为契机"，一般用于书面语，"机会"可说"机会均等""好的机会"，口语、书面语中均可使用，"时机"则主要用于书面，如"大好时机""时机成熟"。

（109）远虑［日汉：遠慮、韩汉：원모］

现代日语中的"远虑"是客气或者谢绝的意思。这种意思跟"考虑深远"

是有联系的。"远虑"本来是深谋远虑、即做长远打算的意思。《论语·卫灵公》："人无远虑，必有近忧。"日语中请客人吃喝或让他接受馈赠时说："ご远虑なく"，翻译成汉语就是"请不要客气"，等于说"请吃吧（或拿着吧），不用想得太多"。言外之意是"放心吧，不会让你偿还的"。当要表示禁止或谢绝某事时（如吸烟或停车），说"吃烟（或驻车）はご远虑ください"，上面的例子是说"不要'远虑'"，这里则说"请你'远虑'"，意思正好相反。这是一句很含蓄的警告"你要是在这儿吸烟（或停车）的话，你多想着点儿（想想后果）吧！"言外之意是：等着你的将是罚款或扣车。韩语中与"远虑"相对应的是원모［遠謀］，在表示拒绝义时，一般说사양［辭讓］，如사양않고 먹겠습니다（不客气，请吃吧）。现代汉语中"远虑""辞让"一般不单用，即便使用也多见于书面语，如成语"深谋远虑""他再三辞让董事长一职"。

（110）口实［日汉：口实、韩汉：구실］

　　　比较：借口［日汉：口实にする、韩汉：빙자하다］

　　1）表向きの口实に過ぎない/표면적인 구실에 불과하다（不过表面上的借口而已）

　　2）깊은 고만과 심각한 토론은 세계사 교육의 바른 대안을 찾는　길 잡이 구실을 했다（深入的考察和严格的讨论被认为是世界史教育的正确途径）

　　3）疲れるのを口实にしないで（别拿累做借口）

　　4）권력을 빙자하여 큰소리　치다（依仗权力装腔作势）

"口实"在古代汉语中有"借口"之义，《左传·襄公二十二年》："若不恤其患，而以为口实，其无乃不堪任命，而剪为仇雠？"杜预注："口实，但有其言而已。"现代汉语中，"口实"是名词，偶见于书面语，如"贻人口实"，与之意义相近的"借口"既是名词也是动词，如"他借口生病不去上课了"，"这是一个借口，你别信他的"。口语中也常见使用。

（111）始末［日汉：始末、韩汉：시말］

　　　比较：始终［日汉：始終、韩汉：시종］

老是［日汉：いつも、韩汉：항상］

一直［日汉：ずっと、韩汉：항상］

"始末"在日语中表"情形、处理"，往往指不好的结果。

1）始末がわるい（难对付）

2）始末をつける（处理、收拾）

3）こんな始末になってしまった（落到这种地步了）

"始末"在汉语中表"首尾、始终"义，引申为事情的经过，《晋书·谢安传》："安虽受朝寄，然东山之志，始末不渝。"《新唐书·武平一传》："日用谢曰：'吾不知，君能知乎？'平一条举始末，无留语。"也指人的生平，现代汉语中"始末"一般指事情从发生到结束的全过程，如"事情的始末"，有一定的书面语色彩。"始终"是名词，在日韩语中指事情的始末，也说"終始（종시）"。

4）일의 시종을 알아보기로 한다（尝试弄清楚事情的原委）

5）事の始終を明らかにする（弄清事情的来龙去脉）

"始终"还是副词，表示"常常、经常"。

6）旅行中始終彼と一緒だった（在旅途中始终和他在一起）

7）始終デパートへ出かける（经常去百货公司）

"始终"在古代汉语中也表示"开头和结尾"，《庄子·田子方》："始终相反乎无端，而莫知乎其所穷。"引申指"事情的本末或原委"，汉荀悦《汉纪·元帝纪三》："臣恐议者不深虑其始终，欲以一切息徭役，十年之后，百年之内，卒有他变。"继而指"一生、平生"，唐元稹《对才识兼茂明于体用策》："汉文虽以策求士，迨我明天子，然后能以策济人，则臣始终之愿毕矣。"表示"自始至终、一直"，《后汉书·皇后纪上·明德马皇后》："故宠敬日隆，始终无衰。"用作副词。和"一直"相比，现代汉语中"始终"是名词和副词，如"贯彻始终""始终如一""始终不渝"，"他始终不知道我姓什么"。"老是"是副词，一般表示一直重复着的不太满意的现象或状态，如"老是下雨""老是和他过不去"。

8）あの人はぐずぐずしているんだ（那个人一直磨磨蹭蹭的）

9）彼は늘 저렇게 말을　듣지 않는다（他老是那么不听话）

汉语中"一直"原指"顺着一个方向"，《尔雅·释水》："千里一曲一直。"现代汉语如"一直走下去"。表示动作持续不断或状态持续不变，《二程语录·洛阳议论》："今既后时，又不候至秋凉迄冬，一直趋寇。"现代汉语如"自去年以来一直生病""心里一直不高兴"。日韩语例如：

10）ずっとお待しております（我一直在等你）

11）동쪽으로 곧 바로　가다（一直往东走）

（112）可否［日汉：可否、韩汉：가부］

1）可否を論ずる（讨论可否）

2）가부를 결정하지 않다（不置可否）

3）用語の可否を考える（思考用语的得当与否）

"可否"在古代汉语中表示"可以不可以"，《左传·襄公三十一年》："与裨谌乘以适野，使谋可否。"今大多见于表示向别人征询意见时的套语或书面语中，如"可否，请指示""不知可否""不置可否"。

（113）讲习［日汉：講習、韩汉：강습］

1）講習所／강습소（讲习所）

2）講習生／강습생（讲习生）

3）料理講習／요리　강습（烹饪实践）

"讲习"在古代汉语中指"讲议研习",《易·兑》:"《象》曰,丽泽,兑,君子以朋友讲习。"孔颖达疏:"朋友聚居,讲习道义,相说之盛,莫过于此也。""讲习所"为"讲议学习之所",也指为传授某一专业知识而设立的短期速成机构,如著名的"湖南农民运动讲习所",今一般见于书面语中。

（114）合格［日汉：合格する、韩汉：합격하다］

　　　　比较：及格［日汉：合格する、韩汉：합격하다］

　　　　　　　及第［日汉：及第（きゅうだい）、韩汉：급제］

　　1）検査に合格する / 검사에 합격하다（检查合格）

　　2）君の成績では大学におそらく合格できないだろう（按你的成绩,考大学恐怕不能及格）

　　3）試験に合格する（考试合格）

考试的"合格"就是"及格"。"及格"在日韩语中叫"及第（급제）"。

　　4）及第点 / 급제점（及格分数）

　　5）この家どうやら及第だ（这所房子还算可以）

"合格"指"符合标准",《旧五代史·职官志》:"应合收补人,须是本官亲子孙,年貌合格,别无渝滥,方许施行。"也指诗词歌曲合于格律,《警世通言·钱舍人题诗燕子楼》:"歌喉清亮,舞态婆娑,调弦成合格新声,品竹作出尘雅韵。""及格"指达到规定的最低标准,唐郑处诲《明皇杂录》:"杨国忠之子暄,举明经,礼部侍郎达奚珣考之,不及格,将黜落,惧国忠而未敢定。"《宋史·张亢传》:"马高不及格,宜悉还坊监,止留十之三,余以步兵代之。"现代汉语中,可说"合格产品""合格人才""思想合格""政治合格",一般不用"及格";"及格"多用于考试或测试合格,可说"一点也不合格",不说"一点也不及格",但可说"完全不合格""完全不及格";可说"差点及格",不说"差点合格"。汉语中,"及第"指科举时代考试中选,因为榜上题名有甲乙次第故名。隋唐只用于考中进士,明清殿试之一甲三名称赐进士及第,省称及第，如"状元及第"，现代汉语中"及第"是一个历史词语，一般只出现在书面语中，没有日韩语那样的构词能力，相对应的词语是"及格"。

（115）奔走［日汉：奔走する、韩汉：분주하다］

　　1）四方に奔走する（四方奔走）

　　2）資金の調達に奔走する（张罗筹款）

　　3）彼の奔走で事件が円満に解決された（由于他的斡旋，事情得到圆满解决）

　　4）식사 준비에 분주하다（忙着准备做饭）

　　5）하루 종일 분주하다（一天到晚忙个不停）

古汉语中"奔走"指急行，《敦煌变文集·伍子婿变文》："昼即看日，夜乃观星，奔走不停，遂至吴江北岸。"也指为一定的目的而忙碌，柳宗元《捕蛇者说》："永之人争奔走焉。"现代汉语有"他为生计而奔走""奔走相告""奔走呼号"等，具有书面语色彩。

（116）提出［日汉：提出する、韩汉：제출하다］
　　　　比较：提交［日汉：提出する、韩汉：제출하다］

　　1）証拠を提出する（提交证据）

　　2）レポートを提出する／보고서를 제출하다（提交报告）

　　3）제출 서류（提交文件）

现代汉语中"提出""提交"都作及物动词，所带的宾语有所不同，如"提出问题、提出方案、提出办法"，"提交报告、提交作业、提交文件"，但都具有一定的书面色彩。

（117）上达［日汉：上達する、韩汉：상달하다］
日语中"上达"指"进步、长进"义。

　　1）日本語が上達した（日语进步了）

　　2）上達が早い（进步很快）

　　韩语中"上达"指将意见等以口头或书面形式向上级汇报，现代汉语有
"下情上达"，指下级或群众的情况或心意为上面所闻，源于古代汉语，如
《新唐书·魏徵传》："在贞观初，遇下有礼，群情上达。"古汉语中"上达"
词义比较丰富，《论语·宪问》："君子上达，小人下达。"邢昺疏："言君子小
人所晓达不同也。本为上，谓德义也；末为下，谓财利也。言君子达于德义，
小人达于财利。""上达"古指士君子修养德行，务求达于仁义。《论语·宪
问》："子曰'不怨天，不尤人，下学而上达，知我者，其天乎？'"邢昺疏：
"下学而上达者，言已下学人事，上知天命。""上达"指"上知天命"。"上
达"也指上进、进步，宋朱熹《延平先生李公行状》："其后，熹获从先生游，
每一去而复来，则所闻必益超绝，盖其上达不已，日新如此。"该义项保存在
今天日语的口语中。
　　（118）从事［日汉：従事する、韩汉：종사하다］

　　1）医学研究に従事する / 의학 연구에 종사하다（从事医学研究）
　　2）農業に従事するつもりだ / 농업에 종사할 작정이다 /（决定从
事农业）
　　3）建設に従事する（从事建设）

　　古汉语中"从事"指"行事、办事"，《诗·小雅·十月之交》："黾勉从
事，不敢告劳。"指致力于某种事情，《论语·泰伯》："昔者吾友尝从事于斯
矣。"清钱冰《履园丛话·梦幻·注苏诗》："告养回籍，从事苏诗，罗百氏之
说，以证王、施、查三家之讹。"这一用法一直流传至今，如"从事教育工
作""从事买卖活动"，多用于书面语。"从事"在古代还有"处置""追随"
义，及表示官职名，这些在现代汉语中都不再存在。
　　（119）言及［日汉：言及する、韩汉：언급하다］

　　1）前に言及した問題（上次提及的问题）

2）선생님이 학생에 대한 언급을 회피하다（老师回避涉及学生的
活动）

3）정부가 통일 문제를 언급하다（政府提及统一问题）

例中的"言及"相当于"谈及、涉及"，汉语中"言及"带有书面语色
彩，如"言及两次受到表彰的事，他止不住一脸的兴奋"。类似的词语还有
"论及、提及、述及"。

（120）君临［日汉：君臨する、韩汉：군림하다］

1）自動車の第一人者として君臨する / 자동차 업계에서 일인자로
군림하다（在汽车界以权威称雄）

2）천하를 군림하다（君临天下）

"君临"在古汉语中指"为君而主宰"。《左传·襄公十三年》："赫赫楚
国，而君临之。"明屠隆《采毫记·海青死节》："陛下龙凤之姿，天日之表，
数应君临万国。"也指"天子"，唐王维《送韦大夫东京留守》："天工寄人英，
龙衮瞻君临。"现代汉语已不大使用，而代之以"以……位居第一""以……
称雄""以……称霸"等结构。

（121）流入［日汉：流入、韩汉：유입］

1）西洋文化の流入 / 서양 문화의 유입（西洋文化的流入）

2）外資の流入（外资的流入）

3）이런 복장은 8 세기때 일본으로 유입됐다（这种服装 8 世纪时传
入日本）

4）유입 내역（流入明细）

5）물이 호수로 유입되다（水流进湖里）

6）난민들이 국경으로 유입되다（难民涌入边境）

现代汉语中"流入"本指"江河、水流"等，如"江河流入大海""水的

流入"，引申指相关事物的"涌进、进入"，如"资金的流入""假冒伪劣产品流入市场"。汉语除"流入"外，还有"传入""流进"等，如"流入他人之手"，书面语色彩较为浓厚。

（122）既得［日汉：既得、韩汉：기득］

　　比较：即席［日汉：即席、韩汉：즉석］

　　1）既得の経験をいかす（运用已经取得的经验）

　　2）既得権／기득권（既得权利）

　　3）既得利益（既得利益）

在古汉语中，"既得"的"既"本义指"日全食或月全食"，《左传·桓公三年》："秋七月壬辰朔，日有食之，既。"杨伯峻注："既，尽也。日全食也。"引申为"穷尽"，《淮南子·原道训》："富赡天下而不既，德施百姓而不费。"虚化为"已经"。《尚书·尧典》："克明俊德，以亲九族，九族既睦，平章百姓。"孔传："既，已也。"在汉语中"既得利益""既然""既来之则安之"中的"既"都表"已经"之义。跟"既"在字形上比较相似的另一个汉字是"即"，两字在读音和意义上差别较大。"即"也写作"卽"，本义是"就食（靠近食物）"，《易·鼎》："鼎有实，我仇有疾，不能我即。"高亨注："《说文》：'即，就食也。'此用其本义。"引申为一般意义上的"到"，南朝梁庾肩吾《乱后行经吴御亭》："青袍异春草，白马即吴门。"由空间意义上的"到"转喻为时间意义上的"当时"或"以后不久的时间"，《左传·僖公二十四年》："蒲城之役，君名一宿，女即至。"现代汉语中"即使、即便、即如、即刻、即可"都是逐步虚化产生的，一般具有书面语色彩。日韩语有"即席（즉석）"一词。

　　4）즉석에서 연주를 하다（即席演奏）

　　5）即席料理（现作的菜、快餐）

　　6）即席で演説する（即席演讲）

　　"即席"古代指"就席、入座",《仪礼·士冠礼》:"筮人许诺,右还,即席坐,西面。"指"当场、当座",明何景明《过寺中饮赠张元德侍御》:"即席花偏艳,开尊月不孤。"现代汉语中"即席赋诗""即席演讲"指"在宴会或集会上当场吟诗作赋或发表演讲"。

　　(123)完璧〔日汉:完璧、韩汉:완벽하다〕
　　　　比较:完美〔日汉:完璧である、韩汉:완벽하다〕
　　　　　　　完好〔日汉:完全である、韩汉:성하다〕
　　　　　　　完善〔日汉:完備、韩汉:완벽하다〕

　　1)完璧のできばえ(做得十全十美)
　　2)완벽한 작품(完美的作品)
　　3)체조 선수가 완벽한 동작(体操运动员完美的动作)
　　4)관리 제도가 완벽하지 않다(管理制度不完善)
　　5)完璧を期する / 완벽을 기대하다(期待完美)
　　6)완벽한 경호(完全的守护)

　　"完璧"相当于"完善、完美",现代汉语保留了"完璧归赵"这一成语,比喻将原物完好无缺地归还原主。在古代汉语中"完璧"指"完好的玉石",比喻完美的人或事物,明沈德符《万历野获编补遗·疏论夺情》:"林庄敏一代名臣,非后生所敢擅议,此事亦完璧之瑕云。"旧时常用以比喻处女,明田汝成《西湖游览志余·帝王都会》:"孝宗与恩平郡王璩同养于宫中……(高宗)尝各赐宫女十人,史丞相浩时为普安府教授,即为王言:'上以试王,当谨奉之。'王亦以为然。阅数日,果皆召入。恩平十人皆犯之矣,普安者,完璧也。已而皆竟赐焉,上意遂定。""完璧"比喻将原物完好地归还或退回。《西游记》第六十回:"千万借扇扇灭火焰,保得唐僧过山,即时完璧。"也省作"完赵",清百一居士《壶天录》卷上:"难既平,妾反苏,索寄物,金少与之。妾索全璧,金曰:'仆非干没也,闻小主在陇西,仆必访得之,他日当完赵耳。"现代汉语中,"完璧"一般出现在成语"完璧归赵"中,跟日韩语中"完璧"相对应的词语是"完美、完善"。"完美"是形容词，指"完备美好、没有缺点"，如"作品完美""完美的表现"；"完善"也有完备美好的意思，是形容词，但搭配不同，如"制度完善""设备完善"；也可以作动词，如"进一步完善规章制度""完善管理条例"，"完好"指完整，没有缺陷，如"保存完好""设备完好"。

（124）涂炭［日汉：塗炭、韩汉：도탄］

　　1）塗炭の苦しみに陥った国民の生活／도탄에 빠진 민생（遭受涂炭的国民生活）

"涂炭"的"涂"在古代写作"塗"，"涂炭"比喻非常困苦的境遇。《尚书·仲虺之诰》："有夏昏德，民坠涂炭。"孔传："民之危险，若陷泥坠火。"指泥淖和炭灰，比喻污浊之地，《孟子·公孙丑上》："立于恶人之朝，与恶人言，如以朝衣朝冠，坐于涂炭。"指"蹂躏、摧残"，《后汉书·党锢传序》："海内涂炭，二十余年，诸所蔓衍，皆天下善士"。现代汉语还有"遭受涂炭、生灵涂炭、涂炭百姓"的说法，多见于书面语中。

（125）败北［日汉：败北する、韩汉：패배하다］
　　　　比较：失败［日汉：失败する、韩汉：실패하다］

　　1）败北者／패배자（败北者）
　　2）予選で败北する／예선전에서 패배하다（预选中失败）

"败北"在汉语中本指"打败仗"，《史记·项羽本纪》："吾起兵至今八岁矣，身七十余战，所当者破，所击者服，未尝败北。"后泛指在竞赛中失败，如"国安队主场三场比赛皆以败北收官"。"败北"中的"北"本义指二人相背，军队打败仗背向敌人逃跑叫败北，如"身经百战，未尝败北""主队不敌客队，以2比3的总成绩败北"，有一定的书面语色彩。口语中更常用的是"失败"，与"胜利""成功"相对，在词语搭配上有不同，如"与人民为敌的人是注定要失败的""科学实验中失败是常事，重要的是不能在失败面前气馁"。例句中的"失败"不能用"败北"来替代。

（126）莫大［日汉：莫大、韩汉：막대］

比较：巨大［日汉：巨大である、韩汉：거대하다］

1）莫大な損害（莫大的损害）

2）태풍의 피해가 막대하다（台风的灾害巨大）

3）巨大地震（大地震）

4）거대한 선박（巨型船舶）

"莫大"跟日韩语相对应的汉语表达是"巨大"，汉语中也有"莫大的悲痛""莫大的荣幸""莫大的损失"，"莫大"表示"很大"，有书面语色彩。汉语"莫大"常与"莫大的安慰""莫大的鼓舞""莫大的光荣"之类表达精神、心情的抽象词语相搭配。日语中，"莫大"则以"莫大な金額""莫大な利益""莫大な財産"等表示金钱关系的词语搭配使用，韩语有"莫大的损害（막대한 손해）""被害莫大（피해가 막대하다）"，此外，韩语中还有"莫强（막강하다）"。

5）우리 부대는 전력이 막강하다（我们的部队战斗力无比强大）

6）막강한 군사력（强大的军事力量）

汉、日语都没有"莫强"的说法。

（127）于先［日汉：最初に、韩汉：우선］

比较：首先［日汉：まず、韩汉：먼저］

事先［日汉：事前、韩汉：사전에］

汉语中，"于先"一般见于古代或书面语中，韩语中也有，日语中相对应的是固有词"先（ま）ず"。

1）まず私が今回のことを説明いたします／우선 제가 이번 일을 설명하겠습니다（首先，我把这件事说明一下）

　　2）人にさせる前にまず君がやってごらん / 남에게 시키기 전에 우선 네가 해보아라（在让人做之前，你自己先做一下）

　　3）久しぶりに会ったからまずお茶を 1 杯飲もう / 오래만에 만났으니 우선 차부터 한잔 하자（好久不见，先喝杯茶吧）

　　4）この程度ならまずもって成功だ / 이 정도 라면 우선 성공 이다（已到这个程度，首先就已经成功了）

　　5）さし当たって食べるには干し柿が甘い / 우선 먹기는 곶감이 달다（先下手为强）

　　《黄帝内经》："救治于后，不若摄养于先。"现代汉语中"于先"一般见于书面语，如"律己于先""防祸于先而不至于后伤情"，一般多用"先""首先""事先"等。"首先"指"最先""最早"，如"我首先报了个名"。用于列举事项时指第一，如"首先是填表、登记，其次是抽血、化验"。"事先"指"事情发生之前"，如"你怎么事先不打招呼就来了？""你直接去找他吧，我事先已经跟他说好了"。

二　汉语多见于口头，日韩语多见于书面

　　（128）有事［日汉：有事、韩汉：유사］
　　日韩语中的"有事"，一般指发生战争、事变等非一般的事态。

　　1）一朝有事の際（一旦有事之时）
　　2）有事立法（应付紧急事态的法律）
　　3）유사　시에는 무기를 들고 싸운다（战争之时拿起武器战斗）

　　在上古汉语中，"有事"犹"有司"，《诗·小雅·十月之交》："皇父孔圣，作都于向。择三有事，亶侯多藏。"毛传："择三有事，有司，国之三卿。""有事"犹"从事"，明李贽《复京中友朋书》："若其他弟子，则不免学夫子之不厌而已，学夫子之不倦而已，毕竟不知夫子之所学为何物，自己之

所当有事者为何事。"成语"有事之秋"一般指"战争或多变故的年代",《北史·王罴王轨等传论》:"王思政驱驰有事之秋,慷慨功名之际。"也说"多事之秋"。现代汉语中,"有事"是一个动宾结构,不一定指大的事情,如"他有事先回去了""不要有事没事老往人家家里跑"。

(129)随意［日汉:随意、韩汉:마음 대로］

　　　比较:任意［日汉:にんい、韩汉:임의］

　　1)どうぞ御随意に(请随意吧)

　　2)入館随意(任意入馆)

　　3)随意科目(大学选修课)

"随意"在古代汉语中有"按心里所想、任情适意"之义,《三国志·魏书·程晓传》:"官无局业,职无分限,随意任情,唯心所适。"北周庾信《荡子赋》:"游尘满床不用拂,细草横阶随意生。"现代汉语有"随意出入""不用太拘束,随意点!","随意""任意"一般都用在口头,大学的选修课一般也不叫"随意科目",而叫"任选课"或"选修科目"。

(130)建议［日汉:提案、韩汉:건의］

　　　比较:提议［日汉:提議、韩汉:제의］

汉语中的"建议"在日韩语中相对应的汉字词是"提案、건의"。

　　1)合理化提案をする(提出合理化建议)

　　2)대학 입시 제도의 개선을 당국에 건의한다(建议当局改善大学入学考试制度)

日韩语中与"提议"相对应的汉字词是"提議、제의"。

　　3)ただいまから休会することを提議します / 나는 지금 휴회할 것을 제의합니다(现在我提议大会休会)

　　"建议"和"提议"在日韩语中多用于书面语，内容多为开会或涉及政治等方面的内容，"建议"和"提议"在汉语中都可以用作名词和动词，"建议"指对事情的处置或兴办提出具体的意见，《汉书·贾捐之传》："诸县更叛，连年不定。上与有司议大发军，捐之建议，以为不当击。"现代汉语如"建议给予撤销""建议增加投入"，作名词时指提出的具体意见，如"合理的建议""建议切实可行"。"提议"指开会或商讨问题时提出的供讨论的议案或意见，也指提出的建议，如"大会提议下午三点集中审议政府工作报告""他的提议得到与会大多数人的响应"。

第六节　普通词语和历史词语的差异

一　日韩语是历史词语，现代汉语是普通词语

　　所谓"普通词语"是指该词语目前在语言中作为一般词语使用，具有一定的频现率；所谓"历史词语"是指该词语过去在语言中存在，但在目前的语言中已不见使用，词语所指的时代性比较突出，必须限定在一定的历史语境中才能加以解释。

　　（131）工人［日汉：工人、韩汉：공인］

　　"工人"在日韩语中是一个历史词语，表示"乐人、乐师"，现代汉语中"工人"是一种职业和身份，相对应的日语是プロレタリアート、労働者、勤労者，韩语是노동자、근로자。"工人"在古代汉语中指司空下面的属官，《国语·周语中》："周之《秩官》有之曰：敌国宾至，关尹以告……廪人献饩，司马陈刍，工人展车。百官以物至，宾入如归。"指百工，《荀子·儒效》："设规矩，陈绳墨，便备用，君子不如工人。"现代汉语中"工人"指个人不占有生产资料、依靠工资收入为生的劳动者（多指体力劳动者）。

　　（132）大概［日汉：大概、韩汉：대개］

　　　　　　比较：大约［日汉：およそ、韩汉：대략］

　　"大概"在日韩语中主要是作为一个历史词语来使用的。

　　1）其事の起りを一々に大概を載せたぞ（事情的缘起一一记载其概略）

　　2）이 작품의 대개는 이러이러하다（这部作品的梗概是这样的）

　　3）大概嫌になった（变得有些嫌弃了）

　　4）大概大丈夫だろう（恐怕没关系吧）

与现代汉语的"大概"义相对应的日韩语词，还有あらまし、たぶん；대요、아마도等。

　　5）私はあらましか知らない（我只知大概）

　　6）今から行ったのはたぶんもう間に合わないでしょう（现在去的话大概已经来不及了吧）

　　7）나는 대요를 알 뿐이다（我只知道个大概）

　　8）회의는 아마도 연기될 것이다（会议大概要延期）

　　"大概"在汉语中充当名词和副词，作名词时指"大致的内容，大体的情况"，宋欧阳修《真州东园记》："凡工之所不能画者，吾亦不能言也，其为我书其大概焉。""我给他说了一下事件的大概""大概的情况""大概的问题"。表示不很精确的估计，"大概有几十个人""大概四点钟的样子"。作副词时，"大概"可出现在句首，"大概他还没起来""到年底再也没见到孔乙己，大概他的确已经死了吧？"，用在否定句中时，一般在否定词前面出现，如"他大概不来了""大概没找着他"。

　　与"大约"相对应的日韩语词是"およそ、たぶん、대력（大略）、아마"。

　　9）およそ1時間の道のり（大约1小时的路程）

　　10）あの人はたぶん出張した（他大约出差了）

　　11）대략 한 시간의 노정（大概1小时的路程）

　　12）아마 오늘은 돌아 오지 못할 것이다（今天大概不能回来）

　　"大约"在汉语中表"大致，大体"，汉贾谊《新书·匈奴》："若夫大变之应，大约以权决塞，因宜而行，不可豫形。"表"大致的数目"，《儒林外史》第三十六回："我自从出来坐馆，每年大约有三十两银子。"表示"有很大的可能性"，《儿女英雄传》第二回："这门亲不好作，大约太太也未必愿意。"现代汉语中"大约"主要作副词，大多表示时间和数目，"大约两点钟""大约三个人""大约在冬季"，"大概"有时可以单独回答问题，"大约"一般不能；"大概"可用作名词，如"那件事情我只能说个大概"，"大约"没有名词的用法。

（133）扶持［日汉：扶持、韩汉：부축하다］

　　日语中指古时武士的俸禄、粮饷，泛指帮助。韩语中"扶持"说成부축하다。

　　1）主として扶持米を給与した（主人给武士发放俸禄）

　　2）家業を手伝う（支持家业）

　　3）두 노인이 서로 부축하여 길을 건너고 있다（两个老人互相搀扶着过马路）

　　"扶持"在汉语中本指搀扶，《史记·外戚世家》："女亡匿内中床下，扶持出门，令拜谒。"引申为"帮助""照顾"，《孟子·滕文公上》："出入相友，守望相助，疾病相扶持。"现代汉语中常见的搭配如"政策扶持""产业扶持""大力扶持"。

（134）解脱［日汉：解脱、韩汉：해탈］

　　　　比较：解放［日汉：解放する、韩汉：해방하다］

　　1）死亡は徹底的な解脱である（死亡是彻底的解脱）

　　2）해탈의　경지（解脱的境地）

　　3）해탈문（佛教指脱离三界之苦而令得悟之门）

　　4）彼は困難の中から理解を得た（他在困难中得到了解脱）

　　5）日常の忙しい仕事から解放される（从日常繁忙的工作中解脱出来）

"解脱"是一个佛教词语，指摆脱烦恼业障的束缚而复归自在，与"涅槃、圆寂"等义相通，日韩语中至今仍保留这一用法。汉语中泛指摆脱烦恼、困境等，《水浒传》第十四回："且说刘唐在房里寻思道：'我着甚来由，苦恼这遭！多亏晁盖完成，解脱了这件事。'"此义今广泛使用，如"从水深火热之中解脱出来""从烦恼中解脱出来"。"解脱"在古代指"解除、解开"，《水浒传》第四十二回："赵能把士兵衣服解脱了，领出庙门去。"引申为"释放"，《汉书·赵广汉传》："释质，束手，得善相遇，幸逢赦令，或时解脱。"颜师古注："或逢赦令，则得免脱也。"现代汉语中，"解脱"指"摆脱"，如"从困境中解脱"，还可以说"得到解脱"。"解放"指"解除束缚、得到自由与发展"，如"解放思想""解放全人类""解放生产力"。在中国，"解放"还特指以 1949 年中华人民共和国的成立为标志的历史事件，一些词语，如"解放战争""解放区""解放前""解放军"都是这一事件前后出现的。

（135）欢迎［日汉：歓迎する、韩汉：환영하다］

　　1）減税を歓迎する（欢迎减税）

　　2）新入生歓迎会（新生欢迎会）

　　3）이 영화는 대중의 환영을 많이 받는다（这部电影深受群众欢迎）

"欢迎"在三国语言中都表示"高兴地迎接""高兴地盼望"，但日韩语中"欢迎"在口语中较少使用，如在欢迎客人时，日语一般说いらっしゃいませ，日韩语中平时生活中接人时说"ようこそおいでくださいました；어서오세요！"在韩语中经常是餐厅的服务员对客人说的，或者是去别人家里做客主人对客人说的，"환영합니다"一般用于正式场合。迎接宾客的时候，汉语口头可说"欢迎欢迎"或"欢迎光临"，也可用于书面语，如"欢迎赐稿""欢迎批评"。晋陶潜的《归去来兮辞》："僮仆欢迎，稚子候门。"清魏源《圣武记》卷九："民间闻其军过，知其能爱百姓，无不安堵欢迎。"

二　日韩语是普通词语，现代汉语是历史词语

（136）本格［日汉：本格、韩汉：본격］

　　　　比较：正统［日汉：正統、韩汉：정통］

　　　　　　　正式［日汉：正式、韩汉：정식］

　　　1）본격적인 한국 영화를 돌리다（放正宗的韩国电影）

　　　2）본격적으로 연애를 시작하다（正式谈恋爱）

　　　3）本格的な梅雨に入った／본격적인 장마철에 들어갔다（正式进入梅雨季节了）

　　　古代汉语中有"本格"，指"原来的规格等级"，《魏书·高阳王雍传》："武人本挽上格者为羽林，次格者为虎贲，下格者为直从……今试以本格，责其如初，有爽于先，退阶夺级。此便责以不衰，理未通也。""正宗"原是佛教词语，指佛教各派的创建者所传下来的嫡派，泛指正统派，所组成的词语如"正宗传人""正宗粤菜""做法正宗"。"正式"指"符合一般公认标准""符合一定手续"，如"正式会谈""正式比赛""正式结婚""正式开始"。

（137）强韧［日汉：強靭、韩汉：강인］

　　　　比较：强劲［日汉：強力である、韩汉：강력하다］

　　　　　　　强壮［日汉：丈夫である、韩汉：건장하다］

　　　1）強靭な体／강인한 몸（强壮的身体）

　　　2）何ものにも屈しない強靭な精神／무엇에 도굴하지 않는 강인한 정신（无论如何、始终坚韧不屈的坚强精神）

　　　3）彼は丈夫な体をしている（他有着强壮的身体）

　　　4）강건한 신체（强壮的身体）

　　　"强韧"指"坚硬而有韧性"，《诗·郑风·将仲子》："将仲子兮，无逾

我园，无折我树檀"，毛传："檀，强韧之木。""强韧"在现代汉语中已少见使用。"强劲"指"强有力"，如"强劲的西北风""遭到对手强劲的挑战"；"强壮"一般指"身体结实"，如"强壮的体魄""强壮的体质"。

（138）进路［日汉：進路、韩汉：진로］

　　　　比较：出路［日汉：出路、韩汉：출로］

　　　　　　　出道［日汉：デビューする、韩汉：데뷔하다］

1）卒業後の進路／졸업　후의 진로（毕业后的出路）

2）진로를 동북으로 잡다（取道东北方向）

3）敵の出路をふさいだ（封锁敌人的出路）

4）데뷔　전에（我出道之前）

现代汉语没有"进路"一词，古代汉语指"上路出发"，《楚辞·九章·怀沙》："进路北次兮，日昧昧其将暮。"《敦煌变文集·董永变文》："二人辞了便进路，更行十里到永庄。"指"前进的道路"，《司马法·用众》："凡近敌都，必有进路。"现代汉语中此词的部分义项为"出路""上路"等取代，"出路"指"通向外边的道路"，比喻人生的前途或生存发展的途径，如"另谋出路""到海外找出路"。"出道"指"学徒学艺期满，开始从事某项工作或事业"，如"刚出道，要学的东西还很多"。日语中"デビュー"源自法语debut，本义为初次登场，在音乐界过去以正式发行CD为"出道"的标准。该词后传入韩语，为데뷔，也是音译词。

（139）自得［日汉：自得、韩汉：자득］

1）いささか自得するところがある（凡人皆有得意时）

2）自得の色（得意的神色）

3）自業自得／자업 자득（自作自受）

"自得"在古代汉语中指"自己感到得意或舒适"，《史记·管晏列传》："其夫为相御，拥大盖，策驷马，意气扬扬，甚自得也。"现代汉语有"扬扬自得"。"自得"还表示"自己得到某种体会"，《孟子·离娄下》："君子深造之以道，欲其自得之也。自得之则居之安，居之安则资之深，资之深则取之左右逢其原，故君子欲其自得之也。"现代汉语一般出现在成语之中，如"扬扬自得"。

（140）筑造［日汉：築造する、韩汉：축조하다］

　　　比较：建筑［日汉：建築する、韩汉：건축하다］

　　　　　　建造［日汉：建造する、韩汉：건조하다］

　　1）築造物（建筑物）

　　2）제방을 축조하다（建造堤防）

　　3）今度新しく建築された校舎（这次新建的校舍）

　　4）십년 전에 건조된 도크（十年前建成的码头）

"筑造"相当于"建造"，清顾炎武《答原一甥》："其筑造典守，自有秦人，譬如禅师不管常住之事也，亦可知之。"现代汉语中罕用。两词在动词义上有交叉，如"建筑（造）房屋""建筑（造）铁路""建筑（造）得很牢固"，"建筑"还是名词，指建筑物，如"古老的建筑、这座建筑有上千年历史"，与"经济基础"相对应的"上层建筑"等词语中的"建筑"都不能用"建造"替代。

（141）落胆［日汉：落胆する、韩汉：낙담하다］

　　　比较：失望［日汉：失望する、韩汉：실망하다］

　　1）試験に落ちて落胆する／시험에 떨어져 낙담하다（因考试失败而失望）

　　2）기대한 대로 되지　않아 낙담하다（没有如所期待的那样实现而失望）

　　3）彼の無責任な発言に失望した（对他不负责任的发言很失望）

　　4）나 너한테 너무 실망했어（你太让我失望了）

古代汉语中有"落胆"，犹丧胆，形容恐惧之甚。《新唐书·温造传》："吾夜入蔡州擒吴元济，未尝心动，今日落胆于温御史。"现代汉语已不见使用，与日韩语相对应的是"失望"。

（142）接战［日汉：接戦する、韩汉：접전하다］

　　　　比较：激战［日汉：激戦する、韩汉：격전하다］

　　　　　　　交战［日汉：交戦する、韩汉：싸움을하다］

　　1）接戦の末やっと勝った／접전 끝에 겨우이 졌다（交战到最后终于获胜了）

　　2）接戦の末，惜敗する（交战到最后惜败）

　　3）激戦地（激烈战斗的战场）

　　4）적벽 격전（赤壁激战）

　　5）交戦国（交战国）

　　6）싸움을 이긴다（赢得战争胜利）

"接战"一词在现代汉语中已不大见使用，或仅见于书面语，但在古代汉语中却不鲜见。《史记·李将军列传》："大将军与单于接战，单于遁走。"南朝梁简文帝《雁门太守行》之二："潜师夜接战，略地晓摧锋。"现代汉语中表达此义多用"交战"。"激战"指"激烈战斗"，"交战"指"双方作战"。在常见的词语搭配上有不同，如"激战318高地""双方激战一场"；"交战"如"交战双方""交战国"。

（143）言下［日汉：言下、韩汉：언하］

　　1）言下に答える（立即回答）

　　2）言下に断る／언하에 거절하다（立即拒绝）

古汉语"言下"指"说话的时候"，唐刘禹锡《和东川王相公新涨驿池八韵》："变化生言下，蓬瀛落眼前。"引申指"一言之下，顿时"，《景德传灯录·僧璨大师》："信于言下大悟，服劳九载。"现代汉语中，"言下"不能单独成词，一般说"言下之意"，指话中之意。

（144）气脉［日汉：気脈、韩汉：기맥］

　　1）気脈を通ずる（不知所措）

　　2）기맥이 쇠해지다（气血衰败）

　　3）그런 기맥이 없다（没有那种苗头）

　　"气脉"在古汉语中指诗文的气势、结构、脉络，也指风气、习俗、气运，汉贾谊《新书·礼》："民心不挟诈贼，气脉淳化。"明汤显祖《牡丹亭·榜下》："淮海维扬，万里江山气脉长。""气脉""气韵"都用来指文章，"气脉"多指结构，"气韵"多指意境，如"画面简洁、气韵无穷"，"气脉"在现代汉语口语中较少使用。

（145）考案［日汉：考案する、韩汉：고안하다］
　　　　比较：考评［日汉：考查する、韩汉：심사하다］

　　1）これは彼が考案したものだ（这是他设计出来的）

　　2）새로운 방법을 고안하다（设想出一种新办法）

　　3）첨단 기술을 고안하다（发明了一项尖端技术）

　　4）그들도 다시 심사하기 시작했다（他们也重新考核起来）

　　古汉语中，"考案"作动词时有"考查、案检"义，《汉书·魏相传》："考案郡国守相，多所贬退。"有"拷问、查究"义，也写作"考按"，唐顺之《金事孙公墓志铭》："遂密擒恩，狱中考按，尽得恩与其宗人不法状。"现代表"稽考"义，郭沫若《历史人物·屈原研究三》："儒家的古史系统是根据大一统的思想考案出来的东西。"作名词时表"名单、案卷"。明冯梦龙《山歌·多》自注："我曹胸中，自有考案一张，如捐额外者不论，稍堪屈指，第一、第二以至累十，井井有序。"现代汉语中"考案"一词已消失，代之以"考查、考究、考评"等。"考评"指"考核评议"，如"考评领导干部""企业考评"。

（146）泄泻［日汉：下痢、韩汉：설사（泄瀉）］

　　1）下痢が起こる（开始拉肚子）

　　2）설사가 나다（泻肚、拉肚子）

　　3）상한 음식을 먹고 설사했다（吃了腐烂的饮食后拉肚子了）

　　古汉语有"泄泻"表示"腹泻"的用法，《医宗金鉴·刺灸心法要诀·膀胱经文》："其出入皆由气化，入气不化，则水归大肠，而为泄泻。"《续资治通鉴·宋真宗天禧四年》："帝久不豫，前二日，因药饵泄泻，前后殿罢奏事。"《警世通言·老门生三世报恩》："（鲜于同）回归寓中多吃了几杯生酒，坏了脾胃，破腹起来。勉强进场，一头想文字，一头泄泻，泻得一丝两气，草草完篇。"现代汉语"泻肚"又叫"腹泻、拉肚子、下痢"，日语叫"下痢"（げり）。

（147）哀惜［日汉：哀惜、韩汉：애석하다］

　　　　比较：惋惜［日汉：嘆き惜しむ、韩汉：안타까워하다］

　　　　　　可惜［日汉：惜しい、韩汉：섭섭하다］

　　1）哀惜の念にたえない（不胜悲痛之至）

　　2）형이 동생의 실패를 애석하다（哥哥为弟弟的失败遗憾不已）

　　3）나는 딸의 졸업식장에 가보지 못해 애석했다（我因没能参加女儿的毕业典礼而感到可惜）

　　4）애석하게도 세상을 떠나다（不幸去世）

　　5）あの先生去る時皆に惜しまれた（那位先生离开的时候大家都表示惋惜）

　　6）이대로 헤어지기는 정말 섭섭하다（如此分别真十分可惜）

　　汉语中"哀惜"指"哀怜"，晋干宝《搜神记》卷一："将士哀惜，藏其尸。"现代汉语中该词不大见使用，相同意义用"惋惜、可惜"表达。"可惜"表示"令人惋惜"，如"机会错过去了，真可惜！""给他机会了，可惜的是他没能把握住"。句中的"可惜"不能用"惋惜"替代。后者指对人的不幸遭遇或事物的意外变化表示同情，如"这么年轻就离开人世，真令人惋惜"。

（148）纠弹［日汉：糾弾する、韩汉：규탄하다］

　　　　比较：弹劾［日汉：弾劾する、韩汉：탄핵하다］

　　　　　　　谴责［日汉：譴責する、韩汉：견책하다］

　　　1）糾弾を受ける／규탄을 받다（受到弹劾）

　　　2）汚職を糾弾する（遭到失职弹劾）

　　　3）내정 간섭 행의를 규탄하다（谴责干涉内政的行为）

　　　4）政府は弾劾する（弹劾政府）

　　　5）탄핵을 받다（接受弹劾）

　　　6）政府の失政を譴責する（谴责政府的失政）

　　　7）그들은 상대방을 견책하기 시작했다（他们谴责起对方来了）

古代汉语中有"纠弹"一词，指"举发弹劾"，《北齐书·赵郡王琛传》："天平中，除御史中尉，正色纠弹，无所回避，远近肃然。"《元典章·刑部九·侵盗》："御史台、按察司纠弹之官，知而不举者与犯人同罪。"该词在现代汉语中已不存，相应意思被"揭发、弹劾、谴责"等词所取代。现代汉语中，"弹劾"一词多见于书面语，指某些国家的议会抨击政府工作人员，揭发其罪状，如"遭到弹劾""弹劾总统"。"谴责"指用严厉的言辞责备、申斥，如"谴责罪行""谴责战争""不负责任的行为受到谴责"。

（149）收夺［日汉：収奪する、韩汉：수탈하다］

　　　　比较：抢夺［日汉：強奪（ごうだつ）する、韩汉：강탈하다］

　　　　　　　夺取［日汉：奪取する、韩汉：탈취하다］

　　　　　　　掠夺［日汉：掠奪する、韩汉：약탈하다］

　　　1）人民から収奪する（从人民那里掠夺）

　　　2）일제의 수탈이 심했다（日本帝国主义的掠夺极其残酷）

　　　3）強奪逃走／강탈 도주（夺走）

古代汉语中"收夺"表示"罢黜"义,《北史·甄琛传》:"既得不以伦,请下收夺。"现代汉语中该词已消失,相近的有"抢夺、强夺、掠夺、夺取、巧取豪夺"等。"抢夺"指用强力把别人的东西夺过来,如"抢夺财物""抢夺胜利成果";"夺取"一般指用武力强取,如"夺取前沿阵地""夺取被敌人强占的土地",引申为努力争取,如"夺取新的更大的胜利""夺取农业生产的全面丰收",多含褒义。

　　4)大量得点を奪取する(夺取大量分数)

　　5)権力を奪取する(夺取权力)

"夺取"指用力量强行取得,《史记·龟策列传》:"江之源理,不如四海,而人尚夺取其宝,诸侯争之,兵革为起。"现代汉语中一般指"努力争取",如"夺取三夏抢收、抢种的最后胜利""夺取农业丰收"。"掠夺"则完全是一个贬义词。

　　6)人の財産を略奪する / 남의 재산을 약탈하다(掠夺他人财产)

汉语中"掠夺"指"抢劫、强取",汉荀悦《申鉴·政体》:"偷窃则民备之,备之而不得,则暴迫而取之,谓之掠夺。"现代汉语有"掠夺财产、掠夺成果、肆意掠夺"。"掠夺"与"掠取"两词是同义词,都有"夺取、抢夺"的意思,带有贬义,如"掠夺财物、掠取财物""掠夺资源、掠取资源",也有搭配方面的不同,如"经济掠夺"不说"经济掠取","资源掠夺"不说"资源掠取","掠夺婚"不说"掠取婚"。

(150)适切[日汉:適切する、韩汉:적절하다]

　　　比较:适当[日汉:適当する、韩汉:적당하다]

　　　　　合适[日汉:相応しい、韩汉:알맞다]

　　1)적절한 대응책을 강구하다(讲究适当的对策)

　　2)適切に処理しなさい / 적절히 처리하세요(请加以适当处理)

3）어떤 말로 표현했으면 적절할지 모르겠다（不知用什么话表达恰当）

4）適当した人物（合适人选）

5）적당한 장소（合适的场所）

6）学生服は学生にとって一番相応しいだ（校服对学生来讲是最合适的）

7）그 경우에 알 맞은 연설（适合那种场合的演说）

"适切"在汉语中罕用，相对应的词语是"适当、恰当"。"适当"指"合适、妥当"，如"适当的机会""措辞适当"；"合适"指符合实际情况或客观要求"，如"这件衣服你穿着正合适""那种场合说那样的话不合适"。

（151）顺调［日汉：順調、韩汉：순조］

　　　　比较：顺便［日汉：序でに、韩汉：하는 김에］

　　　　　　　方便［日汉：方便、韩汉：방편］

　　　　　　　便宜［日汉：便宜、韩汉：편의］

日韩语"順調（순조）"，指"顺利、顺当、如意"。

1）順調な一生を過ごした（度过了一帆风顺的一生）

2）営業は順調に発展している（营业在顺利发展）

3）外国貿易が順調になる（对外贸易顺利起来／转为顺差）

4）順調に行かない（进展得不顺利）

5）경과는 순조롭다（过程顺利）

6）날씨가 맑고 순조로운 날（天气晴朗、风和日丽的一天）

韩语中的"顺调"大概来自日语，还有"顺便（순편）하다"的说法。

7）별 어려움 없이 일이 순조롭게 진행되었다（没有任何困难，事情顺利向前推进）

8）일이 순편하게 해결되었다（事情合理地解决了）

　　与现代汉语"顺便"常用义相对应的日韩语词分别是"序でに、…하는 김에"。

　　古汉语没有"顺调"一词，"顺便"指"顺利、方便"，《朱子语类》卷七十五："既占则无所疑，自然使得人脚轻手快，行得顺便。"还指"趁做某事的方便做另一件事"，元杨显之《潇湘雨》第一折："小生如今上朝取应去，到此淮河渡，这里有个崔文远，他是俺爹爹的亲兄，顺便须探望他去。"现代汉语多用此义，"我明天回家，顺便看看年老的父亲"。"你去邮局顺便帮我买张邮票。""顺便的话，帮我查找一下那份资料。"

　　9）近くに来た序でに寄った（我最近来的时候顺便带来）
　　10）제가 오는 김에 갖고 와도 됩니다（我可以顺便儿带来）

　　"方便"原为佛教用语，指以灵活的方式因人施教，使悟佛法真义。《维摩经·法供养品》："以方便力，为诸众生分别解说，显示分明。"引申指"随机乘便"，《北史·魏东阳王丕传》："若有奸邪方便谗毁者，即加斩戮。"指给予便利或帮助，宋王明清《春娘传》："若得姐姐为我方便，得脱此一门路，也是一段阴德事。"现代汉语的"方便"可以作名词，如"行个方便""与人方便，自己方便"；也可以作动词，"方便群众""方便他人"；也可以作形容词，"不太方便、很方便""现在不方便跟他见面，以后再说吧"。"方便"指"适宜"。"方便"还是大小便的委婉表达，如"去卫生间方便一下""我要去方便方便"。用开水冲泡就可以吃的包装好的熟面条，日韩语叫"拉面"，如"辛拉面"，汉语叫"方便面"，与汉语一般说的拉面（有名的如"兰州拉面"）不同。"方便"义在日韩语中也作"便宜（べんぎ、편의）"。

　　11）便宜を与える（给以方便）
　　12）편의를 도모하다（图方便）

　　"便宜"在汉语中有 biànyí、pián·yi 两个读音，分别表示"方便合适""价钱低"。在古代汉语中"便宜"也有"方便"义，如《红楼梦》第

四十二回："你这会子闲着，把送姥姥的东西打点了，他明儿一早就好走的便宜了。"还有"斟酌事宜、自由决断处理"义，《南史·顾宪之传》："愚又以便宜者，盖谓便于公宜于人也。""便宜"指"有利国家、合乎时宜之事"，《汉书·刘敬传》："臣愿见上言便宜。"古代汉语中，"便宜"表示"好处"，唐寒山《诗》："有人来骂我，分明了了知。虽然不应对，却是得便宜。"《东周列国志》第八十二回："齐兵十分奋勇，吴兵渐渐失了便宜。""便宜"用作动词，指"给以好处，使得到某种利益"，蒲松龄《聊斋志异·柳氏子》："言已，出门，曰：'便宜他！'"现代汉语仍在使用，这些意义是日韩语所缺乏的，如"贪小便宜吃大亏"，日语要说"ちっぽけな利益に目が眩んで結局大損をする"，"东西便宜"日韩语则要分别用"安い"和"싸다"来表达。

（152）劝奖［日汉：勧奨する、韩汉：권장하다］

　　　比较：奖励［日汉：奨励する、韩汉：장려하다］

　　　　　　勉励［日汉：勉励する、韩汉：면려하다］

　　　　　　嘉奖［日汉：褒賞する、韩汉：포상하다］

　　1）読書を勧奨する / 독서를 권장하다（勉励读书）

　　2）退職勧奨を受ける（接受荣休证书）

　　3）奨励金（奖金）

　　4）유공자를 포상하다（奖励有功人员）

"劝奖"存在于古汉语中，表示"劝勉鼓励"，《北齐书·崔暹传》："暹谢曰：'此自陛下风化所加，大将军澄劝奖之力。'"宋苏轼《表忠观碑》："甚非所以劝奖忠臣，慰答民心之义也。"现代汉语没有"劝奖"，该义项一般说成"鼓励""勉励"。"嘉奖"指"称赞及奖励"，如"通令嘉奖""嘉奖表彰"，也指"称赞的话语或奖励的实物"，如"最高的嘉奖"；"奖励"指"给予荣誉或财物来鼓励"，常见搭配如"物质奖励""奖励条例"等。

参考文献

汉语大词典编辑委员会、汉语大词典编纂处编纂《汉语大词典》（全十三卷），汉语大词典出版社，1995。

中国国家对外汉语教学领导小组办公室、教育部社科司《汉语国际教育用音节汉字词汇等级划分》课题组编《汉语国际教育用音节汉字词汇等级划分（国家标准·应用解读本）》，北京语言大学出版社，2010。

吕叔湘主编《现代汉语八百词》，商务印书馆，1981。

〔日〕太田辰夫著《中国语历史文法》，蒋绍愚、徐昌华译，北京大学出版社，1987。

第六章

汉字词与汉语词的词性与功能差异

词汇包括形式和意义两个方面，各自形成了严密的体系，内部各成员之间存在种种复杂的联系，"牵一发而动全身"，研究某个词语的形式和意义，必须将其置于语言的整体系统之中，不同语言体系词语之间的对比也是一样，要在本语言的体系内讨论词性和用法。如"紧迫、勤劳、悲观"是现代汉语的三个形容词，在日语中作名词，加"する"构成形容动词；"比较（비교）"在韩语中可充当名词、动词（비교하다）、副词（비교적），汉语中"比较"有动词、介词、副词三个词性，汉字词本身不能成为动词或形容词，想成为动词或形容词必须在一些名词后面添加如"스럽다、답다"等后缀。再比如"발명（發明）"在汉语中既是名词又是动词，而在韩语中是名词，后面加动词词尾"하다"才是动词，由于词性不同，用法上存在差异。

第一节　名词和动词使用的差异

一　日韩语用作名词或动词，现代汉语用作名词

（1）工夫［日汉：工夫、韩汉：공부］
　　　比较：功夫［日汉：カンフー、韩汉：（중국）쿵푸］

　　1）料理法を工夫する（下功夫做菜）
　　2）工夫を凝らす（潜心钻研）
　　3）蒸し暑い気候の時でも快適に暮すことができるように，いろいろな工夫をしてきました（酷暑时节，为了使日子过得舒适，很下了一番功夫）
　　4）열심히 공부하다（用功学习）
　　5）일하면서 공부하다（边工作边学习）

　　日韩语中"工夫"带上各自的词尾可以当动词用。韩语中有"乥"一词,是韩语自造的汉字词,《韩国汉字语词典》:"国字。役工也。"《五洲衍文长笺散稿》:"乥,音功夫,俗训功夫。高丽史元宗朝上书,中书省工匠人三万五百名,即役工之称。"《高丽史二十七·元宗世家》:"十五年夏四月,今东征卒,梢士,亦当就向件役　而调出耳——又至庚午年以来,自今五年,供军粮饷,早曾乏绝,今此造船功(上)夫(下)匠及监造官等三万五百人。"功是活儿,夫指男子,两字合在一起表打杂的人。汉语中,"工夫"是名词,原指"工程和劳动人力",引申指做事所花的精力和时间。晋葛洪《抱朴子·遐览》:"艺文不贵,徒消工夫。"也指"花费时间或精力后所达到的某方面的造诣",宋陆游《夜吟》之二:"六十余年妄学诗,工夫深处独心知。"指时间、时光,宋辛弃疾《西江月·遣兴》词:"醉里且贪欢笑,要愁那得工夫。"也指"空闲",宋吕南公《奉寄子发》:"能物智虑随天转,未有工夫与天争。"日韩语显然保留了"工夫"的前一义项,但未保留"工夫"的"造诣、素养"义。现代汉语"工夫"和"功夫"音相同,但在表义上有分工,"功夫"指"本领、造诣",如"功夫片""他很有功夫";"工夫"指"时间、空闲",如"花工夫""几天的工夫""明天有工夫再来玩吧"。工夫读gōng·fu,可以儿化(gōngfur)。日韩语中还吸收了"功夫"一词的汉语发音,カンフー、쿵푸指"中国功夫"。

　　(2)讲义〔日汉:講義、韩汉:강의〕

　　　　比较:讲授〔日汉:講義をする、韩汉:가르치다〕

　　　　　　讲稿〔日汉:講義などの原稿、韩汉:강의안　등　원고〕

　　　1)日本経済史について講義する(讲授日本经济史)

　　　2)역사를 강의하다(讲授历史)

　　日韩语中"讲义"相当于"讲授"。在古汉语中,"讲义"指讲说经义,是一个动宾短语,《南史·梁本纪》:"初,帝创同泰寺,至是开大通门以对寺之南门,取反语以协同泰。自是晨夕讲义,多由此门。"指讲解经义的书,宋邢昺《〈孝经注疏〉序》:"今特剪裁元疏,旁引诸书,分义错经,会合归趣,一依讲说，次第解释，号之为讲义也。"即宋代经筵进讲的讲稿。现代汉语中，"讲义"指为讲课而编写的教材，如高等数学讲义、现代汉语讲义，一般用于课堂。"讲义"在日韩语中还可用作动词，相当于汉语的"授课"。汉语中的"讲稿"有可能是课堂教学用，但更多的是指发言稿，如"大会发言时他习惯照着讲稿念"。

（3）婚姻［日汉：婚姻、韩汉：혼인］

　　比较：结婚［日汉：結婚する、韩汉：결혼하다］

　　1）婚姻能力（婚姻能力）

　　2）婚姻予約（订婚）

　　3）나이가 많은 남자와 결혼하다（和年纪大的男人结婚）

　　4）私はもう結婚しています（我结婚了）

　　5）형은 이 년 전에 결혼했다（哥哥两年前结婚了）

　　韩语中，"婚姻"既可以是名词又可以是动词，在日语中则是名词。在古代汉语中"婚姻"指嫁娶、男女结为夫妻，《诗·郑风·丰序》："婚姻之道缺，阳倡而阴不和，男行而女不随。"孔颖达疏："论其男女之身，谓之嫁娶；指其好合之际，谓之婚姻。嫁娶、婚姻，其事是一。""婚姻"还指有婚姻关系的亲戚，《尔雅·释亲》："婿之父为姻，妇之父为婚……妇之父母、婿之父母相谓为婚姻。"现代汉语中，"婚姻"是名词，如"自由婚姻""婚姻法""婚姻美满"。"结婚"是动词，如"结婚登记""结婚证书""结婚后她就不准备上班了"。日韩语中的"结婚"是动词和名词。

（4）待遇［日汉：待遇、韩汉：대우］

　　比较：应对［日汉：对处する、韩汉：대처하다］

　　　　对待［日汉：…对して、韩汉：대하다］

　　1）国賓として待遇する / 국빈으로 대우하다（作为国宾来接待）

　　2）待遇の悪い旅館（接待差的旅馆）

　　3）改善待遇（改善待遇）

　　4）물질적 대우（物质待遇）

　　5）잘 대우하다（好的待遇）

　　6）時局に対処する（应对局势）

　　7）교육국의 검사에 대처하다（应付教育局的检查）

　　8）私のうちは小学校に対している（我家在小学校对面）

　　9）사람을 열정적으로 대하다（待人热情）

　　日韩语中"待遇"用作动词和名词，古汉语中"待遇"有接待、对待的意思，用作动词，《史记·大宛列传》："立宛贵人之故待遇汉使善者名昧蔡以为宛王，与盟而罢兵。"宋司马光《涑水记闻》卷九："抚养羌属，亲入其帐，得人欢心……部落待遇如家人。"现代汉语一般指物质上的报酬或政治上所给予的权利、地位等，如"待遇好（差），物质待遇、政治待遇、讲究待遇"。"对待"在汉语中与"待遇"意义差别较大，一般用作动词，如，"正确对待群众的批评"，"应对"也用"沉着应对"。

　　（5）书记［日汉：書記、韩汉：서기］

　　1）書記官 / 서기관（书记官）

　　2）書記局 / 서기국（书记局）

　　3）書記生（秘书）

　　4）書記長 / 서기장（秘书长）

　　日语的"書記"还有书写的意思，各义项基本与古汉语中的情形相一致。"书记"在中国古代表示"书写"义时是动词，宋王谠《唐语林·补遗四》："严遵美……其子仕蜀，至阁门使，曾为一僧致紫袈裟。僧来感谢之，书记所谢之语于掌中，方属炎天，手汗模糊，文字莫辨。"也指文字、书籍、文章等。《东观汉记·梁鸿传》："鸿常闭户吟咏书记，遂潜思著书十余篇。"也指从事公文、书信的工作人员，唐朱庆余《送韦校书佐灵州幕》："职已为书记，官曾校典坟。"现代汉语的"书记"一般指某些政党和团体的各级负责人。

二 日韩语用作名词或动词，现代汉语用作动词

（6）注目［日汉：注目、韩汉：주목］
  比较：注意［日汉：注意、韩汉：주의］
     关注［日汉：関心を持つ、韩汉：관심을 가지다］

1）前方に注目せよ（要重视前方）

2）注目に値する（值得注目）

3）全世界の注目をあびる（受到全世界的注目）

4）사람들의 주목을 끌다（引人注目）

5）세계의 주목을 받다（为世界所关注）

6）사태의 귀추를 주목하다（关注事态的动向）

7）わが国に関心を持ってくれてありがとう（感谢你对我国的关注）

8）이 것은 관심을 가질만한 초점이다（这篇报道引起了社会广泛的关注）

古代汉语中"注目"指"注视、集中目光看"，三国魏曹植《陈审举表》："夫能使天下倾耳注目者，当权者是矣。"引申为"重视、注意"，南朝梁陶弘景《与武帝论书启》："前奉神笔三纸，并今为五，非但字字注目，乃画画抽心。"现代汉语有"引人注目""令人注目""行注目礼"等说法，指把视线集中到一点。"注意"在古代汉语中指"留意"，《史记·田敬仲完世家论》："《易》之为术，幽明远矣，非通人达才孰能注意焉。"引申为"关注、重视"，《史记·郦生陆贾列传》："天下安，注意相；天下危，注意将。"现代汉语指把意志放到某一方面，如"注意安全""注意别让他跑了""请注意"，其中的"注意"不能用"注目"来替代；"引人注目""令人注目"内部有一定的凝固性。日韩语中的"注意"除与现代汉语有共同的意义外，还有"忠告""告诫"等意。

9）先生から注意される（受到老师的提醒）

10）注意人物（受监视的人）

11）항상 건강에 주의하다（经常注意健康）

12）선생님의 주의를 받다（接受来自老师的告诫）

"关注"指"关心重视"，清龙启瑞《致曾涤生侍郎书》："月初六日，专人还，接奉手书，知前件远蒙关注。"现代汉语说"关注事件的发展""对……十分关注"。

（7）断案［日汉：断案、韩汉：단안］

比较：判断［日汉：判断する、韩汉：판단하다］

判定［日汉：判定する、韩汉：판정하다］

断定［日汉：断定する、韩汉：단정하다］

"断案"在日韩语中表示"判断、判定、断定"。

1）단안을 내리다（下断定）

2）最後の断案を下す（下最后的断定）

3）善悪を判断する（判断善恶）

4）判定を下す（下判定）

5）판단을 그르치다（误判）

6）판정에 불복하다（不服判定）

7）判定を避ける（避免下结论）

8）아직 자살로 단정 할 수는 없다（还不能断定是自杀）

"断案"在古汉语中指"审判诉讼案件"，该义一直沿用至今。也写作"断桉"，《宋史·选举制一》："又立新科明法，试律令、《刑统》、大义、断桉，所以待诸科之不能业进士者。"也指"论断、结论"，明李贽《复邓石阳书》："或凭册籍以为断案，或依孔、佛以为泰山欤！"此义项今罕用。现代汉语中"判断"指肯定或否定某种事物的存在，或指明某一对象是否具有某种属性的思维过程，如"肯定判断、判断推理"，"判定、断定"指经判断而下结论，都有相对应的日韩语汉字词的应用。

（8）分派［日汉：分派、韩汉：분파］

    1）分派を立てる（建立帮派）
    2）分派活動（宗派活动）
    3）동서 양편으로 분파하다（分派为东西两边）
    4）증원 부대를 분파하다（派遣增援部队）

古汉语中"分派"指"分为几支较小的水流"，《宋书·食货志》："今泥沙淤塞，宜决浦故道，俾水势分派流畅，实四州无穷之利。"有"分配、分摊"义，《醒世恒言·钱秀才错占凤凰俦》："到了初二日侵晨，尤辰便到颜家相帮，安排亲迎礼物……又分派各船食用。"现代汉语如"分派任务""分派指标""分派活动"等，是一个动词。

（9）告知［日汉：告知、韩汉：고지］

    1）病名を告知する（告知病名）
    2）告知板（通报牌）
    3）告知義務（告知义务）

"告知"在汉语中指"把事情告诉别人，使之知道"。唐裴铏《传奇·昆仑奴》："生骇其言异，遂具告知。"日语中的"告知板"现代汉语一般称作"通知栏"或"通报牌"。

（10）怀抱［日汉：懐抱、韩汉：회포］
      比较：胸怀［日汉：胸の中、韩汉：가슴］

    1）同じく父母の懐抱を出る（来自同一父母的怀抱）
    2）오래 만에 만나 회포를 풀다（久别重逢、开怀叙旧）
    3）회포를 서로 나누다（敞开心胸说到一起）

　　4）詩を読んで胸の中を述べる（咏诗以舒胸怀）

　　5）아가가 얼굴을 어머니의 가슴에 파묻다（孩子把脸贴在母亲的胸前）

　　汉语中"怀抱"表示"怀里抱着"时是一个动词短语，《后汉书·曹褒传》："寝则怀抱笔札，行则诵习文书。"现代汉语如"她怀抱着一个孩子"。还可隐喻"怀着希望"，"他怀抱着对未来的憧憬，来到了这所大学"。"怀抱"指胸前，曹丕《见挽船士兄弟辞别诗》："妻子牵衣袂，落泪沾怀抱。"今多用作比喻义，如"祖国的怀抱"。"胸怀"在汉语中可指"怀抱着"，但很早就有了比喻义的用法。汉王充《论衡·别通》："故夫大人之胸怀非一，才高知大，故其于道术无所不包。"现代汉语中，"怀抱"和"胸怀"后接其他成分时可以看作动词，如"怀抱婴儿""胸怀大志"；也可以当作名词，一般都带有比喻义，如"温暖的怀抱""宽阔的胸怀"。两词的比喻义也有所不同，"怀抱"多喻理想、抱负，如"怀抱远大"，"胸怀"多喻气度、胸襟，如"胸怀宽阔"。

　　（11）滋养［日汉：滋養、韩汉：자양］

　　　　　比较：营养［日汉：営養、韩汉：영양］

　　1）体の滋養になる（滋养身体）

　　2）滋養糖（营养糖）

　　3）滋養を摂る（摄取营养）

　　4）자양물（营养物）

　　5）자양분（营养成分）

　　"滋养"在汉语中一般作动词，相当于"培养、养育"，宋秦观《财用下》："风霆雨露之发生，山林川泽之滋养，财之所从出也。"清吴振兰《和孟东野〈审交〉》："滋养待成林，芒刺伤我手"，现代汉语如"雨露滋养禾苗壮""滋养身体"，也作名词，相当于"养分、养料"，如"吸收滋养""丰富的滋养"。"营养"在日韩语中一般用作名词，在汉语中常见的搭配如"营养丰富、吸收营养"等。

（12）担任［日汉：担任、韩汉：담임］

　　比较：担当［日汉：担当、韩汉：담당］

　　　　　充当［日汉：充当、韩汉：충당］

　　1）担任教師／담임교사（班主任）

　　2）このクラスは王先生の担任だ（这班是王老师担任班主任）

　　3）육　학년을 담임하다（任教六年级）

　　现代汉语中"担任"指担任某种工作或职位，如"担任公司总经理""担任班长""担任后勤保障工作""担任运输工作"，一般用作动词。"经理"在汉日韩语里都有经营管理的意思，如"他没有经理这件事，所以不知道里面的详情"。在汉语中，"经理"更多作为公司内部的一种职位，可以用于称呼，如"张经理""李经理"。

　　4）経理を担当する（担任经理）

　　5）輸出部を担当にしている（担任出口部的工作）

　　6）내　친구는 그 업무를 담당하다（我的朋友负责那个业务）

　　7）담당관（负责官员）

　　8）담당자（负责人）

　　9）일 학년을 담당하다（担任一年级的教学）

　　"担当"在日韩语中可用作动词或名词，在汉语中"担当"一般指"承担责任"，属于动词，如明唐顺之《与俞总兵虚江书》："若夫为国家出气力，担当大任，有虚江辈在，山人可以安枕矣。"可以作名词，指"所承担的责任"，宋周密《齐东野语·贾相寿词》："郭应西《声声慢》：'许大担当，人间佛力须弥。'"《红楼梦》第六十二回："你既有担当给了我，原该不叫一个人知道。"现代汉语中"担当"后可带宾语，如"担当班长""担当小组长"，也可说"年轻人要勇于担当""担当起时代赋予的重任"。汉语中跟日韩语的"担当"相对应的还有"担任"，如"担任领导""担任班长"。日韩语有"学级

担任（학급　담임）、擔任教師（담임　교사）"，一般对应于汉语的"年级班主任、任课教师"。

　　10）利益は昨年度の赤字に充当する（收益填补去年的赤字）
　　11）보너스로 자동차 할 부금을 충당한다（把奖金当作买汽车的款项）

　　汉语中"充当"指"取得某种身份或担任某种职务"，唐白居易《僧正明远大师塔碑铭》："元和元年，众请充当寺上座。"现代汉语有"充当调解人""充当大会主席"。
　　（13）专攻［日汉：專攻する、韩汉：전공하다］
　　　　比较：专业、学科［日汉：学科、韩汉：학과］

　　1）中国文学を專攻する（专攻中国文学）
　　2）あなたのご專攻はなんですか（您专门研究哪一科）
　　3）專攻科目（专业课）
　　4）專攻分野（专门研究领域）
　　5）그의 전공은 중국 고대사 이다（他专门研究中国古代史）
　　6）역사를 전공하다（专攻历史）

　　汉语中"专攻"表示"专门的研究"，如"术业有专攻"，汉语的"专业"是名词，类似于日韩语中的"专攻"，如"专业门类""汉语专业""专业课"，也可用作形容词，如"很专业""非常专业"。唐韩愈《师说》："是故弟子不必不如师，师不必贤于弟子，闻道有先后，术业有专攻，如是而已。"现代汉语如"他专攻原子化学"，也可以说"他的专业是原子化学"。汉语中系和学科是两个不同的概念，"学科"是指"按照学问的性质而划分的门类"，如"学校教学的科目""军事训练或体育训练中的各种知识性的科目"，不能作为大学院系的名称来使用，只能作为科目或某个学问的领域出现。对于日韩留学生来说则是一个新概念，所以，我们有时问日韩留学生在哪个系学习，他们往往一脸茫然，因为不明白中国大学中"系"的含义，也就不懂"系主任、系总支、系友"等词语的含义了。

（14）行路［日汉：行路、韩汉：행로］

　　　比较：走路［日汉：道を歩く、韩汉：길을 걷다］

　　　　　　跑路［日汉：逃げる、韩汉：도망하다］

　　　1）行路の人（行路之人）

　　　2）행로에서 사고를 당하다（在道路上遭车祸）

　　　3）このこはやっと歩けるようになった（这孩子刚会走路）

　　　4）그는 걷는 게 불편하다（他走路不方便）

　　　5）妻に逃げられる（妻子离家出走）

　　　6）회사의 모금 직원이 도망갔다（公司集资人员跑路了）

　　　汉语中"行路"有"hánglù""xínglù"两个读音，读"hánglù"时是名词，表示"道路"，南朝宋颜言之《秋胡》诗："驱车出郊郭，行路正威迟。"郭沫若《论国内的评坛及我对于创作上的态度》："我回顾我所走过了的半生行路，都是一任我自己的冲动在那里奔驰。"在古代还指路人，唐长孙佐辅《别友人》诗："谁遣同衾又分手，不如行路本无情。"汉语中还有"行路人"，比喻不相关的人；"行路难"比喻处世不易，这里的"行路"一般读 xínglù。现代汉语中"行路"已不大见使用，常用的是"走路"，即在路上行走，也叫"跑路"。"走路"还有"离开"的意思，如"他不好好儿干，就早点儿让他走路"，"走自己的路，让别人去说吧！"是引申的用法。"跑路"引申出比喻义，表示"逃走、不辞而别"，如"那个骗取老人集资款的家伙跑路了"，相当于日韩语的"逃げる、道亡하다"。日语中"走路"指"跑道"，与汉语相应词的意义差别较大，表示动词的"行走""走路"日语说"歩く""道を歩く"。

（15）候补［日汉：候補、韩汉：후보］

　　　比较：候选［日汉：立候補する、韩汉：입후보하다］

　　指"候补、候选"。

1）候補を立てる（确定为候选人）

2）후보 위원（候补委员）

3）候補者／후보자（候选人）

4）대통령 후보로 나서다（参加总统选取）

5）국회 의원 후보로 출마하다（做国会议员候选人）

6）후보 선수（替补选手）

7）立候補を表明する（确认候选）

8）국회 의원에 입후보하다（候补国会议员）

　　汉语的"候补"跟日韩语中的意义有所不同，指等候递补缺额或预备取
得某种资格，如"候补名额""候补委员"，一般用作动词，而现代日韩语中
的"候補"义是"候选、候选人"，一般用作名词，如"大統領候補／대통령
후보（总统候选人）"。表示动词义的"候选"日韩语有"立候補／입후보"
相应的表达。现代汉语中，"候补"和"候选"意义差别较大，前者指等候递
补缺额，如"把他候补上去""候补委员""候补队员"；后者指"正式选举
前预先提名作为选举对象的人"，如"校长候选人""经理候选人"。

　　（16）代表［日汉：代表、韩汉：대표］

　　"代表"主要指"受委托或指派代替个人、集体、政府办事或表达意见的
人"，也指"由行政区、团体、机关等选举出来替选举人办事或表达意见的
人"，在三国语言中有高度的一致性，下列句子中相关的词语也对应于汉语的
"代表"。

　　1）次官は大臣に代わって開幕式を執り行う（次官代表大臣出席开
幕式）

　　2）시장을 대리해서 참석하다（代表市长出席）

　　古汉语中"代表"谓显耀于一代。明吴承恩《寿苏山陈公障词》："郢中
寡和，风高《白雪》之篇；日下无双，代表青云之业。"现代汉语如"代表组

织征求意见""党代表""群众代表"。也指"体现、表示","他的所作所为代表了他的人生观和价值观""这束花代表了我的心意"。

（17）立案［日汉：立案する、韩汉：입한하다］

　　　　比较：方案［日汉：方案、韩汉：방안］

　　　1）選挙運動の方針を立案する（制定选举运动的方针）

　　　2）これは山田君が立案したものだ（这是山田君设计的）

　　　3）교통 문제 해결책의 입안이 잘못하다（解决交通问题的方案有误）

现代汉语中，"立案"是动词，指在主管机关登记注册，如"办厂须向有关工商管理部门立案"。"立案"还指设立专案，如"立案调查""立案侦破"，这里的案件多指涉及刑事或民事方面的事件。日韩语中"立案"兼有名词和动词的双重属性，作名词时相当于"方案"。汉语的"方案"是名词，一般指"工作计划"，如"改革方案""教学方案"，也指某种法式，如"拼音方案""军训方案"。

（18）可望［日汉：見込む、韩汉：가망］

　　　　比较：有望［日汉：有望である、韩汉：유망하다］

　　　1）勝つ見込むがある（胜利在望）

　　　2）이 환자는 살아날 가망이 없다（这个患者没有痊愈的希望）

　　　3）합격될 가망은 있다（有合格的希望）

　　　4）前途有望な若者（未来可期的年轻人）

　　　5）전도가 유망한젊은이（前途有望的年轻人）

"可望"，汉语中指"可盼望，有希望"，唐韩愈《复志赋》："往者不可复兮，冀来今之可望。""可望不可即"表示"只可仰望而不可企及或接近"。元萨都剌《偕杨善卿等游法云寺》："凤台锦袍人，可望不可即。"现代汉语中"可望"一般表示有希望的意思，用作动词，如"三号地铁可望在明年年底通车""他可望进入前二十名""他可望成为中国的乔丹""房价可望在明年第一季度回落"，从古代汉语沿袭而来，"可望而不可即"作为成语仍在普遍使用。
"有望"是"有希望"的简略说法，两者使用时有交叉，但也有区别，当主语
为一般小句时，谓语一般用"有望"，不用"可望"，如"十号地铁线明年通
车有望"。

（19）被害［日汉：被害、韩汉：피해］

　　比较：遇害［日汉：害を受ける、韩汉：재난을 만나다］

1）被害者 / 피해자（被害者）

2）被害を与える / 피해를 주다（加害）

3）被害にあう / 피해되다（被害）

4）被害をこうむる（受到伤害）

5）災難に会う（蒙受灾难）

6）불의의 재난을 만나다（遇到不测之灾）

　　汉语中"被害"指遭到杀害，北魏郦道元《水经注·泗水》："初平四年，
曹操攻徐州，破之，拔取虑、睢陵、夏丘等县，以其父避难，被害于此，屠
其男女十万，泗水为之不流。"《汉书·西南夷传》："如以先帝所立累世之功
不可堕坏，亦宜因其萌芽，早断绝之，及已成形然后战师，则万姓被害。"日
韩语中"被害"可以作名词，指"被害的对象"，相当于汉语的"被害人、被
害者"。汉语中"被害"和"遇害"一样，都是短语，分别指"被杀害""遭
遇伤害"。"被害人"是名词，指"刑事案件中人身权利、财产权和其他合法
权益受到犯罪行为侵害的人"，没有"遇害人"一词，"他不幸遇害"也不说
"他不幸被害"。

（20）逢着［日汉：逢着する、韩汉：봉착하다］

1）難問に逢着する（面临难题）

2）위험에 봉착하게 되다（面临严重的危险）

　　汉语中"逢着"并不是一个词，"逢"是动词，"着"表示动作的持续，

如"逢着别人就说好听的话""逢着过年过节他都要去看望她"。

（21）拾得［日汉：拾得（しゅうとく）する、韩汉：얻다］

    1）拾得物（捡拾物）

    2）拾得者（拾到者）

    3）돈을 얻다（得钱）

现代汉语中"拾得"相当于"拾到"，如"在路边拾得一物"。

（22）撤去［日汉：撤去する、韩汉：철거하다］

    比较：拆迁［日汉：取り壊す、韩汉：철거하다］

    1）鉄道の撤去（拆除铁路）

    2）違法建造物を撤去する（拆除违法建筑物）

    3）철거 작업（拆除作业）

    4）장애물이 철거되다（拆除障碍物）

    5）철거 명령을 내리다（下达拆除命令）

    6）무허가 건물 철거（拆除违章建筑）

    7）판자집이 다 철거되다（木板房全被拆除了）

    8）古い家屋を取り壊す（拆除旧屋）

现代汉语中"撤去"所搭配的对象跟日语和韩语有所不同，建筑障碍物一般用"撤除"，表示人员转移时用"撤出""撤走"。两词大都与建筑相关。"拆除"指"拆掉"，如"拆除脚手架""拆除防御工事"，从词语搭配上，可以说"违法建筑物要立即拆除""拆除安装不合理的电热水器"。"拆迁"指"拆除原有建筑，将居民迁往他处"，如"拆迁户""房子遭遇拆迁""拆迁期限"。

（23）负荷［日汉：負荷、韩汉：부하］

    1）負荷の大任（负担的重任）

2）부하율이 크다（负荷率大）

"负荷"在古代指"背负肩担"，引申指"继承""担负"，《左传·昭公七年》："子产曰：'古人有言曰，其父析薪，其子弗克负荷"，《三国志·吴书·张昭传》："夫为人后者，贵能负荷先轨，克昌堂构，以成勋业也。"今多指动力、机械等设备或生理组织在单位时间内所担负的工作量，如"电力负荷""负荷量大""超负荷"。

第二节　名词和形容词使用的差异

（24）神通［日汉：神通、韩汉：신통하다］
　　　比较：神奇［日汉：新奇、韩汉：신기］
　　　　　　神妙［日汉：神妙、韩汉：신묘］
韩语中"神通"表"神奇神妙"义。

1）신통하게 맞히다（神奇地猜中了）
2）약효가 신통하다（药效真神）
3）어린　것이 참 신통하다（小家伙真讨人喜欢）
4）이 대회에는 신통한 작품이 없다（这次大赛上没有发现特别好的作品）

表"正巧"义。

5）탄알이 신통하게 과녁 복판에 맞았다（子弹正好打在靶心上）

日语中"神通"存在于"神通力""神通川"组合中，"神通"表示不可思议的神奇力量。现代汉语中"神通"指特别高明的本领，如"神通广大""大显神通"，是名词。"神奇"指"非常奇妙"，如"效果神奇""神奇的色彩"，为形容词。"神妙"在日语中指"出乎意料的老实、驯顺"。

　　6）上司の前では神妙にする（在上司面前服服帖帖）
　　7）神妙になわにかかる（乖乖地就擒）

指"值得称赞"。

　　8）神妙な心がけ（值得称赞的素养）

表"奇妙"。

　　9）神妙なはかりごと／신묘한 꾀（神妙的计策）

汉语中"神妙"指"深思巧妙"，三国魏曹植《求自试表》："昔从先武皇帝……伏见所以行军用兵之势，可谓神妙矣。"明刘基《少微山眉岩神仙宅记》："夫造化之神妙，岂夫人之所能穷哉！"现代汉语有"神妙莫测""神妙之笔"。

（25）奇妙［日汉：奇妙、韩汉：기묘］
　　　比较：奇怪［日汉：奇怪、韩汉：기괴］
　　　异常［日汉：異常、韩汉：이상］

　　1）奇妙な現象／기괴한 현상（奇妙的现象）
　　2）奇妙に足が早い（走得特别快，也指食物变质快）
　　3）기묘한 복장을 하고　있다（穿着奇妙的服装）
　　4）살인범은 경찰의 포위망을 기묘히 빠져나갔다（罪犯巧妙地突破了警察的包围网）
　　5）奇怪な言いぐさ（奇怪的说法）
　　6）この井戸の由来について，多くの奇々怪々な言い伝えがあった（关于这口井的来历，有过许多奇奇怪怪的传说）

　　7）행동이 기괴하다（行动奇怪）

　　"奇妙"在汉语中指"美妙、神妙"，《晋书·律历中》："弃其论，背其术，废其言，违其事，是非必使洪奇妙之式不传来世。"现代汉语中"奇妙"常见的搭配如"构思奇妙""奇妙的音乐"，一般有褒义，"奇怪"在古代汉语中指"稀奇特异，不同一般"，唐韩愈《喜侯喜至赠张籍张彻》诗："地遐物奇怪，水镜涵石剑。"也指不寻常的人或事物，《管子·小匡》："奇怪时来，珍异物聚，旦昔从事于此。""奇怪"作动词，表示"觉得奇异，惊奇"，唐马总《意林·〈新论〉》："与仆游四五岁，不吾见称，今闻仲翁一言而奇怪之……吾畏子也。"现代汉语中，"奇怪"一般用作形容词，如"真奇怪""奇怪得不得了""奇怪极了""有点儿奇怪""一点儿也不奇怪"；也可说"觉得奇怪""感到奇怪"；作及物动词，"我很奇怪他为什么不肯来""人们奇怪他年纪那么大，声音却像年轻人的一样"。"奇怪"可以重叠成"奇奇怪怪"，一般有贬义色彩。

　　（26）硬化［日汉：硬化、韩汉：경화］

　　　　1）硬化ゴム / 경화　고무（硬化橡胶）
　　　　2）動脈硬化（动脉硬化）
　　　　3）与党に対する野党の態度が硬化した（在野党对执政党的态度强硬起来）

　　现代汉语中的"硬化"疑由日语传入，指物体由软变硬，常用于身体器官，如"动脉硬化""肝硬化"，还比喻思想停止发展，变得僵化，鲁迅《而已集·读书杂谈》："倘只看书，便变成书厨，即使自己觉得有趣，而那趣味其实是已在逐渐硬化，逐渐死去了。"

　　（27）系统［日汉：系统、韩汉：계통］
　　　　比较：体系［日汉：体系、韩汉：체계］
　　日韩语中"系统"指"血统、流派"。

1）アリストテレスの系統を継ぐ学派／아리스토텔레스 계통을 잇는 학파（继承亚里士多德系统的学派）

2）황인종 계통의 민족（黄种人血统的民族）

表示"成体系的分类"。

3）계통을 세워해설（有系统地作出解释）

4）계통을 따른 생물의 분류（按系统划分的生物分类）

5）命令系統／명령 계통（命令系统）

6）芸術関係の分野を専攻する／예술 계통을 전공한다（攻读艺术类专业）

"体系"一般指学科或组织系统。

7）哲学体系（哲学体系）

8）조직 체계（组织体系）

"系统"在汉语中原指血统组织，宋范成大《东宫寿诗》："两亥开基远，三丁系统长。"自注："恭惟艺祖、太宗皇帝元命皆在亥，今太上、主上、殿下元命皆在丁。"今指同类事物按照一定秩序或内部联系组合成的整体，如"教育系统、公务员系统"，也指生物体内能够完成共同生理功能而组成的多个器官的总称，如"呼吸系统、消化系统、免疫系统"。"系统"还可以充当副词，如"系统地学习""系统地训练"。汉语中"体系"一词指"若干有关事物或某些意识相互联系而构成的一个整体"，如"知识体系""思想体系""工业体系"，可以用"系统"替换，且意思相近，但表示生物体内多个器官功能总称的"系统"，如"呼吸系统、免疫系统"一般不用"体系"替代。"系统"是名词或形容词，"体系"是名词。

（28）公式［日汉：公式、韩汉：공식］

比较：正式［日汉：正式、韩汉：정식］

日韩语中的"公式"表"正式"。

　　1）公式会談（正式会谈）
　　2）우리나라를 공식방문하다（正式来我国访问）

有"官方义、教条义"。

　　3）公式主義（教条主义、公式主义）
　　4）공식에 따라 계산（按公式计算）
　　5）공식 문서（官方文件）

"正式"表正当的方法。

　　6）正式に採用する（正式录用）
　　7）정식으로 계약을 체결한다（正式缔结条约）

　　现代汉语中"公式"是名词，没有"公式会谈""公式访问"，相应的说法是"正式"。"公式"和"正式"词性不同，前者为名词，如"公式定理、公式定律、公式化"，后者为形容词，常见搭配，如"非常正式""正式出席""正式场合"。

　　（29）保险［日汉：保険、韩汉：보험］

　　　　比较：保证［日汉：保証する、韩汉：보증하다］

　　"保险"在汉日韩语中都可作名词，如"生命保险""保险金"。汉语中还可作动词和形容词，如"保险起见，你还是八点出发吧""这样做保险一点。""保证"指"起担保作用的人或事物"，唐白行简《李娃传》："乃邀立符契，署以保证，然后阅之。"日韩语中"保证"多作动词。

　　1）保証人（保证人）
　　2）身元を保証する / 신원을 보증하다（身份担保、身份证明）

现代汉语中"保证"指"担保做到"，如"保证提前完成任务"，也指"确保既定的要求和标准，不打折扣"，"保证质量、保证时间"，还可指"作为担保的事物"，如"安定团结是我们取得胜利的保证""充足的营养是身体健康的保证"。

（30）风险［日汉：万一の危険、韩汉：（발생할지도 모르는）위험］

　　比较：危险［日汉：危険、韩汉：위험］

　　1）いざという時にもびくともしない（经得起风险）

　　2）科学実験をやるからには危険は承知の上だ（进行科学实验就不怕担风险）

　　3）위험을 무릅쓰다（冒风险）

　　4）모험　기업（风险企业）

日韩语中"危险"和"风险"的区别不像汉语那么清楚。"风险"在汉语中指可能发生的危险，一般用作名词，如"这件事风险很大""做事有风险"。"危险"指处境或环境险恶，可能导致灾难或失败，《韩非子·有度》："外使诸侯，内耗其国，伺其危险之陂以恐其主。"也指险恶、险要之地，《列子·黄帝》："夫至信之人，可以感物也……岂但履危险、入水火而已哉！"现代汉语中"危险"主要作形容词，如"危险的事物""危险的局面""很危险""有点危险""危险得不得了""危险得很"。

第三节　动词和形容词使用的差异

一　日韩语用作形容词，现代汉语还用作动词

（31）调和［日汉：調和、韩汉：조화］

　　比较：协调［日汉：協調する、韩汉：협조하다］

1）いろがよく調和する（颜色很协调）

2）目鼻がよく整い調和がとれている（鼻眼长得端正）

3）作품의 형식과 내용이 조화를 이루다（作品的内容和形式很和谐）

4）건물이 주위 배경과 잘 조화되다（建筑与周围环境很和谐）

5）노래와 춤을 적절하게 조화시키다（把歌和舞调和得恰到好处）

6）協調性に欠ける（缺乏协调性）

7）협조　체제（协调体制）

古代汉语中，"调和"指烹调、调味，《管子·小称》："夫易牙以调和事公，公曰：'惟烝婴儿之未尝。'于是烝其首子而献之公。"指搅拌均匀，宋梅尧臣《蜜》诗："调和露与英，凝甘滑于髓。"指调和用的作料，《西游记》第六十八回："有两个在官人问道：'长老那里去？'行者道：'买调和'"，现代汉语的某些方言还有这种用法。指"协调，使和谐"，汉贾谊《新书·六术》："是故五声宫商角徵羽，唱和相应而调和。"《墨子·节葬下》："是故凡大国之所以不攻小国者，积委多城郭修，上下调和，是故大国不耆攻之。"《荀子·修身》："治气养心之术：血气刚强，则柔之以调和。"表"调理，使和顺"，唐刘禹锡《为裴相公让官表》之三："虽有药石，安能调和？"表"调解"，宋苏轼《大雪论差役不便札子》："臣每见吕公著、安焘、吕大防、范纯仁，皆言差役不便，但为己行之今，不欲轻变，兼恐台谏分争，卒难调和。"现代汉语有"调和矛盾、调和纠纷"。"调和"还有"妥协、让步"的意义，多用于表示否定，如"在原则问题上没有调和的余地"。"调和"日韩语中可表示"食物的调和"，在现代汉语中较少使用，一般充当形容词，如"色彩调和""雨水调和"。"协调"在意义上相近，可作动词，如"协调好两地之间的关系""协调产供销之间的矛盾"，也可作形容词，如"关系很协调"，指配合得适当。

（32）丰富［日汉：豊富、韩汉：풍부하다］

1）物产が豊富である（物产丰富）

2）われわれは努力して学び，知識の分野を豊かにしなければならない（我们要努力学习，丰富我们的知识领域）

3）풍부한 자원（丰富的资源）

4）지식을 풍부하다（丰富知识）

"丰富"在古代指"充裕富厚"，汉贾谊《新书·大政下》："政治，然后民劝之；民劝之，然后国丰富也。"也指"盛大；广博"，唐皇甫湜《护国寺威师碣》："若非威名丰富，孰能议而建之。"现代汉语中"丰富"可以作形容词，如"丰富的经历""丰富的知识""市场极大丰富"，也可以作动词，如"丰富人们的精神生活""丰富自己的人生阅历"。

（33）平衡［日汉：平衡、韩汉：평형］

1）平衡感覚／평형　감각（平衡感）

2）평형을 잃고 쓰러지다（因失去平衡而跌倒）

"平衡"原指衡器两端的重量相等，唐韩偓《漫作》诗之二："千钧将一羽，轻重在平衡。"引申指"两物齐平如衡"，《礼记·曲礼下》："执天子之器则上衡，国君则平衡。"可作动词，指"权衡国政使得其平"，宋苏轼《明君可与为忠言赋》："虚己以求，览群心于止水；昌言而告，恃至信于平衡。"现代汉语中也可以作动词，如"平衡各方面的关系"。也可以作名词、形容词，如"失去平衡""收支平衡"。

二　日韩语作动词，现代汉语还用作形容词

（34）考究［日汉：考究する、韩汉：고구하다］
　　　比较：讲究［日汉：気をつける、韩汉：중시하다］

1）遺跡の謎を考究する（考究遗迹之谜）

2）고구려 고적을 고구하다（考究高句丽古迹）

古代汉语中"考究"指"考索研究",《魏书·高允传》:"先所论者,本不注心;及更考究,果如君语。"宋费衮《梁溪漫志·地理指掌图》:"今世所传《地理指掌图》不知何人所作,其考究精详,诠次有法,上下数百年一览而尽,非博学洽闻者不能为。"现代汉语中"考究"意思与古代有别,指"重视、讲求",引申指"精美、精致",如"装帧考究""做工考究"。日韩语中一些词语的表达跟现代汉语的"考究"相对应。

　　3)あの地方の人は旧正月を過ごすのに凝っている(那个地方人过春节很讲究)

　　4)한국인은 노인을 존중하는 것을 매우 중시한다(韩国人很讲究尊敬老人)

"考究"和"讲究"在汉语中词义有交叉,古汉语中"讲究"指研究,宋张端义《贵耳集》卷下:"何自然中丞上疏,乞朝廷并库,寿皇从之,方且讲究未定。"表"议论",《红楼梦》第七十三回:"他们走至院中,听见几个人讲究。探春从纱窗一看,只见迎春依在床上看书,若有不闻之状,探春也笑了。"表重视、注重,引申指"考究",《红楼梦》第五十六回:"姑娘们分中,自然是不敢讲究,天天和小姑娘们就吵不清。"这成为现代汉语的常用义,如"一天到晚讲究吃、讲究穿,就是不爱学习","那里的人生活上不很讲究"。"讲究"还指"门道儿、道理",《官场现形记》第三十四回:"后来听了他二人攀谈,方晓得其中还有这许多讲究。"

　　(35)勉强[日汉:無理に強いる、韩汉:어려움을　참다]
　　　　比较:牵强[日汉:無理がある、韩汉:억지로]

　　1)勉強ができる / できない(学得很好 / 不好)
　　2)勉強量(学习时间)
　　3)勉強部屋(书房)
　　4)試験勉強(学习考试)
　　5)프랑스어를 삼년간 공부했다(三年学习了法语)

6）あなたが出したこの意見は少し無理なところがある（你提的这个意见有点儿牵强）

7）억지로 밥을 먹이다（勉强吃过饭）

"勉强"一词在汉语中古今义相差较大。日语汉字词有"勉強する"，意思指学习，韩语相应的说法是"공부（工夫）하다"或"배우다"。古汉语中，"勉强"也说成"强勉"，《汉书·董仲舒传》："强勉学习，则闻见博而知益明。"指"尽力而为"，《礼记·中庸》："或安而行之，或利而行之，或勉强而行之，及其成功一也。"宋苏轼《拟进士对御试策》："道可以讲习而知，德可以勉强而能，惟知人之明不可学，必出于天资。"现代汉语中"勉强"意义跟古代有不少差别，"他昨天感冒得很厉害，还是勉强去了学校""那项工作他勉强坚持了下来"，"勉强"指能力不够但仍尽力去做，"我勉强答应了他的要求""这种说法很勉强，恐怕站不住脚"，可以指人，也可以指某种观点或看法，"勉强"指"牵强""不是很爽快"。"牵强"则主要指"勉强把两件没有关系或关系较远的事物硬扯到一起"，如"这种看法显得很牵强""那种理由有些牵强"，成语有"牵强附会"。"勉强"可以修饰动词，"牵强"一般不修饰动词。

（36）激动［日汉：激動する、韩汉：격동하다］

　　比较：感动［日汉：感動する、韩汉：감동하다］

日韩语中"激动"表"剧变、轰动"。

1）激動している社会状態においては科学技術は早く発展できない（在剧烈动荡的社会中，科学技术是得不到迅速发展的）

2）激動期（动荡期）

3）激動するアジアの情勢／격동하는 아시아의 정세（急剧动荡的亚洲形势）

4）戦後の激動期（战后的动荡期）

5）정치계의 격동을 일으키다（引起了政界的轰动）

6）격동을 감추지 못하다（按捺不住激动）

7）격동된 심정（激动的心情）

例5）也说：정치계의 센세인션（sensation）을 불러 일으키다.

古汉语中，"激动"表示"鼓动、触动"，《宋书·颜竣传》："翻庆朝纪，狡惑视听，胁惧上宰，激动闾阎。"后表示"感情因受刺激而冲动"，该义项成为现在的常用义，如"激动万分""十分激动""激动得流下眼泪""激动得说不出话来"。从意义上来说，"激动""感动"都指由于外界的某种刺激或影响而使人变得冲动或引起其他情绪的变化，"感动"指思想感情受外界的影响而激动，引起同情或向慕，如"他的行为感动了在场的许多人"，"他的义举使大家深受感动"。两词有时有交叉的地方，但在与其他词语的搭配上各有不同，"感动"在汉语中可以是及物动词，如"感动世界""这句话深深感动了我""很感动他的无私帮助"，但"激动"不能带宾语；"深受感动"不能说"深受激动"。"感动"在汉语中也可以是不及物动词，如"他被这句话深深地感动了"。日语中只能是不及物动词，如"この話は深くと感動しました"。

（37）突出［日汉：突出する、韩汉：돌출하다］

1）突出した部分（突出的部分）

2）地下ガスの突出（地下燃气喷出）

3）突出した軍事費（引人注目的军费）

4）택시가 골목길에서 큰 길로 갑자기 돌출하여 트럭과 충돌하였다（出租车突然从小巷驶上大路，与卡车冲撞上了）

古汉语中"突出"有"冲出""突然出现"义，《韩非子·外储说右下》："王子于期齐辔策而进之，彘突出于沟中，马惊驾败。"唐白居易《琵琶行》："银瓶乍破水浆迸，铁骑突出刀枪鸣。"表"隆起"义，《新唐书·后妃传上·则天武皇后》："新丰有山因震突出，太后以为美祥，赦其县，更名庆山。"现代汉语比喻义中多指出众地显露出来，如"成绩突出、才华突出、表现突出"。

（38）损伤［日汉：損傷、韩汉：손상］

比较：损害［日汉：損害、韩汉：손해］

　　1）身体内部の損傷（身体内的损伤）

　　2）建物に損傷を受ける（建筑物受损）

　　3）名誉を損傷する（损坏名誉）

　　4）損害賠償（损坏赔偿）

　　5）損害が出る（出现损害）

　　"损伤"在汉语中指"伤害、损坏"，汉宋子侯《董娇娆》诗："纤手折其枝，花落何飘扬。请谢彼姝子，何为见损伤?""损伤"有时义同"损害"，如"损伤群众的热情""兵力损伤"，现代汉语多指身体受到损坏、伤害，如"损伤身体""受到损伤""跌打损伤"；"损害"还指事业、利益、名誉、健康等受到损失，如"损害集体的利益""名誉受到损害"。

第四节　从实词到虚词演变的虚化差异

　　语法化是指一个具有实义的词随着时间的推移，词义逐渐模糊，词性发生转移。词义相近的词语之间也有虚化程度的差异。

一　由名词到副词

（39）结局［日汉：結局、韩汉：결국/결말］

　　　　比较：结果［日汉：結果、韩汉：결과］

　　　　　　　后果［日汉：悪い結果、韩汉：결과］

"结果"和"结局"在使用时词义有交叉。

　　1）結局は同じだ（结局是一样的）

　　2）結局無駄になる（结果没有用）

　　3）비극적 결국（悲剧性的结局）

4）결국은 만찬가지다 / 결말은 같다（结局是一样的）

5）결국 이   때의 모습이 지금까지 보존돼온 것이다（结果那时的样子一直保存到现在）

6）노력했지만 결국 허사였다（努力了，还是没有结果）

"结局"在日韩语中分别用作名词和副词。现代汉语中"结局"作名词，指"最终的结果""最终的局面"，如"大结局""悲惨的结局""结局不可收拾"，也指文学作品中情节的最后部分。日韩语中"结局"作副词时，汉语一般翻译成"结果"，指在一定阶段事物发展所达到的最后状态，如"他汉语说得这么流利，是他长期努力学习的结果""争来争去，结果双方都作出了让步"。古汉语中的"结局"还表示"结束、收场"，宋叶适《送程传叟》："去年无禾虽种菽，乞命只指今年熟。家人未可便喜欢，少待上司催结局。"用作"结束"义相当于动词，元赵善庆《朝天子·送春》曲："药栏春事已结局，无计留春住。""结果"原是一个佛教词语，比喻人的归宿，《坛经·付嘱品》："吾本来兹土，传法救迷情。一花开五叶，结果自然成。"用以指人事的最后结局，《红楼梦》第四十六回："你们自以为都有了结果了，将来都是做姨娘的。"指"成就；成果"，清李渔《巧团圆·解纷》："你看他一貌堂堂，后来不是没结果的。"在古白话小说中，"结果"还作动词，指"杀死"，《水浒传》第四十九回："他又上上下下都使了钱物，早晚间要教包节级牢里做翻他两个，结果了性命。"现代汉语可说"好的结果""最终的结果""比赛的结果"。

"后果"也是佛教语，指后来的果报，《南齐书·高逸传论》："今树以前因，报以后果，业行交酬，连璪相袭。"后多指不好的结果，如"那件事造成了很不好的后果""你要承担这样做的后果"。在日韩语中"后果"指"後の结果、뒤의   결과"。

7）後の結果が心配だ / 뒤의 결과가 걱정스럽다（后果不堪设想）

也指消极的结果。

（40）不时［日汉：不時、韩汉：불시］

　　　比较：不日［日汉：近いうち、韩汉：불일간］

"不时"在日韩语中指"临时的、意外的"。

　　1）不時の用意（以备万一）

　　2）不時着陆［（飞机因故障等的）迫降］

　　3）불시의 출비（临时花费）

　　4）불시의 손님／不時の来客（不速之客）

"不日"在日韩语中相对应的说法是"近日、未来不久的时间"。

　　5）新築の観光ホテルが近いうちオープンする（新建的观光旅馆不日即将开张）

　　6）불일내로 상경하겠다（几天之内去京城）

　　古汉语中"不时"指"不合时"，《左传·襄公十八年》："天道多在西北。南师不时，必无功。""不时"也表"随时、临时"，汉晁错《论贵粟疏》："勤苦如此，尚复被水旱之灾，急政暴赋，赋敛不时。"表示"时时"，唐杜甫《临邑舍弟书至苦雨》诗："尺书前日至，版筑不时操。"现代汉语书面语有"不时之需"，但更多作为副词，如"他不时问我两个问题""礼堂里不时响起一阵阵热烈的掌声"。"不时"现代汉语一般指时间，如"他坐在桌旁看书，不时翻翻手边的词典"。"不日"指"不久"，主要用于表未来，多见于书面语，如"代表团不日抵京"。

（41）绝顶［日汉：絶頂、韩汉：절정］

　　1）幸福"人気"の絶頂／행복　인기의 절정（幸福人气的高潮）

　　2）山の頂上登る／산의 절정에 올라간다（登上山顶）

"绝顶"本指山的最高峰，唐杜甫《望岳》诗："会当凌绝顶，一览众山小"，比喻事物的最高境界，清陈廷焯《白雨斋词话》卷二："论其词品，已臻绝顶，古今不可无一，不能有二。"后指程度之甚，如"绝顶聪明"。

（42）高度［日汉：高度、韩汉：고도］

日韩语中"高度（고도）"作名词。

1）飛行機の高度／비행기의 고도（飞机的高度）

相应表示程度的副词如高く。

2）彼の業績を高く評価する／그의 업적을 높이 평가하다（高度评价他的业绩）

汉语中"高度"指从地面或基准面向上到某处的距离，从物体底部到顶端的距离，引申指抽象事物发展所达到的程度。如"水平高度""海拔高度""他的思想很有高度"，虚化为副词，如"高度评价""高度赞扬"。

（43）世上［日汉：世の中、韩汉：세상］

1）物騒な世の中だ（恐怖的世上）
2）世の中にはゲームとのつくものがたくさんあります（世上冠名为游戏的东西很多）
3）더불어 사는 세상（与我们同在的世上）
4）무서운 세상이다（令人恐惧的世上）

日韩语中，"世上"还表示"特定的情形"。

5）社長のいない部屋は私の天下だ／사장이 없는 방은 내 세상 이다（老板不在，公司成了我的天下）

表"事实上、实际上"。

6）세상 살기 어렵다（居大不易）

7）세상에 불쌍도 하지（真可怜哪）

8）세상（을）모르다（不谙世事，不懂人情世故）

汉语中，"世上"指"人世间"，但没有韩语那样虚化的用法。《战国策·秦策一》："人生世上，势位富贵，盖可忽乎哉？"宋陆游《冬夜读史有感》诗："世上闲愁千万斛，不教一点上眉端。"俗语有"世上无难事，只怕有心人""世上只有妈妈好"。

（44）目前［日汉：目前、韩汉：목전］

　　比较：面前［日汉：目の前、韩汉：면전］

　　　　眼前［日汉：目の前、韩汉：면전］

　　　　当前［日汉：当面の、韩汉：면전］

1）目前に見る（眼前之见）

2）목전의 이익 밖에 몰라（只知道眼前的利益）

3）目の前には大きな川が流れている（面前是一条大河）

4）勝利は目の前にある（胜利就在眼前）

5）当面の問題（当前的问题）

6）공중의 면전에서 창피를 당하다（在公众面前受到奚落）

日本留学生常常把"目前"跟汉语的"面前"相混，造出如"他在父亲的目前抽烟"之类的偏误句子，汉语的"目前"已经由"眼睛前面"的字面义虚化为一个时间词，相当于说话的时候。现代汉语中，"面前、眼前、当前"跟"目前"在词义上有相近之处，但在词性和词语搭配上有不同，"面前、眼前"表示处所，如"困难面前""眼前利益"，"当前、目前"表示时间，如"当前形势""目前事态"。

（45）故意［日汉：故意、韩汉：고의］

日韩语中，汉字词"故意、고의"是两个古语词，与现代汉语的常用义

相対応的常用词分别是わざと、ことさらに及故意で、一部ら。

　　1）天気まるでわざと私たちを困らせているみたいだ（天气好像故意和我们作对似的）

　　2）그가 고의로 모르는 체한 것이 아니라, 널 못 본 것이다（他不是故意不理你，是没看见你）

　　古汉语中"故意"原指"故人的情意；旧情"，《南史·鲍泉传》："僧辩入，乃背泉而坐曰：'鲍郎，卿有罪，令旨使我锁卿，卿勿以故意见期。'"杜甫《赠卫八处士》诗："十觞亦不醉，感子故意长。"后指"存心""有意识地"，明冯梦龙《喻世明言》第一卷："婆子故意把衣袖一摸，说道：'失落了一条临清汗巾儿。姐姐，劳你大家寻一寻。'哄得晴云便把灯向街上照去。"该义项成为现代汉语中的常用义，如"他不是故意的，你不要怪他""我故意给他出了个难题"。日语中的"故意"没有汉语中这种演变的用法。

（46）经常［日汉：経常、韩汉：경상］

　　1）経常費／경상비（经费）
　　2）経常遅刻する（一直迟到）

与现代汉语"经常"义相对应的日语是いつも、よく等。

　　3）こうした問題はよく起きるものだ（这种问题是经常发生的）

韩语中相对应的词语是늘、항상、언제나。

　　4）늘 공부만하는 학생（经常只学习的学生）
　　5）외국어를 배우는데 가장 중요한　것은 공부하는 것이다（学习外国语最要紧的，就是要经常用功）

　　"经常"在古汉语中指"常法"，用作名词，《管子·问》："令守法之官曰：行度必明，无失经常。"也指"遵循常制"，宋叶适《朝议大夫知处州蒋公墓志铭》："臣欲择朝士晓畅民事者，先于一路考财赋所从，孰经常，孰横敛。"表示"平常；日常"，《新唐书·食货志一》："古之善治其国而爱养斯民者，必立经常简易之法。"现代汉语中"经常"可以作状语，如"经常迟到""经常复习"，在此意义上与"常常"一样。

　　（47）基本［日汉：基本、韩汉：기본］

　　　　　比较：根本［日汉：根本、韩汉：근본］

　　日韩语中的"基本、기본"跟汉语形成对应关系。

　　　　1）この3条建国の基本だ（这三条是建国的根本）

　　　　2）基本的な要求（基本要求）

　　　　3）기본권（基本权利）

　　　　4）주요한 조건（基本条件）

　　有时跟"重要、大体"形成对应关系，如：

　　　　5）基本条件（主要条件）

　　　　6）山岳地帯の食糧は大体において自給できる（山区粮食基本自给）

　　　　7）인민은 국가의 기본이다（人民是国家的根本）

　　　　8）식량은 대체적으로 자급 할 수 있다（粮食基本可以自给）

　　"基本"在古代汉语中是名词，指"根本"，《旧唐书·魏玄同传》："任人者，诚国家之基本，百姓之安危也。"宋岳飞《奏乞复襄阳札子》："襄阳六郡，地为险要，恢复中原，此为基本。"引申为"基地，凭借的条件"，《三国演义》第三十四回："玄德乘着酒兴，失口答道：'备若有基本，天下碌碌之辈，诚不足虑也。'"现代汉语中多用作形容词，如"基本条件、基本动作、基本任务"，也可用作副词，如"这学期基本结束了""任务基本完成了"，也可以说"基本上"。

9）根本的な原則（根本原则）

10）問題を根本から解決する方法を考えなけれればならない（应当从根本上考虑解决问题的方法）

《韩中词典》解释汉语的"根本"为：基本、本源、根底儿，如：

11）물과 흙은 농업의 근본이다（水、土是农业的根本）

这个解释并不全面，如：

12）彼はそんな問題など全然考えたこともない（他根本没有考虑过这些问题）

13）そんな事は全然ない（根本没有这样的事）

14）그는 건혀 이런 문제들을 생각도 못해봤다（他根本就没有想到过这些问题）

15）이 말은 원래 내가 한적이 없다（这话我根本没听说过）

"根本"本义指植物的根，宋梅尧臣《送孙曼卿赴举》诗："欲变明年花，曾不根本移。"引申指事物的根源、基础、最主要的部分，《韩非子·解老》："上不属天，而下不著地，以肠胃为根本，不食则不能活。"也指"事情的本末来由"，《西游记》第三十九回："他的一节儿起落根本，我尽知之。""根本"在汉语中是名、形、副兼类词，特别是用作副词，如"他根本就不喜欢学习""那条题目他根本就不懂"，多用于否定式。

（48）简直［日汉：全く、韩汉：정말］

日韩语中没有直接跟"简直"相对应的汉字词。

1）この絵は全く実物そのものだ（这幅画简直像真的一样）

2）彼の女は歌っているのではなく、まるで泣き叫んでいるようだ

（她不是在唱，简直是在哭）

　　3）이것은 정말 말이 안된다（这简直不像话）

　　"简直"在古汉语中指"简朴质直、直截了当"，唐刘知幾《史通·论赞》："王劭志在简直，言兼鄙野，苟得其理，遂忘其文。"现代汉语多作副词用，强调完全如此或差不多如此，如"阳光强得简直睁不开眼了""家里挤得简直转不开身了"，经历了从名词到副词的虚化过程。

二　由动词到副词

　　（49）强行［日汉：強行する、韩汉：강행하다］
　　　　　比较：强制［日汉：強制、韩汉：강제］

　　1）風雨をついて登山を強行する（冒着风雨强行登山）

　　2）強制移民（强制移民）

　　3）강제 보험（强制保险）

　　4）작전 강행이 어렵다（作战强攻很困难）

　　5）무허가 건물 철거의 강행이 문제 이다（未经许可，建筑物的强行拆除是个问题）

　　古汉语中"强行"指"勉强行走"，"强"音 qiǎng，《史记·李斯列传》："处卑贱之位而计不为者，此禽鹿视肉，人面而能强行者。"现代汉语中的"强行"中"强"音 qiáng，通常指用强行的方式进行，指"强制进行""勉力而行"，搭配的词语如"强行登陆、强行通过、强行拆除、强行拆迁、强行闯入、强行推广、强行搬出"，后一般接双音节动词，也可以单用，近义词"强制"大多指依靠一定的政治、经济力量强迫对方接受，常见搭配如"强制劳动""强制执行"等。汉语还有"强行军"一词，不是跟"强行"内部同一层次的组合，指"部队执行紧急任务时高速行军"。张爱萍《从遵义到大渡河》："令我团以强行军速度，于后天十二点前占贞丰之白层渡口，并架设浮桥。"

喻短时间内硬干某项工作，该词在日韩语中也有。

　　6）強行軍 / 강행군（强行军）
　　7）強行軍で工事を終わらせた（以强行军的方式完成了工事）

（50）上手［日汉：上手、韩汉：상수］
　日韩语中"上手"指"（技术、课程等）高明、出色"。

　　1）英語が上手だ（英文出色）
　　2）그는 나보다 상수다（他比我技术高明）

指"善于辞令"。

　　3）お上手者（善于交际者）
　　4）上手の手から水が漏る（高明的人也不时会犯错误）

　　"上手"在汉语中指"高手、好手"，北齐颜之推《颜氏家训·杂艺》："古者，卜以决疑……且十中六七，以为上手。""上手"在古代汉语中还指位置较尊的一侧，多指左手一侧，《京本通俗小说·西山一窟鬼》："两个下得岭来，尚有一里多路，见一所林子里走出两个人来，上手的是陈干娘，下手的是王婆。""上手"指先例，元无名氏《陈州粜米》第二折："我也曾观唐汉，看春秋，都是俺为官的上手。""上手"在古代汉语中还是动词，指"举起手"，唐韩愈《送穷文》："主人于是垂头丧气，上手称谢。""上手"还有"动手""到手""开始"等词义，"开始"义可视为"上手"由实到虚的演变，表示时间，在现代汉语中仍见使用，如"这场球上手就踢得很不顺利""他一上手就灌进了两个球"。
　　（51）当面［日汉：当面する、韩汉：당면하다］
　　　　比较：面临［日汉：面する、韩汉：직면하다］
　　　　　　　直面［日汉：直面する、韩汉：직면하다］

"当面"在日韩语中表示"直面、面临"。

  1）危機に当面する（面临危机）

  2）当面の問題／당면 문제（面临的问题）

  3）시련에 당면하다（当面试练）

  4）この都市は渤海湾に面している（这座城市面临渤海湾）

  5）深刻な危機に直面する（面临着一场严重危机）

  6）死に直面する（面临死亡）

  7）직면한 문제（面临的问题）

  汉语"当面"指"面对面"，唐杜牧《商山富水驿》诗："邪佞每思当面唾，清贫长欠一杯钱。"现代汉语如"当面指责""当面提交"。"当面"一词可以拆开，如"当着……的面"。"当面"还是元明时的官场用语，指"当面见官"，元曾瑞《留鞋记》第三折："（包待制云）那叫冤屈的着他上来。（张千喝云）告状的当面。"《古今小说·陈御史巧勘金钗钿》："御史且教带在一边，唤梁尚宾当面。""面临"在汉语中指"面对"或"遇到、碰到"，如"面临大海""面临困难"，也可以说"直面大海""直面困难"，不能用"当面"。

（52）不断［日汉：不断、韩汉：부단］

  1）不断着（日常穿的衣服）

  2）不断ざくら（不断）

  3）優柔不断／우유　부단（优柔寡断）

  4）부단한 노력（不断努力）

  日韩语中，"不断"是名词和副词，汉语中"不断"是动词和副词，作动词时指"割不开"，《韩非子·内储说下》："援砺砥刀，利犹干将也，切肉，肉断而发不断。"引申为"不绝"，《隋书·北狄传·突厥》："重叠亲旧，子子孙孙，乃至万世不断。"指"不果断"，《韩非子·有度》："法不信则君行危矣，刑不断则邪不胜矣。"今如"剪不断、理还乱""不断进步""不断努力"。

（53）曾经［日汉：…たことがある、韩汉：ㄴ/은 적이 있다］

　　日韩语中没有跟汉语的"曾经"直接对应的汉字词，汉语中"曾经"表示从前经历过或有过某种行为或情况，用作动词，宋周密《杏花天》："金池琼苑曾经醉，是多少、红情绿意！"唐元稹《离思五首》之四："曾经沧海难为水，除却巫山不是云。"现代汉语中"曾经"多用作副词，如"曾经来过""曾经学过"，如果表示否定，要说"不曾"，如"不曾看见""不曾去过"。

　　1）私はかつて上海に住んだことがある（我曾经在上海住过）

　　2）그는 이전에 여러 차례 전공을 세운 적이 있다（他曾经多次立功）

（54）将近［日汉：（数）が…近い、韩汉：거의］

　　　　比较：接近［日汉：接近する、韩汉：접근하다］

日韩语中，没有与"将近"相对应的汉字词，如：

　　1）今月の交通事故による死傷者は 100 人近い（本月交通事故死伤人数将近 100 人）

　　2）나는 중국어를 배운지 거의 1 년이 된다（我学汉语将近一年）

与"接近"相对应的汉字词是"接近、접근"。

　　3）台風が接近する（台风接近）

　　4）이 기술은 이미 세계 선진 수준에 접근하였다（这项技术已经接近世界先进水平）

　　5）사람들의 의견은 이미 매우 접근하여 큰 차이가 없다（大家的意见已经很接近，没有多大分歧了）

"将近"和"接近"在汉语中意义相近，但词性不同，功能有异。"将近"

后接数量，如"将近十年""将近一千人"。"接见"在古汉语中指所见不远，《吕氏春秋·知接》："智者其所能接远也，愚者其所能接近也。"高诱注："愚者蔽于明，祸至而不知，故曰接近。"这一用法今已消失。"接近"指相距不远、靠近，唐杜甫《送鲜于万州迁巴州》诗："朝廷偏注意，接近与名藩。"也指人际关系靠近、亲近，如"那个人不太容易接近"。

（55）快［日汉：直ぐ、韩汉：곧］

　　比较：快要［日汉：もう直ぐ、韩汉：곧］

"快、快要"作副词时，意义基本相同，日韩语中相对应的是固有词"（もう）直ぐ、곧"。

1）もうすぐ国慶節だ（快到国庆节了）

2）기차가 곧 출발한다（火车快要出发了）

"快"在汉语中既是形容词，又是副词，还是名词，如"火车跑得很快""快上车吧""这种车在马路上能跑多快？""快要"作副词时也可说"快"，如"快到站了""快要到站了"。

（56）跃起［日汉：躍起、韩汉：뛰어오르다］

1）躍起になって反対する（拼命反对）

2）躍起になってどなる（急得大声喊叫）

3）물고기가 수면에 뛰어오른다（鱼跃出水面）

现代汉语中"跃起"指"一跃而起""突然站起"，如"他跃起身站到了台上"，日语中有用作副词的虚化用法。

（57）究竟［日汉：一体究竟、韩汉：도대체］

日韩语中汉字词"究竟（くっきょう、구경）"作名词用时，相对应的汉语，如"一探究竟、一访究竟"，但作副词时，与汉语相对应的汉字词是"一体、도대체（都大體）"。

1）一体どこへ行っていたんだ（究竟去哪里了）

2）その彼は 도대체 어떤 사람이냐（他究竟是什么人哪）

汉语的"究竟"呈现出由实到虚的演变过程。指"穷尽"，汉马融《广成颂》："上下究竟，山谷萧条，原野嶕峣，上无飞鸟，下无走兽。"指"结束"，《三国志·吴书·鲁肃传》："语未究竟，坐有一人曰：'夫土地者，唯德所在耳，何常之有！'"究竟"作为动词，还指"推求、追究"，元陶宗仪《南村辍耕录·狷洁》："（郑南所先生）晚年究竟性命之学，以寿终。"表"打算"，清纪昀《阅微草堂笔记·如是我闻三》："汝居此楼，作何究竟？""究竟"还用作名词，相当于"结果、结局"，元李寿卿《月明和尚度柳翠》第三折："师父，我柳翠将来的究竟，可是如何？"现代汉语如"他进去看了个究竟"。"究竟"虚化到后来，相当于"毕竟、到底"义，宋苏轼《观妙堂记》："欲求多分可以说者，如虚空花，究竟非实。"现代汉语如"他究竟经验比较丰富，一下子就看出问题来了"。

三　由动词到连词

（58）接着［日汉：接着、韩汉：접착］
　　　　比较：黏着［日汉：粘っこい、韩汉：끈적하다］

1）接着剂／접착제（黏结剂）

2）ご飯が粘っこい（米饭很黏）

3）이런 접착제는 끈적하다（这种胶水很黏）

汉语中，"接着"的"着"读·zhe，表示两个动作的前后相连，如"他唱了一首歌，接着又跳了一个舞"。表示"用手接住"，如"对方发来三个球，他只接着了一个"。"接着"的"着"读·zháo，表示"接人"，如"他到车站出口等了老半天，一个人也没接着"。在现代汉语中，"接着"和"黏着"意义相去甚远。如例（58）所示，"接着"一般用作动词或连词，而"黏着"

作动词用时指用胶质把物体固定在一起，常见的组合词语如"黏着力""黏着语"。语言学上的"黏着语"，韩语为점착어，日语为"膠着語"。

（59）提起［日汉：提起する、韩汉：제기하다］

　　　比较：谈论［日汉：相談する、韩汉：상담하다］

汉语中"提起"作动词用时，指用手拎起某物，常说"提起来"，如"一百多斤的东西他提起来就走"。"提起"相当于"提出"，如"提起问题""提起诉讼"，语义逐渐虚化，具有书面语色彩，日韩语也有这样的说法。

　　1）彼は箱を二つ持って行きます（他提起两只箱子就走）

　　2）彼はそんなに重い物を持てた（他提起了那么重的东西）

　　3）問題を起こす（提起问题）

　　4）소송을 제기하다（提起诉讼）

　　5）対策を相談する（谈论对策）

　　6）결혼식을 상담하다（商议结婚仪式）

"提起"在汉语中还指"谈论起、说起"，词义显得更为虚化，如"提起过去的事情，他就两眼泪汪汪，显得非常激动""那事不要在别人面前提起"。

（60）不论［日汉：たとえ…であろうとも、韩汉：막론하다］

　　　比较：无论［日汉：…にしても、韩汉：에도 불구하고］

　　1）どうしても切符を買いたいです（不论如何，一定要买上票）

　　2）남녀　노소를 불문하고 모두 가서 일해야 한다（不论男女老少都要去劳动）

　　3）누구를 막론하고 그녀를 타이를 수 없다（无论谁也劝说不了她）

　　4）그는 무슨 문제를 막론하고 언제나 집단의 이익을 맨 앞에 놓는다（他无论考虑什么问题，总把集体利益放在首位）

"不论"在古代汉语中指"不考察，不评论"，出自《荀子·性恶》：

"不恤是非，不论曲直，以期胜人为意，是役夫之知也。"也指不议论、不谈论，三国魏嵇康《与山巨源绝交书》："阮嗣宗口不论人过，吾每师之。"原为动词，后逐渐虚化，如作连词，表示"不仅；不但"，唐白居易《履信池樱桃岛上醉后走笔》诗："不论崔李上青云，明日舒三亦抛我！"宋苏轼《与米元章》之二："若此赋当过古人，不论今世也。"现代汉语中"不论"指条件和情况不同而结果不变，如"不论下不下雨，我都要去""不论你怎么说，他就是不听"。"无论"出自晋陶渊明《桃花源记》："问今是何世，乃不知有汉，无论魏晋。"现代汉语中两者在使用上有交叉，但词性不同。"无论"作为无条件连词使用，"不论"既作为连词使用，又保留了动词词性。

（61）加上［日汉：その上、韩汉：게다가］

日韩语中没有跟"加上"直接对应的汉字词。

　　1）仕事が忙しく，その上，体調もよくないので，今度の旅行は行きません（工作很忙，加上身体不太好，这次旅行就不去了）

　　2）몹시 피곤하고 게다가 시간도 늦었기 때문에 자동차로 돌아왔다（身体很疲劳，加上时间又晚了，就坐汽车回来了）

"加上"在汉语中是个动词，相当于"把……计算在内""增加"，如"加上他，一共五个人""你把他也加上吧""你的微信把我加上"。"加上"意义虚化后表示原因，类似连词的用法如"身上淋雨了，加上没吃东西，他一回家就病倒了""路不好走，加上天又黑，车子开了五个小时才到"。

（62）看来［日汉：見たところ…のようだ、韩汉：보아하니］

　　1）彼はまだ決心がついていないようだ（看来他还没拿定主意）

　　2）このように見て来ると、明日の旅行が行けるかどうか天気によることだ（这么看来，明天能不能去旅游要看天气怎么样了）

　　3）이로부터 미루어 보면，이 사람은 괜찮다（由此看来，这个人倒是不坏）

汉语中"看来"表示"经观察而做出判断",唐项斯《苍梧云气》诗:"亦有思归客,看来尽白头。"《二刻拍案惊奇》卷九:"看来他是个少年书生,高才自负的。"现代汉语中"看来"可以表示"看过来",如"他一路看来,非常兴奋",但更多用作副词,表示推断,相当于"看起来":"看来他今天又要迟到了""看来这不是一个简单的问题"。

(63)可是[日汉:しかし/…が、韩汉:그러나/그렇지만]

日韩语中没有跟"可是"直接对应的汉字词。

1)彼女に手紙を書きたいが,どうしても時間がない(我想给她写信,可是总没时间)

2)그는 비록 끝내지는 못했지만,벌써 이 일에 시간을 많이 걸렸다(他虽然没做完,可是已经用了很多工夫了)

汉语中"可是"一般用于表示转折,作副词时主要表示程度,如"这可是太好了""那可是再好不过的事了"。日韩语中相对应的表达是"本当に、정말、아무래도"。

3)これはほんと大変だ(这可是大事啊)

4)이건 정말 괜찮다(这可是太好了)

"可是"在汉语中比较复杂,可以当副词,也可以当连词,语法功能不同,日韩语中相对应的词语也不同。古汉语中"可是"相当于"可与",南朝宋刘义庆《世说新语·品藻》:"人有问太傅:'子敬可是先辈谁比?'谢曰:'阿敬近撮王刘之标。'""可是"相当于"是不是",是近代白话小说中一种常见的问句形式,在今天的一些方言中依然存在,《西游记》第五十八回:"(众神)挡住道:'那里走!此间可是争斗之处?'"《儒林外史》第三十四回:"老伯,可是那做正生的钱麻子?""可是"虚化成连词,相当于"但是",表示转折关系,这是现代汉语常见的意义,如"他说得很有道理,可是又有多少人能做到呢?"

参考文献

郭玉杰:《日语中的汉字词》,《佳木斯大学社会科学学报》2003 年第 3 期。

汉语大词典编辑委员会、汉语大词典编纂处编纂《汉语大词典》(全十三卷),汉语大词典出版社,1995。

何华珍:《汉日语言对比的训诂学研究》,《杭州大学学报》(哲学社会科学版)1997年第 3 期。

何旭:《日文中的汉字词及其历史层次性》,《暨南大学华文学院学报》2007 年第 3 期。

武斌红:《朝鲜语接续词的设立问题》,《解放军外语学院学报》1997 年第 6 期。

肖传国、张卫娣:《日汉语人称词的用法差异》,《解放军外语学院学报》1997 年增刊。

徐明济:《혼자 배우는 中國語》,正进出版社,1996。

中国社会科学院语言研究所词典编辑室编《现代汉语词典补编》,商务印书馆,1989。

第七章

汉字词习得的偏误类型分析

在习得汉语的过程中，汉字词的使用偏误有多种类型。鲁宝元（2005）认为日本留学生在同形词使用中的偏误包括两方面，一是理解上的，二是运用上的。在理解方面可以设计听力或阅读练习，让学习者听后或读后做同形词理解的选择练习；在运用方面可以让学习者做同形词的造句练习，在作文训练中也应重点纠正同形词使用上的偏误。韩国留学生汉语同形词的偏误情形也是如此，甘瑞瑗（2006）发现，在所收录的122个同形异义汉字合成词中，以同形不同义的汉字词所占比例最大，有59个，占48.4%；其次是含义范围小的同形异义汉字合成词38个，占31.1%，这解释了为什么韩国留学生虽然对汉字不陌生，但在学习汉语时仍然有很多词汇学习上的难点，并对他们的汉语学习造成了很大的干扰和负迁移影响，很大部分的同形汉字词需要重新学习，要把这些在留学生母语中使用的汉字词跟汉语进行对比，在对比中总结出用法上的差异。作为教师也要适当做一些研究，做到心中有数，在教学实践中有的放矢，因材施教，否则己之昏昏，焉能使人之昭昭？教师平时在教学过程中，要多注重知识的积累，包括适当学习留学生的母语，日积月累，也会有不少的收获，反过来对汉语的认识也会变得更为深刻。本章结合对日韩留学生汉语教学的实践，从具体的偏误语例入手，分析相关汉字词和汉语词之间的使用差异。

第一节　名词偏误

一　受词典释义的影响而造成的偏误

（1）家长［日汉：家長、韩汉：가장］
　　　比较：家主［日汉：家主、韩汉：가주］
　　　　　　户主［日汉：戶长、韩汉：호주］
　*他是这个房子的家长。（他是这个房子的主人。）

*我认识他的家翁。（我认识他的家长。）

"家长"在《广辞苑》中解释为"一家之长，户主"，《韩中词典》中解释为"家长、家主、家主公、家主翁、家翁、户主"，在这些释义用词中，只有家长和户主两个词在现代汉语中普遍使用，其他说法很少使用。日语中的"戸长"是明治初期町村制度实行以前在日本乡村设置的一种官职，但日语中没有"戸主"一词。汉语中"家长"指"一家之主"，主要指父母和其他监护人，如"学生家长""老师和家长"。《墨子·天志上》："若处家得罪于家长，犹有邻家所避逃之。"有引申的用法，如"家长作风"，指独断专行的作风，"家长制"指领导者一个人独断专行的做法。"家翁"一般用于古代汉语，除了指"一家之长"，还指婆婆、公公，李渔《奈何天·妒遣》："若使原情都可恕，只将罢软罪家翁。"《资治通鉴·唐代宗大历二年》："上曰：'鄙谚有之：不痴不聋，不作家翁。'儿女子闺房之言，何足听也。""户主"则主要针对户口簿和房产证而言，指户籍上的一户之主，如《通典·食货》七："开元二十五年户令云：诸户主皆以家长为之。"这两个词不能随意替换。现代汉语有"家长里短"一词，指家务琐事，"长"要读 cháng。

（2）女人［日汉：女人、韩汉：여인］

　　　　比较：女子［日汉：女子、韩汉：여자］

*他带来一个女人朋友。（他带来一个女朋友。）

*他带来一个女子朋友。

女人，《广辞苑》："おんな"；《韩中词典》解释为："女的、女同志。"但汉语的"女人"无论在意义还是语体风格色彩方面都与日韩语有差异，如果仅仅按词典的释义往往不能造出正确的句子。汉语的"女人"一般泛称成年女子，"人"读轻声时指妻子。日语的"女"指性别意义上的女性，汉语"女性朋友""女朋友"都可讲；韩语여자的汉字是"女子"，在汉语中泛指女性，现代汉语多用于书面，如"女子足球队""谁说女子不如男"，但不说"女子朋友""女子学生"。"女同志"一词也在使用，年轻人会用"女生""男生"指女性、男性，可能是受中国台湾、香港等地汉语的影响。

（3）光景［日汉：光景、韩汉：광경］

*山上的光景不能忘记。（山上的风景令人难忘。）

*中国很多地方有美的光景。（中国很多地方有美丽的风景。）

韩国留学生使用"光景"时出现的偏误大多是受词典释义的影响，《中韩词典》解释为：1.景致，风景；2.境遇，情景，光景。《韩中词典》解释为：光景、景象、情景、情境。《现代汉语词典》（第7版）解释为：1.风光景物；2.境况，状况，情景。在《中韩词典》和《韩中词典》里，基本上都是用近义词解释光景的意义。在现代汉语里"光景"一般指生活的状况，有时偏于指不好的境况。如"他陷入了悲惨的光景""看他那副光景，真让人同情"。大多数表示美好风景的语境中如果使用"光景"的话，都显得不恰当。

二　由名词所指范围不同而造成的偏误

（4）食堂［日汉：食堂、韩汉：식당］

*我要去上海最好的食堂吃饭。（我要去上海最好的饭店吃饭。）

汉语的"食堂"，指单位的用餐地点，日韩语所指范围大于汉语，可以泛指很多吃饭的地方，包括单位内部食堂和外面的小餐厅，但比较大的、档次更高一些的餐厅一般要用来自英语的音译外来词称说，如 hotel（ホテル、홀텔）、restaurant（レストラン、레스토랑）。

（5）先辈［日汉：先辈、韩汉：선배］

*我们和二年级的先辈一起去市内。（我们和二年级的学长一起去市内。）

在日韩语中，"先辈"可以用来指比自己年龄大或者在读书和就业方面先于自己的人，也可以泛指行辈在先的人，还指已经去世的令人钦佩值得学习的人。后者在汉语中用得最多、最为广泛。前一意义则多用"前辈"来表达。日韩语中，"先辈"指老一辈，还指汉语的"学长、学兄、学姐、师兄、师姐"等。如：

1）かれは私より2年先輩だ（他是高我两年的学长）

2）후배가 선배와 진로 문제를 상의하다（晚辈与前辈就出路问题进行商讨）

指"老资格"。

　　3）先輩をふかせる（摆老资格）
　　4）仕事にかけてはぼくのほうが先輩だ（要论工作，我比你资格老）

　　唐代同时考中进士的人相互敬称先辈，唐李肇《唐国史补》："得第谓之前进士，互相推进谓之先辈。"跟"先辈"相对的是"后辈"，又称"晚辈"，在词语的搭配上，可说"老前辈"，一般不说"老先辈"。汉语和日韩语中的"先辈"都有表示行辈在先的意义，但由于现代汉语的表达习惯，"先辈"逐渐发展出专门指已经去世的令人钦佩、值得学习的人，如"我们不能忘记革命先辈所做的牺牲"，而日韩语保留了"先辈"的泛指意义。汉语里"先辈"和"前辈"形成了两个概念，"先辈"一般指按年岁依次排列在前者，也是对前辈的尊称，如"革命先辈"。前辈的外延更大一些，先辈则受到"已经去世的"这一义素的限制。现代汉语称呼入学或毕业比自己早的人，一般用"学长""师兄""学姐"等称呼语。日韩语里的"先辈"比汉语多出了表示学长、学兄、学姐、师兄、师姐的意义。

三　词语搭配不同所造成的差异

　　（6）集团［日汉：グループ、韩汉：그룹］
　　　　比较：集体［日汉：集団、韩汉：집단］
*他们集团去西山旅游。（他们集体去西山旅游。）
　　在日韩语中，"企业集团"一般指グループ、그룹，来自英语的 group，汉字词"集団、집단"、"団体、단체"除了表示这一意义外，也有汉语"集体"的意义，企业グループ韩语也说기업그룹、기업집단（企业集团）。"集团"在词义上相当于"集体"。

　　1）集団行動（集体行动）

2）集团生活（集体生活）

3）이 그림은 집단 노동이 강조되던 시절에 그려진 것으로 개인적인 노력을 양쪽 모두 모든 사람은 목표를 향해 부지런히 일하면, 국가는 더욱 번영할 것이다（这幅画描绘的是氏族公社时期劳动的场景，双方所有的人都向着共同的目标勤奋努力的话，国家就会变得更加兴旺）

现代汉语中的"集团"指为一定目的而组成的共同行动的团体，过去多带一定的负面色彩，如"反革命集团""盗窃集团"，现在多指与一定经济活动相关的利益共同体，如为了一定目的而组织起来的共同行动的团体，一般比较具体，如"大型投资集团""贸易集团"；"集体"指由许多人合起来的有组织的整体，与个人相对，一般比较抽象。两词的搭配也不同，可以说"集体舞""集体主义""集体经济""集团军"。跟"集团"相近的还有"团体"。

4）彼らは団体で旅行に行きます（他们集体去旅游）

5）부서에서 단체로 상부에 보고서를 쓰다（单位集体向上级写了份报告）

（7）时间［日汉：時間、韩汉：시간］

　　　比较：小时［日汉：時間、韩汉：시간］

　　　　　　时候［日汉：時候、韩汉：때］

* 我坐了 3 时间车。（我坐了三小时的车。）

* 我做作业用了很多时候。（我做作业用了很长时间。）

日韩语中的"时间"与汉语的"时间""小时"之间分别存在对应关系。

1）授業時間（上课时间）

2）時間をかける（花时间）

3）시간이 흐르다（时间流逝）

4）곧 쉬는 시간이 될 것이다（马上就到休息时间）

日韩语的"時間"相当于汉语的"小时""钟头"。

5）一時間（一小时）

6）時間割（周课程表）

7）하루는 24 시간이다（一天 24 小时）

古汉语有"时间"一词，"间"读"jiàn"，指"眼下、一时"，金董解元《西厢记诸宫调》卷一："时间尚在白衣，目下风云未遂。"《水浒传》第七回："原来是本官高太尉的衙内，不认得荆妇，时间无礼。"在表示有起点和终点的一段时间上，汉语和日韩语相同，但六十分钟，汉语要用"一小时"来表示，日韩语仍用"時間（한시간）"，表示具体某时，汉语一般用"点"，如五点三十分、七点一刻，也用"时"，多见于书面语，日韩语则一般用"时"（時、시）。"时间"与"时候"在意义上有重叠，表现在词语搭配的不同，如"时间就是金钱""不要浪费宝贵时间"，"时间"不能用"时候"替代；"在受到威胁的时候""那时候还没有电灯"中的"时候"也不能用"时间"替代。

（8）现场［日汉：現場、韩汉：현장］

比较：当场［日汉：その場で、韩汉：당장］

＊公安人员现场抓住他。（公安人员当场抓住他。）

日韩语中"现场"跟汉语在意义上有不少重合的地方，一般表示"事情的发生地"。

1）警官が現場にかけつけた（警察赶到了现场）

2）사고 형장（事故现场）

3）현장 목격자（现场目击者）

4）현장에 내려가다（下工地）

5）工事現場（工程现场，工地）

6）その場で彼の秘密をばれる暴露した（当场揭穿了他的秘密）

7）그 사건은 당장에서 해결되었다（这事当场解决了）

汉语中"现场"指发生案件、事故或自然灾害的场所以及该场所在发生案件、事故或自然灾害时的状况，如"案件现场""事故现场""现场调查""现场采访""现场报告"；也指直接从事生产、演出、比赛、试验的场所，如"生产现场""实验现场""现场解答"。"当场"是副词，指"就在那个时候或那个地方"，如"当场抓获""当场表演"。

（9）相好［日汉：相好、韩汉：상호］

＊他脸上相好的样子。（他喜笑颜开的样子。）

"相好（상호）"在日韩语中是个佛教词语，表"脸色、表情"。

　　1）相好をくずす（喜笑颜开、笑容满面）

汉语在此意义上"相"读 xiàng，佛经称释迦牟尼有三十二种相。"相好"又用作佛像的敬称。南朝宋谢灵运《佛影铭》序："容仪端庄，相好具足。"现代汉语中"相好"的常用义指"彼此友善、相互友好"，《诗·小雅·斯干》："兄及弟矣，式相好矣。"元贡师泰《姑孰道中》："邻舟颇相好，有酒忽见招。""相好"在古代也指"恋人"，《管子·轻重丁》："五衢之民，男女相好，往来之市者，罢市，相睹树下，谈语终日不归。"现代汉语中"相好"多指不正当恋爱中的一方，"相"读 xiāng。

（10）坦克［日汉：タンク、韩汉：탱크］

　　　　比较：仓库［日汉：倉庫、韩汉：창고］

＊图书馆就是一个知识的坦克。（图书馆就是一个知识的宝库。）

汉语中，"坦克"是一个外来词，与"仓库"的词义一般不会相混，日韩语也有这个外来词，但在使用上有所不同。

　　1）オイルタンク／오일　탱크（储油罐）

　　2）야，인터넷은 정말 방대한 정보탱크구나！（啊，互联网真是个庞大的信息库！）

在汉日韩语中，仓库（倉庫、창고）是一个常见的名词。

3）倉庫営業（营业仓库）

4）보세 창고（保税仓库）

5）창고업（仓库业）

中国古代，贮藏粮食之处为仓，贮藏兵车之处为库，后以仓库为贮存大宗物品的建筑物或场所。《史记·万石张叔列传》："城郭仓库空虚。"现代汉语中，由"库"组成的词语，如"信息库""知识宝库""库藏""库存"等。"坦克"是 tank 的音译，指"装有火炮、机关枪和旋转炮塔的履带式装甲战斗车辆"，但日韩语中 tank 还指存储石油的油罐，并隐喻指"信息库"。

（11）正气［日汉：正気、韩汉：정기］

＊天气是正气，一点不下雨。（天气是好天气，一点儿不下雨。）

日韩语中"正气"指充满天地之间的至大至正之气，也指良好的风气，还指民族意气。

1）正気歌（正气歌）

2）민족 정기（民族正气）

日语还指"（正常）意识"，读しょうき。

3）正気を失う（不省人事）

表"神志清醒"，如：

4）正気の沙汰とは思えない（不能想象那是正常人干的）

"正气"在汉语中喻为人的气节和高尚的节操，《楚辞·远游》："内唯省以端操兮，求正气之所由。"宋文天祥有《正气歌》。又指光明正大的作风或纯正良好的风气，宋罗大经《鹤林玉露》卷二："欧公非特事事合体，且是和平深厚，得文章正气。"该词义在今天仍为常用义，如"堂堂正气""正气凛然"。"正气"在古代与"邪气"相对，指人体内的元气，今在中医学上还见使用。

（12）一方［日汉：一方、韩汉：일방］

　　　比较：一面［日汉：一面、韩汉：일면］

*他一方赞扬、一方反对。（他一面赞扬、一面反对。）

在日韩语中，"一方"有"片面、单方面、局部"之义，"一面"有片面之义。

　　1）일방 통행（单行道）

　　2）일방적 견해（片面的观点）

　　3）일방적 공세（局部攻势）

　　4）일방적 승리（局部胜利）

　　5）一面的な判断は公平でない（片面的判断是不公平的）

　　6）사물의 일방적인 측면만 보고 속단하지 마라（不要只看事物的片面就做出判断）

日语中"一方"指"一个方向"。

　　7）天の一方を睨んでいる（凝视天空的一方）

　　8）一方から見れば当っているともいえる（从另一方面也可以说是说对了）

还表示"一面……一面"之义。

　　9）褒める一方悪口をいう（一面赞扬，一面说坏话）

　　10）よく仕事をする一方酒にも目がない（工作很能干，但也很能喝酒）

表示"（一对中的）一个"。

　11）一方の耳が聞えない（一只耳朵听不见）
　12）靴下の一方に穴があいた（一只袜子破了）

表示"只顾，一个劲儿地"。

　13）彼は一方ばかりだ（他一直如此）
　14）人口は増えるばかりだ（人口一个劲儿增长）

表示"从另一面说"。

　15）多くの国はすでに独立をかち取っている一方，独立を要求し立ちあがったばかりの国もある（许多国家已经赢得了独立，还有一些国家也开始为要求独立而斗争）

在古汉语中，"一方"表示"一种、一类"，《慎子·民杂》："是以大君因民之能为资，尽包而畜之，无能去取焉。是故不设一方以求于人，故所求者无不足也。"指"一种方法"，南朝梁刘勰《文心雕龙·养气》："虽非胎息之迈术，斯亦卫气之一方也。""一方"可以作数量词，用于方形的东西，如"一方青玉""一方印章"。现代汉语中"一方"一般指相对的双方中的一个，如"一方，另一方"；也表示"某一带地方"，如"天各一方""在水一方""一方水土养一方人""为官一任、造福一方"等。

（13）关联［日汉：関連、韩汉：연관］
　　　比较：关系［日汉：関係、韩汉：관계］
*交通安全关联到许多人的生命。（交通安全关系到许多人的生命。）
日韩语中"关联"也作"关连"。

　1）地球の温暖化はオゾン層の破壊と関連が深い／지구의 온난화

는 오존층 파괴와 연관이 깊다（地球变暖与臭氧层的被破坏有密切的关联）

　　2）関連する事柄（关联事件）

　　3）関連性理論（关联性理论）

　　4）相互に聯関した事柄（相互关联的事件）

　　5）需要と供給の関係（需求与供给的关系）

　　6）시간 관계로 여기까지 끝내게습니다（时间原因到此为止）

　　"关连"指"牵连、联系"，唐冯翊子《桂苑丛谈·李德裕》："乃立召兜子数乘，命关连僧人对事。"宋苏洵《颜书》诗："点画乃应和，关连不相违。"也作"关联"，《尉缭子·将理》："今夫决狱，小圄不下十数，中圄不下百数，大圄不下千数。十人联百人之事，百人联千人之事，千人联万人之事。所联之者，亲戚兄弟也，其次婚姻也，其次知识故人也……如此关联良民，皆囚之情也。"现代汉语一般用"与……有关联""与……相关联"。"关联"指"事物之间发生牵连和影响"，如"政府各部门之间是相互关联的""生产安全是与生命紧密关联的重大事情"。"关系"指"事物之间互相作用、相互影响的状态"或"人和人或人和事物之间的某种性质的联系"，如"那人和我没有一点关系""上下级关系""社会关系""老乡关系""托关系、走后门"。"关系"还可指"原因、条件"，如"由于工作关系，他常常在学校食堂吃饭"。在这些例子中，"关系"和"关联"不能互换。

　　（14）程度［日汉：程度、韩汉：정도］

　　*我买了一千块钱程度的东西。（我买了一千块钱左右的东西。）

　　"程度"在日韩语中表"限度"。

　　1）寒いといっても程度がある（虽说冷也有限度）

　　2）아무리 사람이 좋다고 해도 정도가 있다（人再好总是有限度）

　　表"大致的时间、数量、距离"等。

　　3）五分程度の遅れ（大概迟到五分钟）

　　4）오백엔 정도로 살　수 있는 물건（500 日元左右就能买到的东西）

　　"程度"在古代汉语中指"道德、知识、技能达到的标准"，唐韩愈《答崔立之书》："乃复自疑，以为所试与得之者，不同其程度。"也指"法度、标准"，宋叶适《经总制钱二》："本朝人才所以衰弱、不逮古人者，直以文法繁密，每事必守程度，按故例，一出意则为妄作矣。"指"进度"，元郭钰《访友人别墅》诗："读书程度输年少，中酒心情厌日长。"现代汉语中的"程度"一般指文化、教育、知识、能力等方面的水平，仍保留了古汉语的这一义项，如"自动化水平""知识水平"，也指事物变化达到的状况，如"天气虽说冷了点，还没到零下结冰的程度"。日韩语中的"程度"可以用来表示约数，汉语要用"左右"。

　　（15）好处［日汉：長所、韩汉：장점］

　　　　比较：坏处［日汉：欠点、韩汉：단점］

　　*他身上有很多长点和好处。（他身上有很多长处和优点。）

　　日韩语中没有"长点""好处"之类的汉字词，相应的意义要用"プラスになる点、長所、長點、좋은　점"等词语来表达，指利益、有利点等，与"好处"相对的是"坏处"。

　　1）そうすれば彼にとって少しも不利な点はない（这样办对他一点儿坏处也没有）

韩语相对应的有나쁜　점、결점、해로운　점。

　　2）이렇게 하면 조금도 나쁜 점이 없다（这么做一点坏处也没有）

　　在汉语中，与"长处"相对的说法是"短处"，与"缺点"相对的说法是"优点"。古汉语中的"好处"指"美好的时候，美好的处所"，唐韩愈《早春呈水部张十八员外》诗之一："最是一年春好处，绝胜烟柳满皇都。"

指"优点，长处"，明王守仁《传习录》卷下："古先圣人许多好处，也只是无我而已。"指"收益、利益"，《红楼梦》第二十五回："你愿他死了，有什么好处？"该义项成为现代汉语中的常用意义，如"做这件事情有什么好处！""好处都让别人拿去了"。"好处"还指"容易交往"，如"他性情好，比较好处"，在这一意义上，"处"音 chǔ。机械类推，韩国留学生也会出现一些偏误的句子，例如：

*那位老师的教授法很好。（那位老师的教学法很好。）

*你的长点很多。（你的长处很多。）

*来日我去百货场。（明天我去百货店。）

例句中的"教授法、长点、来日、百货场"都是汉语中没有的词，但经常出现在韩国汉语水平中级以上学习者的笔下，汉语要分别说成"教学法、优点、明天、百货店"。汉语的"优点"也叫"长处"，与此相反的词语是"缺点"，也叫"短处"；韩语的"优点"叫"长点（장점）"，"缺点"叫"短点（단점）"，汉语的"优缺点""长短处"，韩语是"장단 점（长短点）"。

（16）生涯［日汉：生涯、韩汉：생애］

　　　比较：生平［日汉：平生、韩汉：평생］

*在博物馆有他生涯的介绍。（在博物馆有他生平的介绍。）

"生涯"见于日韩语，但使用时与现代汉语已经有所不同，指"一生、终生"。

1）社会奉仕を生涯の仕事とする（把为社会服务作为毕生的事业）

2）幸福な生涯（幸福的一生）

3）生涯忘れられない（终生难忘的日子）

4）生涯の友（终生的朋友）

也指"一生的某一阶段"。

5）外交官として彼の生涯は華しいものであった（他当外交官的那

一段干得很漂亮）

汉语的"生平"在日韩语中也叫"平生（평생）"。

6）彼の態度は平生少しも変わりなかった（他的态度与平时一点
没变）
7）사람의 한 평생（人的一生）

汉语中"生涯"一词出自《庄子·养生主》："吾生也有涯，而知也无
涯。"原指生命有边际、限度，后来指生命、人生。宋陈亮《谢陈参政启》：
"暮景生涯，恍如落日；少年梦事，旋若好风。"唐沈佺期《饯高唐州询》
诗："生涯在王事，客鬓各蹉跎。"前两例中"生涯"分别指"生活"和"生
计"。"生涯"在现代汉语中一般指从事某种职业或生活的时间，如"职业生
涯""演员生涯""革命生涯"。偏误例中的"生涯"一般指"生平"，如某人
的"生平事迹""生平介绍"，往往是在人死后才可以这么说，而"某人的革
命生涯、演员生涯"，不一定指死后。

（17）对面［日汉：对面する、韩汉：대면하다］

　　比较：相对［日汉：相对する、韩汉：상대하다］

＊他坐在我的相对，没有说一句话。（他坐在我的对面，没有说一句话。）
日韩语中"对面"指"面会、见面"。

1）原告と被告を対面させる（让原告和被告见面）
2）이산 가족이 감격의 대면을 한다（离散家属激动地见面）

古汉语中"对面"也有"当面、面对面"义，晋陶潜《搜神后记》卷六：
"日已向出，天忽大雾，对面不相见。"唐杜甫《茅屋为秋风所破歌》："南村
群童欺我老无力，忍能对面为盗贼。"唐张文成《游仙窟》："向见称扬，谓言
虚假，谁知对面，恰是神仙。"现代汉语中"对面"一般指方位，指面对自己
的方向。汉语中"相对"和"对面"词性不同，意义虽有交叉，但一般不易

相混。

韩语"相对（상대하다）"一词，同样表"当面、对面"。

3）그런 사람과는 상대하기 싫다（不想和那种人见面）

还表"对手"。

4）그는 나의 상대가 될수 없다（他根本不可能是我的对手）

表"对象"。

5）미혼 남녀가 결혼 상대를 찾다（未婚男女寻找结婚的对象）

表"相对的、比较的"。

6）勝负は相対的なものだ（胜负是相对的）
7）そうたいろん（相对论）
8）相対主義（相对主义）
9）상대 가치（相对价值）
10）상대 효과（相对效果）

古汉语中，"相对"表示"相符""相称"，唐韩愈《朝归》："服章岂不好？不与德相对。"表"面对面"，《后汉书·乌桓鲜卑传》："父子男女相对踞蹲"，指"两人相对而坐"；表"两相对应或对立"，宋张载《正蒙·太和》："反者，屈伸聚散相对之谓。"表示依靠一定的条件而存在或变化，宋沈括《梦溪笔谈·杂志一》："以变化相对言之，既能变而为大毒，岂不能变而为大善？既能变而杀人，则宜有能生人之理。"汉语现代哲学意义上的"相对"一词的意义来自日语，如"相对稳定、相对自由"。"相对"指同一类事物性质上的互相对立，如高低、胖瘦、美丑等，是形容词；"对立"则是两种事物或一种事物中的两个方面之间的互相排斥、互相矛盾、互相斗争，如"矛盾尖锐对立""两人的意见互相对立"，是动词。

（18）一手［日汉：一手、韩汉：일수］

＊他一手卖出东西。（他亲自卖出东西。）

"一手"在日韩语中不仅作名词，而且已经虚化为副词，可以用在动词之前。

　　1）一手販売／일수　판매（一手卖出）

　　2）実権を一手に掌握する（一手掌握实权）

　　3）次の一手（下一步棋）

　　4）押しの一手（坚持到底）

　　5）一手に引き受ける（一手承揽）

　　汉语中，"一手"的意义比较广泛。本义指"一只手"，《韩非子·功名》："一手独拍，虽疾无声。"表示"满手"，如"他拿了一手的东西"。引申为"亲自、亲身"，"他一手促成了两个人之间的婚事""是纳粹分子一手酿成了这场血案"。"一手"还指一种技能或本领，元马致远《青衫泪》第一折："自小曾拜曹善才为师，学得一手琵琶。"现代汉语可说"他写得一手好字""她拉得一手好提琴"。"一手"指耍弄某种手段，有贬义，如《水浒传》第三十七回："大汉道：'张家兄弟，你在这里又弄这一手！船里什么行货？有些油水么？'""我以为他是个老实人，没想到也会来这一手！""有一手"喻指"不正当的关系"，如"他和邻村的寡妇有一手"，"他跟不三不四的人有一手"。"一手"还可连用，表示同时做两件事，如"一手拿枪，一手拿锄""一手抓增产，一手抓节约"。

（19）病院［日汉：病院、韩汉：병원］

　　＊他还没有从病院退院。（他还没有从医院出院。）

　　西医的"医院"在日韩语中用汉字词"病院"来表示，现代汉语是"医院"，"在医院看病的人"日语和汉语一样都是"病人"（びょうにん），韩语不能类推出병인，而要说成아픈 사람，直接翻译就是"疼痛者"或"환자

（患者）"。另外，"看病"一词在汉语中是个动宾结构的短语，在日语中则指"看护、照顾"。

　　1）心をこめて看病する（用心照顾）

（20）教练［日汉：教練/コーチ、韩汉：교련］
　　　　比较：训练［日汉：訓練する、韩汉：훈련하다］
＊他教练了我们许多东西。（他训练了我们许多东西。）
日韩语中与"教练"相对应的汉字词是"教練（きょうれん）、교련"。

　　1）軍事教練（军事教练）
　　2）교련을 받다（接受教练）

　　"教练"在古汉语中可以用作动词，指"教导和训练别人掌握某种技术"，唐杜甫《赠崔十三评事公辅》诗："阴沉铁凤阙，教练羽林儿。"现代汉语中多用作名词，如"篮球教练、足球教练"，这一意义日韩语用外来词"コーチ、코치"表示，用作动词时日语可以说"コーチする"。"训练"在日韩语中相对应的汉字词是"訓練、훈련"。

　　3）実地訓練/실지 훈련（实地训练）
　　4）訓練に訓練を重ねた選手（训练有素的运动员）
　　5）훈련을 받다（接受训练）

　　汉语中"训练"指"教授并使之操练，以掌握军事纪律和技能"，唐李翱《徐襄州碑》："常令教习，不杂抽差，训练无时，以为备御。"也可作动词和名词。现代汉语"军事训练""作战训练""刻苦训练""坚持训练"，不限于军事方面，常指教授学生使其练习某种技能，掌握某种本领或知识，如"考试模拟训练""作业训练"等。

第二节　动词偏误

动词是语言的一个大类，也是发生偏误比较多的词类之一。和汉语不同的是，日韩语的动词不少是带有标记的，如する、하다，名词带上这些标记后词性转变成了动词，再通过这些词尾的变化表示多种语法功能。汉语缺乏类似的标记，名词、动词的区别除意义外，主要是看其在句中所处的位置及词语之间的搭配。当然日韩语中的动词并非都带有这些标记，如刚见面时的自我介绍，这是日韩留学生刚学汉语时都会遇到的，汉语中的"叫"和"叫作"有使用上的不同。

（21）叫［日汉：…と申します、韩汉：…라고 부릅니다］

　　比较：叫作［日汉：…と申します、韩汉：…라고 부릅니다］

在介绍自己时，"我叫……"一般不说"我叫作……"，"我叫他叔叔"也不说"我叫作他叔叔"；但"叫"和"叫作"表示"名称是、称作"时意思差不多，如"他的名字叫……"，也可以说"他的名字叫作……"，如"这个地方叫三里屯"，也可以说"这个地方叫作三里屯"。"把"字句中多用"叫作"，如"人们把这种现象叫作'虹吸现象'""我把它叫作机会"。日韩语中在介绍自己时一般说"私は…（名字）と申します"或"私は…（名字）です";"저는…（名字）라고　부릅니다""저는…（名字）입니다"。

（22）食［日汉：食べる／食べ物、韩汉：식사하다／식물］

　　比较：吃［日汉：食う、韩汉：먹다］

＊中午刚上车的俄国军人请我吃俄国 MRE（军粮），下午我对面的大叔请我喝伏特加。晚上隔壁的俄国美女请我吃正宗的俄国面包。说起来这样我今天好像是个吃人。

这则偏误语料来自一名韩国留学生的《我的俄罗斯远东旅行》。"吃人"在汉语中是一个动宾短语，但文中的意思相当于汉语的"食客"，或网络流行语"吃货"。汉语的"×人"结构比较能产，前一语素一般是名词性的，如"夫人、妇人、罪人"，也可以是形容词性的，如"坏人、好人、穷人、富人、老人、大人、小人、醉人"或动词性的"骂人、训人、熏人、拉人、捞人、逗人、招人、调人"。日语中也有"吃（喫）"（きつ、きっする），如"喫水（きっすい）、"喫茶"（きっさ）、"喫煙"（きつえん），"水""茶""烟"在现代汉语普通话中搭配的动词分别是"喝"和"抽"（吸），但古汉语和现代汉语部分方言中这三个词仍搭配动词"吃"，可见日语中的这三个词当源于古汉语，此外，"吃力""吃白饭""吃老本""吃官司""吃香""吃透""吃冤枉""吃得开""吃亏""吃鸭蛋""吃醋"，还有"吃里扒外""吃软不吃硬""吃不了兜着走""吃一堑长一智"等俗语或成语在汉语中很常见，其比喻义的用法往往是留学生学习的重点和难点。

汉语的"吃"，上古对应于"食"，用作动词时相当于日语的食う、食べる。中国人常说"民以食为天"，说明吃饭是第一重要的事情，《论语》："食不言，寝不语"，说明古人很早就对不同场合下的言语活动提出要求。"食"在现代汉语中虽然没有在古代汉语中使用频率高，但作为一个重要的构词语素，"美食""堂食"现在使用就很频繁。日语中由"食"组成的一系列词语，有些跟汉语是同形同义，可以实现从日语向汉语词汇库的转移，如"食用""食肉""食言""食欲""食堂""食道""食料""食粮""食盐""食饵"等（"粮""盐"的日语汉字为"糧""塩"，使用繁体字形）。还有一些，如"大食（饭量大）、小食（饭量小）、食べ放题（随便吃）、断食（绝食）、給食（供给饮食）、試食（品尝）、粗食（粗食）、米食（以米为主食）、パン食（以面包为主食）、朝食（早餐，早饭）、昼食（午饭、午餐）、夕食（晚饭、晚餐）、夜食（夜餐）、外食（在外面的饭馆、食堂吃饭）"。这些日语中的词语，有些在汉语中是以短语形式相对应，如"大食""小食""外食"，基本上不能迁移到汉语中来，或迁移进来后词语之间会互相"掐架"："外食"按汉语字面的理解，应该是从饭店、食堂买好东西后打包带走，回家食用，但日语的"外食"是指在家庭以外的地方吃饭，由此难免发生误会。"食代""食付""食出""食気""食坊""食扶持""食放题"等是地道的日式汉字词，"食尽""食事""食前""食后""食器""食膳"等也仅见于古汉语，现代汉语中较少使用，或主要用于书面语，口语中不能照单全收。

韩语中跟汉语动词"吃"相对应的基本词是먹다。韩语中也有由"食"组成的汉字词，如"食間（식간）、食客（식객）、食頃（식경）、食告（식

고）、食攻（식공）、食供（식공）、食口（식구）、食券（식권）、食根（식근）、食禁（식금）、食器（식기）、食單（식단）、食團（식단）、食堂（식당）、食刀（식도）、食道（식도）、食量（식량）、食糧（식량）、食祿（식록）、食料（식료）、食物（식물）、食盤（식반）、食補（식보）、食福（식복）、食費（식비）、食事（식사）、食傷（식상）、食率（식솔）、食水（식수）、食水難（식수난）、食養學（식양학）、食飲（식음）、食生活（식생활）、食後服（식후복）、食後景（식후경）"，同样不能全部原样移植到汉语中来，下面以"食事（식사）"一词为例，做进一步的比较说明。

（23）食事［日汉：食事、韩汉：식사］

*从外边叫了一份食事。（从外边叫了一份饭。）

1）軽い食事（便餐）

2）5人分の食事を用意する（预备五个人的饭）

3）あの人は食事がぜいたくだ（他讲究饮食）

4）식사 시간이 되다（到了开饭的时间）

5）어머니는 식사를 준비하다（母亲准备饭菜）

古代汉语中"食事"指"吃喝之事"，《楚辞·九辩》："蓄怨兮积思，心烦憺兮忘食事。"宋范成大《河豚叹》："鲕生藜苋肠，食事一饱足。"指"做事情"，《三国志·魏书·华佗传》："佗恃能厌食事。"有的人就此进行类推，把日语中的"食事"和汉语的"饭"等同起来，从而出现了下面这样的错误搭配。

*食事を食べる（吃饭）

"食事"是带有动作性的名词，它构成表示"吃饭"之义的动词词组时，不能和与它具有相同意义的"食べる"搭配，但能与"する"搭配。

6）食事をする（吃饭）

现代汉语中"食事"作为一个词语已经消失，与之相应的一类词语有"吃饭""饮食""餐饮""饭菜"等。

汉字词的动词在使用过程中出现的偏误类型有很多，本书不能像对"食"和"吃"那样进行详细的分析，以下结合课堂教学过程中搜集的语料，大致分为下面这些偏误类型。

一 动词累赘

*今天我们有踢足球比赛。（今天我们有足球比赛。）

*啤酒打开以后过长时间过的时候啤酒本来的味道很容易丢失。（啤酒打开过长时间的话本来的味道很容易丢失。）

*他还要想喝饮料。（他还想喝饮料。）

*我们走差不多走了两个多小时遇见一个路标。（我们走了差不多两个小时才遇见一个路标。）

*现在回忆想起那次旅游才觉得很有意思。（现在想起那次旅游才觉得很有意思。）

学生把某些规则过度泛化或者是将母语相近形式的规则套用在汉语上，如下列句中"是"的出现就是母语干扰的结果。

*但哈尔滨那种博物馆是很小。（但哈尔滨那种博物馆很小。）

*他的名字是我的名字差不多。（他的名字和我的名字差不多。）

二 动词缺乏

*我们班女同学之中个子最高的，不胖不瘦的身材。（她是我们班女同学之中个子最高的，有不胖不瘦的身材。）

*我觉得这样做最好的办法。（我觉得这样做是最好的办法。）

*她非常认真的学生，每天都去上课。（汉语一般用"是"表示判断，比较日语相应的句子：彼女は非常にまじめな学生で，每日授業に出ます。）

*确是很短的时间，可特别有意义的日子。（确是很短的时间，可是却特

别有意义。）

* 所以菊花比较国际性的花。（所以菊花是国际性的花。）

* 古时候，从日本到中国去非常艰难的。（比较日语：ずっと昔，日本から中国へ行くのは，とてもたいへんでした。）

三　搭配不当

* 我们大家关于今天的比赛聊天。（我们在聊今天的比赛。）

（24）散在［日汉：散在、韩汉：산재］

* 全国各地有文物的散在。（全国各地散存着文物。）

"散在"在现代汉语中并不是一个词，"散"是动词，"在"是介词，后接表示方位、地点的词语，如"东西散在桌子上"。在日韩语中"散在（さんざい、산재）"可以作名词，也可以作动词。

　　1）全国津々浦々に散在している文化財 / 전국　방방곡곡에 산재된　문화재（全国到处分散着的文物）

"散在"相当于汉语的"分散""分布"。

（25）追究［日汉：追究する、韩汉：추구하다］

* 王教授不忘对学问的追究。（王教授不忘对学问的探求。）

汉语"追究"与日韩语"追究"基本义相近，但搭配不同。汉语的"追究"常跟"原因""责任"搭配，日韩语"追究"多用于对学问、真理、本质的探求、深究。

　　1）学問を追求する（追求学问）
　　2）진리를 추구하다（追求真理）

现代汉语意义上的"追究"，日韩语分别是"追及する、따지다"，如：

　　3）責任を追及する（追究责任）

　　4）진위를 따지다（追究真伪）

　　韩语中动宾结构的动词很少，动词一般都可以带宾语，遇到汉语的"毕业""见面""说话""出去""回来"等词语时，会经常出错。

　　*我 2007 年毕业大邱第一高中了。（我 2007 年从大邱第一高中毕业了。）

　　*我回去韩国的时候买了一样礼品。（我回韩国的时候买了一样礼品。）

　　*我们明天见面老师吧。（我们明天跟老师见面吧。）

　　（26）出马［日汉：出馬马する、韩汉：출마하다］

　　*他今年出马了总统选举。（他今年出马参加了总统选举。）

　　1）選挙に出馬する（出马参加选举）

　　2）국회 의원 선거에 출마한다（出马参选国会议员）

　　古代汉语中"出马"原义指将士上阵作战，《水浒传》第一百一十五回："厉天祐首先出马，和吕方相持，约斗五六十合，被吕方一戟刺死厉天祐。"引申为"出面做事"，汉语有"老将出马，一个顶俩"的俗语。现代汉语中"出马"比喻"出场""亲身去做"，如"亲自出马做某事""出马担任某职务""某事由某某出马"等，后一般不直接带宾语。

　　（27）破格［日汉：破格、韩汉：파격］

　　*总经理破格了那个人，他才能在公司工作。（总经理破格接受了那个人，他才能在公司工作。）

　　1）破格の文章（别具一格的文章）

　　2）破格の待遇（超规格的待遇）

　　3）破格の抜擢（破格提拔）

　　4）파격적으로 진급되다（破格提升）

　　5）파격 승진（破格升迁）

古汉语中,"破格"指"格外、分外",宋杨万里《过上湖岭望招贤江南北山》诗之四:"晓日秋山破格奇,青红明灭舞清漪。"指"突破常规、不拘一格",明史可法《论人才疏》:"但论人不论官,官大者亦可小就,而后悬破格之迁;官小者亦可大用,而后课非常之效。"清孔尚任《桃花扇·媚座》:"二位不比他人,明日嘱托吏部,还要破格超升。"现代汉语有"破格录取""破格任用",不直接带宾语。

(28)宣言[日汉:宣言する、韩汉:선언하다]

比较:宣布[日汉:宣する、韩汉:선언하다]

*领导宣言会议开始。(领导宣布会议开始。)

1)閉会を宣する / 폐회를 선언하다(宣布闭会)

2)勝利を宣言する(宣布胜利)

3)大会宣言を採択する(通过大会宣言)

古汉语中,"宣言"有"扬言"义,即故意散布某种言论,《史记·廉颇蔺相如列传》:"(廉颇)宣言曰:'我见相如,必辱之。'"宋苏洵《几策·审敌》:"于是宣言于远近,我将以某日围某所,以某日攻某所。"表示"发表意见、言论",《国语·周语上》:"民之有口,犹土之有山川也……口之宣言也,善败于是乎兴,行善而备败,其所以阜财用、衣食者也。"表示"宣告、宣布",《史记·淮南衡山列传》:"使中尉宏赦淮南王罪,罚以削地,中尉入淮南界,宣言赦王。"现代汉语中,"宣言"一般指国家、政党、团体或其领导人对重大问题公开表示意见以进行宣传号召的文告,常见搭配如"发表宣言""公开宣言""郑重宣言""宣言书""关于……的宣言"。"宣布"指正式告诉大家,如"宣布命令""宣布选举结果""正式宣布""领导宣布散会"。

(29)祝贺[日汉:祝賀、韩汉:축하]

比较:庆祝[日汉:祝う、韩汉:경축하다]

*明天举行公司的祝贺式。(明天举行公司的庆祝仪式。)

1)祝賀式(庆祝典礼)

2）祝賀会を催す（开庆祝会）

3）축하술（祝酒）

4）생일 축하합니다（祝生日快乐）

　　汉语中有"祝贺"一词，但不说"祝贺式""祝贺会"，相应的表达是"庆祝式""庆祝会"。"庆祝"表示"庆贺祝颂"，明张居正《圣寿节贺表一》："凡在照临，举同庆祝。""祝贺"和"庆祝"都指为共同的喜事举行一些活动表示高兴或纪念，但在词语搭配上有一些区别，如"祝贺春节""祝贺你考取清华大学""我代表公司向你表示祝贺"，例中"祝贺"不能改为"庆祝"；"庆祝建党一百周年""举行庆祝活动"中"庆祝"也不能用"祝贺"替代。

四　助动词的误用

　　*这儿可能吸烟吗？（这儿可以吸烟吗？）

（30）可能［日汉：可能、韩汉：가능］

　　　　比较：能够［日汉：…することができる、韩汉：…할　수　있다］

1）可能な範囲で（在可能的范围内）

2）現可能な計画（可能实现的计划）

3）月旅行も可能になった（月球旅行也已经成为可能）

4）可能性（可能性）

5）이일은 가능하지 않다（这事儿是不可能的）

6）그 사람은 성공할 가능성이 있다（他有成功的可能性）

　　现代汉语中"可能"表示能成为事实的属性，如"成功的可能""可能来上海""有可能"。表示否定时用"不"，如"不可能""不可能下岗"。"可＋动词结构"是汉语南方方言中广泛存在的一种问句结构，"可能来？"表示疑问语气，相当于"能不能来"。五代齐己《闻沈彬赴吴都请辟》诗："可能更忆相寻夜，雪满诸峰火一炉？""可能"是形容词、副词；"能够"是助动词。"可能"作形容词时，表示"能成为事实的"，可修饰名词，如"可能情况下""唯一可能的解释""几种可能的选择"；可作谓语，如"不大可能""很可能"。作副词时表示"也许""或许"，如"他可能回家了""天可能要下雨了"。"能够"指有能力做某事或善做某事，如"他长大了，能够自己吃饭了""他很能够赢得别人的好感"。表示"有可能"，如"这件事他能够不知道吗？"表示环境的许可，如"你能不能快点儿？""这儿能不能抽烟？"

五　动词词义差异引起的偏误

（31）隔离［日汉：隔離、韩汉：격리］
　　　比较：隔断［日汉：遮る、韩汉：가리다］
　*高山大海隔离不了两个人之间的友谊。（高山大海隔断不了两个人之间的友谊。）

　　1）隔離処分（隔离处分）
　　2）隔離病舎（隔离病房）
　　3）격리된 환자（被隔离的病人）
　　4）외부로 부터 격리되어 있다（被与外部隔离）
　　5）霧で視界が遮られる（雾阻挡了视线）
　　6）햇빛을 가리다（阳光被阻隔了）

　"隔离"在古代汉语中有"隔断"义，唐杜牧《阿房宫赋》："覆压三百余里，隔离天日。"现代汉语中，"隔离"指把患传染病的人、牲畜等和健康的人、牲畜等分开，避免接触后交叉感染，如"隔离病人"，也指"将某人与其他人分开"，如"隔离审查""遭隔离""被隔离""死亡将两人隔离在阴阳两个世界"，偏误例中用"隔断"比较好，往往指由于距离或其他人为因素的影响使联系断绝，如"距离再远，也不能隔断我们之间的感情联系""高山大河隔不断两国人民之间的联系和往来"。

（32）罗列［日汉：羅列する、韩汉：나열하다］

　　　比较：排列［日汉：配列する、韩汉：배열하다］

＊军队整齐罗列，去往灾区。（军队整齐排列，前往灾区。）

　　　1）無意味な数字を羅列する（列举没有意义的数字）

　　　2）자료를 나열하다（罗列资料）

　　　3）주의 사항을 나열하다（列举注意事项）

表"排列"。

　　　4）정렬된 대열（排列整齐的队伍）

日韩语中，"排列"一般说成"配列（配列する、배열하다）"。

　　　5）カードを配列する順序間違っている（卡片排列的顺序打乱了）

　　　6）나이에 따라 명단을 배열하기 시작했다（按年龄排列起名单来了）

　　　日韩语中的"罗列"对应于汉语的"罗列""列举""排列"等词语。《汉书·天文志》："其西有句曲九星，三处罗列。"汉牟融《理惑论》："道皆无为，一也，子何以分别罗列，云其异乎？"明贾仲名《金安寿》第一折："俺看了这笙歌罗列，是好受用也呵。""排列"在汉语中指"排成行列"，宋卢炳《念奴娇·白莲》："西国夫人空里坠，圆盖亭亭排列"，也指编排、排队，如"排列成行、排列整齐"，也说"按顺序排列、排列整齐"，"罗列"一般指列举，如"罗列现象、罗列材料"，也可说"反复罗列、认真罗列"。

（33）移动［日汉：移動する、韩汉：이동하다］

　　　比较：转移［日汉：転移する、韩汉：전이하다］

＊移动警察在大街上执勤。（巡警在大街上执勤。）

日韩语中的"移动"是一个动词，但在使用时与汉语相应词语并不是完全对应的关系。

　　1）車で移動する（坐车转移）

　　2）移動警察（巡警）

　　3）移動大使（巡回大使）

　　4）移動撮影（移动摄影）

　　5）인류의 이동과 진화（人类的迁徙和进化）

　　6）중앙 아시아 초원 지역에서는 소나 양을 몰고 이동하는 방목이 발달하였다（中亚草原地带放牧着牛羊，流动放牧兴盛）

　　7）方向を転移する（转移方向）

　　8）호적을 전이하다（转移户口）

　　汉语中"转移"指"改换位置、从一方移到另一方"，可以带宾语，如"转移财产""转移伤病员""转移话题"，也可以不带宾语，如"人员都转移了""客观规律不以人们的意志为转移"。"移动"在古汉语中指改变原来的位置，如《北史·于谨传》："若难于移动，据守罗郭，是其下策。"现代汉语沿用此义，如"列车向前移动了""移动一下阵地""视线的移动"。在中国，"移动电话"即手机，一般与"固定电话"相对，"中国移动"是"中国移动通信集团有限公司"的简称；在街上巡逻的警察不叫"移动警察"，而叫"巡警"。

　　（34）出发［日汉：出発する、韩汉：출발하다］

　　　　　比较：动身［日汉：出発する、韩汉：출발하다］

　　*毕业后去公司工作是他事业的出发。（毕业后去公司工作是他事业的起点。）

　　"出发"在日韩语中可以指"开始"。

　　1）事業の出発（事业的开始）

　　2）1517년 루터의 종교 개혁은 가톨릭의 사치와 무리한 재정 조달에 대한 비판에서 출발하였다（1517年路德的宗教改革就是从批评天主

教的奢侈和过度的财政开支这一点上开始的）

　　汉语的"出发"指起程去某处，飞机场的候机厅有"国内出发""国际出发"，可能来自日语，引申为考虑或处理问题时的着眼点，常见的搭配如"从……出发""以……为出发点"。与"出发"意思相近的还有"动身"，如"行李已经准备好，明早就动身"，一般见于口语，但没有"出发"引申义的用法。

　　（35）确认［日汉：確認する、韩汉：확인하다］

　　　　　比较：认定、承认［日汉：認定する、韩汉：인정하다］

　　＊他确认那天拿走了人家的钱包。（他承认那天拿走了人家的钱包。）

　　　　1）この点は十分に確認しておく必要がある / 이점은 충분히 확인할 필요가 있다（这一点有必要进行充分的确认）

　　　　2）信号を確かめて横断歩道を渡りなさい / 신호를 확인하고 횡단보도를 건너시오（看清信号灯后再过横道线）

　　　　3）事実の確認 / 사실의 확인（事实的确认）

　　现代汉语中，"确认"表示对事实、原则等的明确承认，可以作动词，如"参加会议的各国确认了这些原则"；也可以作名词，如"一代作家去世的消息得到了其家人的确认"，电脑键盘上的 Enter 键，也叫确认键。"确认"指"明确承认"，尤其指票据、条款、约定等经本人亲自查询或经手后的直接确定，如"机票确认""座位确认""签字确认"。"承认"表示同意、认可，可以是口头语也可以是书面语，如"承认错误""承认失败""得到国际社会的承认"。汉语的"承认"与日韩语的"认定"在意义上也会形成交汇。

　　　　4）認定死亡（死亡认定）

　　　　5）남들로 부터 어른으로 인정을 받다（被别人认定是成年人）

　　　　6）국가의 인정을 받은 학원（得到国家认定的补习班）

　　7）그가 잘못을 인정했다（他承认错误）

　　8）資格を認定する／자각을 인정하다（资格认定）

　　9）그가 최고 선수로 인정되다（他被认为是最佳运动员）

　　"认定"相当于"承认并确定"，《儿女英雄传》缘起首回："尔等此番入世，务要认定自己行藏，莫忘本来面目。"引申为"确定地认为、肯定"，清魏秀仁《花月痕》第十回："这晚采秋回家，听那丫环备述荷生问答，便认定吕仙阁所遇见的，定是韩荷生。"现代汉语中"认定"和"承认"在意义上有不同，也有口语和书面语的区别。如"资格认定""通过认定"，这里的"认定"不能被"承认"代替；"他承认犯了原则性的错误"也不能说"他认定犯了原则性的错误"。

　　（36）就职［日汉：就職する、韩汉：취직하다］

　　　　　比较：在职［日汉：在職する、韩汉：재직하다］

　　　　　　　　就业［日汉：就職する、韩汉：취직하다］

　　*现在要就职的大学生很多，工作不好找。（现在要就业的大学生很多，工作不好找。）

　　日韩语中"就职"相当于现代汉语的"就业"。

　　1）就職難／취직난（就业难）

　　2）会社に就業する／회사에 취직하다（在公司就业）

　　汉语中的"就职"一般指担任官职，与"就业"意义有别。晋李密《陈情表》："臣具以表闻，辞不就职。"现代汉语如"就职典礼""就职演说"。日韩语中也有"就业（就業、취업）"一词。

　　3）취업 규칙（就业规则）

　　4）就業時間（上班时间）

　　5）就業者（就业者）

　　6）就業率／취업율（就业率）

日韩语的"就业"相当于汉语的"上班"。汉语中"就业"古今词义差别较大，古代指"求学"，《大戴礼记·曾子立事》："日旦就业，夕而自省思。"唐元稹《莺莺传》："伏承便于京中就业，进修之道，固在便安。"现代汉语指得到职业，如"就业安置""就业情景""申请就业"等，这种细微的差别还如"在職する、재직하다"。

　　7）在職中 / 재직중（担任现职）

　　8）在職老齢年金（养老金）

　　9）그는 지금 조선 대학교 중국어과 교수로 재직하고 있다（他现在是朝鲜大学中文系的在职教授）

　　10）재직 기간（在职期间）

古汉语中，"在职"指"担任官职"，《孟子·公孙丑上》："贤者在位，能者在职"。现代汉语指"担任职务"，不一定是官职，相对于退休、离休、离职、免职等而言，如"他读了个在职博士""他在职进修了一张大学文凭""在职员工""在职博士"；"在位"指居于官位，过去多指居于君主的地位，如"宣统在位时间不长"。

（37）交易［日汉：交易する、韩汉：교역하다］

　　　比较：交换［日汉：交换する、韩汉：교환하다］

　*他在国外和别人做商品的交换。（他在国外和别人做商品的买卖。）

　　1）外国と交易する / 외국과 교역하다（与国外做交易）

　　2）교역이 활발하였다（交易活跃）

　　3）写真を交换する（交换照片）

　　4）명함을 교환하다（交换名片）

汉语中"交易"本指物物交换，后泛指做买卖、贸易，《易经·系辞下》："日中为市，致天下之民，聚天下之货，交易而退，各得其所。"有"往来"义，《公羊传·宣公十二年》："君之不令臣交易为言。"何休注："言君之不善臣数往来为恶言。"指官吏的更替,《后汉书·朱浮传》:"帝以二千石长吏多不胜任,时有纤微之过者,必见斥罢,交易纷扰,百姓不宁。"后两义项今已消失,"交易"常见的组合如"一笔交易""做交易""买卖交易"等。"交换"指"互换",如"交换场地""交换意见""交换纪念品",不能用"交易"来替代。"几笔交易""做交易""交易市场"中的"交易"指"商品的买卖",也不能用"交换"替代。

（38）膨胀［日汉:膨脹、韩汉:팽창］

＊能源膨胀是经济发展的消耗造成的。(经济膨胀式的发展,造成了能源的大量消耗。)

"膨胀"和"消耗"是三国语言中都在使用的动词,但在一些词语的搭配上有所不同。

1) 人口の膨脹／인구의 팽창（人口膨胀）

2) 세력이 팽창하다（势力膨胀）

3) 予算の膨脹（预算膨胀）

4) 도시의 규모가 팽창하다（都市的规模膨胀）

5) 열팽창（热膨胀）

6) 膨脹系数／팽창 계수（膨胀系数）

"膨胀"在古代本指肚腹膨胀,是一种病。清顾张思《土风录》卷八:"腹胀曰膨胀……今俗腹胀病曰鼓胀,言胀满如鼓也。"现代汉语有其比喻性的用法,如"野心膨胀""通货膨胀",但"通货膨胀"日韩语都是采用英语inflation 的翻译:インフレ、인플레。

（39）混同［日汉:混同する、韩汉:혼동하다］

　　　　比较:混淆［日汉:混淆する、韩汉:뒤섞다］

＊他汉语和韩语词的意义混同了。(他把汉语和韩语词的意义混淆了。)

1) 公私混同／공과　사를 혼동하다（混淆公和私）

2) 空想と理想を混同する（空想和理想相混淆）

3）꿈과 현실의 혼동（梦与现实的混淆）

4）玉石混淆（玉石相混）

5）아군과 적군이 뒤섞이어 유박전을 벌렸다（敌我双方混在一起，展开了肉搏战）

古汉语中，"混同"指"合一、统一"，《汉书·地理志下》："此混同天下，一之虖中和，然后王教成也。"指"混淆、等同"，《剪灯新话·爱卿传》："娘子平日聪明才慧，流辈不及。今虽死矣，岂可混同凡人，便绝音响。"该义项一直沿用至今，如"将自己混同于一般群众""将不同类的两样东西混同起来"。现代汉语中，"混同"指把本质上有区别的事物同样看待，如"把两样东西混同起来""把食用油和润滑油混同地放在一个柜子里"。"混淆"指界限模糊，多指比较抽象的事物，如"混淆概念""混淆黑白""混淆是非"，例中的"混淆"不能用"混同"替代。

（40）坚持［日汉：坚持する、韩汉：견지하다］

比较：支持［日汉：支持する、韩汉：지지하다］

＊他没有了爸爸的坚持，不能再支持帮助他读书了。（他没有了爸爸的支持，不能再坚持读书了。）

1）原則を堅持する（坚持原则）

2）反対の立場を堅持する／반대의 입장을 견지하다（坚持反对的立场）

3）전통을 견지하다（坚持传统）

4）支持する政党／지지하는 정당（支持的政党）

汉语中"坚持"指"执意不改，始终如一"，元郑光祖《伊尹耕莘》第二折："若坚持固辞，是故违君命，罪有所归也。"现代汉语如"继续坚持""坚持意见""坚持工作"，指"始终不改变自己的主张或做法"。

"支持"在韩语、汉语中都有"拥护、支持"义。

　　5）一家を支持する（拥护一家）

　　6）지지를 얻다（得到支持）

　　7）압도적인 지지（压倒性的支持）

　　"支持"在古汉语中指"支撑"，南朝梁沈约《致仕表》："气力衰耗，不自支持"。引申为"把持、主持"，侯生《哀江南》："陆师学生派充师范，八股专家支持讲席，以格言、语录为课本者有之，以夏楚击碎学生首者有之。"还指"开支、供应"，《二刻拍案惊奇》卷十一："目下成亲所费，总在我家支持，你只打点做新郎便了。"指"对付、应付"，《醒世恒言·张淑儿巧智脱杨生》："那悟石和尚又叫小和尚在外厢陪了这些家人，叫道人支持这些轿夫马夫，上下人等，都吃得泥烂。"引申为"含混、搪塞"，清王廷绍《霓裳续谱·忆多情》："在人前话语支持，似有情思，未见情思，引的人意乱心迷。"现代汉语中"支持"指"勉强维持"，如"他以微薄的收入支持着这个家"，"他快累得支持不下去了"，但更多用作"支援、赞成、赞助"等义，如"他的成功当选得到了党内多数派的大力支持"，"我支持他连任班长"，"这次活动还得到了社会有关人士的大力支持"，还指从言论、经济等方面给予支援，如"支持意见""经济支持"。

　　（41）充实［日汉：充実する、韩汉：충실하다］

　　*他的身体很充实，一个人扛得动那几样东西。（他的身体很结实，一个人扛得动那几样东西。）

　　1）気力充実（精力充沛）

　　2）充実した生活（丰富多彩的生活）

　　3）設備の充実を図る（计划完善设备）

　　4）설비가 충실하다（设备完备）

　　5）자녀들은 충실합니까？（孩子们好吗？）

　　汉语中，"充实"除用作形容词表示"充足、富足"外，还用作动词，表示"加强"，《孟子·尽心下》："可欲之谓善，有诸己之谓信。充实之谓美，充实而有光辉之谓大。"充实"还指身体结实、壮实，宋叶梦得《避暑录话》卷上："林彦振平日充实，饮啖兼人，居吴下，每以强壮自夸。"现代汉语中也指"踏实"，如"头脑充实""心底不太充实"。

（42）确保［日汉：確保する、韩汉：확보하다］

　　　比较：力保［日汉：全力で保証する、韩汉：전력　보증］

　*第一重要的安全的确保。（第一重要的是确保安全。）

　　　1）権利を確保する（确保权利）

　　　2）食糧の確保に努める（力求保障粮食）

　　　3）안전을 확보하다（确保安全）

　　　4）확보 되다（有保障）

现代汉语中"确保"表示"切实保持或保证"，一般作动词，如"确保安全""确保万无一失""确保十八亿亩耕地的红线"；也可以作名词，如"……得到确保"。"力保"指"全力保证或保护"，如"力保英语四级考试100%的通过率"，"力保人均收入稳步提高"，一般不作名词。

（43）回答［日汉：回答する、韩汉：대답하다］

　　　比较：答应［日汉：答える、韩汉：승낙（承諾）하다］

　　　　　　应答［日汉：返答する、韩汉：응답하다］

　*他回答明天陪我去逛街。（他答应明天陪我去逛街。）

"回答"一般用作动词，表示对别人的质询或提问的答复，如"老师的问题他半天没回答上来"。也可以用作名词，相当于"回应"，如"他用实际行动对这个问题作出了回答"。日韩语中相对应的词是"回答する、대답하다"。日语中还有"返答"，相当于汉语的"应答"。

　　　1）ノックしても返答がない（敲门也没应答）

"答应"在汉语中一般表示"同意"，如"他答应明天陪我去逛街"。日韩语中表示汉语的"答应"义除"答える、返事する、대답하다、응답하다"

外，还有"承諾する、承知する；승낙하다、허락하다"。

　　2）私は何度も頼んだので彼はやっと承知した（我再三请求，他才答应）

　　3）우리가 그에게 좌담회에 참가해줄 것을 요청했는 데 그는 이미 승낙을 했었다（我们邀请他来参加座谈会，他已经答应了）

第三节　形容词偏误

形容词造成的偏误有很多种，可以归纳为下面几类。

一　搭配差异

"大"与"高"，汉语可以说"最高纪录"，不说"最大纪录"，但韩语两者都可说：

최대　기록 / 최고　기록（最高纪录）

汉语"身材高大"的"高"，韩语除说"高（높다）"之外，还可以说"大（크다）"；汉语说"风大"，韩语可以说"风强（바람이 강하다）"或"风刮得多（바람이 많이 불다）"。日语"彼女は情け深い"到韩语中可说成"그녀는 인정이 많다"，"情深"要说成"情多"。汉语也说"情深"，但"情多"一般说成"多情"。

二　助词差异

汉语的形容词充当定语、状语等句子成分时，音节不同，所带的结构助词也不同，如单音节性质形容词作定语、状语时，一般不用结构助词"的""地"，如"好人""大手""呆看"；双音节形容词则一般要加"的""地"，如"快乐的人""悲痛地念叨着"。下面这些偏误可以归于同一类型：

    * 他手上拿着一束红的花。（他手上拿着一束红花。）

    * 他是我最好朋友。（他是我最好的朋友。）

    * 我们快乐照相。（我们快乐地照相。）

    * 他的身体比较胖胖的。（他的身体比较胖。或：他的身体胖胖的。）

三　词语重复

    * 他写的字美丽漂亮极了。（他写的字漂亮极了。）

    * 他分明清楚看清了问题。（他清楚地看清了问题。）

"美丽""漂亮"、"分明""清楚"分别是意义相近的双音节形容词，韩语中有一些三音节汉字词形容词跟汉语比较近似，有些可以直接迁移到现代汉语中来，有些则不能完全迁移。

    무관심（無関心）：不关心

    몰인정（没人情）：没人情

    반투명（半透明）：半透明

    무자비（無慈悲）：无慈悲

    다취미（多趣味）：多趣味

    노무력（老無力）：老无力

    유기한（有期限）：有期限

    미가신（未可信）：不可信

下面是一些汉语常见近义形容词的异同辨析。

（44）美丽［日汉：綺麗、韩汉：미려하다］

      比较：漂亮［日汉：美しい、韩汉：예쁘다］

日韩语中表示"美丽"义时，既有相应的汉字词，也有本身的固有词。

    1）美しい河山（美丽的山河）

    2）服装がきれいだ（服装漂亮）

3）이 꽃은 참 아름답군요（这朵花真漂亮）

4）글을 예쁘게 쓴다（字写得漂亮）

古代汉语中"美丽"一词主要指"美好艳丽"，可以指人，也可以指事物，《南史·韩子高传》："年十六为总角，容貌美丽。"三国魏曹植《七启》："昔枚乘作《七发》，傅毅作《七激》，张衡作《七辩》，崔骃作《七依》，辞各美丽，余有慕之焉。""漂亮"本指"鲜明美丽"，清段玉裁在给《说文·系部》作注时写道："纅，谓丝之色光采灼然也。《考工记》曰：'丝欲沉。'注云：'如在水中时色。'今人谓之漂亮"，可见"漂亮"一词当在清代开始出现。现代汉语中"美丽"和"漂亮"使用都很频繁，有时有交叉，如"风景美丽"可说"风景漂亮"，"美丽的西藏"可说"漂亮的西藏"。相对来说，"美丽"的书面语色彩浓些，多用于比较抽象的事物；"漂亮"则更多见于口头，多用于比较具体的事物，如"他的字写得很漂亮""球打得很漂亮""这一仗打得真漂亮"，"美丽的心灵""美丽的大自然"一般不说"漂亮的心灵""漂亮的大自然"。

（45）雄壮［日汉：雄壮、韩汉：웅장］

　　　比较：雄伟［日汉：雄大、韩汉：웅위하다］

＊上海到处可以看到雄壮的建筑。（上海到处可见雄伟的建筑。）

1）雄壮な建築樣式／웅장한 건축 양식（雄伟的建筑样式）

2）웅장한 모습으로 다시 태어난 성소피아 성당은 그 위세를 이렇게 상징합니다（以雄伟姿态复出的圣索菲亚大教堂如此象征着它的威严）

古汉语中，"雄伟"可以指人的容貌，《三国志·吴书·陆绩传》："绩容貌雄伟，博学多识。""雄壮"可以指声音，《北史·长孙览传》："览有口辩，声气雄壮，凡所宣传，百僚属目。"也可以指建筑的壮观，《警世通言·宿香亭张浩遇莺莺》："所居连檐重阁，洞户相通，华丽雄壮，与王侯之家相等。"现代汉语中有"雄壮的歌声""雄壮的气势""雄壮的步伐"，形容建筑的高大，则一般用"雄伟的建筑"或"建筑雄伟"。"身材雄伟"一般指"魁梧、高大"，"身材雄壮"则指身材魁梧。

（46）高层［日汉：高層、韩汉：고층］

　　比较：上层［日汉：上部、韩汉：고위층］

*他通过努力一步步进入高层社会。（他通过努力一步步进入上层社会。）

　　1）高層ビル／고층 건물（高楼大厦）

　　2）고위층의 부정 부패（高层的腐败行为）

　　3）上部団体（上层团体）

"高层"在日语中指多层建筑，汉语指高层建筑，如小高层，喻指领导或高层管理人员，如"政府高层、公司高层、高层管理人员"。"上层"指机构、组织、阶层等上面的一层或几层，如"上层领导""上层人物""上层阶级"，但"上层"不能用来指楼房等层数多，"上层建筑"中的"上层"也不能用"高层"来替代。

（47）平稳［日汉：平穏、韩汉：평온］

*他过着平稳的人间生活。（他过着平静的人间生活。）

　　1）平穏な世の中（平安的人世间）

　　2）平穏無事（平安无事）

　　3）평온한 전원 생활（安定的田园生活）

　　4）폭풍우가 그치고 날씨가 평화로워졌다（暴风雨停止了，天气变得平和起来）

古代汉语中"平稳"也指"平安稳当"，五代齐己《送周秀游峡》诗："明年期此约，平稳到荆门。"但汉语一般不说"平稳的人世间"，而说"平安人间"，日韩语例中与"平稳"相对应的汉语词一般为"安稳、安定"。"平稳"在现代汉语中表示"平安稳定"，可以指物体不摇晃，如"物体平稳地立在那里"，比喻"形势、物价等没有波动或危险"，如"局势平稳""物价平稳", 也充当状语, 如"平稳过渡""平稳交接"。

（48）混沌［日汉：混沌、韩汉：혼돈］

　　　　比较：糊涂［日汉：馬鹿げている、韩汉：멍청하다］

＊这个人真混沌, 出门连门都不关。（这个人真糊涂, 出门连门都不关。）

　　1）混沌とした精神（混沌的精神）

　　2）태초의 혼돈（太初的混沌）

　　3）모든 일은 혼돈에 빠지다（所有事都陷入混乱之中）

　　4）馬鹿を言うな（不要说糊涂话）

　　5）멍청한 얼굴 하지 마라（不要犯糊涂）

　　古代汉语中,"混沌"指传说中的世界开辟前元气未分、模糊一团的状态, 汉班固《白虎通·天地》："混沌相连, 视之不见, 听之不闻, 然后剖判。"引申为"浑然一体、不可分剖", 宋严羽《沧浪诗话·诗评》："汉魏古诗, 气象混沌, 难以句摘。"指人糊涂, 清李渔《蜃中楼·婚诺》："谁想生下个儿子, 愈加混沌, 吃饭不知饿饱, 睡梦不知颠倒。"可以重叠,《二十年目睹之怪现状》第五十三回："（罗荣统）仍然是不知稼穑艰难, 混混沌沌的过日子。"现代汉语中多指某种模糊不清的状态, 如"他脑子里一片混沌""水面上混混沌沌的, 分不清哪是水、哪是天"。"糊涂"指"头脑不清、不明事理", 可以重叠为"糊糊涂涂""糊里糊涂", 一般有贬义色彩。

（49）正确［日汉：正确、韩汉：정확하다］

　　　　比较：的确［日汉：的確、韩汉：확실（確實）］

＊他要找到一个的确的回答。（他要找到一个正确的答案。）

　　1）現在の時間はちょっと12時だ / 지금 시간은 정확히 열두시다（现在的时间是12点整）

　　2）正確を期する（期待正确）

　　3）正確な計算（正确的计算）

　　4）이 시계는 정확하다（这只手表很准）

5）정확한 시각（准确的时刻）

汉语中"正确"指"符合事实、道理或某种公认的标准"，如"答案正确""意见正确""正确的看法""正确的手段"。"的确"表示"恰当、正确"。

6）的確に訳す（恰当地翻译）
7）的確な情勢判断（正确的形势判断）

"的确"在古代汉语中有"真实、实在"义，是形容词，宋司马光《申明役法札子》："若旧法人数有于今日不可行者，即是妨碍，合申乞该更。人数或太多，或太少，唯本州县知得的确。"《初刻拍案惊奇》卷二十一："那个人见是个小厮，又且说话的确，做事慷慨。"现代汉语中"的确"是副词，如"他的确没来上课""我的确来晚了"，强调时还可以说"的的确确"。

（50）切实［日汉：切実、韩汉：절실하다］
　　　比较：切合［日汉：適している、韩汉：적합하다］
　　　　　　确实［日汉：確実、韩汉：확실하다］
＊确实做好学习工作。（切实做好学习工作。）

1）切実な願い（殷切的愿望）
2）われわれにとって切実な問題だ（对我们来说是迫切的问题）
3）外国語の必要を切実に感じる（切实感到外国语的必要性）
4）切実な問題 / 절실한 문제（切实的问题）
5）절실하게 이해하다（切实 / 切身了解）
6）표현이 절실하다（表现恰如其分）

汉语中"切实"表示"切合实际""实实在在"，明李贽《复焦弱侯》："大抵圣言切实有用，不是空头，若如说者，则安用圣言为耶！""切实"可作谓语，如"他反映的问题切实"；作状语，如"切实做好'三夏'大忙期间农作物的抢收抢种工作"。

7）確実な証拠／확실한 증거（确实的证据）

8）優勝は確実だ（优胜十拿九稳了）

9）확실히 합격하는 방법（确实合格的方法）

　　古汉语中，"确实"用作形容词，《朱子语类》卷一三九："南丰文字确实。"又用作副词，表示"实在、真正"，明李贽《观音问》："我老矣，冻手冻笔，作字甚难，慎勿草草，须时时与明因确实理会。""切实"指"实实在在、切合实际"，如"他反映的问题很切实""切实可行"；可作状语，如"切实解决好群众关心的重大问题"。可以重叠，如"切切实实抓好各项工作"；"切合"指"十分符合"，如"切合实际""切合各方面的要求"，一般不能重叠；"确实"在表"真实可靠"上跟"切实"义近，但搭配上有不同，也可以重叠，如"确实的消息""他确确实实不知道"，"确确实实"作副词。再如，"他最近确实有些退步"，"确实"表示对客观情况的真实性表示肯定，"切实"没有这样的用法。

（51）荒废［日汉：荒廃する、韩汉：황폐하다］

　　　　比较：浪费［日汉：浪費する、韩汉：낭비하다］

　*吃不完的东西也不荒废，打包带回去。（吃不完的东西也不浪费，打包带回去。）

　*粮食和水都是宝贵资源，不能一点荒废。（粮食和水都是宝贵资源，一点不能浪费。）

1）長い間の日照りで荒廃した田と畑／오랜 강뭄으로 폐해진 논과 밭（由于长期干旱，土地逐渐荒废了）

2）荒廃した古寺（荒废的古寺）

3）황폐한　들판（荒凉的原野）

4）정원이 황폐하다（田园荒芜）

5）토지가 황폐했졌다（土地渐渐荒芜了）

6）人心の荒廃（人心涣散）

"荒废"在古代一般指田宅等的荒芜、废弃，《北史·柳虬传》："于时旧京荒废，人物罕存。"宋曾巩《序越州鉴湖图》："水少则泄湖溉田，水多则泄田中水入海，故无荒废之田、水旱之岁者也。"后引申指其他方面的荒疏，宋苏洵《上韩舍人书》："自闲居十年，人事荒废，渐不喜承迎将逢拜伏拳跽。"现代汉语还可指"时间、青春、人生等的浪费"，如"荒废时间、荒废人生、荒废青春"，"浪费"可说"浪费时间、浪费金钱"。

（52）萧条［日汉：蕭条、韩汉：생기가 없다］

　　　比较：荒芜［日汉：荒らす、韩汉：황폐하다］

*经济的荒芜和萧条让年轻人看不到未来。（经济的萧条让年轻人看不到未来。）

1）蕭条たる冬景色（萧条的冬天景色）

2）満目蕭条（满目萧条）

3）怠けて畑を荒らす（懒惰使田地杂草丛生）

4）논밭이 황폐하다（土地荒芜）

5）荒廃した土地（荒芜的土地）

6）전쟁으로 황폐된 국토（由于战争而荒废的国土）

"萧条"在汉语中指"景物萧条"，此义贯穿古今。《楚辞·远游》："山萧条而无兽兮，野寂漠其无人。"现代汉语有"万物萧条""景象萧条"。"萧条"还指政治、经济等的衰微，三国魏曹植《卞太后诔》："皇室萧条，羽檄四布，百姓歔欷，婴儿号慕，若丧考妣，天下缟素。"五代张泌《边上》诗："山河惨淡关城闭，人物萧条市井空。""萧条"在古代还指"匮乏"，《警世通言·杜十娘怒沉百宝箱》："但阿姊千里间关，同郎君远去，囊箧萧条，曾无约束，此乃吾等之事，当相与共谋之，勿令姊有穷途之虑也。"此外，古代汉语中"萧条"还有"逍遥""消瘦""简陋"等义，现代汉语中基本不见使用。两词在意义上有近似之处，但搭配上差别较大，如"田野荒芜（废）""荒芜（废）的土地"，一般不用"萧条"；而"萧条的景象""经济的萧条"一般也不用"荒芜"。"萧条"在韩语中没有直接相对应的汉字词，表示"景物萧条"

可说"적막（寂寞）하다"，但不能用作经济不景气的比喻义，后者要说"불
경기（不景气）"或"부진（不振）하다"。

　　7）적막한 심산（寂寞的深山）

　　8）사업이 부진하다（事业不振）

　　现代汉语中"荒废""荒芜"使用时有不同，如可说"土地荒废、学业荒
废、时间荒废"，而"荒芜"一般不用于指时间。

（53）繁荣［日汉：繁栄する、韩汉：번영하다］

　　　比较：繁盛［日汉：繁盛する、韩汉：번성하다］

＊繁荣期这里能达到上千人。（繁盛期这里能达到上千人。）

　　1）세력이 번영하다（势力繁盛）

　　2）子孫が繁栄すること（子孙繁盛）

　　"繁荣"初指"树木生长茂盛"，晋陶潜《劝农》诗："卉木繁荣，和风
清穆。"后引申指其他方面，如现代汉语有"经济繁荣""市场繁荣""繁荣景
象"，"繁荣昌盛"指事业兴旺发达、蓬勃发展。

　　3）事業が繁盛する／사업이 번성하다（事业兴旺）

　　4）市が日ごとににぎわった／시장이 날로 번성했다（市场一天天
地繁盛起来）

　　汉语中"繁盛"指"繁荣兴盛"，宋周煇《清波杂志》卷四："扬州为淮
甸一都会，自唐已名繁盛。"现代汉语有"繁盛的市镇""草木繁盛"。

（54）活泼［日汉：活発、韩汉：활발하다］

　　　比较：活跃［日汉：活躍する、韩汉：활약하다］

＊两国之间贸易往来活泼频繁。（两国之间的贸易往来活跃频繁。）

1）動作が活発である / 동작이 활발하다（动作灵活）

2）活発な発言 / 활발한 발언（活跃的发言）

3）活発な議論 / 활발한 의론（活跃的议论）

4）양국 간에 무역이 확대되고, 경제 문화 교류도 활발하게 일어났다（两国间的贸易扩大，经济文化交流也渐趋活跃）

汉语中，"活泼"多指人灵活、不呆板，明吕坤《呻吟语·存心》："心要从容自在，活泼于有无之间。""小姑娘非常活泼，整个车上充满了欢乐的气氛。"也指气氛活跃、热烈，"会场自始至终充满了活泼轻松的气氛"。

5）選手になって活躍する（成为选手后变得活跃）

6）외국 선수의 활약이 두드러지다（外籍选手的作用很突出）

7）이스람 상인들은 이러한 무역로에서 크게 활약하였다（伊斯兰的商人们在这样的贸易中非常活跃）

汉语中，"活跃"可以指"行动积极踊跃"，如"游击队那几年的活动很活跃""他是一个活跃分子"。也指气氛活泼、热烈，如"会场气氛活跃、热烈""人们情绪活跃"。两词在词语搭配上有交叉，可以说"态度活跃""气氛活跃"，也可以说"态度活泼""气氛活泼"，但"市场活跃、交易活跃"一般不说成"活泼"。"活泼"还可指文章的风格生动、有趣，充满生气，不用"活跃"替代。

（55）贫弱［日汉：貧弱、韩汉：빈약하다］

　　　比较：衰弱［日汉：衰弱、韩汉：쇠약하다］

　　　微弱［日汉：衰弱、韩汉：쇠약하다］

* 他有点神经贫弱。（他有点神经衰弱。）

日韩语中，与"贫弱"相对应的汉字词是"貧弱、빈약하다"，"贫弱"表示"贫乏、简陋"。

1）この文章の内容は貧弱だ（这篇文章的内容空洞）

2）貧弱なからだ（身体瘦弱）

3）貧弱な身なり（寒碜的装束）

4）빈약한 지식（贫乏的知识）

5）설비가 빈약하다（简陋的设备）

6）神経衰弱（神经衰弱）

　　古汉语中，"贫弱"指国贫兵弱，《管子·形势解》："主之所以为罪者，贫弱也。故国贫兵弱，战则不胜，守则不固。""贫弱"也指穷苦弱小的人，《史记·周本纪》："命南宫括散鹿台之财，发巨桥之粟，以振贫弱萌隶。"指贫穷衰弱，《晋书·隐逸传·鲁褒》："亲之如兄，字曰'孔方'，失之则贫弱，得之则富昌。""微弱""衰弱"在日韩语中使用时有交叉。

7）몸이 매우 쇠약하다（身体十分虚弱）

8）세력이 미약하다（实力微弱）

9）微弱な反応／미약한 반응（微弱的反应）

10）微弱な震動／미약한 진동（微弱的震动）

　　古汉语中，"微弱"指"衰弱"，《春秋繁露·王道》："周衰，天子微弱，诸侯力政，大夫专国，士专邑，不能行度制法文之礼。"《新唐书·奸臣传下·崔胤》："其后参掌机密，至内务百司悉归中人，共相弥缝为不法，朝廷微弱，祸始于此。"现代汉语中，"微弱"指"小而弱"，如"力量微弱、灯光微弱、声音微弱、气息微弱"等。"衰弱"一般指身体、精力由盛转衰，如"神经衰弱""身体衰弱"，引申为事物由强变弱，如"国力衰弱""攻势衰弱"，《战国策·楚策四》："太子衰弱，疾而不起。"《汉书》卷八十四："方今宗室衰弱，外无强蕃，天下倾首服从，莫能亢扞国难。"在此意义上，两词有时可以互换，如"国力微弱""国力衰弱"。

　　（56）浓密［日汉：濃密、韩汉：농밀하다］

　　　　比较：茂密［日汉：（草木が）こんもり茂った、韩汉：（풀과 나무등이）울창하다］

*他的眼睛上面是两道茂密的浓眉。（他的眼睛上面是两道浓密的眉毛。）

1）濃密な味（浓厚的味道）
2）濃密な関係（亲密的关系）
3）草木が生い茂た（草木茂密）
4）무성한 삼림（茂密的森林）

汉语中，"浓密"指"茂密、稠密"，常见的搭配如"浓密的眉毛""浓密的头发""浓密的树丛"，但形容味道、关系时一般不用浓密。"浓密"和"茂密"都有"稠密"义，但搭配有所不同，"浓密"一般指毛发、枝叶、烟雾，如"浓密的胡须""浓密的眉毛""浓密的桑叶"；"茂密"多指草木，如"茂密的森林""茂密的树丛""枝叶茂密"。

（57）卓越［日汉：卓越する、韩汉：탁월하다］

比较：卓著［日汉：きわめて顕著である、韩汉：두드러지게　뛰어나다］

*他卓著的才能受到领导的喜欢。（他卓越的才能受到领导的赏识。）

1）卓越した能／탁월한 재능（卓越的才能）
2）칭기즈칸과 그 후계자들의 탁월한 군사 활동은 통합과 안정 이라는 시대의 바람과 맞아 떨어졌던 것이다（成吉思汗和他的继承者们卓越的军事活动与时代统一和安定的趋势相合，渐渐强大起来）
3）功績が極めて顕著である（功绩卓著）
4）연기력이 두드러지게 뛰어난 사람（演技卓著的人物）

"卓"在日语中有两个义项，一指"高超"，来自上古汉语，一指"桌子"，来自中古汉语。《续汉书·五行志》："如有所立、卓尔。"宋赵与时《宾退录》卷一："京遣人廉得有黄罗大帐，金龙朱红倚卓，金龙香炉。"孔平仲《孔氏谈苑》卷二："小黄门设矮卓子具笔砚矣。"后来演变为"桌"。

因此，日语中的"世卓"易被误解为世界上最卓越的，实际上指世界乒乓球大会。"卓越"指"高超出众"，多指才能，《南史·梁邵陵携王纶传》："纶任情卓越，轻财爱士，不竞人利，府无储积。"现代汉语中既有"才能卓越""功勋卓越"，也有"卓越的领导人""卓越的政治家""卓越的贡献""卓越的成就""卓越的科学家"。"卓著"指"特别好"，一般不作修饰性成分，可说"成效卓著""功勋卓著""信誉卓著"。

（58）鲜明［日汉：鲜明、韩汉：선명］

　　　比较：鲜亮［日汉：艶やかてある、韩汉：선명하다］

＊女孩子喜欢穿鲜明的衣服。（女孩子喜欢穿鲜亮的衣服。）

　　1）鲜明な印刷物（清晰的印刷物）

　　2）갑골문 울퉁불퉁한 부분은 선명하게 나타난다（甲骨文高低不平的部分清楚地显现出来）

　　3）시골 풍경이 눈에 선명히 들어온다（乡下的风景清晰地映入眼帘）

　　4）경찰이 사건을 선명히 밝혔다（警察清楚地查明了那起案件）

　　5）この花は艶やかに咲いているね（这花开得真鲜亮）

　　6）입장이 선명해졌다（立场渐渐鲜明起来）

汉语中"鲜明"常表示"色彩明亮"，如"色彩鲜明""鲜明耀眼"，《新唐书·李贞素传》："性和裕，衣服喜鲜明。"表示"明显、清晰"，如"鲜明的印象""鲜明的对比"，也可以说"印象鲜明""对比鲜明"。古汉语中，"鲜明"还有"精明"义，《资治通鉴》卷三十六："下君章有司，皆以为四辅之职为国维纲，三公之任鼎足承君，不有鲜明固守，无以居位。"胡三省注曰："鲜明，犹言精明也。""鲜明"为"出色、漂亮"义，《汉书·司马迁传》："故士有画地为牢势不入，削木为吏议不对，定计于鲜也。"颜师古注引三国魏文颖曰："未遇刑自杀，为鲜明也。"黄侃《读〈汉书〉〈后汉书〉札记》："鲜明，犹今所云漂亮矣。""鲜明"和"鲜亮"在表示"颜色""色彩"的光亮上，词义有交叉重叠；"鲜明"还指"分明确定、一点也不含糊"，如"主题鲜明""立场鲜明""形成鲜明的对比""留下鲜明的印象"，"鲜明"不能用

"鲜亮"替代。

（59）分明［日汉：はっきりしている、韩汉：분명하다］

比较：清楚［日汉：清楚、韩汉：청초하다］

*这是分分明明的事实。（这是清清楚楚的事实。）

"分明"在日语中没有直接对应的汉字词，韩语是분명하다；"清楚"在日语中相对应的汉字词是"清楚"，韩语是청초하다。"分明"和"清楚"在日韩语中使用时容易混淆。

1）記憶がはっきりしている／기억이 분명하다（记忆分明）

2）前後の事情が明らかだ／일의 앞뒤가 분명하다（事情的前后经过分明）

3）답이　분명하다（回答清楚）

4）이것은 그가 한　것이 분명하다（这分明是他干的事情）

5）確かに彼の仕業なのか／분명히　그사람의　소행이란　말이냐?（果真不是那人干的?）

再来看"清楚（せいそ）、청초"，在日韩语中"清楚"多指女性服装、姿态、衣着等的"朴素、整洁"。

6）彼女はいつも清楚な身なりをしている（她总是穿得朴素整洁）

7）청초한 소녀（清秀的姑娘）

8）청초한 옷차림（整洁的衣着）

古汉语中"分明"表示"清楚、明确"，《韩非子·守道》："法分明则贤不得夺不肖，强不得侵弱，众不得暴寡。"表示"明明、显然"，唐杜甫《历历》："历历开元事，分明在眼前。"元关汉卿《窦娥冤》："嗨！这个哪里是做媳妇，分明是卖与他一般。"古汉语中"分明"还有"辨明"义，《汉书·薛宣传》："即无其事，复封还记，得为君分明之。""分明"也表"明亮"义，后蜀欧阳炯《三字令》："月分明，花淡薄，惹相思。"宋黄庭坚

《登快阁》诗："落木千山天远大，澄江一道月分明。"表"光明磊落"，清李
渔《蜃中楼·传书》："奴家岂不愿同归？只是为人在世，行止俱要分明，我
若随你去呵，知者以为原配，不知者以为私奔。"现代汉语中，"分明"仍
有"清楚"义，如"黑白分明""看得分明""爱憎分明"，虚化后可作状
语，表示"明明、显然"，如"分明是他撞了别人，却说是别人撞了他"。
古汉语中"清楚"也可指"女人衣着清洁整齐"，《清平山堂话本·五戒禅
师私红莲记》："虽然女子，却只打扮如男子，衣服、鞋袜，头上头发，前齐
眉，后齐项，一似个小头陀，且是生得清楚，在房内茶饭针线。""清楚"在
古今更多指"清晰、有条理"，此用法古今一贯，后蜀何光远《鉴戒录·蜀
门讽》："蒋贻恭本江淮人，无媚世之谄，有咏人之才。全蜀士流，莫不畏
惧。初见则言词清楚，不称是非，后来则唇吻张皇，便分丑美。"还用作动
词，相当于"整理"，如《英烈传》第六回："只见这些和尚走来埋怨说：'你
把这些柴乱堆乱塞，到要我们替你清楚，你独自在此耍子。'"该义项今已
不再使用。现代汉语的"清楚"指事物容易让人理解、辨别，如"看得清
楚""说得清楚""交代清楚"，引申为对事物了解透彻、明白，如"头脑清
楚""认识清楚"，可重叠为"清清楚楚"，而"分明"不能重叠。

（60）难过［日汉：苦しい、韩汉：고생스럽다］

比较：难受［日汉：体の具合が悪い、韩汉：괴롭다］

日韩语中与汉语的"难过""难受"相对应的说法分别是"苦しい、고생
스럽다"及"体の具合が悪い、つらい；괴롭다"等。

1）私は以前の生活が本当に苦しかった（我以前的生活真是困苦）

2）この事で私は長いことつらい思いをした（为这件事我心里难过
了好久）

3）그는 일을 잘 못했다는 것을 알자 마음이 괴로웠다（他一知道
事情做错了，心里很难受）

"难过"在古代指"日长难挨，不易度过"，宋欧阳修《夏日学书说》：
"夏日之长，饱食难过，不知自愧，但思所以寓心而销昼暑者。"引申指"痛

苦、难受"，《敦煌曲子词·凤归云》："东邻有女相料实难过"。这成为现代汉语的常用意义，如"那些年日子比较难过""他难过得哭起来了"。"难受"古代指"难以接受"，唐李频《辞夏口崔尚书》："一饭仍难受，依仁况一年。"后引申指身体或心里不舒服，如"头里面觉得难受""那个电影情节让人觉得很难受"。两词在该义项上有交集，但在词语搭配和语法上还是有一些差异，如可以说"吊高点，让他难受难受"，不说"吊高点，让他难过难过"；说"天气热得难受"，不说"天气热得难过"。

第四节　量词偏误

　　*他家里买了一台汽车。（他家里买了一辆汽车。）

　　*他一个烟也不抽。（他一根烟也不抽。）

　　*我在商店买了一本笔。（我在商店买了一支笔。）

　　日韩语里也有量词，但与现代汉语的量词不完全对应，如有时一个日语里的量词能对应三四个乃至七八个汉语量词，如"组"相当于汉语的"对""套""付"；"双"相当于汉语的"对""把""盘""顶""条""页"；"枚"相当于汉语的"张""块""幅""片""件""扇""领"七个量词。日语量词"本"使用更为广泛，相当于汉语的"条""根""支""只""颗""把""瓶""节"，"枚"在现代汉语中一般用于描述奖章、戒指，日语则还用于纸张、衬衫、玻璃、叶子等扁平物品；汉语表示书刊的时候一般用"本"，范围比日语小了很多。

　　韩语中不分具体对象都用"个"，如"一个汽车""一个衣服""一个绳子""一个书"，这些在现代汉语中都有专门的量词，韩语的"개（个）"除了与汉语的"个"对应外，还对应于汉语的其他量词。

　　대추　한개（一个枣子，汉语一般说"一颗枣子""一粒枣子"）

　　사탕　한개（一个糖，汉语一般说"一颗糖""一粒糖""一块糖"）

　　과자　한개（一个点心，汉语一般说"一块点心""一份点心"）

　　침　한개（一个针，汉语一般说"一根针"）

　　시계　한개（一个手表，汉语一般说"一块手表"）

　　돌　한개（一个石头，汉语一般说"一块石头"）

　　要避免学习汉语时出现量词使用方面的偏误，就要注意比较母语的量词和汉语之间的对应关系，看哪些是相同的，可以互换；哪些是不同的，不能互换。

一　汉日韩语计量对象基本相同，可以通用

　　桶、卷、级（級）、行、区、户（戶）、项（項）、册（冊）、字、艘、双、台、束、担、对（対）、包、度、人、箱、发（発）、辆（輛）、页（頁）、遍、类等。如"瓶"一般用于成瓶的液体，"册（冊）"用于书本，"篇"用于文章，"号"用于号码，"发"用于炮弹，"艘"用于船只，"回"用于次数等。

二　汉日韩计量对象部分相同，量词在一定范围内可以通用

　　门（門）、组（組）、种（種）、课（課）、节（節）、头（頭）、点、杯等，在使用的对象上有不同，如"门（門）"，汉语用于大炮、学问、技术、功课，日语仅用于大炮；"节（節）"，汉语用于章节、章程、竹子，日语用于章节、机构。

　　"株"汉语用于竹子、花草，日语则用于股份；"匹"汉语用于马、骆驼、布匹，日语则用于鱼、虫；"品"汉语用于官、物的等级，日语则用于品种、花样，在学习汉语的过程中，日韩留学生会说"一本酒""一匹鱼"，从而形成偏误。

三　汉语有而日语没有的量词

　　层（楼的层级）、打（铅笔、纸）、颗（宝石、珍珠、牙、心等）、顿（饭）、批（物品、人）、把（米、刀、花、剪子）、顶（帽子）、阵（工夫、时间、风）、排（行列）、套（衣服、家具中成套的东西）、筒（成筒的东西）、

群（人、动物、建筑）、架（飞机）、对（人马、东西）、粒（颗粒状的东西）、面（旗帜、锣鼓）、首（诗、歌）、样（品种）、立方米秒（水流量）、吨位（计轮船承载能力）、人次（计人的次数）、回合（交手次数）。

四　日语有而汉语没有的量词

通（用于书信：一通信）、羽（鸟类）、足（鞋袜双数、走路步数）、脚（桌椅）、客（待客用的器具）、基（仪器、设备）、球（灯泡、电子管）、乘（车辆）、服（烟茶、药粉）、阶（楼层）、切（切片）、荷（货物）、腰（裙子、刀剑等挂在腰间的东西）；复合量词如"丁目（街道、胡同）、番地（门牌号）"，有些是古汉语有而现代汉语已经不用的，如"乘""膳""皿"等。

第五节　介词偏误

一　"给"和"对"

　　*她给别人的态度不一样。（她对别人的态度不一样。）
　　*我最近给电脑关心越来越大。（我最近对电脑关心越来越大。）
　　*她对男人没有关心。（她对男人不关心。）

汉语中"对"可以指动作的对象，有"向、朝"的意思，还可以有"对待"的意思；"给"可以引出动作的对象，有"向、朝、和、对"的意思，也可以引出动作服务的对象，有"为、替"的意思。"关心"在日韩语中常常是名词，而在汉语中也用作动词，如"关心残疾人事业"，日语要说"体の不自由な人の為の事業に関心を寄せる"。日语中，"给"和"对"的相应意义是用"に…ために"和"に…対して"来表示，日本留学生受"対して"的影响，也会出现偏误。

　　*学校经常对留学生安排课外辅导。（学校经常给留学生安排课外辅导。）

*锻炼对身体健康有很大关系。(锻炼跟身体健康有很大关系。)

*我经常对爸爸妈妈发电子邮件。(我经常给爸爸妈妈发电子邮件。)

*中国文化给日本有很大的影响。(中国文化对日本有很大的影响。)

二　"对"和"对于"、"关于"

*许多韩国人对于中国感兴趣。(许多韩国人对中国感兴趣。)

*今天的上课是对于中国经济的。(今天的课是关于中国经济的。)

*我们关于中国的了解太少了。(我们对于中国的了解太少了。)

*他对于老师上课的内容不理解。(他对老师上课的内容不理解。)

在汉语中，"对""对于""关于"都可以加上宾语构成介词结构。"对""对于"指出动作对象，"关于"提出所要关涉的事物，表示人与人之间的关系时，只能用"对"，不能用"对于"；"对"可用于助动词、副词之前或之后，"对于"不能用于助动词、副词之后；"对于"作状语时用于主语前后均可，"关于"作状语时只能用于主语前。

三　"在"和"从"

误"从"为"在"。

*我在高等学校毕业已经四年多了。(我从高中毕业已经四年多了。)

*他在教室门前走过。(他从教室门前走过。)

*自在中国遇到他以后再也没见过面。(自从在中国遇到他以后再也没见过面。)

受母语的影响，介词的位置弄错：

*哥哥房间在看书。(哥哥在房间看书。试比较日语：兄は部屋で本を読む)

*铃木名古屋从来了。(铃木从名古屋来了。试比较日语：鈴木さんは名古屋から来ました)

汉语中大多数介词是前置性的，日韩语则是后置性的，这容易引起混淆，导致偏误的出现。

四　"向"和"朝"、"往"

　　*我们快点儿向医院去吧。（我们快点儿往医院去吧。）
　　*可爱的小狗往我跑过来。（可爱的小狗向我跑过来。）
　　*你朝大家介绍一下吧。（你向大家介绍一下吧。）
　　*刚刚中国来的时候。（刚刚来中国的时候。）
　　*昨天东京去了。（昨天去东京了。）

　　日韩语中表示动作的方向、移动目的地或动作对象时，一般都有比较固定的助词，如へ、に、에，"来中国、去东京"在日韩语中都要有相应的表示方向的格标记，但日韩留学生往往弄不清汉语中"往、向、朝"等细微的区别。汉语中的这三个介词都可以与方位词、处所词等结合构成介词结构，表示动作和移动的方向。"往"与方位词、处所词结合，放在动词前后表示动作的方向，一般具有移动性，如"往东开""开往南京"；"向"可以与名词结合，放在动词前或后表示动作的方向，还可以与人称代词或代词结合，引进动作的对象，如"向西部进军""向他看齐""走向荒无人烟的沙漠深处"。"朝"仅用于动词前，重在表示动作针对的目标，不一定具有移动性，如"他朝大家挥挥手""他一直朝我微笑"。

五　"为了"和"由于"

　　在汉语中，"为了""由于"都可以用来表示原因，但"为了"兼有表示目的的意思，如原因不兼表目的性，则只能用"由于"，不能用"为了"。
　　*为了空调温度太低，我感冒了。（由于空调温度太低，我感冒了。）
　　*为了学习努力，他汉语提高得很快。（由于学习努力，他汉语提高得很快。）
　　*由于为了找工作，他参加了 HSK 考试。（为了找工作，他参加了 HSK 考试。）

六　"把"字句

*你把书能看完吗？（你能把书看完吗？）

*他把书看把作业做。（他把书看了把作业做了。）

汉语"把"字句有自己的结构特点，动词一般不以光杆形式出现，要附带其他成分。

第六节　副词偏误

日韩语和汉语中的副词都是基本词类，副词在各语言中所处的位置不同，在习得汉语时由此而致偏误的情形常常发生。

一　也

"也"误用在主语前。

*如果你跟叔父商量也叔父不满意的话，你就不要跟他商量了。（如果你跟叔父商量叔父也不满意的话，你就不要跟他商量了。）

*村主任也发音不太清楚。（村主任发音也不太清楚。）

*中国也年轻人之间有电脑热。（中国年轻人之间也有电脑热。）

*有的时候我给他电话，也他给我。（有的时候我给他打电话，他也给我打。）

*即使我来中国几次也我没生活这么长时间。（即使我来过中国几次，我也没生活这么长时间。）

作为周遍性主语的偏正结构被"也"隔开。

*他有一点儿聪明，但是一点也没有热心。（他有点儿聪明，但一点儿也不热心。）

*他熟悉的人多，什么也知道外边的事。（他熟悉的人多，外边的什么事都知道。）

"也"跟其他状语的位置混用。

*他也当然认真学习，可是比不上中国学生。（他当然也认真学习，可是比不上中国学生。）

*我也刚才到教室去过了。（我刚才也到教室去了。）

"也"误用或滥用。

*我常想起我的老师也我的弟弟。（我常想起我的老师和我的弟弟。）

*我昨天也又见面我的老师了。（我昨天又跟我的老师见面了。）

*一个好的学习方法也是不懂马上就问老师。（一个好的学习方法是不懂马上就问老师。）

日韩语与汉语的"也"相对应的副词分别是"も、도"，这些偏误的形成一般是受留学生母语影响的结果。

二 "曾经"与"常常"

*曾经我打过排球。

*常常我吃中国菜。

"曾经"和"常常"作为副词，在汉语中一般出现在主语之后，日韩语中可以出现在句首。正确的说法：

我曾经打过排球。

我常常吃中国菜。

三 在

表示地点的副词在句中的位置，日语和韩语有相似之处，即一般都在主语之后，动词之前，但日韩留学生可能由于受英语的影响，把汉语的地点副词也放到了句末。

*我们学习汉语在财大。

*他们看电视在宿舍。

正确的说法：

我们在财大学习汉语。

他们在宿舍看电视。

表示时间时也有相似的情形。

＊他去北京了上个星期。

＊张明去朋友家在星期天。

正确的说法：

他上个星期去北京了。

张明星期天去朋友家。

四 "有点儿"与"一点儿"

汉语中"有点儿"是副词，表示程度，可以修饰形容词，如"有点儿累""有点儿刺眼"；"一点儿"是不定数量词，一般修饰名词，如"一点儿事""一点儿心意"，因为两者都带"点儿"，都表示程度低，相对应的日韩语分别是"少し、좀"，使用时很容易出现偏误。

将两者相混：

＊他感冒了，一点儿不舒服。（他感冒了，有点儿不舒服。）

＊他比我有点儿高。（他比我高一点儿。）

＊上海的房价比北京一点儿贵。（上海的房价比北京贵一点儿。）

将位置弄错：

＊天气冷，多一点儿衣服穿。（天气冷，多穿点儿衣服。）

＊他累了有点儿。（他有点儿累了。）

＊我会写汉字一点儿。（我会写点儿汉字。）

五 与比较句相关的偏误

汉语的比较句常见的有"比""跟、与、和……一样""有（没有）……（这么、那么）""像、不像……一样、那样""越来越"。日韩语中的比较方式相对简单，如日语一般用"…は…より（比）…"，韩语用"…는…보다…"，

常见的偏误类型，如否定方式失当：

*韩国比中国不大。（韩国没有中国大。）

*他汉语说得比山田不好。（他汉语说得不比山田好。）

*这辆车不如那辆车贵。（这辆车没有那辆车贵。）

*可是还是跟大自然比不上。（可是还是比不上大自然。）

"还是"在汉语中主要用作连词和副词，表示"如果"，宋无名氏《张协状元》戏文第三十五出："我的状元分付他：官员相见便没奈何，还是妇女庄家到厅下，十三小杖，把门子打。"但这一用法在现代汉语中并不多见，表示对事物、情况进行选择，《水浒传》第三十九回："酒保上楼来问道：'官人还是要待客，只是自清遣。'""你是明天去还是后天去？"常跟"无论、不管"等搭配使用，如"无论是唱歌还是跳舞，他都能来两下""不管刮风还是下雨，他都坚持上课"，表示转折义，"他打了几次电话，还是没人接"。"还是"作副词时表示"依然"，如"他讲了半天，我还是不懂"，或表示出乎意料的语气，如"没想到这事儿还是真难办"。比较日韩语中的相应用例。

1）こんども彼が案内してくれる（这次还是他做向导）

2）やっぱり君に来てもらおう，ぼくが行くのは都合が悪い（还是你去吧，我去不方便）

3）오늘은 비바람이 거세지만 그들은 평상 시대로 일하러 나간다（尽管今天风狂雨大，他们还是照常出工）

4）나는 이일이 이처럼 정말 힘들줄은 생각지도 못　했다（我没想到这事儿还是真难办）

5）네가 가느냐？아니면 그가 가느냐？（你去还是他去？）

*中国比日本很不一样。（中国跟日本相比很不一样。）

*南京跟北京不一样热闹。（南京没北京那样热闹。）

程度副词累赘：

*他的汉语说得越来越很流利。（他的汉语说得越来越流利。）

*他长得很像他哥哥那么高。（他长得像他哥哥那么高。）

* 夏天上海比北京有些热。（夏天上海比北京热。）

比较结果冗余：

* 我想说得跟中国人一样那么流利。（我想说得跟中国人一样流利。）

* 我也跟人家一样得不太笑哈哈。（我也跟人家一样不哈哈笑。）

比较方式杂糅：

* 我国的春天时期比中国差不多长。（我国的春天差不多跟中国一样长。）

* 这件行李没有比那件重。（这件行李没有那件重。）

* 孩子长得比妈妈越来越像了。（孩子长得越来越像妈妈了。）

比较对象不对应：

* 我做的菜和妈妈一样好吃。（我做的菜和妈妈做的一样好吃。）

* 我租的房间和你一样大。（我租的房间和你的一样大。）

* 京都的人口没有东京一样多。（京都的人口没有东京多。）

关联词语的语序失当：

人越多，越事情好办。（人越多，事情越好办。）

不管下雨不下雨，都大家去学校。（不管下雨不下雨，大家都去学校。）

六   非常［日汉：大変、韩汉：매우］

比较：很［日汉：随分 / なかなか、韩汉：대단히］

日韩语中"非常"可作名词，一般都带有紧急的意思，是汉字词"非常（ひじょう）、비상"：非常電话（紧急电话）、非常貸し出し（紧急房贷）、非常階段（供紧急使用的楼梯）、非常用（供紧急时使用）、非常線（警戒线）、非常線（紧急时期）、非常扉（交通工具的太平门、紧急出入口）。韩语中的"비상 금（非常金）"，指私房钱。비상 사태（非常事态）对应的汉语有"非常时期""非常年代"，但相比日韩语来说要少，"非常"更多用在形容词之前表示程度，如"非常紧张""非常灵活""非常大""非常多"。汉语"非常"，有些在翻译成日韩语时有多种对应的词语。

1）非常抱歉。（たいへん申し訳ございます）

2）你们的发言非常好。（君たちのは発表はとてもよかったです）

3）这座城市跟十年前相比，变化非常大。（この町は 10 年前と比べて大きく変わりました）

4）她会做非常好吃的菜。（彼女はすばらしい料理を作れる）

5）매우 기쁘다（非常高兴）

6）대단히 중요한 사건（非常重要的事件）

7）随分頑張っていますね（很努力呢）

8）なかなかしっかりした人（非常坚强的人）

汉语中"非常"一词在春秋时期就已经产生，来源于否定词"非"与形容词"常"组合的凝固化、语法化，"非常"表示"不合惯例、不合时宜"，《左传·庄公二十五年》："秋，大水，鼓用牲于社、于门，亦非常也。"《老子》："道可道，非常道；名可名，非常名。""非常"还不是一个复合词，但在战国时期"非常"就已凝固成词，向程度副词发展，在五代时期成熟。"非常"表示"不合惯例""不同寻常的，特殊的""紧急""无常（佛教用语）""很"等多种意义。由于"非常"搭配词语的差异，日韩留学生学习时会出现相关的偏误。

*他五音不全，唱歌唱得非常走调。（他五音不全，唱歌经常走调。）

*只有非常研究日语的人，才明白其中的差别。（只有专门研究日语的人，才明白其中的差别。）

"非常"在汉语中可修饰表心理活动的动词：

他非常喜欢小狗。

我非常愿意去国外旅游。

但相应的否定形式却是不能类推的，下列句子就是日韩留学生在表示否定形式时发生的类推错误。

*他不非常快乐。（他不怎么快乐。）

*我们不非常同意他的看法。（我们不怎么同意他的看法。）

尽管日韩语的副词有时和汉语在意义上比较一致，但在使用时并不完全一致，因此会发生偏误现象。如汉语可以说"他为人很好""我很明白你的意

思""他很了解这个事情"，但不说"我很认识他"。汉语的"很"不能和认知动词述语"认识、知道"搭配，但可以和"了解、明白"等动词述语搭配，与汉语"很"相对应的韩语是"매우"。可见汉语的"认识"和"了解"的不同，如"认识某人"不代表"了解某人"，"认识"在现代汉语中侧重于"能够确定某一个人或事物是这个人或事物而不是别的"，而"认识"在日语中表示"了解"之意时，侧重于"物事を見分けて"，即"所认识不足的部分"。再如"觉得、感觉、感到"等动词一般是带有表感觉义的宾语，其宾语成为该句的焦点，这种情况下，动词前面一般也不加"很"。

* 我很觉得头疼。（我觉得头疼。）

* 我已经很感到了问题的严重性。（我已经感到了问题的严重性。）

* 我很觉得对不起他。（我觉得很对不起他。）

七 十分［日汉：とても、韩汉：매우］

"十分"在现代汉语中一般表示程度，如"十分漂亮""十分出色"，"十分好看"，有一位日本留学生造出了下面的句子：

* 而那时我不能给他们十分解释。（而那时我不能给他们足够的解释。）

汉语老师在分析这样的句子时，只是说副词不能修饰动词，根本的原因是日语的"十分"没有像在汉语中那样经历一个语法化的过程。在日语中，"十分"作名量词使用时，按汉字词的发音是"じゅうぶん"，韩语对应的是"충분（充分）"。在近代汉语中，"十分"是一个名量词的数量结构，"十"在汉语中是一个非常重要的数词，达到计数周期的顶峰；"分"指将一个整体分为十个部分，每部分为一分，"十分"表示全部的量，《三国志·魏书·武帝纪》裴松之注："殿下应期，十分天下而有其九"，《朱子语类》卷十："始初一书费十分工夫，后一书费八九分，后则费六七分，又后则费四五分矣。"日语中有"十分条件""十分杯"，翻译成汉语是"充足条件""满杯"。再如日语还有"十分な供給"，汉语是"充分的供给"，说成"十分的供给"反而不通了。"十分"至迟在宋代就已经逐渐由量词虚化为副词，用在形容词之前表示程度了，如《朱子语类》卷十："看一段，须反复看来看去，要十分烂熟，方

见意味，方快活，令人都不爱去看别段始得。"《水浒传》第二回："史进把这十八般武艺，从新学得十分精熟。""十分"在现代汉语中用作副词，更是十分普遍的用法了。

八　极度［日汉：極度、韩汉：극도］

1）極度に困難な条件の下で（在极其艰难的条件下）
2）極度の疲れ（极度疲劳）
3）極度に興奮する（极度兴奋）
4）극도의 흥분 상태（极度紧张的状态）
5）긴장이 극도에 이르렀다（紧张达到极致）

日韩语中的"极度"是名词，汉语中的"极度"既是名词，也是副词，如"他的忍耐已达到极度"中的"极度"是名词，而"极度高兴""极度失望""极度困难""极度紧张"中的"极度"是副词。

九　不过［日汉：わずか、韩汉：불과］

"不过"在三国语言中都用作动词或副词，和其他词语搭配使用，表示"不超过"。

1）わずか10分もかかりません（不过十分钟）
2）불과 삼일 동안에（不过三天的时间）
3）불과 십분도 안 걸립니다（用不了十分钟的时间）

古汉语中，"不过"指"没有差错"，《易·豫》："天地以顺动，故日月不过。"孔颖达疏："若天地以顺而动，则日月不有过差，依其暑度。"指"不超越""不能超越"，宋曾巩《与王深甫书》："比承谕及介甫所作王令志文，以为扬子不过，恐不然也。"指"不经过""不进入"，《淮南子·说山训》："曾子立孝，不过胜母之间。"表示"过意不去"，《京本通俗小说·错斩崔宁》：
"老汉却是看你们不过，今日赍助你些少本钱，胡乱去开个柴米店，撰得些利
息来过日子，却不好么？"用在动词或形容词后面，表示程度最高，《金瓶梅
词话》第八十回："这吴月娘心中还气忿不过，便喝骂道：'怪贼奴才！不与我
走？'"这一用法延续到现代汉语，如"好吃不过饺子""生气不过"。但在
古代"不过"意义就已开始虚化了，相当于"只""仅仅"，《二刻拍案惊奇》
卷十一："况且我既为官，做我配的须是名门大族，焦家不过市井之人，门户
低微，岂堪受朝廷封诰，作终身伉俪哉？"该义项成为现代汉语的普遍用法，
如"他身高不过才一米五""我不过是个教书先生而已"。"不过"还当连词，
表示转折，相当于"只是""但是"，如"一起去可以，不过要听话才行""问
了几个人，不过有关他的消息还是一点没打听到"。

十　到底［日汉：到底、韩汉：도저］

比较：到头［日汉：到頭、韩汉：끝내］

　　1）到底出来ぬ事（无论如何也办不到的事情）
　　2）到底できない（无论也不能）
　　3）到底無理だ（怎么也做不到）
　　4）그 것은 나에게는 도저히 할 수 없는 일이다（那对我而言
是到底干不了的事情）
　　5）이런 일은 도저히 있을 수 없다（那种事情根本不可能存在）

汉语中，"到底"经历了一个由实到虚的发展过程，一些用法古今兼有：
"到底"指"直到尽头"，唐元稹《酬乐天东南行》："利器从头匣，刚肠到底
刓。""沿着这条路走到底就是邮局。"引申为"始终""最后"，宋杨万里《寄
题喻叔奇园亭·磬湖》："洞庭张乐起天风，玉磬吹来堕圃中；却被仙人熔作
水，为君到底写秋空。""想了好久，我到底想出了解题的方法。"指"毕竟、
究竟"，宋汪元量《莺啼序·重过金陵》词："清谈到底成何事？回首新亭，

风景今如此。""到底是年轻人，老年人几个晚上干的活儿，他们一个晚上就全干完了。"基本虚化为一个副词了。

　　6）到頭来なかった（最终没来）

　　7）到頭雨になった（到底下雨了）

　　8）彼は到頭研究を完成した（他终于完成了研究）

　　9）그는 끝내 성공했다（他终于成功了）

古汉语中，"到头"有"掉头"义，《乐府诗集·清商曲辞六·那呵滩》："闻欢下扬州，相送江津湾。愿得篙橹折，交郎到头还。"指"直到最后""最后"，唐贾岛《不欺》诗："掘井须到流，结交须到头。"元无名氏《醉写赤壁赋》第一折："送的我伏侍君王不到头，不能勾故国神游。"现代汉语中"到头"一般指"到尽头"，如"这条路走到头就看见二十层的一座高楼"。也比喻"人生的终点"，如"瞎子算命说他俩走不到头"。"到头来"也表示"结果"，元张国宾《罗李郎大闹相国寺》第一折："可正是今日不知明日事，前人田土后人收，到头来只落得个谁消受。""别看他现在玩小聪明，到头来还是搬起石头砸自己的脚。"这说明日语的"到头"比现代汉语相应词的虚化程度高。

十一　从来［日汉：従来、韩汉：종래］

　　比较：原来［日汉：原来、韩汉：원래］

　　　　　本来［日汉：本来、韩汉：본래］

　　* 这是我从来的想法。（这是我本来的想法。）

　　* 这是丝织品的原来颜色。（这是丝织品的本来颜色。）

　　* 我当是谁呢，本来是老同学。（我当是谁呢，原来是老同学。）

这三个词的使用比较复杂，也是日韩留学生偏误率相对比较高的几个副词。日韩语中"从来"表"过去"义，一般当名词，也可当副词使用。

1）従来の考え（过去的想法）

2）従来起ったことがない（从来没有发生过）

3）従来のしきたりを守る（遵守以前的惯例）

4）종래의 방식을 그대로 따르다（沿用过去的方法）

5）이런 것은 종래 없었던 것이다（这是从来没有的东西）

古汉语中"从来"有"从前、原来"义，唐归仁《题楚庙》诗："羞容难更返江东，谁问从来百战功？"表示"来路、来源"，唐牛僧孺《玄怪录·张佐》："佐甚异之。试问所从来，叟但笑而不答。至再三，叟忽怒叱曰：'年少子，乃敢相逼！吾岂盗贼椎埋者耶？何必知从来！'""从来"后当副词，表示"从过去到现在都是如此"，清纪昀《阅微草堂笔记·滦阳消夏录四》："至于两妻并立，则从来无一相得者，亦从来无一相安者。"现代汉语沿袭此用法，多用于否定句，如"从来不迟到""从来不浪费粮食"；也可用于肯定句，如"从来就是如此""从来就很干净"。

6）私はもともと体が弱い人間だ / 나는 원래 몸이 약한 사람이다（我原来是身体虚弱的人）

7）元来が頑固な人間だ / 원래 완고한 사람이다（原本顽固的人）

汉语中"原来"曾作"元来"，指"当初、本来"，唐孙棨《赠伎人王福娘诗》："谩图西子晨妆样，西子元来未得知"，后逐渐演变为时间副词，指发现从前不知道的情况，《二刻拍案惊奇》卷十七："俊卿看罢，笑道：'元来小姐如此高才！难得，难得。'"《古尊宿语录》卷二十："子细看时，元来青布幔里有人。"

8）本来の姿にもどる（恢复原来的样子）

9）본래의 모습（本来的姿态）

唐白居易《白发》诗："况我今四十，本来形貌羸。"宋陆游《题梁山军瑞丰亭》诗："本来无事只畏扰，扰者才吏非庸人"，"本来面目"指人本有的心性。"本来"和"原来"都可以作形容词修饰名词，"原来"后一般要加"的"，如"本来面目""原来的面目"；"本来颜色""原来的颜色"。两词都可充当副词，指"原先、当初"，如"她们原来不是一个班的""她们本来不是一个班的"。"本来"有"按道理该如此"之义，如"他的病没好，本来就不能去"。"原来"有发现从前不知的情况，含恍然大悟的意思，"我说是谁来了呢，原来是多年不见的老同学！""本来"和"原来"不能互相替换。

第七节　音同（近）偏误

汉语和日韩语属于不同的语音体系，汉语中的词语，在日韩语中相对应的词有时可能是音同或音近，使用时也会发生偏误。

一　调理［日汉：調理、韩汉：조리］

比较：条理［日汉：条理、韩汉：조리（條理）］
＊他的论文调理不清，不明白看。（他的论文条理不清，看不明白。）
＊你要好好条理自己的身体。（你要好好调理自己的身体。）
"调理"和"条理"在日语中有清浊之别，韩语中都读조리，所组成的词语或句子，如：

1）조리사（调理师）
2）환자식을 조리하다（调理患者饮食）
3）조리법（烹饪法）
4）산후 조리를 잘 해라（请注意产后调理）

古汉语中，"调理"指"调和治理"，《庄子·天运》："应之以自然，然后调理四时，太和万物。"表"调治将养"，宋司马光《辞免医官札子》："况臣私家亦须更请一医人，每日诊候调理。"表"调教"，《清平山堂话本·快嘴李翠莲记》："人家孩儿在家中惯了，今日初来，须慢慢的调理他。"现代汉语中如"调理身体""调理阴阳"，可以重叠，如"调理调理身子"，也表"调教"义。

　　5）조리있게 말하다（有条理地说）

　　"条理"在汉语中指"顺序"，如"有条理""条理分明"。

　　日韩语的音节比较简单，且没有声调，在表示汉字的音读时，对汉语原来的声、韵、调有若干归并，结果在汉语中声、韵、调有别的字，到日韩语中其音值会混淆，下列几组词在汉语中不同音，在日韩语中同音，如：

　　ちかく：地壳、地核

　　かがく：科学、化学

　　こうか：公课、降下、工科、公价、功过、考课、效果、后架、高价、高歌、硬化、硬货、阖家、膠化

　　사과：沙果、丝瓜

　　경기：景气、竞技、京畿

　　유치：幼稚、诱至、留置、乳齿

　　원조：援助、元祖、元朝

　　정의：定义、情意、正意、正义、廷义

　　전기：电器、电机、传记、转机、战记、前期、传奇

　　留学生在习得汉语的时候，不能把母语中的汉字词正确迁移到目的语中来，受母语发音的干扰，会出现一些不正确的写法，如牛乳（牛油）、白化店（百货店）、洗水（洗手）、油局（邮局）、等山（登山）、古乡（故乡）、市张（市场）、代事馆（大使馆）、气道（祈祷）、杂纸（杂志）、邮体局（邮递局）。

二　视角［日汉：视角、韩汉：시각］

　　比较：视觉［日汉：视觉、韩汉：시각］

*这个视觉看上去效果不错。（这个视角看上去效果不错。）

*长期的强光和噪声会影响人们的视角和听觉。（长期的强光和噪声会影响人们的视觉和听觉。）

"视角"和"视觉"在日韩语中分别同音（しかく、시각），但在现代汉语中不同音。现代汉语中"视角"原指由物体两端射出的两条光线在眼球内交叉而形成的角，也指摄像镜头所能摄取的场面上距离最大的两点与镜头连线的夹角。"角"是"角度"的意思，"角度"本指角的大小的量，又比喻看事物的出发点，如"看问题的角度""思考问题的角度"，日韩语相对应的汉字词是"角度（각도）"。汉语"视角"的一般用法跟日韩语差不多，主要指看问题的角度，如"独特的视角""视角开阔"。

1）問題を見る視角（看问题的视角）

2）중국사 이해의 시각（理解中国史的视角）

3）시각에 따라 물체의 형상도 따라서 달라진다（视角不同，物体的形状也随之而异）

日语中与"しかく（視角）"同音的除しかく（視覚）（视觉、视力）外，还有しかく（四角）、しかく（死角）、しかく（資格）等。

4）視覚効果（视觉效果）

5）資格試験（资格考试）

三 空路［日汉：空路、韩汉：공로］

比较：公路［日汉：自動車道路、韩汉：도로］

道路［日汉：道路、韩汉：도로］

*机场关闭了空中公路。（机场关闭了空中航线。）

*空路上一辆汽车也没有。（公路上一辆汽车也没有。）

日韩语中"空路"（こんろ、공로）和汉语的"公路"读音相近。

1）空路で北京に到着（坐飞机到北京）

2）공로로 중국에 왔다（乘飞机来中国）

　　汉语中"空路"是"航空线路"的简称，如"为保春运空路安全，深圳将查处非法无线设备"，一般叫"航线"。"公路"指市区以外的可以通行各种车辆的宽阔平坦的道路，与"公路"相关的词是"道路"。汉语中"道路"和"公路"不完全相同，"道路"有比喻义，如"人生的道路""富裕的道路"，"公路"没有这样的用法。

　　也有受汉语语音的影响而出现偏误的情况，如韩国留学生常把韩语的"成长"写成"生长"，倒不是因为"成（성）"和"生（생）"在母语中读音相近，而是"成"和"生"在汉语中发音相近，所以学生就用"生"来替代"成"了。下列各组词在日韩语中不同音，在现代汉语中同音：

　　权利（けんり、권리）、权力（けんりょく、권력）、全力（ぜんりょく、전력）

　　休养（きゅうよう、휴양）、修养（しゅうよう、수양）

　　休学（きゅうがく、휴학）、修学（しゅうがく、수학）

四　统制［日汉：統制、韩汉：통제］

比较：统治［日汉：统治、韩汉：통치］

*那个国王想统制自己国家的人民。（那个国王想统治自己国家的人民。）

*粮食受到政府的统治收购。（粮食受到政府的统制收购。）

1）統制購入（统一购入）

2）統制販売（统购统销）

3）言論統制（言论控制）

4）위급한 상황에서는 사람들의 통제가 어렵다（危急情况下很难控制住人）

5）사고 현장에 출입이 통제되다（事故出入的现场受管制）

6）정부에서 농산물 수입을 통제하다（政府控制农产品的进口）

7）주나라 사람들은 북쪽과 서쪽의 유목민을 통제했다（周人控制着北方和西方的游牧民族）

古汉语中，"统制"指"统领制约"，宋苏轼《西南夷论》："古者九夷八蛮，无大君长，纷纷籍籍，不相统制。""统制"在古代又是官名，南宋建炎开始设置御营司都统制，后又有统制、同统制、副统制等，清末统辖一镇的军事长官也叫统制。《隋书·经籍志》二："古之仕者，名书于所臣之策，各有分职，以相统治。""统治"指"统率治理"。现代汉语中"统治"与"统制"音同义不同，"统制"指"集中控制"，"统治"指"支配"，如"统治国家""统治阶级"。

除了以上例句中分别同音或分别不同音的情形之外，由于词语的发音相近，也会出现偏误，看下面几组词语的使用比较。

五　推进［日汉：推進する、韩汉：추진하다］

比较：推荐［日汉：推薦する、韩汉：추천하다］

*老师为我写那个学校读书的推进信。（老师给我写了去那个学校读书的推荐信。）

*自己的工作往前推荐一步。（把自己的工作向前推进一步。）

1）計画を強力に推進させる / 계획을 강력히 추진시키다（计划得到强力的推进）

2）事業を推進する / 일을 추진하다（推进事业）

3）推薦状（推荐信）

4）推薦入学（推荐入学）

5）안심하고 추천할　수 있다（安心得到推荐）

古汉语中，"推进"有举荐义，《三国志·吴书·吴主权步夫人传》："夫人性不妒忌，多所推进，故久见爱待。"此义后写作"推荐"。在现代汉语中，"推进"一指"推入"，如"把他推进屋里去""高利贷把他推进了苦难的深渊"。二指"推动事业、工作等向前发展"，如"推进工作""推进文学的发展"，"推进"和"推动"在"使事业或工作向前发展"上意义相同，如"总结经验，推动（进）工作"。但一般说"推动发展"，不说"推进发展"。"推进"可表示战线或作战的部队向前移动，如"主力部队正向前沿阵地推进"，不说"推动"。

六 停滞［日汉：停滞する、韩汉：정체하다］

比较：停止［日汉：停止する、韩汉：정지하다］

*由于形势不好，这个工作一直停止不前。（由于形势不好，这个工作一直停滞不前。）

*从去年起，那个学校就停滞招生了。（从去年起，那个学校就停止招生了。）

　　1）景気が停滞する / 경기가　정체하다（景气停滞）

　　2）停滞前線（停滞的前沿）

　　3）일이 정체 없이 진행되도록 충분히 준비한다（为使事情顺利进行不致停滞而充分准备）

汉语中"停滞"指事物因受某种阻碍而不能继续前进或发展。《晋书·虞预传》："加以王途未夷，所在停滞，送者经年，永失播植。"现代汉语有"停滞不前"。"停止"指"事情不再进行"或"行为不再实行"，如"工程停止""停止交易"，相当于"终止"。

　　4）呼吸が停止する（停止呼吸）

　　5）일체 업무를 정지한다（停止一切业务）

七 体裁［日汉：体裁、韩汉：체재］

比较：题材［日汉：题材、韩汉：제재］

*我要找找留学生在中国学习汉语的体裁作品。（我要找找留学生在中国学习汉语的题材作品。）

*这篇课文的体裁是有关战争方面的。（这篇课文的题材是关于战争方面的。）

"体裁"日韩语中表"外表"义。"形式"：

1）体裁のいい箱（外表很好的箱子）

2）글의 체재（文章的形式）

表"体面、风格"义。

3）会社としての体裁を整える（整顿公司的形象）

4）중학교 참고서의 체재에 알 맞지 않다（不符合中学参考书的风格）

指"奉承话"。

5）お体裁をいう（说奉承话）

"体裁"在中国古代指诗文的结构及文风辞藻，明宋濂《提永新县令乌继善文集后》："其所造固有浅深高下之殊，而体裁终不失于古。"指"字体结构"，《法书要录》卷六："体裁，一举一措，尽有凭据。"指"风度姿态"，唐孙棨《北里志·海论三曲中事》："比见东洛诸妓体裁，与诸州饮妓固不侔矣，然其羞匕箸之态，勤参请之仪，或未能去也。"现代汉语中，"体裁"指文学作品按照各种标准所进行的分类，如韵文、散文是按照语句押韵情形所进行的划分，诗歌、散文、小说、戏剧是根据结构所进行的分类。题材是构成文学和艺术作品的材料，即作品中描写的生活事件或生活现象，日韩语如：

6）小説の題材（小说的题材）

7）실제의 사건을 제재로 하다（以实际事件为题材）

现代汉语如"军事题材""历史题材""题材新颖""题材动人"。

八 支配［日汉：支配する、韩汉：지배하다］

比较：支派［日汉：支派、韩汉：지파］

*董事会可以支派公司的财务事情。（董事会可以支配公司的财务事情。）

*公司支派他来到那个小山村开展工作。（公司支派他来到那个小山村开展工作。）

1）支配階級（统治阶级）

2）支配権（支配权）

3）支配人（支配者）

4）교회와 왕은 경제력과 권력을 독차지하고 다른 사람들을 지배하였다（教会和国王独掌经济和权力，统治其他人）

《北齐书·唐邕传》："及世宗崩，事出仓卒，显祖部分将士，镇压四方，夜中召邕支配，造次便了。显祖甚重之。"例中"支配"指"调派、安排"。现代汉语中"支配"主要指"安排、控制"，如"合理支配业余时间""多余的钱你自己自由支配""思想支配行动"。"支派"在意义上有"分出来的派别、分支"，如"武当派的支派""岭南画派的支派"。"支派"还用作动词，有"支使、调动义"，如"他支派别人去做那件事了"，但"支派"不具有"支配"的控制义，不说"支派业余时间""支派金钱"等。日韩语中"支派"只用作名词。

九　及时［日汉：ちょうどよい時、韩汉：적시에］

比较：即时［日汉：直ちに、韩汉：즉시에］

＊他已接到电话就即时赶到了。（他一接到电话就及时赶到了。）

＊他开通了手机的及时信息服务功能。（他开通了手机的即时信息服务功能。）

"即时"和"及时"在现代汉语中同音，日语没有直接对应的汉字词，韩语相对应的是"적시（適時）、즉시（卽時）"。"及时"在古汉语中本指"逢时，得到有利时机"，是一个动宾结构的短语，如《易·乾》："君子进德修业，欲及时也。"晋陶潜《杂诗》之一："及时当勉励，岁月不待人。"唐孟郊《长安羁旅行》："万物皆及时，独余不觉春。"指"适合时令"，清乔可聘《苦雨》诗："雨喜及时好，那堪云不开。"指"把握时机，抓紧时间"，《史记·白起王翦列传》："王翦曰：'为大王将，有功终不得封侯……臣亦及时请园池为子孙业耳。'"指"到时候"，唐李复言《杜子春》："（老人）曰：'明日午时，候于西市波斯邸，慎勿后期。'及时，子春往，老人果与钱三百万，不告姓名而去。"《诗·召南·摽有梅序》："《摽有梅》，男女及时也。召南之国，被文王之化，男女得以及时也。"孔颖达疏："谓纣时俗衰政乱，男女丧其配耦，嫁娶多不以时，今被文王之化，故男女皆得以及时。"后因以"及时"指男女已到婚嫁之年。《二刻拍案惊奇》卷十一："（焦大郎）内有亲女，美貌及时，未曾许人。"现代汉语中"及时"可用作形容词，如"非常及时""很及时"，也可用作副词，如"及时赶到""及时解决"。汉语中的"即时"指"当下；立刻"，《东观汉记·和熹邓后传》："宫人盗者，即时首服。"宋杨万里《怪菌歌》："数茎枯菌破土膏，即时便与人般高。"《红楼梦》第五十二回："宝玉点头，即时换了衣裳。""即时"在现代汉语中是个时间名词，如"即时消息""即时显示""即时清结"等。"及时雨"在汉语中指下得正是时候的雨水，常用来比喻那些救人于危难，仗义直行的人，如《水浒传》中宋江的外号就叫"及时雨"，日语为ちょうどよい時に降った雨，韩语为단비；"及时的措施"，日语为タイムリーな処置，韩语为시기 적절한 조치。

十　客气［日汉：客気、韩汉：객기（客氣）］

比较：客机［日汉：旅客機、韩汉：여객기］

*大韩航空的天蓝色客气终于到了浦东机场。（大韩航空的天蓝色客机终于到了浦东机场。）

*那个学校的老师都很客机。（那个学校的老师都很客气。）

汉语中"客气"和"客机"音相近，但意义差别较大。日韩语中"客机"叫"旅客机（여객기）"，是个名词。

　　1）旅客機がハイジャックされた（客机被劫持了）

　　2）그 여객기는 안전하게 착륙했다（那架飞机安全降落了）

汉语的"客气"在日韩语中作名词时是"客気（かっき）、객기"，作形容词时，表示"礼貌、谦虚"，跟日韩语不能形成对应。

　　3）客気にかられる／객기에 사로 잡히다（一时冲动、莽撞）

　　4）彼はていねいに握手してくれた（他客气地跟我握手）

　　5）그는 사람을 대하는 것이 매우 정중하다（他待人很客气）

现代汉语中"客气"指"对人有礼貌"或"说谦虚、有礼貌的言语"。在古汉语中"客气"是运气的术语，出自《素问·六元正纪大论》，又名客运，指天气，即在天的三阴三阳之气；"客气"也指"外邪侵入体内"，《素问·标本病传论》："人有客气，有同气"；"客气"指一时冲动而产生的勇气，《左传·定公八年》："猛逐之，顾而无继，伪颠。虎曰：'尽客气也。'"近代汉语中"客气"主要表"谦虚礼让的态度"，在现代汉语中成为其基本义，如"客气得不得了""对人很客气"，也可以说"客客气气"。

参考文献

陈明美:《"非常"一词的汉日对比研究》,《暨南大学华文学院学报》2005 年第 4 期。

甘瑞瑗:《"国别化"对外汉语教学用词表制定的研究》,北京大学出版社,2006。

高丽大学校民族文化研究院:《韩中词典》,韩国高丽大学民族文化研究院,2004。

金琮镐:《"很"和韩国语"매우"的名法功能对比》,《汉语学习》2006 年第 3 期。

刘红英:《韩国学生汉语词汇使用偏误分析》,《沈阳师范大学学报》(社会科学版)2004 年第 3 期。

鲁宝元:《日汉语言对比研究与对日汉语教学》,华语教学出版社,2005。

民众书馆辞书编纂委员会编《中韩辞典》,黑龙江朝鲜民族出版社,2005。

全香兰:《汉韩同形词偏误分析》,《汉语学习》2004 年第 3 期。

主要参考书目

〔美〕奥德林（Terence Odlin）：《语言迁移：语言学习的语际影响》，上海外语教育出版社，1989。

包月茜：《基于〈新 HSK 大纲〉的汉日同形词分析——以初级词中的两字词为例》，硕士学位论文，重庆师范大学，2014。

鲍明炜、王均主编《南通地区方言研究》，江苏教育出版社，2002。

陈绂：《日语汉字与汉语汉字及其所对应的词的比较研究》，中国语言学会第八届学术年会会议论文，贵阳，1995。

陈百海：《日汉成语中动物形象的比较》，《外语学刊》（黑龙江大学学报）1997 年第 3 期。

陈国庆：《克木语研究》，民族出版社，2002。

陈海伦：《中古音韵对现代方言声韵母对应规律性程度的测度》，《语言研究》1997 年第 1 期。

陈辉：《中日美三国语言的文化比较》，《杭州大学学报》（哲学社会科学版）1998 年第 1 期。

陈力卫：《东往东来：近代中日之间的语词概念》，社会科学文献出版社，2019。

陈明美：《"非常"一词的汉日对比研究》，《暨南大学华文学院学报》2005 年第 4 期。

陈植藩：《朝鲜语中的汉字词》，《中国语文》1964 年第 5 期。

程崇义：《关于韩中汉字变迁的比较研究》，硕士学位论文，首尔大学，1987。

崔明植:《关于确定朝鲜语口语词尾的几个问题》,《民族语文》1991年第4期。

崔羲秀:《韩国语汉字音韵学通论》,韩国中文出版社,1990。

邓宗荣:《"泥""来"二纽汉字词在韩国语中的读音》,《南开学报》(哲学社会科学版)1997年第2期。

丁安仪:《试论以日语为母语者在汉语语境中的发音难点》,《郑州大学学报》(哲学社会科学版)1994年第4期。

戴玉金:《从日语中的汉语词看中日间词汇的双向交流》,《龙岩学院学报》2010年第1期。

杜艳青:《韩国学生汉语词语偏误分析》,《安阳师范学院学报》2006年第1期。

甘瑞瑗:《"国别化"对外汉语教学用词表制定的研究》,北京大学出版社,2006。

高文汉:《论日语中的汉语词》,《山东大学学报》(哲学社会科学版)1990年第3期。

高永奇:《莽语研究》,民族出版社,2003。

高燕:《对外汉语词汇教学》,华东师范大学出版社,2009。

谷玲怡:《从电影对话看日语口语中敬体、简体的使用》,《外语学刊》1998年第1期。

桂诗春编著《应用语言学》,湖南教育出版社,1988。

郭洁:《对日汉语词汇教学研究——汉日同形词偏误分析与对策》,硕士学位论文,厦门大学,2008。

郭玉杰:《日语中的汉字词》,《佳木斯大学社会科学学报》2003年第3期。

汉语大词典编辑委员会、汉语大词典编纂处编纂《汉语大词典》(全十三卷),汉语大词典出版社,1995。

何华珍:《汉日语言对比的训诂学研究》,《杭州大学学报》(哲学社会科学版)1997年第3期。

何旭:《日文中的汉字词及其历史层次性》,《暨南大学华文学院学报》2007年第3期。

胡霖莉:《韩语汉字词研究》,硕士学位论文,四川师范大学,2021。

胡正武:《古汉语词在日语中的移植发展》,《台州师专学报》1997年第4期。

黄力游、林翠芳:《日汉同形异义词词典》,外语教学与研究出版社,2004。

黄玉花:《汉语常用词和与之相应的朝鲜语的汉字同字词》,《汉语学习》1990年第4期。

黄月圆:《复合词研究》,《国外语言学》1995年第2期。

黄志强、杨剑桥:《论汉语词汇双音节化的原因》,《复旦学报》(社会科学版)1990年第1期。

江苏省地方志编纂委员会编著《江苏省志·方言志》,南京大学出版社,1998。

姜淳和:《对延边朝鲜族语言使用情况的调查》,《延边大学学报》(哲学社会科学版)1994年第1期。

姜信道:《韩汉词典》,商务印书馆,2001。

姜信道主编《精选韩汉、汉韩词典》,商务印书馆,2001。

姜信沆:《朝鲜馆译语的汉字音特征》,《语言研究》1994年增刊。

金岩:《朝汉语转成宾语认定宾语的对比》,《汉语学习》1997年第6期。

金贞子:《韩国留学生汉语学习中的偏误分析》,《延边大学学报》(哲学社会科学版)1999年第4期。

李冰:《中日同形词比较研究——以〈汉语水平词汇与汉字等级大纲〉甲级词为中心》,《云南师范大学学报》(对外汉语教学与研究版)2008年第4期。

李大农:《韩国学生"文化词"学习特点探析——兼论对韩国留学生的汉语词汇教学》,《汉语学习》2000年第6期。

李得春、金基石:《汉字文化与朝鲜汉字》,《东疆学刊》1997年第3期。

李格非主编《汉语大字典》(简编本),湖北辞书出版社、四川辞书出版社,1996。

李海慈:《韩国汉字与中国语的对照研究》,硕士学位论文,韩国京畿大学，2001。

李鹤桐等:《日语汉字读音速查词典》，外语教学与研究出版社，2007。

李锦芳:《布央语研究》，中央民族大学出版社，1999。

李峤:《汉日同形词对比及对日汉语词汇教学策略》，硕士学位论文，黑龙江大学，2012。

李秀玲:《日语中因果关系表现形式之分析》，《外语学刊》1997年第2期。

李暎真:《汉语词汇与韩国语汉字词的比较研究》，硕士学位论文，山东大学，2009。

李在田:《韩国的汉字教育现状》，《汉字文化》1993年第3期。

李钟九:《〈翻译老乞大·朴通事〉所反映的汉语声调调值》，《语言文字学》1998年第3期。

廉光虎:《十五世纪以前朝鲜语敬语表现形式的考察》，《民族语文文字学》1998年第1期。

梁启超:《论译书》，《饮冰室合集·文集之一》，中华书局，1989。

林泽清:《关于日语动词的自发态》，《外语学刊》1997年第4期。

刘红英:《韩国学生汉语词汇使用偏误分析》，《沈阳师范大学学报》(社会科学版)2004年第3期。

刘晓丽:《韩语汉字词与汉语词语的对比研究及在教学中的应用》，硕士学位论文，辽宁大学，2013。

刘文祥等编《简明日汉词典》，商务印书馆，1992。

刘淑学:《日语拨音音节汉字的音读与汉语音韵的对比研究——兼论研究日语汉字音读的意义》，《河北大学学报》(哲学社会科学版)1994年第1期。

刘焱、汪如东、周红编著《现代汉语概论》(留学生版)，上海教育出版社，2009(初版)，2021(再版)。

刘元满:《汉字在日本的文化意义研究》，北京大学出版社，2003。

鲁宝元:《日汉语言对比研究与对日汉语教学》，华语教学出版社，2005。

罗大经:《鹤林玉露》，中华书局，1983。

马洪海:《朝汉双语声母对应规律初探》，《天津师范大学学报》(社会科学版）1992年第2期。

　　马洪海:《从朝、韩留学生普通话语音的偏误看汉字音的影响》,《天津师范大学学报》(社会科学版) 1997年第3期。

　　马思周、姜光辉编《东北方言词典》,吉林文史出版社,1991。

　　朴锦珠:《韩国语汉字心理形容词及与之对应的汉语词研究》,硕士学位论文,延边大学,2006。

　　朴雅映:《韩国语中的汉字词研究》,硕士学位论文,吉林大学,2007。

　　奇车山:《朝鲜语和满语、锡伯语同源词的语音对应规律探析》,《满语研究》1995年第1期。

　　奇化龙:《中韩同形词正负迁移初探》,《汉语学习》2000年第1期。

　　钱大昕:《舌音类隔之说不可信》,《十驾斋养新录》, 上海书店,1983。

　　秦明吾:《日汉同形异义词词解》,中国建材工业出版社,2005。

　　曲维、木白:《日本人的汉字观和日语汉字的特色》,《外国问题研究》1997年第1期。

　　曲维:《中日同形词的比较研究》,《辽宁师范大学学报》(社会科学版) 1995年第6期。

　　全香兰:《韩语汉字词对学生习得汉语词语的影响》,《世界汉语教学》2006年第1期。

　　全香兰:《汉韩同形词偏误分析》,《汉语学习》2004年第3期。

　　曲翰章:《通过日语汉音看假名五段与汉字四等的关系》,《中国语文》1982年第5期。

　　沈定昌:《实用日韩对照语法》,中央民族大学出版社,1994。

　　石定果:《从日语中的 " 汉语 " 词汇看汉语对日语的影响》,《语言研究》1983年第1期。

　　施建军:《中日现代语言同形词汇研究》,北京大学出版社,2019。

　　施文志:《日韩留学生汉语词语偏误浅析》,《云南师范大学学报》(对外汉语教学与研究版) 2003年第5期。

　　斯钦朝克图:《康家语研究》,上海远东出版社,1999。

　　孙宏开编著《独龙语简志》,民族出版社,1982。

唐磊主编《现代日中常用汉字对比词典》，北京出版社，1996。

太平武：《论汉译朝中的增减译法——场面信息与文字信息的转换》，《延边大学学报》（社会科学版）1993年第1期。

万玲华：《中日同字词比较研究》，博士学位论文，华东师范大学，2004。

汪平：《苏州方言的特殊词汇》，《方言》1987年第1期。

汪如东：《海安方言研究》，新华出版社，1996。

王彦承：《汉日语音对比与对日汉语语音教学》，《汉语学习》1990年第6期。

王芳：《简论汉字在日本的变迁》，《北京大学学报》（哲学社会科学版）1997年第2期。

王军彦：《试论外来语音对日本语音体系的影响》，《解放军外语学院学报》1993年第1期。

王力：《汉语语音史》，中国社会科学出版社，1985。

王克非：《汉字与日本近代翻译——日本翻译研究述评之一》，《外语教学与研究》1991年第4期。

王理嘉：《也谈日语来源的汉字词》，《汉语学习》1989年第2期。

王庆云：《韩国语中的汉源词汇与对韩汉语教学》，《语言教学与研究》2002年第5期。

王顺洪、西川和男：《中日汉字异同及其对日本人学习汉语之影响》，《世界汉语教学》1995年第2期。

王晓霞：《韩国语汉字词的传承与变异特点小议》，硕士学位论文，中央民族大学，2007。

王作新：《汉语复音词结构特征的文化透视》，《语言文字学》1995年第9期。

韦旭升、许东振编著《韩国语实用语法》，外语教学与研究出版社，1995。

翁寿元：《无锡（薛典）方言单音词汇释》，《方言》1992年第1期。

吴启禄、王伟、曹广衢、吴定川编著《布依汉词典》，民族出版社，2002。

武斌红：《朝鲜语接续词的设立问题》，《解放军外语学院学报》1997年第6期。

肖传国、张卫娣：《日汉语人称词的用法差异》，《解放军外语学院学报》1997年增刊。

熊颜文：《韩语汉字词与汉语词的比较及其教学研究》，硕士学位论文，华中师范大学，2016。

徐明济：《혼자 배우는 中國語》，正进出版社，1996。

许宝华、汤珍珠主编《上海市区方言志》，上海教育出版社，1988。

许宝华、官田一郎主编《汉语方言大词典》，中华书局，1999。

许丽英：《巢湖方言词汇（一）》，《方言》1998年第2期。

许雪华：《基于语料库的汉日同形词词性对比研究》，硕士学位论文，南京工业大学，2020。

徐在学、罗芳、陈校语、赵顺花：《韩国语汉字词读解》，延边大学出版社，2011。

阎丽艳：《浅谈日语汉字与汉语汉字的异同》，《沈阳师范学院学报》（社会科学版）1992年第4期。

杨寄洲：《汉语教程》，北京语言大学出版社，1999。

杨葳、杨乃浚编著《绍兴方言》，国际文化出版公司，2000。

杨信川：《试论入声的性质及其演变》，《语言文字学》1997年第7期。

严棉：《从闽南话到日本汉字音》，《中国语文》1994年第2期。

严翼相：《韩国古代汉字为中国上古音说》，《语言研究》1997年第1期。

姚继中：《日汉动宾结构比较研究》，《解放军外语学院学报》1997年第5期。

姚小平：《古汉语中的某些字及其意义在现代日语中的反映》，《日语学习与研究》1985年第4期。

叶祥苓：《苏州方言志》，江苏教育出版社，1988。

叶祥苓编纂《苏州方言词典》，江苏教育出版社，1993。

殷焕先、张玉来、徐明轩：《方言音韵学构架》，《山东师范大学学报》（人文社会科学版）1990年第1期。

袁庆述：《部分中古入声字读音与日语汉字音读的对应关系》，《古汉语研究》1993年第1期。

张光军:《韩国语中的汉字词缩略语》,《汉语学习》2006 年第 2 期。

(清)张之洞撰《张之洞全集》,河北人民出版社,1998。

赵炜宏:《日本的语言和日本的文化》,《哲学译丛》1998 年第 1 期。

朱京伟:《日语汉字词演变举例》,《外语教学与研究》1992 年第 3 期。

朱勇:《对日汉语词汇教学研究的现状与前瞻》,《语言文字应用》2007 年第 2 期。

朱云影:《中国文化对日韩越的影响》,广西师范大学出版社,2007。

祝大鸣:《崇西趋时、兼收并蓄的语言文化——日语近代外来语特点探析》,《解放军外语学院学报》1998 年第 1 期。

祝大鸣:《日语语言文化特点初探》,《解放军外语学院学报》1995 年第 2 期。

祝大鸣:《日语语言文化特点四探》,《外语学刊》(黑龙江大学学报) 1998 年第 1 期。

张葆华:《日语汉字读音初探》,《武汉大学学报》(哲学社会科学版) 1994 年第 4 期。

张贞爱:《朝汉双语人与英语教育》,《延边大学学报》(社会科学版) 1998 年第 1 期。

钟梅玉:《母语迁移对韩语汉字词学习的影响及相关教学策略研究》,硕士学位论文,暨南大学,2017。

附录一　本书主要讨论或辨别的汉字词语

话题、焦点（聚焦、热点）、弹力（弹性）、新闻（报纸）、模范（规范）、人事（挨拶）、基础（基盘）、署名（签名）、同意（批准）、折中、树立（建立、创立、设立）、否定（否认）、运行（运转）、诱导（引导、开导）、改善（改进、改造）、供给（提供、供应）、低廉（廉价）、发达（发展）、正直（老实、正派）、悲惨（凄惨）、含蓄（包含）、低迷（低下、低落）、老成（老练）、高级（高档）、积极、复杂、简单（容易）、老婆（老太婆、老婆儿）、名刺（名片）、石炭（煤）、箸（筷子）、驿（站）、豚（猪）、键（钥匙）、扉（门）、汤、吃茶（喝茶）、馒头、铳（枪）、红毛、麻将、文化、革命、厚生、交通、写真、刺激、象征、指标、器用、动员、组合（组织）、机关（机构）、照会、人气、顾客、约束（约会）、学习、出世、小康、改新（革新）、教书、查阅（阅读、检阅）、失脚（失足）、进出（进出口、进口、出口）、苦学、后日（以后、将来、未来）、无理、道理、试合（比赛、竞技）、服务（奉事、服侍）、延命（延龄、长命）、配达（送达、递送）、脱退（退出、脱身）、自活（自立、独立）、休讲、广场、小人、明白、心中、食福（口福、口服）、缺乏（缺少）、动摇（摇动）、试问、操心（小心、用心）、滋味、点心、场合（场所、境遇）、家常饭、本当（本来）、健康（健全、康健、健在）、家族（家属、食口）、价格（价钱、价值）、坚决（坚强、坚固）、迷惑、无心、叮咛（嘱咐、叮嘱）、追加（增加、增长）、故事、交流（交际、交往）、了解（理解）、掌握（把握）、内包（含有）、自信（自负）、风化、理屈、休养（休息、修养）、重复（反复）、交代（交接）、传来、分配、进行（进展）、符合（适合）、省觉（看法、意见、异议）、考察（察看、观察）、护送（保送）、带领（领导）、根据（据说）、出现（呈现、发现、发觉）、观看（参观）、带动（发动）、打算（计划）、打听（问路）、多少、封锁（封闭）、连带、参加（加入）、平易（平白）、持续（继续、连续、延续）、成为（作为）、部署（配置、布置）呻吟、会谈、会议、管理（保管）、保留、报告、播出（播放）、创造（制造）、创作（写作）、广大（广泛）、规定（限定）、举办（举行）、彻底、吃饭、负责、有力、打工、环境（环保）、乘马、登场（登台、出场、退场、下场）、当初（最初）、加工（加班、加油）、休假（假期）、讲话（讲演）、浮上（浮现）、放出、充满（充足）、看作（当作）、养成（培养）、看见（看到、见到、见面、见过）、降下（下降）、投下、放下、选出（选举、选拔）、辈出、得到、发出（发送）、回来（回去、回到）、加快（加速）、加强（强化）、出去（进来、进去）、过来（过去）、预防（防止）、招来（招致）、表达（表现、表明）、超过、觉得（感到）、和气、低调、不调、他人（别人）、暴发（爆发）、常见、高兴（开心）、决心（决意）、碌碌、寥寥、大大的、赤裸裸、早早、果然（当然）、突然（忽然）、会员（构成员、从业员）、先入见（成见、偏见）、不毛地、入学金（新入生）、一家族（一家、家里）、防御线（防备）、丝绸之路、专门家（专家）、运搬（搬运、搬移）、习熟（熟悉）、时限（限时、定时）、爽凉（凉爽）、制限（限制、节制、调节）、离脱（脱离）、毁损（损毁、毁害）、峻严（严峻）、开展（展开）、制压（压制、压迫）、求乞（乞求、乞讨）、情热（热情）、诱引（引诱、诱惑）、紧要（要紧）、旧怀（怀旧）、惯习（习惯）、决裁（裁决）、练磨（磨练）、心醉（醉心）、热狂（狂热）、由来（来由）、切迫（迫切）、到达（达到）、好吃（好看、好听、吃好、看好、听好）、直行、料、无用（无钱）、驰走、大手、留守、疯狂、帮助、家父（家长）、各位（大家）、答案（试卷）、风情、身上、讲座（讲席）、体质（素质）、人间、方面（方向）、内外、里面、教养（教育）、情绪、工具（道具、手段）、意味（意思）、景气、登录（注册、登记）、同居、采用（录用、采取、听取）、处分、放心、自任（自处、自命、自封）、生成、埋没、追尾（追突）、驱使、成长（生长）、经营（运营、营运）、演出（表演）、变化（改变、变更）、变态（变形）、仔细（详细）、高尚（高深）、满足（满意、不满）、杰出、清洁（洁净、廉洁、清廉）、愉快（快乐、欢乐）、明朗（开朗）、随时、人家、性格、气色、相貌（容貌、面貌）、事业（企业、职业）、阶段（阶梯）、境界、老眼、机械（机器）、对象、分离（分别、告别、分开）、告诉、归还、收敛（收集）、收获（获得）、修正（改正）、解决（解释）、突破（冲破、打破）、中毒、促成、打开、开机、保持（维持、保护）、温暖（暖和）、检查（检验）、不快、怨声、喧哗、骚扰（骚乱）、妨碍（阻碍）、出头（出面）、检举、拘束（约束、约定）、抑郁（忧郁）、不稳、恍惚（迷糊、模糊）、不自由、反面、批判（批评、非难）、检讨、指摘（指出）、实践、质问（提问）、面目（面子）、图谋（谋划）、标榜、纠合、说教、造成（形成）、招致（诱致）、粉饰（美化）、滞留（逗留）、迎合、暗算（心算）、下流、圆滑（滑溜）、失职（失业）、工作（作业）、执着（固执）、兴奋、契机（机会、时机）、远虑、口实（借口）、始末（始终、老是、一直）、可否、讲习、合格（及格）、奔走、提出（提交）、上达、从事、言及、君临、流入、既得（即席）、完璧（完美、完好、完善）、涂炭、败北（失败）、莫大（巨大）、于先（首先、事先）、有事、随意（任意）、建议（提议）、工人、大概（大约）、扶持、解脱（解放）、欢迎、本格（正统、正式）、强韧（强劲、强壮）、进路（出路、出道）、自得、筑造（建筑）、落胆（失望）、接战（激战、交战）、言下、气脉、考案（考评）、泄泻、哀惜（惋惜、可惜）、纠弹（弹劾、谴责）、收夺（抢夺、夺取、掠夺）、适切（适当、合适）、顺调（顺便、方便、便宜）、劝奖、达成、成就（成绩）、教训（教诲）、工夫（功夫）、讲义（讲授、讲稿）、婚姻（结婚）、待遇（应对、对待）、书记、注目（注意、关注）、断案（判断、判定、断定）、分派、告知、怀抱（胸怀）、滋养（营养）、担任（担当、充当）、专攻（专业、学科）、行路（走路、跑路）、担当（担任）、候补（候选）、代表、可望（有望）、被害（遇害）、逢着、拾得、撤去（拆迁）、负荷、神通（神奇、神妙）、奇妙（奇怪、异常）、系统（体系）、公式（正式）、保险（保证）、风险（危险）、调和（协调）、丰富、平衡、考究（讲究）、勉强（牵强）、激动（感动）、突出、损伤（损害）、结局（结果、后果）、不时（不日）、绝顶、高度、世上、目前（面前、眼前、当前）、故意、经常、基本（根本）、简直、强行（强制）、强行军、上手、当面（面临、直面）、不断、曾经、将近（接近）、快（快要）、跃起、究竟、接着（黏着）、提起（谈论）、不论（无论）、加上、看来、可是、家长（家主、户主）、女人（女子）、光景、食堂、先辈、集团（集体）、时间（小时、时候）、相好、现场（当场）、坦克（仓库）、正气、一方、关联（关系）、程度、好处（坏处）、生涯（生平）、对面（相对）、一手、病院、教练（训练）、叫（叫作）、食（吃）、食事、散在、追究、出马、破格、宣言（宣布）、祝贺（庆祝）、可能（能够）、隔离（隔断）、罗列（排列）、移动（转移）、出发（动身）、确认（认定、承认）、就职（在职、就业）、交易（交换）、膨胀、混同（混淆）、坚持（支持）、充实、确保（力保）、美丽（漂亮）、雄壮（雄伟）、高层（上层）、平稳、混沌（糊涂）、正确（的确）、切实（切合、确实）、荒废（浪费）、萧条（荒芜）、繁荣（繁盛）、活泼（活跃）、贫弱（衰弱、微弱）、浓密（茂密）、卓越（卓著）、鲜明（鲜亮）、分明（清楚）、难过（难受）、给（对）、对（对于、关于）、在（从）、向（朝、往）、为了（由于）、曾经（常常）、在、有点儿（一点儿）、也、比、非常、十分、极度、不过、到底（到头）、从来（原来、本来）、调理（条理）、视角（视觉）、空路（公路、道路）、统制（统治）、推进（推荐）、停滞（停止）、体裁（题材）、支配（支派）、及时（即时）、客气（客机）

附录二 日语常用汉字表

【あ】

亜、哀、爱、恶、握、圧、扱、安、暗、案

【い】

以、位、依、伟、囲、委、威、尉、意、慰、易、为、异、移、维、纬、胃、
衣、违、遗、医、井、域、育、一、壱、逸、稲、芋、印、员、因、姻、引、
饮、院、阴、隐、韵

【う】

右、宇、羽、雨、涡、浦、运、云

【え】

営、影、映、栄、永、泳、英、卫、咏、锐、液、疫、益、駅、悦、谒、越、
阅、円、园、宴、延、援、沿、演、炎、烟、猿、縁、远、铅、塩

【お】

汚、凹、央、奥、往、応、押、横、欧、殴、王、翁、黄、冲、亿、屋、忆、
乙、卸、恩、温、穏、音

【か】

下、化、仮、何、価、佳、加、可、夏、嫁、家、寡、科、暇、果、架、歌、

河、火、祸、稼、箇、花、荷、华、菓、课、货、过、蚊、我、画、芽、贺、
雅、饿、介、会、解、回、块、坏、快、怪、悔、懐、戒、拐、改、械、海、
灰、界、皆、絵、开、阶、贝、劾、外、害、慨、概、涯、街、该、垣、吓、
各、拡、格、核、壳、获、确、获、覚、角、较、郭、阁、隔、革、学、岳、
楽、额、挂、潟、割、喝、括、活、渇、滑、褐、辖、且、株、刈、乾、冠、
寒、刊、勘、勧、巻、唤、堪、完、官、寛、干、患、感、慣、憾、换、敢、
棺、款、歓、汗、汉、环、甘、监、看、管、简、缓、缶、肝、舰、観、贯、
还、鉴、间、闲、関、陥、馆、丸、含、岸、眼、岩、顽、颜、愿

【き】

企、危、喜、器、基、奇、寄、岐、希、几、忌、挥、机、旗、既、期、棋、
弃、机、帰、気、汽、祈、季、纪、规、记、贵、起、轨、辉、饥、骑、鬼、
伪、仪、宜、戯、技、拟、欺、犠、疑、义、议、菊、吉、喫、诘、却、客、
脚、虐、逆、丘、九、久、休、及、吸、宫、弓、急、救、朽、求、泣、球、
究、穷、级、纠、给、旧、牛、去、居、巨、拒、拠、挙、虚、许、距、渔、
鱼、享、京、供、竞、共、凶、协、叫、境、峡、强、恐、恭、挟、教、桥、
况、狂、狭、矫、胸、胁、兴、郷、镜、响、惊、仰、凝、晓、业、局、曲、
极、玉、勤、均、斤、琴、禁、筋、紧、菌、襟、谨、近、金、吟、银

【く】

句、区、苦、驱、具、愚、虞、空、偶、遇、隅、屈、掘、靴、繰、桑、勲、
君、薫、训、群、军、郡

【け】

系、倾、刑、兄、启、型、契、形、径、惠、庆、憩、揭、携、敬、景、渓、
系、经、继、茎、蛍、计、警、轻、鶏、芸、迎、鲸、剧、撃、激、杰、欠、
决、洁、穴、结、血、月、件、俭、健、兼、券、剑、圈、坚、嫌、建、宪、
悬、検、権、犬、献、研、绢、县、肩、见、谦、贤、轩、遣、険、颜、驗、
元、原、厳、幻、弦、减、源、玄、现、言、限

【こ】

个、古、呼、固、孤、己、库、弧、戸、故、枯、湖、夸、雇、顾、鼓、五、
互、午、呉、娯、後、御、悟、碁、语、误、护、交、侯、候、光、公、功、
効、厚、口、向、后、坑、好、孔、孝、工、巧、幸、広、康、恒、慌、抗、
拘、控、攻、更、校、构、江、洪、港、沟、甲、皇、硬、稿、红、绞、纲、
耕、考、肯、航、荒、行、衡、讲、贡、购、郊、酵、鉱、钢、降、项、香、
高、刚、号、合、拷、豪、克、刻、告、国、谷、酷、黑、狱、腰、骨、込、
今、困、垦、婚、恨、恳、昆、根、混、绀、魂

【さ】

佐、唆、左、差、査、砂、诈、锁、座、债、催、再、最、妻、宰、彩、才、
采、栽、歳、済、灾、砕、祭、斎、细、菜、裁、载、际、剂、在、材、
罪、财、坂、咲、崎、作、削、搾、昨、策、索、错、桜、册、刷、察、撮、
擦、札杀、雑、皿、三、伞、参、山、惨、散、栈、产、算、蚕、赞、酸、
暂、残

【し】

仕、伺、使、司、史、嗣、四、士、始、姉、姿、子、市、师、志、思、指、
支、施、旨、枝、止、死、氏、祉、私、糸、纸、紫、肢、脂、至、视、词、
诗、试、志、谘、资、赐、雌、饲、歯、事、似、侍、児、字、寺、慈、持、
次、滋、治、玺、磁、示、耳、自、辞、式、识、轴、七、执、失、室、湿、
漆、疾、质、实、芝、舍、写、射、舍、赦、斜、煮、社、者、谢、车、遮、
蛇、邪、借、勺、尺、爵、酌、釈、若、寂、弱、主、取、守、手、朱、殊、
狩、珠、种、趣、酒、首、儒、受、寿、授、树、需、囚、收、周、宗、就、
州、修、愁、拾、秀、秋、终、习、臭、舟、众、袭、周、酬、集、丑、住、
充、十、従、柔、汁、渋、獣、縦、重、铳、叔、宿、淑、祝、缩、肃、塾、
熟、出、术、述、俊、春、瞬、准、循、旬、殉、准、润、盾、纯、巡、遵、
顺、処、初、所、暑、庶、绪、署、书、诸、助、叙、女、序、徐、除、伤、
偿、胜、匠、升、召、商、唱、奖、宵、将、小、少、尚、床、彰、承、抄、

招、掌、升、昭、晶、松、沼、消、涉、烧、焦、照、症、省、硝、礁、祥、
称、章、笑、桩、绍、肖、冲、讼、证、诏、详、象、赏、钟、障、上、丈、
乘、冗、剩、城、场、壤、嬢、常、情、条、净、状、畳、蒸、讓、醸、锭、
嘱、饰、植、殖、织、职、色、触、食、辱、伸、信、侵、唇、娠、寝、审、
心、慎、振、新、森、浸、深、申、真、神、绅、臣、薪、亲、诊、身、辛、
进、针、震、人、仁、刃、寻、甚、尽、迅、阵

【す】

酢、図、吹、垂、帅、推、水、炊、睡、粹、衰、遂、醉、锤、随、髄、崇、
数、枢、据、杉、澄、寸

【せ】

世、瀬、亩、是、制、势、姓、征、性、成、政、整、星、晴、正、清、牲、
生、盛、精、圣、声、制、西、诚、誓、请、逝、青、静、斉、税、只、席、
惜、斥、昔、析、石、积、籍、绩、责、赤、迹、切、拙、接、摂、折、设、
窃、节、说、雪、绝、舌、仙、先、千、占、宣、専、川、戦、扇、栓、泉、
浅、洗、染、潜、旋、线、繊、船、荐、践、选、迁、銭、铣、鲜、前、善、
渐、然、全、禅、缮

【そ】

塑、措、疎、础、祖、租、粗、素、组、诉、阻、僧、创、双、仓、丧、壮、
奏、层、想、搜、扫、挿、操、早、曹、巣、槽、燥、争、相、窓、総、草、
荘、葬、藻、装、走、送、遭、霜、骚、像、增、憎、臓、蔵、赠、造、促、
侧、则、即、息、束、测、足、速、俗、属、贼、族、统、卒、存、孙、尊、
损、村

【た】

他、多、太、堕、妥、惰、打、驮、体、对、耐、带、待、怠、态、替、泰、
滞、胎、袋、贷、退、逮、队、代、台、大、第、题、滝、卓、宅、择、拓、

泽、濯、托、浊、诺、但、达、夺、脱、棚、谷、丹、单、叹、担、探、淡、
炭、短、端、胆、诞、锻、团、坛、弹、断、暖、段、男、谈

【ち】
值、知、地、耻、池、痴、稚、置、致、迟、筑、畜、竹、蓄、逐、秩、室、
茶、嫡、着、中、仲、宙、忠、抽、昼、柱、注、虫、衷、铸、驻、著、贮、
丁、兆、帐、厅、吊、张、雕、徵、惩、挑、朝、潮、町、眺、聪、胀、肠、
调、超、跳、长、顶、鸟、勅、直、朕、沈、珍、赁、镇、陈

【つ】
津、坠、追、痛、通、冢、渍、坪、钓

【て】
亭、低、停、侦、贞、呈、堤、定、帝、底、庭、廷、弟、抵、提、程、缔、
艇、订、递、邸、泥、摘、敌、滴、的、笛、适、哲、彻、撤、迭、鉄、典、
天、展、店、添、転、点、伝、殿、田、电

【と】
吐、涂、徒、斗、渡、登、途、都、努、度、土、奴、怒、倒、党、冬、冻、
刀、唐、塔、岛、悼、投、搭、东、桃、栋、盗、汤、灯、当、痘、等、答、
筒、糖、统、到、讨、誉、豆、踏、逃、透、陶、头、腾、阅、働、动、同、
堂、导、洞、童、胴、道、铜、峠、匿、得、德、特、督、笃、毒、独、読、
凸、突、届、屯、豚、昙、钝

【な】
内、縄、南、软、难

【に】
二、尼、弍、肉、曰、乳、入、如、尿、任、妊、忍、认

【ね】

宁、猫、热、年、念、燃、粘

【の】

悩、浓、纳、能、脑、农

【は】

把、覇、波、派、破、婆、马、俳、廃、拝、排、败、杯、背、肺、辈、配、
倍、培、媒、梅、买、壳、赔、陪、伯、博、拍、泊、白、舶、薄、迫、漠、
爆、缚、麦、箱、肌、畑、八、钵、発、髪、伐、罚、抜、阀、伴、判、半、
反、帆、搬、板、版、犯、班、畔、繁、般、藩、贩、范、烦、颁、饭、晩、
番、盘、蛮

【ひ】

卑、否、妃、彼、悲、扉、批、披、比、泌、疲、皮、碑、秘、罢、肥、被、
费、避、非、飞、备、尾、微、美、鼻、匹、必、笔、姫、百、表、标、氷、
漂、票、表、评、描、病、秒、苗、品、浜、贫、宾、频、敏、瓶

【ふ】

不、付、夫、妇、富、布、府、怖、扶、敷、普、浮、父、符、腐、肤、谱、
负、赋、赴、附、侮、武、舞、部、封、风、伏、副、复、幅、服、福、腹、
复、覆、払、沸、仏、物、分、喷、坟、愤、奋、粉、纷、雾、文、闻

【へ】

丙、并、兵、塀、币、平、弊、柄、并、闭、陛、米、壁、癖、别、偏、変、
片、编、辺、返、遍、便、勉、弁

【ほ】

保、舗、捕、步、补、穂、募、墓、慕、暮、母、簿、仿、俸、包、报、奉、

宝、峰、崩、抱、放、方、法、泡、炮、缝、胞、芳、褒、访、丰、邦、饱、
乏、亡、傍、剖、坊、妨、帽、忘、忙、房、暴、望、某、棒、冒、纺、肪、
膨、谋、贸、防、北、仆、墨、扑、朴、牧、没、堀、奔、本、翻、凡、盆

【ま】
摩、磨、魔、麻、埋、妹、枚、每、幕、膜、又、抹、末、茧、万、慢、
满、漫

【み】
味、未、魅、岬、密、脉、妙、民、眠

【む】
务、梦、无、矛、雾、婿、娘

【め】
名、命、明、盟、迷、铭、鸣、灭、免、绵、面

【も】
模、茂、妄、毛、猛、盲、网、耗、木、默、目、戻、问、纹、门、勿

【や】
夜、野、矢、厄、役、约、薬、訳、跃、柳

【ゆ】
愉、油、愈、谕、输、唯、优、勇、友、幽、悠、忧、有、犹、由、裕、诱、
游、邮、雄、融、夕

【よ】
予、余、与、誉、预、幼、容、庸、扬、摇、拥、曜、様、洋、溶、用、窑、

羊、叶、要、谣、踊、阳、养、抑、欲、浴、翌、翼

【ら】
罗、裸、来、頼、雷、络、落、酪、乱、卵、栏、滥、覧

【り】
利、吏、履、理、痢、裏、里、离、陆、律、率、立、略、流、留、硫、粒、
隆、竜、虑、旅、虏、了、僚、両、寮、料、凉、猟、疗、粮、良、量、陵、
领、力、绿、伦、厘、林、临、轮、隣

【る】
塁、涙、累、类

【れ】
令、例、冷、励、礼、铃、隷、零、霊、丽、齢、曆、歴、列、劣、烈、裂、
廉、恋、练、连、錬

【ろ】
炉、路、露、劳、廊、朗、楼、浪、漏、老、郎、六、录、论

【わ】
和、话、贿、惑、枠、湾、腕

附录三　常用汉字韩语发音表

각：角、覺、閣、脚、殼、恪、各、恪、觉、却、刻、珏

가：可、架、街、賈、駕、茄、苛、柯、袈、家、價、假、加、嫁、嘉、歌、
　　稼、暇、佳、痂、枷

간：間、簡、墾、看、揀、艱、竿、杆、刊、諫、澗、艮、侃、柬、桿、奸、
　　干、肝、恳

갈：渴、葛

감：甘、監、勘、感、敢、减、邯、堪、鑑、柑、橄

갑：甲、鉀

강：鋼、降、剛、姜、講、岡、康、强、疆、江、崗、畺、鱇、襁

개：開、個、蓋、凱、漑、豈、慨、改、皆、价、介

객：客

갱：更

거：擧、據、遽、踞、去、居、巨、車、拒、渠、距

건：鍵、騫、愆、蹇、騝、建、虔、乾、件、健、巾、键

걸：杰、傑

검：檢、儉、劍、劒

겁：怯

게：憩、揭

격：擊、格、激、

견：堅、牽、肩、遣、譴、犬、見、绢

결：結、決、潔、訣、抉

겸：兼、謙

경：經、傾、鏡、卿、瓊、经、耕、警、轻、镜、耿、鯨、京、敬、擎、境、
庚、更、硬、競、輕、庚、镜、驚、勁

계：係、計、繼、階、契、鷄、啓、季、戒、桂、誡、溪、癸、界、稽、
榮、悸

고：庫、顧、雇、攷、藁、高、鼓、古、告、固、姑、孤、库、故、敲、枯、
稿、叩

곡：哭、曲、谷、穀、梏、斛

곤：崑、滾、昆、琨、困、坤、鯤

골：骨

공：貢、鞏、蚣、珙、公、共、功、孔、工、恐、恭、拱、攻、空、贡、供

과：課、過、誇、鍋、寡、戈、果、瓜、科、菓

곽：廓、郭

관：管、観、貫、関、館、冠、官、寬、慣、款、灌、琯、棺

괄：括

광：廣、洸、珖、曠、鑛、侊、光、匡、狂

괘：掛

괴：塊、壞、怪、愧

굉：宏

교：橋、矯、較、郊、交、僑、喬、嬌、巧、教、校

구：丘、久、九、俱、具、區、口、句、坵、拘、救、搆、懼、求、玖、球、
矩、究、舊、邱、狗、苟、鍒、毆、溝

국：國、局、菊、鞠

군：群、軍、郡、君

굴：屈

궁：宮、弓、窮、躬

권：卷、拳、券、権、勧

궐：闕、厥

궤：軌、机、詭

귀: 貴、鬼、歸

규: 叫、圭、奎、揆、珪、規、閨

균: 均、畇、菌、鈞

귤: 橘

극: 極、克、剧

근: 勤、近、斤、根、槿、瑾

금: 今、琴、禁、禽、金

급: 及、急、級、給

긍: 亘、兢、矜、肯

기: 企、其、冀、嗜、器、基、奇、寄、岐、崎、已、幾、忌、技、旗、既、
　　期、杞、棋、棄、機、欺、氣、汽、沂、琦、琪、畿、磯、祺、祈、箕、
　　紀、耆、伎、埼、夔、淇

끽: 喫

긴: 緊

길: 吉、拮、桔、

김: 金

【ㄴ】

나: 羅、裸、那、奈、娜、挐、拿

낙: 樂、洛、珞、落、諾

난: 亂、卵、暖、欄、煖、蘭、難

날: 捺

남: 南、楠、濫、男、藍

납: 拉、納

낭: 娘、廊、朗、浪、狼

내: 耐、乃、来、内、奈

녀: 女

년: 年

념: 念、恬

녕：宁

노：老、虜、路、露、駑、魯、努、勞、奴、廬

녹：綠、錄、鹿

논：論

농：農、弄、濃、籠

뇌：腦、賂、雷、惱

뇨：尿

누：樓、淚、漏、累

눌：訥

뉴：杻、紐

능：能、菱、陵、凌

니：尼、泥

닉：匿、溺

【ㄷ】

다：多、茶

단：鍛、丹、但、單、團、壇、斷、旦、檀、段、短、端

달：達、撻、獺、疸

담：啖、擔、淡、胆、譚、湛

답：沓、答、踏

당：堂、塘、撞、棠、當、糖、黨、唐

대：大、對、岱、帶、待、垈、戴、臺、袋、貸、隊

댁：宅

덕：德、悳

도：島、度、徒、悼、挑、渡、滔、燾、睹、稻、萄、賭、跳、蹈、逃、途、
　　道、都、陶、倒、刀、到、塗、導、屠

독：讟、毒、瀆、獨、督

돈：惇、敦、旽、沌、豚、頓

돌：突

동：東、桐、棟、洞、潼、疼、童、胴、董、銅、冬、凍、同

두：斗、杜、痘、讀、豆、頭、兜

둔：屯、遁、鈍、芚

득：得

등：鄧、騰、嶝、燈、登、等、藤、謄

【ㄹ】

라：喇、懶、挐、癩、羅、蘿、裸

락：洛、烙、珞、落、諾、駱、樂

란：蘭、丹、亂、卵、欄、瀾

랄：剌、辣

람：攬、濫、籃、藍

랍：拉、臘、蠟

랑：廊、朗、浪、狼、郎

래：來、崍、徠、萊

랭：冷

략：掠、略

량：亮、兩、涼、梁、粮、良、諒、量

려：麗、黎、侶、儷、呂、廬、慮、戾、旅、濾、間、驪

력：力、曆、歷、礫、轢

련：連、鍊、憐、戀、聯、蓮

렬：冽、列、劣、洌、烈、裂

렴：廉、斂、濂

렵：獵

령：令、囹、寧、嶺、怜、玲、零、靈、領、齡

례：例、禮、隸

로：路、露、魯、勞、怒、擄、濾、廬、老、虜

록：碌、祿、綠、錄、鹿

론：論

롱：壟、弄、瀧、籠、聾

뢰：儡、瀨、賂、雷

료：了、僚、寮、料、療、聊、遼

룡：龍

루：樓、淚、漏、累、陋、壘、婁

류：柳、榴、流、溜、琉、硫、瑠、留、謬、類、劉

륙：六、戮、陸

륜：侖、倫、崙、淪、輪

률：率、律、慄、栗

륭：隆

륵：勒、肋

름：凜

릉：陵、凌、稜、綾

리：里、離、鯉、俚、利、吏、異、厘、裏、李、理、裡、梨

린：磷、隣、鱗、麟

림：霖、林、淋、琳、臨

립：立、笠、粒

【ㅁ】

마：馬、魔、麻、摩、瑪、痲、碼、磨

막：寞、幕、漠、膜、莫、邈

만：滿、漫、灣、萬、蔓、蠻、饅、娩、慢、晚、曼

말：抹、末、沫

망：亡、妄、忘、忙、望、網、罔、芒、茫

매：梅、每、罵、買、賣、邁、魅、埋、妹、媒、昧、枚

맥：脈、貊、驀、麥

맹：孟、氓、猛、盲、盟、萌

멱：冪、覓

면：免、冕、勉、眠、綿、面、麵

멸：滅、蔑

명：明、溟、瞑、皿、酩、銘、鳴、冥、命

메：袂

모：貌、侮、冒、募、姆、帽、慕、摸、摹、某、模、母、毛、牟、牡、矛、
　　茅、謀、謨

목：木、沐、牧、目、睦、穆

몰：歿、没

몽：蒙、朦

묘：苗、卯、墓、妙、廟、描、杳、渺、貓

무：貿、霧、務、巫、憮、戊、拇、撫、无、武、母、無、舞、茂、誣

묵：墨、默

문：門、雯、們、刎、吻、文、汶、紋、聞

물：物、勿

미：尾、嵋、彌、微、未、楣、湄、眉、美、米、謎、迷、味、媚

민：民、玟、珉、閔、悶、愍、憫、敏、旻、旼

밀：密、蜜、謐

【ㅂ】

박：剝、樸、泊、箔、粕、縛、膊、舶、薄、迫、博、拍、搏、撲

반：班、畔、盤、盼、磐、般、返、飯、伴、半、反、叛、搬

방：方、旁、榜、紡、訪、邦、防、龐、倣、傍、妨、幫、彷、房、放

배：褙、賠、輩、配、倍、徘、拜、排、杯、背、胚、裴

백：白、百、魄、伯、佰、帛、柏

번：樊、煩、番、燔、繁、藩

벌：伐、筏、罰、閥

범：帆、梵、汎、泛、犯、範、范、凡

법：法、琺

벽：壁、擘、璧、癖、碧、闢、霹、僻

변：邊、便、卞、弁、變、辨、辯

별：別、瞥

병：丙、併、兵、屏、并、昞、晒、柄、炳、瓶、病、秉、餠

보：保、堡、報、寶、普、步、潽、洑、甫、菩、补、褓、譜、輔

복：伏、僕、卜、復、服、福、腹、匐、覆

본：本

봉：俸、奉、封、峯、峰、捧、烽、蓬、逢、絳、縫、鳳

부：不、付、府、傅、剖、輔、傳、副、夫、浮、腐、婦、扶、負、俯、芙、
　　附、赴、釜、膚、富、俘、阜、讣、步、部、怖

북：北

분：分、噴、墳、奔、奮、忿、憤、扮、汾、焚、盆、粉、糞、紛、芬

불：不、佛、弗、仏

붕：崩、朋、棚、硼、繃

비：丕、備、匕、匪、卑、妃、庇、悲、批、斐、比、泌、琵、碑、秘、翡、
　　肥、誹、費、非、飛、鼻

빈：嬪、彬、殯、浜、濱、瀕、貧、賓、頻

빙：憑、聘、騁

【ㅅ】

사：乍、事、些、仕、似、使、俟、傞、史、司、唆、嗣、四、士、奢、娑、
　　寫、寺、射、巳、師、徙、思、捨、斜、斯、查、死、沙、泗、獅、砂、
　　社、祀、祠、私、絲、舍、蛇、裟

삭：削、數、朔、索

산：傘、删、山、散、汕、珊、產、算、酸、霰

살：撒、殺、薩

삼：三、參、杉、森、滲、蔘、衫

삽：插、澁、鈒、颯

상：上、傷、像、償、商、喪、嘗、尚、常、庠、床、想、桑、橡、湘、相、
　　祥、箱、翔、裳、觴、詳、象、賞、霜

쌍：雙

새：塞、賽

색：嗇、塞、穡、索、色

생：牲、生、省

서：婿、序、庶、徐、恕、抒、叙、暑、曙、書、栖、棲、犀、瑞、逝、緒、
署、胥、舒、西、誓、鼠

석：夕、奭、席、惜、昔、晳、析、汐、潟、石、碩、釋、錫

선：仙、先、善、宣、扇、敾、旋、渲、煽、瑄、禪、線、膳、船、蟬、譔、
選、鮮

설：楔、渫、褻、泄、舌、薛、設、説、雪

섬：纖、殲、閃、陝

섭：攝、奢、燮、葉

성：城、姓、性、惺、成、星、晟、盛、省、聖、聲、腥、誠、醒

세：世、勢、洗、税、細、説、歳、貰

소：召、塑、宵、小、巢、所、掃、搔、昭、沼、消、溯、瀟、燒、疏、笑、
簫、素、紹、蘇、訴、逍、遡、銷、騷

속：俗、屬、束、粟、續

손：孫、巽、損、蓀、遜

솔：率

송：宋、悚、松、淞、訟、誦、送、頌

쇄：刷、殺、碎、鎖

쇠：衰、釗

수：修、受、囚、垂、壽、嫂、守、帥、愁、戍、手、授、搜、收、數、樹、
殊、水、洙、狩、獸、睡、秀、粹、繡、羞、脩、蒐、袖、誰、讐、輸、
逐、酬

숙：叔、塾、孰、宿、淑、熟、肅、潚

순：徇、循、旬、殉、洵、淳、盾、瞬、筍、純、舜、荀、詢、諄、

술：戌、術、述、鉥

숭：崇、嵩

슬：瑟、膝、蝨

습：拾、習、褶、襲、濕

승：丞、乘、僧、勝、升、承、昇、陞

시：侍、匙、始、尸、屎、屍、市、弑、恃、施、是、時、柴、矢、示、視、試、詩、謚、豕

씨：氏

식：式、息、拭、植、殖、食、飾、軾、識、埴

신：伸、信、呻、娠、慎、新、晨、神、紳、腎、臣、莘、汛、身、辛、辰、迅

실：失、室、實、悉

심：審、尋、心、沈、瀋、甚、讚

십：十、拾、什

【ㅇ】

아：亜、俄、児、啞、娥、我、牙、芽、衙、訝、阿、雅、餓、鵝

악：岳、嶽、惡、握、樂、鄂

안：安、岸、按、晏、案、眼、雁、鞍、顏、鮟

알：斡、謁、軋、閼

암：唵、岩、巖、庵、暗、癌、闇

압：壓、押、狎、鴨

앙：仰、央、怏、昂、殃、秧

애：崖、哀、埃、愛、礙、艾、隘

액：厄、掖、液、縊、額

앵：櫻、鸚

야：也、倻、冶、夜、惹、爺、耶、若、野

약：弱、掠、略、約、若、藥、躍

양：亮、兩、涼、壤、孃、恙、揚、梁、楊、樣、洋、煬、瘍、糧、羊、良、襄、諒、讓、諒、陽、量、養

어：圄、御、於、漁、禦、語、魚

억：億、憶、抑

언：堰、偃、言、焉、諺

얼：孽、蘖

엄：俺、儼、嚴、奄、掩、淹

업：業

여：予、余、呂、女、如、廬、如、旅、汝、與、麗

역：亦、力、域、役、易、歷、疫、譯、驛

연：妍、娟、宴、年、憐、延、戀、捐、撚、挺、沇、沿、涎、淵、烟、演、然、煉、燕、研、硯、缘、聯、衍、軟、蓮、連、鉛、煙、鳶

열：列、劣、悦、烈、熱、裂、閱、說

염：厭、廉、念、染、殮、炎、焰、艷、閻

엽：葉、曄、獵、燁

영：令、囹、塋、寧、影、映、栄、永、泳、瀛、英、迎、嶺、營、瑛、暎、瑩、怜、鈴、零、靈、領

예：例、睿、藝、禮、譽、銳、隸、詣、裔、銳、預、豫

오：五、伍、傲、午、吾、悟、敖、梧、污、澳、惡、熬、吳、娛、烏、嗚、寤、誤

옥：屋、沃、玉、獄、鈺

온：溫、穩、瘟

올：兀

옹：擁、雍、瓮、翁、甕、邕

와：渦、瓦、窩、蛙、臥、訛

완：婉、完、宛、浣、玩、琬、緩、阮、頑

왈：曰

왕：往、王、旺、汪

왜：倭、歪、矮

외：外、嵬、巍、猥、畏

요：了、僚、凹、堯、妖、寥、寮、尿、搖、擾、料、曜、藥、療、窯、耀、腰、要、遙、遼、邀、饒

욕：欲、浴、褥、辱

용：佣、勇、庸、甬、用、踊、容、溶、蓉、龍、備

우：于、佑、偶、優、又、友、右、宇、寓、尤、愚、牛、盂、禹、羽、芋、
　　迂、遇、隅、郵、祐

욱：旭、昱、煜、郁

운：雲、殞、芸、運、韻

울：蔚、蔚、鬱

웅：熊、雄

원：院、鴛、願、原、元、員、遠、園、猿、苑、阮、源、援

월：月、越、钺

위：位、危、委、威、尉、渭、爲、胃、僞、衛、偉、圍、魏

유：乳、儒、流、柳、維、劉、類、兪、流、由、遺、誘、裕、遊、留、柔、
　　喩、榆、庚、蹂、油、幽

육：肉、六、育、陸

윤：倫、允、尹、潤、閏、玧、淪、胤、輪、崙

율：律、率、栗、慄

융：融、戎、瀜、絨、隆

은：銀、恩、垠、殷、隱、慇

을：乙

음：音、蔭、陰、飲、吟、淫

읍：揖、邑、泣

응：凝、應、鷹

의：義、意、議、依、疑、衣、宜、倚、誼、椅、醫、矣

이：二、以、伊、利、吏、夷、姨、履、已、彝、怡、易、李、梨、泥、珥、
　　爾、理、異、痢、移、而、耳、裏、里、離

익：匿、溺、益、翊、翌、瀷、

인：人、忍、刃、認、引、因、湮、磷、湮、茵、麟、鱗、寅

일：一、壹、日、溢、逸、鎰、馹

임：任、壬、妊、林、淋、賃、臨、稔

입：入、廿、立、笠、粒

잉：剩、孕、仍、芿

【ㅈ】

자：仔、刺、咨、姊、姿、子、字、恣、慈、滋、炙、兹、瓷、疵、磁、紫、
　　者、自、茨、籍、諮、資、雌

작：作、勺、嚼、昨、炸、爵、酌、雀、鵲

잔：孱、棧、殘、盞

잠：岑、暫、潛、箴、蠶

잡：雜

장：丈、仗、匠、場、牆、樟、壯、奬、將、帳、庄、張、掌、杖、暲、檣、
　　狀、獐、腸、臧、莊、葬、蔣、藏、醬、長

재：再、哉、在、宰、才、材、栽、災、裁、財

쟁：爭、箏、諍、錚

저：仁、低、著、貯、姐、箸、詛、抵、猪、邸、咀、躇、沮、楮、渚、這

적：嫡、寂、摘、敵、滴、狄、的、積、赤、賊、跡、笛、迪、炙、適吊

전：全、戰、電、展、田、前、傳、轉、專、典、錢、殿、塡、煎、栓、奠、
　　箭、篆、箋、顚、纏、鐫、銓、鈿、旬、餞、悛、筌

절：切、截、折、浙、絶、節

점：占、店、漸、点、粘、霑、點

접：接、摺、蝶

정：丁、井、亭、停、呈、定、正、精、程、情、貞、整、庭、靜、頂、征、
　　鼎、艇、偵、挺、訂、晴、淀、珽、炡、町、鄭

제：制、堤、帝、弟、悌、提、梯、祭、第、製、濟、際、除、諸、劑、齊、
　　蹄、啼、臍、題

조：兆、助、嘲、弔、彫、措、操、早、晁、曹、朝、條、槽、漕、潮、照、
　　爪、眺、祖、祚、租、窕、粗、糟、組、蚤、詔、調、趙、造、釣、阻、
　　雕、鳥、凋

족：族、簇、足、鏃

존：存、尊

졸：卒、拙、猝

종：宗、琮、從、鍾、種、終

좌：左、佐、座、挫、坐

죄：罪

주：主、住、侏、做、姝、胄、呪、周、奏、宙、州、晝、朱、柱、株、注、
　　洲、珠、籌、紂、酒、駐

죽：竹、粥

준：俊、儁、准、埈、峻、浚、準、遵、竣

줄：茁

중：中、仲、衆、重

즉：即

즐：櫛

즙：楫、汁、茸

증：增、憎、曾、烝、甑、症、繒

지：之、只、咫、地、址、志、持、指、摯、支、旨、枝、枳、止、池、沚、
　　祇、紙、肢、至、芝、誌、遲、識、趾

직：直、職、直、稷、稙

진：真、珍、疹、唇、晉、津、振、診、震、陳、陣、塵、盡、賑、珍、臻、
　　嗔、畛

질：侄、叱、嫉、疾、窒、質、姪、跌、帙

짐：斟、朕

집：輯、執、什、緝、集

징：澄、懲、徵

【ㅊ】

차：且、侂、借、次、差、茶、此、叉、蹉、嗟、嵯、遮、車

착：着、錯、捉、窄、鑿、搾

찬：撰、燦、纂、贊、饌、璨、餐

찰: 刹、察、擦、札、紮

참: 參、慘、斬、站、懺、憨、讒、僭、讖

창: 昌、創、窓、倉、唱、彰、蒼、脹、昶、廠、槍、瘡、艙、娼、暢、菖、滄

채: 債、採、蔡、菜、彩、采、釵、寨

책: 冊、策、責、柵

처: 凄、妻、悽、處

척: 尺、刺、斥、脊、剔、戚、拓、倜、擲、蹠、瘠

천: 天、千、川、泉、阡、闡、喘、薦、穿、淺、擅、韆

철: 鐵、哲、撤、凸、轍、澈、綴、喆

첨: 添、尖、沾、僉、詹、簽、籤、甛

첩: 捷、帖、妾、牒、貼、諜、堞、疊

청: 靑、淸、廳、請、聽、晴、菁、鯖

체: 切、剃、替、涕、締、滯、諦、體、逮

초: 草、初、礎、超、招、焦、椒、秒、楚、肖、哨、剿、硝、抄、礁、蕉、貂、憔、炒、苕

촌: 村、寸、忖、邨

총: 總、銃、聰、蔥、塚、寵、叢、悤

촬: 撮

최: 崔、最、催

추: 醜、推、秋、抽、墜、錐、趨、趣、樞、錘、醜、楸、鄒、酋、椎、皺、驟

축: 築、畜、縮、蓄、蹴、祝、逐、軸、丑、筑、竺

춘: 春、椿、瑃

출: 出、黜、朮

충: 忠、充、蟲、衝、沖、衷

췌: 萃、膵、悴、贅

취: 取、就、聚、醉、趣、吹、臭、炊、翠、脆、鷲、驟、娶

측: 側、測、惻、仄、厠

층：層

치：治、置、值、致、齒、恥、稚、熾、峙、緻、侈、馳、痴、幟、輜、嗤、
　蚩、梔

칙：則、勅、飭

친：親

칠：七、漆、柒

침：侵、針、沈、浸、寢、枕、鍼、砧、琛

첩：蟄

칭：稱、秤

【ㅋ】

쾌：快

【ㅌ】

타：他、打、墮、妥、陀、楕、唾、駝、惰、舵、朶、拖、咤、馱

탁：託、卓、濁、鐸、濯、擢、琢、托、啄、度、拓、坼、琸

탄：炭、彈、灘、攤、嘆、誕、歎、綻、吞、坦、憚

탈：脫、奪

탐：探、耽、貪、眈

탑：塔、搭、榻

탕：湯、蕩、宕、帑、糖

태：太、泰、態、胎、兌、苔、台、殆、汰、颱、笞、跆、邰

택：宅、澤、擇

탱：撑

터：攄

토：土、討、兎、吐

통：通、統、痛、桶、筒、慟、洞

퇴：退、堆、頹、褪、槌

투：投、鬪、透、偸、套、妬

특：特、慝

【ㅍ】

파：波、派、破、把、巴、播、婆、琶、坡、頗、爬、擺、跛、杷、罷

판：判、板、版、販、瓣、阪、辦、坂、鈑

팔：八、叭、捌

패：敗、霸、貝、牌、佩、狽、稗、沛、湏、悖

팽：彭、膨、澎、烹

퍅：愎

편：編、便、篇、片、鞭、遍、扁、翩、騙

폄：貶

평：平、評、坪、萍、枰

폐：廢、閉、弊、幣、陛、蔽、吠、斃、嬖

포：浦、包、胞、布、捕、砲、葡、抛、怖、飽、怖、泡、蒲、脯、袍、褒、
　　疱、苞、暴

폭：暴、爆、幅、瀑、曝、輻

표：表、標、票、杓、漂、彪、豹、瓢、飄、剽、飆、驃

품：品、稟

풍：豊、風、楓、諷、馮

피：皮、被、避、疲、彼、披、陂

필：必、弼、筆、泌、畢、匹、疋、毖、苾、秘

핍：乏、逼

【ㅎ】

하：河、下、夏、荷、何、賀、霞、廈、遐、蝦、瑕、昰

학：學、鶴、虐、壑

한：韓、漢、限、寒、翰、恨、閑、旱、汗、澣、閒、罕、悍、瀚

할：割、轄

함：咸、含、艦、函、陷、喊、唅、涵、緘、檻、銜、鹹、涵

합：合、蛤、盒、閤、陜、哈、闔

항：港、抗、恒、航、項、沆、降、亢、肛、杭、巷、桁、嫦、缸、桁、姮、
　　伉、行

해：海、解、害、該、亥、咳、諧、骸、駭、奚、蟹、偕、邂、楷、瀣

핵：核、劾

행：行、幸、杏、倖、荇

향：向、響、香、鄉、享、饗、嚮、珦、珦、餉

허：許、虛、墟、噓

헌：憲、獻、軒、櫶

헐：歇

험：驗、險

혁：革、赫、爀、奕

현：現、鉉、賢、玄、顯、縣、峴、懸、弦、炫、鉉、眩、絢、舷、衒、見、
　　俔、玹、睍、泫

혈：血、穴、頁、孑

혐：嫌

협：協、脅、峽、狹、俠、浹、挾、夾、鋏、莢、頰、脇

형：形、型、兄、衡、刑、炯、亨、馨、螢、珩、邢、瀅、瑩、逈

혜：惠、慧、蕙、醯、彗、鞋、兮、嘒、蹊

호：護、浩、鎬、好、號、湖、互、虎、豪、呼、戶、昊、胡、乎、弧、皓、
　　扈、糊、壺、壕、毫、祜、灝、蒿、琥、芦、蝴、縞、葫、瓠

혹：惑、或、酷

혼：混、魂、渾、昏、琿

홀：忽、惚、笏

홍：洪、弘、鴻、紅、泓、虹、汞、哄、訌、烘

화：化、和、貨、話、華、花、畫、火、禾、靴、嬅、樺、譁

확：確、擴、穫、碻、攫、廓

환：煥、環、換、患、還、桓、歡、幻、丸、喚、宦、渙、紈、鰥、驩、
　　奐、皖

활：活、滑、闊、豁、猾

회：會、回、灰、廻、悔、懷、繪、淮、檜、賄、晦、徊、蛔、膾、恢、茴、匯、誨、獪、澮

획：劃

횡：橫、宏、鐄

효：孝、效、曉、酵、爻、嚆、梟、哮、肴、斅、洨、淆、驍

후：後、候、厚、侯、后、朽、喉、嗅、吼、逅、帿、煦、珝

훈：勳、薰、訓、熏、壎、焄、燻、塤、暈、勛

훤：萱、喧、暄、煊

훼：毁、卉、喙

휘：揮、輝、徽、彙、暉、麾、煇、諱

휴：休、携、烋、畦、虧

휼：恤、譎、鷸

흉：凶、胸、兇、匈、洶

흘：吃、訖、屹

흠：欽、欠、歆

흡：吸、洽、恰、翕

흥：興

희：熙、喜、嬉、姬、希、禧、犧、稀、熹、戲、羲、僖、憙、曦、晞、熺

힐：詰

后　记

　　当今社会，对一个中文系毕业的读书人而言，外语学习要么是出于各种各样考试的压力——包括本硕博各个层次的入学考试、毕业考试、工作以后职称评定的外语考试、出国进修考试，以及其他各种名目的考试；要么就纯粹是出于一种天然的喜好。绝大多数人恐怕是出于前者，为了某种考试而不得不去机械地背诵那些心里压根儿不想学的外语单词，记忆那些与汉语截然不同的语法规则，相关的试题拿来做了一遍又一遍，考试一旦通过，目的达到了，外语这个敲门砖就被悄悄地扔到一边，除非不得已，否则不会再把关注点放在学外语上。这也可以理解，毕竟学业各有专攻，中文外文是两大基础学科，本专业尚有看不完的书，研究不完的课题，哪有那么多的空闲时间研究其他学科的东西！眼下一个时髦的说法叫跨学科研究，说起来容易，要真正做出成绩来，岂是说的那么简单！古人云，吾生也有涯而知无涯，以有涯随无涯，殆已。诚哉斯言！做学问和挖金矿差不多，今天这里打个眼，明天那里钻个洞，弹指间几十年的时光一晃就过去了，回头看看自己的学术园地，尽是大大小小、一个一个的坑，就是不见手头有任何收获。这个比喻不一定那么准确，但有那么一丝相似性。谁都不能保证自己这一锹挖下去下面一定会有金子，挖之前要反复勘探、论证，先要看看值不值得挖，挖的过程中还得要看自己挖了多深，有没有持续地挖下去，或者能不能坚持挖下去，所以科研和挖金矿一样，有些弯路恐怕是避免不了的。当然在挖矿的过程中，如果能得到高人的指点，再加上自己的勤奋和运气，说不定会更快地挖到地下的宝贝，但对大多数寻宝人来说，运气又是可遇而不可求的，剩下的就只能是自己去一点点摸索，挖一步看一步了。

　　我对日韩语的兴趣可能结合了上面提到的两个方面的原因，这要追溯到20世纪80年代初。大概上初中三年级的时候，我第一次接触到的外语是英语，第一堂课上学到了两个英语单词"旗帜"和"飞机"，放学回家嘴里一直重复着这两个单词的发音，觉得跟说汉语就是不一样，挺好玩的，回家就跟家人炫耀起这两个单词的英语发音，说外国话就是这么说的。后来学的英语单词多了，慢慢也就没有这种兴奋、新奇的感觉了，也不再觉得多么有趣。上了高中以后，学校并没有花太多的时间来教我们学英语，主要是我们参加高考时，英语总分不是100分，是打了折扣后计算的，限于那时农村中学能教英语的老师很少，教学条件跟现在没法比，高考时外语能得分就已很不错了，并不指望得到什么高分。我的英文基础是在后来进入南京师范大学中文系学习后打下的。

　　在我眼中，80年代的南师大校园是一个青春飞扬、色彩斑斓的新天地。从不时来自国外知名大学的学者举办的讲座到中大楼、北大楼周末固定举办的舞会；从篮球场、足球场比赛时学生大声的加油喝彩到大礼堂里穿着牛仔裤、留着长发的朋克青年手捧吉他歇斯底里的弹唱；一切都让我这个来自苏北的农村少年感到精彩、新奇，也深深感到读书对改变自身命运的重要性，于是暗下决心，把考研作为下一步努力的目标，而不仅满足于毕业后分配去做一个普通的中学语文老师。不过在专业的选择上，我选择了当时中文系学生普遍不愿意读的汉语言文字学方向，而避开了一般学生比较热衷的文学专业——觉得这样也许更容易被录取！其实小时候没少做文学梦，那时大队有毛泽东思想文艺宣传队，我在里面敲过锣鼓，混过工分，记得人手不够时，两手并用，一手打鼓，一手鸣锣，一阵锣鼓之后，报幕的人走到台前："下一个节目……"我再一阵锣鼓送他转身下台，这情景现在还清晰地印在我的脑海中。几门课的学习中，作文一直是我的强项，中学时暑假在家还改编过剧本，写过小说，但为了读研，我把这一切都放弃了。南师大四年，我看了大量现代汉语、古代汉语方面的书，文学方面的作品自然就少了阅读的机会，甚至很多大部头的文学经典原著都没去翻一翻。前些年外派爱沙尼亚塔林大学任教期间，我还在学校的图书馆阅读了有关作品，一方面是寻找语料，另一方面也是弥补大学期间经典作品阅读的不足。北欧一年很长时间处于冬季，待在室内的时间相对较长，在这少有的闲暇能随性阅读，打发漫长无聊的时光，确是一种独特的享受。汉语言文字学方面的书看多了，再加上要考研，接触外语的机会自然就多了起来，英语自不必说，考研必考，也是大多数人选择的外语语种，记得当时南师大中文系里有些专业很好的教师就是英语考不过去，因此读不了研究生，也是急煞人！当时看到胸前别着黄底的研究生标志的校徽，就觉得比红底的教师标志的校徽神气。不过，我跟日语结缘却是跟中文有关。

我入学不久，南师大中文系设立了古文献专业，没记错的话是 1983 年招了第一届学生，徐复先生就是这个专业的著名教授，也是南师大当时语言文字学方面的学科带头人。那时在南师大古文献专业就开设了日语课。20 世纪 80 年代中日两国的关系正处于上升期，社会上跟日本相关的事情大多积极正面，如中国女排在日本连续多次夺得世界冠军，经济上日本的东芝、日立、松下、丰田等产品开始进入中国市场，影响老百姓的日常生活，还有日本新干线奔驰的列车、整洁的环境，以及电影电视剧里所表现出的普通人待人接物的彬彬有礼，都让人对中国这个东方近邻刮目相看，社会上学习日语的人逐渐多起来，我也买了一些简单基础的日本语教材，还到外语系的日语课上听过几次课，知道了五十音图和一些平假名、片假名的读音，并且很快就能说简单的日语句子，这大概是许多日语学习者的共同经历，日语上手容易，尤其是一些词语的发音，跟汉语有相似之处，有些特别像汉语的方言，加之日语中使用汉字，即便不懂也能大致猜得出来。据说还有日语大字不识的教师日后通过日语职称考试的。其实这些只是表面的现象而已，外语哪有那么简单的！只是那时年轻，不知天高地厚而已！

本科毕业后我又考取了本系的研究生，师从叶祥苓教授攻读汉语方言和音韵学方向的硕士学位。叶先生风度翩翩，多才多艺，据说围棋曾经拿过南师大的校冠军，网球也打得很好。记得有段时间他家养了一条黑狗，好几次看到他和师母一起牵着狗在校园里散步。他和当时担任中国社会科学院语言所所长的李荣先生亦师亦友，我在跟随先生读硕期间，多次听他讲起当年在方言普查培训班上课时跟丁声树、李荣先生的交往，言语之间充满了对两位先生学问人品的敬佩！叶先生当时并不在古文献专业，而属于现代汉语专业。

刘宁生是我南师大本科毕业的论文指导老师，也是当时中文系的科研秘书。我硕士本来报考的是南京大学中文系语法方向，可惜没考取，但各科成绩都符合调剂要求，是他帮我及时从南大把档案转到了叶先生门下——叶老师的方言和音韵学研究实在太冷门，那一届的另两位同门费嘉、陈伟建也是从别的学校调剂来的，蒙先生不弃，把我们都照单全收了，这才有了后来我所主要从事的方言学的研究。读书期间给我上过课的有朱林清先生、沈孟缨先生，分别讲授语法学和词汇学，我还听过吴金华先生的训诂学，后来他调来复旦任教，我们还有过一段时间的来往；读书期间给我学术影响的还有马景仑先生，个子高高的，戴副眼镜，为人亲和，他师从北师大萧璋先生，研究生毕业后进南师大担任我们本科班的班主任，教过我"古代汉语"，读研时又给我们开过"古汉语研究专题"，我至今还保留着这门课的听课笔记，他还指导过我们的课堂教学实习。马老师课上得好，系内外有口皆碑；俄语说得也很流利，曾到苏联去进行过交流。我的方言调查和记音方面的课程基本上是叶先生亲自操刀，他让我们根据韵书上的字整理出韵表，带我们去他的家乡苏州同里进行采风和方言调查，叮嘱我们方言研究要讲究"远取诸物，近取诸身"，从自己的母语方言入手，旁及其他，这也影响了我后来的方言学研究：以自己的母语海安方言为主，逐渐扩展到泰如方言，并以江淮方言的语法研究作为自己长期研究的学术目标。硕士三年最难忘的是入学不久的 1987 年，叶先生带我们三名研究生去普陀山列席了第三届全国方言学年会，会上我第一次见到了大名鼎鼎的李荣先生。开完会后叶先生带我们一路向南，去几所大学访学，为期一个月左右，这是我第一次出远门去那么多的地方，有幸见到了方言学界的黄典诚、李如龙、周长楫、黄景湖、黄家教、李新魁、鲍厚星及后来成名的陈泽平、施其生诸先生。黄典诚先生在厦门鼓浪屿他的寓所请我们吃月饼；黄家教、李新魁先生在广州一家酒楼宴请叶先生，我们跟着沾光，席上有一道松鼠鱼的苏式菜肴，我印象特别深；在长沙，鲍厚星先生送来了橘子洲头产的橘子。第二年秋天，我们在叶先生的带领下又一路北上，在北京，我见到了吕叔湘、朱德熙、李荣三位大家。在吕先生家里，谈起方言，他说他的家乡丹阳话中有表示粥等液体从锅里溢出的说法，还给我们看了山东教育出版社刚出版的他的文集，说因为经费原因只印刷了几百本。朱德熙先生的家当时在北京大学一栋筒子楼里，窗前绿树成荫，家里到处堆着书，闲谈中他对当时学界一些年轻人浮躁的学风表现出一丝忧虑；与李荣先生是第二次见面，在语言所里，具体说过哪些话现在已经印象不深了。

　　按照读研入学时签订的协议，我于1989年研究生毕业后分配到连云港淮海大学任教，主要教授中文系学生古代汉语、现代汉语课程。大概1995年，学校迎来了从韩国全罗南道木浦市派来的两位公务员金文玉、金炯润，我和另外一位老师周守晋给他们上汉语课。根据两市协议，1997年连云港市派我和连云港职业大学的苏根林老师一起去木浦市研修韩国语，这便让我和韩语结下了不解之缘。那年韩国发生了金融危机，经济形势不好，我们是公派身份，又不能随便去外边打工，再说木浦是个小地方，本身工作机会就少，韩国物价又贵，所以那一年其实过得很辛苦。当时教我们韩语的是大佛大学中文系的孙多玉老师，她祖籍山东，后来嫁给了韩国人并入了韩国籍，我们每天去她家上课，有时为了省点车费路上花几个小时走过去。孙老师上完课曾请我们吃她做的紫菜饭团和水果，那年中秋节给我们送来了韩国的月饼和梨等礼物，这些我们平时都不怎么舍得买。韩语不容易学，后来我们去上课的次数逐渐少了，不过，我自己学习韩语的热情倒一直没减，也许是因为两国传统文化之间的密切联系，再加上平时自己对朝鲜、韩国政治和社会方面的事情比较关注，所以在韩国一年的时间虽然没有多大经济上的收获，但接触到了韩国社会的多方面，在韩语的口语和听力方面打下了一定的基础。回国时，我带回了所有韩语学习的教材、磁带和资料，在业余时间自己继续去学习和钻研，这在我日常对留学生的教学，特别是对韩国留学生的汉语教学中发挥了不少作用。韩国建国大学跟上海财经大学曾有过一段时间的合作交流，我负责过几年的寒暑期短期班的教学，初级的韩语在其中倒发挥了不少沟通、交流的作用。2000年，我考取了复旦大学中文系的博士研究生，师从李熙宗先生研究汉语修辞学，先生为人宽厚，学术上鼓励自由发展，我在完成博士学位论文《汉语方言的语音差异对修辞的影响》（后以《汉语方言修辞学》为名由学林出版社出版）的同时继续日韩语的自学。科研上，长期业余的点滴积累，也开始渐渐有了一些收获，相关研究论文先后在一些刊物发表：《崔溥〈漂海录〉点注商兑》（《淮阴师范学院学报》1999年第5期）；《朝鲜人崔溥

〈漂海录〉的语言学价值》(《东疆学刊》2002 年第 1 期);《檀君开国传说与韩半岛居民的由来》(《东方易学之祖》,新华出版社 2008 年);《浅析音韵学在对韩日留学生词汇教学中的运用》(《上海财经大学学报》2009 年第 2 辑)等。2009 年,我申请的课题"面向日韩留学生的汉语词汇教学研究"获上海市语委"十一五"科研项目立项,并于 2012 年顺利结项。本书正是在这些相关研究基础上进一步的归纳和总结,也是几十年来自己日韩语业余学习的体会和心得,以及长期以来对留学生——特别是对日韩留学生课堂教学的经验总结,书中错谬之处在所难免,敬请海内外方家批评指正。愿有更多的同道者在这片交界地带不断进行开拓性的挖掘,收获更多满意的成果,把日韩语汉字词和汉语词的研究及教学推向一个新的阶段。本书撰写过程中得到复旦大学外文学院金钟太教授、上海教育出版社毛浩编辑、上海财经大学国际文化交流学院王永德教授、许云鹰先生等多方面的帮助,我的研究生边靖同学是辽宁朝鲜族人,在校阅书稿期间帮我指出书中韩文拼写的不少失误之处。社会科学文献出版社在本书的编辑过程中,克服新冠病毒感染带来的种种不便,以严谨的工作精神和成熟的专业平台保证了本书的出版质量。最后感谢上海财经大学对基础科学研究的资助,谨以此书纪念自己几十年所从事的留学生教学岁月!

汪如东

2020 年 6 月 1 日

图书在版编目（CIP）数据

日韩语汉字词与汉语词比较研究 / 汪如东著. -- 北
京：社会科学文献出版社, 2023.7
ISBN 978-7-5228-0885-7

Ⅰ.①日⋯ Ⅱ.①汪⋯ Ⅲ.①日语－汉字－研究②朝
鲜语－汉字－研究 Ⅳ.①H363.5②H553.5

中国版本图书馆CIP数据核字（2022）第199507号

日韩语汉字词与汉语词比较研究

著　　者 / 汪如东

出 版 人 / 冀祥德
责任编辑 / 李建廷
责任印制 / 王京美

出　　版 / 社会科学文献出版社（010）59367215
　　　　　地址：北京市北三环中路甲29号院华龙大厦　邮编：100029
　　　　　网址：www.ssap.com.cn
发　　行 / 社会科学文献出版社（010）59367028
印　　装 / 三河市东方印刷有限公司

规　　格 / 开　本：787mm×1092mm 1/16
　　　　　印　张：42.5　字　数：660 千字
版　　次 / 2023年7月第1版　2023年7月第1次印刷
书　　号 / ISBN 978-7-5228-0885-7
定　　价 / 168.00元

读者服务电话：4008918866